D1699510

POSITIONEN DER DEUTSCHDIDAKTIK

THEORIE UND EMPIRIE
Herausgegeben von Christoph Bräuer und Iris Winkler

BAND 6

Diagnose von Lesekompetenz aus Sicht von Lehrpersonen im Fach Deutsch

Frederike Schmidt

Diagnose von Lesekompetenz aus Sicht von Lehrpersonen im Fach Deutsch

Didaktische Rekonstruktion eines onlinebasierten Diagnoseverfahrens für die Unterrichtspraxis

Bibliografische Information der Deutschen Nationalbibliothek
Die Deutsche Nationalbibliothek verzeichnet diese Publikation
in der Deutschen Nationalbibliografie; detaillierte bibliografische
Daten sind im Internet über http://dnb.d-nb.de abrufbar.

Zugl.: Jena, Univ., Diss., 2016

Umschlagabbildung: © Frederike Schmidt
Räumliche Installation, ZHAW Hochschulbibliothek Winterthur.
Textransformation des Leitbildes und der Hochschulstrategie der ZHAW.
Studiengang Architektur, Wahlfach FS 2106, Team: Noemi Jenni, Pablo
Baumann, Raphael Zünd, Joël Simmen, begleitende Dozenten: Paul Bürki
und Amadeo Sarbach.

Gedruckt auf alterungsbeständigem, säurefreiem Papier
Druck und Bindung: CPI books GmbH, Leck

27
ISSN 2364-1312
ISBN 978-3-631-75967-7 (Print)
E-ISBN 978-3-631-76197-7 (E-PDF)
E-ISBN 978-3-631-76198-4 (EPUB)
E-ISBN 978-3-631-76199-1 (MOBI)
DOI 10.3726/b14406

© Peter Lang GmbH
Internationaler Verlag der Wissenschaften
Berlin 2018
Alle Rechte vorbehalten.

Peter Lang – Berlin · Bern · Bruxelles ·
New York · Oxford · Warszawa · Wien

Das Werk einschließlich aller seiner Teile ist urheberrechtlich
geschützt. Jede Verwertung außerhalb der engen Grenzen des
Urheberrechtsgesetzes ist ohne Zustimmung des Verlages
unzulässig und strafbar. Das gilt insbesondere für
Vervielfältigungen, Übersetzungen, Mikroverfilmungen und die
Einspeicherung und Verarbeitung in elektronischen Systemen.

Diese Publikation wurde begutachtet.

www.peterlang.com

Danksagung

Alles hat *seine* Zeit – in der Zeit von der Idee bis zur Fertigstellung dieser Arbeit haben mich verschiedene Menschen begleitet und unterstützt, denen ich danken möchte.

Iris Winkler war über die vergangenen Jahre eine großartige Mentorin. Sie hat mich durch ihre klugen und punktgenauen Kommentare nicht nur immer wieder im richtigen Maß gefordert und so meinen Blick als Forscherin geschärft, sondern mir auch viel Freiraum für eigene Arbeits- und Denkwege gelassen und mich in diesen jederzeit bestärkt. Nicht zuletzt danke ich ihr dafür, dass sie meine Projektidee gleich zu Beginn meiner Promotionszeit mit eigenen Forschungsgeldern unterstützt und mir auf diese Weise früh großes Vertrauen entgegengebracht hat. Juliane Köster danke ich für die Übernahme der Zweitbegutachtung und die jederzeit freundlichen und unterstützenden Worte für meine Forschungstätigkeiten seit Beginn meiner Zeit in Jena. Noch in meiner Studienzeit haben mir Catherine Walter-Laager und Manfred Pfiffner erste Erfahrungen in Forschung und Lehre ermöglicht und so zu einem frühen Zeitpunkt nicht nur wichtige Kenntnisse, sondern vor allem auch die Freude an der Arbeit in der Wissenschaft vermittelt. Danke für Eure bis heute anhaltende Unterstützung über Ländergrenzen hinweg.

Wichtige Anregungen für mein Projekt boten mir die Austauschmöglichkeiten mit tollen Kolleginnen und Kollegen an verschiedenen Standorten: Zu nennen sind hier vor allem die deutschdidaktischen Forschungskolloquien an der Carl-von-Ossietzky-Universität Oldenburg und der Friedrich-Schiller-Universität Jena sowie die Workshops und Tagungen im Rahmen des Oldenburger Promotionsprogramms „ProfaS". Wertvolle Hinweise zu einzelnen Teilen dieser Arbeit habe ich zudem Thomas Berger, Christiane Kirmse, Katrin Kleinschmidt-Schinke, Niklas Schreiber, Franziska Steinäcker und Michael Steinmetz zu verdanken. Claudia Streim und vor allem Ella Margaretha Karnatz danke ich für das Lektorat großer Teile meiner Arbeit und spannende Rückmeldungen zum Thema aus literaturwissenschaftlicher Perspektive. Mein großer Dank gebührt aber vor allem all jenen Lehrerinnen und Lehrern, die mir mehrmals Einblicke in ihr Denken und Handeln gewährt und so die vorliegende Arbeit überhaupt ermöglicht haben.

Während der Arbeit an meiner Dissertation konnte ich mich stets auf viele tolle Menschen in Nord und Ost verlassen, Euch allen danke ich von ganzem Herzen. Insbesondere Kristina Ajrich, Claudia Hillebrandt, Ella Margaretha Karnatz, Christiane Klein, Diana Maak und Claudia Streim waren für mich wertvolle Gesprächspartnerinnen, Quelle fortwährender Ermunterung und Erdungspunkt in vielen verschiedenen Momenten. Ein enormer Rückhalt und wundervoller Ruhepol ist über die gesamte Zeit meine Familie gewesen – danke für Euer Auffangen, Bestärken und Begleiten in den vergangenen Jahren. Schließlich möchte ich meinen Eltern dafür danken, dass sie mich in meinen Entscheidungen stets unterstützt und diesen Weg überhaupt ermöglicht haben.

Jena/Zürich, im März 2018

Inhaltsverzeichnis

1 **Einleitung: Vorhaben und Aufbau der Arbeit** 13
   1.1 Ziel und Fragestellung 13
   1.2 Untersuchungsaufbau und Gliederung der Arbeit 20

2 **Einen Denkrahmen finden: Das Modell der Didaktischen Rekonstruktion** 25
   2.1 Das Modell der Didaktischen Rekonstruktion: Theoretische Einordnung und Untersuchungsaufgaben 28
   2.2 Das Modell der Didaktischen Rekonstruktion für die Lehrerbildung 34
   2.3 Zusammenfassung: Didaktische Rekonstruktion als Brückenprinzip zwischen Wissenschaft und Praxis 36

3 **Bestimmung des Gegenstandsfeldes: Lesekompetenz** 39
   3.1 Ein integrierender Lesebegriff: Das Mehrebenen-Modell des Lesens 40
   3.2 Lesekompetenz aus curricularer Perspektive: Die Bildungsstandards 43
   3.3 Komponenten der Lesekompetenz 48
       3.3.1 Leseflüssigkeit 49
       3.3.2 Lesestrategien/-techniken 53
       3.3.3 Textverstehen 56
       3.3.4 Leserbezogene Dimension 64
       3.3.5 Leseumfeld 75
   3.4 Ausgewählte empirische Befunde 78
       3.4.1 Prozessebene 79
       3.4.2 Leserbezogene Ebene 81

3.4.3 Leseumfeld 81
3.4.4 Exkurs: Die „Risikogruppe" 82
3.5 Erste Überlegungen zur Konzeption des Diagnoseverfahrens 85

4 Diagnostik im Deutschunterricht der Sekundarstufe I 87
4.1 Begriffsklärung: Diagnose 87
    4.1.1 Was bedeutet „Diagnose"? Eine Annäherung 89
    4.1.2 Ziele und Funktionen schulischer Diagnostik 93
    4.1.3 Zentrale Merkmale schulischer Diagnostik 97
    4.1.4 Formen und Bezugsnormen schulischer Diagnostik 99
4.2 Die Lernenden im Blick: Lesediagnostik im Deutschunterricht 103
    4.2.1 Perspektiven auf die Diagnose von Lesekompetenz 103
    4.2.2 Instrumente und Maßnahmen zur Diagnose von Lesekompetenz 108
4.3 Die Lehrkraft im Blick: Diagnostisches Handeln von Lehrkräften 122
    4.3.1 Diagnostik als Teil des professionellen Handelns von Deutschlehrkräften 122
    4.3.2 Wissenschaftliche Zugänge 126
    4.3.3 Zwischenfazit: Untersuchung diagnostischen Handelns von Lehrkräften 132
4.4 Forschung zur Diagnosepraxis von (Deutsch-)Lehrkräften 133
    4.4.1 Forschungserkenntnisse der Pädagogischen Psychologie 133
    4.4.2 Deutschdidaktische Forschungserkenntnisse 143
    4.4.3 Zusammenfassung 147
4.5 Bilanzierende Bemerkungen 148

5 Ansätze und Befunde der (deutschdidaktischen) Professionsforschung 151
5.1 Zum Wissen und Handeln von Lehrkräften 151
    5.1.1 Lehrerwissen als Forschungsgegenstand 152

	5.1.2	Struktur- und inhaltsbezogene Betrachtung des Lehrerwissens 156

- 5.1.2 Struktur- und inhaltsbezogene Betrachtung des Lehrerwissens 156
- 5.1.3 Vom Wissen zum Handeln: Erklärungsansätze 169
- 5.2 Vorstellungen und Orientierungen von Deutschlehrkräften 172
  - 5.2.1 Vorstellungsforschung in der Naturwissenschaftsdidaktik 173
  - 5.2.2 Allgemeine Begriffsbestimmung und Merkmale von Vorstellungen 174
  - 5.2.3 Begriffsbestimmung in der vorliegenden Arbeit 177
- 5.3 Ausgewählte empirische Befunde der deutschdidaktischen Lehrerforschung 179
  - 5.3.1 Deutschunterricht aus Sicht der Lehrkräfte 180
  - 5.3.2 Studien zur Praxis des Deutschunterrichts 188
  - 5.3.3 Zusammenhang zwischen Lehrerhandlungen und Schülerleistungen 193
  - 5.3.4 Zwischenbilanz 196
- 5.4 Zusammenfassung 198

6 »JuDiT®-L« – Konstruktion eines lesediagnostischen Verfahrens 199

- 6.1 Überlegungen zur Konzeption von »JuDiT®-L« 199
- 6.2 Aufbau und Funktionen von »JuDiT®-L« 203
  - 6.2.1 Grundsätzliches zum Aufbau 203
  - 6.2.2 Inhaltliche Struktur von »JuDiT®-L« 204
  - 6.2.3 Notizfunktion 207
  - 6.2.4 Hintergrundtexte 207
  - 6.2.5 Auswertungsmöglichkeiten 209
- 6.3 Pilotierung der Beobachtungsitems 213
- 6.4 Zusammenfassung 215

7 Methodisches Vorgehen – Anlage der Untersuchung 217

- 7.1 Beschreibung der Stichprobe 218
- 7.2 Vorgehensweise bei der Erhebung 223

7.2.1 Interviewverfahren 226
7.2.2 Konstruktion der Interviewleitfäden 228
7.3 Studienanlage 233
7.4 Vorgehen bei Datenaufbereitung, -analyse und -interpretation 236
7.4.1 Methodologische Orientierung: Die Dokumentarische Methode 238
7.4.2 Ergänzender Zwischenschritt für die Datenanalyse: Die Konzeptbildung 242
7.4.3 Auswertung der Daten 245

8 Die Sicht der Lehrkräfte: Ergebnisse der Interviewanalysen 255

8.1 Zielsetzung 255
8.2 Bemerkungen zur Ergebnispräsentation 256
8.3 Fallübergreifende Betrachtung 258
8.3.1 Lesebegriff im Deutschunterricht 259
8.3.2 Strukturierung von Diagnoseprozessen im Deutschunterricht 271
8.3.3 Haltung zum Anspruch der (diagnosebasierten) Leseförderung 283
8.3.4 Bilder von Schülerinnen und Schülern im Leseunterricht 290
8.3.5 Rezeption des Diagnosetools »JuDiT®-L« 297
8.4 Einzelfalldarstellungen 303
8.4.1 Einzelfallanalyse Nils Arndt 304
8.4.2 Einzelfallanalyse Marie Seefeld 325
8.5 Zusammenfassung der Ergebnisse 345

Inhaltsverzeichnis

9 Exkurs: Wer (miss-)versteht wen? Zum Potenzial einer dritten Sprache im Dialog zwischen Deutschlehrkräften und Fachdidaktik ... 351

9.1 Der Dialog zwischen Deutschlehrkräften und Fachdidaktik ... 352

9.2 Die Bedeutung der Sprache in der Verständigung zwischen Deutschlehrkräften und Fachdidaktik ... 354

 9.2.1 Das Verhältnis von Sprache und Denken: (Miss-)Verstehen als Teil des Denkstils ... 354

 9.2.2 Die Bedeutung der Sprache für die Kommunikation zwischen zwei Denkkollektiven ... 358

9.3 Zu einer gemeinsamen Sprache finden: Eine eigenständige Aufgabe ... 360

 9.3.1 Ansatzpunkte für eine dritte Sprache ... 361

 9.3.2 Bilanz: Die Rolle einer dritten Sprache im Vermittlungskontext ... 366

10 Fachdidaktische Strukturierung: Weiterentwicklung von »JuDiT®-L« ... 369

10.1 Prinzipien des wechselseitigen Vergleichs von lehrerseitigen und fachdidaktischen Sichtweisen ... 370

10.2 Vergleich beider Perspektiven und Folgerungen für »JuDiT®-L« ... 372

 10.2.1 Perspektiven zu lesediagnostischen Zielsetzungen ... 375

 10.2.2 Perspektiven zur Prozessebene des Lesens ... 384

 10.2.3 Perspektiven zur leserbezogenen Ebene des Lesens ... 388

 10.2.4 Perspektiven zum Leseumfeld ... 392

 10.2.5 Perspektiven zur Leseförderung ... 394

 10.2.6 Zusammenfassung ... 399

10.3 Reflexion: Güte der Fachdidaktischen Strukturierung ... 401

10.3.1 Ergebnisvalidierung der »JuDiT®-L«-Items 2.0 401

10.3.2 Gütekriterien für die Fachdidaktische Strukturierung 402

11 Bilanz und Ausblick – ein (diagnostischer) Blick zurück nach vorn 405

11.1 Was erreicht ist: Zusammenfassung und Reflexion 405

11.2 Was noch zu tun ist: Prospektive Aufgaben für Forschung und Lehre 411

11.2.1 Zukünftige Forschungsaufgaben 412

11.2.2 Praxisorientierte Entwicklungsforschung – ein zukünftiges Aufgabenfeld für die Deutschdidaktik 416

12 Literaturverzeichnis 425

13 Verzeichnis der Tabellen und Abbildungen 479

Tabellen 479

Abbildungen 479

14 Anhang 483

Die erhobenen Interviewdaten dieses Werkes können als zusätzliches Material von unserer Website heruntergeladen werden. Die Zugangsdaten entnehmen Sie bitte der letzten Seite der Publikation.

1 Einleitung: Vorhaben und Aufbau der Arbeit

1.1 Ziel und Fragestellung

> Entwicklungsorientierte Forschung bietet ein Muster, um [den] […] gesellschaftlichen Auftrag unserer Disziplin mit dem Anspruch auf empirische und theoriebasierte Forschung zu verknüpfen. (Köster 2015, S. 9)

Spätestens seit dem schlechten Abschneiden deutscher Schülerinnen und Schüler in der Schulleistungsstudie PISA 2000 (Baumert et al. 2001) ist eine ausreichend ausgebildete Lesekompetenz eine der Zieldimensionen, der im Fach Deutsch größte Aufmerksamkeit gilt – wenn sie mittlerweile nicht sogar der meistbeachtete Kompetenzbereich im Deutschunterricht ist. Deutschlehrkräften kommt innerhalb des Lesekompetenzerwerbs ihrer Schülerinnen und Schüler eine zentrale Rolle zu, die in Anlehnung an Wygotski (1979, S. 256) mit dem Begriff des *kompetenten Anderen*[1] umschrieben werden kann. Diese Zuschreibung meint zweierlei: Lehrkräfte im Fach Deutsch sollen nicht nur die Rolle eines Lesevorbildes für ihre Lernenden einnehmen, sondern ihre Aufgabe ist es weiterhin, ihre Schülerinnen und Schüler zu unterstützen, damit Leselernprozesse gelingen (u. a. Bertschi-Kaufmann et al. 2007; Philipp 2013; Schoenbach et al. 2006). Wesentlich für einen kompetenzorientierten Deutschunterricht ist daher die Gestaltung von individualisierten und kooperativen Lehr- und Lernsituationen, mit denen die Teilprozesse des Lesens gezielt im Unterricht gefördert werden können.

Wenn Deutschlehrkräfte die Lesefähigkeiten ihrer Schülerinnen und Schüler angemessen fördern wollen, müssen sie aber zunächst die Voraussetzungen ermitteln, die ihre Lernenden bereits in den Unterricht mitbringen. Eng verbunden mit einer kompetenzorientierten Unterrichtsgestaltung ist daher der Begriff der Diagnose: Nur indem Lehrkräfte wahrnehmen, analysieren und reflektieren, über welche Stärken und Schwächen im Bereich Lesekompetenz ihre Schülerinnen und Schüler bereits verfügen, können sie ihren Unterricht den

---

1 Diese aktiv beeinflussende Rolle im Wissensvermittlungsprozess wird auch in verschiedenen theoretischen Modellen zur Wirksamkeit des Unterrichts verdeutlicht (u. a. Baumert et al. 2001, S. 33, Helmke/Weinert 1997, S. 86 und Helmke 2010, S. 73). Größere öffentliche Aufmerksamkeit für die Lehrperson ist zudem durch die Meta-Analyse von John Hattie (2013) aufgekommen (zur kritischen Auseinandersetzung mit der Studie z. B. Terhart 2012).

Zugangsvoraussetzungen der Lernenden anpassen, Maßnahmen zur inneren Differenzierung treffen und didaktisch angemessene Lesefördermaßnahmen ableiten, so der fachdidaktische Konsens (u. a. Bertschi-Kaufmann 2007b; Holle 2010b; Nix 2010).

Überhaupt ist das Thema Diagnose auf bildungspolitischer und (fach-)didaktischer Ebene ‚en vogue': Es gibt momentan kaum einen Beitrag zur Unterrichtsqualität oder zum Bildungssystem, der nicht (auch) auf die Notwendigkeit von fachspezifischer Diagnostik[2] für die Strukturierung von Lernprozessen verweist (u. a. Fischer et al. 2014; KMK 2004[3]; Weinert 2000). Doch wenngleich die Bedeutung unterrichtlicher Diagnostik wiederholt hervorgehoben wird, bleibt aktuell offen, *wie* dieser Anspruch im Unterrichtsalltag zu realisieren ist. Die Diagnosepraxis von Lehrkräften wird nur wenig von außen gesteuert, geschweige denn überprüft. Das bedeutet nichts anderes, als dass Lehrkräfte in ihrem Unterricht vor einer doppelten Herausforderung stehen: Erstens müssen sie eigenständig festlegen, wie sie die individuellen Fähigkeiten, Lernentwicklungen und Lernschwierigkeiten ihrer Schülerinnen und Schüler im Bereich Lesekompetenz diagnostizieren können, und zweitens reflektieren, welche Indikatoren sie für die Erhebung entsprechender Leseleistungen als geeignet ansehen.

Man kann nun sagen, dass Deutschlehrerinnen und Deutschlehrer in ihrer Diagnosepraxis maßgeblich auf ihre individuellen lesedidaktischen Kenntnisse sowie auf ihr erfahrungsbezogenes Wissen verwiesen sind. Dass dieser Umstand Lehrkräfte im Fach Deutsch durchaus vor Probleme stellt, kann angesichts von Forschungsergebnissen der letzten Jahre geschlussfolgert werden: Diversen empirischen Studien zufolge sind die lesediagnostischen Fähigkeiten von Lehrkräften insgesamt eher gering bis mittelmäßig ausgeprägt (u. a. Begeny et al. 2008; Karing/Matthäi/Artelt 2011; Valtin et al. 2010).[4] Ein brisantes Ergebnis, das nach Erklärungsansätzen verlangt. Anhand existierender Forschungsbefunde kann aber weder herausgearbeitet werden, auf Grundlage *welcher* Wissensbestände Deutschlehrkräfte ihre diagnostischen Urteile über die Leseleistungen ihrer Lernenden treffen, noch geben die bestehenden Studien Auskunft darüber, *wie* sich

---

2   In dieser Arbeit werden die Begriffe „Diagnose" und „Diagnostik" synonym verwendet.
3   KMK 2004 = Standards für die Lehrerbildung. Bildungswissenschaften. Beschluss der Kultusministerkonferenz vom 16.12.2004.
4   Hierbei bestehen jedoch erhebliche interindividuelle Unterschiede zwischen den Lehrkräften (bspw. Artelt 2009, S. 129) – was umso mehr die Frage aufwirft, wodurch sich das diagnostische Handeln dieser Lehrkräfte jeweils auszeichnet. Die gegenwärtige Forschungslage gibt dazu keine Antwort (siehe Kapitel 4.4).

das diagnostische Handeln der beforschten Lehrkräfte im Unterrichtsalltag tatsächlich gestaltet. Was die deutschdidaktische Professionsforschung betrifft, so hat sich diese bislang nur wenig für dieses Forschungsfeld interessiert. Studien, die Einsichten in die Diagnosepraxis von Deutschlehrerinnen und Deutschlehrern eröffnen, sind ein „dringendes Forschungsdesiderat", wie Bräuer und Winkler in ihrem Überblick zur deutschdidaktischen Professionsforschung resümieren (Bräuer/Winkler 2012, S. 78).

Wie ist dieses Desiderat nun einzulösen? Nimmt man die beschriebenen Befunde ernst, so erscheint es bedeutsam, einen Perspektivwechsel von normativen Zielvorstellungen hin zu einer mehr deskriptiven Betrachtung der Diagnosepraxis von Lehrkräften im Fach Deutsch zu vollziehen. Denn: Um gezielt Professionalisierungsmaßnahmen für Deutschlehrerinnen und Deutschlehrer zu konzipieren, sind zunächst fundierte Kenntnisse über diejenigen Kompetenzen erforderlich, über die Deutschlehrkräfte bereits verfügen. Aus fachdidaktischer Sicht ist die Professionalisierungsdiskussion weiterhin nicht von der Frage zu trennen, welche Unterstützungsmöglichkeiten sich ergeben, wenn Lehrkräfte im Fach Deutsch die Diagnose der Lesekompetenz(en) ihrer Schülerinnen und Schüler offensichtlich größere Schwierigkeiten bereitet. *Kernaufgabe* einer Deutschdidaktik, die sich als praktische Wissenschaft versteht, ist es schließlich, „Entscheidungshilfen für die Praxis" (Ossner 2001, S. 24) bereitzustellen – hat sie doch den Anspruch, mit ihren Konzeptionen (positiv ändernd) auf die Unterrichtspraxis einzuwirken (v. a. Ossner 1993, 1999).[5] Dieser Anspruch an eine Deutschdidaktik als praktische Wissenschaft wird etwa in den Ausführungen von Birgit Eriksson (2006) erkennbar, wenn sie für den Bereich der Sprachdiagnostik argumentiert, dass Deutschlehrkräften „ein von aussen gesetztes Instrument [fehle], an dem sie ihre Kriterien messen und weiterentwickeln können" (ebd., S. 57). Allerdings stellen Verfahren für die Sekundarstufe I, die Deutschlehrerinnen und Deutschlehrer darin unterstützen können, ihre Diagnosepraxis zu systematisieren und zu strukturieren, einen stark vernachlässigten Gegenstandsbereich innerhalb der deutschdidaktischen Forschung dar (u. a. Bertschi-Kaufmann 2007b, S. 101; Pieper et al. 2004, S. 199; Rupp/Bonholt 2006, S. 241).

---

5 Grundlegend wendet sich diese Auffassung gegen eine bewusste Distanzfixierung von Theorie und Praxis in der Deutschdidaktik (wie z. B. bei Kämper-van den Boogart 1998). Zur Beziehung von Deutschdidaktik und Deutschunterricht zuletzt Wieser (2015) und Winkler (2016).

Von dieser Problemlage nimmt diese Arbeit ihren Ausgang: Ziel der vorliegenden Studie ist die Entwicklung eines lesediagnostischen Verfahrens für die Unterrichtspraxis. Die leitende Frage dieser Untersuchung lautet daher:

> **Wie kann forschungsmethodisch ein Verfahren konzipiert werden, das Deutschlehrkräfte in der Sekundarstufe I bei der Diagnose von Lesekompetenz unterstützt?**

Wie könnte bzw. sollte eine solche Forschung gestaltet sein, die explizit auf eine Strukturierung *für die Unterrichtspraxis* zielt? Eine denkbare Perspektive wäre, ein Design-Konzept zu fokussieren, das auf theoretischen und empirischen Einsichten der Lese- bzw. Deutschdidaktik basiert. Das so generierte Diagnoseverfahren könnte man Deutschlehrkräften anschließend für die Nutzung im Unterrichtsalltag zur Verfügung zu stellen. Ein solcher Forschungszugang würde aber sehr wahrscheinlich nicht weit führen: Fachdidaktische Innovationen[6] sind alles andere als ein Selbstläufer in der Unterrichtspraxis. Offenheit und Interesse von Lehrkräften für Neuerungen und Erkenntnisse unserer Disziplin können, auch wenn wir dies gerne hätten, nicht vorausgesetzt werden – dies zeigen verschiedene deutschdidaktische Studien deutlich (u. a. Bräuer 2010a; Scherf 2013; Schmelz 2009). Folgt man den Ausführungen von Elmar Tenorth (2012), so haben die Fachdidaktiken sogar mit einem „Problem ihrer praktischen [...] Bedeutsamkeit zu kämpfen" (ebd., S. 12).

Ein vielfach bemühtes Diktum ist daher, dass eine alleinige Dissemination fachdidaktischer Innovationen eine Verkürzung von Unterrichtsentwicklung darstellt (u. a. Einsiedler 2011; Gräsel/Parchmann 2004a; Reinmann-Rothmeier/ Mandl 1998). Mehr noch: Der Transfer von fachdidaktischen Erkenntnissen und Konzeptionen in Schule und Unterricht steht und fällt mit den Lehrkräften als potenzieller Adressatengruppe. Wenn fachdidaktische Innovationen also erwünschte Ergebnisse in der Unterrichtspraxis zeigen sollen, so gilt es, Deutschlehrkräfte als „erste Ansprechpartner einer Didaktik als praktische Wissenschaft" (Bräuer 2010a, S. 11) zu sehen. Das bedeutet auch, lehrerseitige Relevanzsetzungen zu den Gegenstandsfeldern des Deutschunterrichts bereits im Entwicklungsprozess zu berücksichtigen. Ein Paradigma, auf das sich Forschungsarbeiten dazu

---

6 Zum Innovationsbegriff zusammenfassend: Goldenbaum (2012, S. 70–83) und Luchte (2005, S. 15–42). Als *Innovationen* werden in dieser Arbeit konkrete Produkte (im Sinne von Praktiken, Konzeptionen, Materialien usw.) bezeichnet, die für die Nutzung in der Unterrichtspraxis entwickelt wurden.

1 Einleitung: Vorhaben und Aufbau der Arbeit

stützen können, fehlt in der Deutschdidaktik bisher allerdings gänzlich. So klingt es in der Tat hochaktuell, was Kaspar Spinner (1977) schon vor vierzig Jahren angemerkt hat: Es ist festzustellen, dass zumeist „weniger die Theorie sich an der Praxis ausgerichtet hat, als daß die Praxis theoretisiert worden ist" (ebd., S. 127).

Wichtig ist in diesem Kontext, dass Lehrkräfte fachdidaktische Wissensbestände und Innovationen durch den *Filter* ihrer individuellen Überzeugungen wahrnehmen und verarbeiten, wie Fives und Buehl (2012, S. 479) in ihrem Forschungsbericht zu „teacher beliefs" herausarbeiten. Der Anspruch an ein praxisnahes lesediagnostisches Verfahren muss es also sein, von Deutschlehrkräften *nicht* nur „als Steinbruch für brauchbare Elemente betrachtet" (Schlotthaus/Noelle 1984, S. 33) zu werden – oder gar durch ihren Wahrnehmungsfilter ‚ausgesiebt' zu werden. Vielmehr sollte die Zielsetzung für ein praxisorientiertes Verfahren sein, die Funktion von „guides or standards for action […]" (Fives/Buehl 2012, S. 478) zu übernehmen. Betont werden muss darüber hinaus, dass eine entsprechende Entwicklungsarbeit die Komplexität vielfältiger Einflussfaktoren im alltäglichen Deutschunterricht berücksichtigen sollte. In diesem Kontext „bringen erfahrene Lehrkräfte Expertisen über ihre spezifischen Arbeitsbedingungen vor Ort ein, die für das Gelingen der Umsetzung [einer fachdidaktischen Innovation] unverzichtbar sind" (Prediger et al. 2013, S. 12). Ein wichtiges Design-Prinzip ist daher, die sog. „wisdom of practice" (Shulman 1987) zu nutzen, also das praktische Erfahrungswissen von Lehrkräften produktiv zu machen, um fachdidaktische Innovationen weiterzudenken, auszudifferenzieren oder auch neue Konzeptionen zu entwickeln.

Was bedeuten diese Überlegungen nun für das Anliegen dieser Arbeit? Es ist vor dem skizzierten Hintergrund nur konsequent, Lehrpersonen im Fach Deutsch und ihre Überzeugungen zur Diagnose von Lesekompetenz bereits *in den Entwicklungsprozess einzubeziehen*, wenn der Anspruch der vorliegenden Untersuchung ist, ein praxisorientiertes Verfahren zu konzipieren, das Deutschlehrkräfte in ihren lesediagnostischen Entscheidungen unterstützen soll.[7] Mit dieser Verknüpfung von Entwicklung *und* Forschung lässt sich diese Studie nicht nur in der Tradition der Deutschdidaktik als einer praktischen Wissenschaft verorten (s. o.), sondern macht sie zudem anschlussfähig an aktuelle Ansätze fachdidaktischer Entwicklungsforschung, welche die Entwicklung

---

7 Mit dieser normativen Setzung konzentriert sich die vorliegende Studie auf die *Vorbereitung der Implementation*. Die Verbreitung der Innovation in der schulischen Praxis – der sog. „Implementationserfolg" – gehört im Anschluss an Prediger und Link (2012, S. 36) „nicht zur Entwicklungsforschung im engeren Sinne" und bleibt Gegenstand für weitere Forschungen.

von Innovationen für die Unterrichtspraxis und die Erforschung der durch diese initiierten Wirkungen miteinander verbindet.[8] Um den vorangestellten Überlegungen Rechnung zu tragen, muss die leitende Fragestellung dieser Arbeit folglich erweitert werden:

> **Wie kann forschungsmethodisch ein Verfahren konzipiert werden, das Deutschlehrkräfte in der Sekundarstufe I bei der Diagnose von Lesekompetenz unterstützt?**
>
> **Welche Vorstellungen und Orientierungen[9] haben Deutschlehrkräfte zur Diagnose von Lesekompetenz?**
>
> **Welche Schlussfolgerungen ergeben sich für die (Weiter-)Entwicklung des lesediagnostischen Verfahrens, wenn man die Berücksichtigung der Perspektiven von Deutschlehrkräften zum Gegenstandsfeld als wesentliches Design-Prinzip begreift?**

Abbildung 1.1 verdeutlicht, dass die Konzeption eines praxisnahen Diagnoseverfahrens ein komplexer und mehrphasiger Prozess ist, in dem Forschungs- und Entwicklungsschritte systematisch miteinander verknüpft werden müssen. Das Berücksichtigen der Relevanzsetzungen von Deutschlehrkräften zum Gegenstandsfeld wird dabei als wesentliches Element dafür angesehen, produktive Bezüge zwischen Wissenschaft und Praxis herzustellen.

---

8   In den letzten Jahren wird dieses Paradigma vor allem in den Erziehungswissenschaften, in den Naturwissenschaftsdidaktiken und in der Mathematikdidaktik verstärkt diskutiert (u. a. Duit et al. 2012; Einsiedler 2010, 2011; Hußmann et al. 2013; Prediger/Link 2012; Wilhelm/Hopf 2014). Mittlerweile haben sich verschiedene Programme, Ansätze und Zugänge etabliert, in denen allerdings trotz gemeinsamer Ansichten über die Zieldimension und Aufgaben von Entwicklungsforschung bzw. Design (Based) Research verschiedene Schwerpunktsetzungen zur Realisierung deutlich werden (Prediger et al. 2012, S. 450; für einen Überblick u. a. Plomb/Nieveen 2013). Bislang gibt es noch keine (abgeschlossenen) deutschdidaktischen Untersuchungen, die sich explizit auf diesen Forschungsansatz beziehen.

9   Zur ausführlichen Erläuterung und Definition der Begriffe „Vorstellungen" und „Orientierungen" im Rahmen dieser Arbeit: Kapitel 5.2.3.

Abbildung 1.1: Verbindung von Forschung und Entwicklung in der vorliegenden Studie (eigene Darstellung, verändert nach Hußmann et al. 2013, S. 27)

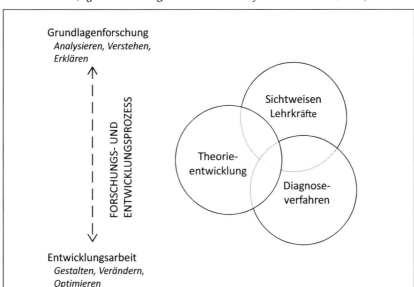

Wie sollte nun eine entsprechende Untersuchung aussehen, die sich – ausgehend von einem lesedidaktischen Forschungsinteresse – im Überschneidungsbereich von Implementations- und Professionsforschung verorten lässt? Zwar erhalten Fragen der Lehrerprofessionalisierung momentan zunehmend Beachtung in der Deutschdidaktik (u. a. Bräuer/Winkler 2012; Bräuer/Wieser 2015; Wiprächtiger-Geppert 2016), tatsächlich fehlen weithin aber noch theoretische und empirische Vorbilder dazu, *wie* in der Deutschdidaktik eine angemessene Verknüpfung zwischen Wissenschaft und Praxis hergestellt werden kann – gerade, damit die Ergebnisse entsprechender Bezüge nicht nur auf einer Oberflächenebene verbleiben.

Zugleich ist dieses Untersuchungsvorhaben vor einen nicht unerheblichen Umsetzungsanspruch gestellt, sodass es nur konsequent ist, dass in einschlägigen Publikationen vom „langen Weg zum Unterrichtsdesign" (Komorek/Prediger 2013) gesprochen wird. Eine fundierte praxisnahe Entwicklungsarbeit, wie sie mit der vorliegenden Studie angestrebt wird, kommt insofern nicht ohne einen geeigneten Forschungsrahmen sowie eine Realisierung der Innovation in einem mehrschrittigen Prozess aus, in dem Phasen der Forschung und Entwicklung in einem engen Bezug zueinander stehen (siehe Kapitel 2).

Die Zielsetzung der vorliegenden Untersuchung ist damit klar umrissen. Darauf aufbauend soll nun der Aufbau der vorliegenden Arbeit genauer dargestellt werden.

1.2 Untersuchungsaufbau und Gliederung der Arbeit

Nachdem in einem ersten Zugang Ausgangspunkt, Ziel und Forschungsrahmen der vorliegenden Studie erläutert und begründet wurden, soll nachfolgend eine Übersicht über die Gliederung dieser Arbeit erfolgen. Abbildung 1.2 visualisiert nicht nur die einzelnen rekursiv angelegten Forschungs- und Entwicklungsschritte dieser Untersuchung, sondern verdeutlicht darüber hinaus den Aufbau der vorliegenden Arbeit:

Abbildung 1.2: Überblick über den Aufbau der vorliegenden Arbeit (eigene Darstellung, verändert nach Kattmann et al. 1997, S. 13)

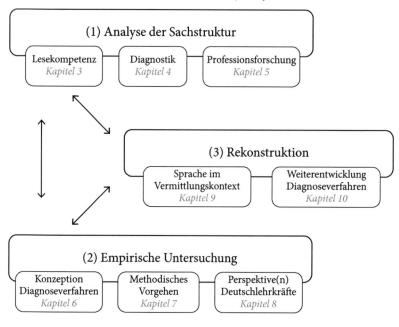

In **Kapitel 2** wird diskutiert, was ein geeignetes Forschungsparadigma für das Anliegen dieser Arbeit sein kann – wie bereits erläutert wurde, kann die vorliegende Untersuchung schließlich nicht auf eine Tradition praxisnaher Entwicklungsforschung innerhalb der Deutschdidaktik zurückgreifen. Wichtige

Einsichten bietet in diesem Konnex das im Kapitel diskutierte „Modell der Didaktischen Rekonstruktion" (Kattmann et al. 1997), das auf die Entwicklung begründeter Leitlinien *für* die Unterrichtspraxis abzielt und fachdidaktische Forschungsfragen zu systematisieren hilft.

In **Kapitel 3** wird das Gegenstandsfeld „Lesekompetenz" spezifiziert und strukturiert. Dabei wird unter anderem erläutert, auf welchem Verständnis von *Lesen* bzw. *Lesekompetenz* diese Studie beruht, wie der Begriff der Lesekompetenz für die vorliegende Untersuchung operationalisiert wurde und welche Forschungsergebnisse zum Gegenstandsfeld bereits vorliegen.

Daran anschließend widmet sich **Kapitel 4** der theoretischen Aufarbeitung verschiedener Konzeptionen zum Begriff der *Diagnose*. Gegenteilig zur großen Beachtung, die Fragen der Diagnostik aktuell im Fachdiskurs zukommt (Kapitel 1.1), ist die Forschungslage zum Thema mehr als defizitär – dies gilt allgemein und erst recht für das (lese-)diagnostische Handeln von Deutschlehrkräften. Vor diesem Hintergrund erfolgt in diesem Kapitel eine kritische Auseinandersetzung mit Ansätzen, bestehenden Setzungen sowie Forschungsergebnissen anderer Disziplinen zum Gegenstandsfeld, um darauf gestützt den Diagnosebegriff und die eigene fachspezifische Forschungsperspektive für die vorliegende Studie herauszuarbeiten.

In **Kapitel 5** rücken (Deutsch-)Lehrerinnen und -lehrer als erster Adressat für fachdidaktische Innovationen in den Mittelpunkt. Im Abschnitt wird herausgearbeitet, in welchen theoretischen Kontext die in dieser empirischen Studie erhobenen „Vorstellungen und Orientierungen" (siehe Kapitel 8) der Deutschlehrkräfte zu verorten sind. Am Ende des Kapitels wird weiterhin in den Blick genommen, auf welche Erkenntnisse aus der deutschdidaktischen Professionsforschung die vorliegende Untersuchung aufbauen kann.

Kapitel 6 umreißt die konzeptionelle Umsetzung des lesediagnostischen Verfahrens. Mit dem »JugendDiagnoseTool-Lesekompetenz« (»JuDiT®-L«) wird ein strukturiertes Online-Diagnoseverfahren vorgestellt, welches Deutschlehrkräfte beim Diagnostizieren der Lesefähigkeiten ihrer Schülerinnen und Schüler unterstützen soll. Der Schwerpunkt des Kapitels liegt in der genauen Beschreibung der konzeptionellen Grundlagen, des Aufbaus und der Funktionen des entwickelten Diagnoseinstruments.

In **Kapitel 7** werden Fragen im Hinblick auf die empirische Erhebung in dieser Untersuchung fokussiert. Dabei werden einerseits die vorgenommenen methodologischen Überlegungen und Setzungen transparent gemacht sowie andererseits die methodische Durchführung des empirischen Untersuchungsschritts erläutert und begründet. Zielperspektive ist es, deutlich zu machen, wie in dieser Arbeit die lehrerseitigen Sichtweisen zum Gegenstandsfeld erhoben und rekonstruiert wurden, um die im Weiteren präsentierten und diskutierten Ergebnisse intersubjektiv nachvollziehbar zu machen und einordnen zu können.

Darauf aufbauend beinhaltet **Kapitel 8** die ausführliche Darstellung und Analyse der Ergebnisse der empirischen Untersuchung. Die Resultate werden sowohl im Überblick als auch anhand von zwei Einzelfallanalysen präsentiert, um deutlich zu machen, wie die Analyseerkenntnisse gewonnen wurden und auf welche Weise sich die dargestellten kategorialen Ergebnisse im konkreten Einzelfall verschränken.

Eine zentrale Erkenntnis aus der Rekonstruktion der lehrerseitigen Sichtweisen ist, dass die Kommunikation über fachliche Inhalte bzw. genauer die „(Fach-)Sprache", in der Erkenntnisse und Wissen der Fachdidaktik verhandelt werden, ein wesentliches Element ist, das es (nicht nur) im Rahmen praxisnaher fachdidaktischer Entwicklungsforschung zu beachten gilt. Daher erfolgt in **Kapitel 9** ein metakognitiver Diskurs über die Bedeutung der Rekonstruktion von (Fach-)Sprache. Hiermit wird ein wesentlicher Aspekt zur Beantwortung der Frage darstellt, *wie* an Deutschlehrkräfte gerichtete fachdidaktische Innovationen und Wissensbestände *vermittelnd* erstellt werden können.

Die analytischen und empirischen Erkenntnisse der Studie sind in die Weiterentwicklung von »JuDiT®-L« eingeflossen; die Vorgehensweise im Rahmen dieses Prozesses wird in **Kapitel 10** dargestellt und diskutiert. In diesem Untersuchungsschritt wurden zunächst die Perspektiven der Fachdidaktik und die rekonstruierten Perspektiven der Lehrenden zum Gegenstandsfeld systematisch aufeinander bezogen. Auf Grundlage dieses In-Beziehung-Setzens beider Perspektiven wurden anschließend fachdidaktische Leitlinien herausgearbeitet, die zur Weiterentwicklung des Diagnoseinstruments konkret in Umsetzung gebracht wurden.[10]

Kapitel 11 gibt eine Rückschau über die durchlaufenen Forschungs- und Entwicklungsschritte sowie eine abschließende Zusammenfassung zentraler Ergebnisse der vorliegenden Arbeit. In diesem Zusammenhang wird auch kritisch

---

10 In den allgemeinpädagogischen als auch speziell in deutschdidaktischen Studien ist mitunter ein normatives ‚Abgleichen' der lehrerseitigen Auffassungen mit den fachlichen Perspektiven die entscheidende Grundlage in den jeweiligen Untersuchungen, sodass hier eher ein hierarchisches denn ein qualitatives Denken aufscheint (so etwa bei Bremerich-Vos et al. 2011 oder Gattermaier 2003; zur qualitativen statt hierarchischen Differenzierung von Wissenschaft und Praxis u. a. Ivo 1994, S. 307).

reflektiert, welche Forschungsaspekte die vorliegende Untersuchung nicht zu leisten vermag, wo im Rahmen dieser Arbeit Fragen (zumindest vorläufig) unbeantwortet bleiben müssen und nicht zuletzt, welche neuen Fragestellungen durch die Erkenntnisse der vorliegenden Studie hinzugekommen sind.

2 Einen Denkrahmen finden: Das Modell der Didaktischen Rekonstruktion

Die Implementation[1] von „forschungs- und theoriebasiertem Wissen" in die Unterrichtspraxis ist „mehr als ein simpler Transferschritt" (Prediger et al. 2013, S. 11). Diverse empirische Studien zeigen, dass fachdidaktische Innovationen häufig nur als „Pseudo-Implementationen" (Scherf 2013, S. 418) Anwendung finden oder ihre Umsetzung in der Unterrichtspraxis sogar gänzlich scheitert (zusammenfassend: Reinmann-Rothmeier/Mandl 1998).[2] Aus Sicht der Implementationsforschung ist dieser Umstand vor allem auf einen „Mangel an Überlegungen zur Implementation" (Gräsel/Parchmann 2004b, S. 177) zurückzuführen, der beim Transfer[3] wissenschaftlicher Erkenntnisse in die Schulpraxis besteht. Im Hinblick auf die „tragende und häufig unterschätzte Rolle" (Ennemoser 2006, S. 517) von Implementationsfaktoren wird im Fachdiskurs (normativ) davon ausgegangen, dass „top-down"[4] eingeführte Maßnahmen eine geringe Wirkung

---

1   Gemeinhin wird der Begriff der *Implementation* als die Überführung von wissenschaftlichen Erkenntnissen in die Praxis verstanden (u. a. Altrichter/Wiesinger 2004, 2005; Euler/Sloane 1998, S. 312; Luchte 2005, S. 15). Die vorliegende Studie lehnt sich an Fullans Begriffsbestimmung an, die insbesondere die Prozesshaftigkeit bei der Implementation von Forschungsergebnissen in die Praxis markiert: Fullan charakterisiert Implementation als „the process of putting into practice an idea, program, or set of activities and structures new tot he people attempting or expected change" (Fullan 2007, p. 84, zitiert nach Goldenbaum 2012, S. 5).
2   Vertiefend: Altrichter/Wiesinger (2004, 2005); Einsiedler (2010, 2011); Euler/Sloane (1998); Gräsel/Parchmann (2004a und b); Gräsel (2011); Lipowsky (2010); Reinartz (2013, S. 22f.); van Driel/Beijaard/Verlopp (2001); für die Deutschdidaktik: Bräuer (2010a); Scherf (2013); Schmelz (2009).
3   Der Prozess der Verbreitung von Innovationen in der schulischen Praxis wird in der einschlägigen Forschung als „Transfer" bezeichnet (bspw. Einsiedler 2010, 2011; Gräsel 2010; zu Transfer-Ansätzen: Gräsel 2011; Parchmann et al. 2006; Wahl 2001). Dieser Aspekt ist jedoch nicht Gegenstand der vorliegenden Arbeit und bleibt Anschlussstudien vorbehalten.
4   Auf Grundlage einer Sichtung der einschlägigen Forschungsliteratur haben Gräsel und Parchmann (2004a) die Unterscheidung zwischen „Top-down-Strategien" und „symbiotische[n] Strategien" eingeführt. Im Rahmen von *Top-down-Strategien* werden Innovationen von außen initiiert und an die Schulpraxis herangetragen – charakteristisch ist dabei „eine personelle und zeitliche Trennung zwischen Konzeption und Entwicklung der Innovation einerseits und ihrer Umsetzung andererseits" (ebd.,

in der Praxis haben (u. a. Gräsel/Parchmann 2004a, S. 177f.). Ein differenzierteres Bild zu dieser Annahme ergibt sich, wenn man ergänzend die empirischen Erkenntnisse aus der Studie von Daniel Scherf (2013) heranzieht. Zur Frage, inwiefern lesedidaktische Wissensbestände und Innovationen Niederschlag im Wissen (und Handeln) von Deutschlehrkräften finden, bilanziert Scherf:

> Festgehalten werden kann: Bestimmte lesedidaktische Innovationen werden nicht deshalb abgelehnt, weil sie ‚von außen' kommen oder „top down" implementiert werden, sondern weil sie zu den geltenden Relevanzsetzungen der Lehrer, die sie ausführen sollen, keine Berührungspunkte aufweisen. [...] Um direkt Einfluss zu nehmen, müssten sie [Fachdidaktikerinnen und Fachdidaktiker] allerdings Konzepte erstellen, die an schulische Relevanzsetzungen heranreichen, sie müssten hierzu mit Lehrenden eine (imaginäre) Ingroup bilden, die innovatives Handeln implementiert. Lesedidaktiker müssten sich folglich auf die Lehrenden zubewegen [...]. (Scherf 2013, S. 423)

Die Ausführungen von Scherf markieren, dass weniger die „Einführungsebene" (ebd., S. 355), sondern die Berücksichtigung der lehrerseitigen Sichtweisen zum Gegenstandsfeld entscheidend für eine erfolgreiche Implementation von fachdidaktischen Innovationen ist.[5] Lehrkräfte nehmen also eine zentrale Rolle ein, wenn es um die Frage geht, ob und inwieweit fachdidaktische Erkenntnisse in

---

S. 199). Die Autorinnen bezeichnen mit der *symbiotischen Strategie* demgegenüber ein Vorgehen, bei dem „Akteure mit unterschiedlicher Expertise gemeinsam an der Umsetzung pädagogischer Innovationen arbeiten" (ebd., S. 205); bei dieser Strategie besteht eine Nähe zum Ansatz der Aktionsforschung (u. a. Altrichter/Posch 2007) sowie insbesondere auch Bezüge zu transdisziplinären Ansätzen (z. B. Stock/Burton 2011). Gräsel/Parchmann (2004a, S. 198) führen in ihrem Aufsatz noch die „bottom-up-Strategie" an, bei der die Innovation von einzelnen Schulen ausgeht bzw. intiiert wird. Da es sich hierbei „um situationsabhängige Einzelmaßnahmen handelt", gehen die Autorinnen auf diese Strategieform nicht näher ein. Grundsätzlich ist weiterhin anzumerken, dass für alle genannten Strategieformen „noch großer Forschungsbedarf" (ebd., S. 204) besteht.

5 In einschlägigen Publikationen wird zumeist von anzustrebenden „Veränderungsprozessen" bei Lehrkräften gesprochen (z. B. Scherf 2013, S. 25f.). Die Rede von Veränderungsprozessen nimmt eine idealtypische Perspektive auf den Anspruch einer praktischen Wissenschaft ein, nämlich - positiv ändernd – auf angehende und praktizierende Lehrkräfte zu wirken. Mit Blick auf Ansätze des Kontruktivismus (Kapitel 2.1) und die empirisch nachgewiesene Stabilität von lehrerseitigen Sichtweisen (u. a. Staub/Stern 2002) ist vielmehr davon zu sprechen, dass sich neue Einsichten zu bestehenden Vorstellungen ergeben. Bewusst spreche ich innerhalb der vorliegenden Arbeit deshalb von „ändern" statt „verändern", wenn der Einfluss bzw. die Einflussmöglichkeiten auf lehrerseitige Sichtweisen diskutiert werden.

den Unterricht gelangen. Eine der wesentlichen Gelingensbedingungen[6] für eine fundierte fachdidaktische Entwicklungsarbeit ist insofern, dass Entwicklung und Forschung miteinander verzahnt und nicht als isolierte Prozesse betrachtet werden (im Sinne einer „Vorab-Förderung des Transfers", Einsiedler 2010, S. 63).

Aus den vorangestellten Überlegungen resultiert für die vorliegende Studie die Anforderung, Wissenschaftswissen und Handlungsfeld in einen produktiven Zusammenhang zu bringen bzw. „auf erhellende Weise zu kontrastieren" (Wieser 2012, S. 141), um ein praxisnahes Diagnoseverfahren zu entwickeln. Eine Frage bleibt allerdings nach wie vor bestehen: Wie können solche produktiven Bezüge hergestellt werden? In der fachdidaktischen Diskussion wird zwar vielfach die Vermittlung zwischen Wissenschaft und Handlungsfeld eingefordert[7], bislang gibt es aber weder fachbezogene Studien noch theoretische Rahmenmodelle, die Aufschluss darüber geben, wie die Deutschdidaktik „ihre Produkte *vermittelt* erstellen" (Scherf 2013, S. 423, Herv. ebd.) kann.

Aufschlussreich ist in diesem Zusammenhang das Modell der Didaktischen Rekonstruktion für die Lehrerbildung (van Dijk/Kattmann 2007, 2010; Komorek/Fischer/Moschner 2013). Es basiert auf dem Modell der Didaktischen Rekonstruktion (Kattmann et al. 1997), das in der Naturwissenschaftsdidaktik etabliert[8] und prinzipiell anschlussfähig an alle Fachdidaktiken ist. Das Modell ist für die profilierten Fragen ein produktiver Denk- bzw. Forschungsrahmen, da hier verstehensfördernde Bezüge zwischen Fachdidaktik und Unterricht angestrebt werden, um weiterführende Einsichten *für die Praxis* zu ermöglichen – das Modell der Didaktischen Rekonstruktion ist somit anschlussfähig an eine Deutschdidaktik, die sich als praktische Wissenschaft (Ossner 1993, 1999; Wintersteiner 2007) versteht. In den folgenden Abschnitten werden die theoretischen Grundannahmen und die methodischen Komponenten des Modells erörtert (Kapitel 2.1) sowie die Adaption dieses Rahmenkonzepts für die vorliegende Untersuchung konkretisiert (Kapitel 2.2).

---

6 In welchem Verhältnis einzelne Gelingensbedingungen bzw. Implementationsfaktoren zueinander stehen, ist bisher noch nicht erforscht (Luchte 2005, S. 50).
7 U. a. Bräuer (2010a, S. 11, 353f.); Gailberger (2013, S. 14); Kammler/Knapp (2002, S. 8); Kunze (2004, S. 16); Scherf (2013, S. 16); Schmelz (2009, S. 264f.); Wieser (2010, S. 113); Winkler (2011, S. 157, 290); Wintersteiner (2007, S. 23, 31).
8 Die Schriftenreihe „Beiträge zur Didaktischen Rekonstruktion" umfasst mittlerweile beinah fünfzig Bände (https://www.uni-oldenburg.de/diz/publikationen/beitraege-zur-didaktischen-rekonstruktion).

2.1 Das Modell der Didaktischen Rekonstruktion: Theoretische Einordnung und Untersuchungsaufgaben

Das Modell der Didaktischen Rekonstruktion – ursprünglich für naturwissenschaftsdidaktische Fragestellungen entwickelt – ist sowohl eine „praktische Theorie" (Kattmann 2007a) als auch ein theoretischer Forschungsrahmen. Das Modell greift im Wesentlichen auf den Ansatz der Didaktischen Analyse nach Klafki (1969) sowie das Strukturmomentmodell der Berliner Schule (Heimann/Otto/Schulz 1969) zurück und nimmt eine Kompromissposition zwischen beiden Ansätzen ein, indem die „grundsätzliche wechselseitige Abhängigkeit der den Unterricht bestimmenden Variablen" anerkannt und dabei gleichfalls „Zielentscheidungen im Planungsprozess eine gewisse Priorität" zugestanden wird (Kattmann et al. 1997, S. 8f.). Kennzeichnend für das Modell der Didaktischen Rekonstruktion ist, dass die Sichtweisen von Lernenden bzw. Lehrenden zu einem bestimmten Lerngegenstand fokussiert und mit wissenschaftstheoretischen Annahmen in Beziehung gesetzt werden, um Unterricht bzw. die Professionalisierung von Lehrkräften didaktisch zu strukturieren.

Das Modell der Didaktischen Rekonstruktion bietet einen theoretischen und methodischen Rahmen für die Planung, Durchführung und Evaluation fachdidaktischer Forschungs- und Entwicklungsarbeiten, ohne bestimmte Setzungen und Methoden vorzuschreiben (Kattmann et al. 1997, S. 4, 16). Didaktische Rekonstruktion beinhaltet sowohl analytische als auch empirische Aufgaben, die bearbeitet und miteinander verknüpft werden müssen. Fundament für diese Aufgaben bilden (1) eine konstruktivistische Position zum Wissenserwerb sowie (2) Theorien zur Vorstellungsbildung und Vorstellungsänderung.

Konstruktivismus

Das Modell der Didaktischen Rekonstruktion steht in der Tradition einer moderat konstruktivistischen Auffassung von Lernen bzw. des Wissenserwerbs (u. a. Gerstenmaier/Mandl 1995, S. 882).[9] Epistemologisch basiert das Modell also auf einer Lehr-/Lerntheorie, die in den letzten 15 Jahren im erziehungswissenschaftlichen und fachdidaktischen Diskurs an Bedeutung gewonnen hat (u. a. Gropengießer 2007b; Reusser 2006; Riemeier 2007). Zentral für eine konstruktivistische Auffassung ist, dass Lernen einen aktiven und selbstgesteuerten Prozess

---

9 Für eine Übersicht über die Verwendung des Begriffs des Konstruktivismus und die bestehenden theoretischen Zugänge siehe Gerstenmaier/Mandl (1995, S. 868–879) sowie – mit Bezug auf den anglo-amerikanischen Raum – Ernest (2010) und Windschitl (2002).

der Wissenskonstruktion darstellt, in dem jedes Individuum seine Wirklichkeit selbst konstruiert (bspw. Gerstenmaier/Mandl 1995, S. 882f.).[10] In diesem Prozess wird das Wissen des Individuums „in der Auseinandersetzung mit wissenschaftlichem Wissen und in der Verarbeitung gewonnener Erfahrungen sukzessive differenziert, umstrukturiert, erweitert und integriert" (Messner/Reusser 2000, S. 163). Dies könnte den Anschein erwecken, dass der Konstruktionsprozess rein individuell stattfindet. Gleichwohl ist der Prozess der Wissenskonstruktion auch als Ko-Konstruktion zu betrachten, da das Individuum in einen sozialen und institutionellen Rahmen eingebunden ist.[11] Wissen wird also sozial und interaktiv in Bezug zu Kontexten, d. h. gemeinsam oder in Auseinandersetzung mit anderen, produziert und angewendet (u. a. Gerstenmaier/Mandl 1995, S. 882ff.; Kattmann 2007a: 96). Auch für die Betrachtung des Aufbaus von Lehrerwissen hat sich mittlerweile diese konstruktivistische Position etabliert (z. B. Messner/Reusser 2000, S. 163).[12]

Lernen muss unter Berücksichtigung und gegebenenfalls Änderung bereits vorhandener Perspektiven zu einem bestimmten Gegenstand stattfinden, die es dafür zunächst zu erheben und zu analysieren gilt. Im Modell der Didaktischen Rekonstruktion wird insofern betont, dass Lernende[13] keine *tabula rasa* sind, sondern über (Vor-)Wissensbestände, Erfahrungen und Einstellungen zu einzelnen

---

10 Dies ist bündig mit den Ausführungen von Bromme (1997, S. 9), der auf die „unmerkliche Bedeutungsveränderung" von Begriffen hinweist. Für die Erhebung ist somit zu bedenken, dass die Nennung eines in der Deutschdidaktik etablierten Begriffs wie z. B. „Leseflüssigkeit" zu hinterfragen ist bzw. es für den Rekonstruktionsprozess zu beachten gilt, wie der Begriff von den Befragten konstruiert wird. Kunze verweist indirekt auf diesen individuellen Konstruktionsprozess, wenn sie davor warnt, dass Bedeutungsänderungen auch zu „Verständigungsproblemen" zwischen Lehrkräften und Fachwissenschaftlern oder Fachdidaktikern führen können (Bromme 2004, S. 31). Diese Feststellung hat sowohl Konsequenzen für die empirische Erhebung in dieser Studie (siehe Kapitel 7) als auch für die Verständigung zwischen Praxis und Fachdidaktik (siehe Kapitel 9).
11 Diesen sozialen und interaktiven Prozess betonen Bastian/Helsper (2000, S. 184) für die Professionalisierung von Lehrkräften ebenfalls (siehe Kapitel 5.1.1).
12 Auch in der Deutschdidaktik wird diese Auffassung aufgegriffen (Spinner 1998b für die Hochschuldidaktik; zum Lehrerwissen allgemein Kunze 2004, S. 30f., 40f. und Scherf 2013, 17, 23f.). Vor diesem Hintergrund wird für die vorliegende Studie ebenfalls davon ausgegangen, dass Lehrkräfte Wirklichkeitsaspekte zur Diagnose von Lesekompetenz konstruieren, die für die Konstruktion eines praxisnahen Instruments einzubeziehen sind.
13 Das Modell der Didaktischen Rekonstruktion wurde zunächst für die Erhebung von Schülervorstellungen entwickelt. Wenn im Weiteren von Lernenden in Bezug auf das

Unterrichtsgegenständen verfügen, die für das Lernen bzw. zur Förderung berücksichtigt werden müssen (u. a. Komorek/Fischer/Moschner 2013, S. 41). Ebenso werden fachliche Theorien als – methodisch kontrollierte und systematische – Perspektiven betrachtet, die von der Wissenschaftsgemeinschaft geteilt werden (u. a. Gropengießer/Kattmann 2008, S. 162). Im Gegensatz zu anderen Ansätzen der fachdidaktischen Forschung werden im Modell der Didaktischen Rekonstruktion die Sichtweisen der Lernenden *nicht* als „misconceptions"[14] verstanden und somit (eher) als Lernhindernis interpretiert – dies würde im Widerspruch zur skizzierten konstruktivistischen Perspektive stehen (u. a. Gropengießer 1997, S. 73; Kattmann 2007a, S. 98). Die Vorstellungen der Lernenden (oder auch Lehrenden) werden vielmehr als individuelle Sinnkonstruktionen anerkannt, die sich für den Einzelnen bzw. die Einzelne bewährt haben: „Vorstellungen können somit nicht falsch, sondern höchstens nicht ausreichend an (fachlichen) Erfahrungen verifiziert worden sein" (Niebert 2010, S. 10).[15] Im Modell der Didaktischen Rekonstruktion wird somit das *Beschreiben* und *Verstehen* der Vorstellungen der Lernenden als produktive Basis für die Strukturierung von Lernprozessen zentral gesetzt.

Modell der Didaktischen Rekonstruktion gesprochen wird, sind mit Bezug auf die vorliegende Studie Lehrkräfte gemeint.

14 Ein Beispiel hierfür findet sich u. a. beim Shulman'schen Begriff des „pedagogical content knowledge". Shulman spricht von „student misconceptions and their influence on subsequent learning" (Shulman 1986, S. 10). Die Bezeichnung „Fehlvorstellung" (als angemessene deutsche Übersetzung) in Bezug auf Schüler- und/oder Lehrervorstellungen sowie die damit einhergehende defizitorientierte Perspektive widerspricht den dargestellten Ausführungen zum Konstruktivismus, wonach Vorstellungen nicht normativ wertend als ‚richtig' oder ‚falsch' eingeordnet werden sollten. Im Weiteren bezeichne ich Lehrervorstellungen auch als Alltagsvorstellungen, wenn sich diese nicht auf deutschdidaktische bzw. fachdidaktische Vorstellungen zur Diagnose (von Lesekompetenz) beziehen.

15 Ebenso Gropengießer (1997, S. 73), Gropengießer (2007a, S. 16);); Kattmann (2004, S. 43). Gerade in der Lehrerforschung erscheint momentan vorrangig die Strategie üblich, die Perspektiven von Lehrkräften mit den bestehenden wissenschaftlichen Erkenntnissen – als Beispiel sei hier TEDS-LT (Bremerich-Vos et al. 2011; Bremerich-Vos/ Dämmer 2013) genannt – ‚nur' abzugleichen, sodass Studien in diesen Zusammenhängen oftmals eher in einer reinen Defizitorientierung münden, die nach meiner Auffassung a priori keine wirkliche Änderung der Praxis verspricht resp. versprechen kann (ähnlich für den Bereich „Schülervorstellungen" Gropengießer 2007a, S. 17f.). Vielmehr ist eine Forschungsperspektive einzufordern, die Lehrervorstellungen als erfahrungsgeprägte Alltagsvorstellungen betrachtet und diesen mit angemessener Wertschätzung begegnet, indem sowohl die Stärken als auch die Schwächen der eigenen Wissensbestände und Relevanzsetzungen der Lehrkräfte berücksichtigt werden.

Conceptual Change

Wie bereits angedeutet, basiert das Modell der Didaktischen Rekonstruktion auf der Auffassung, dass Vorstellungen nicht einfach ausgetauscht und neu konstruiert werden können. Ausgangspunkt ist vielmehr, an vorhandene Vorstellungen anzuknüpfen und diese neu zu *rekonstruieren*, d. h. die bestehenden Vorstellungen zu modifizieren, zu bereichern oder zu differenzieren (s. o.). Infolgedessen wird im Modell der Didaktischen Rekonstruktion der Ansatz verfolgt, Inhalte für den Unterricht resp. die Lehrerprofessionalisierung didaktisch so zu rekonstruieren, „dass sie [für die Lernenden bzw. Lehrkräfte] zugänglich gemacht werden" (Kattmann et al. 1997, S. 10).[16]

Welche Vorgehensweise wird im Modell der Didaktischen Rekonstruktion vor dem Hintergrund der skizzierten Ansätze verfolgt bzw. als tragfähig angesehen? Forschungsmethodologisch werden fachliche Konzepte und Theorien und empirisch rekonstruierte Sichtweisen von Lernenden *zueinander in Beziehung gesetzt*, da „Methoden und Aussagen der Fachwissenschaften nicht unbesehen und unverändert in den schulischen Fachunterricht übernommen werden können" (Kattmann et al. 1997, S. 3). Im Modell wird beiden Rationalitätsformen eine *eigene Wertigkeit* zugestanden, die weiterführend für die Didaktische Strukturierung[17] von Unterrichtsinhalten genutzt wird. Es geht also nicht „um einen einseitig normativen Vergleich mit wissenschaftlichen Konzepten" (Gropengießer 2007a, S. 15). Der Vergleich

> is not meant to set the standard on which the teacher's knowledge is being measured. Rather, the function of the reference material is to provide us with a broad picture of the different conceptions and representations of the subject matter that can be used as a context in which the teacher's conceptions can be fully explored. (van Dijk/Kattmann 2007, S. 895)

---

16 In einem späteren Aufsatz zur Didaktischen Rekonstruktion bezeichnet Kattmann (2007a, S. 98) dieses Vorgehen als „Conceptual Reconstruction" und modifiziert damit Ansätze der Conceptual Change-Theorie (u. a. Krüger 2007; Posner et al. 1982). Im Kontext des vorliegenden Projekts liegt der primäre Fokus darauf, die *Vorstellungen* und *Orientierungen* (siehe Kapitel 5.2.3) der Deutschlehrkräfte für die Toolentwicklung aufzugreifen. Änderungsprozesse der Auffassungen sind vor diesem Hintergrund ein sekundärer Untersuchungsschritt, der im Weiteren ausgeklammert wird.

17 Der Begriff der „didaktische[n] Strukturierung" wird ebenfalls intensiv in der Allgemeinen Didaktik verwendet und beschreibt dort die vielfältigen Praktiken des Strukturierens von Lernenden und Lehrkräften (Jank/Meyer 2011, S. 92–97). Schnittmenge beider Begriffe ist die Gestaltung von didaktisch-methodischen Entscheidungen und Praktiken. Im Weiteren schreibe ich den Begriff mit einem großen „D", wenn der direkte Bezug auf das Modell der Didaktischen Rekonstruktion gemeint ist.

Fokussiert wird also eine wechselseitige Betrachtung, um *begründet* Strukturierungen *für* die Unterrichtspraxis zu gewinnen. Diese Wechselbeziehung und gegenseitige Ergänzung wird als Beitrag zum methodisch kontrollierten Fremdverstehen im Forschungsprozess angesehen (u. a. Gropengießer 1997, S. 73; Komorek/Fischer/Moschner 2013, S. 40).[18]

Im Modell werden nunmehr die folgenden drei wechselseitig abhängigen Untersuchungsaufgaben zum Triplett zusammengeführt (Kattmann et al. 1997, S. 4): (1) Die empirische Erforschung der (Vor-)Wissensbestände und Einstellungen der Lernenden zum jeweiligen Lerngegenstand, (2) die Fachliche Klärung aus fachdidaktischer Sicht sowie (3) die Aufarbeitung dieser beiden Untersuchungsschritte, um eine Struktur *für* den Unterricht[19] zu einem bestimmten Gegenstandsbereich zu formulieren (siehe Abbildung 2.1).[20]

Abbildung 2.1: Das Modell der Didaktischen Rekonstruktion (Kattmann et al. 1997, S. 4)

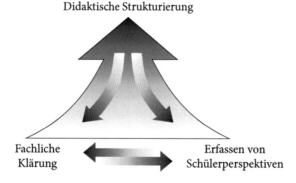

Alle drei genannten Untersuchungsaufgaben werden theoriegeleitet vollzogen. Didaktische Rekonstruktion ist folglich als eine *Metatheorie* zu betrachten, in die Forschungsarbeiten eingebettet werden können (Kattmann 2007a, S. 97).

---

18 Zum methodisch kontrollierten Fremdverstehen als elementares Prinzip für die Erhebung von lehrerseitiger Sichtweisen: Kapitel 7.3.
19 Wie Meyer (2007, S. 176) formuliert, ist die Didaktische Strukturierung generell als vorläufig zu betrachten, denn „[d]ie Didaktische Strukturierung wird erst im Unterrichtsprozess selbst zum Abschluss gebracht".
20 Die einzelnen Untersuchungsschritte der Didaktischen Rekonstruktion sind für sich genommen nicht neu, jedoch deren iterative Verknüpfung (ausführlicher z. B. Kattmann 2004, S. 43, Fußnote 2). Zur Darstellung der bildungstheoretischen, allgemeindidaktischen und fachdidaktischen Grundlagen des Modells: Kattmann et al. (1997, S. 8ff.).

2 Einen Denkrahmen finden: Das Modell der Didaktischen Rekonstruktion

Durch die beschriebenen Untersuchungsschritte sollen die „wesentlichen Teile fachdidaktischer Arbeiten explizit gemacht, systematisch aufeinander bezogen und für die Praxis relevant" (ebd., S. 93) werden.

Grundgedanke ist, wie bereits mehrfach angeführt, fachwissenschaftliche Theorien und die Vorstellungen der Akteure im Praxisfeld in „Vermittlungsabsicht" zusammenzubringen (Kattmann et al. 1997, S. 5, 12). Als „verbindende Ebene" der drei Untersuchungsaufgaben im Modell der Didaktischen Rekonstruktion wird dabei die Ebene der „Vorstellungen" gesehen (zum Vorstellungsbegriff in dieser Arbeit: Kapitel 5.2.3).[21]

Wichtig ist weiterhin, dass „weder alle drei Untersuchungsaufgaben gleichzeitig bearbeitet, noch in eine lineare Abfolge dreier streng aufeinander folgender Einzelschritte übersetzt werden" können (Gropengießer 2005, S. 172). Das Arbeiten mit Zwischenergebnissen ist insofern ein zentraler Schritt, da sich die jeweiligen (vorläufigen) „Untersuchungsergebnisse gegenseitig erhellen" sollen (Kattmann et al. 1997, S. 12f.). Kurzum: Das Vorgehen ist Modell der Didaktischen Rekonstruktion ist *rekursiv*. Dabei

> wird abwechselnd eine Untersuchungsaufgabe soweit vorangebracht, wie es der Stand der Untersuchung in den jeweils anderen Komponenten erlaubt, oder auch, wie es die Arbeiten an den anderen Komponenten fördert […]. (ebd., S. 14)

Zugleich sollen mit diesem iterativen Vorgehen „unzutreffende oder unzulässige Zuordnungen und Interpretationen" (ebd.) vermieden werden. Dieses Vorgehen deckt sich mit der Auffassung der Implementationsforschung, die „Theorienanwendung und Theoriebildung miteinander verzahnen [zu] lassen", sodass didaktische Angebote „a priori auf Anwendungsfelder hin entwickelt und überprüft werden" (Euler/Sloane 1998, S. 313). Hier muss allerdings angemerkt werden, dass in einem solchen rekursiven Vorgehen – gerade im Rahmen von Einzelprojekten wie der vorliegenden Arbeit – auch Grenzen liegen, sodass nachfolgend „Schwerpunkte in der Analyse, Konstruktion oder Erprobung gesetzt werden müssen" (Heinicke 2012, S. 27). Im Anschluss an die Argumentation von Heinicke (ebd.) verstehe ich die vorliegende Arbeit daher als „Beitrag" (ebd.) zur Didaktischen Rekonstruktion im Gegenstandsfeld „Diagnose von Lesekompetenz". In einem nächsten Schritt soll nun dargelegt werden, wie das Modell der Didaktischen Rekonstruktion für die vorliegende Arbeit profiliert wurde, um so die konzeptuelle Basis für eine von einer fachbezogenen Perspektive geprägte Didaktische Rekonstruktion zu legen.

---

21 Dies hat auf methodischer Ebene weiterführende Konsequenzen (siehe Kapitel 7.4).

2.2 Das Modell der Didaktischen Rekonstruktion für die Lehrerbildung

Mit dem ERTE-Modell (Educational Reconstruction for Teacher Education) ist das Modell der Didaktischen Rekonstruktion auf die Lehrerbildung übertragen worden (van Dijk/Kattmann 2007, 2010).[22] In dem ERTE-Modell wird nunmehr fokussiert, welche Vorstellungen Lehrkräfte zur Planung und Strukturierung von Unterricht zu einem bestimmten Gegenstandsfeld haben. Wie im Modell der Didaktischen Rekonstruktion (s. o.) gilt es, die beiden herausgearbeiteten Untersuchungsschwerpunkte anschließend wechselseitig aufeinander zu beziehen, um so begründet Leitlinien für die Lehrerbildung bzw. Professionalisierung herauszuarbeiten (Komorek/Fischer/Moschner 2013, S. 40). Die drei obligatorischen Untersuchungsaufgaben lassen sich folgendermaßen zusammenfassen (ebd., S. 50f.):

- **Untersuchungsaufgabe „Fachdidaktische Klärung"**: Eine Aufgabe im Rahmen des Modells ist die Analyse fachlicher und fachdidaktischer Konzeptionen zu einem bestimmten Untersuchungsgegenstand. Sie werden als fachdidaktische Vorstellungen bezeichnet. Für die Fachdidaktische Klärung können unterschiedliche Quellen wie Lehrbücher, fachliche und fachdidaktische Publikationen und Forschungsbefunde als „Zeugnisse fachwissenschaftlicher Theoriebildung und Praxis" (Kattmann 2007a, S. 95) herangezogen werden. In der vorliegenden Arbeit konzentriert sich die Analyse auf die Vorstellungen von Wissenschaftlerinnen und Wissenschaftlern zum Untersuchungsgegenstand „Diagnose von Lesekompetenz" (siehe Kapitel 3 und 4).[23]
- **Untersuchungsaufgabe „Empirische Untersuchung von Lehrervorstellungen"**: Wie bereits erläutert, stellen die entwickelten Sichtweisen der Lehrkräfte zu einem bestimmten Gegenstand das „Ergebnis der Lerngeschichte" dar (Gropengießer 2007a, S. 18). Zugleich sind diese Sichtweisen als eine zentrale Einflussgröße für den Unterricht zu betrachten und daher Inhalt der empirischen Aufgaben der Didaktischen Rekonstruktion. Es wird untersucht, (1) über welche fachlichen Kenntnisse die Lehrenden zur „Diagnose

---

[22] Das Modell der Didaktischen Rekonstruktion für die Lehrerbildung war zugleich methodische Grundlage und gemeinsame Forschungsausrichtung im Promotionsprogramm „Prozesse fachdidaktischer Strukturierung in Schulpraxis und Lehrerbildung (ProfaS)", in dem verschiedene fachdidaktische und bildungswissenschaftliche Arbeitsgruppen zusammen arbeiten (Komorek/Fischer/Moschner 2013; Schmidt/Moschner 2016).

[23] Im Folgenden werden die Begriffe „Fachliche Klärung" sowie „Fachdidaktische Klärung" immer dann groß geschrieben, wenn sich diese als Eigennamen auf die Inhalte des Modells der Didaktischen Rekonstruktion für die Lehrerbildung beziehen.

von Lesekompetenz" verfügen, (2) welche Kenntnisse sie von Lernendenperspektiven zum Thema haben und (3) welche Kenntnisse sie von verschiedenen Instruktions- bzw. Diagnoseformen zum Gegenstand Lesekompetenz besitzen. Diese empirisch erhobenen individuellen Konstrukte werden als Anknüpfungspunkte für die Konzeption eines praxisnahen Diagnoseinstruments im Bereich Lesekompetenz betrachtet (siehe Kapitel 5, 7 und 8).
- **Untersuchungsaufgabe „Fachdidaktische Strukturierung":** Die Ergebnisse der Fachdidaktischen Klärung sowie die empirischen Ergebnisse zu Lehrervorstellungen zur Diagnose von Lesekompetenz werden aufeinander bezogen. Die konstruktiv erarbeiteten Vorschläge können die Ordnung, Eingrenzung, Durchführung und Entwicklung eines fachlichen Gegenstandsbereiches betreffen (Gropengießer 2007a, S. 13). Der Schwerpunkt dieser Arbeit liegt auf der Ebene der Entwicklung. Im Rahmen der Didaktischen Strukturierung sollen die in Vermittlungsabsicht zusammengeführten Perspektiven für die (Weiter-)Entwicklung des Diagnoseinstruments »JuDiT-L®« aufgegriffen werden (siehe Kapitel 6 und 9).

In der nachfolgenden Abbildung sind die drei rekursiv angelegten Untersuchungsaufgaben bzw. -schritte für die vorliegende Arbeit formuliert:

Abbildung 2.2: Das Modell der Didaktischen Rekonstruktion als Forschungsrahmen für die vorliegende Studie (eigene Darstellung)

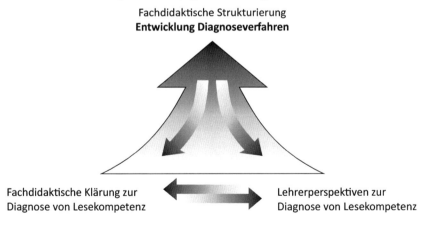

Jedes Modell hat *per se* einen spezifischen Fokus, der bestimmte Gesichtspunkte in den Mittelpunkt stellt, sodass auch im Modell der Didaktischen Rekonstruktion Grenzen klar auszuweisen sind (selbstkritisch Kattmann 2007a, S. 98f.). So ist die Aufgabe im Modell für die Lehrerbildung relativ umfassend, da sowohl die lehrerseitigen Sichtweisen zur Strukturierung eines Gegenstands, zu Lernerperspektiven und zum fachwissenschaftlichen Wissen im Gegenstandsfeld rekonstruiert werden müssen (Komorek/Fischer/Moschner 2013, S. 53f.). Die Stärke des Modells ist wiederum die Konzentration darauf, dass lehrerseitige und fachdidaktische Perspektiven zu einem bestimmten Gegenstandsfeld *in Vermittlungsabsicht* zusammengebracht werden (siehe vertiefend dazu Kapitel 9 und 10). Die Untersuchungen im Rahmenmodell verbleiben insofern nicht allein bei der Rekonstruktion der Sichtweisen von Lehrkräften, sondern zielen weiterführend auf *begründete* Strukturierungen zur Lehrerbildung resp. Professionalisierung.

2.3 Zusammenfassung: Didaktische Rekonstruktion als Brückenprinzip zwischen Wissenschaft und Praxis

- In diesem Kapitel wurde einleitend herausgearbeitet, dass Lehrkräfte im Fach Deutsch für die Konzeption fachdidaktischer Innovationen nicht nur „Anregungspotenzial" (Wieser 2012, S. 149) bieten oder gar nur als reine „Datenlieferanten" (Einsiedler 2010, S. 65) für die Implementation situiert werden können. Insofern reicht es für die vorliegende Arbeit nicht aus, ein Diagnoseinstrument für den Bereich Lesekompetenz „weitgehend ohne Einbeziehung der Praxis zu entwickeln und […] Schulen nach Abschluss der Arbeiten zur Verfügung zu stellen" (Gräsel/Parchmann 2004b, S. 177). Vielmehr gilt es, bereits bei der Entwicklung der Innovation an die Wissensbestände und Relevanzsetzungen von Deutschlehrkräften anzuknüpfen. Ein solches Vorgehen erfordert allerdings ein tragfähiges „Brückenprinzip"[24], um systematisch und theoretisch fundiert zu einer produktiven Berücksichtigung der Perspektive(n) von Lehrkräften bei der Erarbeitung eines praxisnahen Diagnoseverfahrens zu gelangen.

---

24 Winkler (2016) hat den Begriff „Brückenprinzip", der ursprünglich aus der vergleichenden Erziehungswissenschaft stammt, in die deutschdidaktische Diskussion eingebracht. Sie kennzeichnet mit dem Begriff fachdidaktische Vorgehensweisen, um eine angemessene Verbindung der Rationalitätsformen von Wissenschaft und praktischer Handlungsrelevanz herstellen zu können, ohne dabei Übervereinfachungen zu erliegen.

- Im Hinblick auf geeignete Modelle für solche tiefergehenden Elaborationen ist festzustellen, dass sich die Deutschdidaktik „mit den Prozessen der Rezeption und Verwendung ihrer auf die Praxis des Unterrichtens bezogenen Wissensprodukte [...] bisher kaum auseinandersetzte" (Scherf 2013, S. 36). Ansätze dazu, *wie* die Perspektiven der Fachdidaktik und der Lehrkräfte produktiv zusammengeführt werden können, sucht man bislang vergebens. Was leistet in diesem Kontext das in diesem Kapitel diskutierte Modell der Didaktischen Rekonstruktion? Es liefert einen integrativen Rahmen, der „zugleich flexibel genug" (Kattmann et al. 1997, S. 16) ist, um auf die jeweils spezifisch fachdidaktische Fragestellung anwendbar zu sein und der durch seine Rahmung einer Beliebigkeit entgegenwirkt. Für die profilierten Forschungsfragen dieser Untersuchung (Kapitel 1.1) bildet das Modell der Didaktischen Rekonstruktion insofern ein geeignetes strukturgebendes Forschungsparadigma, das bereits mehrfach – für naturwissenschaftsdidaktische Fragestellungen – empirisch gestützt ist.

3 Bestimmung des Gegenstandsfeldes: Lesekompetenz

Mit Bekanntwerden der PISA-Ergebnisse hat sich die wissenschaftliche Bestimmung der Lesekompetenz[1] von Schülerinnen und Schülern zu einem zentralen Thema und intensivem Forschungsgebiet innerhalb der empirischen Bildungsforschung entwickelt.[2] Im Zuge der erhöhten Aufmerksamkeit für das Lesenkönnen ist auch eine immense Anzahl an „kaum mehr zu überblickenden unterrichtspraktischen Materialien und didaktischen Handreichungen" (Nix 2010, S. 139) zur Leseförderung entstanden.[3] Trotz dieser regen Forschungsaktivitäten und Diskussionen im verschiedenen Fachdiskursen besteht aber eine „Intransparenz des Gegenstandsfeldes" (ebd., S. 142) hinsichtlich der Frage, was unter „kompetentem Lesen" zu fassen ist und wie dieses bei Schülerinnen und Schülern gefördert werden kann.[4] Daraus resultiert die Anforderung, den fachlichen Gegenstand „Lesekompetenz" für die vorliegende Arbeit zu profilieren.

---

1 In diesem Kapitel sowie im weiteren Argumentationsgang der vorliegenden Arbeit werden Ausführungen zur Lese-Rechtschreib-Schwäche (z. B. Klicpera/Gasteiger-Klicpera 1998, S. 192–217; Wember 2012) oder Prozesse und Herausforderungen im Bereich des Zweitspracherwerbs (u. a. Ahrenholz 2014; Klein 1992) ausgeklammert, da diese Bereiche eigens zu diskutierende bzw. zu erforschende Schwerpunkte darstellen.
2 Für die Deutschdidaktik z. B. Abraham et al. (2003); Bertschi-Kaufmann (2007a); Gailberger/Wietzke (2013); Garbe/Holle/Jesch (2009); Groeben/Hurrelmann (2002, 2004b); Rosebrock/Nix (2008); Willenberg (2007a).
3 Exemplarisch: Bertschi-Kaufmann et al. (2007); Gold (2007); Schoenbach et al. (2006); Wrobel (2008). Der Einfluss von Large-Scale-Untersuchungen auf die Deutschdidaktik ist also vielschichtig: Neben der Einwirkung auf den Fachdiskurs haben Leseleistungsstudien wie PISA, IGLU und DESI zweifelsohne auch auf die empirische Unterrichtsforschung in der Deutschdidaktik eingewirkt (siehe exemplarisch dazu: Bremerich-Vos 2002; Groeben/Hurrelmann 2006; Kammler/Knapp 2002; Rupp/Bonholt 2006). Mitnichten ist die Tätigkeit des Lesens aber erst mit der PISA-Studie in das Blickfeld der Deutschdidaktik geraten (siehe z. B. die Studie von Beisbart et al. 1993).
4 Dass sich diese „neue Unübersichtlichkeit" (Nix 2010, S. 142) im Gegenstandsfeld möglicherweise auf die Zielperspektiven der Lehrkräfte für die Diagnose von Lesekompetenz auswirken kann, ist denkbar – dies wird in den empirischen Daten zu überprüfen sein (siehe Kapitel 8).

Ziel dieses Kapitels ist daher

- zu klären, welche Forschungsperspektive auf das Konstrukt „Lesekompetenz" in der vorliegenden Arbeit eingenommen wird (Kapitel 3.1),
- erweiternd zu betrachten, wie das Konstrukt „Lesekompetenz" in curricularer Perspektive bestimmt wird (Kapitel 3.2),
- das Konstrukt „Lesekompetenz" zu operationalisieren (Kapitel 3.3),
- zu diskutieren, welche Befunde zur Lesekompetenz von Schülerinnen und Schülern in der Sekundarstufe I bislang vorliegen, auf die die vorliegende Arbeit aufbauen kann (Kapitel 3.4),
- (erste) Schlussfolgerungen für die Entwicklung eines lesedidaktischen Diagnoseinstruments zu formulieren (Kapitel 3.5).

Im Gesamtzusammenhang der Untersuchung zielen die folgenden theoretischen Überlegungen nicht nur darauf, eine konzeptuelle Basis für die Entwicklung des lesediagnostischen Verfahrens (siehe Kapitel 6) zu legen, sondern bilden darüber hinaus eine sensibilisierende ‚Vergleichsfolie' für die rekonstruierten Wissensbestände von Deutschlehrkräften in der empirischen Untersuchung (siehe Kapitel 8).

3.1 Ein integrierender Lesebegriff: Das Mehrebenen-Modell des Lesens

Zur Erinnerung: Anliegen dieser Untersuchung ist die Konzeption eines unterrichtsnahen Diagnoseverfahrens, das Deutschlehrkräfte bei der Beobachtung und Einschätzung von Lesekompetenz unterstützen soll (Kapitel 1.1). Als konzeptuelle Basis erachte ich insofern das didaktisch orientierte *Mehrebenen-Modell des Lesens* von Rosebrock/Nix (2008), das auf einem integrativen Lesekompetenzbegriff[5] basiert, als besonders geeignet. Nachfolgend wird zunächst das Modell skizziert

---

5 Zwei Richtungen sind aktuell in Bezug auf den Lesekompetenzbegriff vorherrschend: zum einen kognitionstheoretisch orientierte Modelle (wie in der PISA-Studie), die auf dem angelsächsischen *literacy*-Konzept basieren und von einem funktionalen Verständnis von Lesekompetenz ausgehen. Zum anderen gibt es Modelle der Lesesozialisationsforschung, in denen das gesellschaftlich handlungsfähige Subjekt (u. a. Hurrelmann 2002) im Vordergrund steht. Modellierungen, die auf einem integrierenden Lesebegriff basieren, führen die bestehenden psychologischen und lesesoziologischen Ansätze zur Bestimmung von Lesekompetenz zusammen (neben Rosebrock/Nix 2008 siehe z. B. Schoenbach et al. 2006 und Wrobel 2008). Daneben existieren auch Forschungsansätze, die Lese- und Schreibkompetenz integrativ zusammenführen (zuletzt Philipp 2013).

bevor nochmals differenzierter erläutert wird, inwiefern diese lesedidaktische Modellierung einen produktiven Orientierungsrahmen für die Konzeption eines praxisnahen Diagnoseverfahrens darstellt.

Das Mehrebenen-Modell des Lesens stellt das aktuell prominenteste fachdidaktische Modell von Lesekompetenz dar.[6] Im Modell werden die verschiedenen Aspekte des Lesens (bzw. des Leseprozesses) in drei konzentrische gedachte Betrachtungsdimensionen untergliedert (siehe Abbildung 3.1):

- *Lesen auf der Prozessebene*
- *Lesen auf der Subjektebene*
- *Lesen auf der sozialen Ebene*

Im Zentrum des Mehrebenen-Modells stehen die messbaren kognitiven Teilprozesse, die während des Lesens ablaufen. Lesekompetenz in einem umfassenden Sinn kann aber nicht nur die kognitiven Prozesse in den Blick nehmen. Ebenso ist der lesende Schüler bzw. die lesende Schülerin einzubeziehen, die den Leseprozess aktiv gestaltet. Die zweite Ebene des Modells bezieht sich daher auf das Subjekt, das seine Motivation, seine emotionale innere und äußere Beteiligung und sein Vorwissen in den Leseprozess einbringt.[7] Die eigene Wahrnehmung als (Nicht-)Leser ist lesebiografisch und als interaktiv gestalteter Prozess zu sehen, der von der Familie, den Freunden und der Institution Schule beeinflusst ist. Dieser Umstand wird mit dem äußeren Kreis des Mehrebenen-Modells abgebildet, der die anderen Ebenen umschließt. Fokussiert wird somit, dass der Leser in Interaktionen – im schulischen Kontext etwa durch Unterrichtsgespräche über Texte – eingebunden ist (z. B. Härle/Steinbrenner 2004; Sutter 2002).

---

6 Die Konzeption des Modells wurde auf Grundlage des DFG-Programms „Lesesozialisation in der Mediengesellschaft" (Groeben/Hurrelmann 2002, 2004a) erarbeitet (Rosebrock/Nix 2008, S. 10).

7 Generell sind die subjektiven und sozialen lesebezogenen Aspekte psychometrisch schwer bzw. nicht zu erfassen und stellen einen „nicht normierbaren Rest" dar (Köster 2006a, S. 62; ebenso Hurrelmann 2007, S. 25; Kämper-van den Boogart 2005; Rosebrock 2009, S. 63). Aus psychologischer Perspektive plädieren Müller und Richter (2014, S. 44) dafür, motivationale und funktionale Aspekte „nicht als Komponenten der Lesekompetenz aufzufassen", sondern als Einflussfaktoren auf eben diese – sie sehen einen weiter gefassten Lesekompetenzbegriff als eine „Aufweichung [...], mit ungünstigen Konsequenzen für die Erforschung von Lesekompetenz" (ebd.).

Abbildung 3.1: Mehrebenen-Modell des Lesens (Rosebrock/Nix 2008, S. 16)

Die einzelnen beschriebenen Ebenen im Mehrebenen-Modell stellen jedoch keine hierarchische Abfolge dar – sie beeinflussen sich vielmehr wechselseitig (Rosebrock/Nix 2008, S. 17). Für den Deutschunterricht heißt das nicht anderes, als dass die eine Ebene nicht ohne die anderen gedacht werden kann. Wie die genannten Ebenen allerdings genau miteinander agieren, ist gegenwärtig noch unklar. Auch auf die Frage, wie Erwerbsprozesse im Bereich Lesekompetenz verlaufen, enthält das Mehrebenen-Modell von Rosebrock und Nix (2008) keine Hinweise – dieser Aspekt bildet auch allgemein ein wesentliches Desiderat in der deutschdidaktischen Forschung.[8]

Die Darstellung von Lesekompetenz als Mehrebenen-Konstrukt soll verdeutlichen, dass Diagnose- und Fördermaßnahmen differenziert und zielgerichtet in Bezug auf spezifische Dimensionen des Lesens erfolgen müssen (Rosebrock/Nix 2008, S. 17). Diese didaktische Kernbotschaft beschreiben Rosebrock und Nix als *systematische Leseförderung*, womit sie

---

[8] Das in der Lesedidaktik fehlende empirische Wissen über Erwerbsperspektiven des Lesens hat im Übrigen auch Einfluss auf die Konzeption des Diagnoseverfahrens. Vertiefend dazu Kapitel 6.2.5.

ein Konzept bezeichnen, das spezifische Leseschwierigkeiten der Schülerschaft in ein ausdifferenziertes Modell von Lesekompetenz einordnen und vor diesem Hintergrund passende Fördermethoden zu den verschiedenen Teilbereichen des Lesens empfehlen kann. (Rosebrock/Nix 2008, S. 9)

Für die wissenschaftliche Anbindung an das Mehrebenen-Modell des Lesens sprechen vor diesem Hintergrund mindestens drei Gründe:

1. Es wird eine eher einseitige Ausrichtung des Lesekompetenzbegriffs, etwa auf kognitive *oder* lesesoziologische Aspekte, vermieden.
2. Mit dem Mehrebenen-Modell des Lesens können ausgewählte Bereiche von Lesekompetenz zur Diagnose in den Blick genommen werden, „um auf die jeweils spezifischen Leseprobleme der Lerner differenziert reagieren zu können" (Rosebrock 2008, S. 177).
3. Das Mehrebenen-Modell ist gegenüber der Textsorte neutral und somit für den unterrichtlichen Kontext und diagnostische Zwecke breit anwendbar – womit textsortenspezifische Unterschiede zwischen Sachtexten und literarischen Texten nicht in Abrede gestellt werden sollen.

Für eine Operationalisierung des Lesebegriffes, wie sie für die Konzeption eines Diagnoseinstruments notwendig ist, muss neben der Frage nach dem Lesekonstrukt notwendigerweise eine vertiefende Auseinandersetzung mit der Frage erfolgen, *worin* sich Lesekompetenz äußert (siehe Kapitel 3.3). Im nachfolgenden Abschnitt soll aber zunächst eine systematische Auseinandersetzung mit curricularen Anforderungen an das Lesenkönnen erfolgen.

3.2 Lesekompetenz aus curricularer Perspektive: Die Bildungsstandards

„Was Lesekompetenz ist, bestimmt sich auch vom gesellschaftlich Geforderten her" (Rosebrock/Wirthwein 2014, S. 111). Daher soll in diesem Abschnitt herausgearbeitet werden, welche Bildungsziele für das Gegenstandsfeld formuliert werden und was für ein Begriff von Lesekompetenz in den curricularen Vorgaben modelliert wird.[9] Diese Analyse wird insofern als erkenntniserweiternd

---

9 Verbunden ist damit auch die Überprüfung, inwiefern in den curricularen Anforderungen ein tragfähiges Lesekompetenz-Modell – im Hinblick auf Differenzierbarkeit und Operationalisierbarkeit – gebildet wird.

angesehen, als dass ein diagnostisches Verfahren, das im schulischen Kontext situiert werden soll, ebenso die verbindlichen Zielerwartungen berücksichtigen muss, an denen sich Deutschlehrkräfte orientieren (sollen). Schließlich sind curriculare Vorgaben – normativ gesehen[10] – mitbestimmend für die Strukturierung von Diagnoseprozessen. Die folgenden Ausführungen beziehen sich auf die im Jahr 2003/2004 eingeführten länderübergreifenden Bildungsstandards für das Fach Deutsch für die Sekundarstufe I, die aktuell die verbindlichen Zielanforderungen für Deutschlehrkräfte darstellen. Untersucht werden in diesem Abschnitt diejenigen Anforderungen aus den Bildungsstandards für den Mittleren Schulabschluss (BS MSA 2004)[11] und für den Hauptschulabschluss (BS HSA 2005)[12], welche sich dem Lesen bzw. Aspekten des Lesens widmen. Welches Konstrukt von „Lesekompetenz" liegt hier zugrunde? Oder anders gefragt: Was wird von den Schülerinnen und Schülern in Bezug auf ihre Lesekompetenz verbindlich für die Sekundarstufe I erwartet?

Die Bestimmung des Lesekompetenzbegriffs ist in den Standards vorrangig in der Komponente „Lesen – mit Texten und Medien umgehen" verankert (BS MSA 2004, S. 5; BS HSA 2005, S. 5).[13] In der sog. „Leitidee", die allen übergeordneten Bereichen in den Standards vorangestellt ist, wird „Lesekompetenz" als Fähigkeit definiert,

„über grundlegende Verfahren für das Verstehen von Texten [zu verfügen], was Leseinteresse sowie Lesefreude fördert und zur Ausbildung von Empathie und Fremdverstehen beiträgt". (BS MSA 2004, S. 9; BS HSA 2005, S. 9)

Aus dieser Begriffsbestimmung lässt sich zunächst ableiten, dass der Lesebegriff in den Standards neben dem Textverstehen auch motivationale Aspekte („Leseinteresse und Lesefreude") einschließt. Ein differenzierteres Bild zu diesem

---

10 Es stellt sich natürlich die Frage, inwiefern bildungspolitische Vorgaben tatsächlich in den Unterricht wirken und überhaupt eine Bezugsquelle für die Deutschlehrkräfte darstellen (Kammler 2014, S. 13; zur Wirkung bildungspolitischer Maßnahmen siehe die Studien von Vollstädt et al. 1999 und Zeitler/Köller/Tesch 2010).
11 BS MSA 2004 = Bildungsstandards im Fach Deutsch für den Mittleren Schulabschluss. Beschluss der Kultusministerkonferenz vom 04.12.2003.
12 BS HSA 2005 = Bildungsstandards im Fach Deutsch für den Hauptschulabschluss. Beschluss der Kultusministerkonferenz vom 15.10.2004.
13 Im Überblick zeigen sich wenig Differenzen zwischen den Formulierungen und Anforderungen in den BS MSA 2004 und den BS HSA 2005, sodass die jeweiligen Bildungsstandards in diesem Abschnitt zusammengefasst verhandelt werden. Außer Frage steht dabei, dass die fehlende Differenzierung zwischen den beiden Abschlüssen zu kritisieren ist.

3 Bestimmung des Gegenstandsfeldes: Lesekompetenz

Aspekt kann herausgearbeitet werden, wenn man ergänzend den Aufbau und die einzelnen Anforderungen in der Komponente „Lesen – mit Texten und Medien umgehen" betrachtet: Hier werden zuerst die Bereiche „Lesetechniken" und „Strategien zum Leseverstehen" angeführt. Unter der Anforderung „verschiedene Lesetechniken beherrschen" wird das flüssige, sinnbezogene, überfliegende und selektive Lesen benannt (BS MSA 2004, S. 13; BS HSA 2005, S. 13). Im Weiteren werden diese Anforderungen noch durch Einzelstandards wie „Bezüge zwischen Textteilen herstellen" und „Informationen zielgerichtet entnehmen" konkretisiert (BS MSA 2004, S. 13f.; BS HSA 2005, S. 13f.). Insgesamt wird deutlich, dass die skizzierten Anforderungen auf Aspekte des lokalen und globalen Textverstehens zielen.

Im Anforderungsbereich, der sich auf den Strategieerwerb bezieht, ist zudem eine Vielzahl an Einzelstandards formuliert, die sich auf die verschiedenen Lesephasen beziehen – etwa das Formulieren von Zwischenüberschriften oder das Klären von Wortbedeutungen oder die Anforderungen, „Leseerwartungen und -erfahrungen bewusst [zu] nutzen" (ebd.). Im Gesamtüberblick ist augenfällig, dass in den Standards vor allem solchen lesestrategischen Vorgehensweisen zur Erschließung von Texten ein hoher Stellenwert eingeräumt wird (kritisch dazu u. a. Maiwald 2010, S. 65; Spinner 2005).

Auch Anforderungen, die sich auf die Sicherung des inhaltlichen Zusammenhangs eines Textes als Leseziel beziehen, wird ein größerer Raum zugestanden. Im Teilbereich „Umgang mit literarischen Texten" finden sich die Standards „zentrale Aussagen erschließen" und „wesentliche Inhalte eines Textes erfassen: Figuren-, Raum- und Zeitgestaltung, Konfliktverlauf". Gerade zweitgenannter Standard ist als Ausweis für die Bildung eines mentalen Modells anzusehen. Darüber hinaus gilt es, „Texte und Textabschnitte zusammen[zu]fassen" bzw. „Inhalte mit eigenen Worten wieder[zu]geben" (BS MSA 2004, S. 13ff.; BS HSA 2005, S. 13ff.). Das mit diesen Anforderungen verbundene Erschließen zentraler Aussagen ist bedeutend, um überhaupt zu einem umfassenden Textverständnis gelangen zu können (siehe auch Kapitel 3.3). Darüber hinaus finden sich Anforderungen, die sich auf Teilprozesse zur Beurteilung und Bewertung von Texten beziehen, allerdings begrenzt auf literarische Texte. So zielen etwa die Einzelstandards „eigene Deutungen des Textes entwickeln" und „Handlungen, Verhaltensweisen und Handlungsmotive bewerten" auf ebendiese Teilprozesse des Lesens (BS MSA 2004, S. 14; BS HSA 2005, S. 14).

Die wissensdominanten Anforderungen in den Bildungsstandards werden in sog. „Kennen-Standards" (Köster 2008) konkretisiert, die sich allerdings nur auf literarische Texte beziehen (BS MSA 2004, S. 14; BS HSA 2005, S. 14).[14] Als relevante Wissensbasis für das Verstehen von Texten wird gefordert, dass Schülerinnen und Schüler ein Spektrum an „altersangemessene[n]" Werken, u. a. Jugendliteratur, kennen (sog. kulturelles Wissen) sowie über Textsortenwissen bzw. Gattungswissen und Wissen über sprachliche Merkmale verfügen sollen (ebd.). Damit rücken Aspekte des Lesens in den Fokus, welche sich auf formales textbezogenes Wissen eingrenzen lassen und somit „vor allem zur Beschreibung von Texten und weniger zur Produktion komplexen Textverständnisses geeignet" erscheinen (Köster 2006b, S. 226).

Persönlichkeitsbestimmende und kommunikativ-soziale Aspekte des Lesens wie die Lesemotivation und die Anschlusskommunikation werden in den Bildungsstandards (wenn überhaupt) nur implizit angesprochen. Als einzige Ausnahme ist die Anforderung zu nennen, „eigene Deutungen des Textes [zu] entwickeln, am Text [zu] belegen und sich mit anderen darüber [zu] verständigen" (BS MSA, S. 14; BS HSA, S. 14).[15] Somit lässt sich feststellen, dass in Bezug auf diese subjektive und soziale Funktion des Lesens eine „Lücke" (Rosebrock/Wirthwein 2014, S. 122) zwischen Zielbestimmungen und formulierten Einzelstandards besteht.

Grundsätzlich wird Lesekompetenz in den Bildungsstandards „sehr hoch platziert" (Köster 2006b, S. 219), da sich Hinweise auf die Lesekompetenz neben dem hier ausführlich betrachteten Bereich „Lesen – mit Texten und Medien umgehen" auch in anderen Kompetenzbereichen finden.[16] Weiterhin fällt auf: Dominierend sind die kognitiven Prozesse des Lesens und dabei wiederum Anforderungen, die den Strategieerwerb betonen. „Dies ist wohl der Herkunft der Standards aus dem Geist der großen Schulleistungsstudien [...] geschuldet" (Rosebrock/Wirthwein 2014, S. 113). Zugleich zeigt sich mit dieser Schwerpunktsetzung auf kognitive Aspekte des Lesens eine Differenz zwischen dem in der „Leitidee" formulierten umfassenden Verständnis von Lesen (s. o.) und dessen Operationalisierung in den Einzelstandards (zu dieser Kritik auch Köster 2006b, S. 220f.; Rosebrock/Wirthwein 2014, S. 113, 122).

---

14 Zur Bedeutung des Wissens für das Textverstehen siehe auch Kapitel 3.3.
15 Darauf, dass in dieser komplexen Anforderung – exemplarisch im Übrigen für mehrere Anforderungen in den Bildungsstandards – mehrere Kompetenzaspekte miteinander vermengt werden, wird hier aus pragmatischen Gründen nicht ausführlicher eingegangen (vertiefend dazu: Spinner 2005; Steinmetz 2013, S. 37ff.).
16 So werden etwa Fragen des Textverstehens auch in den Kompetenzbereichen „Schreiben" und „Sprache und Sprachgebrauch untersuchen" verhandelt (ausführlicher Köster 2006b).

3 Bestimmung des Gegenstandsfeldes: Lesekompetenz

Weiterhin werden basale Leseprozesse, die eine hinreichende Bedingung für die Ausbildung von Lesekompetenz darstellen, in den Bildungsstandards nur äußerst gering berücksichtigt – kontrastiv zu anderen Ländern wie Amerika oder Neuseeland (Holle 2006, S. 88; Rosebrock/Nix 2006, S. 90f.). Man könnte (zugespitzt) auch sagen, dass basale Leseprozesse bei Schülerinnen und Schülern in der Sekundarstufe I implizit vorausgesetzt werden.[17] Dass das Gegenteil der Fall ist, wissen wir durch empirische Studien der letzten Jahre (Kapitel 3.4). So lässt sich an diesem Punkt exemplarisch feststellen, dass die Bildungsstandards nicht im Einklang mit dem gegenwärtigen Forschungsstand stehen. Wie Köster (2008) anmerkt, bestehen „allenfalls" hinsichtlich terminologischer Analogien Bezugspunkte zu empirischen Befunden der Leseforschung (ebd., S. 188).[18]

Ein letzter Aspekt ist auf allgemeiner Ebene auffällig: Die Bildungsstandards formulieren Regelstandards und forcieren damit, was innerhalb der Sekundarstufe I erreicht werden soll, also das *Produkt* des Lesens. Viele der angeführten Makroanforderungen können jedoch nicht gut voneinander abgegrenzt werden und es bleibt insofern unklar, worauf sie abzielen. Woran ist etwa zu erkennen, dass ein Schüler einen Text angemessen „untersucht"? (BS MSA 2004, S. 14, BS HSA 2005, S. 14). Aus didaktischer Sicht sind somit schwerlich Indikatoren für die Beobachtung und Einschätzung der Lesekompetenz abzuleiten. Ich stimme insofern nicht mit Paradies et al. (2007, S. 30) überein, dass die Bildungsstandards

> eine ausgesprochen nützliche Innovation [sind], denn mit ihrer Hilfe kann man ziemlich exakt die zu einem bestimmten Zeitpunkt bei einem bestimmten Schüler vorhandenen Defizite und Leistungsstärken identifizieren.

Vielmehr möchte ich die Position von Steinmetz (2013) bekräftigen, dass es dringend geboten scheint, die „Makro-Anforderungen [der Bildungsstandards] […] in verständliche und abgrenzbare Mikro-Anforderungen aufzulösen" (ebd., S. 57).

---

17 Mehrfach ist in der Deutschdidaktik kritisiert worden, dass in den Bildungsstandards (für den Mittleren Schulabschluss und für die Hauptschule) Anforderungen und Kompetenzen auf dem Niveau von Mindeststandards formuliert werden sollten, und nicht – wie aktuell von der Kultusministerkonferenz vollzogen – als Einzelstandards auf Regelstandardniveau (exemplarisch Köster 2008, S. 178 sowie die Debatte in Didaktik Deutsch 2014a, H. 36 und 2014b, H. 37). Die empirischen Befunde von Steinmetz (2013) deutet sogar darauf hin, dass in den Bildungsstandards für den Mittleren Schulabschluss statt Regelstandards Maximalstandards formuliert sind.

18 Offen bleibt dagegen, anhand *welcher* Gegenstände Schülerinnen und Schüler entsprechende Kompetenzen erwerben sollen. Thomas Zabka (2006) kritisiert daher, dass Texte in den Bildungsstandards lediglich zu einem „Kompetenzaufbau-Vehikel" degradiert werden (ebd., S. 80).

Dies ist wichtiger Schritt, um einen diagnostischen Blick im Rahmen eines kompetenzorientierten Unterrichts kultivieren zu können. Vor diesem Hintergrund wird im nächsten Abschnitt der Lesekompetenzbegriff im Rahmen der vorliegenden Arbeit operationalisiert.

3.3 Komponenten der Lesekompetenz

Wie bereits in Kapitel 3.1 diskutiert, bildet das Mehrebenen-Modell des Lesens (Rosebrock/Nix 2008) die konzeptuelle Basis für die vorliegende Arbeit. Bezogen auf das Handeln im Unterricht, d. h. zur Frage, wie Lern- und Verstehensprozesse im Bereich Lesekompetenz bestimmt (und gefördert) werden können, bleibt das Mehrebenen-Modell (notwendigerweise) relativ abstrakt.[19]. Für ein Diagnoseverfahren, wie es das angestrebte lesediagnostische Instrument darstellt, kann man hier nicht stehen bleiben. Es muss hinreichend transparent gemacht werden, anhand welcher (konkreten) Tätigkeiten und Äußerungen von Lernenden valide Rückschlüsse auf deren Lesekompetenz vollzogen werden können. Weitere Notwendigkeit erhält diese Anforderung durch die Tatsache, dass mit einer falschen Diagnose die Entwicklung von Lesekompetenz sogar negativ beeinflusst werden kann (Rosebrock/Nix 2008, S. 92ff.). Anders formuliert: "Reading assessment must be developed to honor the construct of reading in its complexity, provide useful assessment information and be feasible in classrooms" (Afflerbach/Cho 2011, S. 489).

Ziel dieses Teilkapitels ist daher, die Teilprozesse und einzelnen Dimensionen des Lesens unter didaktischer bzw. diagnostischer Perspektive zu operationalisieren.[20] Im Folgenden wird dazu zunächst der unmittelbarer Leseprozess mit den Komponenten der Leseflüssigkeit (Kapitel 3.3.1), Lesestrategien bzw. -techniken

---

19 Zu diesem direkten Zusammenhang von einer adäquaten Diagnose als hinreichende Bedingung einer für die Schülerinnen und Schüler angemessenen Leseförderung siehe Kapitel 4.1. Zugleich ist hier eine Einschränkung vorzunehmen: Gegenwärtig ist das empirische Wissen zu wirksamen Leseförderungsmaßnahmen in der Fachdidaktik, besonders für den Sekundarbereich I und II, eher marginal (Bertschi-Kaufmann/Kappeler 2010, S. 291). *Was* geeignete Programme und Maßnahmen zur Leseförderung sind, wird in der Deutschdidaktik somit derzeit vorrangig normativ beantwortet.

20 Scherf (2013) argumentiert deshalb, dass aktuelle lesedidaktische Konzeptionen für Deutschlehrkräfte keinen ausreichenden Orientierungswert zum Erkennen schwacher bzw. kompetenter Leserinnen und Leser bieten würden. Nach seiner Auffassung wird die „diagnostische Kompetenz von Lehrkräften [...] durch die Lektüre einer solchen [lesedidaktischen] Konzeption insofern kaum erweitert werden" (ebd., S. 106). Allerdings muss in diesem Zusammenhang bedacht werden, dass der Anspruch an

(Kapitel 3.3.2) und Textverstehen (Kapitel 3.3.3) in den Blick genommen. In einem nächsten Schritt werden die subjektive Komponente des Lesens (Kapitel 3.3.4) und abschließend die soziale Dimension des Lesens (Kapitel 3.3.5) spezifiziert.

Vorneweg: Die folgende Darstellung der einzelnen Teilkomponenten von Lesekompetenz ist analog zur inhaltlichen Struktur, die bei der Konzeption des Diagnoseverfahrens zugrunde gelegt wurde (siehe Kapitel 6.2). Entsprechend wird – um anschlussfähig an spätere Kapitel zu sein – bereits an dieser Stelle die Terminologie benutzt, die auch für das praxisbezogene Diagnoseinstrument angewendet wurde. Im Gesamtzusammenhang der Arbeit soll diese Form der Darstellung für die Lesenden erleichtern, Bezüge zwischen den theoretischen Ausführungen, der inhaltlichen Struktur des Diagnoseinstruments und den Ergebnissen der empirischen Erhebung (siehe Kapitel 8) herzustellen. Die sich daraus teilweise ergebenden Differenzen zu Begriffen der vorherigen Abschnitte bzw. etablierten Begriffen in der fachdidaktischen Diskussion sind also rein auf terminologischer Ebene zu sehen.

3.3.1 Leseflüssigkeit

Die Ausbildung von Leseflüssigkeit ist ein grundlegender und zugleich zentraler Schritt auf dem Weg zum kompetenten Lesen. Er ist infolgedessen zuallererst für die lesediagnostischen Zwecke in den Blick zu nehmen. Die Bedeutung der Leseflüssigkeit als eigenständige Dimension der Lesekompetenz wurde in der anglo-amerikanischen Leseforschung und Lesedidaktik schon seit den 1970er Jahren herausgestellt und empirisch intensiv untersucht (hier unter der Bezeichnung *reading fluency*; zusammenfassend: Nix 2011, S. 55–60). Hingegen wurde im deutschsprachigen Raum die immense Wirkung der Leseflüssigkeit auf die Lesekompetenz lange Zeit „sträflich vernachlässigt"; erst seit wenigen Jahren ist das Konstrukt „Leseflüssigkeit" im Horizont der Lesedidaktik (Rosebrock et al. 2011, S. 10).[21]

Mit *Leseflüssigkeit* wird „die genaue, automatisierte, schnelle und sinnkonstituierende Fähigkeit zur leisen und lauten Textlektüre" bezeichnet (Rosebrock/Nix 2006, S. 93). Es ist empirisch gut belegt, dass sie für das Textverstehen von zentraler Bedeutung ist (im Überblick: Nix 2011). Insofern wird das Konstrukt „Leseflüssigkeit" in der neueren Literatur als *Brücke* zwischen den basalen Lesefähigkeiten

---

Lesekompetenzmodelle auch nicht die direkte Übersetzbarkeit in konkrete Handlungsanweisungen – Stichwort: Rezeptologie – sein soll und kann.
21 In Auswahl: Gailberger (2013); Holle (2006); Nix (2011); Rosebrock/Nix (2006); Rosebrock et al. (2011).

und Textverstehen verstanden (Holle 2006, S. 87; Holle 2009, S. 147; Rosebrock/ Nix 2006, S. 92). Wie genau ist nun Leseflüssigkeit zu operationalisieren? In der Leseforschung wurde lange und intensiv diskutiert, welche Komponenten konstitutiv für die Leseflüssigkeit sind. Gemeinhin wird das Konstrukt in der neueren Forschung in vier Aspekte untergliedert, von denen davon ausgegangen wird, dass sie aufeinander aufbauen (u. a. National Reading Panel 2000; Nix 2011, S. 61–100; Rosebrock/Nix 2006, S. 94–97).[22] Leseflüssigkeit umfasst

- die Dekodierfähigkeit,
- die Automatisierung der Dekodierfähigkeit,
- die Lesegeschwindigkeit,
- das ausdrucksstarke (Vor-)Lesen.

Während Dekodierfähigkeit und Automatisierung die Wortebene des Lesens betreffen, sind Lesegeschwindigkeit und sinngemäße Betonung auf die Satz- bzw. Absatzebene ausgerichtet. Die im Folgenden näher diskutierten vier Dimensionen der Leseflüssigkeit können zugleich „als Beobachtungskategorien zur Diagnose basaler Lesefertigkeiten im Unterricht gehandhabt werden" (Nix 2010, S. 150).

3.3.1.1 Dekodierfähigkeit

Wenn bei Schülerinnen und Schülern das flüssige Lesen von Texten angestrebt werden soll, bildet zunächst die Dekodierfähigkeit die elementare Voraussetzung. Empirische Bestätigung findet diese Annahme unter anderem im Rahmen der PISA-Studie, in der die Dekodierfähigkeit als ein zentraler Prädiktor der Lesekompetenz herausgestellt wurde (Artelt et al. 2001, S. 128; auch Stanat/ Schneider 2004). Mit dem Begriff „Dekodierfähigkeit" wird der Vorgang umschrieben, den einzelnen Buchstabeneinheiten bzw. Wörtern in einem Text eine Bedeutung zuzuordnen, sie also zu erlesen (u. a. Schmid-Barkow 2010, S. 221). Fortgeschrittene Leser können Sinneinheiten erlesen und sind dabei in der Lage, ihre Fehler zu bemerken und eigenständig zu korrigieren (Rosebrock et al. 2011, S. 16). Bleibt diese Selbstkorrektur aus, erschweren Lesefehler das Verstehen des Gelesenen, da falsche Sinnkonstruktionen sich negativ auf das Textverstehen auswirken (Nix 2011, S. 70). Der Dekodierungsprozess kann also nur gelingen, wenn eine Wortbedeutung im sog. „mentalen Lexikon" (Schnotz/Dutke 2004, S. 81) schnell zuordenbar ist.

---

22 Zur empirischen Bestätigung der Konstruktvalidität: Gold (2009).

In der einschlägigen Literatur wird unter Bezugnahme auf die anglo-amerikanische Forschung mit einem anzustrebenden Wert von 95 Prozent korrekt erlesener Wörter als ausreichende Dekodiergenauigkeit argumentiert (u. a. Holle 2006, S. 106f.; Nix 2011, S. 75; Rosebrock et al. 2011, S. 16). Bei einem Wert, der unterhalb von 90 Prozent liegt, wird angenommen, dass der Gesamtzusammenhang des Textes aufgrund der vielen Lesefehler nicht erschlossen wird und sich der Leseprozess für den Lesenden als zu anstrengend gestaltet (s. o.).

3.3.1.2 Die Automatisierung der Dekodierfähigkeit

Die Automatisierung der Dekodierfähigkeit ist die zweite Anforderungsebene im Konstrukt der Leseflüssigkeit. Darunter wird die Fähigkeit verstanden, Wortbedeutungen schnell und sicher zuordnen zu können (Nix 2011, S. 76; Rosebrock et al. 2011, S. 16f.). Fortgeschrittene Leserinnen und Leser müssen Wörter nicht mehr in Wort- oder Zweiwortschritten erlesen, sondern erschließen diese automatisiert und mühelos (z. B. Kintsch 1998, S. 283). Dies entlastet die Lesenden kognitiv, sodass Aufmerksamkeits- bzw. Verarbeitungsressourcen für die ‚eigentlichen' Textverstehensprozesse frei sind: etwa wenn Informationen aus dem Text mit dem Vorwissen des Lesenden in Beziehung gesetzt werden müssen, um Leerstellen im Text zu überbrücken (Nix 2011, S. 79–83; Perfetti 1985, S. 103f.; Wember 2012, S. 194f.). Beim Vorlesen sind starke Leserinnen und Leser daran erkennbar, dass sie annähernd fehlerfrei vorlesen, ohne ungenau zu sein oder sinnentstellend zu lesen.

3.3.1.3 Lesegeschwindigkeit

Eng verknüpft mit der Automatisierung ist die Lesegeschwindigkeit. Mit dieser weiteren Komponente der Leseflüssigkeit wird die Betrachtung zugleich von der reinen Wortbedeutung hin zur Satzebene bzw. der lokalen Kohärenzbildung erweitert (u. a. Nix 2011, S. 84ff.).[23] Eine angemessene Lesegeschwindigkeit bildet die Grundlage dafür, dass am Ende eines Satzes vom Lesenden noch erinnert wird, was zu Beginn eines Satzes gelesen wurde (Perfetti 1985, S. 99). Nur so kann innerhalb eines Satzes oder zwischen Sätzen ein Zusammenhang hergestellt werden. Pinell et al. (1995, S. 30) konnten in einer Studie mit Viertklässlern nachweisen, dass es einen Zusammenhang zwischen Lesegeschwindigkeit und Leseverstehen gibt.[24]

---

23 Gerade auch im Rahmen von psychometrischen Lesetests wird die Lesegeschwindigkeit als relevante Variable herangezogen (z. B. Auer et al. 2005).
24 Siehe dazu auch die Ergebnisse bei Gold et al. (2010) und Nix (2011).

Die Richtwerte für eine angemessene Lesegeschwindigkeit werden in der Forschung in Wörtern pro Minute (WpM) angegeben. Momentan werden in der deutschdidaktischen Leseforschung unterschiedliche Normwerte verhandelt, wenn es um die Bestimmung einer *Mindestgeschwindigkeit* des Lesens – als Voraussetzung für das Textverstehen – geht. Die Angaben variieren von 100–120 WpM (Gailberger 2013, S. 65), über 150 WpM (Nix 2011, S. 88) bis hin zu einer Mindestgeschwindigkeit von 180 WpM (Holle 2009, S. 147). Erweiternd zu diesen Angaben muss noch in den Blick genommen werden, dass die Lesegeschwindigkeit nicht isoliert betrachtet werden kann, sondern von weiteren externen Faktoren wie der Leseanforderung, der Textschwierigkeit als auch vor allem von der Lesehaltung mitbestimmt wird (Holle 2006, S. 93; Nix 2011, S. 62, 84). Dieser Umstand mag zumindest einen Erklärungsansatz dafür bieten, warum sich eine Verallgemeinerung auf einen durchschnittlichen Richtwert der Lesegeschwindigkeit schwierig gestaltet. Forschungen, die Vergleichswerte in Abhängigkeit vom Alter liefern, liegen für den deutschen Sprachraum bislang noch nicht vor (Nix 2011, S. 88f.).

3.3.1.4 Betontes und sinngestaltendes (Vor-)Lesen

Neben den exakten und angemessen schnellen Dekodierleistungen bildet das ausdrucksstarke Vorlesen die vierte und zugleich höchste Anforderungsebene der Leseflüssigkeit (u. a. Holle 2009, S. 149; National Reading Panel 2000; Nix 2011, S. 94ff.). Will man diese einschätzen, geht es darum, ob etwa die Rhythmisierung stimmig ist, die Syntax der Handlung beachtet wird oder auch expressive Interpretationen von den Schülerinnen und Schüler angewendet werden. Kontrovers diskutiert wird in der Leseforschung, ob das betonte und sinngestaltende Lesen als Voraussetzung oder als Folge des Textverstehens anzusehen ist (Gold 2009, S. 135; Nix 2011, S. 101; Pinell et al. 1995, S. 21).[25]

Es wurde bereits erläutert, dass unter einer lesediagnostischen Perspektive gezielt die Leseflüssigkeit als eine hinreichende Bedingung der Lesekompetenz mit erfasst werden sollte. Die angeführten Komponenten der Leseflüssigkeit verdeutlichen zum einen, dass Leseflüssigkeit ein mehrstufiges Konstrukt darstellt, und zeigen zum anderen, warum die Leseflüssigkeit als maßgeblich für das Textverstehen angesehen wird (für empirische Evidenz; National Reading Panel 2000; Nix 2011; Pinell et al. 1995). Unter anderem in der Studie von Nix (2011) konnte herausgestellt werden, dass sich eine schlecht ausgebildete Leseflüssigkeit

---

25 Wie Nix (2011, S. 101) darlegt, fehlt es an empirischen Erkenntnissen „zur Aufklärung des ‚Henne-Ei-Dilemmas'".

nicht nur auf die kognitiven Leseprozesse negativ auswirkt, sondern auch die Lesemotivation (Kapitel 3.3.4.1) und das Selbstbild (Kapitel 3.3.4.2) der Leserinnen und Leser indirekt beeinflusst.

In der deutschdidaktischen Leseforschung ist das Leseflüssigkeits-Konzept noch nicht hinreichend didaktisch ausgearbeitet (für einen lesedidaktischen Ansatz Nix 2011). Beispielsweise ist gegenwärtig noch unklar, welche Lesegeschwindigkeit, welcher Automatisierungsgrad, welche Genauigkeit und welche intonierte Wortgruppengröße im Verhältnis zu welcher Textschwierigkeit als ausgebildete Leseflüssigkeit gelten soll (Rosebrock et al. 2010, S. 53). Gleiches betrifft momentan die Frage nach geeigneten Diagnose- und Fördermaßnahmen (Nix 2011, S. 234f.).[26]

3.3.2 Lesestrategien/-techniken[27]

Lesestrategien stellen eine wichtige Bedingung für das *Verstehen von Texten* dar und sind nach einhelliger Meinung den sog. hierarchiehöheren Prozessen des Lesens zuzuordnen (u. a. Richter/Christmann 2002). Trotz der regen Forschungsdiskussion in diesem Bereich, vor allem innerhalb der psychologischen Leseforschung, konnte sich aber bislang noch keine übergreifende, einheitliche Definition des Konstrukts *Lesestrategien* durchsetzen (u. a. Bräuer 2010b, S. 99). Oftmals herangezogen wird die Definition von Artelt (2004), die Lesestrategien[28] aus Perspektive der Lernforschung als „zielgerichtete, potentiell bewusste und kontrollierbare Prozesse" kennzeichnet (ebd. 2004, S. 62f.; ebenso Willenberg 2004, S. 6). Diese Definition wird in einem späteren Beitrag der Autorin

---

26 Für einen Überblick zu möglichen Diagnose- und Förderverfahren: Rosebrock et al. (2011).
27 Diese Terminologie ist angelehnt an die bildungspolitischen Vorgaben für das Fach Deutsch (Kapitel 3.2), die unter anderem Grundlage für die Konzeption des Diagnosetools gewesen sind. Zur terminologischen und konzeptionellen Problematik, die Begriffe „Lesestrategie" und „Lesetechnik(en)" gleichzusetzen sei an dieser Stelle auf Bräuer (2010b) verwiesen. Bräuer arbeitet heraus, dass vielmehr von einem strategischen Umgang mit Texten durch die (problemorientierte) Anwendung einzelner Lesetechniken auszugehen ist. Im Anschluss an Bräuer unterscheide ich im Weiteren zwischen den Begriff „Lesestrategie", der „eine Modalität der Handlungsführung bezeichnet", und dem Begriff „Lesetechnik" im Sinne von „Lesehandlungen" differenziert (ebd., S. 160; dazu bereits Bräuer 2010a, S. 99–111).
28 In vielen Publikationen wird sowohl von Lern- als auch Lesestrategien gesprochen, ohne dass immer markiert wird, inwiefern hier ein synonymes Konzept vorliegt (etwa bei Artelt et al. 2007; Artelt/Naumann/Schneider 2010; kritisch dazu Bräuer 2010a, S. 112ff.).

noch weiter konkretisiert. Lesestrategien werden hier als „prinzipiell bewusstseinsfähige, häufig aber automatisierte Handlungsfolge [bezeichnet], die unter bestimmten situativen Bedingungen abgerufen und situationsadäquat eingesetzt wird, um Lern- und Leistungsziele zu erreichen" (Artelt/Naumann/Schneider 2010, S. 78). Festzuhalten ist also, dass Lesestrategien eine Reihe mentaler Lesehandlungen, sog. „Lesetechniken" oder auch „Lesewerkzeuge", darstellen; sie werden von kompetenten Leserinnen und Lesern situations- und anforderungsspezifisch vollzogen, um mit Blick auf ein bestimmtes Leseziel zu einem Textverständnis zu gelangen (Bimmel 2002, S. 117; Bräuer 2010b, S. 153). Aktuell wird daher für Schülerinnen und Schüler, die Probleme mit der Gestaltung ihres Lese- und Verstehensprozesses haben, vor allem empfohlen, ihnen gezielt Lesetechniken zu vermitteln (u. a. Artelt et al. 2001, S. 129ff.; allgemein zur Unterrichtsgestaltung bzgl. Lesestrategien Bräuer 2010b, S. 161–173).

Insbesondere die Frage der Bewusstheit, also „ob Lesestrategien bewusstseinspflichtig, zumindest bewusstseinsfähig sind oder auch automatisiert ausgeführt werden können", wird in der einschlägigen Literatur „kontrovers diskutiert" (Bräuer 2010a, S. 100). Nach meiner Auffassung ist von einem Wechselspiel eines bewussten und unbewussten strategischen Umgangs mit Texten auszugehen, das sich bereits in der vorangestellten Definition von Artelt et al. (2010) andeutet (s. o.). Das Bewusstsein für den Einsatz von bestimmten Lesestrategien beim Textverstehen variiert je nachdem, wie automatisiert der zu vollziehende Leseprozess ist bzw. ob Verstehens- oder Irritationsmomente für den Lesenden auftreten. So macht es wahrscheinlich einen Unterschied, ob ich einen Artikel im Lokalteil der Tageszeitung lese, oder ob ich mir ein neues Themenfeld in einem komplexen wissenschaftlichen Aufsatz mit vielen mir unbekannten Termini und Argumentationszusammenhängen erschließe, der somit außerordentlich voraussetzungsreich ist (und zwar nicht nur allein auf der Inhaltsebene). In der Forschung wird dieser Unterschied auch durch die Verwendung der Termini „Fertigkeiten" und „Strategien"[29] markiert (etwa Philipp 2013, S. 39–46).

Sichtet man die Definitionen zu Lesestrategien, so wird deutlich, dass Strategien immer *zielgerichtet* und *flexibel* vom kompetenten Lesenden eingesetzt werden (u. a. Bimmel 2002, S. 117; Schoenbach et al. 2006, S. 91ff.; Willenberg 2004). Welche Lesestrategie angebracht ist, entscheidet sich insofern je nach *Leseziel* und *Lesesituation*. Versierte Leserinnen und Leser achten hierzu etwa auf die Aufgabenanforderung oder können einen Text im Hinblick auf eine konkrete Fragestellung lesen. Mit Blick auf die psychologische und lesedidaktische Forschung wird

---

29 Grundlegend zum Strategiebegriff Bräuer (2010a, S 101–111).

3 Bestimmung des Gegenstandsfeldes: Lesekompetenz

ganz allgemein zwischen drei Strategiegruppen von Lesestrategien für den Textzugriff unterschieden: (1) kognitive Strategien, (2) metakognitive Strategien und sog. (3) Stützstrategien (u. a. Friedrich/Mandl 2006; Gold 2007, S. 48ff.).[30]

Kognitive Strategien beziehen sich unmittelbar auf die Auseinandersetzung mit dem Text, wobei primär zwischen Elaborations-, Organisations- und Wiederholungsstrategien unterschieden wird (z. B. Christmann/Groeben 1999, S. 194ff., Gold 2007, S. 48f.; Rosebrock/Nix 2008, S. 64ff.):

Organisationsstrategien dienen der Strukturierung des Textes und dazu, den Textinhalt auf die wesentlichen Inhalte zu reduzieren und Verbindungen zwischen Textteilen herzustellen. Hierzu gehört etwa das Zusammenfassen von Hauptgedanken eines Textes oder das Verfassen von Zwischenüberschriften (u. a. Willenberg 2004).

Elaborierende Strategien dienen dazu, den Textinhalt mit dem eigenen Vorwissen, Gefühlen und Meinungen usw. in Beziehung zu setzen, d. h. den Text vertieft zu durchdringen. Beispielsweise gehört dazu, anhand bisheriger Textinformationen Voraussagen über den Inhalt und weiteren Textverlauf anzustellen und diese im Anschluss zu überprüfen. Versierte Leserinnen und Leser bauen etwa bereits vor dem eigentlichen Leseprozess durch das Beachten der Überschrift oder aufgrund des Klappentextes eines Buches inhaltliche Erwartungen auf.

Wiederholende Strategien dienen dem Einprägen und abrufbereiten Behalten von Textinformationen. Hierzu gehört unter anderem das mehrmalige Lesen einzelner Textabschnitte, gerade bei komplexen Texten, um etwa Verstehensprobleme aufzulösen oder einzelne Textinformationen zusammenzuführen. Ziel eines solchen verstehenden Lesens ist der Aufbau eines mentalen Modells (Kapitel 3.3.3.3).

Auf einer zweiten reflexiven Ebene verfügen kompetente Leserinnen und Leser über Strategien zur Planung, Steuerung, Überwachung und Evaluation der eigenen Textlektüre bzw. des strategischen Vorgehens, die als *metakognitive Strategien* bezeichnet werden (u. a. Friedrich/Mandl 2006). Sie umfassen also diejenigen Tätigkeiten, die bei Verstehensproblemen aktiviert werden und diese auflösen (Artelt 2004, S. 62f.). Mit anderen Worten: Kompetente Leserinnen und Leser können das eigene Leseverhalten und die eigene Lesestrategie reflektieren. Als dritte Gruppe von Strategien zielen die *Stützstrategien* weniger auf die Auseinandersetzung mit

---

30 Kognitive und metakognitive Strategien werden gemeinhin unter dem übergeordneten Konzept der „Selbstregulation" (Friedrich/Mandl 2006) diskutiert. Das selbstgesteuerte Lernen umfasst die Fähigkeit, Verstehensbarrieren zu erkennen und diese mittels der verfügbaren Strategien zu überwinden.

dem Text oder eine reflexive Ebene des Leseprozesses (Friedrich/Mandl 2006). Vielmehr beziehen sich Stützstrategien auf den Kontext und die Motivation, die indirekt auf das Lesen Einfluss nehmen bzw. den Leseprozess stützen. Hierzu zählen etwa das Einrichten einer angemessenen Leseumgebung oder das Zeitmanagement beim Lesen.

Das genaue Verhältnis der einzelnen beschriebenen Strategieformen zueinander ist in der Forschungsdiskussion bislang noch weitestgehend unklar (Streblow 2004, S. 285f.). Ich schließe mich im Weiteren der Argumentation von Bräuer (2010b) an, der die analytische Aufspaltung der Strategieebenen durchaus kritisch sieht. Bräuer geht vielmehr davon aus, dass die genannten drei Strategieebenen in der Anwendungssituation miteinander interagieren und sich wechselseitig ergänzen (ebd., S. 154).

Zusammengefasst: Lesestrategien sind komplexere mentale Prozesse. Sie sind zumeist nicht direkt beobachtbar und müssen häufig indirekt – etwa durch Selbsteinschätzungen von Lernenden – und verhältnismäßig aufwendig erschlossen werden. Unabhängig von der schwierigen Erfassbarkeit von Lesestrategien wissen wir heute durch verschiedene empirische Studien um die Bedeutung, die Lesestrategien für das Leseverstehen einnehmen. Im Vorhersagemodell zur Lesekompetenz, das auf Regressionsanalysen der PISA-Variablen basiert, konnten Lesestrategien als einer der stärksten und didaktisch beeinflussbaren Prädiktoren der Lesekompetenz mit einem Wert von .23 herausgearbeitet werden (Artelt et al. 2001, S. 129ff.; Artelt/Naumann/Schneider 2010, S. 110f.). Mit Bezug auf dieses Ergebnis empfehlen die PISA-Autoren die explizite Vermittlung von Lesestrategien vordringlich, da sie darin eine Möglichkeit zur Förderung der Informationsverarbeitungskompetenz sehen (Artelt et al. 2001, S. 131ff.; dazu auch Artelt et al. 2007, S. 19; Streblow 2004, S. 285ff.). Die Schlagkraft dieses Befundes ist in der Folgezeit und bis heute anhaltend in einem erhöhten Aufkommen an Trainingsprogrammen und Fördermaterialien im Bereich Lesestrategien zu sehen (z. B. Gold 2007).[31]

3.3.3 Textverstehen

Es wurde bereits kurz angerissen, dass der Leseprozess auf verschiedenen Textverstehensebenen abläuft (Kapitel 3.1). Als strukturgebendes Element für die

---

31 Kritisch dazu Spinner (2004, S. 136). Auch in Lehrwerken sind mittlerweile Lehrbucheinheiten zu Lesestrategien konstitutiv. Ebenso wurde bereits bei der Analyse der curricularen Vorgaben deutlich, welcher Stellenwert Lesestrategien vonseiten der Bildungspolitik eingeräumt wird (Kapitel 3.2).

weiteren Ausführungen erscheint es daher sinnvoll, die folgenden drei Verarbeitungsebenen des Leseprozesses zu unterscheiden:
- Prozesse des Lesens auf Wortebene (Kapitel 3.3.3.1),
- Prozesse des Lesens auf Satz-/Absatzebene (Kapitel 3.3.3.2),
- Prozesse des Lesens auf Textebene (Kapitel 3.3.3.3).

3.3.3.1 Prozesse des Lesens auf Wortebene

Den Ausgangspunkt des Leseprozesses bildet das Erkennen und Verstehen von Buchstaben und Wörtern. Dieser visuelle Zuordnungsprozess wird in der einschlägigen Literatur als lexikalischer Zugriff bezeichnet (etwa Christmann 2010, S. 159; Richter/Christmann 2002, S. 36). Die Wörter werden hierbei nicht als einzelne Buchstabenfolgen, sondern als Buchstabeneinheiten wahrgenommen, die vom Lesenden parallel verarbeitet werden (Artelt et al. 2007, S. 17).

Für den Worterkennungsprozess spielen drei verschiedene Zugangsmöglichkeiten eine zentrale Rolle. (1) Geübte Leserinnen und Leser erschließen Wörter bzw. Buchstabenordnungen über den direkten visuellen Zugang, wenn die betreffenden Wörter bereits im mentalen Lexikon visuell gespeichert sind (u. a. Holle 2009, S. 146; Richter/Christmann 2002, S. 28; Steinhoff 2013, S. 13f.). Das bedeutet, ein großer Wortschatz ist zentral dafür, Wörter direkt erkennen zu können. Die Erweiterung des Wortschatzes durch sog. „Wortschatztraining" wird daher als eine geeignete Maßnahme bei schwach lesenden Schülerinnen und Schüler angesehen (etwa Selimi 2010; Steinhoff 2013; Willenberg 2007d).

Je größer dabei der Sichtwortschatz des Lesenden ist, desto einfacher und schneller können Wörter im Text verarbeitet und die kognitiven Ressourcen auf verstehenshöhere Prozesse verlagert werden (Perfetti 1985; Richter/Christmann 2002, S. 40, 48; Steinhoff 2013, S. 20). Dafür spricht der sog. „Wortüberlegenheitseffekt": Im Vergleich können Buchstaben, die in sinnvolle Wörter eingebunden sind, vom Lesenden leichter erkannt und behalten werden als Buchstaben, die isoliert in Pseudowörtern auftreten (Artelt et al. 2007, S. 17; Richter/Christmann 2002, S. 34f.). Innerhalb dieses Prozesses werden vom Auge Sprünge (sog. „Sakkaden") vollzogen, um den Text zu erschließen. Diese visuellen Sprünge über die Textzeile werden durch Fixierungen im Text unterbrochen, in denen einzelne Ausschnitte einer Zeile wahrgenommen und verarbeitet werden. Bei versierten Leserinnen und Lesern findet ein ständiges Wechselspiel von Sakkaden und Fixierungen statt. Es können aber auch Rücksprünge (Regressionen) in einer Textzeile vorkommen – so etwa bei Verständnisschwierigkeiten (Holle 2009, S. 115f.; Richter/Christmann 2002, S. 35; Wember 2012, S. 192f.).

In den bisherigen Ausführungen wurde die Wortidentifikation bei bekannten Wörtern fokussiert. Neue und unvertraute Wörter sowie Neologismen oder Pseudowörter können anhand (2) morphologischer Strukturmerkmale verarbeitet oder durch den (3) indirekten Zugangsweg, über die phonologische Repräsentation erschlossen werden (dazu Christmann/Groeben 1999, S. 150f.; Richter/Christmann 2002, S. 29, 38; differenzierend aber: Artelt et al. 2007, S. 17f.). Es wird davon ausgegangen, dass diese Zugangsweisen vor allem bei disfluenten Leserinnen und Lesern dominieren. Beim Zugang über das phonologische System wird die graphemische Struktur eines Wortes in seine lautliche Repräsentation überführt. Dieses sog. „Zwei-Wege-Modell" der Worterkennung (zuerst bei Coltheart 1978) ist jedoch nicht unumstritten. Es ist empirisch noch nicht hinreichend geklärt, „ob und in welchem Umfang der graphemische Input in eine phonologische Repräsentation übersetzt werden muss" (Artelt et al. 2007, S. 18). Es wird angenommen, dass der morphologische Zugang bei komplexen und zusammengesetzten Wörtern erfolgt, da diese nicht als Einheiten im mentalen Lexikon abgespeichert sind. Das Wort wird hierbei in einzelne morphologische Einheiten zerlegt und auf diese Weise sukzessive erlesen.

Insgesamt lässt sich festhalten, dass schwach lesende Schülerinnen und Schüler bereits besondere Anstrengung darauf verwenden müssen, Wörter und Sätze zu erkennen und zu verarbeiten, da sie Wörter noch Buchstabe für Buchstabe mühevoll und indirekt erlesen müssen. Kompetente Leserinnen und Leser haben diesen Vorgang hingegen automatisiert und können Wörter problemlos wiedergeben.[32]

3.3.3.2 Prozesse des Lesens auf Satz-/Absatzebene

Zu den basalen Leseprozessen gehören weiterhin Teilprozesse, die auf Satz- bzw. Absatzebene ausgeführt werden. Auf dieser Ebene werden grammatische Strukturen mit semantischen Aussagen miteinander in Beziehung gesetzt. Übereinstimmend nimmt man in der Leseforschung an, dass Satzbedeutungen als Propositionen oder Prädikat-Argument-Strukturen integriert werden (u. a. Christmann/Groeben 1999, S. 152f.; Kintsch 1998, S. 54; Richter/Christmann 2002, S. 29f.). Lesende müssen folglich über semantisches und syntaktisches Wissen verfügen, um zu einer Satzinterpretation zu gelangen (Christmann 2010, S. 164).

---

32 Wie in Kapitel 3.4 noch erläutert wird, kann die Automatisierung dieses Prozesses auch in der Sekundarstufe I nicht vorausgesetzt werden und ist insofern für lesediagnostische Zwecke mit in den Blick zu nehmen.

3 Bestimmung des Gegenstandsfeldes: Lesekompetenz

Auf lokaler Ebene geht es darum, Zusammenhänge zwischen unmittelbar aufeinanderfolgenden Sätzen herzustellen. Dieser Konstruktionsprozess wird als „lokale Kohärenzetablierung" bezeichnet. Wesentlich sind dabei Wiederaufnahmestrategien von Informationen und Sprachelementen innerhalb von Sätzen und über die Satzgrenze hinaus (Jesch 2009, S. 41). Zu unterscheiden ist dabei zwischen expliziter und impliziter Wiederaufnahme (van Dijk/Kintsch 1983, S. 150). In einem Text werden jedoch nicht immer sämtliche Informationen explizit gemacht, die zu seinem Verständnis notwendig sind. Sie müssen vom Lesenden erschlossen werden (u. a. van Dijk 1980, S. 33; Richter/Christmann 2002, S. 29f.). Durch den folgenden Beispielsatz aus der Zeitung „Die Zeit" lässt sich dieser Konstruktionsprozess verdeutlichen:

Urteil wegen Fankrawall. DFB schließt Dynamo Dresden vom Pokal aus.[33]

Bezogen auf diese Satzfolge muss der Lesende die Zusammenhänge zwischen den Sätzen herstellen, um zu verstehen, dass das Sportgericht des Deutschen Fußballbundes die schweren Ausschreitungen von Dresdner Fans geahndet hat, weshalb der Verein nun am DFB-Pokal nicht teilnehmen darf.

Unter Rückgriff auf das eigene Vorwissen muss der Leser bzw. die Leserin also die Zusammenhänge zwischen den dicht aufeinander folgenden Einzelaussagen in einem Text herstellen. In kognitionspsychologischer Perspektive sind die relevanten Vorwissensbestände für die lokale Kohärenzetablierung in mentalen Schemata, in sog. „Frames" und „Skripts"[34], organisiert (Hoffmann/Engelkamp 2013, S. 98–101; Jesch 2009, S. 49ff; allgemein Rumelhart 1980). Mittels kognitiver Schemata kann der Lesende inhaltliche Bezüge innerhalb des Textes herstellen und Leerstellen im Text füllen. Diese Verstehensleistungen des Lesenden werden als „Inferenzen" bezeichnet (Richter/Christmann 2002, S. 43f.; Schwarz 2008, S. 190f.). Dabei muss betont werden, dass Allgemeinwissen für die einen Lesenden bereits ein Spezialwissen für die anderen Lesenden darstellen

---

33 Beispiel entnommen: http://www.zeit.de/sport/2011-11/dfb-dynamo-pokal [Zugriff 24.11.2011].

34 Von Bartlett (1932) eingeführt als „strukturierte Wissensbereiche" und im Weiteren in der Kognitionspsychologie ausdifferenziert (u. a. Holle 2009, S. 127; Schwarz 2008, S. 115–119). Mit dem Begriff „Frame" werden in der psycholinguistischen Forschung mentale Schemata von Begriffen und deren Umfang bezeichnet, in denen Situationen, Objekte oder Institutionen erfasst sind. Bereits wenn ein Bestandteil aus diesem ‚Wissensnetz' in einem Text aufgerufen wird, kann dieser Teilaspekt Assoziationen über das ganze Wissensnetz beim Lesenden abrufen. Mit dem Begriff „Skript" werden Vorwissensstrukturen, die sich auf Wissen über typische Handlungsabläufe beziehen, bezeichnet (etwa Hoffmann/Engelkamp 2013, S. 141f.; Jesch 2009, S. 49ff.).

kann – man denke etwa an ein Themenfeld wie die im obigen Beispiel angeführte Fußballberichterstattung. So müssen ‚Laien' bei Sachtexten, die ein bestimmtes Vorwissen erfordern, wesentlich mehr über den Kontext und die entsprechenden Zusammenhänge im Text erschließen als Experten, die über entsprechende Wissensbestände bereits verfügen (grundsätzlich Kintsch 1998). In der Forschung wird weiterhin angenommen, dass die Verfügbarkeit von entsprechenden relevanten Schemata in der jeweiligen Lesesituation mitbestimmend für das Textverstehen ist und Leseschwächen auch überbrücken kann (Richter/Christmann 2002, S. 44f.). Noch nicht hinreichend erforscht ist, ob Inferenzen immer und automatisch vom Lesenden gebildet werden. Es gibt durchaus Inferenzen, die für das Herstellen des Gesamtzusammenhangs eines Textes nicht zwingend notwendig sind, sodass zu fragen ist, ob bestimmte Inferenzen teilweise nur aufgrund bestimmter Leseanforderungen oder Fragestellungen gebildet werden (Christmann/Groeben 1999, S. 160). Mit diesen Ausführungen wird im Übrigen deutlich, dass ein Verstehen auf Satz- bzw. Absatzebene nicht mit einem Verstehen des gesamten Textinhalts gleichgesetzt werden kann. Zugleich gehören Inferenzen zu denjenigen Prozessen, die schwer direkt beobachtbar sind und vielmehr indirekt – etwa durch Fragen zu einzelnen gegebenen Informationen, die aus mehr als einem Satz bestehen – erschlossen werden müssen.

Bei fortgeschrittenen Lesern sind die Wort- und Satzerkennung sowie das Herstellen von Zusammenhängen zwischen aufeinanderfolgenden Sätzen automatisiert (u. a. Rosebrock/Nix 2008, S. 37). Nur so ist es überhaupt möglich, zu höheren Prozessen des Textverstehens zu gelangen. Wer zu viel Kraft auf die hierarchieniedrigen Prozesse verwenden muss, erreicht die Ebene der höheren Teilprozesse des Lesens gar nicht erst bzw. kann diese nicht bewältigen. Aus normativer Sicht wird daher erst von Textverstehen gesprochen, wenn die hierarchiehöheren Prozesse von den Leserinnen und Lesern erreicht werden. Diese nächsthöheren Verstehensprozesse sollen nun im Folgenden betrachtet werden.

3.3.3.3 Prozesse des Lesens auf Textebene

Zielperspektive beim Leseprozess ist es, einen Text in seiner Gesamtheit wahrzunehmen und Sinnzusammenhänge herzustellen. Um schließlich größere Textzusammenhänge zu erfassen, müssen Lernende in der Lage sein, die semantischen Zusammenhänge aus einzelnen Absätzen zu verarbeiten und miteinander in Beziehung zu setzen. Kurz: „Text comprehension is structure building" (Kintsch 1998, S. 247). Das Erzeugen dieser Zusammenhänge wird als „globale Kohärenzetablierung" oder „Bildung einer Makrostruktur" bezeichnet (Kintsch 1998, S. 174ff.; Richter/Christmann 2002, S. 31ff.; Schwarz-Friesel 2006; van Dijk 1980). Mit Hilfe von Makroregeln[35] werden beim Lesen längerer Texte Informationen eines Textes reduziert und organisiert: Einzelne Bedeutungen werden vom Lesenden aufeinander bezogen und zu übergeordneten Bedeutungseinheiten zusammengeführt (van Dijk 1980, S. 44). Schlechtere Leserinnen und Leser haben Schwierigkeiten, einen Text auf wesentliche Elemente zu reduzieren. Globale Kohärenzetablierung ist aber nicht nur ein leserseitiger Prozess: Vor allem in der Textlinguistik wird weiterhin betont, dass Kohärenz „als das Ergebnis textinterner als auch textexterner Faktoren" (Schwarz 2008, S. 195f.) anzusehen ist. Wie voraussetzungsreich ein Text ist, lässt sich etwa durch den Kohärenzgrad des Textes, die Komplexität des Satzbaus oder auch die Anzahl der erforderlich zu bildenden Inferenzen bestimmen (Brinker 2010).[36] Schwarz-Friesel (2006) weist aus textlinguistischer Perspektive darauf hin, dass globale Kohärenzetablierung nicht mit der Sinnzuschreibung durch den Leser gleichzusetzen sei:

> Das Erkennen globaler Kontinuität bedeutet nicht, dass die Leser den Sinn (als die Autorintention oder eine der Rezeptionsästhetik des Textes entsprechende Auslegung) erschlossen haben. Die Etablierung von globaler Kohärenz ist jedoch in vielen Textverstehensprozessen die Voraussetzung für weitergehende Sinnauslegungen. (Ebd., S. 70)

Diese Annahme ist zwar durchaus evident, jedoch liegen zur Kohärenzetablierung kaum empirische Befunde vor. Im Hinblick auf das literarische Lesen stellt die Etablierung von Kohärenz bereits einen wichtigen ersten Deutungsprozess für ein umfassendes literarisches Verstehen dar (u. a. Grzesik 2005, S. 317f.). Es liegt somit auf theoretischer Ebene nahe, dass beim literarischen Lesen Kohärenzetablierung und Sinnzuschreibung im Kopf des Lesenden parallel und interagierend ablaufen und nicht strikt voneinander getrennt werden können. Dennoch ist die heuristische Unterscheidung zwischen – vereinfacht gesprochen – Verstehen und Interpretieren gerade in didaktischen Zusammenhängen tragfähig und besonders relevant (Winkler 2011, S. 89).

Noch eine weitere fachdidaktisch relevante Frage ist nach dem bisher Gesagten offen geblieben: Inwiefern ist die Etablierung globaler Kohärenz während des Lesens ein expliziter Konstruktionsprozess? Während etwa Rosebrock und

---

35 Van Dijk schlägt vier Makroregeln zur Bildung einer globalen Bedeutungsstruktur eines Textes vor (van Dijk 1980, S. 45ff.): (1) Auslassen, (2) Selektieren, (3), Generalisieren und (4) Konstruieren oder Integrieren. Diese Makroregeln bilden – ob nun explizit oder implizit – auch einen Orientierungspunkt für aktuelle Förderprogramme im Bereich Lesestrategien (Bräuer 2010a, S. 33).

36 Zu Aspekten der Textschwierigkeit aus deutschdidaktischer Perspektive: Köster (2005); Winkler (2013); Zabka (2012).

Nix (2008) globale Kohärenzetablierung als bewusst ablaufenden Prozess beschreiben (ebd., S. 20), hebt Schwarz-Friesel (2006) demgegenüber aus Perspektive der textlinguistischen Forschung hervor, dass bei fortgeschrittenen Lesern von einem unbewusst ablaufenden Prozess auszugehen ist (ebd., S. 64). Nach meiner Einschätzung ist anzunehmen, dass die Bildung globaler Kohärenz bei kompetenten Lesenden erst dann zu einem bewussten Prozess wird, wenn es zum Nicht-Verstehen eines Textes bzw. einzelner Abschnitte kommt. Damit die hierbei bestehende „Verstehensbarrieren" (Köster/Winkler 2015, S. 125) zwischen Teilaspekten und Textganzem bewältigt werden kann, wird von guten Leserinnen und Lesern eine Metaperspektive eingenommen, um die Lesehürde bewältigen zu können. Der bzw. die Lesende muss „herauszufinden, wodurch die fehlende Passung [innerhalb des Leseprozesses] im konkreten Fall verursacht wurde" (ebd.), um im Anschluss zu einer globalen Kohärenzetablierung zu gelangen (dazu die Studie von Winkler 2007).[37]

Beim Lesen werden jedoch nicht nur auf der gesamten Textebene Zusammenhänge hergestellt. Kompetente Leserinnen und Leser bringen auch ihr vorhandenes Textsortenwissen in den Leseprozess ein. In der Leseforschung wird dieser Vorgang als Bildung von *Superstrukturen* bezeichnet, die „im Sinne eines Rasters oder abstrakten Schemas [...] die globale Ordnung von Texten" (Richter/Christmann 2002, S. 33) darstellen (grundlegend zu Superstrukturen van Dijk 1980). Wer über textsortenspezifisches Wissen verfügt, aktiviert während des Leseprozesses bestimmte Erwartungen bzw. Hypothesen zu einem Text – etwa wenn dieser als „Märchen", „Parabel" oder „wissenschaftlicher Fachtext" gekennzeichnet wird. Im weiteren Verlauf des Lese- und Verarbeitungsprozesses werden diese Vermutungen dann angewendet, hinterfragt und bestätigt oder korrigiert. Das erworbene Textsortenwissen beeinflusst demzufolge das Textverstehen (zur empirischen Bestätigung z. B. die Untersuchung von Zwaan 1994). Schließlich geht es auch darum, die Darstellungsabsichten eines Textes zu erkennen. Hierzu gehören unter anderem sprachliche Gestaltungsmittel wie Metaphern, die es zu verarbeiten und für ein vertieftes Textverstehen zu nutzen gilt (Richter/Christmann 2002, S. 34; Schnotz/Dutke 2004, S. 83; für empirische Befunde Lessing-Sattari 2015). Dieser Konstruktionsprozess wird in der Literatur als das *Erkennen von Darstellungsstrategien* bezeichnet. Kundige Leserinnen und Leser sind insofern in der Lage, einen Text aus einer Metaperspektive zu betrachten.

---

37 Dies steht in engem Zusammenhang mit der Anwendung von geeigneten Lesestrategien, um Verstehensproblemen zu begegnen (Artelt 2004, S. 62).

3 Bestimmung des Gegenstandsfeldes: Lesekompetenz

In der Forschung finden die Begriffe „mentales Modell" (zuerst Johnson-Laird 1983) oder auch „Situationsmodell" (geprägt von van Dijk/Kintsch 1983) Verwendung, um die mentale Repräsentation der im Text beschriebenen Sachverhalte zu beschreiben.[38] In das mentale Modell wird neben den Merkmalen des Textes auch das über den Text hinausgehende Wissen des Lesers bzw. der Leserin integriert. Das mentale Modell komprimiert bei narrativen Texten etwa Informationen zu Ort(en) der Handlung, der Zeit, den handelnden Personen bzw. Figuren und dem Handlungskern des Geschehens mit entsprechenden Einzelheiten, die zueinander in Beziehung gesetzt und aktiv mit den eigenen Wissensbeständen des Lesenden verknüpft werden (Kelter 2003; Rinck 2000; aus lesedidaktischer Perspektive: Gailberger 2007; Gailberger/Krelle/Triebel 2007). Dieses „Kino im Kopf" (Rinck 2000, S. 116) enthält neben den bereits genannten Einzelheiten auch Informationen zur Autorenabsicht. Während des Leseprozesses wird das mentale Modell sukzessive – durch neue Textinformationen und mit den eigenen Wissensbeständen angereichert – realisiert, erweitert, umstrukturiert und ggf. auch verworfen (u. a. Kelter 2003; Schwarz 2008, S. 197).[39] Diese Aufzählung macht deutlich, dass kompetente Leserinnen und Leser ihr mentales Modell flexibel anwenden können und nicht in starrer Voreingenommenheit während des Leseprozesses verharren (Richter/Christmann 2002, S. 34).[40] Somit ist das mentale Modell nicht nur Resultat,

---

38 Ursprünglich standen beide Termini für unterschiedliche Konzepte. Mittlerweile werden sie in der Literatur vielfach synonym verwendet (Kelter 2003, S. 515; Schmid-Barkow 2010, S. 219; synonyme Begriffsverwendung etwa bei Dutke 1998, S. 43; Jesch 2009, S. 52–56; Schnotz/Dutke 2004, S. 84). Auch der in der Textlinguistik bevorzugte Terminus „Textweltmodell" (Perfetti 1985; Schwarz 2008) kann als Synonym für das Situations- bzw. mentale Modell gesehen werden. Ich werde in den weiteren Ausführungen durchgängig den Begriff *mentales Modell* verwenden.

39 Innerhalb der Forschung ist keineswegs eindeutig geklärt, wie das mentale Modell beschaffen ist und auf welche Art die Inhalte des Textes beim Lesenden repräsentiert sind. Gegenwärtig beruft sich die Forschungsliteratur daher auf normativ-konzeptionelle Überlegungen (Christmann/Groeben 1999, S. 172; Rinck 2000, S. 117, 121f.; Schnotz/Dutke 2004, S. 43). Übereinstimmend wird die globale Kohärenzetablierung als hinreichende Voraussetzung für die Bildung eines mentalen Modells angeführt. Aus didaktischer Perspektive ist die Anmerkung von Bräuer (2010a) zentral, der mit Bezug auf Dutke (1998) ausführt: „Mentale Modelle liefern ein *Rahmenkonstrukt* [...] dessen, was im Textverstehen bzw. im Textverständnis zusammenfällt; sie sind damit aber [...] *kein Modell des Verstehens*" (ebd., S. 42; Herv. ebd.).

40 Ein geeignetes Beispiel sind etwa Irritationsmomente in der Sinnzuschreibung bei Texten. Kompetente Leserinnen und Leser besitzen die Bereitschaft, Irritationsmomente bei der Textrezeption auszuhalten sowie diese zu nutzen, und lassen sich von diesen

sondern auch Voraussetzung für ein vertieftes Textverstehen, das die Etablierung globaler Kohärenz voraussetzt. Konsensfähig ist, dass die Bildung eines mentalen Modells einen unmittelbaren Zugriff auf den Textinhalt erlaubt; der ‚Text' ist also für den Lesenden mental abrufbar (Gailberger 2007, S. 13, 23).

In der Leseforschung nimmt man an, dass die Bildung eines mentalen Modells stark individuell geprägt ist – beeinflusst durch die je eigenen Wissens- und Erfahrungsbestände (s. o.) – und insofern von Leser zu Leser variiert, unterschiedlich elaboriert oder begrenzt sein kann (Rinck 2000, S. 117; Schiefele 1996, S. 102; gegenteilig: Schwarz-Friesel 2006, S. 65). Die Konstruktion eines mentalen Modells stellt nicht notwendigerweise eine inhaltlich vollständige (ebenso wenig wie zwingend korrekte) Repräsentation des Textes dar (u. a. Dutke 1998, S. 55; Gailberger/Willenberg 2008, S. 63; Kintsch 1998, S. 50). Gleichzeitig geht das mentale Modell auch über den Text hinaus, da, wie bereits angeführt, individuelle Wissensbestände eingebracht werden. Dies mag auch erklären, warum das mentale Modell in der DESI-Studie sogar als höchste Kompetenzstufe modelliert wird (Gailberger/Willenberg 2008, S. 61ff.; Willenberg 2007c).

Aus lesedidaktischer Sicht ist entscheidend, dass Lehrkräfte von verschiedenen Repräsentationsformen ausgehen müssen, wenn im Deutschunterricht Texte verhandelt werden (allgemein Schnotz/Dutke 2004, S. 98f.; in didaktischer Perspektive u. a. Gailberger 2007). Trotz der hohen Plausibilität der Argumentationsfigur, dass Textinformationen im Abgleich mit dem eigenen Wissen in einem mentalen Modell repräsentiert sind, ist das mentale Modell als solches empirisch noch nicht nachgewiesen worden (Dutke 1998, S. 55; Rinck 2000, S. 121).

3.3.4 Leserbezogene Dimension

Lesen bedeutet nicht nur Textverarbeitung. Gleichwertig bringt sich die lesende Person mit ihren Erwartungen, ihrem Wissen und ihren Einstellungen in den Leseprozess ein. Anders ausgedrückt: In diesem Abschnitt geht es um diejenigen Aspekte, welche die Lesekompetenz der Schülerinnen und Schüler sowohl positiv als auch negativ beeinflussen können. Die in diesem Abschnitt beschriebenen Aspekte gilt es für einen umfassenden Lesekompetenzbegriff und eine damit verbundene Lesediagnose mit zu berücksichtigen (Kapitel 3.1). Aus lesediagnostischer Sicht macht die Betrachtung der Subjektebene vor allem auch deutlich, dass Schülerinnen und Schüler mit konkreten Vorstellungen und Erwartungen

---

beim Leseprozess nicht abschrecken (dazu die Ergebnisse bei Winkler 2007 und Stark 2010).

als Leserinnen und Leser im Deutschunterricht sitzen, die es zu erfassen gilt. Schlüsselbegriffe auf Subjektebene sind die Lesemotivation (Kapitel 3.3.4.1), die subjektive Beteiligung (Kapitel 3.3.4.2), das Wissen (Kapitel 3.3.4.3), die Reflexion (Kapitel 3.3.4.4) und das lesebezogene Selbstkonzept (Kapitel 3.3.4.5). Diese Komponenten werden für die Darstellung zwar theoretisch-analytisch getrennt betrachtet, grundsätzlich interagieren sie aber miteinander (einschlägig Hurrelmann 2002a, 2007).

3.3.4.1 Lesemotivation

Mit dem Begriff der Lesemotivation werden allgemein „the individual's personal goals, values, and beliefs with regard to the topics, processes, and outcomes of reading" beschrieben (Guthrie/Wigfield 2000, S. 405). In dieser Begriffsbestimmung wird deutlich, dass Motivation als mehrdimensionale Komponente gefasst wird, die unter anderem von Leseinteressen, Leseerwartungen und individuellen Lesezielen als motivationalen Faktoren bestimmt ist. Zu dieser Dimension zählt vor allem die Bereitschaft bzw. der Wille, die Lektüre eines Textes zu beginnen, sich auf den Text einzulassen und den Leseprozess fortzuführen. Es geht also auch darum, Hürden bzw. Verstehensbarrieren beim Lesen auszuhalten, ggf. im Text nochmals nachzulesen, der Irritation nachzuspüren und diese zu überwinden (ebd., S. 408).

Empirisch lässt sich zeigen, dass die Lesemotivation das Leseverhalten – etwa die Ausdauer und Häufigkeit des Lesens – maßgeblich beeinflusst und zu einer der wichtigsten Determinanten für die Lesekompetenz gehört. So betonen Guthrie und Wigfield (2000): „Motivational processes are the foundation for coordinating cognitive goals and strategies in reading" (ebd., S. 408). Unter anderem ist in diesem Zusammenhang die bereits erwähnte Regressionsanalyse im Rahmen von PISA 2000 zu nennen, mittels derer die Lesemotivation (hier: Leseinteresse) als ein relevanter Faktor innerhalb der Lesekompetenz herausgestellt wurde (Artelt et al. 2001, S. 129; Artelt/Demmrich/Baumert 2001; im Überblick: Möller/Schiefele 2004). Die Relevanz der Lesemotivation als eigenständiger Dimension der Lesekompetenz lässt sich auch daran erkennen, dass geschlechtsspezifische Unterschiede in der Lesekompetenz „nahezu vollständig durch Unterschiede in der Lesemotivation erklärt werden können" (Artelt/Naumann/Schneider 2010, S. 87ff.). Demnach ist die Lesemotivation für Lesesituationen und Aufgabenstellungen im Deutschunterricht äußerst entscheidend und muss für die Diagnose von Lesekompetenz (mit) berücksichtigt werden.

Besonders die Kognitionspsychologie hat dem Forschungsbereich *Lesemotivation* seit Längerem Aufmerksamkeit gewidmet. Eine einheitliche, breit akzeptierte Konzeptualisierung gibt es bislang aber nicht (im Überblick: Möller/ Schiefele 2004; Rieckmann 2010, S. 36–44). Zu den einflussreichsten Konzepten gehören Modelle zur extrinsischen und intrinsischen Motivation sowie Erwartung-Wert-Theorien, in denen Lesemotivation jeweils mehrdimensional modelliert wird. Lesemotivation wird in Ansätzen der extrinsischen und intrinsischen Motivation dahin gehend systematisiert, inwiefern die Tätigkeit des Lesens an sich als befriedigend erlebt wird oder ob äußere Gründe als Leseantrieb vorliegen (u. a. Deci/Ryan 1985; Schiefele 1996; Wigfield/Guthrie 1997). In Bezug auf intrinsische Motive wird das Lesen entweder mit dem Ziel verfolgt, mehr über ein Thema zu erschließen, das einen interessiert (gegenstandsspezifische Motivation), oder es besteht ein generelles Interesse an der Tätigkeit des Lesens, zum Beispiel beim Lesen zu entspannen (tätigkeitsspezifische Motivation). Dagegen entspringt die extrinsische Motivation den Erwartungen, die als positive oder negative Folgen des eigenen (Lese-)Handelns in Anschlag gebracht werden (Möller/Schiefele 2004, S. 102). Nach Wigfield und Guthrie (1997) gehören zu diesen Konsequenzen etwa äußerer Druck, Aspekte des sozialen Vergleichs oder die Anerkennung durch andere Personen. Wenn genannte Motivationen mehrfach auftreten, spricht man von einer habituellen, d. h. einer überdauernden Lesemotivation (Artelt et al. 2007, S. 19; Schiefele 1996, S. 52ff.). Es wird vermutet, dass extrinsische und intrinsische Aspekte bei Handlungen nicht isoliert werden können und beide Formen gleichermaßen die Ausdauer und die Häufigkeit des Lesens beeinflussen (Möller/Schiefele 2004, S. 103; Rieckmann 2010, S. 39).

Prominent und breit rezipiert ist das „Erwartungs-Wert-Modell" von Möller und Schiefele (2004), das die motivationalen Grundlagen von Lesekompetenz beschreibt und von ihnen auf Grundlage der Arbeiten von Eccles et al. (1983) für den Bereich des Lesens entwickelt wurde. Das Erwartungs-Wert-Modell betrachtet die Lesemotivation differenziert und eher situationsspezifisch, d. h. Ausgangspunkt des Modells ist, wie sich die Lesemotivation in einer bestimmten Lesesituation in Bezug auf einen spezifischen Text gestaltet (siehe auch das „Erwartungs-mal-Wert-Modell" bei Gold 2007, S. 37ff.). Dem Erwartungs-Wert-Modell zufolge wird die aktuelle Lesemotivation sowohl von lesebezogenen Erwartungs- als auch Wertkognitionen beeinflusst. Die *Erwartungskomponente* repräsentiert die Erwartung bzw. Haltung des Lesenden dazu, den vorliegenden Text verstehen zu können („Bin ich ein guter Leser/ eine gute Leserin?"). Es geht also darum, wie eine Person die eigene Kompetenz und die Schwierigkeit des jeweiligen Textes einschätzt. Dies wirkt sich auch unmittelbar auf die *Wertkomponente* einer Lesehandlung aus, die Möller und Schiefele (2004) in der Frage „Will ich den Text lesen und warum/ bzw. warum nicht?" konkretisieren (ebd., S. 116). Die Wertkomponente lässt sich

3 Bestimmung des Gegenstandsfeldes: Lesekompetenz

weiterhin in das erwartete Vergnügen während des Lesens, die subjektive Wichtigkeit der Lektüre, deren Nützlichkeit sowie die mit dem Lesen eines Textes verbundenen Kosten, wie etwa die Leseanstrengung, ausdifferenzieren (ebd., S. 116f.).

Eng mit Wertkomponente bzw. mit der intrinsischen Lesemotivation ist das Lesen aus Interesse verbunden. Es ist einsichtig, dass bei interessierenden Inhalten für eine Person positive Einstellungen und Erwartungen gegenüber einem Text bestehen, die sich wiederum auf die Lesemotivation auswirken (Schiefele 1996, S. 147ff.). Die Studien von Runge (1997), Pieper (2004) sowie Richter und Plath (2005) haben für die Primar- als auch Sekundarstufe gezeigt, dass beim Lesen im Deutschunterricht selten die Wünsche und Interessen der Lernenden für die Buchauswahl im Vordergrund stehen (ebenso Gattermaier 2003, S. 365). In allen Untersuchungen zeigt sich eine Diskrepanz zwischen den Leseinteressen der Schülerinnen und Schüler sowie den von Lehrkräften für den Deutschunterricht ausgewählten Büchern. Da ein Unterricht, der die Interessenslage(n) der Lernenden nicht aufgreift, als wenig motivierend betrachtet wird, bietet dieser Befund einen Erklärungsansatz für das sinkende Leseinteresse der Schülerinnen und Schüler im Deutschunterricht (etwa Gailberger 2013, S. 108f.; Richter/Plath 2005, S. 64).[41] Ein positives emotionales Erleben bzw. positive Leseerfahrungen mit einem oder mehreren Büchern sind jedoch wichtig, um eine stabile Lesehaltung auszubilden (u. a. Schiefele 1996, S. 80). Insofern gilt es aus lesedidaktischer Perspektive, einerseits zu beobachten, ob und an welchen Themen oder Figuren Schülerinnen und Schüler Interesse zeigen, sowie andererseits auf entsprechende Aspekte zurückzugreifen, um Empathie (Kapitel 3.3.4.2) zu befördern.

Entscheidend für die Lesemotivation ist weiterhin, wie Erfahrungen mit dem Lesen und Rückmeldungen zum Lesen verarbeitet werden (Rosebrock/Nix 2008, S. 94ff.). Diese werden nämlich zu motivationalen Grundüberzeugungen, die sich letztlich in einem lesebezogenen Selbstkonzept als Leser bzw. Nicht-Leser manifestieren (siehe Kapitel 3.3.4.5). Überträgt man das Modell von Möller und Schiefele (2004) auf schwache Leserinnen und Leser, so ist davon auszugehen, dass diese eher mit einer geringen Erwartungs- als auch Wertkomponente an das Lesen herangehen – dies kann mitunter sogar zur Stagnation des Lesens führen (ebd., S. 118ff.). Zusammengefasst bietet das Erwartungs-Wert-Modell eine Antwort auf die Frage, welche Indikatoren zur Diagnose von

---

41 Die Studie von Gölitzer (2009) zeigt, dass Lehrende an der Hauptschule zwar durchaus versuchen, Texte schülerorientiert auszuwählen, dabei aber in der Regel scheitern (ebd., S. 303).

Lesemotivation relevant sind, und darüber hinaus eine Hilfestellung, um zu erklären, warum Lernende zum Lesen motiviert sind (oder eben auch nicht).

3.3.4.2 Subjektive Beteiligung

Der Leseprozess ist immer von Emotionen – Begeisterung, Freude, Mitleid, Unlust etc. – begleitet. Insofern ist es für einen umfassenden Lesekompetenzbegriff notwendig, den lesebezogenen Emotionen der Lernenden, die das Erleben von Lektüre beschreiben, Rechnung zu tragen. Es ist unmittelbar nachvollziehbar, dass positive Emotionen einen Leseanlass darstellen oder auch die Bereitschaft während des Leseprozesses erhöhen können, während negative Gefühle hemmend wirken oder das Einlassen auf die (Buch-)Lektüre sogar verhindern können. Somit fließen auch Teilbereiche der Lesemotivation in die Komponente mit ein; diesen Zusammenhang haben bereits implizit die Ausführungen zum „Erwartungs-Wert-Modell" verdeutlicht (s. o.).

Die individuellen Vorstellungen, Erwartungen und Erfahrungen des Lesenden beeinflussen einerseits den Rezeptionsprozess selbst als auch andererseits die emotionale Wirkung des Rezipierten auf den Leser bzw. die Leserin (zusammenfassend: van Holt/Groeben 2006). Das „Involviert-Sein" (Hurrelmann 2007, S. 24) des Lesenden kann sich dabei sowohl auf inhaltliche Aspekte des Dargestellten als auch auf die Art der Darstellung beziehen (z. B. van Holt/Groeben 2006, S. 120). So kann sich das Involviert-Sein beim Lesen etwa durch „Neugier, Spannung, Genuss, emotionale Beteiligung am Geschick der Figuren, Anregung der Phantasie, ästhetische Ansprechbarkeit" oder Interesse am Thema des Textes zeigen (Hurrelmann 2002b, S. 278).[42] Emotionale Beteiligung ist etwa daran erkennbar, dass Lernende Textinhalte mit eigenen Erfahrungen und Erlebnissen in Beziehung setzen. Zum Beispiel in Bezug auf die Frage, warum einem eine bestimmte Figur in einem Text besser gefällt als die anderen oder die Handlung eines Textes besonderen Gefallen findet. Hier zeigt sich auch ein Überschneidungsbereich mit der Teildimension der Reflexion.

Im Zusammenhang mit der Bedeutung der lesebezogenen Emotionen bildet auch der Deutschunterricht selbst eine zentrale Schnittstelle: Die Studien von Pieper et al. (2004) und Graf (2007) haben gezeigt, dass lesebegleitende Emotionen, die für den Deutschunterricht erinnert werden, nicht nur Einfluss auf aktuelle Lesehandlungen nehmen, sondern auch die Lesebiographie und das

---

42 Zugleich ist die Ausbildung von Empathiefähigkeit eine wichtige Zielperspektive des Deutschunterrichts (etwa Spinner 2006). Hier zeigt sich exemplarisch, dass lesedidaktische Fragestellungen auch den Bereich der Ausbildung literarischen Lernens berühren.

Selbstbild der Schülerinnen und Schüler als (Nicht-)Leser mit prägen (siehe Kapitel 3.3.4.5). Gerade bei negativen Emotionen, die mit dem Leseprozess verbunden werden, wird Lesen als „eine ‚Tätigkeit der Anderen' oder gar als eine Bedrohung wahrgenommen und beschrieben […]" (Gailberger 2013, S. 131). Hier gilt es, lesedidaktisch aufmerksam zu sein und die Frage, welche Beziehung der einzelne Schüler bzw. die einzelne Schülerin zum Lesen hat, mit in den Blick zu nehmen.[43]

Darüber hinaus erscheint eine Anmerkung wichtig, die Grzesik (2005) zum Zusammenhang von Textverstehen und lesebegleitenden Emotionen vornimmt. Er verweist darauf, dass das Verstehen eine Voraussetzung für die emotionale Beteiligung bildet:

> Wenn man nichts versteht, dann kann man auf Buchstaben nur mit der Frustration eines Analphabeten reagieren, der um sein Manko weiß. Deshalb treten auch beim ersten Lesen Wertungen und Gefühle *nur zu dem* auf, was man schon verstanden hat. Wer das Verstehen schon in einem hohen Maße automatisiert hat, hat deshalb auch schon beim ersten Lesen in eben diesem Maße Raum für Werten und Fühlen. (Grzesik 2005, S. 305; Herv. ebd.)

Diese Feststellung verdeutlicht nochmal, wie die verschiedenen Ebenen des Lesens miteinander zusammenhängen und interagieren. Ob allerdings das Verstehen eine notwendige Voraussetzung für Wertungs- bzw. Reflexionsprozesse bildet, wie hier von Grzesik festgestellt, ist mittlerweile in der Deutschdidaktik umstritten (siehe Kapitel 3.3.4.4).

3.3.4.3 Wissen

Es ist bereits wiederholt angesprochen worden, dass die Art und Qualität des Vorwissens eine zentrale Kategorie für das Verständnis von Texten darstellt (u. a. Artelt et al. 2007, S. 13; Richter/Christmann 2002, S. 48; Schiefele 1996, S. 118ff.; für die Deutschdidaktik: u. a. Gailberger/Krelle/Triebel 2007; Köster 2003a; Winkler 2007). Vor allem gibt es auch voraussetzungsreiche Texte, sowohl bezogen auf literarische Texte als auch Sachtexte, die ohne entsprechend vorhandene Wissensbestände von Schülerinnen und Schülern gar nicht ‚wirklich' verstanden werden können. So formulieren Richter/Christmann (2002)

---

43 Damit ist auch die lesedidaktische Frage berührt, wie positive Erfahrungen beim Lesen für Lernende geschaffen werden können. Steffen Gailberger (2013) konnte in seiner Dissertation zeigen, dass das Lesen mit Hörbüchern eine geeignete Methode darstellt, um bei schwach lesenden Schülerinnen und Schülern positive Emotionen bei der Begegnung mit Literatur zu ermöglichen (ebd., S. 276).

noch konkreter: Es kann „[n]ur mit einem adäquaten inhaltlichen Vorwissen [ein] *echtes Textverständnis* erreicht, d. h. ein qualitativ hochwertiges Situationsmodell konstruiert werden" (ebd., S. 48; Herv. F.S.). Die Ergebnisse zahlreicher kognitionspsychologischer Untersuchungen bestätigen diese Annahme: Die Ausprägung des Vorwissens ist dasjenige Lesermerkmal, das die Qualität des Textverstehens am stärksten beeinflusst (etwa Zwaan 1994). Vor diesem Hintergrund ist die empirische Forschung zum lesebezogenen Vorwissen ein Feld, das in der Deutschdidaktik zunehmend Beachtung findet; vor allem die Rolle des Vorwissens für das Lesen und Verstehen literarischer Texte hat in den letzten Jahren eine erhebliche Aufmerksamkeit erfahren (u. a. Köster/Wieser 2013; Pieper/Wieser 2012a; Winkler 2007). Weiterhin relevant ist der Befund, dass durch ausgeprägtes inhaltliches Vorwissen die „Defizite in hierarchieniedrigen Lesefähigkeitskomponenten [...] vollständig ausgeglichen werden können" (Richter/Christmann 2002, S. 44).[44] Das bedeutet: Lesende können durch ein hohes inhaltliches Vorwissen situativ eine nicht ausreichende Lesekompetenz in einem nicht unerheblichen Maß kompensieren und zu einem Textverstehen gelangen. Wie kann dieses Ergebnis aber aus lesetheoretischer und -didaktischer Perspektive erklärt werden?

Wiederholt ist in diesem Kapitel erläutert worden, dass beim Lesen permanent textimmanente und wissensbasierte Verstehensleistungen interagieren. Lesen erschöpft sich eben nicht in reiner Bedeutungsentnahme, sondern eigene Wissensbestände und die Propositionen eines Textes müssen miteinander verknüpft werden, um Inferenzen zu bilden und zu einem vertieften Textverstehen zu gelangen (s. o.). Vor allem die Kognitionspsychologie weist darauf hin, dass durch Texte beim Lesenden vorhandene vernetzte Wissensstrukturen, sog. „mentale Schemata" aktiviert werden (Rumelhart 1980). Dafür ein Beispiel: Wenn das Wort *Wüste* in einem Text genannt wird, kann das etwa (weitere) Muster, Bilder und Vorstellungen aktivieren, wie z. B. Sand, Hitze, Oase usw., je nachdem wie das mentale Schema beim Lesenden gestaltet ist (top-down).[45] Über je mehr Vorwissen man in einem Gebiet verfügt, umso dichter ist das Netz

---

44 Diese Kompensation ist zwar auf der Ebene des Situationsmodells möglich, gilt aber nicht für die Ebene der propositionalen Textbasis (Artelt et al. 2007, S. 14).

45 Um es zuzuspitzen: Es ist nach meiner Auffassung eher unwahrscheinlich, dass in Schulleistungsstudien nur die (kognitiven) Leseleistungen gemessen werden und vorhandene (bzw. nicht vorhandene) Wissensbestände in die Evaluation keinesfalls mit einfließen (zu dieser Kritik auch Rosebrock 2009, S. 62f.). Die Frage, was „erwartbares Weltwissen" (ebd.) innerhalb dieser Vergleichsstudien darstellt bzw. darstellen kann, ist meines Erachtens keinesfalls einfach zu klären.

3 Bestimmung des Gegenstandsfeldes: Lesekompetenz   71

aus Wissensstrukturen, das beim Lesen aktiviert wird. Fehlt im umgekehrten Fall entsprechendes Wissen zum Wort *Wüste*, so ist der bzw. die Lesende darauf angewiesen, dass Informationen im Text explizit gemacht werden, um entsprechende Schemata aufzubauen und so – bottom up – zu einem Textverstehen gelangen zu können bzw. das Textverstehen zu erleichtern. Wissensbestände werden durch Lesevorgänge also auch erweitert. Folglich wird für diagnostische Zwecke – stark vereinfachend – angeführt, dass kompetente Leserinnen und Leser ein größeres Vorwissen besitzen, das sie zudem flexibel auf verschiedene Texte anwenden können. Empirische Forschung, die vertiefende Einsichten zu interindividuellen Unterschieden liefern könnte, fehlt aber bislang (u. a. Richter/Christmann 2002, S. 44f.).

Zwar sind mit den Attributen *vernetzt* und *flexibel* einschlägige Merkmale für das Wissen benannt, jedoch verbleiben diese eher auf der Oberfläche. Dies weist auf eine grundlegende Problematik innerhalb des Forschungsfeldes hin: So einhellig nämlich die Meinungen zur Bedeutung des Wissens für das Textverstehen sind, so uneins und unklar ist die Forschung gegenwärtig zur Frage, wie verstehensrelevantes Wissen modelliert werden kann. Weiterhin ist bisher unzureichend erforscht – und Gegenstand einer intensiven Debatte in der Deutschdidaktik (etwa Pieper/Wieser 2012a) –, *inwieweit* und *welche* Wissensbestände beim Lesen genau aktiviert werden (Köster 2003a, S. 102; Rupp/Boelmann 2007, S. 136). Überhaupt kann man festhalten, dass der Wissensbegriff innerhalb der Forschungsdiskussion äußerst disparat verwendet wird (im Überblick: Köster 2003a, S. 92ff.; Stark 2010, S. 114ff.; Winkler 2007, S. 71f.).

Davon unabhängig gilt es unter lesedidaktischen Aspekten zum einen, diagnostisch auf die bestehenden Wissensbestände der Schülerinnen und Schüler zu schauen, und zum anderen, das Wissen der Lernenden auszubauen, um eine Grundlage zur Durchdringung von Texten zu schaffen. Gerade mit Blick auf die schwach lesenden Schülerinnen und Schüler ist bei der Textauswahl infolgedessen zu bedenken, *welches Wissen* für die Erschließung eines Textes vorausgesetzt wird und ggf. im Unterricht bereitgestellt werden muss.

3.3.4.4 *Reflexion*

Lesekompetenz erschöpft sich nicht nur darin, inhaltliche Bezüge in einem Text herstellen zu können. In der Forschung geht man weiterhin davon aus, dass der Lesende im Leseprozess eine wertende Sicht auf den Text einnimmt (dazu bereits Kapitel 3.3.4.2). So können etwa die Darstellung oder die Handlungsweise einer Figur oder das Thema eines Textes zum Gegenstand der Reflexion werden. Hierbei geht es nunmehr nicht nur darum, dass mit dem eigenen Vorwissen leserseitige

Ergänzungen zu den Textinformationen gebildet werden (s. o.), sondern dass der Lesende eigene Erfahrungen, Wissensbestände und Ideen zum Text *in Beziehung*, d. h. in Vergleichsrelation, *setzt*. Dies macht zugleich deutlich, dass die Reflexion stark mit den lektürebegleitenden Emotionen zusammenhängt (im Überblick: van Holt/Groeben 2006). Aussagen und Einschätzungen von Lernenden über Texte sind auf einen „emotionalen Nährboden"[46] zurückzuführen, wie es Zabka (2013, S. 4) formuliert.

Grzesik (2005) verwendet in seinem lesepsychologischen Modell für das Produkt der beschriebenen Verstehens- bzw. Reflexionsprozesse etwa den Begriff „Textkritik". Diese ist dadurch gekennzeichnet, dass der Lesende in kritische Distanz zum Text tritt, um auf Basis eines Maßstabs *„Stellung zu ihm zu beziehen"*, so Grzesik (ebd., S. 347; Herv. ebd.; zur Wertung literarischer Texte von Heydebrand/Winko 1996).[47] Grzesik betont weiterhin, dass dieser Maßstab außerhalb des Textes liegt und vom Leser an den Text herangetragen wird. Dies ist bündig zu den bisherigen Ausführungen dieses Abschnitts, wonach unter „Reflexion" die kritische Auseinandersetzung mit dem Gelesenen zusammengefasst wird. Indikatoren für Reflexionsprozesse im Deutschunterricht sind etwa Zustimmung oder Ablehnung, die von Schülerinnen und Schülern in Bezug auf die Art der Darstellung, Formalia oder das im Text Dargestellte geäußert werden (vertiefend: Zabka 2013).[48] Im Deutschunterricht bezieht sich die Stellungnahme

---

46 Vor diesem Hintergrund ist im Anschluss an den Forschungsüberblick bei van Holt/ Groeben (2006) nicht zwischen Bewertungen und Emotionen zu trennen. Unter Bezug auf den epistemologischen Emotionsbegriff bei Birgit Scheele gehen sie von folgender Prämisse aus: „Den Kernbereich emotionalen Erlebens bilden nach diesem Verständnis reflexive Bewertungen von selbstrelevanten, d. h. eigene Bedürfnisse betreffenden, Beziehungen zur Welt anhand von übergeordneten Werthaltungen" (ebd., S. 113); somit ist davon auszugehen, dass Emotionen immer auf (mehr oder weniger bewussten) Bewertungsprozessen basieren.

47 Die Grenzen zwischen Wertungen und Reflexion sind fließend. So verweist Grzesik (2005, S. 307) selbst darauf, dass Werten eine „reflexive Verarbeitung" des Gelesenen darstellt.

48 Grundlegend sollte der Deutschunterricht darauf zielen, dass Schülerinnen und Schüler ihre Reflexionen mitteilen können. Zu bedenken ist dabei nicht nur dass, sondern auch *wie* Reflexionsprozesse geäußert werden. Aussagen und Einschätzungen enthalten nämlich graduelle Abstufungen, wodurch Wertungen in ihrer Qualität variieren können. Für ein differenziertes Werten (Zabka 2013, S. 7) im Rahmen des Deutschunterrichts sollten die Lernenden infolgedessen „von den Extremen des Wertens und Fühlens zu fein abgestimmten Graden im positiven und negativen Gewichten" gelangen (Grzesik 2005, S. 313).

zum Text zum einen auf die Diskussion über Textinhalte und zum anderen auf die Auseinandersetzung mit Bedeutungskonstruktionen anderer Schülerinnen und Schüler. Didaktisch relevant ist dabei weiterhin, dass Reflexionsprozesse, die oftmals unbewusst ablaufen, somit explizit gemacht werden (sollen). Mit dieser Auslegung wird zugleich ein Überschneidungsbereich zur sozialen Ebene des Lesens bzw. genauer zur Dimension der Anschlusskommunikation deutlich (hier: Kapitel 3.3.5).

Für das Anliegen dieser Arbeit ist ferner von Interesse, dass das deutschdidaktische Verständnis von Reflexion über die Bewertung von Texten im Sinne von PISA (Artelt et al. 2001, S. 83) hinausgeht. Entscheidender Unterschied ist, dass neben der kritischen Auseinandersetzung mit dem Gelesenen die Selbstreflexion des Lesers bzw. der Leserin Berücksichtigung findet, „indem eigene Erfahrungen, Einstellungen, Überzeugungen vor dem Hintergrund des Verstandenen vergegenwärtigt und überprüft werden" (Hurrelmann 2007, S. 24f.). Zabka (2006) bezeichnet diese Teildimension als „Interpretieren, Reflektieren und Bewerten des aktivierten Wissens" (ebd., S. 84).[49]

Mehrheitlich wird in der Leseforschung davon ausgegangen, dass die Reflexion bzw. Wertungsprozesse im Anschluss an die Lektüre das Textverstehen voraussetzen. Aus diesem Grund wird die Reflexion als eigenständige Teildimension des Lesens modelliert (u. a. Artelt et al. 2001, S. 82ff.; Grzesik 2005, S. 297–315; Rosebrock/Nix 2008, S. 16). Auf theoretischer Ebene mag diese systematische Unterscheidung, gerade auch für die Operationalisierung des Konstrukts Lesekompetenz, tragfähig sein. Ein anderes Bild zeigt sich jedoch auf empirischer Seite: Wie Stark (2010, S. 122) nachweisen konnte, laufen Verstehens- und Bewertungsprozesse im individuellen Leseprozess nicht nur gleichzeitig ab, sondern bedingen sich auch gegenseitig und interagieren miteinander.[50] Die

---

49 Zabka (2006, S. 84) definiert diese Teildimension, die er als vierte Subdimension zur Modellierung im PISA-Modell (Artelt et al. 2001, S. 82ff.) ergänzt, folgendermaßen: „Es handelt sich um die […] Teilkompetenz, das beim Textverstehen aktivierte Wissen selbst zum Gegenstand einer Verstehensoperation zu machen, indem die verstehende Person die rekonstruierten, interpretierten und beurteilten Aussagen eines Textes dazu nutzt, ihr Wissen, ihre Meinungen und Urteile über die äußere Wirklichkeit, sich selbst und die soziale Interaktion zu durchdenken oder neu zu bestimmen. Das an einem Text Verstandene wird gezielt auf jene Wissensbestände angewendet, deren Aktivierung zuvor das Textverstehen ermöglichte".

50 Dieses Zusammenspiel von Wissensaktivierung, Verstehens- und Wertungsprozessen bei Schülerinnen und Schülern konnte auch in Bezug auf das Medium Film nachgewiesen werden (Schmidt/Winkler 2015).

Darstellung der Reflexion als eigenständige Komponente der Lesekompetenz aus theoretischer Perspektive sowie die zumeist vorhandene Trennung von Verstehens- und Reflexionsprozessen im Unterricht sind vor diesem Hintergrund zu hinterfragen (ebd., S. 126).

3.3.4.5 Lesebezogenes Selbstkonzept

Die Leseforschung hat das Selbstkonzept von Leserinnen und Lesern als eine wichtige Komponente herausgearbeitet, die sowohl die aktuelle Lesemotivation als auch die Lesekompetenz grundiert (in Auswahl: Wigfield/Guthrie 1997; Möller/Schiefele 2004, S. 114; Streblow 2004, S. 283ff.). Möller und Schiefele (2004) charakterisieren das lesebezogene Selbstkonzept als „generalisierte fachspezifische Fähigkeitseinschätzungen" (ebd., S. 111), d. h. die individuelle Erfolgserwartung, die vom Einzelnen mit einer Tätigkeit verbunden wird.

Das lesebezogene Selbstkonzept ist aber nicht nur darauf begrenzt, die eigenen Lesefähigkeiten richtig einzuschätzen. Innerhalb der Lesedidaktik wird erweiternd und spezifizierend die Sicht auf sich selbst als Leser bzw. Leserin als ein zentraler Bestandteil des lesebezogenen Selbstkonzepts angeführt, gewissermaßen als ein Teil der Identität (u. a. Rieckmann 2012; Rosebrock/Nix 2008, S. 93ff.; Schoenbach et al. 2006, S. 45f.). Damit wird allgemein umschrieben, ob eine Person sich etwa als Leser bzw. Nicht-Leser sieht und weiß, welche Texte sie mag und welche auch nicht. Vor allem bei Heranwachsenden, die sich als Nicht-Leserinnen und Nicht-Leser definieren, ist die Ausbildung einer „Leseidentität" entscheidend. Forschungsseitig ist allerdings noch nicht hinreichend erschlossen, ob das lesebezogene Selbstkonzept und die Leseidentität eventuell als voneinander unabhängige Konzepte zu betrachten sind. Unabhängig davon gilt es, unter diagnostischer Perspektive beide Aspekte bei der Betrachtung von Lesekompetenz zu bedenken.

Motivationale Selbstüberzeugungen sind begründet durch konkrete Leseerfahrungen und Rückmeldungen, die der Einzelne bzw. die Einzelne im Laufe seiner/ihrer Lesebiographie gemacht hat (Möller/Schiefele 2004, S. 106ff.; Rosebrock/Nix 2008, S. 94). Insbesondere ist hier der Vergleich mit Mitschülerinnen und Mitschülern sowie Gleichaltrigen relevant, der – je nach Einschätzung der eigenen Fähigkeiten – positiven oder negativen Einfluss auf das eigene lesebezogene Selbstkonzept nimmt. Nach und nach über die Jahre hinweg stabilisiert sich das lesebezogene Selbstkonzept und wird in das Selbstbild übernommen. Zusammengefasst beeinflusst vor allem auch das Leseumfeld (Kapitel 3.3.5), also die Familie, die Schule und die Freunde, die Lernenden in ihren zukünftigen

3 Bestimmung des Gegenstandsfeldes: Lesekompetenz 75

Lesehandlungen, was wiederum in unmittelbaren Zusammenhang mit dem individuellen lesebezogenen Selbstkonzept steht.

Wie sich ein negatives Selbstkonzept auf die Lesekompetenz auswirkt, haben Pieper et al. (2004) in ihrer empirischen Studie Hauptschulabsolventinnen und -absolventen aufgezeigt. Die Interviewten in ihrer Studie bezeichnen sich selbst als Nicht-Leser, empfinden das Lesen als Anstrengung und haben keine habituelle Lesehaltung entwickelt. Zugleich sind sich die Heranwachsenden der Hochwertung des Lesens in der Gesellschaft durchaus bewusst (ebd., S. 190; dazu auch die Ergebnisse bei Efing 2006). Dass sich die genannten Zusammenhänge bei diesen Lernenden negativ auf ihr generelles Selbstbild auswirken, ist denkbar (Rieckmann 2012). Man spricht hier sogar von einem „Teufelskreis" schulischer Lesesozialisation, der von Frustration und Versagensangst geprägt ist und Lernende davon abhält, ihre Lesekompetenz zu verbessern (Garbe 2009, S. 196f.; Groeben/Schroeder 2004; allgemein dazu Stanovich 1986). Infolgedessen muss es aus lesedidaktischer Perspektive darum gehen, positive Erlebnisse für diese Leserinnen und Leser zu schaffen. Es leuchtet zugleich aber unmittelbar ein, dass solche verfestigten Einschätzungen zur eigenen Leseridentität nicht mit kurzfristigen Interventionen im Deutschunterricht positiv verändert werden können, sondern einen langfristig angelegten Prozess darstellen – zumal wir aus der Wissensforschung wissen, dass Überzeugungen nicht einfach zu verändern sind (vertiefend Kapitel 5.2). Die Frage, inwiefern die Schule und konkreter Lehrkräfte als wichtige Sozialisationsinstanzen auf ein bestehendes negatives Selbstkonzept einwirken oder derartigen negativen Selbstüberzeugungen entgegenwirken können, ist derzeit ein Desiderat der Forschung (Rieckmann 2010, S. 49).

3.3.5 Leseumfeld[51]

Lesen ist auch und vor allem ein Prozess sozialer Interaktionen und der kulturellen Praxis. Ob jemand zu einem versierten Leser bzw. einer versierten Leserin wird, ist maßgeblich durch das individuelle Leseumfeld bestimmt (u. a. Garbe 2009; Pieper 2010). Für die individuelle, erwerbsbezogene Lesebiographie hat eine Gruppe dabei besondere Bedeutung: die Familie. Eine Reihe von

---

51 Im Diagnosetool wurden der Bereich „Leseumfeld" in die Komponenten „Familie", „Peers" und „Anschlusskommunikation" differenziert, um den komplexeren Prozess der Lesesozialisation gliedern zu können (siehe Kapitel 6.2). Innerhalb dieses Kapitels werden die Überlegungen zusammengeführt, was zugleich die enge Verknüpfung der Teilkomponenten unterstreicht.

empirischen Studien belegt, dass die Familie die erste und zugleich wirksamste Sozialisationsinstanz ist (zusammenfassend: Hurrelmann 2004b). Die Lesesozialisation von Heranwachsenden beginnt bereits vor der Alphabetisierung: Zu den frühen und zugleich relevanten Vermittlungsformen in der Kindheit gehören prä- und paraliterarische Kommunikationsformen, wie das regelmäßige Vorlesen von Büchern oder das gemeinsame Bilderbuchlesen (u. a. Hurrelmann 1994 und 2004b). Diese mündlichen Formen des Lesens fördern den Erwerb von Vorläuferfertigkeiten, die wiederum als Voraussetzungen für die spätere Anbahnung von Lesekompetenz bedeutend sind und somit „eine Brücke zum Verstehen schriftlicher Texte bilden" (Hurrelmann 2004b, S. 175). Auch gemeinsame Gespräche über Literatur sowie Eltern als lesende Vorbilder oder die generelle Wertschätzung des Lesens in der Familie sind Prägungen, die die eigene Lesesozialisation maßgeblich mit beeinflussen (u. a. Groeben/Schroeder 2004, S. 320; Hurrelmann/Hammer/Nieß 1993, S. 38; Hurrelmann 2004b, S. 173f.). Häufiger wird diesbezüglich auch vom „Leseklima" in der Familie bzw. der „Leseumwelt" von Schülerinnen und Schülern gesprochen, die mit beeinflusst, ob ein Kind zu einem späteren Wenig- oder Nicht-Leser wird. Mit Bourdieu (1983)[52] lässt sich somit festhalten, dass das Elternhaus verschiedene kulturelle Ressourcen bereitstellt, die es vonseiten der Lehrkraft zu berücksichtigen gilt, wenn die Lesefähigkeiten von Heranwachsenden im Deutschunterricht in den Blick genommen werden.

In zeitlicher Nachfolge zur Familie sind spätestens ab dem Jugendalter *Freundinnen und Freunde* bzw. *Gleichaltrige* (sog. „peers") die vorrangige Lesesozialisationsinstanz. In der peer group wird ab der späten Kindheit die Haltung zum Lesen als auch die Ausbildung von Leseinteressen entscheidend mitgeprägt (u. a. Hurrelmann 2004b, S. 186; Groeben/Schroeder 2004, S. 340; Rosebrock 2004, S. 246ff.; zur empirischen Bestätigung Philipp 2010). Unter anderem üben Gleichaltrige wechselseitigen Einfluss aufeinander aus, welche Medien überhaupt Gegenstand der Kommunikation werden. Langfristig beeinflussen diese informellen Gespräche über Gelesenes, ob eine Lesemotivation und weiterführend eine stabile Lesehaltung ausgebildet wird (Guthrie/Wigfield 2000, S. 408ff.; Rosebrock 2004, S. 252). Die Dynamiken bzw. Leseorientierung innerhalb des Freundeskreises kann dabei sowohl zum bereits geschilderten Teufelskreis der Lesesozialisation

---

52 Bourdieus (1983) Auffassung, dass das „kulturelle Kapital" in erster Instanz über bzw. in der Familie vermittelt wird (ebd., S. 186), wird in diesem Zusammenhang auf die Leseaktivitäten übertragen und konkretisiert. Das bedeutet: Schulisches Handeln im Bereich der Lesekompetenz erfolgt auch in Abhängigkeit davon, was bereits seitens der Familie an „kulturellem Kapital" ‚investiert' wurde (dazu Pieper 2010).

3 Bestimmung des Gegenstandsfeldes: Lesekompetenz

als auch – im positiven Fall – zu einem Engelskreis der Lesesozialisation führen (Groeben/Schroeder 2004, S. 331–334). Die Leseorientierung in der peer group ist nachweislich vom Geschlecht und der besuchten Schulart der Mitglieder geprägt (Philipp 2010). Unklar ist gegenwärtig jedoch, ob das (Nicht-)Lesen durch die Clique entsteht, in die jemand integriert ist, oder ob die entsprechende Leseorientierung nicht bereits die Grundlage für das Eingehen von Freundschaften darstellt. Didaktisch gewendet sprechen die dargelegten Ausführungen in jedem Fall dafür, dass der Leseunterricht an die inhaltlichen Interessen der Schülerinnen und Schüler anknüpfen sollte (dazu bereits Kapitel 3.3.4.3).

Die bisherigen Ausführungen haben bereits verdeutlicht, dass Lernende den Leseunterricht in der Schule mit höchst unterschiedlichen Voraussetzungen beginnen. Mit Schuleintritt kommt die Schule als weitere wichtige Instanz für die Heranführung an die Lesekultur hinzu (u. a. Groeben/Schroeder 2004). Gerade hier ist die Buchlektüre nicht nur ein auf individuelles Verstehen begrenzter Prozess, sondern weist zudem eine soziale Dimension auf. In den schulischen Interaktionsformen geht es lesebegleitend oder im Anschluss an die Lektüre um die „auf individuelle Rezeption aufbauenden Kommunikationsprozesse mit Anderen" (Artelt et al. 2007, S. 41). In der Deutschdidaktik wird dies als *Anschlusskommunikation* bezeichnet, die nach Hurrelmann (2002a, S. 14) „die Fähigkeit [bezeichnet], sich über Gelesenes mit anderen auszutauschen, zur Toleranz bei unterschiedlichen Interpretationen, [und] zum Aushandeln von Bedeutungskonsensen". In diese soziale Form des Lesens tritt neben der Ermittlung und Aushandlung von Leseerfahrungen die Fähigkeit, das Verstehen im kommunikativen Austausch weiterzuentwickeln (Sutter 2002, S. 95ff.). Aus didaktischer Sicht wird weiterhin vermutet, dass die schulischen Gespräche über Literatur auch ein Leseanlass sein können und somit (bestenfalls) Einfluss auf die Lesemotivation nehmen – empirische Evidenz hierzu fehlt allerdings bislang (u. a. Graf 2007, S. 133; Rosebrock/Nix 2008, S. 23f.).[53] Lesen wird in diesem Zusammenhang als Voraussetzung für Kommunikationsprozesse gesehen.

Es lässt sich festhalten, dass Schülerinnen und Schüler unterschiedliche Lesebiographien als Ausgangsbedingungen für den Lesekompetenzerwerb in die Schule mitbringen. Während die bisher diskutierten Aspekte der kognitiven und subjektbezogenen Leseteilprozesse auf die „unterrichtspragmatische Diagnose von Lesekompetenz" (Nix 2011, S. 30) ausgerichtet sind, sind die in diesem

---

53 Mit Blick auf die Befunde, die in Kapitel 3.4 diskutiert werden, ist anzunehmen, dass diese These eher für Lernende greift, die bereits grundlegende Lesefähigkeiten ausgebildet haben.

Abschnitt diskutierten Perspektiven im Hinblick auf die Bedeutung des Leseumfelds als Hintergrundfolie für das Verständnis des Lesekompetenzerwerbs der Schülerinnen und Schüler mit zu berücksichtigen.

3.4 Ausgewählte empirische Befunde

Für die Diagnosetätigkeit und eine adaptive Lehr- und Lerngestaltung ist neben der Kenntnis bestehender Lesekompetenzmodelle auch das Wissen über Schülerkognitionen und mögliche Fehler bzw. Verständnisprobleme bei Lernenden zentral. Diese fachdidaktische Expertise ist beispielsweise erforderlich, um Lern- und Entwicklungsverläufe differenzierter einschätzen zu können und diagnostische Urteile nicht nur in der pauschalen Einordnung als guter oder schlechter Leser bzw. Leserin münden zu lassen (u. a. Bertschi-Kaufmann 2007b). Zweck dieses Kapitels ist eine vertiefende Auseinandersetzung mit dem empirischen Wissen über die Lesekompetenz von Schülerinnen und Schülern in der Sekundarstufe I. Bereits im vorherigen Teilkapitel wurden einige wichtige Erkenntnisse der empirischen Forschung eingehender diskutiert, die in diesem Kapitel noch weiter ergänzt werden sollen. Diese Analyse dient dazu, (1) die Ausgangslage für die Entwicklung des Diagnoseverfahrens zu dokumentieren (siehe Kapitel 6) sowie (2) einen Referenzpunkt zu den rekonstruierten lehrerseitigen Auffassungen über die Lesefähigkeiten der Schülerinnen und Schüler herzustellen (siehe Kapitel 8).[54]

Wenngleich in den letzten Jahren die Anzahl der dezidert lesedidaktischen Studien in Deutschland zugenommen hat und interessante Einzelbeobachtungen vorliegen[55], sind die großen Leseleistungsstudien derzeit nach wie vor die größte Bezugsquelle für unser Wissen über die Lesekompetenz von Schülerinnen und Schülern. Insofern gibt es mittlerweile immerhin einige gesicherte

---

54 Auf diese Weise kann herausgearbeitet werden, ob – und wenn ja – inwiefern sich Überschneidungen und Unterschiede zu der Wahrnehmung der Lehrkräfte zeigen. Da in dieser Studie die Auffassungen von Hauptschullehrkräften erhoben wurden (siehe Kapitel 7.1), wird sich die Darstellung schwerpunktmäßig auf diese Schulform beziehen.

55 Besondere Aufmerksamkeit haben in den deutschdidaktischen Studien der letzten Jahre die schwachen Leserinnen und Leser erfahren, sodass mehrere Studien mit dem Ziel durchgeführt wurden, Leseförmaßnahmen für diese Zielgruppe zu überprüfen (so u. a. Gailberger 2013; Gold et al. 2010; Nix 2011; Rieckmann 2010). Mit Blick auf das Anliegen dieser Arbeit wird auf die Wirkung verschiedener Förderverfahren in diesem Abschnitt nicht näher eingegangen. Hierzu sei auf die umfangreiche Analyse bei Philipp (2013) verwiesen.

Befunde über den *Ist-Zustand* im Bereich des weiterführenden Lesens. Mit Blick auf die Diagnosetätigkeit von Lehrkräften (s. o.) sowie die Entwicklung eines Diagnoseverfahrens wären zudem Aussagen über *Erwerbsverläufe* im Bereich des weiterführenden Lesens relevant: Welche Verläufe (oder auch Stagnationen) sind in der Sekundarstufe I als ‚normal' zu betrachten? Welches Leseniveau ist gemessen am Alter als verzögert anzusehen? Zu diesen wichtigen didaktischen Fragen fehlt es an stichhaltigen Forschungsergebnissen, da dieser Bereich lange Zeit kein sonderlich beachtetes Feld in der Deutschdidaktik dargestellt hat – galt es doch zunächst als wichtiger, neue Modelle oder Konzepte für die Sekundarstufe zu entwickeln, anstatt den Ist-Stand in den Schulen in den Blick zu nehmen. Folglich kann bzgl. des Leseerwerbsverlaufs in der Sekundarstufe I lediglich anhand einiger weniger empirischer Daten argumentiert werden.

3.4.1 Prozessebene

Entscheidende Unterschiede in Bezug auf das Leseniveau der Lernenden werden bereits zu Beginn der Schulzeit erkennbar und bleiben über die Jahre bestehen. So haben Klicpera und Gasteiger-Klicpera (1993) in einer der wenigen deutschsprachigen Längsschnittstudien untersucht, welche Leseentwicklung Lernende von der 1. bis zur 8. Klasse vollziehen. Elf Prozent der untersuchten Achtklässler konnten am Ende des Schuljahres noch langsamer lesen als die durchschnittlichen Viertklässler in der Studie (ebd., S. 51). Zudem konnten diejenigen Lernenden, die noch in der zweiten und dritten Klasse Probleme im basalen Lesebereich hatten, den Rückstand zu den guten Leserinnen und Lesern ohne eine entsprechende Förderung über die gesamte Sekundarstufe I hinweg nicht mehr ausgleichen. Im Gegenteil: Ihre schlechten Leseleistungen verfestigten sich über die Zeit sogar (ebd., S. 57). Gestützt werden diese Befunde durch die Frankfurter Hauptschulstudie: Mit insgesamt 23 Klassen des 6. Jahrgangs konnte hier nachgewiesen werden, dass die Leseflüssigkeit bei Lernenden zu Beginn der Sekundarstufe I nicht automatisiert ist und teilweise erhebliche Schwächen bei den Lernenden bestehen (Nix 2011; Rosebrock et al. 2010). Die genannten Befunde machen deutlich, dass auch bei älteren Schülerinnen und Schülern eine angemessen ausgebildete Leseflüssigkeit nicht vorausgesetzt werden kann. Im Umkehrschluss bedeutet dies, dass ein nicht unerheblicher Teil der Lernenden noch gar nicht in der Lage ist, komplexere Verstehensleistungen des Lesens zu meistern; und zwar bis zum Ende der Sekundarstufe I.

Dies bestätigen auch die Ergebnisse aus den IGLU- und PISA-Studie[56] der letzten Jahre. So wird etwa von den Autoren der IGLU-Studie vermutet, dass eine nicht unerhebliche Anzahl der von ihnen untersuchten Schülerinnen und Schüler „vermutlich in der Sekundarstufe I noch basalen Leseunterricht benötigen [...]" wird (Tarelli et al. 2012, S. 15). Wenngleich sich seit PISA 2012 (Hohn et al. 2013) eine Reduktion des Anteils sehr leseschwacher Lernender (Kompetenzstufe Ia oder darunter) zeigt (ebd., S. 237), ist insbesondere an den nicht-gymnasialen Schulformen (Hauptschule, Schule mit mehreren Bildungsgängen, Integrierte Gesamtschule und Realschule)[57] der Anteil noch nach wie vor als besonders hoch einzustufen (in PISA 2015: 21 Prozent, Weis et al. 2016, S. 272), sodass gerade hier starker Handlungsbedarf besteht (Kapitel 3.4.4).[58]

Dass gerade die schwachen Leserinnen und Leser auch Probleme im Bereich der Lesestrategien haben, zeigen weitere Befunde aus der PISA-Studien seit 2009[59]: Das Lernstrategiewissen der deutschen Schülerinnen und Schüler ist im internationalen Vergleich sehr gut ausgeprägt (Naumann et al. 2010, S. 93). Allerdings: Während die Schülerinnen und Schüler am Gymnasium verhältnismäßig gut abschneiden, sind Schülerinnen und Schüler an nicht-gymnasialen Schulformen selten in der Lage, Lesestrategien anzuwenden (Naumann et al. 2010, S. 93.).

---

56 Mir ist bewusst, dass die Konzeptualisierungen und Kompetenzstufen in den verschiedenen Bildungsstudien nicht unmittelbar vergleichbar sind. Allerdings weisen die Studien auf deskriptiver Ebene starke inhaltliche Ähnlichkeiten auf, sodass mit gebotener Vorsicht Bezüge zwischen den verschiedenen Schulleistungsstudien hergestellt werden können (dazu auch Nix 2011, S. 34f.).
57 Mit Blick auf die verschiedenen Schularten für die Sekundarstufe in den einzelnen Bundesländern in Deutschland (und damit verbundene Unterschiede in den Rahmenbedingungen) wird in der PISA-Studie mittlerweile (ab PISA 2015) ‚nur noch' schulartspezifische Unterschiede zwischen Lernenden am Gymnasium und Lernenden an nicht-gymnasialen Schularten betrachtet (Weis et al. 2016, S. 253). Differenzierte Aussagen zur Schulform Hauptschule sind insofern nicht mehr möglich. In PISA 2012 umfasste der Anteil leseschwacher Lernender an der Hauptschule beinah die Hälfte aller Schülerinnen und Schüler (43,8 Prozent, Hohn et al. 2013, S. 237).
58 Der Anteil an leseschwachen Schülerinnen und Schülern in den nicht-gymnasialen Schulformen hat sich seit PISA 2009, als die Lesekompetenz zuletzt als Hauptdomäne erhoben wurde, nicht verändert (Weis et al. 2016, S. 272). Weiterhin sind auch am Gymnasium große interindividuelle Unterschiede hinsichtlich der Leseleistungen der Schülerinnen und Schüler auszumachen (ebd., S. 271).
59 Da die Lesekompetenz im Rahmen der PISA-Studien 2012 und 2015 als Nebendomäne erfasst wurde, erlauben die Daten keine weiterführenden Aussagen zu dieser Facette von Lesekompetenz, sodass hier auf die Daten aus PISA 2009 zurückgegriffen werden muss.

Differenziert nach Strategiegruppen wird schulstufenübergreifend im Übrigen deutlich, dass gerade Elaborationsstrategien von den Schülerinnen und Schülern weniger eingesetzt werden (ebd., S. 90). Aus didaktischer Perspektive ist dieser Befund nicht unproblematisch, da gerade Elaborationsstrategien für das verstehende Lesen von Texten von Bedeutung sind (Köster/Winkler 2015, S. 131).

3.4.2 Leserbezogene Ebene

Nahezu gleichbleibend gibt es in den empirischen Studien einen großen Anteil von Schülerinnen und Schülern, die keine Lesemotivation aufweisen bzw. angeben, nicht zum Vergnügen zu lesen (z. B. Artelt/Naumann/Schneider 2010, S. 86; Pieper et al. 2004; Richter/Plath 2005). Wenig überraschend ist weiterhin, dass Lernende an der Hauptschule weniger gern lesen als Gleichaltrige, die das Gymnasium besuchen (etwa Lehmann et al. 1995, S. 104ff.; Retelsdorf/Möller 2008). Diese Befunde sind plausibel, wenn man bedenkt, dass die Schülerinnen und Schüler mit mangelnder Lesemotivation zumeist auch ungünstige Voraussetzungen in den hierarchieniedrigen Leseprozessen aufweisen (s. o.). Umso nachdenklicher macht dieser Befund für die Sekundarstufe I vor dem Hintergrund, dass in den bisherigen drei IGLU-Studien, in denen bekanntermaßen die Lesekompetenz von Viertklässlern im Mittelpunkt steht, noch keine vergleichbar schwache Lesemotivation festzustellen ist. Im Gegenteil: Hier ist sogar ein positiver Trend zu verzeichnen. Zwischen den Erhebungen im Jahr 2001 und im Jahr 2011 reduzierte sich der Anteil an Lernenden, die nicht zum Vergnügen lesen von 18% auf 11% (Bos et al. 2012, S. 121). Mit aller Vorsicht kann hier vermutet werden, dass der strukturelle Übergang von der Grundschule zur Sekundarstufe I – neben dem sog. „Leseknick" (Hurrelmann 2004a) – einen markanten Punkt für die Ausbildung von Lesemotivation in der Sekundarstufe I darstellt. So konnten McElvany/Kortenbruck/Becker (2008) sowie Retelsdorf/Möller (2008) in ihren Untersuchungen zeigen, dass Kompetenzerwerb und Motivation sich gegenseitig beeinflussen. Es ist zu vermuten, dass es den leseschwachen Schülerinnen und Schülern an Gratifikationserfahrungen beim Lesen in der Sekundarstufe I fehlt und sie in der Folge kaum Lesemotivation aufbringen können. Dass die ausbleibenden Gratifikationserfahrungen in der Erinnerung nachwirken, haben etwa die Ergebnisse der von Pieper et al. (2004) befragten Hauptschulabsolventen verdeutlicht.

3.4.3 Leseumfeld

Außerschulische Faktoren, die ebenfalls eine Relevanz für die Lesekompetenz aufweisen, wurden bislang vor allem in den ergänzenden Auswertungen der großen Schulleistungsstudien sowie im Rahmen der Lesesozialisationsforschung seit den 1990er Jahren eingehender untersucht. Alle Studien belegen, dass gerade in Deutschland nicht nur ein starker Zusammenhang zwischen sozioökonomischem Status und Lesekompetenz besteht, sondern die soziale Schicht auch einen der stärksten Prädiktoren für die Lesekompetenz darstellt. So haben etwa Petra Stanat und Wolfgang Schneider (2004) in einer weiterführenden Analyse zu PISA 2000 aufzeigen können, dass ein niedriger sozioökonomischer Status in Kombination mit einem geringen Bildungsniveau im Elternhaus die Wahrscheinlichkeit stark erhöht, zu den schwachen Leserinnen und Lesern zu gehören. Jugendliche aus sozial privilegierten Familien, bei denen oftmals auch ein höheres Bildungsniveau besteht, verfügen über eine tendenziell höhere Lesekompetenz.

In den Bildungsstudien erreichen Schülerinnen und Schüler mit niedrigem sozialen Status in den Bildungsstudien vornehmlich niedrigere Leseleistungen (Artelt et al. 2001, S. 118; Bos/Schwippert/Stubbe 2007, S. 245; Gold et al. 2010, Müller/Ehmke 2013, 2016). Interessant ist dabei der Befund, dass die schwache Leseleistung(en) dieser Schülerinnen und Schüler nicht zwingend mit einer niedrigen Lesemotivation in Zusammenhang steht (z. B. Gold et al. 2010, S. 68; Stanat/Schneider 2004). In Konsequenz aus diesen und weiteren Befunden wird der Instanz Schule die Rolle zugesprochen, die ungünstigen Voraussetzungen der beschriebenen Schülergruppen durch vielfältige Leseerfahrungen im schulischen Kontext zu kompensieren.[60] Vertiefende Analysen in PISA 2015 (Müller/Ehmke 2016) zeigen, dass dies „inzwischen zumindest in Ansätzen" gelingt (ebd., S. 311).

3.4.4 Exkurs: Die „Risikogruppe"

Innerhalb der Gruppe der leseschwachen Lernenden nimmt die Beachtung der sog. „Risikogruppe" (erstmals bei Artelt et al. 2001) eine zentrale Stellung ein, weshalb hier noch einmal gesondert auf diese Gruppe eingegangen werden soll.[61] Die Lesefähigkeiten dieser Lernenden sind in den verschiedenen Studien

---

60 Prominent zu diesem Blickpunkt v. a. Hurrelmann (1994, S. 23; 2004a, S. 50; 2004b, S. 184).

61 Kritisch ist bei einem detaillierteren Blick auf die PISA-Ergebnisse anzumerken, dass innerhalb der „Risikogruppe" der Leserinnen und Leser eine Differenzierung vorgenommen wird, die jedoch in den Erhebungen PISA 2000, 2003 und 2006 nicht explizit gemacht wird. Es wird zwischen „eindeutiger Risikogruppe", also Schülerinnen und Schülern, die sich unterhalb der ersten Kompetenzstufe befinden, und „potentieller Risikogruppe", d. h. Lernenden, die zwar die erste Kompetenzstufe, aber nicht die Anforderungen der zweiten Kompetenzstufe erfüllen, nochmals untergliedert. Die

3 Bestimmung des Gegenstandsfeldes: Lesekompetenz

von PISA, DESI und IGLU so geringfügig ausgeprägt, dass diese Schülerinnen und Schüler in den jeweiligen Untersuchungen noch nicht einmal die niedrigste Kompetenzstufe erreichen oder gerade auf dieser eingeordnet werden müssen (z. B. Artelt et al. 2001, S. 117; Bos et al. 2007, S. 141f.; Weis et al. 2016, S. 271). Risikoschülerinnen und -schüler sind nicht in der Lage, mehr als explizite Einzelinformationen aus einem Text zu entnehmen. Sie scheitern bereits am Herstellen einfacher gedanklicher Verknüpfungen zwischen einzelnen Sätzen und Textabschnitten und können das Gelesene nicht mit ihrem Vorwissen in Verbindung bringen (stellvertretend Bos et al. 2007, S. 116f.). Bezogen auf die PISA-Studie umfasst die Gruppe der Risikoschüler noch rund zehn Prozent (PISA 2000: 9,9%, Naumann et al. 2010, S. 61). Nimmt man weiterhin die Gruppe der potentiellen Risikogruppe hinzu, die hinter den Anforderungen der zweiten Kompetenzstufe zurückbleiben, so umfasst die Kohorte sogar ein Fünftel der Jugendlichen in der PISA-Studie (PISA 2000: 22,6%, PISA 2009: 18%, ebd.). Betrachtet man die Risikogruppe getrennt nach Schulformen, so wird deutlich, dass die sehr schwach lesenden Heranwachsenden vor allem bei Schülerinnen und Schülern der Hauptschule vertreten sind – beinah die Hälfte aller Lernenden ist der Risikogruppe zuzuordnen (PISA 2012: 43, 8%, Hohn et al. 2013, S. 237).[62] Jeder zweite Lernende an der Hauptschule befindet sich somit auf einem Leseniveau, dass er oder sie Texte (wenn überhaupt) nur auf basalem Lesekompetenzniveau verstehen und folglich die Leseanforderungen des Alltags nicht meistern kann.[63]

Bestätigung finden diese Befunde in der DESI-Studie, in der die Leseleistungen von Neuntklässlern im Vordergrund standen (Gailberger/Willenberg 2008;

Aufteilung innerhalb der Risikogruppe wird jedoch nicht eindeutig expliziert, weshalb in den einzelnen Publikationen auch differente Werte für die Risikogruppe vorzufinden sind (Nix 2011, S. 32f.). In PISA 2009 wurde dieses Umstand dezidierter berücksichtigt, indem die erste Kompetenzstufe erweitert und in den Bereich Ia (sehr schwache Leser) und in den Bereich Ib (schwache Leser) weiter ausdifferenziert wurde (Naumann et al. 2010, S. 26).

62 In PISA 2015 wird nur noch zwischen gymnasialen und nicht-gymnasialen Schulformen unterschieden (siehe Fußnote 58), sodass diese Ergebnisse aus der aktuellsten PISA-Studie hier nicht herangezogen werden können.

63 Die Studie von Klicpera und Gasteiger-Klicpera (1993) sowie der IEA-Lesestudie (Lehmann et al. 1995, S. 216ff.) haben bereits in den 90er Jahren Hinweise auf einen nicht unerheblichen Anteil an schwachen und besonders schwach lesenden Schülerinnen und Schüler gegeben. Vonseiten einiger Deutschdidaktikerinnen und -didaktiker wurde dieses Problemfeld auch bereits in den 1990er Jahren erkannt (z. B. Beisbart et al. 1993).

Willenberg 2007a). Leseschwierigkeiten bei den Schülerinnen und Schülern zeigten sich in der Untersuchung vornehmlich an den nicht-gymnasialen Schulformen. Insbesondere in der Hauptschule konnte in der DESI-Studie ein Großteil an Schülerinnen und Schülern nachgewiesen werden, die nur einzelne Sätze erlesen und verstehen können (Gailberger/Willenberg 2008, S. 66). Kohärenzbildungsprozesse auf lokaler Ebene gelingen diesen Schülerinnen und Schülern nicht. Besonders beunruhigend ist in der DESI-Studie zudem der Befund, dass sich die Lesefähigkeiten der meisten der sehr schwachen Leserinnen und Leser an der Hauptschule im Laufe des Schuljahres über die Zeit hinweg sogar noch verschlechterten. Dieses Ergebnis wirft unter anderem Fragen darüber auf, wie vor diesem Hintergrund der Leseunterricht gestaltet wird bzw. inwiefern die Lehrkräfte – aus diagnostischer Perspektive – die Leseschwierigkeiten ihrer Schülerinnen und Schüler erkennen und darauf aufbauend entsprechende Fördermaßnahmen initiieren. Dass die dargelegten Leseschwierigkeiten noch für einen nicht unerheblichen Anteil von Schülerinnen und Schülern in der Berufsschule bestehen, bestätigt die Studie von Efing (2006). Auch hier gibt es leseschwache Berufsschülerinnen und -schüler, die keine globale und in Teilen auch keine lokale Kohärenz etablieren konnten. Dies bedeutet umgekehrt: Bei diesen Heranwachsenden sind negative Folgen zu erwarten, die sich sowohl auf die Schulleistungen als auch auf die beruflichen Perspektiven beziehen, da sie über eine entscheidende Basiskompetenz für die gesellschaftliche Teilhabe nicht verfügen (z. B. Artelt et al. 2001, S. 117).[64]

Neben der Feststellung, dass es einen nicht unerheblichen Teil an Schülerinnen und Schülern gibt, die bereits an den grundlegenden Leseanforderungen scheitern, stellt sich die Frage nach den Ursachen. Im Rahmen der Frankfurter Hauptschulstudie haben Gold et al. (2010) die Bedingungsfaktoren des Textverstehens bei schwachen Leserinnen und Lesern analysiert. Aussagekräftigster Prädiktor für das Textverstehen war hier die Leseflüssigkeit (ebd., S. 68ff.; dazu auch Gold 2009). Somit lässt sich empirisch legitimieren, dass bei schwachen Lesenden vordringlich Fördermaßnahmen bei den basalen Lesefertigkeiten ansetzen sollten.

---

64 Setzt man dieses Ergebnis in Beziehung zu IGLU-Daten, so wird dokumentiert, dass die „Gruppe der schwachen Leser […] sich bereits in der Grundschule formiert" (Nix 2011, S. 34). In den vergangenen Erhebungen der IGLU-Studie zählten die Testleistungen von einem Fünftel der Schülerinnen und Schüler zur Risikogruppe, die nicht über die Anforderung hinauskommt, Informationen aus einer Textpassage zu erschließen (2011: 15,4%; Bremerich-Vos et al. 2012, S. 106). Somit wird deutlich, dass Leseschwierigkeiten, die zum Ende der vierten Jahrgangsstufe bestehen, in der Sekundarstufe I nicht ausgeglichen werden.

3.5 Erste Überlegungen zur Konzeption des Diagnoseverfahrens

Ausgehend von der theoretischen Auseinandersetzung mit dem Gegenstandsfeld *Lesekompetenz* in diesem Kapitel sollen abschließend erste Schlussfolgerungen für die Entwicklung des Diagnoseverfahrens formuliert werden.

> **Ein unterrichtsnahes lesediagnostisches Verfahren für die Sekundarstufe I sollte**
>
> *... Lesefähigkeiten auf Ebene der basalen Leseprozesse (mit) berücksichtigen.*
>
> Ein Diagnoseverfahren im Bereich Lesekompetenz muss hierarchieniedrige Lesefähigkeiten mit in den Blick nehmen sowie differenzierte Aussagen zu diesen Teilkomponenten des Lesens ermöglichen. Die berichteten empirischen Daten zeigen wiederholt, dass die Festigung basaler Leseprozesse – und zwar bis zum Ende der Pflichtschulzeit – in der Sekundarstufe I noch nicht abgeschlossen ist bzw. nicht vorausgesetzt werden kann. Vor allem die Komponente der Leseflüssigkeit ist hier zentral, da sie die hinreichende Voraussetzung bildet, um zu hierarchiehöheren Prozessen des Lesens zu gelangen.
>
> *... eine differenzierte Analyse der Lesekompetenz der Lernenden erlauben.*
>
> Ein Diagnoseverfahren muss die ausgeprägte Leistungsheterogenität im Lese- und Literaturunterricht der Sekundarstufe I berücksichtigen, die vor allem in den nicht-gymnasialen Schulformen besteht. Denn: Eine ausgebildete Lesekompetenz muss das Ziel an allen Schulformen und für alle Lernenden sein. Ein Diagnoseverfahren muss mit Blick auf die Heterogenität der Lernenden möglichst differenzierende Aussagen dazu ermöglichen, wo Stärken und Schwächen im Bereich Lesekompetenz bestehen. Eine solche differenzierende Aussage wird als Voraussetzung dafür angesehen, zu angemessenen Diagnosen und zu Ansatzpunkten für eine angemessene individualisierte Leseförderung zu gelangen.
>
> *... die Individualität der Entwicklungsverläufe berücksichtigen.*
>
> Ein lesediagnostisches Verfahren muss flexibel handhabbar sein, um auch Stagnationen und Entwicklungsschritte der einzelnen Schülerinnen und Schüler zu berücksichtigen, da von unterschiedlichen Entwicklungsverläufen im Bereich Lesekompetenz innerhalb einer Klasse ausgegangen werden muss.

4 Diagnostik im Deutschunterricht der Sekundarstufe I

Dieses Kapitel dient der Analyse und Strukturierung der Perspektiven auf schulische Diagnose, die – mit Blick auf das Anliegen der vorliegenden Arbeit – für das Gegenstandsfeld Lesekompetenz fachspezifisch profiliert werden. Folgende Fragestellungen sind dazu leitend:

- Welche Ziele und Funktionen hat Diagnose im (Deutsch-)Unterricht?
- Welche Auffassungen bestehen zur Strukturierung von lesediagnostischen Prozessen im Deutschunterricht?
- Was ist über das (lese-)diagnostische Handeln von (Deutsch-)Lehrkräften bekannt?

Vor diesem Hintergrund wird zunächst konkretisiert, was in dieser Studie unter dem Begriff „Diagnose" gefasst wird (Kapitel 4.1). Darauf aufbauend erfolgt die Diskussion der spezifischen Anforderungen und Zieldimensionen lesediagnostischen Handelns im Unterricht (Kapitel 4.2). Die Frage nach der Strukturierung entsprechender Prozesse ist eng verbunden mit der Diagnosepraxis von (Deutsch-)Lehrkräften, die darauffolgend fokussiert wird (Kapitel 4.3 und Kapitel 4.4). Abschließend werden die zentralen Erkenntnisse dieses Kapitels mit dem Forschungsinteresse der vorliegenden Untersuchung zusammengeführt und auf dieser Basis Schlussfolgerungen für das weitere Vorgehen formuliert (Kapitel 4.5).

Eine Bemerkung soll bereits vorweg erfolgen: Eine deutschdidaktische Forschungstradition, in die sich dieses Kapitel eingliedern könnte, existiert nicht. Daher wird nachfolgend eine systematische Auseinandersetzung mit Forschungszugängen und Diskussionsansätzen anderer Disziplinen zum Gegenstandsfeld *Diagnose* mit in den Blick genommen und geprüft, inwiefern sich hier Anknüpfungspunkte für deutschdidaktische Forschungskontexte ergeben.

4.1 Begriffsklärung: Diagnose

In den letzten Jahren hat sich das Thema Diagnose in der bildungspolitischen Landschaft wie auch in verschiedenen Wissenschaftsdisziplinen zu einem zentralen Diskussionsgegenstand entwickelt. Kaum ein Beitrag zur Unterrichtsqualität oder zum Bildungssystem diskutiert nicht auch das Beobachten und Beurteilen von Schülerfähigkeiten als wesentliches Element für die Strukturierung von Lernprozessen. Die (nicht mehr ganz) neue Aufmerksamkeit für

Fragen der Diagnostik ist vor allem ein Resultat der nationalen und internationalen Vergleichsstudien der letzten Jahre: In einer Reihe von Zusatzerhebungen wurde festgestellt, dass Lehrkräfte häufig nicht in der Lage sind, die Kompetenzen ihrer Schülerinnen und Schüler angemessen zu diagnostizieren. Auslöser für die deutlich breitere Debatte zum Thema Diagnostik war insbesondere eine Studie im Rahmen von PISA 2000, in der Hauptschullehrkräfte darum gebeten wurden, die Lesekompetenz ihrer Schülerinnen und Schüler zu bestimmen (Artelt et al. 2001, S. 119f.).[1] Zentraler Befund dieser Studie war, dass knapp 90 Prozent der sog. „Risikoschülerinnen und -schüler" von den befragten Lehrenden im Fach Deutsch nicht erkannt wurden.[2] Darüber hinaus zeigt sich in weiteren Untersuchungen, dass Lehrkräfte durchaus Probleme haben, die Schwierigkeit einzelner Aufgaben – die ein zentrales Element zur Initiierung und Strukturierung von Lernprozessen darstellen – zutreffend und differenziert einzuschätzen (für den Bereich Lesekompetenz u. a. Artelt et al. 2004, S. 152; Karing/Matthäi/Artelt 2011, S. 165). Mit gebotener Vorsicht kann insofern vermutet werden, dass Lehrkräfte mitunter wichtige Fördermaßnahmen nicht in ihrem Unterricht ergreifen, da sie die (Lese-)Schwierigkeiten ihrer Lernenden nicht oder nur ungenau erkennen. Kurzum: Auf Grundlage der skizzierten Befunde ist das diagnostische Handeln als zentrale Komponente der Lehrerprofessionalität in das Blickfeld wissenschaftlicher und bildungspolitischer Diskussionen gerückt.[3] Diese erhöhte Aufmerksamkeit zeigt sich nicht zuletzt in der Tatsache, dass es in den letzten Jahren eine stetig steigende Anzahl an Handreichungen und wissenschaftlichen Beiträgen zu Fragen der (fachspezifischen) Diagnostik im Unterricht gibt.[4]

---

1 Schon vor Bekanntwerden dieses Befundes wurde in anderen empirischen Untersuchungen die Bedeutung (lese-)diagnostischen Handelns von Lehrkräften herausgestellt, so z. B. in der im Jahr 1991 durchgeführten Hamburger Lesestudie (Lehmann et al. 1995, S. 222).

2 Ein vergleichbares Ergebnis für die Grundschule zeigt eine Zusatzerhebung im Rahmen der IGLU-Studie 2006: Über ein Drittel der schwächeren Leserinnen und Leser wurde hier von den befragten Deutschlehrkräften nicht erkannt (Valtin et al. 2010).

3 Zweifelsohne ist aber nicht erst mit den genannten Leistungsstudien die Bedeutung schulischer Diagnostik herausgestellt worden, weshalb Hesse und Latzko (2011, S. 15) eine „Renaissance" der Pädagogischen Diagnostik im aktuellen Fachdiskurs konstatieren. Zuletzt hat das Themenfeld Mitte der siebziger Jahre eine erhöhte Aufmerksamkeit erfahren (Ingenkamp/Lissmann 2008, S. 28–30).

4 Siehe dazu allein schon die Schwerpunktthemen in den folgenden deutschsprachigen Zeitschriften: Grundschule (2003), Heft 5; Friedrich Jahresheft (2006), Heft 2; Zeitschrift für Pädagogische Psychologie (2009), Heft 3-4; Beiträge zur Lehrerbildung (2013),

Aktuell wird das Thema Diagnostik hoch geschätzt und der Diagnosebegriff in den einzelnen Fachdidaktiken und den Bildungswissenschaften viel und gern verwendet. Die wissenschaftliche Bestimmung von Diagnose, d. h. *was* den Begriff konkret kennzeichnet, ist hingegen disparat – bis heute gibt es keine allgemein anerkannte und verbindlich angewandte Begriffsbestimmung. Nicht nur diese unübersichtliche Gemengelage macht es unerlässlich, nachfolgend den Diagnosebegriff fachspezifisch zu profilieren (Kapitel 4.1.1), um eine konzeptuelle Basis für die empirische Erforschung und für begründete fachdidaktische Strukturierungen im Rahmen der vorliegenden Arbeit zu legen. Die theoretischen Überlegungen zur Spezifikation und Modellierung werden im Weiteren durch die Diskussion von Zielsetzungen und Funktionen (Kapitel 4.1.2), zentralen Merkmalen (Kapitel 4.1.3) sowie Formen und Bezugsnormen (Kapitel 4.1.4) von Diagnosen ergänzt.

4.1.1 Was bedeutet „Diagnose"? Eine Annäherung

Abgeleitet aus dem griechischen Ursprung des Wortes („diágnōsis") kann der Begriff *Diagnose* in einem ersten Zugriff als „unterscheidende Beurteilung" oder auch „Erkenntnis" bestimmt werden (Dudenredaktion 2011, S. 414, Lemma »Diagnose«). Diese Setzung impliziert das *Ergebnis* einer Diagnose, also die Erkennung und exakte Zuordnung eines bestimmten Sachverhalts. Zuerst und lange Zeit allein vorherrschend wurde der Begriff der Diagnose in der Medizin und in der Psychologie verwendet. In medizinischer Perspektive wird ein statisches Verständnis des Begriffes zentral gesetzt, wonach „Diagnose" als die Erfassung bestimmter Merkmale (Symptome) verstanden wird, die auf eine – möglichst eindeutig und zuverlässig bestimmbare – Krankheit schließen lässt (Roche Lexikon Medizin 2003, Lemma »Diagnose«). Das psychologische Diagnoseverständnis konzentriert sich auf das Individuum als „Träger eines gestörten oder angemessenen Verhaltens" (Kleber 1992, S. 18) – und zwar im Vergleich zu einem früheren Zeitpunkt oder im Vergleich zu anderen Personen (allgemein Jäger 2009). Wenn man die beiden Perspektiven auf den Diagnosebegriff zueinander in Beziehung setzt, so ist augenfällig, dass sowohl aus medizinischer als auch psychologischer Perspektive jeweils von erfassten Merkmale ausgegangen wird, die als Grundlage für (unmittelbar zu treffende) Behandlungsziele und -maßnahmen dienen (Kleber 1992, S. 15f.). Auch

---

Heft 2. Nicht zuletzt greift eine zunehmende Anzahl an Praxisliteratur das Thema „Diagnose" auf (so z. B. Hesse/Latzko 2011; Kliemann 2008; Maier 2015; Paradies/Linser/Greving 2007).

im allgemeinen Sprachgebrauch wird diese geradlinige Beziehung von der Bestimmung einer Krankheit mit direkt daran anschließenden Behandlungsschritten mit dem Diagnosebegriff in Verbindung gebracht.

Auch wenn der Begriff der Diagnose ursprünglich aus der Psychologie und Medizin stammt, hat er – insbesondere in den letzten Jahren – ebenfalls im schulischen Handlungsfeld an Bedeutung gewonnen. In der deutschsprachigen Pädagogik setzte die Begriffsverwendung bereits Ende der 1960er Jahre ein: Hier war es zuerst Ingenkamp, der sich auf Diagnosebegriff bezog und diesen als Sammelbegriff für „Beurteilungslehre" bzw. „Leistungsmessung" bestimmt hat (Ingenkamp 1992, S. 10). Ingenkamp verwendete in diesem Kontext den Terminus „Pädagogische Diagnostik" – dies tat er einerseits, um die Eigenständigkeit der pädagogischen Begriffsverwendung gegenüber dem medizinischen und psychologischen Diagnoseverständnis zu betonen, und andererseits, um die Bedeutung von Diagnostik im Rahmen der Lehrerprofessionalisierung (also im pädagogischen Handlungsfeld) hervorzuheben. Neben dieser terminologischen Abgrenzung ist im Übrigen zu fragen, inwiefern hinsichtlich des Konstrukts und der Zielsetzung schulischer Diagnostik Spezifizierungen auszumachen sind. In den Erziehungswissenschaften wird dazu vielfach eine frühe Definition von Klauer (1982) bemüht, der Pädagogische Diagnostik als „das Insgesamt von Erkenntnisbemühungen im Dienste aktueller pädagogischer Entscheidungen" bestimmt (ebd., S. 5). Diagnose wird insofern als Informationsbeschaffung und -verarbeitung fokussiert, mit der eine *pädagogische Zielsetzung* verfolgt wird. Im Vergleich mit den bisherigen Begriffsverwendungen ist in Klauers Definition zudem hervorstechend, dass der Begriff der Diagnose – in der Regel – nicht mehr eine spezielle Problemstellung zum Ausgangspunkt hat. Vielmehr rückt das alltägliche Sammeln von diagnostischen Informationen im Unterricht in den Vordergrund, mit dem Erkenntnisse über die Schülerinnen und Schüler und deren Kompetenzen gewonnen werden. Die Informationssammlung ist für Klauer nicht der Endpunkt der Diagnose, sondern Grundlage für unmittelbar daran anschließende Handlungsentscheidungen im Unterricht, beispielsweise in Bezug auf die Verwendung von bestimmten Lernaufgaben (sog. „Mikroadaptionen", Schrader 2013, S. 155). Zweifelsohne sind diagnostische Bemühungen eine wichtige Basis für kurzfristige Entscheidungen im ablaufenden Unterricht, dennoch greift Klauers Begriffsbestimmung für didaktische Belange zu kurz: Mit Blick auf die grundsätzliche Erlernbarkeit von Kompetenzen ist ebenso zentral, dass Diagnosen prozessorientiert erfolgen und somit die Kompetenzentwicklung der einzelnen Lernenden in den Mittelpunkt gerückt wird, ohne dass immer unmittelbar Maßnahmen seitens der Lehrkraft ergriffen werden. Insofern bestimmen Ingenkamp/Lissmann (2008) einen didaktisch tragfähiger und wesentlich breiter

4 Diagnostik im Deutschunterricht der Sekundarstufe I   91

angelegten Begriff von Diagnostik, indem beide Lernprozesse und damit einhergehende Entscheidungen vonseiten der Lehrkraft mit in den Blick nehmen:

> Pädagogische Diagnostik umfasst alle diagnostischen Tätigkeiten, durch die bei einzelnen Lernenden und den in der Gruppe Lernenden Voraussetzungen und Bedingungen planmäßiger Lernprozesse ermittelt, Lernprozesse analysiert und Lernergebnisse festgestellt werden, um individuelles Lernen zu optimieren. (Ingenkamp/Lissmann 2008, S. 13)

Mit dieser Definition wird die systematische Ermittlung von Lernstärken und -schwächen der Schülerinnen und Schüler mit dem Ziel zentral gesetzt, das individuelle Lernen zu verbessern. Bereits seit den 1980er Jahren wird dieses Diagnoseverständnis im sonderpädagogischen Bereich – vornehmlich unter dem Begriff „Förderdiagnostik"[5] – diskutiert und findet seit etwas mehr als zehn Jahren auch vermehrt in der Allgemeinen Didaktik und in den einzelnen Fachdidaktiken Verwendung (siehe Kapitel 4.2.1).

Im englischsprachigen Raum wird Unterrichtsdiagnostik unter dem übergreifenden Stichwort „assessment" oder auch „classroom-based assessment" diskutiert. Im Gegensatz zur deutschsprachigen Debatte ist hier die Auseinandersetzung mit Fragen schulischer Diagnostik schon seit geraumer Zeit etabliert (u. a. Nitko/Brookhart 2004; Sadler 1989; Shepard 2001). Nitko und Brookhart (2004, S. 4) verstehen unter „assessment" recht allgemein einen Prozess zur Gewinnung und Beurteilung von Informationen, der die Grundlage für Entscheidungen bildet – Bezüge zu Klauers Begriffsbestimmung (s. o.) sind augenfällig. Paul Black und Dylan William definieren dagegen einen wesentlich elaborierteren Begriff von „assessment", wenn sie ausführen:

> We use the general term assessment to refer to all those activities undertaken by teachers – and by their students in assessing themselves – that provide information to be used as feedback to modify teaching and learning activities. (Black/William 1998a, S. 140)

Die Beschreibung von Black und William macht deutlich, dass Diagnose nicht nur eine Grundlage für die Förderung von Lernprozessen darstellt, sondern auch wichtige Rückmeldungen über bisherige Lernprozesse ermöglicht. Gerade regelmäßiges Feedback hat durch die vielbeachtete Studie von John Hattie

---

5   Der Begriff „Förderdiagnostik" und das damit verbundene Konzept ist in den 1970er Jahren in kritischer Abgrenzung zu dem Konzept „Selektionsdiagnostik" entstanden, das bis dahin prägend in der Sonderpädagogik gewesen ist. Hiermit verbunden ist eine stärkere Zuwendung zum Subjekt und den ablaufenden Lernprozessen (z. B. die Beiträge in Eberwein/Knauer 1998 sowie zusammenfassend Schrader/Heimlich 2012, S. 341–345). Das Konzept „Förderdiagnostik" und der Begriff „Förderdiagnostik" als didaktische Zielstellung weisen eine inhaltliche Nähe auf.

weitere Bestätigung für den Lernerfolg bei Schülerinnen und Schülern erfahren (Hattie 2013, S. 206–211).[6] Mit Blick auf eine didaktisch angemessene Feedback-Kultur werden Selbsteinschätzungen der Lernenden und das eigene Monitoring des Lernprozesses als weitere wichtige Merkmale von „assessment" herausgestellt (s. o.).

Aus diesem knappen Überblick lassen sich zwei Folgerungen für die Bestimmung des Diagnosebegriffs in der vorliegenden Arbeit ableiten: Erstens muss im Weiteren der Tatsache Rechnung getragen werden, dass das Konstrukt „Diagnose" bzw. diagnostisches Handeln äußerst komplex und vielschichtig ist – dieser Umstand stellt Forschende vor allem auf der Operationalisierungsebene vor große Herausforderungen (siehe Kapitel 4.3). Zweitens ist trotz – oder gerade auch wegen – der erhöhten Aufmerksamkeit, die dem Gegenstandsfeld Diagnose in den letzten Jahren zukommt, eine begriffliche Unschärfe im Forschungsdiskurs erkennbar. Um für den weiteren Verlauf und die Untersuchungsperspektive der Arbeit begrifflich eindeutig und konsistent zu sein, ist es daher notwendig, eine eigene Verortung vorzunehmen und sich zugleich innerhalb der bestehenden Begriffsauffassungen im Fachdiskurs zu positionieren. Folgende Arbeitsdefinition wurde für die vorliegende Studie festgelegt:

> Als *Diagnose* wird sowohl die lernprozessbegleitende als auch bilanzierende Feststellung und Bewertung der je spezifischen Kenntnisse, Lernfortschritte und -probleme der Schülerinnen und Schüler zu einem konkreten Lerngegenstand begriffen. Dies geschieht mit dem Ziel, angemessene pädagogische und (fach-)didaktische Entscheidungen zu treffen, zukünftige Lernprozesse zu planen und geeignete Fördermaßnahmen zu ergreifen.

Mit dieser Definition möchte ich wenigstens vier Grundannahmen hervorheben: *Erstens* zielt eine kompetenzorientierte Diagnose nicht auf eine einmalige Performanz, sondern auf eine systematische, kontinuierliche Beobachtung und Beurteilung des Lernens von Schülerinnen und Schülern. *Zweitens* geht diese Arbeit von einem Diagnosebegriff aus, der fach- bzw. bereichsspezifisch bestimmt ist (zur empirischen Evidenz dieser Annahme siehe Kapitel 4.4.1.1). *Drittens* ist der Diagnosebegriff in dieser Arbeit breit angelegt – er integriert bewusst „lernprozessbegleitende" und „bilanzierende Anteile" (s. o.) als handlungsleitende Zielsetzungen von Diagnose. *Viertens* stellt Diagnose aus fachdidaktischer

---

6 Gerade das Feedback, das sich explizit auf Lernziele bezieht, gehört in der Meta-Analyse von Hattie zu den effektivsten Feedbackformen (Hattie 2013, S. 207). Mitnichten wird aber das dialektische Verhältnis von Diagnose und Feedback erst seit der Hattie-Studie diskutiert (exemplarisch Sadler 1989).

Perspektive keinen Eigenwert dar, sondern sie fungiert immer als deskriptiver Ansatz mit einer bestimmten Zielsetzung für darauf aufbauende Überlegungen und didaktische Entscheidungen.[7] Kurz: Diagnose hat „eine prospektive Aufgabe" (Ossner 1993, S. 197).

Nachdem zunächst der Diagnosebegriff für die vorliegende Studie spezifiziert wurde, ist es in einem nächsten Schritt notwendig, Diagnose bzw. diagnostisches Handeln aus deskriptiver Perspektive differenziert nach Zielsetzungen und Funktionen in den Blick zu nehmen.

4.1.2 Ziele und Funktionen schulischer Diagnostik

Diagnostik in der Sekundarstufe I beschränkt sich nicht auf die Gewinnung diagnostischer Informationen, denn „ein diagnostisches Resultat alleine vermag noch nicht die Qualität von Lernprozessen […] verändern […]" (Pangh 2003, S. 93). Im Gegenteil muss gefragt werden, mit welcher Zielsetzung und zu welchem Zeitpunkt Diagnoseprozesse im Unterricht stattfinden können. Traditionell kann Diagnostik auf zwei handlungsleitende Zieldimensionen[8] zugespitzt werden:

- Diagnose zum Zweck der Leistungsdiagnostik
- Diagnose zum Zweck der Lernprozessdiagnostik

Wichtig ist zunächst einmal zu fragen, worin der Unterschied zwischen diesen beiden Zieldimensionen liegt. Als *Leistungsdiagnostik* gilt die punktuelle Erhebung und Bewertung des momentanen Lernstands bei Schülerinnen und Schülern – z. B. am Ende einer Unterrichtseinheit oder in einer einmaligen Testsituation. Leistungsdiagnostik steht zumeist in Zusammenhang mit schulischen Selektions- und Qualifikationsentscheidungen, bei denen die abschließende Bewertung eines Lehr-Lern-Prozesses im Vordergrund steht

---

7 In der Psychologie und Philosophie wird hingegen angenommen, dass bereits die (Selbst-)Erkenntnis, die einer Diagnose inhärent ist, zu einer Veränderung führen kann bzw. eine Veränderung der Persönlichkeit darstellt (z. B. Zahavi 2007).

8 In den einschlägigen Publikationen finden sich unterschiedliche Begriffe zur Beschreibung der Zielsetzungen von Diagnose, die jedoch grundlegend eine starke inhaltliche Nähe aufweisen. Oftmals wird in der Literatur – angelehnt an den sonderpädagogischen Diskurs – zwischen *Selektionsdiagnostik* und *Förderdiagnostik* unterschieden (z. B. Füssenich 2003, S. 8; Ingenkamp/Lissmann 2008, S. 34; Pangh 2003, S. 95f.). Im englischsprachigen Raum finden sich analog die Entsprechungen *assessment of learning* vs. *assessment for learning* bzw. *summative assessment* vs. *formative assessment* (u. a. Black/William 2009; zur Kritik an dieser strikten Unterscheidung Bernett 2011).

(z. B. Notengebung; Empfehlung einer weiterführenden Schulform nach der Grundschule; Abschlussprüfungen). Es wird also überprüft, ob die Schülerinnen und Schüler ein bestimmtes Lernziel oder eine bestimmte Qualifikation, wie etwa die Allgemeine Hochschulreife, erreicht haben – insofern ist Leistungsdiagnostik *produktorientiert*; die Prozesse, die zu diesem Ergebnis geführt haben, finden in der Leistungsfeststellung entsprechend keine Berücksichtigung. Während lange Zeit die Leistungsbewertung im Augenmerk der Forschungsdiskussion lag, ist gegenwärtig – im Zuge des Wandels zu einem konstruktivistischen Lehr- und Lernverständnis und der Anforderung, individualisierend und differenzierend zu unterrichten – eine verstärkte Orientierung am *Prozess des Lernens* der Schülerinnen und Schüler erkennbar (allgemein z. B. Helmke 2010). Im Diskurs steht nunmehr verstärkt die *Lernprozessdiagnostik* im Vordergrund, womit die wiederkehrende Erfassung und Dokumentation[9] individueller Kompetenzentwicklung des einzelnen Lernenden bzw. der einzelnen Lernenden, d. h. die Lernausgangslage, die Lernzwischenstände usw., akzentuiert wird. Lernprozessdiagnostik wird als geeignete Grundlage für Handlungsentscheidungen und die Planung der folgenden Lernschritte angesehen (Stichwort „Adaptive Lehrkompetenz", Beck et al. 2008, S. 10).[10] Es ist erkennbar, dass diese Funktion von Diagnose das unterrichtliche Handeln von Lehrkräften anleiten kann.

Im Zentrum der Differenzierung von Leistungs- und Lernprozessdiagnostik steht die jeweils fokussierte didaktische Zielsetzung bzw. die primäre Anwendung der Diagnoseergebnisse. Beide Zieldimensionen unterscheiden sich zwar substanziell, jedoch nimmt die einzelne Orientierung *keine Setzung* dazu vor,

---

9 Hierzu van Ophuysen/Lintorf/Harazd (2013, S. 195): „Nach unserer Auffassung ist auch die Dokumentation der erhobenen Informationen ein Bestandteil diagnostischen Handelns, der die Informationsqualität positiv beeinflusst, denn die Dokumentation sichert ab, dass Informationen langfristig zur Verfügung stehen". Meines Erachtens muss man bei der Betrachtung des Verhältnisses von Diagnose und Dokumentation eindeutig vorsichtiger argumentieren. Die Tatsache, *dass* jemand seine diagnostischen Urteile dokumentiert, ist nicht gleichzusetzen mit einer Aussage darüber, *wie* (differenziert) jemand dokumentiert. Das heißt nichts anderes, als dass Aussagen über die Güte des Urteils bzw. diagnostische Kompetenz(en) einer Lehrkraft nicht aus der alleinigen Dokumentation einer Diagnose ableitbar sind.

10 Das Konzept der adaptiven Lehrkompetenz wurde von Beck et al. (2008) eingeführt, das auf dem Forschungsprogramm ATI (Aptitude Treatment Interaction) basiert. Kern dieser Konzeption ist die enge Verbindung diagnostischer Aktivität(en) mit anderen Schlüsselkompetenzen wie der Klassenführung oder Sachkompetenzen der Lehrkraft (Beck et al. 2008, S. 17–20).

welche Vorgehensweise oder welche Instrumente zur Diagnose herangezogen werden müssen (siehe Kapitel 4.2.2). Für Horstkemper (2006) hat die Unterscheidung von Leistungs- und Lernprozessdiagnostik allein eine heuristische Funktion und ist nicht als trennscharfe Differenzierung anzusehen; Überschneidungen sind durchaus möglich (Horstkemper 2006, S. 5; gegenteilig Hascher 2011, S. 3). Die *weitere Verwendung* einer diagnostischen Information ist entscheidend, um sie der Lern- oder der Leistungsdiagnostik zuzuordnen. So kann etwa eine Leistungsfeststellung zu Beginn eines Lernprozesses zur Orientierung über die Ausgangslage bei den Lernenden dienen und schließlich in weiterführende Diagnose- und Handlungsschritte eingebunden sein (die sog. *Lernausgangsdiagnose*). Dabei geht es um Fragen wie: Was können die Schülerinnen und Schüler bereits (z. B. im Bereich Lesekompetenz) und worauf kann ich aufbauen? Wo zeigen sich Stärken und Schwierigkeiten bei den einzelnen Lernenden? Leistungsdiagnostik kann in diesem Sinne auch Bestandteil einer umfassenden Lernprozessdiagnostik sein. Gleichermaßen ist denkbar, dass aktuell vorliegende Kompetenzen als Zwischenstand im Rahmen eines Lehr- und Lernprozesses erhoben werden. Eine ähnlich integrative Perspektive auf Diagnostik im Unterrichtsalltag formuliert Afflerbach (2012, S. 50), wenn er feststellt: „Effective assessment programms combine formative and summative assessment".[11] Die skizzierten Überlegungen verdeutlichen, dass eine strikte Abgrenzung von Lern- und Leistungsdiagnostik didaktisch nicht tragfähig ist.

Anhand des Modells zur Unterrichtsdiagnostik von Helmke und Lenske (2013) lässt sich zusammenführend veranschaulichen, auf welche Anlässe bzw. Zielsetzungen Diagnosen im schulischen Kontext ausgerichtet sein können:

---

11 Allgemein dazu Bennett (2011) und William (2006a). Innerhalb der Sonderpädagogik haben sich die negativen Auswirkungen dieser starren Position gezeigt. Über drei Jahrzehnte wurde dort vorrangig versucht, die Förderdiagnostik in kritischer Abgrenzung zur Selektionsdiagnostik zu definieren, wodurch jedoch die grundlegendere Frage nach der theoretischen Fundierung des Konstrukts „Förderdiagnostik" und dessen Wirksamkeit hinten angestellt wurde (zusammenfassend: Schlee 2008).

Abbildung 4.1: Zielbereiche schulischer Diagnostik (Helmke/Lenske 2013, S. 216)

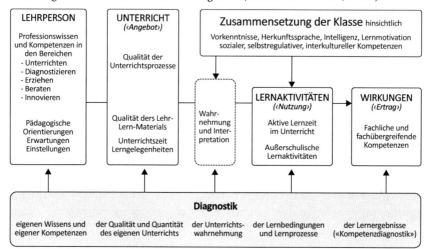

Die mit dem Modell vorgenommene Differenzierung weist nochmals darauf hin, dass es verschiedene Zielbereiche und damit verbundene Interessen gibt, die jeweils Kern von Diagnosen sein können. Neben der bereits einleitend angeführten Diagnose von Lernergebnissen (in Abbildung 4.1: „Kompetenzdiagnostik") sowie den Lernbedingungen und Lernprozessen können sich Diagnoseprozesse auch auf die Bewertung der Unterrichtsqualität beziehen. Dies ist der Schwerpunkt, der vor allem im Rahmen von Bildungsmonitoring-Studien zum Tragen kommt, wenn der Leistungsstand der untersuchten Klassen im landesweiten oder sogar internationalen Vergleich betrachtet wird (hier zeigt sich eine starke Nähe zur Evaluation). Schließlich kann auch die Lehrkraft selbst Gegenstand diagnostischer Urteile sein – etwa wenn es um die Lehrerpersönlichkeit oder Fragen der Lehrerprofessionalität geht. Im Übrigen ist in den einzelnen fachdidaktischen und pädagogischen Ansätzen erkennbar, dass die in Abbildung 4.1 dargestellten diagnostischen Zielsetzungen verschieden gewichtet werden (siehe Kapitel 4.2.1 und 4.3).[12]

---

12 Anhand des empirischen Materials wird insofern auch zu analysieren sein, welche Schwerpunktsetzungen Deutschlehrkräfte im Unterrichtsalltag vornehmen (siehe Kapitel 8).

4.1.3 Zentrale Merkmale schulischer Diagnostik

Neben der Diskussion diagnostischer Zielsetzungen ist für das Anliegen dieser Arbeit nach zentralen Charakteristika von Diagnose(n) zu fragen. Grundlegend gilt: „From one perspective, observation is a natural activity for the teacher [...]" (Calfee/Hiebert 1991, S. 295). Doch nicht jede bloße Beobachtung einer Lehrkraft im Unterrichtsalltag ist mit einer Diagnose gleichzusetzen. Wember (1998, S. 108f.) weist auf insgesamt vier Charakteristika von Diagnosen im schulischen Handlungsfeld hin:

1. *Diagnosen beschreiben momentane Zustände in selektiver Art und Weise.*

Diagnosen können sich nur auf einen Ausschnitt einer umfassenden Kompetenz in einer konkreten Situation beziehen; sie sind somit selektiv. So wurde bereits diskutiert, dass die Lesekompetenz eines Schülers bzw. einer Schülerin nicht umfassend diagnostiziert werden kann, sondern diagnostische Bemühungen jeweils nur auf einzelne Teildimensionen der Lesekompetenz abzielen können (Kapitel 3). Darüber hinaus ist verschiedentlich angesprochen worden, dass Kompetenzen nicht in einer einmaligen Performanz abbildbar sind. Eine Performanz ist lediglich eine Momentaufnahme, die unter anderem von der Tagesform der Lernenden und den spezifischen Umständen abhängig ist – nicht selten müssen Lehrkräfte diagnostische Urteile „unter Druck" (Wahl 1991) treffen. Insofern ist in der einschlägigen Literatur die Auffassung vorherrschend, dass Diagnosen kontinuierlich während des Lernprozesses erfolgen sollen, damit getroffene diagnostische Urteile überprüft, ggf. revidiert oder neu formuliert werden.

2. *Diagnosen sind grundsätzlich wertgeleitet.*

Diagnoseprozesse gehen mit normativen Setzungen einher, die wiederum mit den individuellen Sichtweisen der Lehrkraft in Zusammenhang stehen. Mit Wieser (2008, S. 82) können diese lehrerseitigen Relevanzsetzungen als ein „Orientierungsrahmen" bezeichnet werden, der das diagnostische Handeln von Lehrkräften (implizit oder explizit) leitet. So gerät etwa die Leseflüssigkeit zur Diagnose von Lesekompetenz lediglich dann in den Blick, wenn eine Deutschlehrkraft diese Teildimension von Lesekompetenz als wichtig für die Erfassung des Leistungsvermögens von Lernenden ansieht. Ferner werden Lesediagnoseprozesse für Lehrkräfte überhaupt nur dann handlungsrelevant, wenn die Förderung von Lesekompetenz als ein bedeutsamer Bereich für ihren Deutschunterricht angesehen wird.[13]

---

13 So wird etwa bei Bräuer (2010a) deutlich, dass die Gymnasiallehrkräfte in seiner Untersuchung die basale Leseleistungen der Lernenden voraussetzen (ebd., S. 230). Es ist

> 3. *Diagnosen sind theoriegeleitet.*

So führt Helmke (2010) an, dass ein charakteristisches Merkmal einer Diagnose sei, dass man – mehr oder minder bewusst – „*anhand vorgegebener Kategorien, Begriffe oder Konzepte*" (ebd., S. 122; Herv. ebd.) zu einem Urteil gelange.[14] Wenn Deutschlehrkräfte Diagnosen in Bezug auf die Lesekompetenz ihrer Lernenden treffen, erfolgt demzufolge ein Rückgriff auf bestimmte Diagnosekriterien bzw. Diagnoseindikatoren, um einen Einblick in Denk- und Verstehensvorgänge von Lernenden zu erhalten und diese interpretieren zu können. Diese Urteilsbildung ist *per se* subjektiv geprägt, sodass die „Beurteilung eines Merkmals […] davon ab[hängt], was der Urteiler unter diesem Merkmal versteht und an welchen Indikatoren er es festmacht" (Schrader 2009, S. 241). Insofern ist für die vorliegende Untersuchung von nicht unerheblichem Interesse, *welche* Indikatoren Deutschlehrkräfte heranziehen, um Aussagen über die Lesekompetenz ihrer Schülerinnen und Schüler zu treffen.[15] Weiterhin ist anzunehmen, dass bei Lehrerinnen und Lehrern individuelle Sichtweisen (und mitunter kollektive Auffassungen) darüber vorzufinden sind, welche „Kategorien, Begriffe oder Konzepte" (s. o.) für die Diagnose von Lesekompetenz relevant sind.[16]

> 4. *Diagnosen sind deskriptive Sätze, die allein und für sich genommen keine Ziel begründen können.*

In Fachbüchern oder entsprechender Praxisliteratur entsteht bisweilen der Eindruck, dass aus einem diagnostischen Urteil unmittelbar geeignete Möglichkeiten der Förderung ableitbar wären. Diese lineare Beziehung, die stark an das medizinisch-psychologische Diagnoseverständnis erinnert (s. o.), ist aber ein didaktischer Fehlschluss: Diagnosen sind deskriptiv und bilden vielmehr eine hinreichende Voraussetzung für eine angemessene Unterrichtsgestaltung und Förderung der

---

insofern denkbar, dass am Gymnasium hierarchieniedrige Leseprozesse weniger oder gar nicht im diagnostischen Blickfeld der Lehrkräfte sind.

14 Die Formulierung „mehr oder minder" weist bereits darauf hin, dass Lehrkräfte Diagnosen nicht nur zielgerichtet realisieren, sondern Diagnosen im schulischen Alltag oftmals auch unbewusst erfolgen (siehe Kapitel 4.1.4.)

15 Auf diesen Aspekt wird anhand des empirischen Materials noch näher einzugehen sein (siehe Kapitel 8).

16 In einer Fragebogenerhebung mit Sekundarschullehrkräften (N=1384) verschiedener Fächergruppen untersucht McMillan (2001) die Kriterien für die Notengebung und kommt zu dem Ergebnis, dass diese stark individualisiert sowie „quite different from one teacher to another" sind (ebd., S. 30).

Lernenden (Kapitel 4.1.1). Sie müssen weiterhin mit fachdidaktischen Kenntnissen ergänzt werden: „Denn (förder-)diagnostische Daten führen nur zu Beschreibungen dessen, was *ist*. Sie können aber nicht angeben, was sein *soll*", so Jörg Schlee (Schlee 1985, S. 157; Herv. ebd.). Schlee (1985, 2008) hat wiederholt aus sonderpädagogischer Perspektive darauf hingewiesen, dass diagnostische Informationen nicht unmittelbar in Zielen oder Handlungswissen münden, sondern erst in Verknüpfung mit fachdidaktischem und fachlichem Wissen zu wirksamen Ergebnissen führen: Erst anhand der auf einer Diagnose aufbauenden Entscheidungen bzw. getroffenen Fördermaßnahmen wird das Potenzial eines diagnostischen Urteils erkennbar (dazu z. B. die Ergebnisse bei Beck et al. 2008). Dass mit diesem dialektischen Verhältnis von Diagnose und Förderung auch verschiedene Aufgaben und bestimmte Anforderungen an die Lehrkräfte gestellt sind, wird an anderer Stelle noch vertiefend zu diskutieren sein.

4.1.4 Formen und Bezugsnormen schulischer Diagnostik

Die bisherigen Ausführungen haben den Eindruck erwecken können, dass Diagnosen bewusst ablaufende Prozesse im alltäglichen Unterrichtsgeschehen darstellen. Jedoch ist noch nicht hinreichend geklärt, inwiefern explizite Wissensbestandteile im Diagnoseprozess handlungsleitend werden. Aktuell wird davon ausgegangen, dass nicht nur die Zielsetzung, sondern auch der Formalisierungsgrad der durch Lehrkräfte getroffenen diagnostischen Urteile variiert. Gemeinhin werden zwei Grundformen unterschieden (u. a. Schrader/Helmke 2002):

- gezielte diagnostische Anteile (= formelle Diagnostik)
- beiläufige diagnostische Anteile (= informelle Diagnostik)

Unter *formeller* Diagnostik werden vorab geplante und theoriegeleitete Diagnosetätigkeiten verstanden, die man zumeist unter Einsatz erprobter wissenschaftlicher Methoden vollzieht. Diese Diagnoseleistungen erfolgen mit dem Ziel, diagnostische Informationen über den Lernstand der Schülerinnen und Schüler zu sammeln und zu interpretieren, um diese für das weitere Unterrichtshandeln zu nutzen („planned-for-interaction", Heritage 2007). Es handelt sich somit um eine bewusste Entscheidung, die Kenntnisse über mögliche Diagnoseverfahren erfordert, damit Diagnoseprozesse zielgerichtet umgesetzt werden. Es ist unmittelbar einsichtig, dass diese explizite Form der Diagnose von Lehrkräften stärker reflektiert wird. Weinert und Schrader (1986) vermuten deshalb, dass Anlässe zur expliziten Diagnostik in der „Wahrnehmung didaktischer Entscheidungssituationen, kritischer Unterrichtsereignisse oder praktischer Problemlagen" begründet liegen (ebd., S. 12; ebenso Hesse/Latzko 2011, S. 26). Dass Lehrkräfte explizite Diagnosen wirklich nur in „Entscheidungssituationen" und „Problemlagen" vornehmen, scheint mir jedoch fragwürdig zu sein. Schließlich sind Selektions- und Qualifikationsentscheidungen nur ein Teil der Funktion(en) von Diagnostik (Kapitel 4.1.2). Die bewusste Entscheidung für eine Diagnose kann ebenso in der Planung und Durchführung des Unterrichts begründet sein – etwa um das Vorwissen der Lernenden zu erheben –, womit zugleich eine lernprozessbezogene Diagnostik Ausgangspunkt für das Handeln der Lehrkraft wäre.

In Abgrenzung sind *informelle* Diagnoseleistungen von Lehrkräften dadurch gekennzeichnet, dass sie „eher beiläufig und unsystematisch im Rahmen des alltäglichen erzieherischen Handelns gewonnen werden" (Helmke 2010, S. 122).[17] Diese Form der Urteilsbildung erfolgt beispielsweise im Unterrichtsgespräch, wenn Lernende Aufgaben bearbeiten oder Hilfestellungen im Unterricht gegeben werden. Obwohl diese Diagnoseaktivitäten eher spontan und beiläufig situiert sind, sind sie nicht weniger wichtig. Im Gegenteil: Die fortlaufend, kaum oder nicht bewusst ablaufenden „Mikrodiagnosen" sind für Lehrkräfte im Unterrichtsalltag unverzichtbar, um Leistungserwartungen an die Klasse oder den einzelnen Lernenden mit aktuellen Beobachtungen abzugleichen und zu interpretieren. Zugleich wird diesen beiläufigen Lehrerurteilen eine höhere Fehleranfälligkeit für die Verarbeitung von Informationen zugeschrieben, da hier erfahrungsbasierte Denk- und Handlungsroutinen der Lehrkräfte verstärkt zum Tragen kommen (z. B. Schrader 2013, S. 155).[18]

Eine bislang vonseiten der Forschung wenig rezipierte Erweiterung der voranstehenden Ausführungen nimmt Tina Hascher (2005, 2008) vor. Ausgangspunkt ihrer Überlegungen ist, dass die zweistufige Unterscheidung von Diagnosen für

---

17 Die starke Wirkung dieses Handelns unter Druck (Wahl 1991) wird durch einen Befund aus der Untersuchung von Bromme (1997) gestützt. In seiner Studie wurden Mathematiklehrkräfte unmittelbar im Anschluss an eine durchgeführte Unterrichtsstunde nach den individuellen Lernfortschritten und -schwierigkeiten befragt: „Nur wenige Episoden im Unterrichtsprozess, die Probleme und Verständnisfortschritte enthielten, wurden erinnert" (ebd., S. 201). Retrospektiv war weiterhin nicht der individuelle Lernende, sondern der „kollektive Schüler" bei den Lehrkräften in Erinnerung. Bromme sieht in diesem Befund einen Beleg dafür, dass „Schülerbeiträge nicht nur als Indikatoren für den Lernstand, sondern auch als Elemente der Stoffentwicklung dienen [...]", wodurch die individuelle Beobachtung der Schülerinnen und Schüler in der Wahrnehmung vernachlässigt werde (ebd., S. 201f.).

18 So verwundert es denn auch nicht, dass gerade vonseiten der Pädagogischen Psychologie die Entwicklung und Verwendung von – empirisch abgesicherten – diagnostischen Instrumenten gefordert wird (exemplarisch Weinert/Schrader 1986, S. 12f.).

den schulischen Kontext zu kurz greife. Hascher (2008, S. 75) führt deshalb den Begriff der *semiformellen Diagnosen* ein und bezeichnet damit

> die Gesamtheit aller diagnostischen Tätigkeiten, die nicht den Kriterien der formellen Diagnostik genügen, aber nicht zu impliziten Urteilen führen. Die Bezeichnung ‚semiformell' trifft beispielsweise dann zu, wenn Beobachtungen zwar gezielt, aber nicht mit erprobten Methoden durchgeführt werden; wenn erprobte Methoden nicht gezielt und systematisch eingesetzt werden; wenn intuitive Beobachtungen festgehalten werden und explizit in Bewertungen einfliessen usw.

Im Weiteren führt Hascher aus, dass die Durchführung semiformeller Diagnosen ein Indikator für eine hohe Motivation und ein Interesse an diagnostischer Praxis sei (ebd.). Gestützt wird diese Annahme durch die Argumentation von Baumert und Kunter (2006, S. 496):

> In der Diskussion über diagnostische Kompetenz von Lehrkräften wird häufig ein Aspekt des Diagnoseverhaltens übersehen, [...] nämlich die Bereitschaft und Fähigkeit, das Verständnis von Schülerinnen und Schülern gezielt im Unterrichtsprozess selbst, und nicht erst in Klassenarbeiten zu überprüfen.

Aus didaktischer Perspektive erscheint die von Hascher vorgenommene Erweiterung der Grundformen der Diagnostik sinnvoll und bietet zugleich eine wichtige Differenzierung (lese-)diagnostischen Handelns von Lehrkräften. Der Diagnosebegriff in dieser Arbeit umfasst daher (1) formelle, (2) semiformelle und (3) informelle Diagnoseleistungen.[19]

Wenn Lehrkräfte explizite, semiformelle oder implizite Urteile zu einem bestimmten Lerngegenstand treffen, ist in jedem Fall ein Bewertungsmaßstab erforderlich, mit dem das eigene diagnostische Urteil in Beziehung gesetzt werden kann (z. B. Rheinberg 2002). Dieser Vergleichsstandard wird als *Bezugsnorm* bezeichnet und hat eine zentrale Bedeutung für Lehrkräfte (auch wenn sie diese nicht immer selbst explizieren).[20] Traditionell werden insgesamt drei Formen unterschieden, die von Lehrkräften als Vergleichsmaß angewendet werden können. Das Lernergebnis eines Schülers bzw. einer Schülerin kann

---

19 Sehr ähnlich wird im anglo-amerikanischen Raum eine dreifache Unterscheidung in Bezug auf die „amount of formality" vorgenommen. Hier wird zwischen (1) „on-the-fly assessment", (2) „planned-for interaction" und (3) „curriculum-embedded assessment" differenziert (z. B. Heritage 2007, S. 141).

20 Eine verstärkte Diskussion von Bezugsnormen findet ebenfalls in der einschlägigen Literatur zum Thema „Leistungsbeurteilung" statt, das zugleich eine inhaltliche Nähe zur Diagnostik aufweist (vertiefend zum Themenfeld „Leistungsbeurteilung": Fischer 2012; Winter 2004).

- mit den Ergebnissen in der gesamten Klasse bzw. mit anderen Lernern verglichen werden (= *soziale Bezugsnorm*),
- mit den domänenspezifischen Anforderungen bzw. Lernzielen verglichen werden (= *kriteriale* bzw. *sachbezogene Bezugsnorm*),
- mit der individuellen Entwicklung des einzelnen Lernenden bzw. der einzelnen Lernenden über einen Zeitraum verglichen werden (= *individuelle Bezugsnorm*).

In bisherigen Studien ist „eine gewisse Orientierung in Richtung *einer Bezugsnorm*" bei Lehrkräften festzustellen (Maier 2015, S. 86; Herv. F. S.). Die handlungsleitende Bezugsnorm kann sich dabei zwischen den Lehrkräften recht deutlich unterscheiden. Es ist noch weitgehend ungeklärt, welche Faktoren oder lehrerseitigen Auffassungen mit der Verwendung einer bestimmten Bezugsnorm einhergehen, die im Unterricht realisiert wird (Schrader/Helmke 2002). Zu bedenken ist darüber hinaus, dass jede Bezugsnorm sowohl ihren spezifischen Erklärungswert als auch „ihren ‚Blinden Fleck'" (Rheinberg 2006, S. 60) innehat, durch den bestimmte Aspekte des Lernprozesses bei Schülerinnen und Schülern nicht oder zumindest nicht in ausreichendem Maße berücksichtigt werden. Das heißt aber auch, dass jeder Lernprozess – abhängig von der angewendeten Bezugsnorm – unterschiedlich interpretiert werden kann: So verstellt beispielsweise die soziale Bezugsnorm den Blick auf individuelle Lernzuwächse, Stagnationen oder Rückschritte, während in der Anwendung der individuellen Bezugsnorm die Einordnung des einzelnen Lernenden in Bezug zum bestehenden Lernziel für den Unterricht keine Berücksichtigung findet. In Umkehrung bleibt bei der kriterialen Bezugsnorm zwar das Lernziel im Blick, es wird jedoch nicht erkennbar, welche Erwerbsprozesse bei den einzelnen Lernenden erfolgt sind oder inwiefern interindividuelle Unterschiede in einer Klasse bestehen. Es ist unmittelbar einsichtig, dass auch das Vergleichsmaß, das Lehrkräfte in Anschlag bringen, Einfluss auf die Schülerleistungen hat: So konnten beispielsweise Trautwein et al. (2009) in einer Studie zum mathematischen Fähigkeitsselbstkonzept mit Gymnasialschülerinnen und Gymnasialschülern aufzeigen, dass sich ein sozialer Referenzrahmen in einer leistungsstarken Klasse generell negativ auf das individuelle fachliche Selbstkonzept – und zwar insbesondere bei leistungsschwachen Lernenden – auswirkt (ebd., S. 862). Vor diesem Hintergrund wird es aus wissenschaftlicher Perspektive als wenig sinnvoll erachtet, im Unterrichtsalltag nur ein bestimmtes Vergleichsmaß als Bezugsnorm anzuwenden (u. a. Klauer 1982, S. 36). So sehen Weinert und Schrader (1986, S. 16) die Verknüpfung „kriteriumsorientierter Leistungstests und verlaufsbezogener diagnostischer Urteilsbildung durch den Lehrer" als besonders unterstützend für den Lernprozess an. Zugleich ist aber offensichtlich, dass insbesondere die Kombination verschiedener Bezugsnormen fachdidaktisches Können vonseiten der Lehrkraft einfordert und Diagnoseprozesse auf diese Weise mitunter aufwendiger gestaltet sind. Im Hinblick auf meine eigene Untersuchung muss daher reflektiert werden, *welche* Bezugsnorm(en) die Grundlage für ein praxisnahes Diagnoseinstrument bilden können (siehe Kapitel 6.1).

4.2 Die Lernenden im Blick: Lesediagnostik im Deutschunterricht

Im Folgenden soll das Thema Diagnose mit Fokus auf den Bereich Lesekompetenz spezifiziert werden. Obligatorisch sind in diesem Zusammenhang Fragen danach, welche fachdidaktischen Überlegungen zur lesediagnostischen Prozessen und Maßnahmen in der Diskussion auszumachen sind. Darüber hinaus ist zu diskutieren, was einen lesediagnostisch orientierten Deutschunterricht ausmacht. In diesem Kapitel werden daher zunächst zentrale Aspekte lesediagnostischen Handelns im Deutschunterricht beleuchtet (Kapitel 4.2.1), um darauf aufbauend verschiedene Verfahrensweisen und Instrumente dahingehend zu analysieren, welche Möglichkeiten sie zur Diagnose von Lesekompetenz eröffnen (Kapitel 4.2.2).

4.2.1 Perspektiven auf die Diagnose von Lesekompetenz

In der deutschsprachigen Diskussion wurde noch bis vor wenigen Jahren mehrheitlich der Terminus „Beobachten" zur Einschätzung der Lernprozesse im Bereich Lesen verwendet – in bewusster Abgrenzung zum Terminus „Diagnose", der innerhalb der Fachdidaktik mit dem medizinisch-psychologischen Tätigkeit der Bestimmung einer Krankheit gleichgesetzt wurde (z. B. bei Baurmann/Müller 2005, S. 6; Bertschi-Kaufmann 2007b, S. 102). So merken Bredel et al. (2003) im Handbuch der „Didaktik der deutschen Sprache" noch an, dass sich „[e]rst in letzter Zeit [...] die Einsicht durch[setzt], dass auch das Regelschulwesen eine ausgewiesene Diagnostik braucht" (ebd., S. 13).[21] Erst seit etwas mehr als fünf Jahren lässt sich eine verstärkte Verwendung des Terminus „Diagnose" in der

---

21 Der entsprechende Beitrag von Baumann (2003) diskutiert allerdings nur wenige Testverfahren zur Diagnose von Lesekompetenz. Wie darüber hinaus bspw. eine lerngegenstandsorientierte Diagnose im Deutschunterricht strukturiert werden kann, wird im Handbuch hingegen nicht thematisiert.

lesedidaktischen Literatur nachvollziehen (u. a. bei Gailberger/Nix 2013; Holle 2010b; Nix 2010). Grundlegend sind in der fachdidaktischen Literatur eher verstreute Überlegungen als eine zielgerichtete Debatte zur Strukturierung von Diagnoseprozessen (nicht nur) im Bereich Lesekompetenz auszumachen.[22] Strukturierungen bzw. ausgereifte Theoriekonzepte für eine Diagnostik von Lesekompetenz, wie sie in der vorliegenden Arbeit (mit) fokussiert werden, liegen im deutschsprachigen Raum bislang noch nicht vor. Ansätze und Konzepte sind vage und didaktisch kaum expliziert.

Welche Perspektiven sind nun auszumachen? In den wenigen vorliegenden Publikationen ist übergreifend eine Fokussierung auf die *Lernprozessdiagnostik* im Sinne einer kontinuierlichen theoriegeleiteten Erhebung erkennbar – mit dem Ziel, den Unterricht zu strukturieren und an Diagnoseergebnisse adaptiv anzupassen (u. a. Bertschi-Kaufmann 2007b, S. 101; Holle 2010b, S. 57; Rosebrock/Nix 2008, S. 14). Pangh (2003) versteht unter einem lesediagnostisch ausgerichteten Unterricht die Einbettung der Diagnosepraxis in einen größeren Handlungszusammenhang. Zentraler Ausgangspunkt ist bei ihr, dass „eine sinnvolle Bestimmung von Lernleistungen immer nur unter förderdiagnostischen Gesichtspunkten erfolgen" kann (ebd., S. 93). Nach ihrer Auffassung ist die Komplexität bzw. der Aufwand umfassender Einzeldiagnosen im Unterrichtsalltag schwer realisierbar. Pangh argumentiert deshalb dafür, im Unterricht vielmehr einen diagnostischen Blick zu kultivieren, worunter sie einen „verstehende[n] Blick auf Lese(lern)prozesse" fasst (ebd.). Weiterhin definiert sie den diagnostischen Prozess „als gegenseitiges Verstehen", womit die aktive Mitgestaltung diagnostischen Handelns und die Selbstreflexion der Lernenden und Lehrenden vorausgesetzt wird (ebd., S. 95f.). Zwingend notwendig ist hierfür die Bestimmung und Kommunikation über die zu erreichenden Ziele; die Nähe zum Kompetenzbegriff ist einsichtig. Ausführungen dazu, *wie* lesediagnostische Handlungen gestaltet werden sollen, bleiben in Panghs Ausführungen jedoch vage.

In ähnlicher Form fokussiert Andrea Bertschi-Kaufmann (2007b) eine „kontinuierliche Beobachtung" der Schülerkompetenzen, wenn sie die Strukturierung

---

22 Die eher zurückhaltende Auseinandersetzung zeigt sich beispielsweise durch die verhältnismäßig geringe Anzahl an deutschdidaktischen Publikationen, die sich an Lehrkräfte richten. Meines Wissens sind die einzigen deutschsprachigen Handreichungen, die das Thema Lesediagnostik (zumindest mit) aufgreifen, die Publikationen von Rosebrock et al. (2011) und Rieckmann (2015) sowie die Beiträge von Baurmann/Müller (2005), Holle (2010b) und Gailberger/Nix (2013).

von lesediagnostischen Prozessen im Deutschunterricht diskutiert (ebd., S. 101). Bertschi-Kaufmann formuliert explizit drei Ziele von Diagnosen innerhalb des Deutsch- bzw. Leseunterrichts: (1) Das Erkennen von Stärken und Schwächen, (2) das Ermutigen zu nächsten Lernschritten und (3) die darauf aufbauende angemessene Förderung. Eine lineare Ableitung von Diagnose und Förderung lehnt sie mit Blick auf den „komplexen Zusammenhang zwischen Beobachten und Fördern" (ebd., S. 103) jedoch ab. Bertschi-Kaufmann betont weiterhin, dass aufgrund der Komplexität des Leseprozesses gezielt nur einzelne Aspekte des Lesens in den Blick genommen werden sollten, sodass sukzessive ein Bild über die Lesekompetenz der Lernenden aufgebaut wird.

Im Vergleich zu den bisher angeführten eher übergeordneten Überlegungen bietet der Beitrag von Holle (2010b) eine erste umfassendere Auseinandersetzung mit der Diagnose von Lesekompetenz im Unterrichtsalltag, die im Übrigen detaillierte Handlungsanweisungen für Lehrkräfte enthält. Holle sucht in seinen Ausführungen den Anschluss an die internationale Lesedidaktik (s. u.) und formuliert einen weiten „Assessment-Begriff", der *„alle Datenerhebungs- und -auswertungsprozesse bezeichnet, die in Relation zu einem aktuellen Kenntnisstand eine fundierte Einschätzung der Lesekompetenzen von Schülern ermöglichen […]"* (ebd., S. 58; Herv. ebd.). Mit diesem breiten Diagnoseverständnis akzentuiert Holle, dass (Lese-)Fehler einen Einblick in die implizite Wissens- bzw. Kompetenzstruktur der Lernenden ermöglichen. Holle sieht insofern die Lesediagnostik als wichtige Grundlage, um als Lehrkraft problemadäquate Schlussfolgerungen für den Unterricht zu ziehen (ebd., S. 57f.). Wesentlich ist auch bei ihm, dass Lesekompetenz differenziert, d. h. fokussiert auf einzelne Aspekte der Lesekompetenz, erfasst werden muss.

Während hierzulande nur vereinzelte Überlegungen vorzufinden sind, ist im anglo-amerikanischen Sprachraum eine längere und deutlich breitere Diskussion zu Fragen der Lesediagnostik auszumachen (zusammenfassend: Afflerbach/Cho 2011).[23] Da derartige Überlegungen auch wichtige theoretische Anknüpfungspunkte für die nationale Auseinandersetzung bieten können, wird die dortige Debatte in diesem Abschnitt mit aufgegriffen. An dieser Stelle muss vorweg allerdings offengelegt werden, dass zur Wirksamkeit der nachfolgend dargelegten Ausführungen bislang kaum empirisch gesicherte Erkenntnisse vorliegen – „need

---

23 So ist etwa die Tatsache, dass in den Handbüchern der internationalen Leseforschung dem „[f]ormal and informal measures of reading comprehension" (Leslie/Caldwell 2009) und „[c]lassroom assessment of reading" (Afflerbach/Cho 2011) je eigene Beiträge zugestanden werden, als Indikator für die Bedeutung anzusehen, die dem Untersuchungsgegenstand im internationalen Diskurs zuteilwird.

for ongoing research" (Afflerbach/Cho 2011, S. 488) besteht also national wie international. Allgemein ist im anglo-amerikanischen Raum eine rege Auseinandersetzung mit Fragen der Lesediagnostik auszumachen, was sich mitunter an einer Vielzahl an didaktischen Handreichungen in diesem Bereich widerspiegelt (z. B. Afflerbach 2012; Bell/McCallum 2008; Schudt Caldwell 2008). Hinsichtlich der Strukturierung von Diagnoseprozessen im Bereich Lesen wird oftmals Bezug das Konzept des „Formative Assessment" (zuerst Scriven 1967 und Bloom 1969[24]) genommen.[25] Maßgeblich geprägt ist dieses Paradigma durch die Arbeiten von Black und William (1998a und b, 2009). Sie beschreiben *Formative Assessment*[26] – fachübergreifend – wie folgt:

> Practice in a classroom is formative to the extent that evidence about student achievement is elicited, interpreted, and used by teachers, learners, or their peers, to make decisions about the next steps in instruction that are likely to be better, or better founded, than the decisions they would have taken in the absence of the evidence that was elicited. (Black/William 2009, S. 9)

Diagnoseprozesse sind dann formativ, wenn diagnostische Urteile für den weiteren Lernprozess genutzt werden, sprich zur individualisierten Optimierung des Lehr-Lernprozesses für die Lernentwicklung der Schülerinnen und

---

24 Bei Scriven (1967) und in kritischer Weiterführung bei Bloom (1969) wird das Attribut „formative" noch mit Bezug auf die Evaluation von Leistungen verwendet. Erst in der Folge an ihre Überlegungen wurde in der internationalen Unterrichtsforschung das Attribut „formative" zusammen mit dem Begriff „assessment" verwendet (u. a. Black/William 1998a, 2009; Sadler 1989; William 2006a).
25 Siehe z. B. International Reading Association (2013); Risko/Walker-Dalhouse (2010) und Roskos/Neuman (2012). In jüngerer Zeit findet der Ansatz im deutschsprachigen Raum zunehmend in den Erziehungswissenschaften (z. B. Maier 2010; Smit 2008) und in den Fachdidaktiken der MINT-Fächer breitere Beachtung (für die Chemiedidaktik z. B. Hänze/Jurkowski 2011; für die Mathematikdidaktik z. B. Klieme et al. 2010b; Moser Opitz/Nührenbörger 2015). In der Deutschdidaktik haben sich bislang nur Holle (2010b) sowie Frahm (2013) – deren Arbeit allerdings eine stark erziehungswissenschaftliche Ausrichtung hat – auf das Formative Assessment-Paradigma bezogen.
26 Dass eine tiefergehende Analyse dieses Ansatzes für die Konzeption eines unterrichtsnahen Diagnoseinstruments lohnenswert ist, markiert Maier (2010): Er argumentiert, dass es „in besonderem Maße notwendig [ist], über Verfahren und Methoden der pädagogischen Diagnostik nachzudenken, die mit den Unterrichtsroutinen der Lehrkräfte kompatibel sind […]. Eine stärkere Rezeption des Konzepts *formative assessment* könnte hierzu einen wertvollen Beitrag leisten" (ebd., S. 304; Herv. ebd.; ähnlich bereits Russell 2010, S. 135).

Schüler Verwendung finden (William 2006a, S. 284). Zentral sind hier kontinuierliche Diagnosen, die Informationen über die Differenz zwischen aktuellem Lernstand und gewünschtem Lernziel liefern und der Lehrkraft daher eine Rückmeldung für den weiteren Unterrichtsprozess geben („identifying the gap", allgemein Sandler 1989; Heritage 2007; für die Lesedidaktik Roskos/Neuman 2012, S. 535). Allerdings: Es wird hier keine Setzung hinsichtlich einzusetzender lesediagnostischer Verfahren und Instrumente vorgenommen. Entscheidend ist, dass die verwendeten Verfahren formativ genutzt werden (Kapitel 4.2.2).

Wichtige Kernelemente des *Formative Assessment* sind (1) die Rückmeldung, (2) die Prozessorientierung sowie (3) der aktive Einbezug der Lernenden (u. a. Afflerbach/Cho 2011, S. 492; Roskos/Neuman 2012, S. 535–537). Die (1) *Rückmeldung* für den weiteren Lehr-Lernkontext wird als Kernbereich des Paradigmas gesehen. Den Lernenden soll verdeutlicht werden, wo sie sich in ihrer Lern- bzw. Leseentwicklung befinden und welche Differenz zum angestrebten Lernziel besteht. Kern dieses Konzepts ist die Orientierung an der konstruktivistischen Lerntheorie, in der das Lernen an die Vorstellungen und Voraussetzungen der Schülerinnen und Schüler anknüpft. Weiterhin werden (2) Kontinuität und *Prozessorientierung* in diesem Zusammenhang als wesentlich für die Lesediagnose im Unterricht angesehen. Vergleichbar mit den Überlegungen im deutschsprachigen Raum (s. o.) wird eine fortlaufende Diagnostik zentral gesetzt, mit der Lernprozesse *und* die Lernprodukte fokussiert werden. Dies bedeutet auch, dass die Ergebnisse des Assessment aktiv für den weiteren Lernprozess genutzt werden: Die Lernerperspektiven sind strukturierendes Element für den Unterricht (Black/William 1998b, S. 148).[27] Dritter zentraler Punkt im Konzept des Formative Assessment ist (3) die *aktive* Einbindung der Schülerinnen und Schüler in die Diagnostik in Form von „Self-Assessment" oder „Peer-Assessment". Voraussetzung dafür ist, dass Schülerinnen und Schüler die Kriterien kennen und verstehen, mit denen die Lesekompetenz eingeschätzt wird. Zielperspektive ist, dass Lernende zu eigenständigen Einschätzungen „about their status as readers" (Afflerbach/Cho 2011, S. 499) gelangen und den eigenen Lernfortschritt reflektieren können.[28] Diese Setzung ist anschlussfähig an einen Befund von Hattie

---

27 Hier zeigen sich inhaltliche Bezüge zur Perspektive im Modell der Didaktischen Rekonstruktion (Kattmann et al. 1997), das den Forschungsrahmen für die vorliegende Untersuchung bildet (Kapitel 2).

28 Hier zeigt sich auch eine Nähe des Formative Assessment zum sog. „selbstregulierten Lesen", das in der deutschsprachigen Lesedidaktik derzeit verstärkt diskutiert wird (u. a. Philipp/Schilcher 2012). Unter „Selbstreguliertem Lesen bzw. Lernen" werden

(2013, S. 206), der in seiner Meta-Studie herausarbeiten konnte, dass sich die Rückmeldungen über eigene Stärken und Schwächen positiv auf den Lernerfolg der Schülerinnen und Schüler auswirken. Dass allerdings dieser Prozess der Selbst- bzw. gegenseitigen Bewertung innerhalb der Lerngruppe zunächst im Unterricht eingeführt und im Anschluss eingeübt werden muss, um gewinnbringend zu sein, ist im Konzept unbestritten (Black/William 1998b, S. 143). In den genannten Kernelementen des Formative Assessment ist erkennbar, dass in diesem Prinzip die lernbegleitende und unterstützende Funktion des Lehrers bzw. der Lehrerin sowie ein stärker dialogisches Prinzip zwischen Lernenden und Lehrkraft im Vordergrund stehen.

Insgesamt ergibt sich in den einzelnen Argumentationen eine Einigkeit darüber, dass

- die Diagnose von Lesekompetenz einen individualisierten Prozess darstellt, der die Grundlage für eine angemessene Unterrichtsgestaltung und Förderung bildet.
- eine kontinuierliche und theoriegeleitete Diagnose fokussiert werden sollte, die aufseiten der Lehrkräfte Kenntnisse über Entwicklungsverläufe bei Schülerinnen und Schülern erfordert.
- implizit oder explizit die Vorstellung von einem engen Zusammenhang von Diagnose und Förderung erkennbar ist: Mal wird Diagnose als Basis für Handlungsschritte im Unterricht angeführt, mal als ein Element im Gesamtzusammenhang von Leseförderung diskutiert.

4.2.2 Instrumente und Maßnahmen zur Diagnose von Lesekompetenz

Die Auswahl und Auswertung geeigneter Verfahren zur Diagnose von Lesekompetenz ist ein wesentlicher Teil des professionellen Handelns von Deutschlehrkräften. Lehrpersonen im Fach Deutsch steht dabei eine große Spannbreite an Möglichkeiten zur Verfügung, um Erkenntnisse über die Lesekompetenz ihrer Schülerinnen und Schüler zu gewinnen. Umgekehrt bedeutet dies aber auch: Deutschlehrkräfte benötigen fachdidaktische Kenntnisse, um das diagnostische Potenzial der einzelnen Verfahren einschätzen zu können und diese situationsspezifisch und fachgerecht zur Diagnose von Lesekompetenz bei ihren Lernenden anzuwenden.[29] Hier

---

„Lernformen [verstanden], bei denen die Lernenden selbst Inhalte, Zeitpunkte, Arten und Ziele des Lernens bestimmen" (Philipp 2012, S. 13).

29 Inwiefern entsprechende lesediagnostische Verfahrenskenntnisse bei Lehrkräften vorliegen, ist zu hinterfragen – z. B. geben die deutschsprachigen didaktischen Hand-

soll noch einmal in Erinnerung gerufen werden, dass nicht die Art des Verfahrens, sondern dessen *Funktion* bestimmt, ob es zur Beobachtung von Lernprozessen oder zur Bewertung von Lernergebnissen genutzt wird (Kapitel 4.1.2). Festzuhalten ist folgerichtig, dass Lehrkräfte aufgrund dieser ambivalenten Funktion von Diagnoseinstrumenten reflektieren müssen, mit *welcher Zielsetzung* sie ein Diagnoseverfahren bzw. Testergebnisse in ihrem Unterricht einsetzen wollen.[30]

Traditionell werden Gütekriterien aus der klassischen Testtheorie in Anschlag gebracht, um die Qualität eines Diagnoseinstruments zu bestimmen (z. B. Helmke 2010, S. 127; Ingenkamp 1992, S. 34–43; Schneider/Lindauer 2007, S. 128–130). Ein Diagnoseverfahren sollte demnach

- *valide* sein, d. h. die Messung sollte sich tatsächlich auf diejenigen Aspekte beziehen, die Gegenstand der Beurteilung sein sollen.
- *reliabel* sein, d. h. das zu beurteilende Merkmal bzw. die Schülerleistung sollte zeitlich stabil sein und sich im Ergebnis auch bei wiederholter Beurteilung nicht ändern.
- *objektiv* sein, d. h. die Auswertung eines Verfahren sollte unabhängig von der urteilenden Person zu denselben Ergebnissen führen.

Im Umkehrschluss ist ein Verfahren als umso vager für die Diagnose von Lesekompetenz anzusehen, je weniger die drei genannten Gütekriterien zutreffen. Die oben genannten Testgütekriterien entstammen jedoch der psychometrischen Forschung. Sie sind insofern losgelöst von alltäglichen Unterrichtssituationen ausgearbeitet und haben nicht den Anspruch einer (individuellen) förderorientierten Diagnose. Für Diagnosen, bei denen beispielsweise die Bewertung von Schülerkompetenzen die Zieldimension darstellt, sind diese testtheoretischen Überlegungen durchaus sinnvoll, diese Zieldimensionen stehen in dieser Arbeit aber nicht allein im Zentrum der Diskussion (Kapitel 4.1.2).

In den letzten Jahren wird daher besonders in der anglo-amerikanischen Forschung die Brauchbarkeit dieser (unterrichtsfernen) testtheoretischen Kriterien

---

reichungen für Lehrkräfte zu diesem Aspekt nicht immer einen Überblick (so etwa bei Rosebrock/Nix 2008; Wrobel 2008; gegenteilig: Gailberger/Nix 2013; Rosebrock et al. 2011). Allerdings: Die Kenntnis von bestimmten (lese-)diagnostischen Verfahren ist nicht gleichzusetzen mit den diagnostischen Fähigkeiten der Lehrkraft (siehe Kapitel 4.3).

30 So erlebe ich etwa in meinen Lehrveranstaltungen regelmäßig, dass Lehramtsstudierende tendenziell dazu neigen, diagnostischen Verfahren einen summativen Charakter zuzuschreiben bzw. Testergebnisse direkt – i. S. einer Lernzielkontrolle – in Schulnoten zu überführen.

als Bewertungsmaßstab für schulische Diagnoseverfahren intensiv diskutiert. Ausgangspunkt ist der Standpunkt, dass für unterrichtsbezogene Diagnoseinstrumente Gütekriterien angelegt werden müssten, die die Anforderungen von Diagnostik *unter Alltagsbedingungen* berücksichtigen (grundlegend: Moss 2003; Smith 2003; für die Lesedidaktik z. B. Afflerbach/Cho 2011, S. 491f.; Leslie/Caldwell 2009, S. 419f.). Diesen Anspruch versucht etwa das sog. „CURRV-Modell" einzulösen, das von Leipzig und Afflerbach (2000) in der amerikanischen Lesedidaktik etabliert wurde (im Folgenden zitiert nach Afflerbach 2012, S. 17–22). Das CURRV-Modell greift die psychometrischen Gütekriterien auf und modifiziert diese um situationsspezifische Merkmale der Lesediagnostik im Unterrichtsalltag (Abbildung 4.2).

Abbildung 4.2: Das CURRV-Modell (eigene Darstellung, in Anlehnung an Afflerbach 2012)

C	Consequences	What are positive and negative consequences of the use of this assessment?
U	Usefulness	What is the usefulness of this assessment to teachers, students, and others?
R	Roles and responsibilities	What are the specific roles and responsibilities for teachers, students, and administrators associated with this assessment?
R	Reliability	What are the reliability issues related to this assessment?
V	Validity of reading assessment	What are the validity issues related to this assessment?

In diesem Abschnitt bieten die im CURRV-Modell formulierten Fragestellungen einen geeigneten Orientierungsrahmen, um das Potenzial verschiedener Instrumente bzw. Verfahrensweisen zur Diagnose von Lesekompetenz zu analysieren. Zugleich waren die angeführten Gütekriterien des CURRV-Modells eine tragfähige Basis zur Konzeption eines unterrichtsnahen Lesediagnoseverfahrens (Kapitel 6).

Wenn es im Folgenden um Möglichkeiten zur Erfassung von Lesekompetenz in der Sekundarstufe geht, ist grundsätzlich zwischen zwei diagnostischer Grundrichtungen[31] zu unterscheiden:

- Formelle Diagnoseverfahren (Kapitel 4.2.2.1)
- Informelle Diagnoseverfahren (Kapitel 4.2.2.2)

Diese Differenzierung ist eine heuristische Einordnung, um in diesem Kapitel die Zielsetzungen und Schwerpunktsetzungen der einzelnen Verfahren vergleichend

---

31 Eine ähnliche Heuristik bringt Holle (2010b, S. 59) ein und unterscheidet mit Bezug auf Johnston (1984) zwischen „Edumetrischen Assessments", gleichzusetzen mit informellen Verfahren, und „Psychometrischen Assessments", die eine Nähe zu formelle Diagnoseverfahren aufweisen.

in den Blick zu nehmen. Die Funktionalität der Verfahren in alltäglichen Unterrichtskontext ist noch nicht hinreichend untersucht. Ebenso fehlen – insbesondere für den Deutschunterricht in der Sekundarstufe I – Forschungsbefunde dazu, welche der nachfolgend diskutierten Verfahren von Lehrkräften tatsächlich genutzt werden (siehe Kapitel 4.4.2).

4.2.2.1 Formelle Diagnoseverfahren

Formelle Diagnoseverfahren – wie Lesetests und Vergleichsarbeiten – erfüllen die klassischen Gütekriterien zur Standardisierung von Testergebnissen; ihnen wird gerade aus pädagogisch-psychologischer Perspektive eine zentrale Bedeutung als „objektive Leistungsmessungen" zugestanden (z. B. Schrader/Helmke 2002, S. 54–57). Für die weitere Darstellung und Auseinandersetzung mit formellen Diagnoseverfahren unterscheide ich zwischen (1) *individualdiagnostischen Lesetestverfahren* und extern durchgeführten (2) *Vergleichsarbeiten oder Leistungsstudien* für ausgewählte Jahrgangsstufen, die auf eine Vergleichbarkeit von Leseleistung in größeren Kontexten abzielen (sog. Bildungsmonitoring). Beide Verfahrensmöglichkeiten basieren auf einem differenziell-psychologischen Verständnis[32] von Lesekompetenz. Sie unterscheiden sich jedoch wesentlich hinsichtlich ihrer Zielsetzungen zur Diagnose von Lesekompetenz: Anliegen individualdiagnostischer Verfahren ist die Feststellung der Lesekompetenz des einzelnen Schülers bzw. der Schülerin gegenüber einer repräsentativen Vergleichsgruppe[33]. Standardisierte Verfahren, die in großen Leistungsstudien wie VERA oder PISA eingesetzt werden, zielen dagegen auf die Evaluation der Lesekompetenz von Klassen bzw. Schulen im nationalen oder auch internationalen Vergleich.

Lesetests

Psychometrische Lesetests sind in den 1950er Jahren im Kontext der Legasthenieforschung entstanden und haben bis in 1990er Jahre keine nennenswerte Rolle im schulischen Kontext eingenommen. Dies lag vor allem auch daran, dass die verfügbaren Lesetests „relativ alt, unzureichend standardisiert und lediglich als

---

32 Anliegen ist eine produktorientierte Erfassung bzw. Messung von Lesekompetenz. Lesekompetenz wird hier als Leistung aufgefasst, die zur Individualdiagnostik oder zur vergleichenden Betrachtung genutzt wird (Müller/Richter 2014, S. 31f.).

33 Kritisch zu prüfen ist allerdings, wann diese Altersnormen jeweils erhoben wurden bzw. ob die angegebenen Altersnormen in den einzelnen Testverfahren regelmäßig aktualisiert werden.

Einzeltests verfügbar" waren (Schneider 2009, S. 49).[34] Etwa innerhalb der letzten fünfzehn Jahre hat sich dieses Bild gewandelt: Mittlerweile gibt es eine Vielzahl an Testverfahren, die sowohl für Einzel- als auch Gruppenerhebungen angewendet werden können (z. B. Adam-Schwebe et al. 2009; Auer et al. 2005; Schneider/ Schlagmüller/Ennemoser 2007).[35] Bei den bestehenden Verfahren überwiegen derzeit Lesetests für den Primarbereich – für die Sekundarstufe I und II besteht nach wie vor ein erheblicher Mangel an standardisierten Verfahren (für einen Überblick: Baumann 2003; Holle 2010b; Schneider 2009).[36]

Grenzen und Stärken individualdiagnostischer Verfahren sollen an dieser Stelle exemplarisch anhand des „Salzburger Lesescreening für die Klassen 5–8" (SLS) erläutert werden, das in der Schulpraxis häufiger eingesetzt wird (siehe z. B. die Befunde bei Scherf 2013, S. 233). Das von Auer et al. (2005) entwickelte Verfahren misst die basalen Leseleistungen der Lernenden, genauer genommen die Lesegeschwindigkeit auf Satzebene. Zur Erfassung der Lesegeschwindigkeit müssen die Schülerinnen und Schülern innerhalb eines Zeitraumes von drei Minuten eine größere Anzahl an Sätzen möglichst schnell erlesen und deren Wahrheitsgehalt beurteilen. Über die Menge korrekt beurteilter Sätze wird schließlich die Lesegeschwindigkeit bestimmt. Gerade die hohe Anfälligkeit des Instruments in Bezug auf Ergebnisauswertung ist problematisch. So kann bereits die Erhöhung des Gelesenen um wenige Sätze eine Leistungssteigerung um ein Schuljahr bedeuten. Aus lesedidaktischer Sicht ist doch zu fragen, ob diese Aufstufung wirklich bereits

---

34 Diese Aspekte sind unter anderem der Abkehr in der sog. „Anti-Test-Bewegung" Ende der 1970er Jahre geschuldet (zur historischen Entwicklung u. a. Hesse/Latzko 2011, S. 16f.; Ingenkamp 1992, S. 257–264).

35 Eine allgemeine Übersicht über aktuell verfügbare deutschsprachige Testverfahren bietet die Zusammenstellung auf der Website www.testzentrale.de. In jüngerer Zeit haben zudem die Lehr- und Lehrmittelverlage das Themenfeld Diagnostik verstärkt für sich entdeckt und bieten insbesondere für die Bereiche Lesekompetenz und Rechtschreibung sog. Online-Diagnoseplattformen an, die eine Verschränkung von Diagnose und Förderung anstreben: Beispiele sind „fördern@cornelsen" des Cornelsen-Verlags oder Schroedel/Westermann mit „Online-Diagnose Deutsch" (für einen Überblick: Lehker 2009). Die Validität der von den Verlagen entwickelten Verfahren ist aber aus fachdidaktischer Perspektive zu diskutieren; zudem sind einige der Online-Diagnosetools nicht normiert.

36 Dieser Umstand mag möglicherweise darauf zurückzuführen sein, dass der Erwerb von Lesekompetenz lange Zeit ausschließlich als Themenfeld der Grundschule diskutiert wurde.

4 Diagnostik im Deutschunterricht der Sekundarstufe I   113

als ein Indikator für ein derartige Intervallsteigerung im Bereich Lesekompetenz angesehen werden kann (zu dieser Kritik auch Gailberger 2013, S. 257f., 343).[37] Lesetests ermöglichen es Deutschlehrkräften, ihre Schülerinnen und Schüler in bestimmte Leistungsgruppen, grob formuliert als schwache oder kompetente Leser, einteilen zu können. Allerdings sind die Ergebnisse individualdiagnostischer Lesetests sorgfältig zu reflektieren: Die bestehenden Lesetests erfassen lediglich die kognitiven Aspekte der Lesekompetenz – im Falle des SLS-Tests also die Lesegeschwindigkeit – und bieten daher eine einseitige Sicht auf die Lesekompetenz der Lernenden. Weitere wichtige lesedidaktische Facetten, wie etwa die Lesemotivation, bleiben außen vor, sodass kein globaler Einblick in die Lesefähigkeiten der Lernenden ermöglicht wird. Insgesamt bieten individualdiagnostische Lesetests zwar eine Orientierung zur Einschätzung der kognitiven Leseteilprozesse, die jedoch durch weitere Beobachtungen und Interpretation(en) vonseiten der Lehrkraft ergänzt werden müssen, um ein differenziertes Bild über den Lesekompetenzstand der Lernenden zu erhalten. Darüber hinaus liefern lesepsychologische Tests für Deutschlehrkräfte in der Regel nur wenig Informationen, um darauf aufbauend Handlungsentscheidungen zu treffen und Handlungsmöglichkeiten zu eröffnen (ähnlich Risko/Walker-Dalhouse 2010, S. 421).

Ebenso ist zu überlegen, welcher Durchführungs- und Auswertungsaufwand mit einem Leseverfahren verbunden ist. Im Falle des Salzburger Lesescreening nehmen beide Aspekte verhältnismäßig wenig Zeit in Anspruch. Diese Feststellung kann jedoch nicht für alle individualdiagnostischen Lesetestverfahren aufrechterhalten werden, wie Gailberger und Nix (2013, S. 32) ausführen:

> Viele der in der Leseforschung benutzten psychometrischen Testverfahren sind nämlich in der täglichen Unterrichtspraxis nur bedingt einsetzbar, da der damit einhergehende zeitliche Durchführungs- und Auswertungsaufwand zu hoch ist und statistische Möglichkeiten zur Datenauswertung in der Regel nicht zur Verfügung stehen.

Empirische Studien, die detaillierte Auskunft über den Durchführungs- und Auswertungsaufwand von Testverfahren in der Unterrichtspraxis liefern, fehlen aber

---

37 Gailberger (2013, S. 258) verweist in diesem Zusammenhang auf die Anfälligkeit des Instruments durch die relativ kurze Testzeit von drei Minuten, die in Kombination mit Intervallen von 3–4 Sätzen eine starke Tendenz zu besonders positiven oder negativen Steigerungen zwischen zwei Messwerten erlaube (ebenso Gailberger/Nix 2013, S. 50). Darüber hinaus werden im Manual zum SLS-Text keine Angaben zum Jahr der Normierung der Daten gemacht, sodass nicht nachvollziehbar ist, ob die angeführte Normtabelle mittlerweile veraltet ist. Allgemein ist festzustellen, dass psychologische Verfahren zur Lesediagnostik auf älteren Normierungsdaten basieren oder auch „aussagekräftige Normen fehlen" (Müller/Richter 2014, S. 39).

bislang (siehe Kapitel 4.4).[38] Rein normativ wird vielen Verfahren zugeschrieben, dass sie eher nicht „praxistauglich"' seien (Rosebrock/Nix 2014, S. 41). Lehrkräfte müssen also kritisch prüfen, inwiefern mit dem Einsatz eines Lesetests Ertrag und Aufwand für ein bestimmtes Diagnoseziel in einem angemessenen Verhältnis stehen (Ökonomie der Durchführung). Wichtig ist darüber hinaus, dass Lehrkräfte die Ergebnisse eines standardisierten Diagnoseverfahrens angemessen interpretieren können. Bezieht man hierzu ergänzend Befunde der amerikanische Leseforschung mit ein, so ist anzunehmen, dass gerade dieser Punkt Lehrkräften tatsächlich Schwierigkeiten bereitet, wie Calfee und Hiebert (1991) betonen: „Teachers appear to have difficulty when asked to make sense of the information [given by a standardized test]" (ebd., S. 286; ähnlich Risko/Walker-Dalhouse 2010, S. 420). Zusammenfassend wird mit Blick auf die Lehrerprofessionalisierung deutlich, dass die Fähigkeit zum Umgang mit standardisierten Lesediagnoseverfahren erst erworben bzw. Lehrkräften vermittelt werden muss, damit diese in der Lage sind, Testergebnisse angemessen zu interpretieren und daraus zielführende Anschlusshandlungen für ihren Unterricht abzuleiten.

Vergleichsarbeiten und Schulleistungsuntersuchungen

Auch Vergleichsarbeiten und andere Leistungsuntersuchungen des Bildungsmonitoring, wie PISA und VERA, werden in der Forschung als Diagnoseinstrumente im Bereich Lesekompetenz diskutiert. Die Rückmeldungen aus diesen extern initiierten Vergleichsstudien werden vor allem aus pädagogisch-psychologischer Perspektive als besonders wertvoll erachtet – unter anderem wird argumentiert, dass Lehrkräfte anhand der Rückmeldedaten ihre diagnostischen Urteile überprüfen und reflektieren (u. a. Helmke/Hosenfeld/Schrader 2004) sowie Testergebnisse für den weiteren Unterricht nutzen können (z. B. Black/William 1998a, S. 7). Auch in der deutschdidaktischen Diskussion wird diese Argumentation in den letzten Jahren stärker aufgegriffen (z. B. Bremerich-Vos/Granzer/Köller 2008; Schneider/Lindauer 2007). So führen etwa Rosebrock und Nix (2014) – im Unterschied zu früheren Fassungen – in der 7. überarbeiteten Auflage ihres Bandes „Grundlagen der Lesedidaktik" an, dass „das Messen von Leseleistungen" in Vergleichsstudien „auch für Lehrkräfte […] Chancen zur Weiterentwicklung des Unterrichts" eröffnet (ebd., S. 14). Diese angenommene Wirkungskette setzt jedoch voraus, dass die Befunde aus Vergleichsarbeiten oder externen

---

38 Die Studie von Scherf (2013) liefert in diesem Zusammenhang immerhin erste Anhaltspunkte, die Vorbehalte von Deutschlehrkräften gegenüber standardisierten Verfahren aufgrund des hohen Aufwertungsaufwands vermuten lassen (ebd., S. 184, 205f., 216).

Leistungsstudien von Deutschlehrkräften nicht nur rezipiert, sondern *vertiefend* zur Kenntnis genommen und insofern handlungsrelevant werden.[39] Über diese Art und Weise der Rezeption entsprechender Vergleichsarbeitsrückmeldungen gibt es momentan nur vorrangig psychologisch ausgerichtete Studien und hier wiederum kaum spezifische Aussagen für Deutschlehrkräfte. Fachübergreifend ist augenfällig, dass eine höchst eigenwillige Rezeption der Ergebnisse und didaktischen Materialien aus Vergleichsarbeiten besteht und diese nur selten von Lehrkräften zur Reflexion des (lese-)didaktischen Vorgehens genutzt werden (im Überblick: Maier 2015, S. 211f.).

Anliegen der externen Evaluationen und der ihnen zugrunde liegenden Kompetenzstufenmodelle ist die Messung der Unterrichtsqualität im Bereich Lesekompetenz. Diese Testverfahren sind somit nicht zur Verwendung in der Individualdiagnostik gedacht (Strietholt/Voss 2009). Für die Interpretation einzelner Lernender ist der Messfehler aufgrund der geringen Anzahl an Items pro Subdimension in einem Gesamttest so groß, dass die Ergebnisse vielmehr „snapshots" (Heritage 2007, S. 140) darstellen, die nicht für die Planung von individualisierten und förderorientierten Anschlusshandlungen ausreichen.

Weiterführend ist zu fragen, auf welchem inhaltlichen Konstrukt von Lesekompetenz die jeweiligen Verfahren aufbauen. In Vergleichsarbeiten und Large-Scale-Untersuchungen werden jene Teilfertigkeiten des Lesens getestet, welche einer statistischen Erfassung zugänglich sind. Das heißt, dass hier primär kognitive Dispositionen ins Blickfeld geraten, wenn Aussagen über den Lesekompetenzstand der Lernenden getroffen werden. Afflerbach und Cho (2011, S. 489) sprechen aus diesem Grund von einem „,thin' assessment", um die Konstruktvaliditätsprobleme in Vergleichs- und Leistungsstudien zur Erfassung von Lesekompetenz zu markieren (in Anlehnung an Davis 1998).

Wenn diagnostische Verfahren für administrative Zwecke genutzt werden, kann dies fernab des diagnostischen Potenzials auch negative Folgen für die Praxis haben: Vor allem in den USA wird unter dem Schlagwort „high stakes assessment" kritisch diskutiert, dass Verfahren des Bildungsmonitoring direkte Auswirkungen auf den weiteren Bildungsweg der Schülerinnen und Schüler haben, sprich zur Leistungsdiagnostik genutzt werden und infolgedessen ein starker Selektionsdruck in den Schulen entstehe (u. a. Afflerbach 2012, S. 147–168;

---

39 So zeigen die Ergebnisse amerikanischer Studien, dass extern initiierte Erhebungen im Bereich Lesekompetenz vonseiten der Lehrkräfte als weniger hilfreich gegenüber eigenen Diagnosen im Unterricht eingestuft werden (zusammenfassend: Leslie/Caldwell 2009, S. 410).

Leslie/Caldwell 2009, S. 405–408; Nitko/Brookhart 2004, S. 8f.).[40] In negativer Konsequenz hat sich im amerikanischen Raum eine Lernkultur des „training to the test" (Black/William 1998a) entwickelt, die den Blick auf Vergleichsarbeiten als abschließende Bewertung (Notengebung) stärkt und somit vor allem die Selektionsfunktion von Diagnose betont; Möglichkeiten zur lernprozessorientierten Diagnose mittels von Vergleichsarbeiten und Leistungstests werden hingegen kaum berücksichtigt. Dieser Umstand wird bereits seit den 1990er Jahren zunehmend kritisch betrachtet (z. B. Calfee/Hiebert 1991; Shepard 2001, S. 1080; Valencia/Pearson 1987). Auch wenn aktuell im deutschsprachigen Raum keine so starke ‚teaching to the test-Kultur' wie in den USA besteht, zeigt sich auch hier noch weiterer Bedarf, den lernprozessbezogenen Charakter durch die Rückmeldungen aus Vergleichsarbeiten zu stärken (s. o.).

Insgesamt sind formelle Verfahren *produktorientierte* Diagnoseinstrumente zur Erfassung der Lesekompetenz, mit denen jedoch nur ein bestimmter Fähigkeitsbereich – die kognitiven Aspekte von Lesekompetenz – erhoben wird.[41] Wichtige lesedidaktische Facetten, wie die subjektive und soziale Funktion des Lesens, bleiben außen vor. Da die Auswertung formeller Verfahren produktorientiert ist, werden keine Einsichten in Denkprozesse der Schülerinnen und Schüler – z. B. im Bereich Textverstehen – erkennbar, die Lehrkräften Auskunft über Stärken und Schwächen der Lernenden geben. Zuzugestehen ist allerdings, dass diese Facetten der Lesekompetenz schwer messbar und somit für diagnostische Verfahren kaum normierbar sind (u. a. Afflerbach/Cho 2011, S. 497; Hurrelmann 2007, S. 25; Nix 2010, S. 146).

Im Allgemeinen können formelle Diagnoseverfahren in Erfahrung bringen, wo in einer Rangfolge sich der oder die Lernende bzw. eine Klasse in Relation zu einer Vergleichsgruppe befindet. Die didaktisch ebenso entscheidende Frage, *worin* sich die einzelnen Schülerinnen und Schüler in ihren Lesefähigkeiten unterscheiden – also etwa welche Lernschritte bereits oder noch nicht vollzogen wurden – bleibt durch derartige Zugänge für die Lehrkraft unbeantwortet. Schließlich ist noch zu berücksichtigen, dass standardisierte Verfahren keinen

---

40 Dieser Selektionsdruck betrifft auch die Schulen selbst: Schulen, die in externen Leistungstests schlecht abschneiden, werden finanzielle Zuwendungen entzogen (Afflerbach/Cho 2011, S. 495; Nitko/Brookhart 2004, S. 8f.).

41 Die einzigen mir bekannten prozessorientierten Verfahren im Bereich Lesekompetenz sind das Verfahren „ELVES" (Richter/van Holt 2005) sowie das Testverfahren „ProDi-L", das aktuell in der Forschungsgruppe um Tobias Richter (Richter et al. 2012) entwickelt wird und mit dem eine prozessorientierte Diagnostik des Leseverstehens im Primarbereich angestrebt wird.

Bezug zu konkreten Unterrichtsinhalten, vor allem mit Blick auf bestimmte Lernziele, haben. Lehrkräfte stehen daher vor der anspruchsvollen Herausforderung, Testresultate mit dem eigenen Unterricht und den eigenen diagnostischen Urteilen über die Schülerinnen und Schüler sinnvoll in Beziehung zu setzen. Insgesamt bieten standardisierte Verfahren wichtige Momentaufnahmen zum Könnensstand der Lernenden, die durch weitere Analysen sinnvoll ergänzt werden müssen, um zu einem differenzierten Bild über die Lesekompetenz der Lernenden zu gelangen.

4.2.2.2 Informelle Verfahren

Neben standardisierten Diagnoseinstrumenten existiert ein größerer Anteil an *informellen Verfahren*, um die Lesekompetenz der Schülerinnen und Schüler im Unterrichtsalltag zu erfassen (vertiefend für einen Überblick: Baurmann/Müller 2005; Gailberger/Nix 2013). Mit der Terminologie „informelle Verfahren" werden jene Diagnoseinstrumente und Vorgehensweisen bezeichnet, die an Lernzielen bzw. dem Lerngegenstand orientiert sind und dabei in der Regel auch Einsichten in Lern*prozesse* der Schülerinnen und Schüler geben. Im Gegensatz zu formellen Verfahren sind sie aber nicht gezielt wissenschaftlich erprobt und durch eine größere Vergleichsgruppe normiert.

Zentral ist bei informellen Verfahren – im Sinne der Unterstützung des Lernens – der individuelle Entwicklungsstand des Schülers bzw. der Schülerin. Somit werden nachfolgend ausgewählte Verfahren für unterschiedliche Teildimensionen von Lesekompetenz analysiert, die zwar unter Umständen weniger exakte Diagnosen bieten, dafür aber eine umfassendere und wesentlich flexiblere Rückmeldung zur individuellen Leseentwicklung der Schülerinnen und Schüler ermöglichen.

Lautleseprotokolle

Vorlesesituationen geben Deutschlehrkräften einen unmittelbaren Einblick in den individuellen Lesevorgang des Schülers bzw. der Schülerin und somit unter anderem eine erste Rückmeldung über die Leseflüssigkeit der Lernenden. Ein differenzierteres, aber vergleichsweise recht einfach in den Unterricht integrierbares Verfahren zur Überprüfung der Leseflüssigkeit sind *Lautleseprotokolle* (Rosebrock et al. 2011, S. 83–85). Dabei werden die Lernenden gebeten, einen zuvor ausgewählten Text eine Minute lang laut vorzulesen; genauso bietet sich ein Buch an, das der Schüler bzw. die Schülerin gerade liest. Auf einem gesonderten Blatt – oder bestmöglich auf einer Textkopie – notiert sich die Lehrkraft während der einminütigen Lesezeit, „welche Aspekte des flüssigen Lesens noch förderbedürftig sind" (ebd., S. 83). Für eine systematische Analyse werden unkorrigierte Verlesungen, Auslassungen, Selbstkorrekturen usw. unmittelbar notiert. Zu bedenken ist dabei allerdings, dass die Komplexität für das Protokollieren mit der Anzahl der herangezogenen Kriterien steigt und somit höhere Anforderungen an Lehrkräfte stellt. Im Anschluss an die einminütige Lesezeit wird von der Lehrkraft markiert, bis zu welcher Stelle im Text der Schüler bzw. die Schülerin gelesen hat (der begonnene Abschnitt wird davon unabhängig vom Schüler bzw. der Schülerin noch zu Ende gelesen). Eine einfachere Form der Auswertung besteht zumindest aus zwei Schritten, mit denen die Dekodiergenauigkeit und die Lesegeschwindigkeit als zwei zentrale Komponenten der Leseflüssigkeit erschlossen werden. (1) Wenn Lernende unter einem Richtwert von 100 erlesenen Wörtern in einer Minute bleiben, ist dies als Hinweis dafür zu sehen, dass die Lesegeschwindigkeit nicht ausreichend ausgebildet ist. (2) Die Dekodiergenauigkeit kann anhand der Fehler und Auslassungen bestimmt werden – liegt der Wert hier bei über 5 Fehlern oder mehr, so besteht Förderbedarf. Insgesamt bieten Lautleseprotokolle einerseits eine vergleichsweise objektive und zuverlässige Erfassung der Leseflüssigkeit. Sie können andererseits zur individuellen Lernprozessdiagnostik genutzt werden, wenn sie in regelmäßigen Abständen (mit demselben Text) durchgeführt werden.

Aufgabenbasierte Diagnose

In mehrfacher Hinsicht stellen *Aufgaben* ein Thema für die Diagnostik im Deutschunterricht dar, schließlich sind sie ein zentrales Mittel zur Initiierung und Strukturierung von Lehr- und Lernprozessen.[42] Diagnosesituationen, beispielsweise zur Überprüfung von Teilkompetenzen im Bereich Textverstehen, können mit Hilfe von Aufgabenstellungen im Unterricht strukturiert werden. Wie Winkler (2011) betont, haben mündliche und schriftliche Aufgabenbearbeitungen das diagnostische Potenzial, individuelle „Lernprozesse und der erreichte Lernstand der Schülerinnen und Schüler für Lehrende beobachtbar" zu machen (ebd., S. 165). Dies schließt beispielsweise sämtliche Typen von Lernaufgaben – also sowohl Übungs-, Erarbeitungs- als auch Evaluationsaufgaben zu einem Lerngegenstand mit ein (ebd., S. 25) –, wodurch aufgabenbasierte Diagnosen gut auf den aktuellen Unterricht abgestimmt werden können.

Diese Möglichkeiten in der Unterrichtspraxis zu nutzen verlangt von Deutschlehrkräften die Fähigkeit, geeignete Diagnoseaufgaben für ihren Unterricht zu

---

42 Auch wenn im Folgenden das Augenmerk auf Lehr- und Lernprozessen liegt, so ist unbestritten, dass Aufgaben ebenso ein zentrales Mittel zur Überprüfung von Leseleistungen darstellen (u. a. Abraham/Müller 2009; Köster 2003b).

formulieren bzw. auszuwählen. Zentral ist dabei die Analyse, auf *welche Teilaspekte* von Lesekompetenz die im Unterricht eingesetzten Aufgaben abzielen, um anschließend aus deren Bearbeitung fachgerechte Rückschlüsse auf die Lesekompetenz der Lernenden zu ziehen. Hierzu benötigen Lehrkräfte sowohl geeignete fachdidaktische Indikatoren, um die Aufgabenschwierigkeit im konkreten Fall zu bestimmen, als auch die Fähigkeit, Schüleraussagen bzw. Schülerlösungen im Bereich Lesekompetenz angemessen einschätzen zu können. Idealerweise werden auf Basis dieser Analyse förderorientierte Entscheidungen getroffen und passende Lernaufgaben für den weiteren Deutschunterricht entwickelt (sog. „inhaltliche Adaptivität", Beck et al. 2008). Im Idealfall können Diagnose und Förderung so eng miteinander verzahnt werden. Aber auch wenn diagnostische Aufgaben gut in den Unterricht integrierbar sind: Es ist ohne Frage „eine große Herausforderung an das fachdidaktische Können" (Baumert/Kunter 2006, S. 489), durch die Bearbeitung von Aufgaben zu Aussagen über die Lesekompetenz von Schülerinnen und Schülern und Schlussfolgerungen für den Unterricht zu gelangen.

Lesetagebuch
Das Lesetagebuch ist ein weiteres übliches Verfahren im Deutschunterricht, das zumeist begleitend zu freien Lesezeiten geführt wird. Die Lernenden verfassen bei dieser Methode freie Texte über Leseeindrücke und -bewertungen im unmittelbaren Anschluss an ihre jeweiligen Leseerfahrungen. Die im Lesetagebuch vorhandenen Texte markieren unter diagnostischen Gesichtspunkten „somit auch häufig narrative Rekapitulationen des eben Gelesenen" (Bertschi-Kaufmann 2007b, S. 105). Durch ein über Wochen oder Monate geführtes Lesetagebuch werden für die Lehrkraft insofern Aneignungsprozesse sichtbar und nachvollziehbar, die auf der subjektiven Ebene ablaufen – wie beispielsweise die Lesemotivation und die Leseinteressen der Lernenden (siehe dazu auch das Leseportfolio, Schmidinger 2007). Die Auswertung von Lesetagebüchern bietet unter anderem die Möglichkeit, die Leseinteressen der Schülerinnen und Schüler in den weiteren Unterricht verstärkt einzubringen. Gerade im Bereich der sozialen und subjektiven Dimensionen von Lesekompetenz sind Lehrkräfte auf die Selbsteinschätzungen der Lernenden angewiesen, um Einblicke in Denkprozesse zu erhalten (Nix 2010, S. 146).

Lesetagebücher dokumentieren individuelle Leistungen in offenen Lernsituationen und bilden somit nicht nur den Lernprozess ab, sondern geben durch die kontinuierliche Dokumentation der Lektüreerfahrungen auch Einsicht in die Leseentwicklung eines Schülers bzw. einer Schülerin. Dies erfordert einen gewissen Zeitaufwand, der mit der Durchführung und Auswertung von Lesetagebüchern für Lehrkräfte verbunden ist. Darüber hinaus stellt sich in Bezug auf die Konstruktvalidität der Diagnosen das Problem, dass beim Lesetagebuch Schreib- und Lesekompetenz miteinander verwoben sind. Sichtbar wird also, was die Lernenden – auf Basis ihrer Schreibfähigkeiten – über ihre Leseerfahrungen mitteilen können.

Beobachtungen und Beobachtungsraster
Im Fachdiskurs besteht Konsens, dass Lehrkräfte im alltäglichen Unterrichtsgeschehen auf (theoriegeleitete) Beobachtungen und Gespräche zurückgreifen sollen, mitunter auch in extra dafür gestalteten Lernumgebungen (Kapitel 4.1.4). Unterrichtsbeobachtungen sind ein verhältnismäßig unkompliziertes Verfahren zur Diagnose – in der Regel zielen sie aber zunächst auf die „äußerlich sichtbaren Merkmale" (Bertschi-Kaufmann 2007b, S. 98) von Lesekompetenz. Entsprechend verbleiben diese Diagnosen auf der ‚Oberfläche' und lassen nur bedingt Rückschlüsse auf die Lesekompetenz der Lernenden zu. So ist die in Kapitel 3 beschriebene Interaktion, die zwischen Leser und Text im Leseprozess stattfindet, der Beobachtung kaum zugänglich und muss indirekt, etwa mithilfe geeigneter Aufgaben (s. o.) oder im Unterrichtsgespräch, erschlossen werden. Im Vergleich mit den bisher diskutierten Verfahren und Instrumenten ist das gezielte und möglichst theoriegeleitete Beobachten ein ökonomisches Vorgehen für Deutschlehrkräfte, da es ohne größeren Aufwand in den Unterricht integriert werden kann. Die Frage ist dabei natürlich, auf *welche* Indikatoren und auf *welches* Konstrukt von Lesekompetenz Lehrkräfte zurückgreifen.

Zur Praktikabilität von Verfahren gehört auch, dass diese die Dokumentation von Lernleistungen ermöglichen. Für die Dokumentation diagnostischer Informationen bieten sich kriterienbezogene *Beobachtungsraster* (Bertschi-Kaufmann 2007b) an, mit denen eine differenzierte Diagnose der einzelnen Teilaspekte von Lesekompetenz erfolgen kann. Beobachtungsraster können einerseits zu Bestimmung des aktuellen Könnens im Bereich Lesekompetenz genutzt werden und bieten andererseits die Möglichkeit, Lernentwicklungen der Schülerinnen und Schüler in den Blick zu nehmen und so zu systematisieren. Für Lehrkräfte bieten sie weiterhin ein Reflexionsmittel dafür, welche Teilaspekte zur Diagnose von Lesekompetenz in Anschlag gebracht werden müssen.

Wichtig ist, dass Beobachtungsraster zwar umfassend, aber zugleich übersichtlich aufgebaut sind. Die Ökonomie der Durchführung hebt auch Bertschi-Kaufmann (2007b) hervor, wenn sie betont, dass Raster „helfen [sollen,] Beobachtungen zu einzelnen Lesefähigkeiten festzuhalten, ohne dafür allzu viel Aufmerksamkeit abzuziehen" (ebd., S. 105). Weiterhin ist darauf zu achten, dass die einzelnen Beobachtungsitems eindeutig formuliert und widerspruchsfrei sind, sodass sie von Lehrpersonen – und ggf. auch den Lernenden – angemessen interpretiert und kompetent umgesetzt werden können. Beobachtungsraster können weiterhin zur Selbst- oder Partnerdiagnose der Schülerinnen und Schüler verwendet werden. Dies bietet zudem die Möglichkeit, dass sich Lernende und Lehrkräfte über die Einschätzung der Lesefähigkeiten austauschen und die jeweiligen Wahrnehmungen, im Idealfall, weiterführend gezielt für didaktische Entscheidungen genutzt werden.

In diesem Zusammenhang muss aber auch betont werden, dass diagnostische Urteile mehr oder minder von „impliziten Persönlichkeitstheorien" (van Ophuysen/Lintorf 2013, S. 66) geleitet sind, die – unabhängig von Form und Anlass der Diagnose – zu Urteilsverzerrungen und -fehlern führen können (zusammenfassend: Kleber 1992, S. 134–138). Denn trotz aller Bemühungen: „Diagnosen […] [können] selbstverständlich nicht frei von Vorurteilen, verzerrten Wahrnehmungen und psychologischen Fehlschlüssen" sein (Weinert/Schrader 1986, S. 15). Zu den bekanntesten und häufig vorkommenden Urteilsfehlern gehören:

- Der *Haloeffekt*: Die Tendenz, eine bereits vorgenommene Einschätzung eines Merkmals oder einen Eindruck auf die Bewertung anderer Bereiche zu übertragen (z. B. von der Lesemotivation direkt auf die Lesekompetenz zu schließen).
- Der *Pygmalioneffekt*: Die Erwartung, es mit einem guten bzw. schlechten Lernenden zu tun zu haben, prägt die Lehrkraft in ihrer Beurteilung als auch in ihrem Handeln.
- Der *Milde- und Strengeeffekt*: Die Tendenz einer Lehrkraft, eine erbrachte Leistung besser bzw. schlechter zu beurteilen, als es von der Sache angemessen wäre (oder von einer anderen Person geurteilt worden wäre).

Die Beschreibung der genannten Fehler dient nicht der Desillusionierung des diagnostischen Wirkens: Sie zeigen vielmehr auf, dass die Vorläufigkeit von diagnostischen Urteilen von Lehrkräften anerkannt werden muss. Für die Entwicklung eines diagnostischen Blicks sollten Deutschlehrerinnen und -lehrer Beurteilungstendenzen bewusst reflektieren, getroffene Urteile ggf. modifizieren und/oder Beobachtungen durch weitere diagnostische Verfahren ergänzen.

In diesem Abschnitt wurden formelle und informelle Instrumente zur Diagnose von Lesekompetenz analysiert, die Eingang in den Deutschunterricht finden können (zur Unterrichtspraxis siehe Kapitel 4.4.2). Aus der Diskussion der verschiedenen Instrumente ist ersichtlich, dass diese je eigene Schwerpunkte hinsichtlich der Rolle der Lehrkraft, der Lernenden sowie der Teildimensionen von Lesekompetenz setzen. Deutschlehrerinnen und -lehrer müssen sich also bewusst sein, dass die Entscheidung für eine der beschriebenen Vorgehensweisen „will limit the inferences that we can make about students' reading development, our own effectiveness, and the value of the reading curriculum" (Afflerbach 2012, S. 16). In der Forschungsdiskussion wird daher einhellig argumentiert, dass im Unterricht möglichst verschiedene Verfahren zur Diagnose von Lesekompetenz integrativ eingesetzt werden sollen, damit diagnostische Urteile auf einer breiten Datengrundlage basieren (u. a. Calfee/Hiebert 1991, S. 282; Risko/Walker-Dalhouse 2010, S. 429).[43] Auf normativer Ebene wird somit gefordert, dass Lehrkräfte einen „diagnostischen Blick" (Holle 2010b; Pangh 2003) in ihrer Unterrichtspraxis einnehmen. Die Entwicklung unterrichtspraktikabler Verfahren, die wiederum diesen diagnostischen Blick unterstützen und dabei insbesondere den Lernprozess der Schülerinnen und Schüler abbilden, bleibt jedoch gerade für die Sekundarstufe noch eine vordringliche Aufgabe der Deutschdidaktik – hier sind Lehrkräfte gegenwärtig noch stark auf Eigenentwicklungen angewiesen (u. a. Bertschi-Kaufmann 2007b, S. 101; Gailberger 2013, S. 36; Holle 2010a, S. 94).

4.3 Die Lehrkraft im Blick: Diagnostisches Handeln von Lehrkräften

4.3.1 Diagnostik als Teil des professionellen Handelns von Deutschlehrkräften

In den letzten Jahren wird die Fähigkeit zur Diagnostik intensiv und nahezu gleichlautend als elementare Komponente der Professionalität von Lehrkräften diskutiert.[44] Nicht wenige Forscherinnen und Forscher bezeichnen die Fähigkeit zur

---

43 Diese Kombination aus normierten Verfahren und subjektiven Zugängen wird in der jüngeren internationalen Diskussion als „balanced assessment" bezeichnet (z. B. William 2006b). Inwiefern es Lehrkräften aber tatsächlich gelingt, diese Perspektiven produktiv aufeinander zu beziehen, ist bisher noch weitgehend unerforscht (siehe Kapitel 4.4).

44 U. a. Abs (2007); Arnold (1999); Artelt/Gräsel (2009); Baumert/Kunter (2006); Bromme (1997, 2008); Hascher (2003, 2008); Helmke (2010); Hesse/Latzko (2011); Horstkemper (2006); Ingenkamp/Lissmann (2008); Jäger (2009); Kliemann (2008); Paradies/Linser/Greving (2007); Schrader (2001, 2009, 2012, 2013); Shepard (2001); Shulman (1987); van Buer/Zlatkin-Trotschanskaia (2009); van Ophuysen/Lintorf (2013); Weinert/Schrader/Helmke (1990); für die Lesedidaktik z. B. Afflerbach/Cho (2011); Holle (2010b); Risko/Walker-Dalhouse (2010).

4 Diagnostik im Deutschunterricht der Sekundarstufe I 123

Diagnostik sogar als Schlüsselelement des beruflichen Könnens von Lehrkräften (z. B. Bromme 1997, S. 196–198[45]; Weinert/Schrader/Helmke 1990, S. 172; Weinert 2000, S. 14f.). So gehört für Kaspar Spinner die „diagnostische Kompetenz" zu einer von fünf Grundfähigkeiten, die zukünftige Deutschlehrkräfte im Rahmen ihrer Ausbildung erwerben sollen (Spinner 1998a, S. 40; ähnlich bereits Ossner 1993, S. 196f.). Weiterhin hat die Betonung von Diagnostik in den *Standards für die Lehrerbildung: Bildungswissenschaften* der KMK (2004), die für sämtliche Phasen der Lehrerbildung formuliert wurden, zu diesem verstärkten Blick auf die Diagnosepraxis im Unterricht beigetragen.[46] In den Standards werden insgesamt vier Handlungsfelder bzw. Anforderungsbereiche angeführt, denen sich (angehende) Lehrkräfte im beruflichen Alltag stellen müssen. Geht es um Fragen schulischer Diagnostik, so sind die folgenden zwei Standards aus dem Bereich „Beurteilen"[47] von vornehmlicher Bedeutung[48]:

- Lehrerinnen und Lehrer diagnostizieren Lernvoraussetzungen und Lernprozesse von Schülerinnen und Schülern; sie fördern Schülerinnen und Schüler gezielt und beraten Lernende und deren Eltern.
- Lehrerinnen und Lehrer erfassen Leistungen von Schülerinnen und Schülern auf der Grundlage transparenter Beurteilungsmaßstäbe. (KMK 2004, S. 11)

In dieser Formulierung wird eine bereits in Kapitel 4.1.2 angeführte Unterscheidung zur Zielsetzung von Diagnosen aufgegriffen: Der erstgenannte Standard

---

45 Bromme (1997) bestimmt die diagnostische Kompetenz zunächst als eigenen Bereich der Lehrerkompetenzen. In einem späteren Aufsatz zur Lehrerexpertise (Bromme 2008) ordnet er die diagnostische Kompetenz hingegen dem Bereich des professionellen Wissens und Könnens von Lehrkräften zu.

46 Wesentlich früher wurde in anderen Ländern das Themenfeld „Diagnose" im Diskurs zur Lehrerprofessionalisierung berücksichtigt. Zu nennen sind hier etwa die „Standards for Teacher Competence in Educational Assessment of Students" (AFT 1990) oder das „National Board for Professional Teaching Standards" (2002) für die amerikanische Lehrer(aus-)bildung.

47 Auf die inhaltliche Nähe der Forschungsdiskussionen zur Leistungsbeurteilung und zu Fragen der schulischen Diagnostik habe ich bereits hingewiesen (Kapitel 4.1.4).

48 Die weiteren drei Bereiche in den Lehrerbildungsstandards sind „Unterrichten", „Erziehen" und „Innovieren" (KMK 2004). König/Peek/Blömeke (2010) bezeichnen die Standards als „neues Steuerungsinstrument" der Bundesländer im Rahmen der Outputorientierung, das die Zuversicht wecke, „eine Orientierungshilfe für die Entwicklung angemessener Ausbildungsprogramme sowie deren Evaluation abzugeben" (ebd., S. 73). Eine vertiefende und kritische Diskussion der Standards (und Kompetenzen) in der Lehrerbildung gibt es bei Terhart (2006) sowie den Beiträgen bei Hilligus/Rinkens (2006).

verweist auf die Lernprozessdiagnostik als Zieldimension diagnostischen Handelns von Lehrkräften, während mit dem zweitgenannten Standard explizit die Bewertungsfunktion von Diagnose hervorgehoben wird. Betrachtet man in Ergänzung die *Ländergemeinsamen inhaltlichen Anforderungen für die Fachdidaktiken und Fachwissenschaften in der Lehrerbildung* der KMK (2014)[49], so wird deutlich, dass dem Diagnostizieren von bildungstheoretischer Seite weiterhin eine fachspezifische Komponente zugewiesen wird: Als Zieldimension fachdidaktischer Lehrerausbildung im Bereich „Über anschlussfähiges fachdidaktisches Wissen verfügen" ist dort die Kenntnis der „Grundlagen fach- bzw. fachrichtungs- und anforderungsgerechter Leistungsbeurteilung" benannt (KMK 2014, S. 4, für das Fach Deutsch ebd., S. 23). Im Gegensatz zu den allgemeinen Lehrerbildungsstandards wird hier das Gegenstandfeld Diagnostik wiederum auf die Bewertung von Schülerkompetenz ‚begrenzt' – die Lernprozessdiagnostik als eine wesentliche Zieldimension diagnostischen Handelns wird nicht berücksichtigt.

Was nun aber konkret als Grundlage für Lern- und Leistungsdiagnostik (s. o.) von Lehrkräften gelten darf, das lässt sich aus den jeweiligen Standards für Lehrerbildung jedoch nicht erschließen. Die jeweiligen Ausbildungsinstitutionen stellt dies vor die nicht unerhebliche Herausforderung, die genannten Forderungen in angemessene Studieninhalte und Lehr-/Lernarrangements im Studium zu überführen. Es bleibt also eher unscharf, welche diagnosebezogenen Wissensbestände bei angehenden Lehrerinnen und Lehrern ausgebildet werden sollen bzw. müssen. Betrachtet man dazu ergänzend den Forschungsstand zur lehrerseitigen Diagnosepraxis, dann ist diese geringe Profilierung wenig verwunderlich: Aktuell fehlen empirisch begründete Erkenntnisse dazu, wie das Konstrukt diagnostische Kompetenz in eine Erwerbslogik einzurücken ist (u. a. Artelt/Gräsel 2009, S. 159; Baumert/Kunter 2006, S. 489).[50] Inwieweit im diagnostischen Können von (Deutsch-)Lehrkräften explizit erworbene Wissensbestände handlungsleitend werden und inwieweit Lehrkräfte auf ihr implizit erworbenes Erfahrungswissen zurückgreifen, ist bislang also noch ungeklärt. Momentan wird lediglich vermutet, dass Diagnosekriterien theoretisch vermittelt werden können und (angehende) Lehrkräfte durch praktische Erfahrungen weitere – explizit und

---

49 KMK 2014 = Ländergemeinsame inhaltliche Anforderungen für die Fachwissenschaften und Fachdidaktiken in der Lehrerbildung. Beschluss der Kultusministerkonferenz vom 16.10.2008 i. d. F. vom 09.10.2014.
50 Zumindest erste konkretere Vorschläge zur Ausbildung von Lehrkräften bestehen in den Fachdidaktiken der MINT-Fächer (exemplarisch Fischer et al. 2014; Hußmann/Selter 2013; Peter-Koop 2006).

implizit vorliegende – Wissensbestände in diesem Bereich erwerben (u. a. Hascher 2005, S. 78; Lorenz/Artelt 2009, S. 212; van Ophuysen 2006, S. 154). Oder anders formuliert: Obwohl das Themenfeld Diagnostik mit der expliziten Verankerung in der Lehrerbildung weitere Aktualität und Bedeutung gewonnen hat, ist gegenwärtig unklar und in den entsprechenden Lehrerbildungsstandards äußerst vage gehalten, *welche* Lehrerkompetenzen im Bereich Diagnostik im Detail angebahnt werden sollen und *wie* Vermittlungsprozesse in der Ausbildung von angehenden Lehrkräften zu gestalten sind.[51]

Zur Frage, wie professionelles Handeln im Bereich Diagnose modelliert werden kann, finden sich aktuell mit den Begriffen „diagnostische Kompetenz", „diagnostische Fähigkeiten", „diagnostischer Expertise" usw. verschiedenste Schwerpunktsetzungen und damit verbundene Konzepte. Vor diesem Hintergrund wird die systematische Ausdifferenzierung des Untersuchungsfelds als eine der gegenwärtig wesentlichen Aufgaben im Forschungsdiskurs benannt (u. a. Jäger 2009, S. 108; Schrader 2011, S. 688; van Buer/Zlatkin-Troitschanskaia 2009, S. 386). Grundlegend ist auch die Frage danach, wo innerhalb der professionellen Kompetenz von Lehrkräften das diagnostische Handeln zu verorten ist. Von einigen Autoren (z. B. Beck et al. 2008; Weinert 2000) als eigenständige Kompetenz eingeordnet, diskutieren andere Forscherinnen und Forscher das diagnostische Wissen bzw. die diagnostische Kompetenz als Teilkompetenz des fachdidaktischen Wissens (u. a. Artelt 2009; Shulman 1986, S. 9f.; Spinath 2005). In der COACTIV-Studie wird wiederum argumentiert, dass Mathematiklehrkräfte für eine adäquate diagnostische Beurteilung die „verschiedenen Wissensfacetten des pädagogischen Wissens und des fachdidaktischen Wissens *integrieren*" (Brunner et al. 2011, S. 218; Herv. F.S.). Diagnostische Kompetenz wird hier als das Wissen über das „diagnostische Potenzial […] von Aufgaben" sowie das „Wissen über Schülervorstellungen […] und Diagnostik von Schülerwissen und Verständnisprozessen" verstanden (Baumert/Kunter 2011, S. 37f.). Bereits anhand dieser wenigen skizzierten Zugänge ist

---

51 Jedoch ist diese Setzung keineswegs neu: So wurde bereits im Jahr 1970 das „Beurteilen" – einschließlich der Diagnostik von Lernprozessen und Lernergebnissen – als eine von fünf Kernaufgaben der Lehrkraft vom Deutschen Bildungsrat festgeschrieben (Deutscher Bildungsrat 1970, S. 215ff.). Dabei wurde nicht nur eine „Objektivierung des Lehrerurteils" eingefordert, sondern auch festgelegt, dass „nicht nur die möglichst objektive Messung des Ist-Zustands von Bedeutung [ist], sondern auch die Erfassung von Entwicklungs- und Entfaltungsmaßnahmen" (Deutscher Bildungsrat 1970, S. 219). Infolge der sog. „Anti-Testbewegung" nahm der hohe Stellenwert des diagnostischen Handelns im Rahmen der Lehrerbildung jedoch bereits ab Mitte der 70er Jahre wieder ab (Hesse/Latzko 2011, S. 16f.; Ingenkamp/Lissmann 2008, S. 25).

erkennbar, dass die gegenwärtigen Antworten zur Modellierung diagnostischen Handelns vielfältig sind. Ein allgemeingültiges und vor allem empirisch überprüftes Modell konnte sich bislang nicht durchsetzen. Ziel des nächsten Abschnitts ist vor diesem Hintergrund, die verschiedenen Konzeptualisierungen, die momentan im Forschungsdiskurs verhandelt werden, systematisiert und vergleichend in den Blick zu nehmen.

4.3.2 Wissenschaftliche Zugänge

Was die momentane Unschärfe zur Modellierung „diagnostischer Kompetenz" betrifft, ist diese zum einen der Komplexität des Gegenstandsbereichs geschuldet, die bereits in den vorherigen Ausführungen diskutiert wurde, sowie zum anderen auf die verschiedenen Zugänge zum Gegenstandsfeld zurückzuführen, die in den einzelnen Disziplinen verhandelt werden.[52] Im Folgenden wird begründet dargelegt, auf welche Konzeptualisierungen diese Studie aufbaut bzw. vielmehr, von welchen Positionen sich die vorliegende Studie bewusst abgrenzt (Kapitel 4.3.3). Zudem bietet eine vergleichende Betrachtung der einzelnen Ansätze ein angemessenes Fundament, um die bestehenden empirischen Erkenntnisse zur lehrerseitigen Diagnostik (Kapitel 4.4) in ihren theoretischen Entstehungszusammenhang und die damit verbundenen normativen Erwägungen einordnen zu können.

Es stellt sich also die Frage, was die diagnostische Kompetenz von Lehrkräften ausmacht bzw. über welche Komponenten sie zu bestimmen ist. Dies erfolgt gegenwärtig unter mindestens zwei Perspektiven (Schrader 2009, S. 238): (1) Entweder anhand eines *produktorientierten* Ansatzes (Kapitel 4.3.2.1), in dem die Urteilsgenauigkeit von Lehrkräften zentral gesetzt wird, oder (2) anhand eines *prozessorientierten* Ansatzes (Kapitel 4.3.2.2), in welchem die Urteilsbildungsprozess fokussiert wird.[53]

---

[52] Analog zur begrifflichen Unschärfe (Kapitel 4.1.1) besteht also auch hinsichtlich des Konstrukts der diagnostischen Kompetenz eine gewisse Gemengelage (zu dieser Problematik: Aufschnaiter et al. 2015, S. 740ff.).

[53] Dies ist eine heuristische Unterscheidung, die im Rahmen dieser Arbeit vorgenommen wird. Überschneidungsbereiche beider (Denk-)Ausrichtungen in Forschungsarbeiten sind denkbar – so etwa in der Arbeit von Karst (2012), die sowohl Aspekte des produkt- als auch des prozessorientierten Paradigmas aufgreift.

4.3.2.1 Produktorientierte Perspektive: Erfassung der Urteilsgenauigkeit

Mehrheitlich basieren die deutschsprachigen Studien auf dem produktbezogenen Ansatz zur Modellierung von diagnostischer Kompetenz, der vornehmlich in der pädagogisch-psychologischen Forschung zu verorten ist. Hier wird die Diagnosepraxis von Lehrkräften mit der „Urteilsgenauigkeit" bzw. „Diagnosegenauigkeit" gleichgesetzt. Im Zentrum steht dabei die Frage, inwiefern Lehrkräfte in der Lage sind, „Personen zutreffend zu beurteilen", wobei sich diese Konzeptualisierung auf lern- und leistungsrelevante Merkmale der Lernenden bezieht (Schrader 2001, S. 91). Mit dieser Setzung wird ein *enger* Diagnosebegriff fokussiert, der explizite Aussagen über Merkmale und Zustände von Personen zentral setzt. Referenzpunkt beim produktorientierten Ansatz ist, inwiefern Lehrerinnen und Lehrer die Leistungen ihrer Lernenden im Vergleich mit dem Ergebnis eines Testverfahrens korrekt einschätzen können. Die Diskussion zu personenbezogenen Merkmalen wird von einigen Autorinnen und Autoren mittlerweile insofern erweitert, indem sie ein breiteres Konzept von Diagnosegenauigkeit heranziehen, das auch die Einschätzung von Aufgabenanforderungen umfasst (z. B. Karing/Matthäi/Artelt 2011, S. 120f.; Lorenz/Artelt 2009, S. 212; Schrader 1989, S. 226).

Prägend für deutschsprachige Forschung ist die Konzeptualisierung von Schrader und Helmke (Schrader/Helmke 1987, S. 30ff.; Schrader 1989, S. 86ff.).[54] Im Rückgriff auf ihr Modell hat sich im Diskurs mittlerweile durchgesetzt, drei voneinander unabhängige Akkuratheitsmaßstäbe zur Bestimmung diagnostischer Kompetenz zu unterscheiden:

- Die *Rangordnungskomponente* beschreibt, ob Lehrkräfte die Leistungen ihrer Schülerinnen und Schüler in eine (korrekte) Rangfolge bringen können. Helmke und Schrader (1987, S. 35) bezeichnen die Rangordnungskomponente als „Indikator für diagnostische Kompetenz im eigentlichen Sinne", da sie die zentrale Grundlage für die Unterrichtsgestaltung bilde.[55]
- Die *Niveaukomponente* fragt nach der durchschnittlichen Abweichung zwischen dem Lehrerurteil und dem tatsächlichen Niveau der Schülerleistungen

---

54 Helmke und Schrader (1987) haben diese Akkuratheitskomponenten in Anlehnung an Cronbach (1955) für den schulischen Bereich adaptiert. Das Konstrukt wird mehrheitlich in der psychologischen Forschung, wahrscheinlich ob der empirischen Handhabbarkeit, übernommen (siehe Kapitel 4.4.1).

55 Mitunter ist dies ein Grund dafür, dass sich die meisten Studien zur Urteilsgenauigkeit auf die Rangordnungskomponente beziehen.

in einer Klasse. Sie kann von Urteilsfehlern wie dem Halo-Effekt beeinflusst werden.

- Die *Differenzierungskomponente* als dritte Komponente der Urteilsgenauigkeit wird relativ selten in der pädagogisch-psychologischen Forschung herangezogen. Sie ist ein Maß für die Frage, ob die Streuung der Schülerleistungen durch die Lehrkraft zutreffend eingeschätzt wird.

In (psychologischen) empirischen Studien erfolgt die Erfassung diagnostischer Kompetenz zumeist nur über *eine* der drei genannten Komponenten, wodurch Urteilstendenzen und -fehler (s. o.) außer Acht gelassen werden (kritisch dazu Praetorius et al. 2011, S. 83).[56] Unklar ist zudem, ab welcher Ausprägung der einzelnen Teilkomponenten von einer hohen Urteilsgenauigkeit gesprochen werden kann. Dass hier eine perfekte Übereinstimmung von Testergebnis und Lehrerurteil nicht zu realisieren ist, dessen sind sich die Forschenden nämlich durchaus bewusst (u. a. Bates/Nettelbeck 2001, S. 183).

Für die Erfassung diagnostischer Kompetenz ist zudem zwischen indirektem (globalem) und direktem (spezifischem) Lehrerurteil zu differenzieren (z. B. Hoge/Coladarci 1989; Praetorius/Lipowsky/Karst 2012, S. 118ff.). Globalurteile, wie etwa in der eingangs geschilderten Untersuchung von Artelt et al. (2001, S. 119f.), beziehen sich auf die Gesamteinschätzung der erfragten Schülerkompetenz(en). Die Güte des diagnostischen Urteils hängt insofern davon ab, was die befragten Lehrpersonen unter dem zu erhebenden Konstrukt verstehen bzw. welche Indikatoren sie für ihr Urteil heranziehen. Zumeist wird dieses Urteil über die Rangordnungskomponente bestimmt (Karing/Matthäi/Artelt 2011, S. 160). Von höherer Spezifität sind im Vergleich aufgabenspezifische Urteile, in denen Lehrpersonen konkrete Fragen bzw. Items eines Tests vorgelegt werden. Die Lehrkräfte müssen somit einschätzen, ob ein bestimmter Schüler eine konkrete Aufgabe lösen kann. In den vorliegenden Studien zur diagnostischen Kompetenz stehen Globalurteile im Vordergrund (siehe Kapitel 4.4.1). Solche Globalurteile sind nicht unproblematisch, da bei Fehleinschätzungen nicht eindeutig geklärt werden kann, ob diese auf eine falsche Einschätzung der Schülerleistungen oder ein falsches Konstruktverständnis hinsichtlich des zu testenden Merkmals zurückzuführen sind (problembewusst: Praetorius/Lipowsky/Karst 2012, S. 120). Gerade Erkenntnisse zu diesem Aspekt wären für die Lehrerprofessionalisierung von zentraler Bedeutung.

---

56 Auch wenn es logisch erscheint, dass gute Diagnostiker in allen drei Komponenten eine hohe Ausprägung aufweisen müssten, ist u. a. in den Studien von Schrader (1989) und Spinath (2005) kein bzw. nur ein schwacher Zusammenhang der einzelnen Komponenten feststellbar (siehe Kapitel 4.4.1.1).

4 Diagnostik im Deutschunterricht der Sekundarstufe I 129

Zusammengefasst: Die Gleichsetzung diagnostischer Kompetenz mit der Urteilsgenauigkeit mag forschungspraktisch nachvollziehbar sein. Diese Facette diagnostischer Kompetenz ist zweifelsohne empirisch gut abbildbar, bildet aber nur bedingt das diagnostische Handeln von Lehrkräften ab. So ist allein schon zu diskutieren, welche didaktische Relevanz bzw. Validität Befunde aufweisen, die

> eine einmalige Testperformanz widerspiegeln, während die Lehrerurteile im schulischen Alltag auf Schülerleistungen in verschiedenen mündlichen und schriftlichen Leistungssituationen über einen längeren Zeitraum basieren. (Karing 2009, S. 205f.)

Zudem ist augenfällig, dass mit den genannten Akkuratheitsmaßstäben vor allem die Statusdiagnostik in den Fokus der Erhebung diagnostischer Kompetenz rückt. Diese Verkürzung des Konstrukts wird auch in der Pädagogischen Psychologie zunehmend kritisch diskutiert (z. B. Helmke/Hosenfeld/Schrader 2004; Klug et al. 2012; van Ophuysen 2010). Aktuell wird daher häufig(er) eine Erweiterung vorgenommen, in der neben der Diagnosegenauigkeit auch methodisches Wissen sowie deklarative Wissensbestände für die Modellierung diagnostischer Kompetenz herangezogen werden (u. a. Helmke/Hosenfeld/Schrader 2004; Helmke 2010[57]). Empirische Studien, die diese neueren Überlegungen fundieren, fehlen aber bislang.

4.3.2.2 Prozessorientierte Perspektive: Erfassung der Urteilsbildung

Die dargelegte Kritik am Urteilsgenauigkeitsparadigma spiegelt sich auch in Konzeptualisierungen wider, die stärker den Diagnose*prozess* fokussieren. Diese Modellierung ist jedoch nicht kontrastiv zum produktorientierten Ansatz zu sehen, sondern als ein wesentlich breiter gefasstes Verständnis des Urteilsgenauigkeitsparadigmas zu verstehen. In der prozessorientierten Perspektive stehen mögliche Phasen im Vordergrund, in denen Diagnosen ablaufen bis hin zu den didaktischen Entscheidungen, zu denen Lehrkräfte auf Grund diagnostischer Informationen gelangen. Für die Konzeptualisierung sind hier die vorauslaufenden Prozessmerkmale für die Urteilsbildung sowie die Überprüfung von Urteilsfehlern und -verzerrungen bestimmt. Diese Modellierung greift das didaktisch relevante Interesse auf, die einzelnen Einflussfaktoren herauszuarbeiten, die „gerade für die Qualität von informellen Diagnoseleistungen eine Rolle spielen können" (Schrader 2009, S. 239). Erkenntnisse über diese Prozesse ermöglichen schließlich wichtige Rückschlüsse für die Professionalisierung von

---

[57] Helmke (2010) spricht in Abgrenzung zum engen Begriff „Diagnostischer Kompetenz" deshalb auch von „Diagnostischer Expertise", die auch Kenntnisse über Methoden der Diagnose mit einbezieht.

Lehrkräften. Entsprechende Modelle bzw. theoretische Überlegungen stammen dabei sowohl aus der Pädagogik (Abs 2007; Edelenbos/Kubanek-German 2004) als auch aus der Pädagogischen Psychologie (Karst 2012; Klug et al. 2012; van Ophuysen 2010). Aufgrund unterschiedlicher theoretischer Fundierungen variieren die einzelnen prozessorientierten Modellierungen allerdings stark.

So nimmt etwa van Ophuysen (2010) in ihrem Rahmenmodell neben der Urteilsgenauigkeit auch die Anschlusshandlungen an diagnostische Interpretationsleistungen in den Blick. Zentral ist bei ihr die Verknüpfung von zwei Wissensarten: erstens die diagnostische Kompetenz, verstanden als methodisches Wissen und Fähigkeiten sowie didaktisch-psychologisches Wissen, und zweitens die didaktische Kompetenz, worunter van Ophuysen die Facetten didaktisches Wissen und Fähigkeiten zur Unterrichtsgestaltung fasst (ebd., S. 226). Im Vergleich zu den Ausführungen in Kapitel 4.3.2.1 werden in ihrem Modell folglich Merkmale in die Modellierung einbezogen, auf die die Diagnosegenauigkeit aufbaut. Van Ophuysen berücksichtigt für ihre Konstruktspezifikation weiterhin, dass diagnostisches Handeln keinen Selbstzweck darstellt, sondern in weiterführende methodische und didaktische Maßnahmen münden sollte (Kapitel 4.1.3). Die theoretische Überprüfung des Modells von van Ophuysen steht aber noch aus. Ebenso wenig finden spezifische unterrichtliche Anforderungssituationen in ihren theoretischen Überlegungen Berücksichtigung.

Die Verbindung von diagnostischen Prozessen und daran anschließenden Handlungen wird auch in dem Modell von Klug et al. (2012) berücksichtigt und noch weiter ausdifferenziert: Sie fokussieren in ihrem „Prozessmodell zur Diagnosekompetenz" den zirkulären Prozess der Tätigkeit des Diagnostizierens, bei dem sie von einem dreiphasigem Modell des Diagnostizierens ausgehen (ebd., S. 5). Die (1) präaktionale Phase des Diagnostizierens beinhaltet unter anderem die Festlegung auf Ziele und Methoden der Diagnose. Die sich daran anschließende (2) aktionale Phase umfasst das diagnostische Handeln in der konkreten Diagnosesituation und das Sammeln und Interpretieren der Daten. Schließlich sollen die in (3) der postaktionalen Phase gewonnenen Erkenntnisse in Anschlusshandlungen münden, die ggf. wiederum zur präaktionalen Phase führen können. Mit dem Modell werden sowohl vorgelagerte als auch nachfolgende Prozesse der Urteilsbildung fokussiert. Allerdings ist erkennbar, dass diese Operationalisierung diagnostischen Handelns von expliziten Diagnoseleistungen ausgeht und somit eine eher idealisierte Form zur Beschreibung diagnostischer Prozesse fokussiert.

Im Vergleich zum produktbezogenen Ansatz werden in den Modellen von Klug et al. (2012) und van Ophuysen (2010) vor- und nachgelagerte Phasen der

Urteilsbildung in den Blick genommen. Wie Karst (2012) kritisch anmerkt, ist jedoch zu fragen, ob die genannten Aspekte tatsächlich Dimensionen der diagnostischen Kompetenz abbilden, oder ob sie nicht doch nur Einflussfaktoren auf die Urteilsbildung darstellen, die „eben doch keine Erweiterung des Begriffsverständnisses" ermöglichen (ebd., S. 35).

Mit den prozessbezogenen Modellierungen diagnostischer Kompetenz ergeben sich Parallelen zu (fach-)didaktischen Ansätzen, in denen das diagnostische Handeln im unterrichtlichen Kontext im Fokus steht. So formulieren Edelenbos und Kubanek-German (2004) für eine Studie mit Grundschullehrkräften im Fremdsprachenunterricht die Anforderungen diagnostischen Handelns im Unterricht und führen hier etwa das Bestimmen des Vorwissens der Lernenden anhand von Aufgabenleistungen oder das Einteilen der Schülerinnen und Schüler in Gruppen auf Basis der wahrgenommenen Bedürfnisse im Unterricht an. Mit ihrer Konzeptualisierung berücksichtigen Edelenbos/Kubanek-German die bislang vernachlässigte Situationsspezifik von Diagnosen, die Einfluss auf die Urteilsbildung sowie den Diagnoseprozess allgemein nimmt (ebd., S. 277ff.).

Eine weitere prozessorientierte Modellierung diagnostischer Kompetenz formuliert Abs (2007). Ausgangspunkt ist für ihn die Kritik an der fehlenden didaktischen Einbettung von Diagnosen beim produktorientierten Ansatz. Seine Modellierung eines Strukturmodells diagnostischer Kompetenz bezieht sich auf insgesamt drei Ansatzpunkte: Abs fordert eine differenziertere Analyse der Anforderungssituation, ähnlich zur Modellierung bei Edelenbos und Kubanek-German (2004). Weiterhin formuliert er, dass zur Modellierung diagnostischer Kompetenz die bestehenden Lehrerbildungsstandards eine geeignete Orientierung bieten, da hier die Erwartungen an die diagnostischen Fähigkeiten von Lehrkräften formuliert werden. Mit Blick auf die vorherige kritische Auseinandersetzung mit den Standards (s. o.) ist dies eine durchaus diskussionswürdige Setzung. Als dritten Grundpfeiler für die Spezifikation sieht Abs die Handlungserfahrungen eines Lehrers. Die Überlegungen von Abs (2007) sind allerdings zum einen noch recht abstrakt gehalten sowie zum anderen nur theoretischer Natur und empirisch noch nicht hinreichend überprüft. In der Zusammenführung der Konzeptualisierungen von Abs (2007) sowie Edelenbos und Kubanek-German (2004) ist ersichtlich, dass in einem weiter gefassten Verständnis auch *situationale* Faktoren des Diagnoseprozesses berücksichtigt werden müssen (Kapitel 4.1.2; dazu auch Karst 2012).

4.3.3 Zwischenfazit: Untersuchung diagnostischen Handelns von Lehrkräften

Unstrittig haben die in diesem Abschnitt vorgestellten Ansätze wichtige Impulse zur Erforschung des diagnostischen Handelns von Lehrkräften hervorgebracht (siehe Kapitel 4.4.1). Dennoch sind mit den skizzierten Konstruktspezifikationen und Operationalisierungen diagnostischer Kompetenz durchaus diskussionswürdige Setzungen verbunden. Mit Blick auf das eigene Ziel der vorliegenden Studie, die lehrerseitigen Relevanzsetzungen zur Diagnose von Lesekompetenz für die Entwicklung eines praxisnahen Diagnoseverfahrens zu rekonstruieren, ergeben sich sowohl auf methodischer als auch auf konzeptioneller Ebene mehrere kritisch zu reflektierenden Punkte:

1. Die Diagnosepraxis von Lehrkräften wird in den angeführten Ansätzen auf die Urteilsgenauigkeit sowie dieser vor- und nachgelagerte Faktoren begrenzt. Didaktisch relevante Aspekte für die Operationalisierung, wie die Frage, auf *welche* Wissensbestände und Indikatoren Lehrkräfte zur Diagnose zurückgreifen, werden in bestehenden Modellen nicht berücksichtigt.
2. Sowohl im produktorientierten als auch im prozessbezogenen Ansatz wird diagnostisches Handeln als explizites Diagnostizieren operationalisiert. Gerade wenn es in dieser Arbeit darum geht, die lehrerseitigen Auffassungen zur Diagnose von Lesekompetenz zu rekonstruieren, die zu einem großen Teil nicht zwingend bewusst vollzogen werden, greifen die dargelegten Konzeptualisierungen zu kurz.
3. Die beschriebenen Ansätze sind vornehmlich kognitionspsychologisch und dabei an klar messbaren Dispositionen orientiert. In dieser verengten Perspektive wird ausgeblendet, dass das diagnosebezogene Wissen von Lehrkräften auch stark von sozialen und interaktiven Einflüssen mitbestimmt ist (siehe Kapitel 5.1.2.1).
4. Bislang wird das Konstrukt „diagnostische Kompetenz" größtenteils losgelöst vom eigenen Unterricht in einer einmaligen Testsituation erhoben und interpretiert. Rückschlüsse auf die viel diskutierte Frage, inwiefern und auf welche Art und Weise das in laborähnlichen Situationen erfasste Wissen tatsächlich handlungsleitend ist, können so nicht gezogen werden. Größtenteils wird dieser Aspekt in den meisten fachlichen Auseinandersetzungen und Studien nicht in Anschlag gebracht bzw. diskutiert (problembewusst dagegen: Dünnebier/Gräsel/Krolak-Schwerdt 2009, S. 191; van Ophuysen/Lintorf/Harazd 2013).

Kurzum: Aus fachdidaktischer Perspektive sowie spezifisch mit Blick auf das Erkenntnisinteresse dieser Arbeit gibt es also mehrere Gründe, sich nicht an die bestehenden Modellierungen zum Konstrukt „Diagnostischer Kompetenz" anzuschließen. Keine der vorliegenden Forschungsansätze erscheint geeignet, um die lehrerseitigen Auffassungen zur Diagnose von Lesekompetenz so zu operationalisieren, wie es für das Anliegen dieser Arbeit notwendig ist. Schließlich geht es in dieser Arbeit darum, empirisch fundierte Erkenntnisse über die lehrerseitigen Sichtweisen zur Diagnose von Lesekompetenz zu gewinnen, um diese für die Konzeption eines praxisnahen lesediagnostischen Verfahren mit in Anschlag zu bringen (Kapitel 1.1). Die beschriebenen Grenzen und Kritikpunkte machen nach meiner Auffassung einen anderen Zugang notwendig, weshalb in dieser Arbeit ganz bewusst ein erweitertes Verständnis mit der Fokussierung auf die *Vorstellungen und Orientierungen* von Lehrkräften vorgenommen wird, um eine Rekonstruktion der lehrerseitigen Auffassungen zur Diagnose der Lesekompetenz – und übergreifend zur (weiteren) Entwicklung eines unterrichtsnahen Diagnoseverfahrens – vornehmen zu können (zur Konzeptualisierung dieser Begriffe: Kapitel 5.2.3).

4.4 Forschung zur Diagnosepraxis von (Deutsch-)Lehrkräften

Was wissen wir momentan über das diagnostische Handeln von (Deutsch-)Lehrkräften? Gemessen an der zentralen Bedeutung, die dem diagnostischen Handeln in der einschlägigen Literatur zugestanden wird, ist der Anteil an empirischen Studien äußerst bescheiden – auch wenn sich die Anzahl an Forschungen in jüngerer Zeit erheblich intensiviert hat. In noch stärkerem Maße trifft diese unbefriedigende Forschungslage auf genuin deutsch- bzw. speziell lesedidaktische Fragestellungen zu. Das empirisch gesicherte Wissen ist hier marginal, sodass deutschdidaktische Überlegungen zur Diagnostik (Kapitel 4.2.1) primär von rein normativ-konzeptionellen Überlegungen bestimmt sind. Dieses Teilkapitel gibt zunächst einen Einblick in zentrale Befunde der Pädagogischen Psychologie, die gegenwärtig eindeutig das Forschungsfeld zur Diagnostik dominiert (Kapitel 4.4.1). Anschließend wird zur weiteren Kontrastierung die Forschungssituation innerhalb der Deutschdidaktik eingehend diskutiert (Kapitel 4.4.2). Abschließend werden die herausgearbeiteten Erkenntnisse mit dem Forschungsinteresse dieser Arbeit verknüpft und auf dieser Basis Folgerungen für die eigene Untersuchung formuliert (Kapitel 4.4.3).

4.4.1 Forschungserkenntnisse der Pädagogischen Psychologie

Intensive Forschungsaktivitäten zu Fragen der Diagnostik sind aktuell schwerpunktmäßig in der Pädagogischen Psychologie verankert. Aber auch hier ist der empirische Forschungsstand nach wie vor „vergleichsweise dünn" (Artelt 2009, S. 127) und noch viele Fragen offen. Mit allen bereits in Kapitel 4.3 dargelegten methodischen und konzeptionellen Einschränkungen sollen in diesem Abschnitt einige wesentliche Befunde diskutiert werden (für einen umfassenderen Überblick: Karst 2012; Schrader 2011).

4.4.1.1 Befunde zur Struktur und Spezifität diagnostischer Urteile

Es wurde bereits auf theoretischer Ebene diskutiert, dass sich diagnostisches Handeln weniger über alle Fächer generalisieren lässt, sondern vielmehr über fachliche Inhalte bzw. am Lerngegenstand bestimmt werden muss (Kapitel 4.1). Die Konstruktvalidität und Dimensionalität der diagnostischen Fähigkeiten von Lehrkräften ist auch Gegenstand mehrerer Untersuchungen, die auf dem produktorientierten Ansatz (Kapitel 4.3.2.1) zur Modellierung diagnostischer Kompetenz basieren. Diese Studien kommen übereinstimmend zu dem Ergebnis, dass die diagnostische Kompetenz von Lehrkräften ein mehrdimensionales Konstrukt darstellt.[58] Welche Befunde liegen nun konkret vor?

Ein Indikator für ein generelles Fähigkeitskonstrukt diagnostischer Kompetenz wäre ein feststellbarer Zusammenhang zwischen den einzelnen skizzierten Komponenten der Urteilsgenauigkeit (Kapitel 4.3.2.1). Gleich in mehreren Studien wurde untersucht, inwieweit diese Teilkomponenten tatsächlich miteinander korrelieren. So konnte etwa Karst (2012) aufzeigen, dass die verschiedenen Komponenten nur geringfügig miteinander zusammenhängen und die Ausprägung der einzelnen Teildimensionen eher situationsspezifisch zu bestimmen ist (ebd., S. 194f.). Dieses Ergebnis und Befunde weiterer Studien (u. a. Brunner et al. 2011, S. 228; Spinath 2005, S. 93f.) bestätigen, dass ein generelles Fähigkeitskonstrukt diagnostischer Kompetenz wohl nicht existiert. Es ist vielmehr davon auszugehen, dass die einzelnen Teilkomponenten *Indikatoren* diagnostischer Kompetenz darstellen.

Neben der Frage, wie die einzelnen Teilkomponenten diagnostischer Kompetenz zusammenhängen, wird in neueren Studien die Fachspezifität diagnostischer Kompetenz geprüft (u. a. Lorenz/Artelt 2009; Praetorius et al. 2011; Spinath 2005). So konnten Lorenz und Artelt (2009) in einer Studie mit 127 Grundschullehrkräften für die Fächer Mathematik und Lesen aufzeigen, dass Lehrkräfte, die über eine

---

58 Siehe dazu die empirischen Befunde in den Untersuchungen von Anders et al. (2010); Brunner et al. (2011); Dünnebier/Gräsel/Krolak-Schwerdt (2009); Karst (2012); Lintorf et al. (2011); McElvany et al. (2009); Praetorius et al. (2011); Schrader/Helmke (1987); Schrader (1989); Spinath (2005); Südkamp/Möller (2009); van Ophuysen (2010).

gute Diagnoseleistung im Bereich Lesen verfügen (hier konkret im Bereich Wortschatz), nicht zwingend gute Diagnostiker im Fach Mathematik sind (ebd., S. 216). Die diagnostische Kompetenz einer Lehrkraft kann also je nach Fach unterschiedlich gut ausgeprägt sein. Aus didaktischer Sicht ist dieser Befund nachvollziehbar und fachlich (normativ) noch weiter zu spezifizieren: Es ist davon auszugehen, dass eine Lehrkraft beispielsweise gute diagnostische Kenntnisse im Bereich Lesekompetenz aufweisen kann, während ihr das fach- und anforderungsgerechte Diagnostizieren von Schülerkompetenzen im Bereich Orthographie Schwierigkeiten bereitet (dazu etwa die Ergebnisse bei Artelt 2009, S. 129f.). Insgesamt zeigt sich in den diskutierten Studien bzw. Befunden, dass eine empirische Evidenz dafür besteht, dass Diagnoseleistungen eine *fachspezifische* Komponente enthalten.

4.4.1.2 Befunde zum Urteilsprozess

Die wenigen vorliegenden Studien zum Prozess der Urteilsbildung orientieren sich oftmals an dem Experten-Novizen-Paradigma (u. a. Bromme 1992, siehe Kapitel 5.1). Hier zeigt sich, dass interindividuelle Unterschiede zwischen Experten und Novizen vor allem in der Flexibilität bei der Informationsverarbeitung und bei der Zielfokussierung der Diagnose liegen (etwa Krolak-Schwerdt/Böhmer/Gräsel 2009; van Ophuysen 2006). Erkenntnisse hierzu hat vor allem die Forschungsgruppe um Sabine Krolak-Schwerdt und Cornelia Gräsel gebracht. In einer ersten Studie befassten sich Krolak-Schwerdt et al. (2009) damit, ob und inwiefern sich die Verarbeitung von diagnostischen Informationen über Schülerinnen und Schüler – hier mit dem Ziel einer Schullaufbahnempfehlung – bei erfahrenen Lehrkräften und Studierenden der Naturwissenschaften unterscheidet (ebd., S. 176). Ein wesentliches Ergebnis der Studie ist, dass erfahrene Lehrkräfte ihre Urteilsbildung flexibel an das Verarbeitungsziel anpassen, während das diagnostische Urteil von Novizen trotz neuer Informationen stabil bleibt. Diesen Befund bestätigt die Studie von van Ophuysen (2006), die anhand der Schullaufbahnempfehlung von angehenden und praktizierenden Grundschullehrkräften aufzeigen konnte, dass erfahrene Lehrkräfte im Vergleich mit Lehramtsstudierenden nicht nur gegebene diagnostische Informationen differenzierter beurteilten, sondern auch flexibler waren, bereits getroffene Urteile aufgrund neuer diagnostischer Informationen zu revidieren (ebd., S. 158f.).

Eine weitere Studie aus der Forschungsgruppe um Krolak-Schwerdt (Dünnebier/Gräsel/Krolak-Schwerdt 2009) fokussiert den Einfluss vorab gegebener Einschätzungen über Schülerinnen und Schüler (sog. „Anker") auf die individuellen diagnostischen Urteile im Fach Deutsch. Bei erfahrenen Deutschlehrkräften hat dieser Anker nur dann Einfluss, wenn die Lehrkräfte eine Einschätzung in Bezug auf eine Schullaufbahnempfehlung vornehmen sollten, d. h. eine Selektionsentscheidung vornehmen mussten. Darin unterscheiden sie sich von Novizen, die sich unabhängig von der Zielvorgabe von anderen Personen bei ihrem diagnostischen Urteilen beeinflussen ließen (ebd., S. 193). Mit aller Vorsicht kann also angenommen werden, dass mit zunehmender Berufserfahrung die Informationsverarbeitung der Situation angepasst und diagnostische Urteile flexibler gebildet werden; eine Aussage über die Güte des diagnostischen Urteils ist damit aber nicht getroffen. Weitgehend ungeklärt ist momentan noch die Frage, ob Lehrkräfte getroffene Urteile über einen längeren Zeitraum ändern oder ob ihre Urteile stabil bleiben (Schrader 2011, S. 688).

Grundsätzlich ist für alle skizzierten Untersuchungen die ökologische Validität der Befunde zu hinterfragen (Kapitel 4.3.3). Schließlich fanden die genannten Untersuchungen in laborähnlichen Testsituationen statt, sodass zu prüfen ist, „ob Urteilsprozesse in Realsituationen ähnlich ablaufen und somit auf die schulische Beurteilungspraxis übertragen werden können" (Schrader 2009, S. 239).[59]

4.4.1.3 Befunde zum Einschätzen von Schülerleistungen und der Schwierigkeit von Aufgaben

Die Mehrzahl der psychologischen Studien bezieht sich auf die Rangkomponente diagnostischer Kompetenz und untersucht dabei, wie gut es Lehrkräften gelingt, präzise die Kompetenzen ihrer Schülerinnen und Schüler zu diagnostizieren. Wie verschiedene Studien übereinstimmend zeigen, schätzen Lehrkräfte – je nach Bereich – die Schülerleistungen schlecht bis mittelmäßig gut ein (u. a. Anders et al. 2010, S. 184; Brunner et al. 2011, S. 224; Schrader/Helmke 1987, S. 40). So kommen Südkamp et al. (2012) in ihrer Meta-Analyse von insgesamt 75 nationalen und internationalen Studien, in denen die Rangreihung von Leistungsurteilen im Vordergrund stand, zu einem durchschnittlich moderaten Ergebnis ($r = .63$). Ein ähnliches positives Bild zeigte bereits eine erste systematische Meta-Analyse – vorwiegend anglo-amerikanischer Studien – von Hoge und Colardarci (1989) in den achtziger Jahren (mittlere Korrelation $r. = .66$; für den Bereich Lesen ein Median von $r. = .69$). Ihr Befund ist jedoch differenzierter zu betrachten: So ist etwa zu bedenken, dass Übersichtsstudien in der Regel sehr abstrakt sind, um psychometrischen Anforderungen gerecht zu werden – wodurch letztlich die Validität der Ergebnisse verzerrt wird. Im Übrigen wird bei der Beurteilung der Rangfolge die Einschätzung des Niveaus außer Acht gelassen

---

59 Problembewusst in dieser Hinsicht sind: Dünnebier/Gräsel/Krolak-Schwerdt (2009, S. 191) sowie Krolak-Schwerdt/Böhmer/Gräsel (2009, S. 184).

(Kapitel 4.3.2.1). Somit können „Lehrer nach diesem Kriterium auch als gute Diagnostiker gelten, wenn sie die Schülerleistungen systematisch stark über- oder unterschätzen" (Spinath 2005, S. 87).

Die wesentlich weniger vorhandenen Studien zur Niveaukomponente zeigen ebenfalls, dass Lehrkräfte die Leistungen ihrer Schülerinnen und Schüler eher unzureichend einschätzen können. Ein oft berichteter Befund besteht darin, dass Lehrkräfte die Leistungen ihrer Lernenden *überschätzen* (für den Bereich Lesekompetenz z. B. Artelt et al. 2001, S. 119–121; Karing/Matthäi/Artelt 2011, S. 165; Rjosk et al. 2011, S. 99). So wurde in einer australischen Studie von Bates und Nettelbeck (2001) untersucht, inwiefern Lehrkräfte die basalen Leseleistungen von 6-8-jährigen Schülerinnen und Schülern angemessen diagnostizieren können. Gerade bei den leseschwachen Lernenden neigten die Lehrkräfte in der Studie dazu, die Leistungen der Schülerinnen und Schüler zu überschätzen (ebd., S. 179ff.). Dieser Befund wird neben den bereits berichteten PISA-Ergebnissen (Artelt et al. 2001, S. 119f.) auch in neueren nationalen und internationalen Studien bestätigt (z. B. die Ergebnisse bei Begeny et al. 2008; Feinberg/Shapiro 2003 und 2009; Rjosk et al. 2011). Ein Erklärungsansatz für die tendenzielle Überschätzung der Schülerleistungen könnte etwa sein, dass sich Lehrkräfte nur an einer klasseninternen statt einer klassenübergreifenden Bezugsnorm orientieren (Feinberg/Shapiro 2009, S. 459f.; Schrader/Helmke 2002, S. 50). Eine leichte Überschätzung von Schülerleistungen ist aus didaktischer Sicht aber nicht zwingend als problematisch einzustufen: Wenn Lehrkräfte verbunden mit diesem Urteil anspruchsvolle aber zugleich noch bewältigbare Aufgaben für ihre Lernenden einsetzen – Stichwort: kognitive Aktivierung –, kann dies durchaus „günstige Entwicklungsanreize bieten" (Schrader 2001, S. 92). Studien, die auf ebendiesen Zusammenhang von Leistungseinschätzung und Aufgabenauswahl eingehen, gibt es bislang aber weder in der Pädagogischen Psychologie noch in der fachdidaktischen Forschung.[60]

Neben kognitiven Merkmalen im Fach werden derzeit auch vereinzelt nichtkognitive Merkmale untersucht (z. B. zu Interesse, Ängstlichkeit, Selbstkonzept). Vor allem das Fähigkeitsselbstkonzept spielt in diesem Zusammenhang eine zentrale Rolle (u. a. bei Praetorius et al. 2010; Praetorius et al. 2011; Spinath 2005). Die Bedeutung des Selbstkonzepts von Schülerinnen und Schülern im Bereich Lesekompetenz wurde bereits vertiefend diskutiert. In Bezug auf Studien zu nichtkognitiven Merkmalen überschätzen die Lehrkräfte tendenziell – gegenteilig zu den Befunden für leistungsbezogene Merkmale – das Fähigkeitsselbstkonzept

---

60 Für eine erste Annäherung sei hier auf die Studie von Brunner et al. (2011) verwiesen.

ihrer Lernenden (Hosenfeld/Helmke/Schrader 2002, S. 80; Praetorius et al. 2011, S. 88; Spinath 2005, S. 91). Möglicherweise ist dies darauf zurückzuführen, dass nicht-kognitive Merkmale aus Lehrersicht schwerer einschätzbar sind und die Messinstrumente die Schülermerkmale mitunter ungenau erfassen (dazu auch Hesse/Latzko 2011, S. 34; Praetorius/Lipowsky/Karst 2012, S. 126).[61] Aus fachdidaktischer Perspektive muss weiterführend die Frage gestellt werden, *wie* sich entsprechende Fehleinschätzungen auf die Unterrichtsgestaltung auswirken können bzw. inwiefern Interesse oder Motivation der Lernenden eventuell im Unterricht (nicht) aufgegriffen werden. Bedenkt man, wie wichtig entsprechende subjektiven Aspekte – unter anderem im Bereich Lesekompetenz – sind, so zeigt sich hier mit aller Vorsicht ein relevanter Anknüpfungspunkt für die Lehrerbildung (dazu auch Hascher 2008, S. 78).[62]

Ein Kernbereich der Diagnosepraxis von Lehrkräften ist Einschätzung der Aufgabenschwierigkeit (s. o.); hier gibt es derzeit nur wenige Untersuchungen. Allerdings: Der Begriff „Aufgabenschwierigkeit" wird in psychologischen Arbeiten so definiert, dass der Anteil der Schülerinnen und Schüler bestimmt wird, die eine Aufgabe lösen bzw. eben nicht lösen können (zur Bestimmung von Aufgabenschwierigkeit aus deutschdidaktischer Perspektive: Winkler 2011, S. 41–54). Darüber hinaus ist zu berücksichtigen, dass in Studien zur Einschätzung der Aufgabenschwierigkeit komplexere Wahrnehmungs- und Verarbeitungsleistungen von den Lehrkräften eingefordert werden. Denn „solche Einschätzungen [verlangen] sowohl Wissen über Personen als auch Wissen über Aufgabenmerkmale […]" (Karing/Pfost/Artelt 2011, S. 122). In der Mehrzahl gelingt es Lehrkräften in den vorliegenden Studien nicht, die Aufgabenschwierigkeit angemessen einzuschätzen; in der Regel werden die Aufgabenanforderungen von den Lehrkräften *unterschätzt* (z. B. Brunner et al. 2011; Karst 2012; McElvany et al. 2009). Als einen Erklärungsansatz für dieses ernüchternde Ergebnis führen Hosenfeld et al. (2002) an, dass Lehrkräfte vielmehr die Kompetenz der Schülerinnen und Schüler als die tatsächliche Leistung in der spezifischen Testsituation beurteilen (ebd., S. 79). Dies ist sicherlich eine Möglichkeit. Darüber hinaus ist nach meiner Auffassung eine generelle Problematik darin zu sehen, dass in den

---

61 Bereits in Kapitel 3.1 und 3.3 wurde diskutiert, dass motivational-emotionale Aspekte im Bereich Lesen schwieriger zu erfassen sind.
62 Als weitere Variable ist zu bedenken, inwieweit Schülerinnen und Schüler in einer Befragung sowohl entwicklungs- als auch erfahrungsbedingt bereits in der Lage sind, valide Selbsteinschätzungen über bestimmte Merkmale vorzunehmen (ähnlich Hesse/Latzko 2011, S. 34f.; Schrader 2009, S. 241).

genannten Studien lediglich psychologische Testaufgaben die Grundlage für die Erhebung diagnostischer Kompetenz bilden. Mit Blick auf die ökologische Validität der Ergebnisse wäre es angemessener, Aufgaben heranzuziehen, die auch im eigenen Unterricht der Lehrkräfte zum Einsatz kommen und in diesem Sinne für die Lehrkräfte handlungsrelevant sind (dazu auch Artelt 2009, S. 134; McElvany et al. 2009, S. 233).

Im Vergleich zeigt sich in den empirischen Studien, dass bei Lehrkräften globale Urteile akkurater ausfallen als aufgabenspezifische Urteile. So konnten Karing/Matthäi/Artelt (2011) nachweisen, dass bei Sekundarschullehrkräften globale Einschätzungen im Bereich Lesen und Mathematik signifikant akkurater ausfallen als beim aufgabenspezifischen Lehrerurteil. Zu diesem Ergebnis kommt bereits die australische Studie von Begeny und Kollegen (2008), in der Grundschullehrkräfte die Lesekompetenz (konkret: die Leseflüssigkeit und Dekodiergenauigkeit) bei ihren Lernenden einschätzen sollten. Diese Befunde legen nahe, dass es Lehrkräften offensichtlich leichter fällt, ein übergreifendes Urteil zu bilden, als die Leistung ihrer Lernenden für eine konkrete Aufgabe einzuschätzen. Diese Feststellung ist zum Teil sicherlich in der Komplexität des Verarbeitungsprozesses begründet: Neben dem Wissen über das zu beurteilende Konstrukt müssen Lehrkräfte bei Untersuchungen zur Aufgabenschwierigkeit zudem das entsprechende Wissen über Aufgabenmerkmale aufweisen, um die Aufgabenschwierigkeit akkurat einschätzen zu können (s. o.). Aus didaktischer Perspektive lässt sich aus der Differenz zwischen globalem und aufgabenspezifischem Urteil weiterhin ableiten, dass Lehrkräfte eher auf *implizite* als explizite Kriterien für ihre Diagnosen zurückgreifen, wenn sie den (Lese-)Kompetenzstand ihrer Lernenden einschätzen.

Insgesamt können Lehrkräfte die Leistungen ihrer Lernenden gering bis moderat einschätzen. Gleichwohl ist durch die in diesem Abschnitt diskutierten Ergebnisse nicht aufgezeigt, dass Lehrkräfte generell über mangelhafte Diagnosefähigkeiten verfügen: ein oft berichteter Befund ist nämlich, dass zwischen den einzelnen Lehrkräften in einer Stichprobe deutliche Unterschiede in der Ausprägung der Urteilsgenauigkeit bestehen (Anders et al. 2010, S. 184; Hoge/Coladarci 1989, S. 306; Spinath 2005, S. 85ff.; für den Bereich Lesen u. a. Karing/Matthäi/Artelt 2011, S. 165; Lorenz/Artelt 2009, S. 216ff.; Rjosk et al. 2011, S. 99). Es gibt also durchaus Lehrkräfte, die Leistungen ihrer Schülerinnen und Schüler adäquat einschätzen können. In welchen Merkmalen bzw. Wissensbeständen sich diese Lehrkräfte von ihren Kolleginnen und Kollegen unterscheiden, berührt die Frage nach möglichen Einflussfaktoren auf die diagnostische Kompetenz – dieser Aspekt ist jedoch noch nicht hinreichend geklärt. Die momentan vorhandenen Erkenntnisse, die zumindest erste Vermutungen über mögliche Prädiktoren zulassen, sollen nachfolgend diskutiert werden.

4.4.1.4 Einflussfaktoren auf die Urteilsgenauigkeit

Mit Blick auf die Entwicklung eines Diagnoseinstruments drängt sich die didaktisch relevante Frage auf, *wodurch* die beschriebenen Unterschiede in der Diagnosegenauigkeit von Lehrkräften begründet sind. Zu dieser bedeutenden Frage hat sich innerhalb der Akkuratheitsforschung ein eigener Forschungszweig gebildet. Diese Forschung steht hier aber noch am Anfang, ist durchaus widersprüchlich und lässt entsprechend nur wenige gesicherte Annahmen zu (Südkamp/Kaiser/Möller 2012, S. 14; van Ophuysen/Lintorf 2013, S. 64). Insofern werden in diesem Abschnitt vielmehr mögliche als empirisch gesicherte Einflussfaktoren auf die Qualität des diagnostischen Handelns diskutiert (zusammenfassend: Lorenz 2009, S. 73–98).

In mehreren Studien wurden die *Schülermerkmale* als Einflussfaktor auf die Urteilsgenauigkeit untersucht (u. a. Hoge/Colardarci 1989; Karing/Matthäi/Artelt 2011; Südkamp/Kaiser/Möller 2012). Ein relevanter Prädiktor scheint die Leistungsheterogenität innerhalb der Klasse zu sein. So wurde in der Studie von Rjosk et al. (2011) untersucht, ob eine starke Leistungsheterogenität in einer Klasse (Jg. 6) die Einschätzung der Rangkomponente in Bezug auf die basalen Lesefähigkeiten der Lernenden erleichtert. Es wurde deutlich, dass den befragten Deutschlehrkräften die Einschätzung bzw. Urteilsbildung in denjenigen Klassen leichter fiel, in denen eine starke Leistungsheterogenität vorherrschte (siehe dazu auch die Ergebnisse bei Schrader 1989).

In Bezug auf *Lehrermerkmale* ist in der Literatur häufig die Annahme vorzufinden, dass eine zunehmende Berufserfahrung einen wichtigen Einflussfaktor für die Qualität der Urteilsbildung darstellt. Entgegen der vorhandenen theoretischen Plausibilität dieser These konnten bislang keine eindeutigen Effekte nachgewiesen werden. In den Untersuchungen von Schrader (1989), McElvany et al. (2009) und Praetorius et al. (2011) ergibt sich kein bzw. nur ein schwacher Zusammenhang zwischen den diagnostischen Fähigkeiten und der Berufserfahrung von Lehrkräften (ähnlich für den englischsprachigen Raum: Bates/Nettelbeck 2001; Demaray/Elliot 1998; Feinberg/Shapiro 2003). Weitere mögliche Faktoren sind die Ausbildung oder die schulformspezifische Fachkultur (z. B. die Ergebnisse bei Helmke/Schrader 1987; Karing 2009; van Ophuysen 2006). So konnte Karing (2009) bei einem Vergleich der Diagnosegenauigkeit von Grundschul- und Gymnasiallehrkräften zeigen, dass

Grundschullehrkräfte über deutlich bessere Diagnoseleistungen in den Bereichen Wortschatz und Textverstehen verfügen (ähnliche Ergebnisse bei Karing/Pfost/Artelt 2011).[63] Dieser Befund ist möglicherweise darüber erklärbar, dass unterschiedliche strukturelle Bedingungen im Primar- und Sekundarstufenbereich vorliegen, etwa mit Blick auf die Zusammensetzung der Schülerschaft oder das Klassenlehrerprinzip in der Grundschule.

Als weiterer Einflussfaktor auf die diagnostischen Fähigkeiten von Lehrkräften sind die lehrerseitigen Wissensbestände denkbar, die bei diagnostischen Urteilen handlungsrelevant werden. McElvany et al. (2009) konnten in ihrer Studie allerdings nur schwache Zusammenhänge zwischen dem fachdidaktischen Wissen von Lehrkräften und ihren diagnostischen Fähigkeiten feststellen. Dieser Umstand wirft die Frage auf, wie fachdidaktisches Wissen in das diagnostische Handeln einfließt. Dass unterschiedliche konzeptuelle Vorstellungen wie auch die möglicherweise unterschiedliche Gewichtung von Indikatoren eine Rolle spielen können, wird forschungsseitig zwar vermutet (Praetorius et al. 2010, S. 129), ist bislang aber nicht hinreichend untersucht worden. Insgesamt deuten die bestehenden Befunde darauf hin, dass es sich beim diagnostischen Wissen um einen explizit zu vermittelnden Erwerbsprozess handelt und diagnostische Fähigkeiten eben nicht nur ‚in practice' erworben werden können. Weiterhin gibt es aber keine Studien, die in einem umfassenderen Sinne mehrere Einflussfaktoren zugleich in den Blick nehmen, zumeist wird nur ein Faktor isoliert herausgegriffen.

4.4.1.5 *Effekte der Urteilsgenauigkeit auf den Lernerfolg*

Auf Basis kompetenter Diagnosen kann angemessen und somit schließlich effizient gefördert werden, so die einhellige Meinung in der Forschung. Diese Position ist theoretisch äußerst überzeugend. Signifikante empirische Evidenz für die Wirksamkeit diagnostischer Kompetenz von Lehrkräften auf den Lernerfolg von Schülerinnen und Schülern gibt es momentan aber noch nicht. Die dünne Forschungslage ist sicherlich auf die Komplexität der zu erhebenden Wirkungskette (diagnostische Fähigkeiten der Lehrkraft – Unterrichtsgestaltung – Lernerfolg der Schülerinnen und Schüler) zurückzuführen. Nur einige wenige Studien haben die Bedeutung diagnostischer Kompetenz für die Strukturierung von Unterrichtsprozessen eingehender untersucht (Schrader 2013, S. 161; für

---

[63] Hier ergibt sich ein interessanter Zusammenhang mit den Befunden aus PISA und DESI: In diesen Leistungsstudien zeigt sich ebenfalls, dass am Gymnasium Maßnahmen zur Differenzierung nur geringe Berücksichtigung finden (siehe Kapitel 5.3.2).

die Leseforschung Afflerbach/Cho 2011, S. 508). Die vorliegenden Befunde sind divergent und konzentrieren sich sämtlich auf die diagnostische Kompetenz von Mathematiklehrkräften (Anders et al. 2010; Helmke/Schrader 1987; Schrader 1989).

Häufig wird zur Wirksamkeit diagnostischer Kompetenz die Münchner SCHO-LASTIK-Studie herangezogen, die bereits in den 1980er-Jahren durchgeführt wurde. Im Zentrum der Untersuchung stand die Entwicklung der Mathematikleistungen von Schülerinnen und Schülern in Abhängigkeit von Unterrichtsqualität, Klassenführung und den individuellen Lernvoraussetzungen (Helmke/Schrader 1987; auch Schrader 1989). Helmke und Schrader (1987) konnten in dieser Studie – erhoben wurde die Niveaukomponente – immerhin einen indirekten Zusammenhang zwischen Diagnosequalität und Lernerfolg nachweisen. Ein Effekt auf die Schülerleistung im Fach Mathematik wurde nur im Zusammenwirken einer hohen Genauigkeit des diagnostischen Urteils mit einer hohen Ausprägung von geeigneten Strukturierungshilfen wirksam (ebd., S. 96; auch Schrader 1989, S. 148). Aus didaktischer Perspektive erscheint dieser Befund tragfähig, da eine angemessene Diagnose in adäquate didaktische Entscheidungen münden soll bzw. muss (dazu etwa die Ergebnisse bei Beck et al. 2008, S. 125–129).

In einer neueren Untersuchung im Rahmen der COACTIV-Studie konnten Brunner et al. (2011) herausarbeiten, dass sowohl eine akkurate Einschätzung der Leistungsrangfolge als auch die aufgabenbezogene Urteilsgüte von Mathematiklehrkräften die Leistungsentwicklung der Lernenden signifikant beeinflusste (Brunner et al. 2011, S. 228ff.). Der direkte Zusammenhang zwischen der Fähigkeit, die Aufgabenschwierigkeit angemessen einzuschätzen, und dem Lernerfolg der Schülerinnen und Schüler konnte teilweise durch ein höheres kognitives Aktivierungspotenzial im Unterricht erklärt werden. Karing/Pfost/Artelt (2011) untersuchten, ob die Fähigkeit zur akkuraten aufgabenspezifischen Beurteilung bei Sekundarlehrkräften in Zusammenhang mit der Leseentwicklung der Lernenden (5./6. Jg.) steht. In der Studie konnte ein positiver Zusammenhang nachgewiesen werden. Allerdings zeigte sich dieser positive Effekt auf die Leseentwicklung nur dann, wenn zusätzlich ein Großteil an Maßnahmen zur Individualisierung im Unterricht erfolgte (ebd., S. 141). Die beschriebene Wirkungskette konnte im Fach Mathematik, das ebenfalls in der Studie untersucht wurde, allerdings nicht repliziert werden.

Die Befunde geben Anlass zur Annahme, dass diagnostische Kompetenz nur im Zusammenhang mit anderen Facetten, wie etwa Strukturierungsmaßnahmen im Unterricht, eine Wirkung auf den Lernerfolg der Schülerinnen und Schüler entfaltet. Das heißt konkret, dass Diagnosefähigkeiten der Lehrkraft nur dann wirksam werden, „wenn der Lehrer seine Diagnosefähigkeit in ein geeignetes Unterrichtsverhalten umsetzt" (Schrader 1989, S. 165). Helmke beschreibt diagnostisch Kompetenz deshalb als eine *„Katalysatorvariable"* (Schrader 2010, S. 132; Herv. ebd.).

Ein Erklärungspunkt für die bislang strittigen Ergebnisse zur Wirkung diagnostischen Handelns mag in der komplexen Wirkungskette liegen, die den Untersuchungen zugrunde liegt (s. o.). Darauf verweisen implizit auch Praetorius et al. (2012), wenn sie anführen, „dass der Weg vom Diagnostizieren über die Umsetzung in unterrichtlichem Handeln und die Lernaktivitäten der Schüler bis hin zur tatsächlichen Lern- und Leistungsentwicklung der Schüler sehr weit ist" (ebd., S. 133). Insofern ist die Befundlage zu diesem Aspekt momentan so begrenzt und divergent, dass keine weitreichenden Schlussfolgerungen zur Wirkung diagnostischer Fähigkeiten gezogen werden können.

4.4.2 Deutschdidaktische Forschungserkenntnisse

Über lange Zeit hat die Deutschdidaktik die Diagnosepraxis von Deutschlehrkräften schlichtweg ignoriert. Untersuchungen, die sich mit dem Thema Diagnose im Deutschunterricht auseinandersetzen, sind bis dato auffallend selten; und das, obwohl die Relevanz von Diagnostik auf theoretischer Ebene, verbunden mit entsprechenden normativen Setzungen der Disziplin, wiederholt betont wurde und wird (Kapitel 4.2.1). So verwundert es nicht, dass Bräuer und Winkler (2012) in ihrem Forschungsüberblick diagnosebezogene Fragestellungen als wesentliches Forschungsdesiderat innerhalb deutschdidaktischen Professionsforschung markieren (ebd., S. 78f.).[64] Die wenigen Arbeiten zum Thema Diagnostik im Deutschunterricht sind bis dato überwiegend in der Grundschule angesiedelt. Was die Forschung zur Diagnosepraxis in der Sekundarstufe I und II betrifft, kann aus lesediagnostischer Perspektive bislang nur auf die noch nicht abgeschlossene Studie von Schmill (2013) zurückgegriffen werden, zu der immerhin erste Befunde vorliegen.[65]

Die im Primarbereich zu verortenden Studien von Inckemann (2008), Steck (2009) und Rank et al. (2011) befassen sich mit der Änderung diagnostischer

---

64 In ihrem Forschungsüberblick widmen Bräuer und Winkler (2012) dem Untersuchungsfeld immerhin einen eigenen Abschnitt (ebd., S. 78f.). Diese Setzung unterstreicht, dass der Diagnosepraxis von Deutschlehrkräften innerhalb der deutschdidaktischen Professionsforschung zunehmend Aufmerksamkeit entgegengebracht wird.

65 Zur Bewertung von Schülertexten existieren einige ältere Studien (zusammenfassend: Baurmann 2002, S. 125–148).

Kompetenz durch Lernangebote im Rahmen von Lehrerfortbildungen. Im Mittelpunkt der Interventionsstudie von Rank et al. (2011) stehen die förderdiagnostischen Kompetenzen von Grundschullehrkräften im Bereich des Schriftspracherwerbs vor und nach einer Fortbildung durch situiertes Lernen (ebd., S. 72). Erhoben wurden die Daten mit insgesamt 67 Deutschlehrkräften, die in zwei Experimentalgruppen und eine Kontrollgruppe eingeteilt wurden (vertiefend zum Forschungsdesign Rank/Hartinger/Fölling-Albers 2010). In der Studie wurden sowohl qualitative als auch quantitative Daten an vier Messzeitpunkten durch Fragebögen, Tests zum Transfer, stimulated-recall Interviews und Videographie erhoben. Bemerkenswert ist der „Matthäus-Effekt", der sich in dieser Studie zeigt: In der Fortbildung profitierten vor allem diejenigen Lehrkräfte von den situierten Lernbedingungen, die bereits gute fachliche Voraussetzungen mitbrachten. Vor allem das vorhandene fachdidaktische Wissen war eine entscheidende Komponente für den Fortbildungsgewinn (ebd., S. 80f.).[66] Mit Blick auf die Tatsache, dass die positiven Effekte der Fortbildung nicht für sämtliche Lehrkräfte nachgewiesen werden konnten, plädiert die Forschergruppe dafür, Fortbildungen an die vorhandenen Relevanzsetzungen, d. h. konkret an das förderdiagnostische Selbstverständnis der Lehrkräfte, anzubinden (ebd., S. 81).

Genau diese Anknüpfung an die Überzeugungen von Lehrkräften berücksichtigt Inckemann (2008) im Rahmen einer qualitativen Studie. Sie erfasst die Subjektiven Theorien von 20 Grundschullehrkräften zur Diagnose und Förderung im Bereich des Schriftspracherwerbs sowie deren Änderbarkeit durch eine selbst entwickelte Fortbildung (zum Begriff Subjektive Theorien siehe Kapitel 5.1.1). Die Subjektiven Theorien der Deutschlehrkräfte wurden anhand von leitfadengestützten Interviews sowie teilweise auf Basis von Unterrichtsbeobachtungen rekonstruiert (zum Forschungsdesign: Inckemann 2008, S. 101–103). Vor der Fortbildung gaben die teilnehmenden Lehrkräfte an, dass sie vordergründig in lehrergelenkten Unterrichtssituationen diagnostizieren und Arbeitsprodukte für die Einschätzung des Kompetenzstandes nutzen (ebd., S. 105). Wissen über formelle oder informelle Diagnoseverfahren, das zudem noch handlungsrelevant für den Deutschunterricht ist, wird in den rekonstruierten Aussagen kaum erkennbar.[67] Ausführlichere Hinweise auf die Indikatoren, die von den Lehrkräften zur

---

66 Mit Blick auf die Konstruktion eines Diagnoseverfahrens ist weiterhin der Befund bedeutend, dass eine gute Vernetzung im Kollegium die Wirksamkeit erhöht.
67 Dieser Befund korrespondiert mit den Untersuchungsergebnissen einer Studie von Jäger/Jäger-Flor (2008). Dort gaben nur 14,4 Prozent der befragten Lehrkräfte (N=545) an, sich selbst als sehr vertraut mit diagnostischen Instrumenten einzuschätzen (dazu Jäger 2009, S. 106f., 109). Weitere empirische Evidenz liefern Senkbeil et al. (2004) in

4 Diagnostik im Deutschunterricht der Sekundarstufe I

Diagnose angelegt werden, bietet die Studie von Inckemann allerdings nicht. Zudem wird in der Studie nicht hinreichend transparent, inwiefern genau die vorab rekonstruierten Subjektiven Theorien in die Planung der Fortbildung eingeflossen sind.[68] Insbesondere wäre dabei zentral, *welche* Wissensbestände der Lehrkräfte in das Fortbildungskonzept integriert wurden. Umfassende Ausführungen zur Gestalt des Lehrerwissens werden im Beitrag allerdings nicht deutlich, sodass die angeführten Zitate wohl eher nur einen Teil des handlungsrelevanten Lehrerwissens widerspiegeln. Inckemann weist nach, dass sich die Wissensbestände der beteiligten Lehrkräfte zur Diagnose und Förderung im Schriftspracherwerb zumindest in Teilen erweitern lassen (ebd., S. 111–113). So zeigt sich nach der Fortbildung unter anderem eine stärkere Berücksichtigung von standardisierten Testverfahren zum Schriftspracherwerb. Ob, wie Inckemann ausführt, die explizite Nennung von standardisierten Verfahren in einer handlungsfernen Situation gleichzusetzen ist mit einer Änderung zur „ausgesprochene[n] Akzeptanz" (ebd., S. 105) und der Überführung in handlungsleitendes Wissen der Lehrkräfte, ist jedoch zu hinterfragen (zur Unterscheidung von Lehrerwissen und -handeln siehe Kapitel 5.1.3).

Betrachtet man zum Themenfeld Diagnose spezifisch den Bereich Lesekompetenz, so sind die Untersuchungsergebnisse von Steck (2009) von Interesse. In einer Interventionsstudie untersucht sie das Wissen von Grundschullehrkräften vor und nach einer von ihr konzipierten Fortbildung. Dabei sind unter anderem die Diagnosekompetenzen der Lehrkräfte Gegenstand der Untersuchung, welche mittels Interviews erfasst werden. Steck ermittelt, dass die Lehrkräfte in ihrer Studie vor der Fortbildung nur über eine gering ausgeprägte diagnostische Kompetenz im Bereich Leseverstehen verfügen und diesen ein theoretisches Konzept fehle, um die Lesekompetenz der Schülerinnen und Schüler angemessen einschätzen zu können (ebd., S. 153). Die Wissensbestände der Lehrkräfte zur Lesediagnostik können durch die durchgeführte Fortbildung jedoch gefördert werden (ebd., S. 156–158).[69] Kritisch zu betrachten ist, dass die handlungsrelevanten

---

einer Erweiterungsstudie im Rahmen der PISA-Studie 2003: Anhand einer Schulleiterbefragung wurde herausgearbeitet, dass nur an insgesamt 22% der befragten Schulen standardisierte Testverfahren eingesetzt werden (ebd., S. 308).

68 Inckemann (2008) führt nur an, dass ein Austausch über die Subjektiven Theorien in den Fortbildungen stattgefunden hat (ebd., S. 102).

69 Steck (2009) versucht, dabei – im Sinne der Tradition der Aktionsforschung (Altrichter/Posch 2007) – die in der Anlage der Untersuchung inhärente Problematik zu bewältigen, eine eigens entwickelte und durchgeführte Fortbildung zu evaluieren. Diese besondere Herausforderung als auch die in Teilen stark zu bemängelnde Transparenz

Wissensbestände der Lehrkräfte jedoch nicht umfassend, sondern vielmehr unter der Prämisse der Fortbildung extrahiert wurden. Das rekonstruierte diagnostische Wissen der Lehrkräfte kann „somit allenfalls als *Teil des Wissens* gelten, welches das Handeln der beforschten Grundschullehrkräfte bestimmt" (Scherf 2013, S. 41; Herv. F.S.).

In welche didaktischen Entscheidungen diagnostische Urteile von Lehrkräften münden, ist weitgehend unerforscht (Hesse/Latzko 2011, S. 32; Jäger 2009, S. 113f.). Immerhin erste Anhaltspunkte liefert dazu die noch nicht abgeschlossene Fallstudie von Schmill (2013), die sich mit Handlungsentscheidungen von Sekundarschullehrkräften im Anschluss an „Assessmentinformationen"[70] zum Leseselbstkonzept von Schülerinnen und Schülern befasst (ebd., S. 25). Hiermit möchte Schmill die Lücke schließen, dass derzeit „weitgehend isoliert entweder zur Diagnose oder zur Förderung" geforscht wird (ebd., S. 23). Im Vergleich zu den bisher diskutierten psychologischen Untersuchungen zur Urteilsbildung (Kapitel 4.4.1) wird in der Schmills Studie unterrichtsnah geforscht und der tatsächliche Prozess der Urteilsbildung fokussiert. Die Erfassung der Handlungsentscheidungen erfolgt anhand von Lautdenkprotokollen mit insgesamt 14 Deutschlehrkräften, die zum Erhebungszeitpunkt in den Klassen 6–8 unterrichten. Im Vergleich der Lehrkräfte können laut Schmill erste Anhaltspunkte für eine unterschiedliche Vorgehensweise bei der Urteilsbildung herausgearbeitet und zu handlungsorientierten Mustern verdichtet werden. Diese variierenden Vorgehensweisen führen letztlich auch zu unterschiedlichen Fördermaßnahmen (ebd., S. 33). Interessant ist der Befund, dass einige Lehrkräfte ein früh getroffenes diagnostisches Urteil im weiteren Prozess weniger modifizieren als vielmehr bestätigen. Von Schmill (2013) wird dieses Handlungsmuster als „Komplexitätsreduktion durch Vereinheitlichen" bezeichnet (ebd., S. 36f.). Zum einen mag dieses Vorgehen im Handeln unter Druck (Wahl 1991) als auch generell in der Wahrnehmung von komplexen Prozessen begründet sein, zu deren Handhabung die eine Vereinfachung diagnostischer Informationen eine gangbare Strategie darstellt. Zum anderen mag ein Erklärungsansatz sein, dass

---

in der Darstellung der Ergebnisse lassen nur sehr bedingt Rückschlüsse auf das handlungsleitende Wissen der Lehrkräfte zu.

70 Die Begriffsbestimmung bleibt unscharf, da Schmill (2013) keine weiterführenden Ausführungen zur theoretischen Verortung ihres Verständnisses des Assessmentbegriffs macht. Einzig verweist sie darauf, dass mit dem Begriff „Assessment" sowohl die Nutzung formeller als auch informeller Verfahren zur Diagnose von Schülerkompetenzen bezeichnet wird (ebd., S. 23, Fußnote 2), was die Anbindung an das *formative assessment*-Paradigma (Kapitel 4.2.1) vermuten lässt.

Lehr- und Lernprozesse und somit auch diagnostische Informationen gefiltert durch die lehrerseitigen Auffassungen wahrgenommen werden.

4.4.3 Zusammenfassung

Insgesamt ist festzustellen, dass die referierten Studien und Forschungsergebnisse vorrangig eine psychologische Perspektive einnehmen, wodurch zentrale (fach-)didaktische Fragen für und spezifische Anforderungen an diagnostisches Handeln im Deutschunterricht außen vor bleiben.[71] Darüber hinaus befassen sich die vorliegenden Studien zumeist nur mit einem Diagnoseverständnis im engeren Sinne, d. h. der Diagnosebegriff wird in den empirischen Studien auf die Genauigkeit des Urteils von Lehrkräften reduziert. Zentral sind dabei wiederum Untersuchungen, in denen Lehrkräfte die Leistungen ihrer Lernenden in eine Rangfolge bringen müssen – womit spezifisch die Leistungsdiagnostik in den Fokus der Forschung gerückt wird. Zentrale lernprozessbezogene Diagnosen, die auf einen individualisierend und förderorientiert gestalteten Unterricht abzielen, bleiben momentan weitestgehend unberücksichtigt. Darüber hinaus werden die Daten primär unterrichtsfern erhoben, wodurch die meisten empirischen Erkenntnisse nicht (einfach) auf alltägliche Unterrichtssituationen übertragen werden können. Vor allem fehlen anspruchsvollere qualitative Studien, die detaillierte fachspezifische Aussagen zur Diagnosepraxis von Lehrkräften bieten. Hier stützt sich die Diskussion zur Lehrerprofessionalität – insbesondere in der Deutschdidaktik – zu einem großen Teil nur auf normative Setzungen. Bedenkt man allein die in Kapitel 4.3.1 angeführte Bedeutung, die der Diagnostik in der Qualifizierung von Lehrkräften zugestanden wird, so ist dieser Umstand als höchst problematisch anzusehen.

Bis jetzt wurde noch nicht erforscht,

- *wie sich die alltägliche Praxis von Deutschlehrkräften in der Sekundarstufe I in Bezug auf die Diagnose von Lesekompetenz gestaltet.*

Dies betrifft Fragen zur Diagnose im Allgemeinen als auch im Speziellen für die Diagnose von Lesekompetenz. Welche Relevanzsetzungen sind bei Lehrkräften etwa zur Strukturierung von Diagnoseprozessen erkennbar? Gegenwärtig können vor allem für die Sekundarstufe I und II kaum Aussagen dazu erfolgen, inwiefern bestehende Konzeptionen zur Diagnostik als auch Diagnoseinstrumente in die alltägliche Unterrichtspraxis einfließen. Es ist weitgehend ungeklärt, auf welcher Grundlage fachdidaktische und methodische Entscheidungen getroffen

---

71 So wäre hier denn auch eine verstärkte interdisziplinäre Auseinandersetzung wünschenswert (analog: Bräuer/Winkler 2012, S. 79).

werden (dies gilt national wie auch international: Afflerbach/Cho 2011, S. 488; Leslie/Caldwell 2009, S. 410).

- *welche Wissensgrundlagen bei Deutschlehrkräften für ihre Diagnosen, speziell auch im Bereich Lesekompetenz, handlungsleitend werden.*

Es wurde bereits in Kapitel 4.1.3 herausgearbeitet, dass Diagnosen theoriegeleitet erfolgen sollen bzw. müssen. Aus dieser Perspektive ist es von nicht unerheblichem Interesse, herauszufinden, auf Basis welcher ‚Lesetheorie' und welchen Indikatoren von Lesekompetenz Deutschlehrkräfte ihre Diagnosen vollziehen. Wer etwa von einem stark kognitiv geprägten Lesekompetenzbegriff ausgeht, wird zu anderen Diagnosekriterien und Bemühungen greifen als jemand, der eher ein lesesoziologisches Begriffsverständnis anlegt.

- *welche interindividuellen Unterschiede zwischen den Lehrkräften, etwa in Bezug auf ihre Wissensgrundlagen und/oder in Bezug auf ihre Auffassungen zur Diagnose von Lesekompetenz, vorliegen.*

In den bestehenden Befunden werden weder kategorial noch fallbezogen die Unterschiede zwischen den einzelnen (Deutsch-)Lehrkräften hinsichtlich ihres diagnostischen Handelns thematisiert. Gerade solche Aussagen über die Genese und Struktur bieten aber wichtige Anhaltspunkte für die Lehrerprofessionalisierung sowie für die Entwicklung von (lese-)diagnostischen Verfahren, die Lehrkräfte in ihrer Diagnosepraxis unterstützen können.

Die skizzierte Befundlage zeigt, dass vertiefende (qualitative) Aussagen zum diagnostischen Handeln von Deutschlehrkräften eine dringend zu schließende Forschungslücke darstellen. Mit der Rekonstruktion lehrerseitiger Relevanzsetzungen zum Gegenstandsfeld, die in der vorliegenden Arbeit eine wesentliche Grundlage für die Entwicklung eines praxisnahen Diagnoseinstruments darstellen, kann hier einen Beitrag zur Schließung dieser Forschungslücke geleistet werden.

4.5 Bilanzierende Bemerkungen

Zusammenfassend sollen vor dem Hintergrund der Erkenntnisse dieses Kapitels zentrale Konsequenzen für das Anliegen der vorliegenden Arbeit formuliert werden.

Ein praxisnahes lesediagnostisches Verfahren für die Sekundarstufe I sollte...

- *auch eine prozessorientierte Diagnostik ermöglichen.*
Ein praxisnahes Diagnoseverfahren sollte Lehrkräften diagnostische Informationen bzw. Hinweise über den Lernverlauf bieten, auf deren Grundlage Maßnahmen zur künftigen Planung der Unterrichtsgestaltung bzw. zur Förderung von Lesekompetenz herangezogen werden können. Mit einer alleinigen Ertragsorientierung kann nicht geklärt werden, warum ein bestimmtes Lernziel nicht erreicht wurde und ebenso sind keine Rückmeldungen zu Erwerbsverläufen möglich. Viel zu oft beschränkt sich Diagnose auf die Beurteilung der Lesekompetenz der Schülerinnen und Schüler, und lernprozessbegleitende, förderorientierte Diagnosemöglichkeiten werden von Lehrkräften nicht genutzt. Eine kompetenzorientierte Diagnose zielt nicht nur auf eine einmalige Performanz – Lernentwicklungen „lassen sich […] nur ‚in der Zeit' beobachten" (Bertschi-Kaufmann 2007b, S. 101). Ein unterrichtsnahes Verfahren sollte daher die Grundlagen für die jeweilige Diagnose immer wieder verfügbar machen, sodass Deutschlehrkräfte ihre Urteile auch revidieren oder neu formulieren können. Ferner ist für ein entsprechendes Verfahren anzustreben, dass es eine kontinuierliche Lesediagnose fördert bzw. unterstützt, damit Deutschlehrkräfte Stärken und Schwächen der Schülerinnen und Schüler im Bereich Lesekompetenz herausarbeiten können.

- *eine individuelle und differenzierte Rückmeldung zur Lesekompetenz der Lernenden ermöglichen.*
In der Sekundarstufe I ist von einer starken Heterogenität in Bezug auf die Lesekompetenz von Schülerinnen und Schülern auszugehen (Kapitel 3). Die Auseinandersetzung mit verschiedenen Modellierungen von Lesekompetenz hat zudem aufgezeigt, dass ein praxisnahes Diagnoseverfahren der Vielschichtigkeit des Lerngegenstandes gerecht werden muss. Vor diesem Hintergrund muss ein unterrichtsbezogenes Diagnoseverfahren ein differenziertes Bild zu den verschiedenen Aspekten der Lesekompetenz ermöglichen, unter anderem um den Lernenden ein *transparentes*

Feedback[72] über ihre individuelle Entwicklung als Leser bzw. Leserin geben zu können. In einer kompetenzorientierten Sichtweise wird somit nicht nur fokussiert, wo Schwächen bei den Schülerinnen und Schülern bestehen, sondern auch der Blick darauf gerichtet, was die Lernenden bereits können und auf dieser Basis als nächstes lernen sollen.

- *auf Lerninhalte des Deutschunterrichts im Bereich Lesekompetenz abgestimmt sein.*
Um für den Unterrichtsalltag praktikabel zu sein, sollte ein Verfahren konkret und handhabbar sein. So äußern Leslie/Caldwell (2009) aus Perspektive der amerikanischen Lesedidaktik:

> Hopefully, and perhaps in reaction about concerns about an overemphasis on standardized high stakes assessment, researchers will turn their attention to informal assessment of reading comprehension. Such a direction would be aligned with the recommendations [...] that called for research on comprehension assessment to address the needs, knowledge, and expertise of practitioners. (Leslie/Caldwell 2009, S. 419)

Orientierung bieten in diesem Zusammenhang die Ansätze der Implementationsforschung, die sich – allerdings zumeist aus erziehungswissenschaftlicher Perspektive – mit Prämissen eines entsprechenden Praxisbezugs beschäftigen. Es gilt sowohl die ökologische Validität, die in diesem Kapitel an mehreren Verfahren kritisiert wurde, in den Blick zu nehmen als auch Perspektiven aus der Praxis mit aufzugreifen.

---

72 Hattie (2013, S. 206–208) differenziert hier noch genauer zwischen (1) „Feed Up (Wohin gehe ich?)", (2) „Feed Back (Wie komme ich voran?)" und (3) „Feed Forward (Wohin geht es danach?)" als Feedbackoptionen für den Unterricht.

5 Ansätze und Befunde der (deutschdidaktischen) Professionsforschung

Es ist bereits herausgestellt worden, dass selbst „die besten Unterrichtsdesigns […] weitgehend folgenlos bleiben, wenn der Prozessschritt der Lehrerprofessionalisierung nicht ebenfalls […] einbezogen wird" (Prediger et al. 2013, S. 18). Um sich in einer empirischen Studie den Perspektiven von Lehrkräften zum Gegenstandsfeld nähern zu können (Kapitel 8), ist es vorab notwendig, sich mit den gegenwärtigen Perspektiven und Erkenntnissen in der (deutschdidaktischen) Professionsforschung auseinanderzusetzen, um herauszuarbeiten, welche Anknüpfungspunkte und welche Forschungsdesiderate sich für die eigene Arbeit ergeben. Vor diesem Hintergrund wird in einem nächsten Schritt dargelegt, welche konzeptionellen Überlegungen zur Modellierung und Operationalisierung lehrerseitiger Sichtweisen in dieser Arbeit entfaltet werden, um die profilierten Forschungsfragen zu bearbeiten. In diesem Kapitel erfolgt

- die Darstellung der Inhalte und Formen des Lehrerwissens sowie Ausführungen zum Verhältnis von Wissen und Handeln bei Lehrkräften (Kapitel 5.1),
- die Verortung der eigenen Studie im Feld der Professionsforschung (Kapitel 5.2),
- eine kritische Reflexion, welche fachspezifischen Erkenntnisse in der deutschdidaktischen Forschung bislang vorliegen (Kapitel 5.3) sowie
- eine Zusammenführung der zentralen Erkenntnisse für das weitere Vorgehen im Rahmen dieser Arbeit (Kapitel 5.4).

5.1 Zum Wissen und Handeln von Lehrkräften

Ziel dieses Abschnitts ist es, die Perspektive für die Beschreibung und Operationalisierung des Lehrerwissens[1] im vorliegenden Vorhaben intersubjektiv nachvollziehbar zu machen. Zunächst werden daher ausgewählte Theorien und methodische Verfahren der aktuellen Lehrerforschung kritisch diskutiert, die mit Blick auf das Forschungsinteresse dieser Arbeit bedeutsam sind (Kapitel 5.1.1).[2]

---

1   In dieser Arbeit werden die Begriffe „Lehrerwissen" und „professionelles Wissen" synonym verwendet.
2   Mit Blick auf die zugrunde liegende Fragestellung dieser Untersuchung würde es zu weit führen, alle bestehenden Ansätze der Lehrerforschung und die damit verbundenen Forschungstraditionen ausführlich darzustellen. Für einen differenzierten Überblick

Davon ausgehend wird in einem nächsten Schritt die Frage nach der Beschaffenheit des Lehrerwissens genauer in den Blick genommen – und so ein umfassenderes Verständnis für die Strukturmerkmale und die Inhalte des Lehrerwissens generiert (Kapitel 5.1.2). Das zu entwickelnde Diagnoseverfahren beansprucht, praxisnah zu sein und somit Handlungsrelevanz für Deutschlehrkräfte aufzuweisen.[3] Für meinen Forschungszusammenhang ist deshalb nicht zuletzt zu reflektieren, inwiefern die rekonstruierten individuellen und geteilten Wissensstrukturen der Lehrkräfte (siehe Kapitel 8) überhaupt bedeutsam für ihre Unterrichtspraxis sind. Daher wird abschließend diskutiert, wie das Verhältnis von Lehrerwissen und Lehrerhandeln zu bestimmen ist (Kapitel 5.1.3).

5.1.1 Lehrerwissen als Forschungsgegenstand

Betrachtet man die einschlägige Forschung zum professionellen Wissen und Können von Lehrkräften, so ist man inzwischen mit einer Vielzahl an wissenschaftlichen Auffassungen und uneinheitlichen Begriffen konfrontiert. Die „durchaus unübersichtliche Gemengelage" (Wieser 2012, S. 137) bzw. „inconsistency" (Fives/Buehl 2012, S. 473) ist vor allem in den heterogenen Forschungsrichtungen zum Untersuchungsfeld und der Frage nach dem Zusammenhang von Lehrerwissen und Lehrerhandeln (siehe Kapitel 5.1.3) begründet. Vor diesem Hintergrund ist mithin nicht immer gänzlich auszumachen, worin die strukturellen Unterschiede – und auch Berührungspunkte – der pluralen Perspektiven auf das Gegenstandsfeld bestehen. Insofern müssen in einer Untersuchung, in der die Sichtweisen der Lehrenden für die Konzeption eines Diagnoseinstruments mit einbezogen werden, die „normativen Implikationen, die mit den Forschungsansätzen verbunden sind, stärker reflektiert werden" (Wieser 2008, S. 33).

Gemeinhin sind im Bereich der Lehrerforschung zumindest zwei disziplinäre Forschungsausrichtungen erkennbar: Einerseits *individualpsychologische Ansätze*, die Lehrerwissen prinzipiell als individuell angelegtes Wissen auffassen, sowie andererseits *wissenssoziologische Ansätze*, die Lehrerwissen als sozial geteiltes Wissen betrachten und somit eine eher systemisch-soziologische Fundierung vornehmen

---

sind die umfassenden Ausführungen in der Dissertation von Dorothee Wieser (2008, S. 17–83) sowie allgemein die Beiträge im Handbuch der Forschung zum Lehrerberuf (Terhart/Bennewitz/Rothland 2011) heranzuziehen.

3 Das Handeln von (angehenden) Lehrkräften wird nachfolgend mehrdimensional verstanden. Lehrerhandeln umfasst sowohl diejenigen Aktivitäten, die in der Unterrichtssituation vom Forschenden zu beobachten sind, als auch planende Tätigkeiten und die Nachbereitung bzw. Reflexion auf den Unterrichtsprozess (ähnlich Bräuer/Winkler 2012, S. 76).

(zu dieser Unterscheidung u. a. Combe/Kolbe 2008; Scherf 2013, S. 27; Schmelz 2009, S. 37). Die Entscheidung für einen der beiden wissenschaftlichen Bezugsrahmen hätte insofern nicht nur eine Perspektivverengung bedeutet, sondern zudem in Widerspruch zu den bisherigen theoretischen Ausführungen zum Prozess der Wissenskonstruktion (Kapitel 2.1) gestanden. Um sich dem offensichtlichen Dilemma der analytisch einseitigen Betrachtung des Lehrerwissens *entweder* aus kognitionspsychologischer *oder* aus wissenssoziologischer Seite zu entziehen, positioniert sich Wieser (2008) in ihrer Untersuchung in der Schnittmenge dieser Ansätze. Damit einhergehend wählt sie die Begriffe *Vorstellungen* und *Orientierungen* zur Operationalisierung des Lehrerwissens (Wieser 2008, S. 58ff.). An dieses Vorgehen schließt die vorliegende Forschungsarbeit an und nimmt ebenfalls eine Mittelposition zwischen den bestehenden Forschungsausrichtungen ein (zur Operationalisierung in dieser Arbeit siehe Kapitel 5.2). In den folgenden Ausführungen fokussiere ich mich darauf, die jeweils für meine Untersuchung relevanten Forschungsansätze aus den beiden großen Forschungsrichtungen zu beschreiben.

Individualpsychologische Forschungen konzentrieren sich ganz allgemein auf die kognitiven Ressourcen von Lehrkräften. In der relativ häufig rezipierten *Expertenforschung* wird der Schwerpunkt des Forschungsprozesses auf die spezifischen Wissensstrukturen von Lehrkräften gelegt. Das Wissen, über das Experten in einem Handlungsfeld verfügen, wird im Expertenparadigma über den kontrastiven Vergleich der Wissensstrukturen bei Novizen und Experten innerhalb einer Domäne herausgearbeitet (u. a. Bromme 1992, 1997). Ausgangspunkt ist der empirische Anspruch, „die individuellen Merkmale zu identifizieren, die Lehrkräfte für eine erfolgreiche Bewältigung ihrer beruflichen Aufgaben benötigen" (Baumert/Kunter 2011, S. 29). In diesem weiten Begriffsverständnis werden neben den Anforderungen an Lehrende auch die Wahrnehmung von Problemstrukturen sowie das Wissen der Experten als Qualitätsmerkmale des professionellen Wissens analysiert (u. a. Bromme 1992, S. 39ff.). Das Handeln von Lehrkräften wird in der Expertenforschung als wissensgeleitet betrachtet, jedoch liegt das Wissen, das sich quasi in der Handlung zeigt, oftmals unbewusst repräsentiert vor und kann nur ex-post rekonstruiert werden (ebd., S. 123ff.). Vor allem für die inhaltliche Modellierung des Lehrerwissens hat die Expertenforschung weiterführende Erkenntnisse hervorgebracht (siehe Kapitel 5.1.2.3).

Mit dem Forschungskonzept des *praktischen professionellen Wissens* (PPK) wird eine ähnliche Position zur Strukturierung des Lehrerwissens eingenommen, da auch hier das unbewusste Wissen akzentuiert wird (Herrlitz 1998, S. 175f.). Anknüpfend an die Definition von Anderson-Levitt (1987) wird das praktische Wissen als „*savoir faire* or ‚know how'" der Lehrkräfte beschrieben, auf dem Handlungen aufbauen (Herrlitz 1998, S. 175; Herv. ebd.). In Abgrenzung wird kategorial das rhetorische Wissen unterschieden, welches für den Unterricht handlungsbegründend ist. Die Wechselbeziehungen zwischen rhetorischem und praktischem Wissen bei Lehrkräften sind im PPK-Ansatz allerdings nicht gänzlich geklärt.[4] „Auszugehen ist von einem Bild, in dem rhetorisches und praktisches Wissen getrennte Bereiche sind, zwischen denen allerdings vielfältige Beziehungen vermutet werden können" (Herrlitz 1998, S. 185). Auch hier wird die Lehrkraft als Experte für das Handeln im Unterricht angesehen und die Bedeutung der persönlichen Erfahrungen für das Lehrerhandeln betont (ähnlich bereits Bräuer 2010a, S. 10f.).

Sehr prominent ist in der aktuellen Forschungslandschaft der *kompetenztheoretische Ansatz*, der in Studien wie COACTIV (Kunter/Klusmann/Baumert 2009; Kunter et al. 2011) oder TEDS-LT (Bremerich-Vos et al. 2011; Bremerich-Vos/Dämmer 2013) Anwendung findet. „Kompetenz" wird in diesem Ansatz als Kernelement des professionellen Handelns von Lehrkräften aufgefasst und in diesem Konnex als „Professionelle Handlungskompetenz" bezeichnet (u. a. Baumert/Kunter 2006; Frey/Jung 2011). Der gängige Kompetenzbegriff von Weinert (2001, S. 27f.) wird somit konsequent auf die Bewältigung beruflicher Anforderungen bei Lehrkräften übertragen und ergänzend – parallel zur Expertiseforschung – mit den bestehenden Ansätzen zu den Inhaltsbereichen des Lehrerwissens zusammengeführt (siehe Kapitel 5.1.2.3). Mittlerweile wird bei den meisten Kompetenzbeschreibungen ein wesentlich weiter gefasstes Verständnis von Kompetenz zu Grunde gelegt, bei dem nicht nur kognitive Leistungsdispositionen relevant sind, sondern auch emotional-motivationale und selbstregulative Merkmale mit einbezogen werden (Frey/Jung 2011; Kunter/Klusmann/Baumert 2009, S. 154; Zlatkin-Troitschanskaia/Kuhn 2010, S. 26f.).[5]

---

4 U. a. Bräuer (2010a, S. 13); Bräuer/Winkler (2012, S. 83, Fußnote 8); Scherf (2013, S. 28); Wieser (2012, S. 138ff.).

5 In der Kompetenzforschung wird weiterhin angenommen, dass die Dispositionen in den jeweiligen Domänen grundsätzlich erlern- und vermittelbar sind (Baumert/Kunter 2011, S. 31; Kunter/Klusmann/Baumert 2009, S. 154). Wenngleich die damit implizit unterstellte Didaktisierbarkeit des Wissensbildungsprozesses einen Gewinn für die Betrachtung von Ausbildungskontexten darstellt, so überschätzt die Position, dass Kompetenzen sämtlich in das Denken und Handeln von Lehrkräften überführt werden können, „das Wirkungsspektrum der Lehrerbildungsdidaktik vermutlich" (Neuweg 2011a, S. 471).

Unbestritten hat die Kompetenzforschung in den letzten Jahren wichtige Impulse im Bereich der Erforschung des professionellen Denkens und Handelns im Lehrberuf hervorgebracht (im Überblick: Krauss 2011). Dazu sind insbesondere die Studien zur Wirkung des fachlichen und fachdidaktischen Wissens von Lehrkräften auf die Lernprozesse der Schülerinnen und Schüler zu sehen (u. a. Brunner et al. 2006; Kunter et al. 2011). Skepsis geboten ist jedoch ob der begrifflichen und konzeptuellen Unklarheiten, da bislang keine Einigkeit darüber herrscht, *wie* lehrerbezogene Kompetenzen zu modellieren sind (u. a. Baumert/Kunter 2006, S. 487f.; Bräuer/Winkler 2012, S. 74; Neuweg 2011a, S. 451ff.). Gerade dieser Punkt macht die Operationalisierung und Erfassung professioneller Kompetenz(en) für Kritik besonders anfällig (Frey/Jung 2011; von Aufschnaiter/Blömeke 2010; Zlatkin-Troitschanskaia et al. 2010).[6]

Schließlich ist noch das Forschungsprogramm *Subjektive Theorien* zu nennen, das sich stark mit dem Expertenparadigma überschneidet (u. a. Groeben et al. 1988; Groeben/Scheele 2010; Wahl 1991). Subjektive Theorien sind kognitive Ressourcen „der Selbst- und Weltsicht, als komplexes Aggregat mit (zumindest impliziter) Argumentationsstruktur, das auch die zu objektiven (wissenschaftlichen) Theorien parallelen Funktionen der Erklärung, Prognose, Technologie erfüllt" (Groeben et al. 1988, S. 19). Wesentlich stärker als in der Expertenforschung wird im Forschungsprogramm die Wissensstruktur des Individuums und dessen persönliches Erfahrungswissen betont (dazu auch Wieser 2008, S. 47). Zudem sind subjektive Theorien dadurch gekennzeichnet, dass sie auf struktureller und funktionaler Ebene eine Ähnlichkeit zu wissenschaftlichen Theorien aufweisen (Groeben/Scheele 2010, S. 153). In Bezug auf die Handlungsrelevanz wird die Auffassung vertreten, dass subjektive Theorien maßgeblich handlungsleitend und prinzipiell verbalisierungsfähige Kognitionen sind (ebd.). Die methodische Erfassung von subjektiven Theorien erfolgt über Selbstauskünfte, die im Dialog-Konsens-Verfahren kommunikativ validiert werden. Gerade diese strikte methodische Vorgehensweise bietet immer wieder Anlass zur Kritik an dem Forschungsprogramm (exemplarisch Wieser 2008, S. 57f.).

Die bisher beschriebenen Konzeptualisierungen unterstellen, dass die Wissensbestände bei Lehrkräften sowohl *explizit* als auch *implizit* sein können. Sowohl soziale als auch interaktive Einflüsse auf das Lehrerwissen werden hingegen in dem individualistischen Kognitionsbegriff im Ganzen ausgeblendet. Von Seiten

---

6 Siehe dazu auch die Ausführungen in Kapitel 4.3.2 und 4.3.3 zum Konstrukt „Diagnostische Kompetenz".

der Wissenssoziologie, die sich vor allem auf das Habitus-Konzept Bourdieus[7] bezieht, wird genau dieser Aspekt ins Zentrum gerückt (u. a. Bastian/Helsper 2000; Combe/Kolbe 2008; Helsper 2011). Hier geht man davon aus, dass Lehrende in „organisatorische" und „soziale Rahmungen" eingebunden sind und innerhalb dieser Rahmungen sozialisiert werden (Bastian/Helsper 2000, S. 171, 183f.). Entsprechend wird das handlungsbedeutende Wissen der einzelnen Lehrkraft als weitestgehend sozial erzeugtes und kollektiv geteiltes Wissen in der schulischen Organisation verstanden. Diese überindividuellen Dispositionen sind den Akteuren selbst wiederum nicht präsent (u. a. Helsper 2011, S. 158).[8] Mit der Annahme eines unbewusst handlungsleitenden Wissens von Seiten der Wissenssoziologie zeigt sich eine enge Verbindung zur kognitionspsychologischen Forschung. Wie bereits ausgeführt, wird dort ebenfalls von impliziten handlungsrelevanten Dispositionen bei Lehrenden ausgegangen, welche jedoch in den referierten Ansätzen rein individuell aufgefasst werden (bspw. Baumert/Kunter 2006, S. 472; Bromme 1992, S. 121–138).[9]

Die Auseinandersetzung mit ausgewählten individualistisch *oder* wissenssoziologisch orientierten Forschungszugängen hat weiterhin aufzeigt, dass die Fokussierung auf einen der jeweiligen wissenschaftlichen Bezugsrahmen jeweils zentrale Aspekte des Lehrerwissens ausblendet. Auf diese Weise wurde dargelegt, warum sich die vorliegende Arbeit – wie bereits eingangs angeführt – zwischen kognitionspsychologischen und wissenssoziologischen Ansätzen positioniert. Die Operationalisierung der dafür gewählten Begriffe „Vorstellungen" und „Orientierungen" erfolgt gesondert in Kapitel 5.2.

5.1.2 Struktur- und inhaltsbezogene Betrachtung des Lehrerwissens

Nach der Darstellung und Analyse ausgewählter Forschungszweige der Lehrerforschung soll im weiteren Argumentationsgang die *Beschaffenheit des professionellen Wissens* von Lehrkräften in den Vordergrund gerückt werden.

---

7 Auf die durchaus unterschiedlichen starken Bezüge zum Habitus-Konzept Bourdieus im Bereich der Lehrerforschung kann hier nicht intensiver eingegangen werden (vertiefend z. B. Helsper 2011).

8 Überindividuelle Dispositionen können sich ebenso auf selbstverständliche Orientierungen von Lehrkräften derselben Domäne beziehen. Wie etwa Winkler (2011, S. 173) in Bezug auf Aufgaben anmerkt, gibt es bei Deutschlehrkräften implizite Positionen, „die viele Fachvertreter teilen und die Ausdruck bestimmter ‚Fachkulturen' sind". Solche tradierten Auffassungen können ebenfalls als Orientierungen aufgefasst werden.

9 Diese Argumentation übernehme ich von Scherf (2013, S. 30).

5 Ansätze und Befunde der (deutschdidaktischen) Professionsforschung   157

Dazu werden

- die Quellen bzw. Einflussfaktoren des Lehrerwissens skizziert, die im Rahmen der Professionalisierung von Lehrkräften bedeutsam sind (Kapitel 5.1.2.1), sowie
- die Dimensionen der Repräsentation des professionellen Wissens detailliert erörtert (Kapitel 5.1.2.2), und
- abschließend die inhaltsbezogene Modellierung des Lehrerwissens diskutiert (Kapitel 5.1.2.3).

Hauptaugenmerk der folgenden Ausführungen liegt darauf, die kognitiven und inhaltlichen Strukturmerkmale des professionellen Lehrerwissens herauszuarbeiten und für das eigene Forschungsvorhaben zu konkretisieren.

5.1.2.1 Quellen des Lehrerwissens

Es wurde bereits erläutert, dass der Wissenserwerb bei Lehrkräften ein *aktiver* und *selbstgesteuerter* Konstruktionsprozess ist (Kapitel 2.1). Offen ist bislang geblieben, wie genau Lehrkräfte professionelles Wissen in einer Domäne erwerben resp. wie bestimmte Sichtweisen in Bezug auf Fachgegenstände gewonnen werden. Bisher gibt es zu dieser wichtigen Frage nur wenig empirisch abgesicherte Erkenntnisse, was unter anderem der Komplexität der Wissensgenese geschuldet sein mag (z. B. Neuweg 2002, S. 20). Grundsätzlich ist Lehrerwissen als das Produkt eines sozialisationsähnlichen Zusammenspiels von verschiedenen „Konstruktions- und Integrationsprozessen" (Scherf 2013, S. 23) zu betrachten, wobei sich die Lehrkraft „an mehr als einem normativen Referenzsystem zu orientieren hat" (Tenorth 2006, S. 585). Die nachfolgende Abbildung veranschaulicht die Kontextbedingungen und Bezugsysteme[10], die als beeinflussende Faktoren für den Wissenserwerb von Lehrkräften anzunehmen sind:

---

10 Für die Darstellung der Einflussfaktoren auf das Lehrerwissen und -handeln siehe allgemein das *Angebot-Nutzungs-Modell* zur Wirkungsweise des Unterrichts von Helmke (2010, S. 71ff.).

Abbildung 5.1: Allgemeines Modell des Wissenserwerbs bei Lehrkräften

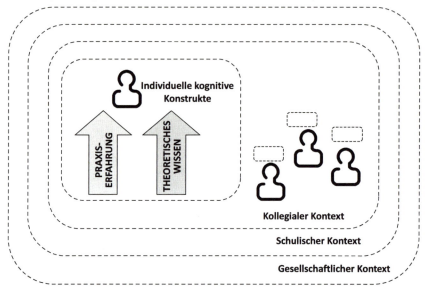

Abbildung 5.1 zeigt, dass sowohl Praxiserfahrung als auch theoretisches Wissen in die individuellen kognitiven Konstrukte der Lehrperson einfließen. In den akademischen Ausbildungsphasen bereitgestellte sowie in schriftlichen Texten festgehaltene wissenschaftliche Lerninhalte stellen für Lehrkräfte ein Angebot an explizitem Wissen in den jeweiligen Domänen dar. Es ist davon auszugehen, dass dieses *theoretische Wissen* in den tatsächlichen Wissensstrukturen von Lehrkräften zumindest bis zu einem gewissen Grad kognitiv repräsentiert ist (z. B. Messner/Reusser 2000, S. 163). Mit Kerschensteiner (1907) kann man weiterhin argumentieren, dass bestimmte Handlungen nicht „gelernt [...], sondern [...] *erfahren* werden" müssen (ebd., S. 87; Herv. ebd.; zit. n. Neuweg 2001, S. 6). Neben den theoretisch vermittelten Inhalten sind deshalb die eigenen *Erfahrungen in der Praxis* als weitere bedeutsame Ressource für das Wissen und Handeln der einzelnen Lehrkraft zu betrachten (u. a. Bromme 1992, S. 9f.). Verschiedentlich wird hervorgehoben, dass Lehrkräfte bereits vor und parallel zum Studium ein breites Repertoire an Sichtweisen in Bezug auf (Fach-)Gegenstände ausbilden, das wohl auch im Lehrerhandeln wirksam wird (u. a. Neuweg 2011b, S. 35; Shulman 1986, S. 8; Stern 2009, S. 355f.). Empirische Erkenntnisse zu dieser theoretisch plausiblen Annahme kommen etwa in der Untersuchung von Wieser (2008, S. 231) zum Vorschein:

Es ist davon auszugehen, dass die persönlichen Erfahrungen der Schulzeit einen Einfluss auf die Vorstellungen und Orientierungen im Bereich des Literaturunterrichts haben. Auch in den hier vorliegenden Interviews lassen sich für diese These zahlreiche Ansatzpunkte finden, z. B. die Ablehnung älterer Literatur oder handlungs- oder produktionsorientierter Verfahren mit der Begründung, dass man damit in der eigenen Schulzeit schlechte Erfahrungen gemacht habe.

Klar wird auch hier: Zukünftige wie praktizierende Lehrkräfte sind aufgrund ihrer berufsbezogenen (Vor-)Erfahrungen *nicht* als tabula rasa aufzufassen (Kapitel 2.1).[11] Ihr berufsbiographisches Inventar an Erfahrungsprozessen, die sog. *wisdom of practice* (Shulman 1987)[12], beeinflusst die Entscheidungen nachhaltig – geben sie dem berufsbezogenen Handeln doch Orientierung und Sicherheit – und ist entsprechend für die empirische Erforschung des Lehrerwissens mit zu bedenken, wenn nicht sogar als Chance zu betrachten, da auf diesen Fundus an Erfahrungswerten aufgebaut werden kann.[13] So liegt es bei der vorliegenden Untersuchung ebenfalls nahe, dass sich Erfahrungen und (erfahrungsbewährte) Denk- und Handlungsstrukturen in den zu erhebenden Äußerungen der Lehrkräfte zum Untersuchungsgegenstand widerspiegeln.[14]

Über die genannten persönlich-individuellen Faktoren hinaus wurde schon im vorhergehenden Teilkapitel die soziale Eingebundenheit des Individuums

---

11 Wiesers Ergebnis bestätigt frühere Befunde: Bereits Lortie (1975) stellt aufgrund einer Studie mit angehenden Lehrkräften die These auf, dass sich schon in der Schulzeit stabile Einstellungen zum Lehren und Lernen bei Lehrkräften herausbilden (dazu Reusser/Pauli/Elmer 2011, S. 480).

12 Der Erziehungswissenschaftler Heinz-Elmar Tenorth beschreibt – sensu Shulman – die wisdom of practice „als zur Einheit gebrachte Klugheit in der Ordnung, Betrachtung und Gestaltung der Praxis" (Tenorth 2012, S. 26).

13 Dazu auch Baumert/Kunter (2006, S. 483); Beck et al. (2008, S. 23f., 48–55); Fischler (2000a und b); Neuweg (2001); van Driel/Verloop/Beijaard (2001). Für die Deutschdidaktik u. a. Ahrens-Drath et al. (2005, S. 65); Kammler/Knapp (2002, S. 8); Kämper-van den Boogart (2010, S. 105f.); Wieser (2010, S. 113) und Winkler (2011, S. 270).

14 Gleichzeitig bergen diese stabilen Routinen durchaus die Gefahr, in einzelnen Situationen problematisch zu sein bzw. problematische Handlungsmuster zu festigen (u. a. Wahl 1991). Hascher (2005b) verweist in diesem Kontext auf das Phänomen der *Erfahrungsfalle*: eine mehrjährige Berufserfahrung muss „nicht zwingend zur professionellen Entwicklung von Lehrerpersonen" führen, ebenso können auch (fach-)didaktische Blindheiten entstehen (ebd., S. 41; dazu bereits Bromme 1992, S. 48; Wahl 1991, S. 186). Gestützt wird diese Annahme etwa durch einen empirischen Befund in der COACTIV-Studie: Hier wurde herausgearbeitet, dass das „fachspezifische Professionswissen [der Lehrkräfte] nicht *per se* mit der Berufserfahrung im Zusammenhang steht" (Brunner et al. 2006, S. 76; Herv. ebd.; ähnliche Ergebnisse bei Friedrichsen et al. 2009).

diskutiert. Im Berufsfeld von Lehrkräften ist hierzu vor allem der Austausch (und seltener die Kooperation) im *Lehrerkollegium* mit den dort bereits vorhandenen Sichtweisen zu berücksichtigen, die eine Lehrperson bewusst oder unbewusst prägen können (z. B. die Ergebnisse bei Kunze 2004, S. 422–427). D. h.: Für die Implementierung von fachdidaktischen Innovationen, wie einem Lesediagnoseinstrument, ist anzunehmen, dass das Kollegium die Innovationsbereitschaft der einzelnen Lehrkraft mit beeinflusst (dazu allgemein Euler/Sloane 1998; Fives/Buehl 2012, S. 483, 485). Hinzu kommt, dass das Individuum in einer *institutionellen* bzw. *schulischen Rahmung* agiert, die als weiterer Faktor für das Denken und Handeln im Lehrberuf zu bedenken ist und zugleich denjenigen Ort darstellt, in dem Wissen handlungsrelevant wird (dazu vertiefend z. B. Bräuer 2010a, S. 155f., 158–164, 299–305). Möglich ist es beispielsweise, dass die Realisierbarkeit eines bestimmten Diagnoseverfahrens aufgrund der strukturellen Bedingungen in einer Klasse oder an der Schule für nicht tragfähig gehalten wird bzw. bereits individuelle positive oder negative Erfahrungen in diesem Zusammenhang in die Bewertung einfließen.[15] Nicht zuletzt sind *gesellschaftliche Kontexte* und die damit unter anderem verbundenen normierten und tradierten Erwartungen an die eigene Domäne als Referenzsystem für die Wissensgenese von Lehrkräften in Betracht zu ziehen (z. B. Fives/Buehl 2012, S. 483f.; Kämper-van den Boogart 2011). Es ist davon auszugehen, dass die Bedeutung des Fachs Deutsch mit dem eigenen Selbstverständnis als Deutschlehrkraft in Beziehung steht und gerade auch aktuelle gesellschaftliche Debatten (wie etwa nach PISA 2000 oder derzeit das Thema „Inklusion") Einfluss auf die Strukturierung des Unterrichts oder den präferierten Lesebegriff nehmen können.

Wo Lehrkräfte ihr Wissen erwerben (und welche Phasen sie dabei durchlaufen), inwieweit die einzelnen beschriebenen Faktoren im Rahmen ihrer Professionalisierung jeweils auf sie einwirken und welche Wissensinhalte wiederum im Handeln wirksam werden, ist gegenwärtig noch nicht hinreichend zu beantworten (s. o.). Für die vorliegende Arbeit lässt sich aus dem Dargestellten allerdings ablesen, dass theoretische Inhalte, wie Lesekompetenzmodelle, „bestenfalls *eine* der Quellen" (Kunze 2004, S. 143; Herv. F. S.) darstellen, auf denen Lehrerwissen beruht. Erhellend führt van Dijk (2009) hierzu aus:

---

15 Mit Blick auf empirische Erkenntnisse erscheint es dabei weiterhin sinnvoll, Lehrerwissen als schulformspezifisch oder lehramtspezifisch geprägt zu betrachten. Siehe in Auswahl die Ergebnisse bei Gölitzer (2009, S. 303ff.); Hertel et al. (2010, S. 135, 143ff.); Klieme et al. (2008b, S. 322ff.); Lehmann et al. (1995, S. 96); Nündel/Schlotthaus (1978, S. 173f.); Tebrügge (2001, S. 127, 147); Wieser (2008, S. 231f.). Weitere Ausführungen zu diesem Aspekt erfolgen in Kapitel 7.1.

[W]e should realize that the knowledge that the teacher has acquired during his or her teaching career can differ from the available theoretical concepts within the educational field. Only if the researchers take this difference into consideration *the real practical 'wisdom' of the teacher* is discovered [...]. (Van Dijk 2009, S. 14; Herv. F.S.)

Auch wenn der Entwicklungsprozess ähnlich verlaufen mag, so ist das Lehrerwissen zugleich eine eigene, höchst individuell geprägte Sichtweise, die in der Ausbildung und in der Schulpraxis erworben und in Bezug zu verschiedenen Referenzsystemen produziert und angewendet wird.[16] Vor dem Hintergrund dieses Erkenntnisstandes ist umso wichtiger, die Perspektiven von Deutschlehrkräften *in der ihnen eigenen Logik und Sprache zu erforschen*. Diese wesentliche Grundannahme hat sowohl für die Erhebung als auch für die Auswertung der lehrerbezogenen Vorstellungen und Orientierungen in dieser Untersuchung Konsequenzen (siehe Kapitel 7).

5.1.2.2 Dimensionen und Repräsentation von Lehrerwissen

Bereits im vorherigen Abschnitt wurde anhand der Diskussion der verschiedenen Forschungsansätze zum Lehrerberuf deutlich, dass im Diskurs hinsichtlich des Denkens und Handelns von Lehrkräften theoretisch verschiedene Wissensaspekte in Anschlag gebracht werden. Neuweg (2011a) unterscheidet vor diesem Hintergrund insgesamt drei Dimensionen des Lehrerwissensbegriffs, um die bestehende Heterogenität im Gegenstandsfeld aufzuschlüsseln (ebd., S. 451ff.):

Wissen I: Diese Wissensform bezieht sich auf das insbesondere in der Ausbildung bereit gestellte und vermittelte Professionswissen, welches etwa in Lehrwerken dargestellt wird („Wissen im Buch", u. a. in Bezug auf Fachinhalte, das Wissen über Schülerkognitionen usw.). Wissen I ist ein „Wissen im objektiven Sinn", das nach Neuweg durch Wahrheitsfähigkeit bzw. Widerspruchsfreiheit, Begründbarkeit und Systematik gekennzeichnet ist.[17]

---

16 Dazu auch Bräuer (2010a, S. 15); Fives/Buehl (2012, S. 488); Kämper-van den Boogart (2010, S. 105); Kunze (2004, S. 52); Neuweg (2011a, S. 457); Scherf (2013, S. 21, 24) und Wieser (2008, S. 38).
17 Mit Bezug auf die Ausführungen in Kapitel 2.1 ist diese Wissensform noch differenzierter zu betrachten als von Neuweg (2011a) selbst veranschlagt. Wissen I ist nicht gänzlich als „Wissen im objektiven Sinne" zu verstehen, wie in der gewählten Formulierung angelegt. Auch Wissenschafts- resp. Ausbildungswissen unterliegt eigenen Auffassungen der Wissenschaftsgemeinschaft und ist in diesem Sinne nicht grundlegend als widerspruchsfrei zu bezeichnen. In einem interessanten Licht erscheint darüber

Wissen II: Der Begriff fokussiert die kognitiven Strukturen bei Lehrkräften, die Neuweg als „Wissen im subjektiven Sinn" bezeichnet. Wissen II ist nach seiner Argumentation als Ergebnis aus in der Ausbildung erlernten Inhalten einerseits und in der Unterrichtspraxis gemachten Erfahrungen andererseits anzusehen (in Form des Zugriffs auf bewährte Unterrichtsskripts, der Ausbildung von individuellen Wahrnehmungs- und Handlungsroutinen usw.). Relativ häufig wird in der Lehrerforschung beschrieben, dass Lehrkräfte nicht vollständig diejenigen Wissensstrukturen explizieren können, die sie zur Bewältigung der angesprochenen beruflichen Anforderungen nutzen (u. a. Neuweg 2001, S. 11f., 16, Neuweg 2002, S. 13). So äußert Shulman (1987, S. 6): „Teachers themselves have difficulty in articulating what they know and how they know it". Die Überlegung, dass es ein Wissen gibt, das handlungsleitend und zugleich vom Individuum nicht verbalisierbar ist, wird in verschiedenen Forschungszweigen herangezogen und mit dem Begriff des *impliziten Wissens* konkretisiert (u. a. Fives/Buehl 2012, S. 473f.). Neuweg beschreibt das implizite Wissen als ein Wissen, das

> in der praktischen Kompetenz einer Person (Wahrnehmungs-, Urteils- und Erwartungsdispositionen, Dispositionen zum gegenständlichen und zum Denkhandeln) zum Ausdruck kommt, das aber nicht oder nicht angemessen verbalisiert werden kann. (Neuweg 2000, S. 198)

Gerade das „Handeln unter Druck" wird als von implizitem Wissen geprägt betrachtet (Bromme 1992, S. 122ff.; Wahl 1991, S. 11).[18] Gegenwärtig findet ein Verständnis von Lehrerwissen wachsenden Zuspruch, in dem formal eine Unterscheidung zwischen *impliziten und expliziten Anteilen* vorgenommen wird (u. a. Fives/Buehl 2012, S. 473f.; Kapitel 5.1.1).

Wissen III: Wissen III bezeichnet die Transformation des Wissens in Handlungen, das von Neuweg als „Können" subsummiert wird. Bestimmte Unterrichtsgegenstände sind nur im Handlungsfeld, d. h. in Anforderungssituationen zu

---

    hinaus, dass Neuweg nur Wissen I als „Professionswissen" bezeichnet (kritisch dazu auch Vogelsang/Reinhold 2013, S. 107).
18 Insbesondere die Arbeiten von Neuweg (2001, 2002, 2005) werden in der Debatte herangezogen. Dieser hat sich vertiefend mit der Theorie Polanyis (1958) auseinandergesetzt, um das Lehrerhandeln im Unterricht auf theoretischer Basis erklären zu können. Im Können bzw. Handeln spiegelt sich nach Neuwegs Auffassung ein Wissen, das im großen Maße *im Unterrichtshandeln selbst* liegt und auf Erfahrung und dem Einlassen auf situative Umstände beruht (dazu bereits Bromme 1992, S. 121–138). In Abgrenzung dazu weist Neuweg dem Theoriewissen eine handlungsvorbereitende, -rechtfertigende und -korrigierende Funktion zu (Neuweg 2005, S. 11, 2011a, S. 465, 2011b, S. 41).

erfassen und nur dort rekonstruierbar, da sie eine situativ bedingte Erfahrung darstellen (dazu auch Bromme 1992, S. 68). Die Zuschreibung dieses Könnens erfolgt auf Grundlage der externen Beobachtung des Unterrichtshandelns der Lehrkraft. Die Lehrkraft „weiß[,] wie es geht", sie „kann" einen bestimmten Handlungsablauf durchführen. Nach Neuweg muss die Lehrperson die damit einhergehenden Handlungsressourcen „nicht notwendigerweise [...] verbalisieren können." Wissen III ist also nicht (zwingend) als das Wissen der Lehrkraft anzusehen, sondern wird forscherseitig *von außen* zugeschrieben, um die „Logik des Handelns" bzw. das Können der Lehrkraft erklärbar zu machen.[19] In Abbildung 5.2 werden alle aufgeführten Bedeutungskomplexe zueinander in Beziehung gesetzt:

Abbildung 5.2: Modell der Konzepte des „Lehrerwissens" (Neuweg 2011a, S. 453)

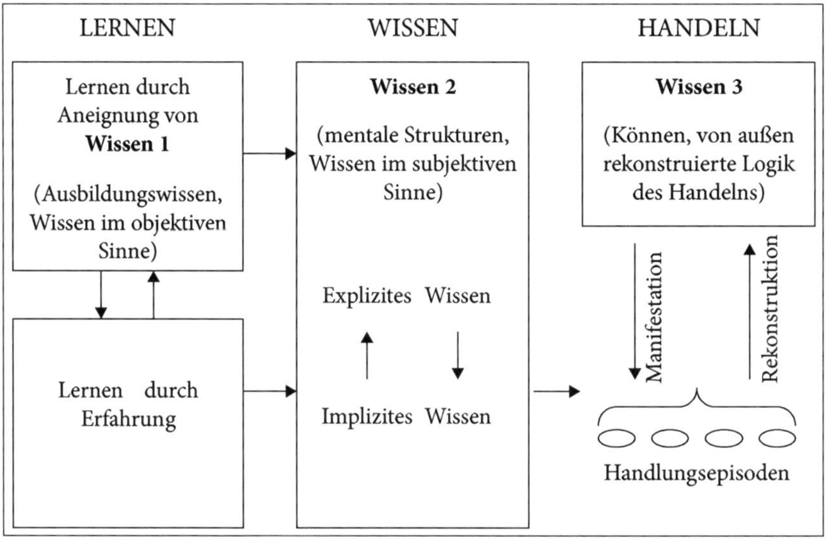

LERNEN	WISSEN	HANDELN
Lernen durch Aneignung von **Wissen 1** (Ausbildungswissen, Wissen im objektiven Sinne)	**Wissen 2** (mentale Strukturen, Wissen im subjektiven Sinne)	**Wissen 3** (Können, von außen rekonstruierte Logik des Handelns)
Lernen durch Erfahrung	Explizites Wissen ↑↓ Implizites Wissen	Manifestation / Rekonstruktion Handlungsepisoden

Neuweg macht in seiner Gliederung keine expliziten Aussagen dazu, *wie* die von ihm beschriebenen Bereiche des Professionswissens genau zusammenwirken. Beispielsweise muss die Frage gestellt werden, welche Prozesse von Wissen I zu Wissen II vollzogen werden und „[inw]ieweit kognitive Strukturen [von Wissen II] sich in ihren Inhalten, in ihrem Aufbau und im Format ihrer Repräsentation vom Wissen im objektiven Sinne (Wissen I) unterscheiden"

---

19 Zu dieser Perspektive auch Bromme (1992, S. 128ff.).

(ebd., S. 452). Beide Punkte sind bisher noch nicht hinreichend empirisch erschlossen. Auch hier zeigt sich nochmals, warum in der Konzeption des Diagnoseinstruments nicht nur das „Professionswissen" (s. o.), sondern auch die Sichtweisen der Lehrkräfte berücksichtigt werden sollten.

Ähnlich unklar ist das (fachbezogene) Verhältnis von Wissen II und III: An anderer Stelle betont Neuweg dazu lediglich, dass die Beziehung „hochkomplex" sei (Neuweg 2001, S. 38–43). Nicht zuletzt ist die Verhältnisbestimmung von Wissen I und Wissen III zu hinterfragen, die seit Jahrzehnten auch unter dem Begriff des Theorie-Praxis-Problems in der Lehrerbildung intensiv diskutiert wird (bspw. Kämper-van den Boogart 1998; Neuweg 2011b; Spinner 1998b).[20]

In Neuwegs Klassifikation wird die Spannweite des bestehenden Wissensbegriffs deutlich. Sein Modell soll an dieser Stelle herangezogen werden, um zu klären, welche professionellen Wissensbestände in dieser Arbeit erhoben bzw. rekonstruiert werden: Wenn es in dieser Untersuchung darum geht, die vorhandenen Vorstellungen und Orientierungen der Deutschlehrkräfte zur Diagnose von Lesekompetenz systematisch zu erheben und konkreter zu beschreiben, um an diese für die Konzeption des eigenen Diagnoseinstruments anzuknüpfen, so fokussiert die Studie (tendenziell) das sog. „Wissen II" nach Neuweg.[21]

Zusammenfassend kann aus den beschriebenen Erkenntnissen zweierlei gefolgert werden: Ein Teil des Lehrerwissens ist verbalisierbar und – da in situ von der Lehrkraft rekonstruiert – auch stärker reflektiert. In diesem Zusammenhang ist der Hinweis von Neuweg zu bedenken, dass „das nachträgliche Angeben von handlungssteuerndem Wissen immer die Bewältigung einer Rekonstruktionsaufgabe, der Versuch einer ex-post-Rationalisierung [...]" ist (Neuweg 2002, S. 14). Weiterhin wurde herausgearbeitet, dass zu einem Teil des Lehrerwissens *kein direkter Zugang* besteht, dieses also unbewusst vorliegt. Diese Setzung hat auch forschungspraktische Konsequenzen: Forschungsmethodologisch muss im

---

20 In der Lehrerbildung wird angenommen, dass über die Vermittlung des sog. Ausbildungswissens die kognitiven Strukturen direkt positiv beeinflusst und somit auch auf das Handeln von angehenden Lehrkräften (Wissen III) eingewirkt werden kann. Diese unterstellte *Wirkungskette* mag auf theoretischer Ebene zwar plausibel sein, ist allerdings noch unbefriedigend empirisch untersucht (Frey/Jung 2011, S. 542; Neuweg 2011a, S. 455f., 470; Vogelsang/Reinhold 2013, S. 105ff; Winkler/Bräuer 2012, S. 75.).
21 Auch die beschriebenen Theoriekonzepte in Kapitel 5.1.1 beziehen sich auf die Beschreibung des Wissens II nach Neuweg (2011a). Inwiefern das in dieser Arbeit rekonstruierte Wissen II sich auch in der Handlungssituation widerspiegelt, also im Wissen III, kann wohlwissend innerhalb dieser Studie nicht geklärt werden – dies ist Gegenstand einer möglichen Anschlussuntersuchung.

Weiteren berücksichtigt werden, *welche Verfahren* überhaupt geeignet sind, um bei Lehrkräften sowohl reflexiv explizierbare als auch unbewusst vorliegende Wissensbestände zu erheben bzw. zu rekonstruieren (siehe Kapitel 7).

5.1.2.3 Inhaltsbereiche des Lehrerwissens

Aus welchen *Inhalten* setzt sich nun das Wissen der Lehrenden zusammen, mit dem Lehrkräfte beispielsweise Leseförderung betreiben oder die Lesefähigkeiten der Lernenden diagnostizieren? Und wie ist dieses Wissen zu erfassen? Eine intensive Auseinandersetzung mit diesen Fragen ist vorrangig in der Expertenforschung (Kapitel 5.1.1) vorzufinden. Speziell die Ausführungen von Shulman (1986, 1987) und Bromme (1992, 1997) haben in der Diskussion einen substanziellen und nachhaltigen Beitrag zur Konkretisierung des Professionswissens geliefert. Für die vorliegende Untersuchung wird ausführlicher auf die theoretischen Grundlagen und Erkenntnisse dieser Arbeiten zurückgegriffen.

Prinzipiell besteht in der Forschung zum Lehrerberuf Einigkeit darüber, dass die Wissensbereiche von Lehrkräften bereichs- bzw. domänenspezifisch auszulegen sind (exemplarisch Neuweg 2011a). Für die vorliegende Untersuchung wird ebenfalls angenommen, dass Deutschlehrkräfte über Sichtweisen zur Lesekompetenz sowie zur Diagnose ebendieser verfügen. Über diese allgemeine Setzung hinaus ist (mit) in den Blick zu nehmen, welche Facetten für die inhaltliche Strukturierung des Lehrerwissens bestimmt werden können. Hierzu ist die von Shulman (1986, 1987) eingeführte Konzeptualisierung mittlerweile zur international kanonischen Lektüre geworden. Shulmans Intention ist es, die Inhalte des professionellen Lehrerwissens als erlernbare Inhalte für die Lehrerausbildung zu beschreiben (Shulman 1986, S. 7f., 1987, S. 4). Fundament für seine Modellierung sind Unterrichtsbeobachtungen sowie Interviews mit Lehrernovizen (Shulman 1986, S. 8). In seinen Arbeiten beschreibt Shulman ursprünglich sieben Inhaltskategorien (ebd., S. 4–14), von denen heute gemeinhin drei „Kerntegorien" (Krauss 2011, S. 181) als grundlegend für das Wissen von Lehrkräften anerkannt werden[22]:

---

22 Über die drei genannten Kategorien hinaus benennt Shulman noch folgende Inhaltsbereiche: Das Wissen über das Fachcurriculum (curriculum knowledge) und die Psychologie des Lerners (knowledge of learners and their characteristics), das Organisationswissen (knowledge of educational contexts) sowie erziehungsphilosophisches, bildungstheoretisches und bildungshistorisches Wissen (knowledge of educational ends, purposes, and values, and their philosophical and historical grounds) (Shulman 1986, S. 9f., 1987, S. 8). Die deutsche Übersetzung der einzelnen Inhaltsbereiche habe ich von Baumert/Kunter (2006, S. 482) übernommen.

- General pedagogical knowledge (Pädagogisches Wissen)
- Pedagogical content knowledge (Fachdidaktisches Wissen[23])
- Content knowledge (Fachliches Wissen)

Diesen drei Inhaltsbereichen wird forschungsseitig eine bedeutende Wirkung für die Schülerleistungen beigemessen – was auch erklären mag, warum diese Bereiche nachfolgend von vielen Forschungsgruppen als Ausgangspunkt für die Modellierung(en) in eigenen Studien genommen wurden (exemplarisch das COACTIV-Projekt, Kunter et al. 2011). Vor allem das sog. „pedagogical content knowledge" (PCK) wird in der Professionsforschung als äußerst wichtiger Faktor für die Lehrer(aus-)bildung betrachtet (bspw. Neuweg 2011a, S. 457ff.).[24] Diesem Inhaltsbereich gilt auch Shulmans (1987) besondere Aufmerksamkeit – er selbst beschreibt das PCK als *„special amalgam of content and pedagogy that is uniquely the province of teachers, their own special form of professional understanding"* (ebd., S. 8; Herv. F.S.). Nach Shulman (1986, S. 9f.) umfasst das pedagogical content knowledge

> the most useful forms of representation of [topics], the most powerful analogies, illustrations, examples, explanations, and demonstrations – in a word, the ways of representing and formulating the subject that make it comprehensible to others. Since there are no single most powerful forms of representation, the teacher must have at hand a veritable armamentarium of alternative forms of representation, some of which derive from research whereas others originate in the wisdom of practice. Pedagogical content knowledge also includes an understanding of what makes the learning of specific topics easy or difficult: the conceptions and preconceptions that students of different ages and backgrounds bring with them to the learning of those most frequently taught topics and

---

23 In der deutschsprachigen Tradition hat sich in den einzelnen Fachdidaktiken mittlerweile durchgesetzt, die Inhaltskategorie des „pedagogical content knowledge (PCK)" als „fachdidaktisches Wissen" zu bezeichnen bzw. in dessen Nähe einzuordnen (etwa für die Fachdidaktik Biologie: van Dijk/Kattmann 2010, S. 7ff.; für die Fachdidaktik Physik: Fischler 2008, S. 30ff.; für die Fachdidaktik Mathematik: Krauss et al. 2004, S. 35; für die Fachdidaktik Deutsch: Kunze 2004, S. 26f.; Wieser 2008, S. 36; Winkler 2011, S. 166). Problematisch ist im nationalen wie internationalen Vergleich, dass in den einzelnen theoretischen Überlegungen und Studien wiederum verschiedene Operationalisierungen hinsichtlich des Konstrukts fachdidaktisches Wissen bzw. PCK vorgenommen werden, die weitgehend nicht explizit gemacht werden (dazu vertiefend Gramzow/Riese/Reinhold 2013).

24 Auch die von der KMK vorgelegten fachbezogenen Lehrerbildungsstandards (KMK 2010) als Ergänzung zu den zuvor allgemein formulierten Standards (KMK 2004) können als ein Beleg für die besondere Bedeutung des fachdidaktischen Wissens gelten (Gramzow/Riese/Reinhold 2013, S. 20).

lessons. If those preconceptions are misconceptions, which they so often are, teachers need knowledge of the strategies most likely to be fruitful in reorganizing the understanding of learners, because those learners are unlikely to appear before them as blank slates.

Mit dieser Inhaltsfacette wird also jener Wissensbereich fokussiert, der auf die *Vermittlung* von fachlichen Inhalten im Lehr- und Lernkontext abzielt (und eben nicht nur auf das bloße Verstehen). Es ist insofern einsichtig, dass die Diagnose von Lesekompetenz in diesen Wissensbereich Eingang findet, da hier neben der Vermittlung auch das Wissen über Schülerkognitionen und mögliche Fehler bzw. Verständnisprobleme bei Lernenden in den Mittelpunkt rücken. Shulmans Beschreibung macht weiterhin deutlich, dass das PCK nicht einfach mit fachdidaktischen Erkenntnissen gleichgesetzt werden kann, sondern vielmehr eine „Verbindung von pädagogischem und fachinhaltlichem Wissen" darstellt (Kunze 2004, S. 27; ebenso Neuweg 2011b, S. 36).[25] Allerdings ist Shulmans Konzeptualisierung nicht unumstritten: So merkt etwa Wieser an, dass die vorgenommene Kategorienbildung „eher von dem Interesse an einer Veränderung der Lehrerbildung und der Lehrerprüfungen getragen ist, als aus seinen empirischen Beobachtungen resultiert" (Wieser 2008, S. 37). Nachvollziehbar ist weiterhin die mehrfache Kritik an der *direkten* (normativen) Ableitbarkeit von Wissensinhalten erfahrener Lehrkräfte auf Inhalte für die Lehrerausbildung (zu dieser Diskussion Kunze 2004, S. 27). Gleichwohl ist die von Shulman vorgenommene Kategorisierung als wichtiger Ansatzpunkt für empirische Studien zu Wissensbeständen von Lehrkräften anzusehen (Kunze 2004, S. 26f.; Scherf 2013, S. 20; Wieser 2008, S. 37).

Ein stärker differenziertes Modell wurde von Rainer Bromme (1992, 1997) in die Diskussion eingebracht. Bromme schließt an Shulmans Wissensstrukturierung an und entwickelt diese weiter. Dabei nähert er sich dem Lehrerwissen stärker praxisgeleitet an, indem er eine Analyse der Anforderungen des Berufsfeldes vornimmt und seine Überlegungen auf empirische Studien mit Mathematiklehrkräften stützt. Auf dieser Basis entwickelt Bromme folgende Topologie zur Beschreibung des Lehrerwissens (Bromme 1992, S. 96ff., 1997, S. 196ff.):

- Fachliches Wissen

---

25 Eine andere Rahmenkonzeption ist in der englischsprachigen Theorietradition auffällig: Hier werden Fachwissen und pädagogisches Wissen oftmals als Wissensdimensionen aufgefasst, die jeweils das PCK mit einschließen (Gramzow/Riese/Reinhold 2013, S. 10).

- Wissen über die Lerninhalte des Unterrichtsfaches
- Philosophie des Schulfaches
- Pädagogisches Wissen
- Fachspezifisch-pädagogisches Wissen

Gegenüber Shulman werden in Brommes Topologie die *fachspezifischen* Besonderheiten des Lehrerwissens stärker konkretisiert. Mit der Trennung der Kategorien „fachliches Wissen" und „Wissen über die Lerninhalte des Unterrichtsfachs" hebt Bromme darüber hinaus hervor, dass Unterrichtsgegenstände „nicht nur Vereinfachungen" fachwissenschaftlicher Inhalte für den Unterricht darstellen (Bromme 1992, S. 96f.). Er postuliert damit, dass das Unterrichten besondere Anforderungen an Lehrkräfte stellt – im Sinne der Vermittlung von fachwissenschaftlichen Inhalten – und dass das schulfachliche Wissen zudem eine eigenständige inhaltliche „Logik" aufweist. Genannte Aspekte gilt es auch für die Untersuchung des Lehrerwissens in dieser Studie in Anschlag zu bringen. Bromme erweitert Shulmans Topologie weiterhin um die Wissenskategorie „Philosophie des Schulfachs". Mit dieser Kategorie wird die individuelle, bewertende Auffassung der Lehrkraft über Zielsetzungen des Unterrichtsfachs sowie die Wertigkeit des Faches im gesellschaftlichen Kontext beschrieben. Bromme führt auf Grundlage empirischer Erkenntnisse an, dass diese Auffassungen als „impliziter Unterrichtsinhalt" auch Auswirkungen auf die Unterrichtsgestaltung – sowohl auf Ebene der Zielsetzung als auch auf Ebene der Vermittlungsprozesse – haben (ebd., S. 97–100). Diese Beschreibung ergibt eine inhaltliche Nähe dieser Wissenskategorie zum Konzept der epistemologischen Überzeugungen (u. a. Hofer/Pintrich 1997).

Ausgeklammert wird in Brommes Kategorisierung, dass Lehrkräfte ihren Unterricht in einem institutionellen Rahmen durchführen (Kapitel 5.1.2.1; zu dieser Kritik auch Kunze 2004, S. 29). Im COACTIV-Modell wird aus diesem Grund das *spezifische Organisationswissen* als ein weiterer Inhaltsbereich des Lehrerwissens mit angeführt (Baumert/Kunter 2006). Damit wird ein Wissen bezeichnet, das „nur im Rahmen institutionalisierter und sozial verteilter Wissensbestände behandelt" werden könne und zugleich „über die individuelle Perspektive" hinausweise (ebd., S. 482).[26]

Die dargestellten Überlegungen verdeutlichen, dass die Wissensstruktur von Lehrkräften auf mehreren Inhaltsfacetten aufbaut. „Das professionelle Wissen von Lehrern ist [allerdings] *nicht* einfach eine Addition verschiedener Bereiche" (Bromme 1992, S. 100; Herv. F.S.). Dies wäre eine verkürzte Rezeption der hier

---

26 Auch Shulman erweiterte seine eigene Topologie um diesen Aspekt mit der Kategorie „knowledge of educational contexts" (s. o.).

skizzierten Konzeptionen. Bromme und Shulman beschreiben in ihren jeweiligen Topologien lediglich *analytisch* unterscheidbare Inhaltsfacetten, die das Denken und Handeln von Lehrkräften prägen. Insofern ist vielmehr eine enge Verknüpfung der beschriebenen Wissensbereiche als charakteristisch für die Betrachtung (und Analyse) von Lehrerwissen anzusehen. Kunze weist dem Inhaltswissen von Lehrkräften aus diesem Grund einen „integrativen Charakter" zu, welcher den Lehrkräften selbst gar nicht zugänglich sei (Kunze 2004, S. 30ff.; dazu auch Bromme 1992, S. 101; Neuweg 2011a, S. 462). Für die Rekonstruktion des Inhaltswissens ist deshalb anzunehmen, dass Aussagen von Lehrkräften, etwa in einem Interview, nicht immer klar den einzelnen Kategorisierungen zuordenbar sind bzw. von den Lehrkräften keine eigene Zuweisung ihres präsentierten Wissens vorgenommen wird. Weiterhin ist zu bedenken, dass sich in den Auffassungen von Deutschlehrkräften sowohl fachbezogene Inhalte als auch individuelle Wertvorstellungen, bspw. in Bezug auf den präferierten Lesebegriff, zeigen können.

5.1.3 Vom Wissen zum Handeln: Erklärungsansätze

Ein bereits mehrfach erörterter Anspruch an das zu entwickelnde Diagnoseverfahren ist dessen Praxisnähe und damit einhergehend die Prämisse, dass das dort bereit gestellte Wissen eine (grundsätzliche) Handlungsrelevanz für Deutschlehrkräfte aufweist. Besondere Bedeutsamkeit erhält diese Frage im Kontext der vielfachen Argumentation, dass Lehrkräfte in der konkreten Handlungssituation nicht immer das anwenden, was sie wissen, sondern theoretisch erworbene Wissensbestände oftmals als „träges Wissen" (Neuweg 2011b; Renkl 2006) verbleiben. Immer wieder wird sogar eine große „Kluft" konstatiert, die bei Lehrerinnen und Lehrern zwischen ihrem Wissen und ihrem tatsächlichen Unterrichtshandeln[27] bestehe (in Auswahl: Gerstenmaier/Mandl 2000; Herrlitz 1998, S. 183). Im Weiteren soll daher vertiefend diskutiert werden, ob und gegebenenfalls in welchem Maße das in dieser Arbeit erhobene Wissen II (Kapitel 8) überhaupt als Ressource für das Unterrichtshandeln der Lehrkräfte aufgefasst werden kann. Die folgenden Ausführungen dienen somit auch dazu, eine tragfähige Grundlage für mein eigenes Forschungsanliegen zu schaffen.[28]

---

27 In der Debatte wird zum Teil auch zwischen Wissen und Können unterschieden (u. a. Combe/Kolbe 2008; Neuweg 2011a und b; Tenorth 2006, S. 590).

28 Für die Lehrerforschung ist das Untersuchungsfeld von Wissen und Handeln im Übrigen auch als Grundlage für die Lehrerbildung relevant (u. a. Wieser 2008, S. 67). Damit einhergehend ist die Frage zentral, inwiefern theoretische Inhalte, wie fachdidaktische

Nach derzeitigem Erkenntnisstand gibt es nur spärliche und vor allem inkonsistente empirische Befunde zu den Wechselbeziehungen von professionsbezogenen Wissensbeständen und dem konkreten Handeln von Lehrkräften im Unterricht (im Überblick: Fives/Buehl 2012; Leuchter 2009). Dies ist sicherlich nicht zufällig: Bedenkt man die beschriebenen Transformationsprozesse von Wissen II zu Wissen III (Kapitel 5.1.2.2), sind die (großen) forschungsmethodischen Herausforderungen für eine angemessene Erhebung sämtlicher Komponenten des Lehrerwissens offensichtlich.[29] Die Komplexität der Problemstellung erklärt zugleich, warum gegenwärtig noch intensiv und kontrovers darüber diskutiert wird, wie der Zusammenhang von Wissen und Handeln zu bestimmen ist (exemplarisch: Combe/Kolbe 2008; Leuchter et al. 2006; Neuweg 2011b).

Im Anschluss an Neuweg (2011b) reichen die handlungstheoretischen Überlegungen von einer Befürwortung der Wirksamkeit von Wissensbeständen in der Handlungspraxis (sog. „Integrationskonzept") bis hin zu einer Negierung der Annahme einer handlungssteuernden Funktion des Lehrerwissens (sog. „Differenzkonzept"). Erstgenannte Auffassung, die vor allem in den kognitionspsychologischen Forschungsansätzen vertreten wird, geht davon aus, dass das Handeln bei Lehrkräften stark reflektierend erfolgt und Wissen folglich *handlungsleitendes*

Innovationen, Eingang in das unterrichtliche Handeln von Lehrkräften finden. Dieser Aspekt wurde bereits in Kapitel 2 mit Blick auf das Forschungsinteresse dieser Arbeit eingehend diskutiert. Im Weiteren konzentriere ich mich auf die Frage, welches generelle Verhältnis zwischen Wissen und Handeln in Bezug auf die Diagnose von Lesekompetenz bei Lehrkräften besteht, ohne die Bedeutsamkeit des Theorie-Praxis-Problems damit grundsätzlich infrage zu stellen.

29 Exemplarisch lässt sich diese grundlegende Problematik anhand der Studie TEDS-LT (Bremerich-Vos et al. 2011; Bremerich-Vos/Dämmer 2013) zeigen: Dort wird überwiegend das Ausbildungswissen, im Anschluss an Neuweg (2011a) das sog. Wissen II (s. o.) der Lehramtsstudierenden erhoben, dabei aber das sog. Ausbildungswissen (Wissen I) als normative Folie zur Analyse herangezogen. Ausgehend von dem Anspruch der Handlungsvalidität von Testverfahren – erhellend hierzu der Aufsatz von Vogelsang/Reinhold (2013) – steckt in dieser Studie die (implizite) Auffassung, dass von einem Wissenstest, der Wissen I fokussiert, zumindest indirekt Rückschlüsse auf das Handeln oder Können der Lehramtsstudierenden gezogen werden können bzw. vielmehr, dass diese operationalisierten explizierbaren Facetten praktisch bedeutsam für das unterrichtliche Handeln sind (so etwa auch die Auffassung bei Neuweg 2011a, S. 458). Bei der Erhebung müsste nach meiner Auffassung stärker reflektiert werden, *welche Relevanz* oder besser *welche Aussagekraft* die erhobenen Daten für das unterrichtliche Handeln von (angehenden) Lehrkräften wirklich aufweisen.

5 Ansätze und Befunde der (deutschdidaktischen) Professionsforschung 171

Wissen ist (Kapitel 5.1.1).[30] Zweitgenannte Position geht von einem Handlungsvollzug aus, der partiell nicht bewusstseinsfähig ist. Tenorth (2006) schlägt schließlich vor, in Bezug auf das beobachtbare Unterrichtshandeln von Lehrkräften zukünftig von „professionellen Schemata"[31] zu sprechen, um die Grundlage des Handelns zu benennen und den Wissensbegriff gänzlich aufzugeben:

> [D]amit ist auch die – erwünschte – Assoziation einbegriffen, dass manches wirklich „schematisch" geht, vor allem aber ist gesagt, dass es Koordinations- und Entscheidungsprobleme gibt, die nicht vom Wissen und Erkennen (gar vom Forschen und seiner Logik, wie beim Wissenschaftler) bestimmt sind, sondern vom Handeln und seinen Zwängen. Diese Probleme werden dann gelöst im Lichte von Erfahrung und mithilfe von Schemata, die sich bewährt haben […]. (Tenorth 2006, S. 590)

Tenorth unterstellt also, dass das Unterrichtshandeln von Lehrkräften nicht auf bewussten Handlungsentscheidungen, sondern auf Grundlage von Erfahrungen erfolge, die als *automatisierte individuelle Routinen* handlungswirksam werden (dazu auch Bastian/Helsper 2000; Neuweg 2001, 2005).[32] Diese Auffassung wird vor allem in der soziologischen Wissensverwendungsforschung sowie in Ansätzen zum impliziten Wissen vertreten.

Fives/Buehl (2012) sehen dagegen in der Frage nach (Un-)Stimmigkeit von Wissen und Handeln keine weiterführenden Erkenntnisse und verschieben den Akzent eher in Richtung der Bedingungen für eine Übersetzung von Wissen in Handeln: „We believe that considering *why* beliefs and practices are not consistent may be more useful [for research]" (ebd., S. 481). Genau an diesem Punkt setzen die Überlegungen von Wieser (2008, S. 67ff.) an. Sie greift in ihrer Argumentation auf die Überlegungen von Cranachs (1995) und Neuwegs (2000) zurück, um sich dem Verhältnis vom Wissen und Unterrichtshandeln der Lehrkräfte (stärker differenzierend) anzunähern. Nach Wieser beruhen zielgerichtete Handlungen, worunter etwa die Planung von Diagnoseprozessen fällt, auf handlungsleitenden Kognitionen, die jedoch „nur in ihrer Rekonstruktion zugänglich" sind (ebd.). Demgegenüber sieht Wieser individuelle Routine- und Affekthandlungen als in der Regel unbewusst erworbene Wissenskomponenten an, die in weiten Teilen

---

30 Diese Position ist insbesondere in Abgrenzung zum behavioristischen Menschenbild zu verstehen, da das Individuum in den kognitionspsychologischen Ansätzen als bewusst handelnd angesehen wird (Scherf 2013, S. 31; Wieser 2008, S. 67).
31 Vertiefend dazu die Ausführungen von Winkler (2011, S. 161) zum Schema-Begriff in der Lehrerforschung.
32 Zugleich weist Tenorth (2006) aber darauf hin, dass diese Handlungsabläufe nicht auf Routinen begrenzt werden können und die Reflexivität in Bezug auf das Handeln von Lehrkräften nicht infrage gestellt werden sollte.

implizit vorliegen und somit empirisch nicht sinnvoll rekonstruierbar seien (dazu auch Tenorth 2006, S. 589f.). Wieser (2008, S. 69) kommt vor diesem Hintergrund zu dem Schluss: „Die Frage nach der Existenz handlungsleitender Kognitionen kann [...] nicht mit Ja oder Nein beantwortet werden, sondern muss für jeden Handlungstyp differenziert betrachtet werden". Damit stimmig und zugleich ergänzend betonen Fives/Buehl die vielfältigen internen und externen Einflussfaktoren, die „may support or hinder the enactment of a belief, contributing to the apparent lack of relation between teachers' beliefs and practices" (ebd., S. 481).

Die referierten Überlegungen führen zu einer weiteren Kernfrage in Bezug auf das Verhältnis von Wissen und Handeln; nämlich zur Frage nach der Handlungsautonomie von Lehrkräften (Scherf 2013, S. 33; Wieser 2008, S. 69–73). Bereits in den bisherigen Ausführungen wurde beschrieben, dass in soziologischen Ansätzen der Einfluss des sozialen Feldes auf das Lehrerwissen und damit auf die Handlungsressourcen für den Unterricht betont wird. Zugleich erörtert etwa Wieser (2008, S. 71ff.) unter Rückgriff auf Radtke (1996), dass für das Individuum dennoch gewisse individuelle Handlungsspielräume innerhalb der „sozial vorgeformten Muster" bestünden. Diese ergeben sich in besonderer Weise für die Reflexion des eigenen Handelns und darauf intentional aufbauenden Änderungen.

Festzuhalten ist, dass das lesediagnostische Handeln von Lehrkräften als wissensgeleitet aufzufassen ist. Ausgehend von den vorgestellten Überlegungen ist allerdings zu vermuten, dass sich ihr Unterrichtshandeln in großen Teilen auf kognitive Strukturen stützt, die implizit vorliegen und nur bedingt verbalisierbar sind. Angemessen erscheint deshalb die Position, die in dieser Studie rekonstruierten Auffassungen von Deutschlehrkräften als „Orientierungsrahmen" für deren Wahrnehmung, Deutung und Gestaltung von Unterrichtsprozessen zu begreifen, welcher jedoch „nicht im strengen Sinne handlungsleitend" ist (Wieser 2008, S. 82).

5.2 Vorstellungen und Orientierungen von Deutschlehrkräften

Die bisherigen Überlegungen haben verdeutlicht, dass eine Verbindung von Wissenschafts- und Lehrerperspektive als ein konstruktives Vorgehen für das Ziel dieser Arbeit gelten kann. Dafür wird der Horizont der Lehrenden auf das Gegenstandsfeld ernst genommen und in Beziehung zu fachlichen Perspektiven gesetzt, um ein praxisbezogenes Diagnoseverfahren zu entwickeln. Zugleich stellt sich die Frage nach einer geeigneten Ebene, um systematisch und strukturiert Beziehungen zwischen fachdidaktischen und lehrerseitigen Sichtweisen herzustellen. Im Modell der Didaktischen Rekonstruktion liegt dieses gemeinsame und verbindende Element in der Ebene der Vorstellungen (Kapitel 2.2). Der Vorstellungsbegriff ist für diese Arbeit daher zentral. Ein Problem ist in diesem Zusammenhang die bereits diskutierte begriffliche Unschärfe im Bereich der Lehrerforschung. So kritisieren Pieper und Wieser (2012) hinsichtlich der deutschdidaktischen Lehrerforschung:

> Begriffe wie [...] *pedagogical content knowledge* [sic!], *practical professional knowledge und epistemologische Überzeugungen* sind inzwischen [...] geläufig, werden aber nur bedingt reflektiert. [...] Wichtig erscheint aber eine Explikation der mit diesen Begriffen verbundenen Konzepte aus einer literaturdidaktischen Perspektive. (Pieper/Wieser 2012b, S. 9; Herv. ebd.)[33]

Unabdingbar ist daher eine Explikation dessen, auf welcher „Vorstellung von Vorstellungen" (Gropengießer 1997, S. 74) die vorliegende Arbeit basiert. Anspruch muss dabei sein, den Vorstellungsbegriff im Rahmen des Forschungsprozesses transparent zu machen und dabei zugleich die Erfassung der Sichtweisen von Lehrkräften forschungsmethodisch sicherstellen zu können.

Im vorliegenden Kapitel erfolgt daher zunächst ein kurzer Überblick über bisherige empirische Studien im Rahmen der Vorstellungsforschung der Naturwissenschaftsdidaktik, um den Bezugspunkt zum Erkenntnisinteresse in dieser Arbeit aufzuzeigen (Kapitel 5.2.1). In einem nächsten Schritt wird geklärt, was unter „Vorstellungen" in dieser Arbeit zu verstehen ist und durch welche Merkmale Vorstellungen gekennzeichnet sind (Kapitel 5.2.2). Auf dieser Grundlage sollen abschließend die in der Arbeit präferierten Begriffe *Vorstellungen* und *Orientierungen* verortet und in Bezug auf das Forschungsinteresse in dieser Arbeit definiert werden (Kapitel 5.2.3).[34]

5.2.1 Vorstellungsforschung in der Naturwissenschaftsdidaktik

Mit Beginn des neuen Jahrtausends sind vor allem in den naturwissenschaftlichen Fachdidaktiken zahlreiche Studien erschienen, in denen Vorstellungen von Schülerinnen und Schülern zu verschiedenen Themengebieten in den Blick genommen wurden. Komorek et al. sehen in dieser Tendenz sogar Hinweise eines „Booms"

---

33 Ähnlich argumentieren Fives und Buehl (2012, S. 473) im Hinblick auf die internationale Lehrerforschung: „What is difficult [about the study of teachers' professional knowledge] is getting authors to consistently define and use terms within and across fields that examine these constructs".

34 Es soll an dieser Stelle noch angemerkt werden, dass mit den folgenden Ausführungen keineswegs die im obigen Zitat von Pieper und Wieser (2012b) anklingende Herausforderung zu lösen ist, wie die theoretischen Annahmen zur Beschreibung des Denkens und Handelns von Deutschlehrkräften fachdidaktisch akzentuiert zu operationalisieren sind (dazu auch Bräuer/Winkler 2012; Wieser 2012). Vielmehr soll erörtert werden, wie im Rahmen einer einzelnen empirischen Untersuchung mit diesem Problem umgegangen wurde.

der internationalen Vorstellungsforschung (Komorek/Fischer/Moschner 2013, S. 46). Zugleich kritisieren die Autoren, dass „viele Vorstellungsuntersuchungen recht oberflächlich angelegt sind" und sich eher auf Häufigkeitsberechnungen und sog. Ad-hoc-Vorstellungen beschränken (ebd.). Im deutschsprachigen Raum sind Schülervorstellungserhebungen vor allem in den naturwissenschaftlichen Fachdidaktiken ein Untersuchungsansatz mit großer Tradition.[35] Zentrales Moment ist hier die Auffassung, dass Lernen unter Berücksichtigung bereits vorhandener Vorstellungen zu Gegenständen stattfinden muss, die es dafür zunächst zu erheben und zu analysieren gilt. Die bestehenden Studien konzentrieren sich dabei sowohl auf die Erhebung von Schülervorstellungen, z. B. im Bereich „Sehen" (Gropengießer 2007a), als auch auf die Änderung von Schülervorstellungen über bestimmte Lehr- und Lernarrangements (u. a. Niebert 2010). Seit Ende der 1980er/Anfang der 1990er Jahre sind zunehmend auch Forschungsarbeiten zu Lehrerinnen und Lehrern – sowohl zukünftigen als auch praktizierenden – entstanden (u. a. Fischler 2000a; van Dijk 2009; van Driel/Bulte/Verloop 2005).

Die (größere) Forschungstradition in den Naturwissenschaftsdidaktiken hinsichtlich der empirischen Analyse von Vorstellungen von Lehrkräften und Lernenden bietet wichtige Anhaltspunkte zur Konkretisierung des eigenen Vorstellungsbegriffs in der vorliegenden Untersuchung. In der Deutschdidaktik werden die beschriebenen naturwissenschaftsdidaktischen Arbeiten zu Vorstellungen, die durchaus Schnittmengen mit deutschdidaktischen Fragestellungen aufweisen, bisher nicht rezipiert bzw. aufgegriffen.[36] Die hier vorgestellte Untersuchung verspricht demzufolge auch mit Blick auf diese Forschungslücke weiterführende Erkenntnisse.

5.2.2 Allgemeine Begriffsbestimmung und Merkmale von Vorstellungen

In der deutschen Forschung wird der Begriff „Vorstellungen" generell neben anderen Beschreibungen von berufsbezogenen Überzeugungen von Lehrkräften verwendet (Reusser/Pauli/Elmer 2011, S. 483). Obgleich der Vorstellungsbegriff

---

35 Einen guten Überblick über die nationale und internationale Vorstellungsforschung in der Naturwissenschaftsdidaktik bieten die über 8400 Artikel umfassende Bibliographie von Duit (2009) sowie die Beiträge in der Zeitschrift für Didaktik der Naturwissenschaften (ZfDN).

36 Die einzige Zitierung des Vorstellungsbegriffs von Gropengießer (2007a) findet sich nach meiner Kenntnis in dem Beitrag von Stark (2010, S. 116, 118). Stark verwendet zwar den Vorstellungsbegriff nach Gropengießer, jedoch ohne eine vertiefende Auseinandersetzung mit dessen theoretischen Ansatz.

in der Lehr- und Unterrichtsforschung etabliert ist, liegt bislang jedoch kein einheitliches Begriffsverständnis vor. Zurückzuführen ist diese Heterogenität auf die unterschiedlichen wissenschaftlichen Zugänge zum Begriff in den einzelnen Disziplinen (für einen Überblick: Gropengießer 2007a, S. 21–31).

Um eine geeignete Grundlage für die vorliegende Arbeit zu schaffen, wurde, wie bereits angeführt, die naturwissenschaftsdidaktische Auseinandersetzung mit Vorstellungsbegriff in Lehr- und Lernkontexten aufgegriffen. Dort werden *Vorstellungen* ganz allgemein als subjektive, gedankliche Konstrukte[37], also Gedanken und Verständnisse zu einem bestimmten Phänomen oder fachlichen Bereich aufgefasst (u. a. Kattmann et al. 1997, S. 6), womit die Begriffsbestimmung auf einen Wissensbegriff im engeren Sinn basiert. Damit einhergehend wird der Vorstellungsbegriff jedoch auf Kognitionen begrenzt. In der jüngeren Diskussion wird der Begriff daher *umfassend(er)*, wie auch in der vorliegenden Arbeit, verstanden und schließt auch affektive, emotionale und biographische Komponenten mit ein (Gropengießer 2007a, S. 226; Kattmann 2007a, S. 95f.).[38] In dieser Begriffsbestimmung lassen sich Vorstellungen flexibel zu unterschiedlichsten fachdidaktischen Bereichen – wie etwa Unterrichtsmethoden oder bestimmten Fachinhalten – erheben; der Begriff ist zudem breit anwendbar, da er keine implizite Einschränkung hinsichtlich der Berufserfahrung enthält. Insofern erscheint der naturwissenschaftsdidaktische Vorstellungsbegriff für das vorliegende Untersuchungsvorhaben angemessen bzw. produktiv.

Lehrkräfte können einen Teil ihrer Vorstellungen explizit benennen und kommunizieren (Kapitel 5.1.2.2). Allerdings „lassen sich [Vorstellungen] nicht an die Tafel oder auf ein Blatt Papier schreiben" (Gropengießer 2005, S. 174). Denn:

---

37 Die Bezeichnung von Sichtweisen als (persönliche) „Konstrukte" wurde von George Kelly (1955) in seinem Werk „The Psychology of Personal Constructs" eingeführt. Der von Kelly verwendete Konstruktbegriff schließt das sog. „implizite Wissen" mit ein, wie Fromm (2010) markiert: „Konstrukte sind im Sinne Kellys alle Unterscheidungen, die wir machen können[,] […] unabhängig davon, wie weit sie uns bewusst sind und ob wir sprachliche Begriffe für sie haben" (ebd., S. 526).

38 Hier werden folglich – etwa in der COACTIV-Studie – vorgenommenen Grenzen zwischen Wissen und Überzeugungen als Inhaltsdimensionen bewusst aufgehoben und ein breiter Wissensbegriff favorisiert, da diese nach meiner Auffassung kategorial nicht voneinander abzugrenzen sind (dazu in ähnlicher Form Fives/Buehl 2012, S. 476; Scherf 2013, S. 29; Winkler 2011, S. 171f.). Die Grenze zwischen Wissen und Werthaltungen ist in der Lehrerforschung bislang empirisch noch nicht hinreichend geklärt (Reusser/Pauli/Elmer 2011, S. 479).

Der sprachliche Bereich ist [...] der Zugang zu den Vorstellungen [sowohl von Beforschten als auch von Wissenschaftlern]: Von den Zeichen wird interpretativ auf die individuellen Vorstellungen geschlossen. (Niebert 2010, S. 14)

Mit der eingenommenen konstruktivistischen Position sind Vorstellungen als Produkt eines Prozesses zu verstehen. Sie werden gebildet, modifiziert, ergänzt oder reorganisiert und in den Kontexten angewendet, in denen eine Lehrkraft agiert (Kapitel 2.1). Vorstellungen sind „persönliche Konstrukte" (Gropengießer 2007, S. 31), welche für den Einzelnen bzw. die Einzelne *viabel* sind. Sie unterliegen also einem individuellen Richtigkeitsglauben (z. B. Gropengießer 1997, S. 73; Neuweg 2011a, S. 465). Damit eng verknüpft ist die Auffassung, dass Vorstellungen eine eigene Argumentationsstruktur besitzen. Die ihnen innenliegende Struktur bzw. Begründungszusammenhänge müssen aus Forscherperspektive nicht (zwingend) schlüssig sein.[39] Dies hat auch forschungsmethodologische Konsequenzen für die Rekonstruktion von Lehrervorstellungen:

> „Vorstellungen sind jeweils in dem Kontext zu verstehen, in dem sie von dem Individuum gebildet werden. Solange sie dem Interpreten als widersprüchlich oder gar absurd erscheinen, ist zu vermuten, daß dieser das Gesagte noch nicht verstanden hat [...]" (Gropengießer 1997, S. 73).[40]

---

[39] Eine eigene Debatte hat sich dazu entwickelt, inwiefern die Theoriemetapher auf subjektive Sichtweisen überhaupt anwendbar und die Analogie zu Theorien in der Wissenschaft (überhaupt) tragfähig ist (z. B. Bromme 1992, S. 125, Bromme 1997, S. 188 und Neuweg 2011a, S. 465). Einige Autoren sprechen von einer „Strukturparallelität" (Beck et al. 2008, S. 52), während andere das Wissen von Lehrkräften „nur in eingeschränktem Maß strukturanalog ansehen" (Neuweg 2011a, S. 465). Ich folge der Argumentation von Kunze, die anführt, dass an diese dem Subjekt inhärente Struktur nicht der Anspruch einer wissenschaftlichen Theorie gestellt werden darf (Kunze 2004, S. 68). Die *Funktionszuweisung* als Theorie ist m. E. insofern vertretbar und wird den weiteren Ausführungen zugrunde gelegt. In der Deutschdidaktik scheint sich diese Perspektive auf die Theoriemetapher ebenfalls immer mehr durchzusetzen (z. B. Winkler 2011, S. 168). Zuzustimmen ist dennoch der Argumentation von Bromme (1992, S. 125), dass die Theoriemetapher für das implizite Wissen (Kapitel 5.1.2.2) weniger tragfähig ist.

[40] Ähnlich Neuweg (2011a, S. 470). Ferner ist diese Lesart für den Festvortrag von Jakob Ossner auf dem 19. Symposion Deutschdidaktik 2012 in Augsburg anlässlich der Verleihung des Friedrichpreises interessant: Ossner verweist in seinem Vortrag „mit großem Befremden" auf die mangelnde (fachdidaktische) Ausdrucksfähigkeit von Deutschlehrkräften in bestehenden Forschungsstudien (Ossner 2013, S. 48). Folgt man u. a. Gropengießers (1997) Argumentationslinie, so kann man umgekehrt von einer verkürzten Rezeption der Befunde sprechen, wenn man die Kommunikation(sweise) von Lehrkräften auf die Anwendung von Fachvokabular ‚begrenzt' (Kapitel 2.1).

5.2.3 Begriffsbestimmung in der vorliegenden Arbeit

Im Folgenden wird geklärt, wie die Konstrukte „Vorstellungen" und „Orientierungen" zur Erhebung und Rekonstruktion des Lehrerwissens in dieser Studie spezifiziert und operationalisiert werden. Im Hinblick auf das Konstrukt „Vorstellungen" orientiere ich mich an der biologiedidaktischen Arbeit von Gropengießer (2007a), dessen Systematisierung des Vorstellungsbegriffs auch in den Naturwissenschaftsdidaktiken breite Anwendung findet (so u. a. Heinicke 2012; Niebert 2010; van Dijk 2009). In Anlehnung an Gropengießer (2007a) wird in dieser Arbeit davon ausgegangen, dass Vorstellungen entlang verschiedener Ebenen beschrieben werden können (ausführlich ebd., S. 30ff.):

1. *Begriffe* stellen die einfachsten Elemente von Vorstellungen dar, die Dinge, Objekte und Ereignisse bezeichnen und sprachlich durch (Fach-)Wörter ausgedrückt werden.
2. *Konzepte* verknüpfen zwei oder mehrere Begriffe durch Relationen. Sie werden in Aussagen, Behauptungen und Sätzen expliziert und entsprechen in etwa den Schemata der kognitiven Psychologie.
3. *Denkfiguren* vereinen mehrere Konzepte miteinander und werden als Grundsätze formuliert. Denkfiguren sind jedoch keine einfache Addition von Konzepten, sondern leiten das Verstehen in stärkerem Maße als es etwa Konzepte vermögen. Sie haben eine erklärende Funktion.
4. *Theorien* bilden die höchste Komplexitätsstufe von Vorstellungen und bestehen aus verschiedenen Konzepten und Denkfiguren, die zueinander in Beziehung gesetzt werden. Sie werden auf sprachlicher Ebene durch ein Aussagengefüge oder Darlegungen formuliert.

Gropengießer (2007a, S. 31f.) und in Weiterführung Niebert (2010, S. 14f.) heben hervor, dass die Übergänge zwischen den einzelnen Ebenen mit einer *Zunahme an Komplexität* der Repräsentationsebene einhergehen, wie in Abbildung 5.3 verdeutlicht wird. Neben der Unterscheidung einzelner Komplexitätsstufen ist für Gropengießer weiterhin relevant, dass sich Vorstellungen „hinsichtlich [...] des Grades der Bewusstheit [...] unterscheiden" (Gropengießer 2007a, S. 31). Diese Unterscheidungsdimension steht in Einklang mit der bereits erwähnten Auffassung, dass zwischen impliziten und expliziten Wissensanteilen bei Lehrkräften ausgegangen wird (Kapitel 5.1.2.2).

Ossners Perspektive ist im Kontext von Fragen der Lehrerprofessionalisierung insofern eher hinderlich denn zielführend – gerade, wenn es um den bereits diskutierten *Diskurs auf Augenhöhe* zwischen Forschung und Praxis geht.

Abbildung 5.3: Übersicht über die Komplexitätsebenen von Vorstellungen (eigene Darstellung, verändert nach Gropengießer 2007a, S. 30)

		Gedankliche Dimension	Sprachliche Dimension	Beispiel[41]
KOMPLEXITÄT VON VORSTELLUNGEN		Theorie	Aussagengefüge, Darlegung	Leseförderung ist keine Lehreraufgabe.
		Denkfigur	Grundsatz	Lesen ist statisch
		Konzept	Behauptung, Satz, Aussage	Leseflüssigkeit bedeutet betontes Vorlesen
		Begriff	Terminus, Fachwort, Ausdruck	Leseflüssigkeit, Textverstehen

Die von Gropengießer vorgenommene Strukturierung hat sich als heuristische Grundlage für die Operationalisierung von Vorstellungen in verschiedenen Studien bewährt (u. a. Heinicke 2012; Niebert 2010), da sie der Komplexität von Sinnstrukturen gerecht wird und gleichzeitig eine Orientierung für die Datenanalyse bietet.

Problematisch an Gropengießers Systematisierung ist allerdings, dass hier die soziale Bedingtheit des (Lehrer-)Wissens keine Beachtung findet (Kapitel 5.1.1). Um insofern eine Perspektivverengung in der vorliegenden Studie zu vermeiden, habe ich mich ergänzend an der Studie von Dorothee Wieser (2008) orientiert, die eine „doppelte Perspektive" für die Rekonstruktion lehrerseitiger Perspektiven einnimmt, und zwischen individuellen Wissensbeständen von Lehrkräften („Vorstellungen") und inkorporiertem, sozial bedingten Wissen („Orientierungen") zur Systematisierung des Lehrerwissens unterscheidet (ebd., S. 59ff.). In Anlehnung an Wieser wird in der vorliegenden Arbeit das Konstrukt *Orientierungen* als Oberbegriff für das sozial geteilte Wissen von Lehrkräften zu einem spezifischen (Unterrichts-)Gegenstand gefasst. Ziel für die Rekonstruktion der Lehrendenperspektiven in dieser Studie ist daher, die *Vorstellungen* von Deutschlehrkräften, die sich im Grad der Komplexität und im Grad der Bewusstheit unterscheiden, als auch ihre *Orientierungen* als die unhinterfragten, sozial geteilten Deutungsmuster zu rekonstruieren. Die mit diesen Setzungen

---

41 Die angeführten Beispiele sind – abgesehen von der Ebene „Theorie" – aus den Analyseergebnissen der empirischen Erhebung in der vorliegenden Arbeit entnommen (siehe Kapitel 8).

verbundenen forschungsmethodologischen Konsequenzen werden gesondert diskutiert (siehe Kapitel 7).

5.3 Ausgewählte empirische Befunde der deutschdidaktischen Lehrerforschung

Nicht nur zur Diagnosepraxis von Lehrkräften (Kapitel 4.4) besteht in der Deutschdidaktik ein erheblicher Mangel an Forschungsbefunden. „Marginalie" (Kunze 2004, S. 191), der „abhanden gekommene Deutschlehrer" (Unglaub 2006; zit. n. Winkler 2011, S. 10) oder „Schattendasein" (Wieser 2008, S. 258) waren lange Zeit angemessene Zuschreibungen für die – nicht vorhandenen – Aktivitäten in der deutschdidaktischen Professionsforschung. Mittlerweile werden Deutschlehrerinnen und Deutschlehrern zunehmend als relevanter fachdidaktischer Forschungsgegenstand wahrgenommen, wodurch sich das Spektrum an empirischen Studien in den letzten Jahren erfreulich erweitert hat (im Überblick: Bräuer/ Wieser 2015; Bräuer/Winkler 2012; Wiprächtiger-Geppert 2016).[42] Diese Feststellung gilt allgemein und besonders für den Bereich des Leseunterrichts, sodass sich die vorliegende Arbeit mittlerweile auf eine breitere Basis an Befunden stützen kann. In diesem Kapitel werden die im Rahmen dieser Arbeit relevanten empirischen Erkenntnisse zusammengefasst und diskutiert.[43] Um im Folgenden einen strukturierten Überblick zu gewinnen, differenziere ich in meiner Darstellung zwischen drei verschiedenen Forschungszugängen, nämlich:

- *Studien zur Lehrerperspektive* (Kapitel 5.3.1): Zunächst werden Untersuchungen diskutiert, die einen Schwerpunkt auf die Erfassung der Ebene des ‚Sagens' legen, d. h. situationsentbunden die Auffassungen von Lehrkräften rekonstruieren.

---

42 Als weiterer Indikator dafür, dass sich die Professionsforschung im deutschdidaktischen Diskurs etabliert hat, kann die Bildung einer eigenen Sektion auf dem Symposion Deutschdidaktik angesehen werden (bisher in Bremen 2010, Augsburg 2012 und Basel 2014). Thema des 22. Symposion Deutschdidaktik 2018 in Hamburg ist sogar „Professionalität für den Deutschunterricht erforschen und entwickeln".

43 Auf eine Reihe an Studien gehe ich vor diesem Hintergrund nicht näher ein (für einen fundierten Überblick bis 2012: Bräuer/Winkler 2012). Untersuchungen, die sich spezifisch mit (lese-)diagnostischen Fragestellungen im Bereich der Lehrerforschung beschäftigen, wurden bereits in Kapitel 4.4.2 vertiefend diskutiert und werden in diesem Abschnitt nicht nochmals erörtert.

180　5 Ansätze und Befunde der (deutschdidaktischen) Professionsforschung

- *Studien zur Praxis des Deutschunterrichts* (Kapitel 5.3.2): Im folgenden Abschnitt rückt das Lehrerhandeln im Handlungsfeld Deutschunterricht in das Zentrum der Betrachtung.
- *Studien zum Zusammenhang von Lehrerhandlungen und Schülerleistungen* (Kapitel 5.3.3): Abschließend sollen Studien diskutiert werden, die sich der Frage widmen, welche Wechselbeziehung zwischen den lesebezogenen Unterrichtsaktivitäten von Deutschlehrkräften auf der einen Seite und den Lernprozessen und -ergebnissen der Schülerinnen und Schüler auf der anderen Seite besteht.

Die Fokussierung auf diese drei Forschungsfelder innerhalb der Professionsforschung ermöglicht einerseits aufschlussreiche Kontrastierungen und bildet andererseits die Grundlage für weiterführende Überlegungen in Bezug auf mein eigenes Forschungsanliegen (Kapitel 5.3.4). Darüber hinaus sind die nachfolgend herausgearbeiteten Befunde ein wichtiger Vergleichshorizont für die empirischen Befunde in dieser Arbeit (siehe Kapitel 8).

5.3.1 Deutschunterricht aus Sicht der Lehrkräfte

In Kapitel 5.1.3 wurde eingehend dargelegt, dass das Lehrerwissen zumindest als Orientierungsrahmen für das Lehrerhandeln anzusehen ist und somit potenziell unterrichtsleitend werden kann. Gerade in den letzten Jahren sind in der Deutschdidaktik einige empirische Studien entstanden, die detailliertere Beschreibungen zum (Lese-)Wissen von Deutschlehrkräften liefern – im Vergleich kann dieser Forschungsbereich „als relativ gut untersucht" bezeichnet werden (Bräuer/Winkler 2012, S. 79). Ein umfassenderes Bild für das Erkenntnisinteresse dieser Arbeit liefern zum einen Studien, die dezidiert Auffassungen von Lehrkräften zum Leseunterricht in den Blick nehmen (Gattermaier 2003; Pieper et al. 2004; Scherf 2013) und zum anderen Untersuchungen, die hinsichtlich der Zielkonstellationen der Lehrkräfte für den Deutschunterricht weiterführende Ergebnisse aufweisen (Kunze 2004; Wieser 2008; Winkler 2011).

Einer der Schwerpunkte in der Fragebogenstudie von Gattermaier (2003) ist das Lese- und Medienverhalten von Deutschlehrkräften (N=359). Bei aller methodischen Kritik, die verschiedentlich an dieser Studie angelegt werden kann (s. u.), liefert die Gattermaiers Untersuchung grundsätzlich weiterführende Erkenntnisse zum Stellenwert des Lese- und Literaturunterrichts aus Sicht der Lehrpersonen. Die Daten zeigen etwa, dass sich die Sichtweisen der Befragten zum Gegenstandsfeld schulformspezifisch differenzieren lassen. Lehrkräfte, die an der Haupt- und Realschule unterrichten, nehmen tendenziell eine deutlich defizitorientierte Einschätzung der Möglichkeiten zur Leseförderung ein (ebd., S. 208ff.). Dieser fehlende „Grundoptimismus" (ebd.) unterscheidet diese Deutschlehrkräfte eindeutig von ihren Kollegen am Gymnasium. Es liegt nahe, dass eine entsprechende pessimistische Grundhaltung zur Lesepraxis auch Konsequenzen für die diagnostischen als auch leseförderlichen Tätigkeiten im Deutschunterricht haben wird (siehe in diesem Zusammenhang die Ergebnisse bei Gölitzer 2009; Pieper et al. 2004).

Weiterhin wurden in Gattermaiers Studie erfasst, welche Zielbestimmungen die Lehrkräfte in Bezug auf ihren Deutschunterricht verfolgen. Die Befragten stimmen allen im Fragebogen formulierten Testitems gleichermaßen zu, weshalb Gattermaier zu dem Ergebnis kommt, „dass die Deutschlehrer über keine markanten Zielpräferenzen verfügen" (ebd., S. 231). Ob allerdings die durchgängige Zustimmung zu allen Zielvorgaben wirklich als Hinweis auf ein „unscharfes Theoriebewusstsein" (ebd., S. 239) der Deutschlehrkräfte gewertet werden kann, wie Gattermaier zusammenfassend schlussfolgert, ist zu diskutieren. Der beschriebene Befund ist eventuell bereits forschungsimmanent, also durch das Forschungsdesign der Studie, evoziert. Konkret: Die Argumentations- und Denkmuster sind in einem Fragebogen bereits forscherseitig determiniert, sodass die *eigenständigen* Wissensbestände und Relevanzsysteme der Lehrkräfte schwerlich mit einem quantitativen Verfahren[44] erschlossen werden können (dazu bereits Kapitel 5.1.2.1).[45] Eine besondere Rolle mag hierbei die Differenz zwischen Fachdidaktik und Schulpraxis einnehmen. So geben Bräuer und Winkler (2012) zu Gattermaiers Befund zu bedenken: „Möglicherweise aber lässt sich auch aus Sicht von praktizierenden Lehrpersonen vieles nicht so scharf abgrenzen, wie es aus Forschersicht erscheint" (ebd., S. 81).[46]

---

44 Das Erkenntnispotential quantitativer empirischer Untersuchungen für Fragestellungen zur Lehrerforschung soll damit nicht in Abrede gestellt werden (siehe etwa Winkler 2010b). Eine weitere Erklärung für Gattermaiers Befund mag mitunter auch in einer bestehenden Differenz zwischen Forscher- und Lehrersprache zur Formulierung der Zielsetzungen des Literaturunterrichts liegen (dazu vertiefend Kapitel 9).

45 Dazu bereits Bräuer/Winkler (2012, S. 80); Kämper-van den Boogart (2010, S. 111); Scherf (2013, S. 45, Fußnote 53); Wieser (2008, S. 63); Winkler (2011b, S. 189f.). Winkler (2011b, S. 189) verweist zudem darauf, dass eine Indifferenz der Zielsysteme für den Literaturunterricht teilweise schon in Gattermaiers Operationalisierung der Begriffe begründet sei.

46 Zu einem ähnlich Befund kamen bereits Schlotthaus und Noelle (1984) in einer qualitativen Studie, in der die Bedeutung der kommunikativen Deutschdidaktik der 70er Jahre für das Denken und Handeln von Deutschlehrkräften näher untersucht wurde: „Für die Lehrer aber […] läßt sich der von ihnen gegebene Deutschunterricht nicht nach Konzeptionen und den für sie geltenden Kriterien ihrer inneren strukturellen

Tieferen Einblick in die unterrichtsbezogenen (Lese-)Perspektiven von Deutschlehrkräften bietet das qualitative Forschungsprojekt von Pieper et al. (2004), in dessen Zentrum das Leseverhalten von Hauptschulabsolventinnen und -absolventen steht. Für einen kontrastiven Zugang wurden in der Studie auch Interviews mit acht Deutschlehrkräften, die als weitere Datenquelle zur Erfassung der „Lesepraktiken, -kompetenzen und -perspektiven" der Schülerinnen und Schüler herangezogen wurden (ebd., S. 15; zum Forschungsdesign der Studie ebd., S. 28–32). Insgesamt wird dem Thema Lesen bzw. der Lesekompetenz von allen Lehrkräften ein hoher Stellenwert für ihren Unterricht eingeräumt (ebd., S. 54f.).

Ähnlich zur Studie von Gattermaier (2003) verfügen die befragten Hauptschullehrkräfte aber nur über eine geringe Zuversicht hinsichtlich der Wirkung ihrer Maßnahmen zur Leseförderung – sie begründen ihre Beurteilung vor allem über die „mangelhafte Lesefähigkeit der SchülerInnen" (ebd., S. 61ff., 71). Alle Interviewten betonen, dass ihre Lernenden bereits Probleme im Bereich der basalen Lesefähigkeiten haben, weshalb schon einfache Texte für Schülerinnen und Schüler an der Hauptschule schwer zu erschließen seien. Die wahrgenommenen Verstehensschwierigkeiten der Lernenden versuchen die Hauptschullehrkräfte durch ein kleinschrittiges Vorgehen in ihrem Lese- bzw. Deutschunterricht auszugleichen. Hier dominiert „lautes Lesen, Klärung der Begriffe und Erstellen von Zusammenfassungen" den Leseunterricht (ebd., S. 194).[47] Hierarchiehöhere Verstehensleistungen, wie die globale Kohärenzetablierung (Kapitel 3.3), stehen somit nicht im Fokus, sodass die „Bewältigung [dieser Verstehensprozesse] nicht im Unterricht angezielt, [sondern] vielmehr den SchülerInnen selbst überlassen bleibt" (ebd., S. 195f.). Gleichwohl fokussieren mehrere der Befragten auch leseanimierende Verfahren, um die Leselust (Kapitel 3.3.4.1) ihrer Lernenden zu wecken. Mit dieser Zielsetzung wird eine „Idee des literarischen Lesens, die sich mit Genusserleben, Interesse und Involviertheit der Person verbindet", verfolgt (ebd., S. 72f.).

---

und inhaltlichen Konsistenz klassifizieren. […] [I]n den Theoriebildern der meisten Deutschlehrer lösen sich die Theorieprofile des Deutschunterrichts bis zur Unkenntlichkeit auf" (ebd., S. 33).

47 Unter Hinzunahme der bereits angeführten Studie von Schlotthaus und Noelle (1984) kann zumindest vermutet werden, dass die Vereinfachung des eigenen Kompetenzbegriffs bei festgestellten schwachen Leistungen von Lernenden eine charakteristische Auffassung bzw. Vorgehensweise von (Deutsch-)Lehrkräften abbildet: In dieser Untersuchung nehmen die Befragten ebenfalls aufgrund wahrgenommener Defizite und vermuteter fehlender Realisierungschancen – hier im Bereich der literarischen Bildung – eine „Einengung des Kommunikationsbegriffs" für ihren eigenen Deutschunterricht vor (ebd., S. 24f.).

Bedenklich stimmt aus fachlicher Sicht im Übrigen auch der Befund, dass bei allen Interviewten eine stark homogene Wahrnehmung in Bezug auf die Leseschwierigkeiten der Lernenden auszumachen ist. Eine differenzierte Lesediagnose, wie sie in Kapitel 4.2 als wesentliches Element diagnostischen Handelns herausgearbeitet wurde, bleibt aus (ebd., S. 57–61). Pieper et al. (2004) vermuten, dass fehlende fachliche Diagnosekriterien die Ursache für diese homogenisierende Wahrnehmung der Schülerleistungen sein könnten:

> Die Lehrerinnen verfügen offensichtlich nicht über die Fähigkeit und die Verfahren, auf der Basis eines differenzierten Lesekompetenzbegriffs das Niveau der Leseverstehensleistung zu diagnostizieren und angepasste Verstehensstrategien zu vermitteln. (Ebd., S. 199)

Diese Schlussfolgerung ist allerdings nicht unproblematisch, da explizites Theoriebewusstsein bei Lehrkräften auch bewusst in Differenz zu den individuellen Relevanzsetzungen von Lehrkräften stehen kann (etwa Winkler 2011, S. 193). Tiefergehende Einzelfallanalysen zur zentralen Anschlussfrage, welche fachdidaktischen Indikatoren Deutschlehrkräfte zur Diagnose von Lesekompetenz in Anschlag bringen und über welches diagnostische Wissen Deutschlehrkräfte verfügen, bleiben in der Studie gleichwohl außen vor. Nun ist dies freilich der Anlage der Studie geschuldet, in der die Perspektive der Hauptschullehrkräfte auf das Leseverhalten ihrer Lernenden nur einen ergänzenden Bestandteil der Untersuchung bildete (s. o.).

In Anlehnung an das Forschungsprogramm Subjektive Theorien (Kapitel 5.1.1) untersucht Ingrid Kunze (2004) die „individuellen didaktischen Theorien" von insgesamt 30 Lehrkräften verschiedener Schulformen zum Deutschunterricht in der Sekundarstufe I (zur Begriffsdefinition ebd., S. 78ff.). Fundament ihrer Ergebnisse sind problemzentrierte Interviews, aus denen sie insgesamt vier Formen individueller didaktischer Theorien von Deutschlehrkräften herausarbeitet (ebd., S. 223f.). Kunze unterscheidet diese auf den Ebenen des „Gegenstandsverständnisses" (statisch/dynamisch) und des „methodischen Konzepts" (offen/geschlossen) (ebd., S. 451ff.). Obschon Kunze ein fachdidaktisches Interesse für die Formulierung ihres Vorhabens in Anschlag bringt (ebd., S. 193), ist die Kategorie des „Gegenstandsverständnisses" eher lernbereichsübergreifend jenseits der spezifischen Eigenheiten des Faches Deutsch zu betrachten (selbstkritisch ebd., S. 455; dazu auch Wieser 2008, S. 54). Die von Kunze beschriebenen Kategorien lassen sich somit grundsätzlich eher dem Bereich der epistemologischen Überzeugungen von Deutschlehrkräften als ihren individuellen didaktischen Theorien i. S. v. Wissensbeständen zuordnen (Winkler 2011, S. 182).

Aus den Ergebnissen der Studie sollen zwei Aspekte ausführlicher betrachtet werden: Zum einen interessiert Kunze der schulformbezogene Einfluss auf die individuellen Theorien. Entsprechende schulformspezifische Argumentationsmuster arbeitet Kunze vor allem hinsichtlich der Ziele des Deutschunterrichts heraus (ebd., S. 310, 445ff., 466). Während Lehrkräfte an nicht-gymnasialen Schulformen der Ausbildung von basalen Kommunikationskompetenzen zur Bewältigung von Alltagssituationen besonderen Stellenwert beimessen, wird am Gymnasium die Förderung literarischer und kommunikativer Kompetenzen in den Vordergrund gerückt (ebd., S. 307ff.; 457f.). Beachtenswert für die vorliegende Arbeit sind ferner die Ausführungen von Kunze zur Bedeutung wissenschaftlicher Konzepte für die jeweiligen individuellen Theorien der befragten Lehrkräfte (ebd., S. 193f., 412f.). Erkenntnisreich ist vor allem Kunzes Feststellung, dass die individuellen didaktischen Theorien der Lehrkräfte als „eigenständige Modellierungen" zu betrachten sind, die wissenschaftliche Konzeptionen höchst eigenwillig und selektiv rezipieren (ebd., S. 468f.). Die Erkenntnisse in Bezug auf die Stabilität der Sichtweisen der Deutschlehrkräfte sind nicht eindeutig: Es gibt sowohl Lehrkräfte, die ihre didaktischen Theorien im Laufe der Berufsbiographie ändern, als auch solche, die ihre individuellen Theorien beibehalten. Zusammengefasst lässt sich daher „*keine generelle Resistenz der individuellen didaktischen Theorien*" der Lehrkräfte gegenüber fachdidaktischen Konzepten und Innovationen ausmachen (ebd., S. 463; Herv. ebd.).

Die Vorstellungen und Orientierungen von Deutschreferendaren verschiedener Schulformen während der zweiten Ausbildungsphase stehen im Mittelpunkt der Untersuchung von Wieser (2008). In einer Längsschnittstudie befragt sie insgesamt 24 Deutschreferendarinnen und -referendare (N=24) mehrfach zu ihren Zielsetzungen für ihren Literaturunterricht, um mögliche Veränderungen im Ausbildungsverlauf näher bestimmen zu können. Mittels theoretischem Sampling werden letztlich die Sichtweisen von 15 Befragten mit der Dokumentarischen Methode rekonstruiert. Wieser arbeitet über Fallvergleich und Typenbildung zwei charakteristische Zielkonstellationen heraus (sog. „Dachkonzepte", ebd., S. 124f.), denen die von ihr interviewten Referendare jeweils zugeordnet werden können: Das Dachkonzept „Leseförderung" beinhaltet die Zielperspektive, die Freude am Lesen bei den Schülerinnen und Schülern zu wecken, im zweiten Konzept „Literarische Bildung" steht die Auseinandersetzung mit Literatur im Vordergrund. Interessant ist, dass die genannten Dachkonzepte bei den Referendaren weitestgehend bereits zu Beginn des Referendariats ausgebildet sind und sich innerhalb der zweiten Ausbildungsphase nicht mehr groß verändern (ebd., S. 156, 206, 227). Wenngleich sich die jeweiligen Zielkonzepte verhärten, so verweist Wieser aber auch darauf, „dass es sich keineswegs um sich in jedem Aspekt ausschließende Konzepte handelt", sondern „mehrere grundlegende Deutungsmuster auch von allen Befragten geteilt werden" (ebd., S. 232). Deutliche Zusammenhänge sieht Wieser zudem hinsichtlich einer lehramtsspezifischen Zuordnung der Zielkonstellationen: Während das Dachkonzept „Leseförderung" vornehmlich bei Anwärtern des Lehramts für die Sekundarstufe I rekonstruiert werden kann, wird das Dachkonzept „Literarische Bildung" von Anwärtern für das Gymnasium geteilt (ebd., S. 262f.). Dieser Befund legt die Vermutung nahe, dass die für die Ausbildung gewählte Schulform entscheidenden Einfluss auf die Zielsetzungen der Lehrkräfte nimmt. Ein weiterer Grund für die jeweiligen Zielorientierungen sind laut Wieser die „persönlichen Erfahrungen der Schulzeit […] im Bereich des Literaturunterrichts", die eine relevante Bezugsquelle für die befragten Referendare darstellen (ebd., S. 231). Der Einfluss weiterer Quellen des Lehrerwissens (Kapitel 5.1.2.1) auf die Ausbildung der jeweiligen Dachkonzepte wird in der Studie allerdings nicht hinreichend geklärt. Beispielsweise wäre erkenntnisreich gewesen, zu fragen, welche Bedeutung die im Studienseminar vermittelten Wissensbestände zum Literaturbegriff und die jeweiligen schulischen Rahmenbedingungen für die Ausbildung bzw. Verstetigung der Überzeugungssysteme eingenommen haben. So weist auch Scherf (2013) darauf hin, dass in Wiesers Untersuchung die „Resonanzböden" der Befragten, d. h. die „biographischen Prozesse zur Ausbildung eines subjektiven Konzeptes" nicht berücksichtigt worden seien (ebd., S. 39; problembewusst aber Wieser 2008, S. 265).

Erkenntnisse zum Werden des Wissens und Könnens von Deutschlehrkräften sind im Kontext der Lehrerprofessionalisierung von großer Relevanz. Zugleich erscheint es mir aber auch stark ambitioniert, die verschiedenen, je unterschiedlich gewichteten Quellen für das Denken und Handeln von Lehrkräften – man denke bei Wiesers Untersuchung etwa an Studienseminare und -leiter, Mentoren, das Kollegium an den einzelnen Schulen, Mitreferendare, Lehrwerke usw. – im gesamten Zeitraum des Referendariats innerhalb einer Einzeluntersuchung forschungsmethodisch angemessen erheben und zueinander in Beziehung setzen zu können.

Auch Aufgaben sind ein wichtiges Mittel zur Diagnose von Lesefähigkeiten (Kapitel 4.2.2). Relevant ist daher weiterhin die Frage, welche Aufgaben von Lehrkräften vornehmlich in ihrem Deutschunterricht eingesetzt werden. Die Untersuchung von Winkler (2011b) liefert für diesen Bereich weiterführende Ergebnisse: Winkler erhebt in einer quantitativen Untersuchung die Aufgabenpräferenzen von Gymnasiallehrkräften (N=382) für den Literaturunterricht, womit sie „überindividuelle Einstellungen bzw. Überzeugungen [...] bezeichnet, die sich verhaltensfern auf Textverstehensaufgaben für Lernsituationen im Literaturunterricht beziehen" (ebd., S. 176). Auf Basis einer latenten Klassenanalyse werden von Winkler vier verschiedene Präferenzmuster generalisiert, die sie schlagwortartig als „Lernerorientierte", „Gegenstandsorientierte", „Angebotsorientierte" und „Trendorientierte" charakterisiert (ebd., S. 252). In der Analyse wird deutlich, dass fachdidaktische Konzepte vor allem bei der größten Gruppe der „Trendorientierten" mit mehr als der Hälfte aller Befragten einen entscheidenden Einfluss nehmen. Kennzeichnend für diese Gruppe ist, dass sie „sich an bekannten Mustern der Aufgabenstellung im Literaturunterricht orientieren und dabei sensibel und mit besonderer Zustimmung auf aktuelle Entwicklungstendenzen [...] reagieren" (ebd., S. 256). Da die Präferenzmuster verhaltensfern erhoben wurden, kann in der Untersuchung jedoch keine Aussage dazu gemacht werden, wie die einzelnen Einstellungsmuster entsprechende Konzeptionen in ihrem Unterricht tatsächlich aufgreifen.

Dass hier eine höchst eigene Rezeption (fach-)didaktischer Wissensbestände besteht, lässt sich mit gebotener Zurückhaltung aufgrund eines anderen Befundes der Untersuchung vermuten: Von Winkler wurde weiterhin erhoben, welche allgemeinen Einstellungen die Deutschlehrkräfte zum Lehren und Lernen besitzen. Gerade bei der Gruppe der Trendorientierten, bei denen vor allem eine konstruktivistische Auffassung dominiert, zeigen sich „die deutlichsten Abweichungen vom Erwartungswert", wenn die lernprozessbezogene Grundeinstellung in Beziehung zu den präferierten Aufgabenmustern gesetzt wird (ebd., S. 275). Diese bestehende Diskrepanz zwischen Einstellungen zum Lehren und Lernen und favorisierten Aufgabenmustern legt nach Winkler eine eher unreflektierte Übernahme aktueller Entwicklungstendenzen, hier also vornehmlich des Konstruktivismus, nahe (ebd., S. 277f.). Nach meiner Auffassung kann ein zweiter Erklärungsansatz für die Differenz zwischen festgestellten Grundeinstellungen und Aufgabenpräferenzen bei der Gruppe der Trendorientierten in der eigenständigen Modellierung (fach-)didaktischer Konzepte durch Lehrkräfte gesehen werden. Insofern mag aus Sicht der Lehrkräfte kein Widerspruch zwischen einer konstruktivistischen Grundhaltung und der positiven Haltung gegenüber geschlossenen, lenkenden Aufgabenstellungen bestehen (sog. „Antinomien", Helsper 2001).[48]

---

48 Auffällig ist weiterhin ein Befund aus Winklers Voruntersuchung: Im Rahmen der Pilotierung ihres Fragebogens zog Winkler noch Lehrkräfte aller Schulformen mit ein, bekam jedoch die Rückmeldung, dass „literarische Texte" (wie „Willkommen und Abschied" von Goethe, „Das Brot" von Borchert usw.) im Literaturunterricht

Belastbare Erkenntnisse zu Fragen der Implementation, die für meine eigene Untersuchung zentral sind, liefert die Dissertation von Daniel Scherf (2013). Im begrifflichen Bezug auf Wieser (2008)[49] rekonstruiert Scherf die lehrerseitigen Vorstellungen und Orientierungen zur Leseförderung und fokussiert dabei insbesondere die Frage, wie und welches Wissen bei Deutschlehrerinnen und -lehrern Eingang in ihr Handeln findet (ebd., S. 17). Anhand von Gruppendiskussionen an fünf verschiedenen Gesamtschulen erfasst Scherf die kollektiv geteilten Orientierungen der Lehrkräfte und führt ergänzend Einzelinterviews durch, um die Vorstellungen der Deutschlehrkräfte herauszuarbeiten (ebd., S. 63). Aufschlussreich und für mein eigenes Forschungsvorhaben besonders bedeutsam erscheinen mir zwei Befunde aus Scherfs Untersuchung: Erstens ist die Leseförderung der Lehrkräfte weniger von fachdidaktischen Konzepten, denn von eigenen Erfahrungen beeinflusst (dazu bereits Kunze 2004; Wieser 2008). Lesedidaktische Erkenntnisse der Fachdidaktik werden von den befragten Deutschlehrkräften also höchst unterschiedlich und eigen rezipiert (ebd., S. 412f.).[50] Zweitens lehnen die befragten Deutschlehrkräfte in Scherfs Untersuchung fachdidaktische Innovationen *nicht per se* ab, sondern ignorieren vielmehr Konzeptionen und Innovationen, die zu ihren „geltenden Relevanzsetzungen [...] keine Berührungspunkte aufweisen [...]. Lesedidaktiker müssten sich folglich [mit ihren Konzepten] auf die Lehrenden zubewegen" (ebd., S. 423).[51]

---

an nicht-gymnasialen Schulformen „keine Rolle spielten" (ebd., S. 205). Dieses Ergebnis stützt die bereits angeführten Befunde, dass der Literaturunterricht an nichtgymnasialen Schulformen eine untergeordnete Position einnimmt.
49 Scherf verwendet im Rückgriff auf Wieser (2008) die Begriffe „Vorstellungen und Orientierungen", versucht sich allerdings „mit einer eigenständigen Modellierung" und methodischen Herangehensweise in seiner Studie von Wiesers Vorgehen auch abzugrenzen (Scherf 2013, S. 31, 42, 44). Im Argumentationsgang der Arbeit wird die eigenständige Modellierung der Begriffe zwar von Scherf angeführt, letztlich jedoch vielmehr aus dem methodischen Vorgehen heraus begründet (ebd., S. 62f.; zu dieser Kritik auch knapp Steinmetz 2014, S. 120). Darüber hinaus muss hinterfragt werden, ob – wie von Scherf angenommen – die von Deutschlehrkräften implizit und explizit geteilten Wissensbestände wirklich nur innerhalb einer „(Real-)Gruppe" artikuliert bzw. rekonstruiert werden können (Scherf 2013, S. 63). Zur tiefergehenden Auseinandersetzung mit dieser These siehe Kapitel 7.2.
50 Siehe dazu auch die Ergebnisse bei Bräuer (2010a), Schlotthaus/Noelle (1984) und Schmelz (2009).
51 Zu ähnlichen Ergebnissen kam bereits Frank (1992) in einer kleineren quantitativen Studie: In seiner Fragebogenerhebung fokussiert Frank, inwiefern literaturdidaktische Konzeptionen Einfluss auf das praktische Handeln von Haupt- und Realschullehrkräfte

Scherf liefert mit seinen Befunden wertvolle Ansatzpunkte zur Frage, welche Aspekte vonseiten der Lesedidaktik zu berücksichtigen sind, um Lehrkräfte überhaupt erreichen zu können. Ungeklärt bleibt aber, *wie* die Lesedidaktik zu der von Scherf (2013, S. 423) eingeforderten vermittelnden Position für fachdidaktische Wissensangebote gelangen kann. An dieser Lücke möchte die vorliegende Arbeit ansetzen, indem dezidiert die *Vermittlungsebene* für die Konzeption eines lesediagnostischen Verfahrens (mit) in den Fokus rückt. Um einen Eindruck darüber gewinnen zu können, ob und wie sich das bisher dargelegte verhaltensferne Wissen von Lehrkräften in der Praxis widerspiegelt, soll in einem nächsten Schritt nun ein Blick in den Deutschunterricht erfolgen und dargelegt werden, wie Deutschlehrkräfte im Handlungsfeld Unterricht agieren.

5.3.2 Studien zur Praxis des Deutschunterrichts

Wie handeln Deutschlehrkräfte nun in ihrem Unterricht? Die adressatengerechte didaktische Vorbereitung sowie das tatsächliche Unterrichtshandeln werden als zentrale Komponenten der Lehrerprofessionalität (u. a. KMK 2004; KMK 2010) bzw. von einigen Autoren sogar als „Kern der Berufstätigkeit" betrachtet (Baumert/Kunter 2006, S. 477; ebenso Bromme 1997, S. 181; Tenorth 2006, S. 585ff.). Trotz dieser großen Bedeutung auf normativer Ebene bestehen nur wenige deutschdidaktische Befunde zum Lehrerhandeln in konkreten Unterrichts- bzw. Anforderungssituationen (u. a. Bräuer/Winkler 2012, S. 83; Kleinbub 2010, S. 122).[52] Während Gölitzer (2009) und Bräuer (2010) das lesedidaktische Handeln von Lehrkräften in qualitativen Einzelfallstudien detailliert in den Blick

---

nehmen (ebd., S. 59). Von den beinah hundert befragten Deutschlehrkräften verfügen jedoch nur knapp fünf Prozent über Kenntnisse hinsichtlich etablierter literaturdidaktischer Modelle. Frank zufolge hat „die literaturdidaktische Theorie-Diskussion nach 1965 […] die […] Lehrer/innen nur in geringem Maße so beeinflußt […], daß sie ihre Praxis daran orientieren […]" (ebd., S. 58). Forschungsmethodologisch ist hinsichtlich dieses Befunds zu bedenken, dass eine mögliche Differenz von Fach- und Lehrersprache das Ergebnis beeinflusst hat (problembewusst dazu ebd., S. 57).

52 Die fehlende Empirie ist unter anderem auf die Komplexität der „Rekonstruktion der praktischen Wissensbestände" zurückzuführen (Wieser 2012, S. 140). Bringt man (1) die Vielschichtigkeit der Wissensbestände des Lehrerwissens, (2) die bisher noch nicht ausreichend geklärten Zusammenhänge von Wissen II und Wissen III sowie (3) die Anforderungen an (gegenstandsangemessene) Untersuchungsdesigns und Methoden in Anschlag, so ist offensichtlich, vor welche Herausforderungen entsprechende Projekte gestellt sind; ferner zeigt diese Aufzählung, dass dieses Maß an Komplexität innerhalb von Einzelprojekten von vornherein kaum ohne Einschränkungen bewältigt werden kann.

nehmen, lassen die Befunde aus größeren Bildungsmonitoring-Studien, wie PISA, DESI oder IGLU, nur „stark gefiltert" (Bräuer/Winkler 2012, S. 81) Rückschlüsse auf den tatsächlich stattfindenden Deutschunterricht zu.

Im Rahmen der DESI-Studie (Klieme 2008a) wurden die Strukturen und Prozesse des Deutschunterrichts auf Basis einer Fragebogenuntersuchung mit insgesamt 370 Deutschlehrkräften näher untersucht (zur Stichprobe Ehlers et al. 2008, S. 313; Klieme et al. 2008b, S. 322ff.). Als weitere Datenquelle wurden die Kompetenzen der an der Studie teilnehmenden Neuntklässler in den Bereichen Sprachbewusstheit, Leseverstehen und Schreiben zu Beginn und am Ende des Schuljahres getestet sowie eine Teilstichprobe zu deren Wahrnehmung des Deutschunterrichts am Ende des Schuljahres erhoben (Beck/Bundt/Gomolka 2008, S. 18ff.). Die mehrdimensionale Erfassung aus Schüler- und Lehrerperspektive soll ermöglichen, „immerhin […] differenziert nach der Praxis des Deutschunterrichts, deren Wahrnehmung und Bewertung zu fragen", um dies im Anschluss in Beziehung zur Kompetenzentwicklung zu setzen (Klieme et al. 2008b, S. 321).[53]

Ein interessanter Zusammenhang zeigt sich in der DESI-Studie zwischen Anspruchsniveau und Leistungsentwicklung der Schülerinnen und Schüler (ebd., S. 342ff.). Je schlechter die Ausgangslage hinsichtlich der Lesefähigkeiten der Lernenden diagnostiziert wird, umso strukturierter und unterstützender gestalten die Deutschlehrkräfte ihren Unterricht. Eine Wirksamkeit dieser Maßnahmen auf die Kompetenzentwicklung kann jedoch nicht empirisch nachgewiesen werden. Offen bleibt also, ob die Lehrkräfte geeignete adaptive Maßnahmen einsetzen und – mit Blick auf die dargelegten Ergebnisse in Kapitel 4.4 – ob diese Konsequenzen auf Vermittlungsebene auf korrekten (Lese-)Diagnosen beruhen. Für Klieme et al. liefern die Befunde in jedem Fall Hinweise, dass Deutschlehrkräfte einen wenig „kognitiv aktivierenden Unterricht" verfolgen, was mit gebotener Zurückhaltung „ein bedeutsamer Wirkungsfaktor zu sein schein[t]" (ebd., S. 33).[54] Weiterhin lassen sich den DESI-Befunden zufolge auch schulformspezifisch geprägte Profile bei den Lehrkräften nachweisen (ebd.).

IGLU 2006 (Lankes/Carstensen 2007) betrachtet den weiterführenden Leseunterricht in der Grundschule. Ähnlichkeiten zu den diskutieren Befunden der DESI-Studie zeigen sich vor allem hinsichtlich der Unterrichtsstrukturen: Die Befragung von insgesamt 372 Deutschlehrkräften, die angeben, mehr als dreimal

---

53 Die Fragebögen basieren auf allgemeinen Kriterien zur Unterrichtsqualität, die auf das Fach Deutsch übertragen werden (Klieme et al. 2008b, S. 321).
54 Das Unterrichtsmerkmal „kognitive Aktivierung" ist in der Deutschdidaktik – abgesehen von den Analysen in den bereits angeführten Vergleichsstudien – ein bislang noch wenig bearbeitetes Feld.

wöchentlich Leseunterricht zu erteilen, ergibt das Bild eines Deutschunterrichts, der „als zu wenig kompetenzorientiert [anzusehen ist] und Schülerinnen und Schüler […] in ihrer individuellen Lernentwicklung nicht ausreichend unterstützt" (Lankes/Carstensen 2007, S. 191). In der Auseinandersetzung mit Texten dominiert ein wenig abwechslungsreicher und lehrerzentrierter Leseunterricht, der vor allem durch das Unterrichtsgespräch anhand von Fragen zum Gelesenen charakterisiert ist (ebd., S. 170). Vor diesem Hintergrund stellen Lankes und Carstensen „einen erheblichen Entwicklungsbedarf" für den Leseunterricht an deutschen Schulen fest (ebd., S. 189).

Dieser lesedidaktische „Entwicklungsbedarf" zeigt sich auch in einer nationalen Ergänzungsstudie von PISA 2009 (Hertel et al. 2010), in der die Lernbedingungen im Deutschunterricht der neunten Jahrgangsstufe umfassender in den Blick genommen wurden (ebd., S. 133f.; zur Stichprobe ebd., S. 115f.). Ähnlich zu den Befunden in IGLU 2006 und DESI wird der Deutschunterricht von den befragten Lernenden in der PISA-Studie als wenig kognitiv anregend wahrgenommen (ebd., S. 131). Dieser Befund gilt insbesondere für das Gymnasium, weshalb die Forschenden schlussfolgern, dass „das Potenzial der Schülerinnen und Schüler möglicherweise nicht voll aus[ge]schöpft" werde (Klieme et al. 2008, S. 339).[55] Ein weiteres Ergebnis der PISA-Studie 2009 ist, dass schulformübergreifend „das Leseverständnis nach Ansicht der Lehrerinnen und Lehrer den höchsten Stellenwert im Deutschunterricht einnimmt […]" (Hertel et al. 2010, S. 135).

Zusammen mit den bereits diskutierten Studien-Befunden in Kapitel 5.3.1 verfestigt sich somit der Eindruck, dass schulformgeprägte Denk- und Handlungsmuster bei Deutschlehrkräften bestehen. Anzumerken ist dabei jedoch, dass die Ergebnisse aller diskutierten Bildungsmonitoring-Studien auf Fragebogen-Erhebungen bei Lehrkräften – in Teilen ergänzt durch Schülerfragebögen – basieren, also unterrichtsfern erhoben wurden. Insofern ist die Aussagekraft der dargestellten Erkenntnisse über den *tatsächlichen* Deutschunterricht und dessen

---

55 Ein interessanter Zusammenhang zeigt sich hier mit den Teilbereichen der Lesekompetenz. Deutschland gehört zu den Ländern, in denen die Kompetenz im Bereich „Reflektieren und Bewerten" im Vergleich zu den anderen beiden Aspekten des Lesens relativ schwach ausgeprägt ist (Artelt/Schlagmüller 2004, S. 39f.; Naumann et al. 2010, S. 39ff.). Der vermutete positive Zusammenhang von kognitiver Aktivierung und den Kompetenzergebnissen im Teilbereich „Reflektieren und Bewerten" wird im Forschungsprojekt KoALa (Kognitive Aktivierung durch Lernaufgaben im Literaturunterricht) näher untersucht, das aktuell am Lehrstuhl Fachdidaktik Deutsch der Universität Jena durchgeführt wird (Winkler/Steinmetz 2016; Winkler 2017).

5 Ansätze und Befunde der (deutschdidaktischen) Professionsforschung   191

Wirksamkeit begrenzt (problembewusst in dieser Hinsicht: Lankes/Carstensen 2007, S. 168).

Der konkrete Unterricht bzw. das tatsächliche Unterrichtshandeln rückt in den Einzeluntersuchungen von Gölitzer (2009) und Bräuer (2010a) in den Fokus: Beide Studien nähern sich der Professionalität von Deutschlehrkräften durch die Kombination der Erhebungsmethoden Videografie und Interview; theoretischer Bezugsrahmen ist in beiden Untersuchungen der PPK-Forschungsansatz (Kapitel 5.1.1) mit jeweils eigenen Systematisierungen (Bräuer 2010a, S. 9–15, 140–143; Gölitzer 2009, S. 65–67, 71).

Gölitzer (2009) untersucht in einer Fallstudie das Wissen und Handeln von Deutschlehrkräften im Bereich des literarischen Lesens. In sieben Hauptschulklassen (5. und 6. Jahrgang) wurden von Gölitzer jeweils zwei Unterrichtsstunden gefilmt, in denen ein neuer literarischer Text eingeführt wird, sowie weiterhin Beobachtungsskripte zu den einzelnen Stunden angefertigt (N=7, zur Auswertung ebd., S. 77f.). Darüber hinaus wurden mit den beteiligten Deutschlehrkräften im Anschluss an die jeweiligen Unterrichtsstunden problemzentrierte Interviews geführt, um so den Unterrichtsalltag „in einem größeren Zusammenhang […] beschreiben [zu können]" (ebd., S. 83).[56]

Wie bereits Wieser (2008, S. 65) anführt, ist die Herangehensweise bei der Datenanalyse nicht umfassend transparent, sodass man sich primär auf die von Gölitzer formulierten Resultate stützen muss.[57] Gölitzer zufolge wird von den Hauptschullehrkräften die inhaltliche Sicherung von Wort- und Textverständnis als zentrale Zielsetzung für die als leseschwach wahrgenommenen Klassen verfolgt (ähnlich zu den Ergebnissen bei Frank 1992, S. 58; Lehmann et al. 1995, S. 93; Pieper et al. 2004, S. 64; für den englischsprachigen Raum u. a. Ness 2008). Dominierend ist in den analysierten Deutschstunden ein kleinschrittiges, wenig

---

56   Forschungsmethodisch wäre es nach meiner Auffassung erkenntnisfördernder gewesen, im Rahmen der Interviews mit den Lehrkräften mit der Technik des *stimulated recall* (Calderhead 1981) zu arbeiten, bei der Lehrerinnen und Lehrern ausgewählte Videoausschnitte aus ihrem videografierten Unterricht vorgespielt und sie vom Interviewer dazu befragt werden (zu dem damit verbundenen Erkenntnispotenzial siehe etwa die Analysegespräche bei Bräuer 2010a, S. 201, 294–297). Die Verwendung von Schlüsselstellen für die einzelnen Interviews hätte eine geeignete Möglichkeit dargestellt, um an die handlungswirksamen Auffassungen der Lehrkräfte zu gelangen und das Potenzial der Datentriangulation noch stärker auszuschöpfen.

57   Die von Wieser formulierte Kritik bezieht sich auf eine Publikation erster Ergebnisse der Studie von Gölitzer (Gölitzer 2004). Die in Teilen schwierige intersubjektive Nachvollziehbarkeit für die Ergebnisdarstellung ist allerdings auch für die umfassende Publikation der Studie festzustellen.

komplexes Vorgehen zur Erarbeitung der Texte (Gölitzer 2009, S. 285–289). Die Probanden beziehen sich in ihrem Vorgehen vor allem auf Inhaltsfragen, welche sehr häufig als Indikatoren für ein umfassendes Verstehen eines Textes gewertet werden (ebd., S. 300f., 303). So schlussfolgert Gölitzer (2004, S. 130) in einer ersten Publikation zu ihrer Studie:

> Die Lehrerinnen haben einen sehr allgemeinen Begriff vom Lesen. In der Regel verstehen sie darunter ein ‚sinnentnehmendes Lesen'. In den meisten Fällen kann das mit ‚sagen können, was im Text drin steht' übersetzt werden.

Die Etablierung hierarchiehoher Textverstehensprozesse wird mit diesem Vorgehen nicht unterstützt. Die Lehrkräfte begründen ihr Vorgehen mit den schlechten Lesefähigkeiten und sprachlichen Schwierigkeiten ihrer Lernenden – vor diesem Hintergrund gehen sie von „fehlender oder zumindest stark eingeschränkter Selbstwirksamkeit hinsichtlich der Leseförderung" aus (ebd., S. 288ff.). Diese Praxis wird durch Ergebnisse der genannten Schulleistungsuntersuchungen (s. o.) sowie der Befunde bei Gattermaier (2003) und Pieper et al. (2004) bestätigt. Als einen möglichen Erklärungsansatz für die geringe Zuversicht hinsichtlich einer ‚gelingenden' Leseförderung sieht Gölitzer die Diskrepanz zur eigenen, positiven verlaufenden Lesebiographie der Lehrkräfte. Die starke Abweichung von der eigenen Lesegeschichte führe möglicherweise dazu, dass die schlechten Ausgangslage der Lernenden vonseiten der Lehrkräfte als nicht mehr kompensierbar angesehen werde (Gölitzer 2009, S. 288).

Die Studie von Bräuer (2010a) rückt die professionelle Könnerschaft von Sekundarstufenlehrkräften am Beispiel der Lesestrategieausbildung in den Fokus (ebd., S. 15–18). Grundlage bildet ein Lesestrategietraining, das Bräuer in sechs Klassen (Jahrgang 5 bis 7) durchführen lässt, und die Probanden (N=4) vor und nach der Durchführung dieses Trainings interviewt (ebd., S. 200ff.).[58] Zusätzlich wurde mit jeder Lehrkraft ein Analysegespräch zu Schlüsselstellen (sog. „key incidents") in den videografierten Unterrichtsstunden im Anschluss an das Postinterview geführt. Im Gegensatz zu den Lehrkräften in den Studien von Pieper et al. (2004) und Gölitzer (2009) setzen die Deutschlehrkräfte bei Bräuer – es handelt sich hier

---

58 Siehe Bräuer (2010a, S. 14): „Das Knowing that [die Rhetorik] der Lehrkräfte wird in dieser Arbeit auf der Grundlage von Interviews […] beschrieben, das Knowing how [die Praktik] über die […] Analyse des konkreten Leseunterrichts anhand von Transkripten und Videomitschnitten erarbeitet". Die Operationalisierung der Basisbegriffe Rhetorik und Praktik erscheint hier argumentativ eher über die Erhebungsmethoden als über die Operationalisierung getragen (dazu auch Wieser 2012, S. 139f.; zu einer Replik auf diese Kritik: Bräuer/Winkler 2012, S. 83, Fußnote 8).

um Gymnasial- und Gesamtschullehrkräfte – „implizit oder explizit basale Lesefertigkeiten und -fähigkeiten voraus, die es durch weiteres Lesen und Üben zu festigen gelte" (ebd., S. 230). Markant ist weiterhin der Befund, dass die befragten Lehrkräfte sich am Verstehensprodukt, d. h. an der Sinnzuschreibung beim Lesen orientieren. Den Leseprozess selbst haben die Deutschlehrkräfte dabei weniger im Blick, „was jedoch die Grundlage für einen kompetenz- und könnensorientierten Unterricht" darstellt (ebd., S. 232). Im Hinblick auf mein Untersuchungsvorhaben ist weiterhin von Interesse, wie das implementierte Lesestrategieverfahren in Bräuers Studie von den Lehrkräften angewendet wird; für die Lehrkräfte steht die Praktikabilität des Verfahrens innerhalb der eigenen schulischen Rahmungen im Mittelpunkt (ebd., S. 297). Auffällig ist hier, anknüpfend an die Ergebnisse bei Kunze (2004) und Scherf (2013), eine jeweils eigene Rezeption des Lesestrategiekonzepts durch die Lehrkräfte.[59] Die individuellen Modellierungen des Lesestrategietrainings zeigen sich etwa, wenn die Deutschlehrinnen und -lehrer statt des vorgegebenen deduktiven Trainingskonzepts ein induktives Vorgehen in ihrem Unterricht anwenden (Bräuer 2010a, S. 297). So kommt Bräuer selbst zu dem Fazit, dass „die Lehrkräfte trotz eines äußerst detaillierten und ausführlich dokumentierten Unterrichtskonzepts ihren Unterricht auf der *Grundlage ihres eigenen Könnens* gestalten" (ebd., S. 354; Herv. ebd.). Ebenso ist es nach meiner Auffassung möglich, dass die von den Lehrkräften vorgenommenen ‚Anpassungsprozesse' auch auf fehlende „Strategien zur Bewältigung der mit den Innovationen verbundenen Schwierigkeiten" (Schlotthaus/Noelle 1984, S. 28) hindeuten können.

5.3.3 Zusammenhang zwischen Lehrerhandlungen und Schülerleistungen

Obwohl gerade von starkem Interesse ist, welchen Einfluss die bisher beschriebenen lehrerseitigen Denk- und Handlungsweisen auf die Leseleistungen von Schülerinnen und Schüler nehmen, sind dazu bislang nur wenige empirisch gestützte Aussagen möglich (u. a. Bräuer/Winkler 2012, S. 87; Hurrelmann 2004a,

---

[59] In diesem Kontext ist auch eine qualitative Untersuchung von Winkler (2005) interessant. Obwohl die in ihrer Studie untersuchten Unterrichtsstunden von vier Deutschlehrkräften den gleichen Ausgangstext („Brudermord im Altwasser") sowie das gleiche Aufgabenset zur Strukturierung ihres Unterrichts zu Verfügung hatten, konnte Winkler in der Analyse der einzelnen Stunden sowohl verschiedene Gestaltungsformen bei der Bearbeitung einer Aufgabe im Unterricht herausarbeiten als auch Unterschiede hinsichtlich des Erkenntnisgewinns bei den Schülerinnen und Schülern der einzelnen Klassen aufzeigen.

S. 55).[60] Die geringe Anzahl an deutschdidaktischen Studien zu diesem Forschungsaspekt mag vor allem den großen methodologischen Herausforderungen für die Erhebung(en) dieser Wirkungskette geschuldet sein (Kapitel 5.1.2.2). So verwundert es deshalb nicht, dass die bestehenden Ergebnisse, auf die ich mich im Folgenden beziehe, in größere Projekte zur Unterrichtsforschung eingebettet sind. Während die Studie von Gailberger (2007) zumindest indirekt Rückschlüsse auf die Wirkung lesedidaktischen Handelns zulässt, gibt Kleinbub (2010) in ihrer Studie einen „Einblick in die gängige Unterrichtspraxis" sowie den Zusammenhang zwischen Unterrichts- und Leistungsvariablen im Leseunterricht.[61]

Die Studie von Kleinbub (2010) ist im Rahmen des Projekts „VERA – Gute Unterrichtspraxis" entstanden. Datengrundlage ist der Leseunterricht in 41 Grundschulklassen der Klassenstufe 4, in denen jeweils ein bis drei Unterrichtsstunden videografiert und ausgewertet wurden (ebd., S. 146ff.). Ein zentrales Ergebnis der Studie ist, dass sich für die analysierten Klassen ein „wenig abwechslungsreiche[r] Leseunterricht" ergibt (ebd., S. 275–280; siehe in diesem Zusammenhang auch die Ergebnisse bei Tarelli et al. 2012, S. 23). Im konkreten Bezug auf die lesedidaktische Gestaltung ist markant, dass literarische Texte im Unterricht vorrangig inhaltsorientiert betrachtet werden. Aufgaben zum „textbezogenen Interpretieren" und „Reflektieren und Bewerten" spielen bei der Texterarbeitung nur eine untergeordnete Rolle (Kleinbub 2010, S. 277).[62] Kleinbub sieht mögliche Hinweise auf eine „Misskonzeption"[63] der Lehrkräfte, die Aufgaben zu den hierarchiehöheren Verstehensprozessen möglicherweise „für den Primarbereich als nicht geeignet" ansehen (ebd.). In qualitativen Analysen wäre zu prüfen, welches Lehrerwissen den herausgearbeiteten lesedidaktischen

---

60 Gerade der tatsächliche Lernerfolg bzw. Kompetenzzuwachs bei Schülerinnen und Schülern kann als Indikator dafür gewertet werden, was den Begriff vom kompetenten Lehrerhandeln innerhalb der Professionalitätsdebatte – fernab von rein theoretischen Ansätzen – ausmacht. Hier zeigen sich auch Übergänge zu einer der Grundsatzfragen und -anliegen der Deutschdidaktik als praktischer Wissenschaft, nämlich den Einfluss fachdidaktischer Theoriebildung im Praxisalltag empirisch zu fundieren.
61 Die Fallstudie von Winkler (2005) gibt zudem Hinweise darauf, dass der Grad der Strukturierung von Unterrichtsprozessen Einfluss auf die Schülerleistungen nimmt.
62 Bei der Interpretation der Befunde darf die Anforderung der (literarischen) Gegenstände, etwa hinsichtlich der Textschwierigkeit (z. B. Köster 2005; Winkler 2013), nicht unberücksichtigt bleiben. Insofern ist es problematisch, dass Kleinbub (2010) zwar ausführt, dass der „Textinhalt zentraler Gegenstand" für die didaktische Strukturierung des Unterrichts sei (ebd., S. 278), diesen Aspekt für die Analyse der Unterrichtsstunden jedoch gänzlich ausblendet.
63 Zur Kritik an dieser Begriffswahl siehe die Ausführungen in Kapitel 2.1.

Gestaltungsprozessen zugrunde liegt. Festgehalten werden kann, dass der Leseunterricht an der Grundschule mit Blick auf Kleinbubs Ergebnisse deutlich revisionsbedürftig erscheint. Die bereits dargestellten Befunde in den beiden vorherigen Abschnitten lassen mit gebotener Zurückhaltung gegenüber den diskutierten Daten eine ähnliche Tendenz für die lesedidaktische Gestaltung in der Sekundarstufe I vermuten.

In der Mathematik haben größere Forschungsarbeiten wie die COACTIV-Studie oder die Studien der Michigan-Group das fachdidaktische Wissen als bedeutenden Faktor für die Schülerleistungen herausgestellt (Hill/Rowan/Ball 2005; Kunter/Klusmann/Baumert 2009; Kunter et al. 2011).[64] Interessant ist in diesem Kontext eine Sekundäranalyse von Gailberger (2007), der das fachdidaktische Lehrerwissen zu Leseverstehensprozessen von Schülerinnen und Schülern in den Blick nimmt. Gailberger vertritt die These, dass Deutschlehrkräfte den Textverstehensprozess im mündlichen Unterrichtsgespräch sowohl befördern als auch behindern können und insofern die Leseverstehensprozesse der Lernenden beeinflussen (ebd., S. 27).[65] Zu dieser Position kommt er anhand von Unterrichtstranskripten, die in der DESI-Studie (Kapitel 5.3.2) angefertigt und analysiert wurden. Ein markanter Befund dieser Ergänzungsstudie ist, dass die „Neuralgische Linie" zwischen hierarchieniedrigen und hierarchiehohen Leseteilanforderungen von den Lehrkräften oftmals nicht bewusst wahrgenommen wird (ebd.). Für die Unterrichtsvorbereitung als auch Unterrichtsdurchführung werden diese unterschiedlichen Ebenen der Leseteilprozesse folglich nicht berücksichtigt und in Konsequenz im Unterricht nicht überschritten.[66] Gailberger schlussfolgert anhand dieses Befundes, dass Deutschlehrkräfte selbst über ein textangemessenes mentales Modell verfügen sowie Kenntnisse über Textverstehensprozesse aufweisen müssen, da nur so eine angemessene Leseförderung betrieben werden könne (ebd., S. 36). Interessant ist vor diesem Hintergrund auch die Frage, wie Lehrkräfte Diagnoseprozesse

---

64 Die amerikanische Studie von Piasta et al. (2009) konnte zumindest für den Erstleseunterricht einen positiven Zusammenhang zwischen fachbezogenen Kompetenzen von Lehrkräften und dem Lernerfolg bei Schülerinnen und Schülern nachweisen.

65 Zu einer entsprechenden Einschätzung kommt auch Winkler (2005) in der bereits angeführten Untersuchung von Deutschstunden, die auf einem Aufgabenset zu „Brudermord im Altwasser" basieren. Winkler kommt in ihrer Studie zu dem Ergebnis, dass Aufgaben im Deutschunterricht „noch so gut sein [können] – wenn die Lehrkraft fachliche wie didaktische Defizite hat, kann sie den Erfolg von Arbeitsprozessen im Unterricht erheblich behindern" (ebd., S. 194).

66 Ein Manko der DESI-Studie besteht darin, dass für das Fach Deutsch keine Unterrichtsvideografie vorliegt (problembewusst hierzu Klieme et al. 2008b, S. 321).

im Bereich Lesekompetenz gestalten. Die Ergebnisse aus Gailbergers Studie lassen vermuten, dass es hier sowohl zu Über- als auch Unterschätzungen der Leseleistungen der Schülerinnen und Schüler kommt.

5.3.4 Zwischenbilanz

In den vorherigen Teilkapiteln erfolgte eine umfassende Analyse der für dieses Forschungsvorhaben relevanten empirischen Befunde aus der deutschdidaktischen Professionsforschung. Welche Rückschlüsse lassen sich aus dem Dargelegten für die eigene Untersuchung ziehen? Die präsentierten Analysebefunde können als externe Validierung für die Rekonstruktion der lehrerseitigen Perspektiven in dieser Arbeit herangezogen werden (s. o.). In der Zusammenschau können folgende Annahmen formuliert werden:

1. *Studien zum sog. Wissen II verdeutlichen, dass die Sichtweisen von Deutschlehrkräften zum Lesebegriff sowohl einen individuellen als auch kollektiv geteilten Charakter haben. Lehrerseitige Perspektiven zu bestimmten Gegenstandsfeldern sind dabei kontextabhängig.*
   Die deutschdidaktischen Ergebnisse im Feld der Professionsforschung bestätigen die Arbeitshypothese, dass Lehrerwissen individuell und vielschichtig ist. Zugleich wird durch die bisherigen empirische Befunde die wissenssoziologische Perspektive (Kapitel 5.1.1) bestätigt, dass aufgrund gemeinsam geteilter Erfahrungen auch Wissensbestände von den Lehrkräften im Fach Deutsch geteilt werden. In diesem Zusammenhang zeigt sich studienübergreifend, dass Zielsysteme der Deutschlehrkräfte mit der Schulart zusammenhängen, an der sie unterrichten, also kontextabhängig sind.
2. *Fachdidaktische und lehrerseitige Perspektiven auf den Lesekompetenzbegriff unterscheiden sich mitunter.*
   Ein wichtiger Untersuchungsschritt mit Blick auf eine praxisorientierte Entwicklungsarbeit ist vor diesem Hintergrund, die Wissensbestände der Lehrkräfte zum Gegenstandsfeld zu ermitteln und diese in Beziehung zu fachdidaktischen Konzeptionen zu setzen.
3. *Dem Lesen wird von Lehrerseite Bedeutung zugestanden.*
   Anhand der diskutierten Untersuchungen kann begründet abgeleitet werden, dass Lesen und Lesenkönnen nicht nur aus fachdidaktischer Perspektive als wichtig erachtet wird, sondern Lesen (können) auch von Lehrerseite als Schlüsselqualifikation in der Gesellschaft betrachtet wird.
4. *Lesedidaktische Innovationen und Wissensbestände sind für das Wissen von Deutschlehrkräften zwar mit bedeutend, werden aber nicht unmittelbar handlungsrelevant.*

Studien, in denen Fragen der Implementation oder des Umgangs mit lesedidaktischen Wissensbeständen und Innovationen aufgespannt werden, machen deutlich, dass Deutschlehrkräfte diesen nicht vollkommen ablehnend gegenüberstehen. In einem Großteil der Untersuchungen konnte allerdings nachgewiesen werden, dass fachdidaktische Wissensangebote gefiltert durch die „eigenständigen Modellierungen" (Kunze 2004, S. 468) der Lehrkräfte in die bestehende Vorgehensweise integriert werden und folglich ein eigener bzw. individueller Umgang mit deutschdidaktischen Wissensangeboten besteht. Zum Teil nehmen Lehrkräfte erhebliche Modifikationen in Bezug auf fachdidaktische Innovationen vor, sodass der fachdidaktische Ansatz in der Unterrichtspraxis mitunter kaum noch zu erkennen ist.[67]

5. *Nicht wenige Deutschlehrkräfte haben Zweifel an der Wirksamkeit ihres Leseunterrichts bzw. an der Durchführung von Lesefördermaßnahmen.*
In den Studien von Gattermaier (2003), Pieper et al. (2004) und Gölitzer (2009) lässt sich herausarbeiten, dass ein nicht unerheblicher Teil der Deutschlehrkräfte glaubt, dass sie die wahrgenommenen Lesedefizite ihrer Schülerinnen und Schüler nicht ‚ausgleichen' können. Dies wiederum führt mitunter zu einer Reduzierung des Lesebegriffs als Antwort auf die angenommene Komplexität der eigentlichen Aufgabe. Es kann gegenwärtig nur vermutet werden, dass diese Sichtweise der Lehrkräfte auch negative Auswirkung auf lesedidaktische Entscheidungen im Deutschunterricht hat.

Über die vorangestellten Befunde hinaus soll an dieser Stelle noch knapp ein allgemeiner Blick auf die deutschdidaktische Lehrerforschung gerichtet werden, der schließlich auch die vorliegende Studie vor gewisse Herausforderungen gestellt hat: So sind die Elaborierungen zum professionellen Denken und Handeln von Deutschlehrkräften aktuell äußerst vielfältig (s. o.). Dieser Umstand erschwert gewissermaßen eine Sondierung im Untersuchungsfeld sowie die Möglichkeit(en), übergreifende Aussagen geschweige denn aussagekräftige

---

[67] Hierzu noch eine vertiefende und stärker differenzierende Anmerkung: Zum einen sind nach meiner Auffassung die Motivationen bzw. lehrerseitigen Auffassungen entscheidend, die zu den beschriebenen Modifikationen von fachdidaktischen Ansätzen bei der Implementation führen. Zum anderen sollte aus Forschungsperspektive beachtet werden, an welchen ‚Stellen' Modifikationen der Innovation vonseiten der Lehrerinnen und Lehrer vorgenommen werden. Denn wenn Lehrkräfte *begründet* und *nachvollziehbar* Modifikationen vornehmen und dabei das wesentliche Moment der Innovation beibehalten bleibt, so zeigt sich hier vielmehr die bereits mehrfach angeführte Weisheit der Praxis, die für die Weiterentwicklung von fachdidaktischen Innovationen unverzichtbar ist.

Entwicklungstendenzen für die deutschdidaktische Professionsforschung zu formulieren. Einerseits liegt dies an der doch recht jungen Forschungstradition in der Disziplin. Andererseits fehlt schlicht ein fachspezifisches Rahmenmodell zur Modellierung der Professionalität von Deutschlehrkräften, das zu einer strukturierteren Einordnung des Wissens zum Wissen von Deutschlehrkräften beitragen könnte (Bräuer/Winkler 2012, S. 74). In der Konzeption eines entsprechenden Modells liegt nach meiner Auffassung eine der zukünftigen und auch dringlichsten Kernaufgaben für die deutschdidaktische Lehrerforschung, um dem Feld (weitere) Konturen zu verleihen (für eine ähnliche Position Pieper/Wieser 2012b, S. 9).

5.4 Zusammenfassung

- Für die Erfassung der Relevanzsetzungen von Lehrkräften galt es zu klären, wie entsprechende Wissens- und Denkmuster von Lehrkräften zu operationalisieren sind. Die eigene Verortung innerhalb der verschiedenen existierenden Ansätze der Lehrerforschung hat dabei zugleich die Vielschichtigkeit der Wissensbestände von Lehrkräften aufgezeigt. Gerade mit Blick auf die eigenständige Modellierung der Begriffe *Vorstellungen* und *Orientierungen* ist deshalb zu bedenken, welches Erhebungs- und Auswertungsverfahren angemessen bzw. tragfähig ist, um die komplexen, individuellen und sozial geteilten Wissensbestände der Lehrkräfte zu erheben und zu rekonstruieren (siehe Kapitel 7).
- Die Auseinandersetzung mit bestehenden Forschungsergebnissen der deutschdidaktischen Professionsforschung hat zwei Kernelemente hervorgebracht: Erstens besteht eine höchst eigene Rezeption lese- und literaturdidaktischer Konzeptionen bei Deutschlehrkräften und zweitens ist für die eigene Untersuchung dezidiert in den Blick zu nehmen, welche Wissensbestände die Lehrkräfte sowohl zur Diagnose von Lesekompetenz als auch allgemein zum Lesebegriff in Anschlag bringen.

6 »JuDiT®-L« – Konstruktion eines lesediagnostischen Verfahrens

Im Folgenden wird mit »JuDiT®-L« (JugendDiagnoseTool-Lesekompetenz) ein webbasiertes Verfahren zur Diagnose von Lesekompetenz in der Sekundarstufe I dargestellt, das Deutschlehrkräfte darin unterstützen soll, ihre Diagnosepraxis zu systematisieren und zu strukturieren. Die Prozesse zur Entwicklung dieses Verfahrens werden in diesem Kapitel dargestellt und diskutiert. Aus diesem Grund werden neben den einzelnen Forschungs- und Entwicklungsschritten (Kapitel 6.1) auch der Aufbau und die Struktur des Diagnoseinstruments entfaltet (Kapitel 6.2). Um frühzeitig Einsichten in die Perspektive(n) von Deutschlehrkräften zum Gegenstandsfeld zu erhalten, wurde ein Teilaspekt der Erprobungsversion des Tools, die „sog. Beobachtungsitems" (Kapitel 6.2.2), pilotiert. Die Befunde aus dieser Vorstudie werden in diesem Kapitel ebenfalls erörtert, um auf dieser Basis weitere Schlussfolgerungen für die Hauptstudie abzuleiten (Kapitel 6.3). Abschließend werden die Erkenntnisse dieses Kapitels in den Gesamtzusammenhang der vorliegenden Untersuchung eingeordnet (Kapitel 6.4).

6.1 Überlegungen zur Konzeption von »JuDiT®-L«

Die produktive Verknüpfung von Grundlagenforschung und Entwicklungsarbeit ist leitend für dieses Forschungsvorhaben (Kapitel 1.1). Auf der *Entwicklungsebene* soll im Rahmen dieser Untersuchung ein erprobtes, praxistaugliches Diagnosetool für den Bereich Lesekompetenz realisiert werden. Perspektivisch soll dieses Instrument auf der *Forschungsebene* dazu genutzt werden (können), unterrichtsnahe Diagnoseprozesse und Diagnoseleistungen von Deutschlehrkräften für die Forschung erfassbar zu machen.[1]

---

[1] Auch in psychologischer Perspektive wird es als sinnvoll erachtet, „sich den diagnostischen Fähigkeiten der Lehrkräfte im Unterricht selbst zuzuwenden, wenngleich die Bemühungen zur Konstruktion von geeigneten Messinstrumenten hier noch in den ‚Kinderschuhen' stecken" (Praetorius/Lipowski/Karst 2012, S. 142; ähnlich: Schrader 2011, S. 687; van Ophuysen/Lintorf 2011, S. 69f.). Die Anwendung von »JuDiT®-L« auf Forschungsebene bleibt jedoch Anschlussstudien vorbehalten.

Die Grundidee für das angestrebte Diagnoseinstrument wurde verhältnismäßig schnell realisiert, da für die Basisfunktionen auf ein bestehendes Verfahren zurückgegriffen werden konnte: Das Tool ist – im Hinblick auf den visuellen Aufbau – größtenteils an das webbasierte Diagnoseinstrument KiDiT® (KinderDiagnoseTool) angelehnt, das zur Dokumentation von Beobachtungen im Elementar- und Primarbereich entwickelt wurde (Walter-Laager/Pfiffner 2011; Walter-Laager/Pfiffner/Schwarz 2011).[2] Im Rahmen einer Forschungskooperation wurde das Verfahren »JuDiT®-L« in die bereits bestehende Webplattform integriert. Hiermit waren aber eigene Design-Entscheidungen bzw. Prinzipien auf Basis der vorab diskutierten theoretischen Überlegungen verbunden, die im Weiteren noch erläutert werden (siehe Kapitel 6.2).

Um von der Klärung des Unterrichtsgegenstands zu einem praxisnahen Diagnosetool zu gelangen, ist mehr als ein einfacher Reduktionsvorgang von komplexeren wissenschaftlichen Zusammenhängen notwendig (Kapitel 2). Vor diesem Hintergrund wurde das Diagnoseverfahren in einem Zyklus aus mehreren, miteinander verknüpften Phasen bzw. Forschungsschritten realisiert, die in Abbildung 6.1 dargestellt sind[3]:

---

2   Das Verfahren bezieht sich somit nicht nur auf ein bestimmtes Gegenstandsfeld, sondern zielt auf sämtliche Fähigkeiten und Wissensbestände, welche Kinder im Elementar- und Primarbereich erwerben sollen. Eine detaillierte Darstellung des Diagnosetools KiDiT® ist auf der folgenden Internetseite einsehbar: https://www.kidit.ch/. Die vorliegende Untersuchung konnte somit vereinzelt auf Erfahrungswerte durch die bestehenden Studien im Forschungsprojekt KiDiT® aufbauen.

3   Es wurde bereits erörtert, dass in dieser Arbeit ein Implementationsverständnis in den Blick genommen wird, das sich auf den Entwicklungsprozess als einen *implementationsvorbereitenden Untersuchungsschritt* konzentriert (Kapitel 2) – der sog. „Transfer" des Diagnoseinstruments in die Schulpraxis bleibt weiteren Studien vorbehalten.

6 »JuDiT-L« –Konstruktion eines lededidaktischen Diagnoseinstruments

Abbildung 6.1: Iteratives Vorgehen zur Entwicklung des Diagnosetools »JuDiT®-L«

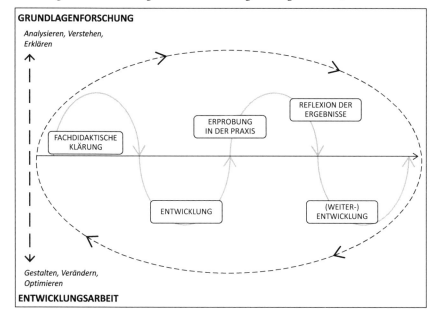

Fachdidaktische Klärung

Fundament und Ausgangspunkt für die Erarbeitung eines lesediagnostischen Verfahrens ist die Gegenstandsorientierung. Deshalb wurde zunächst — im Sinne der Fachdidaktischen Klärung im Modell der Didaktischen Rekonstruktion (Kapitel 2) — eine Analyse der aktuellen Erkenntnisse zu Lehrerperspektiven, zur fachlichen Klärung und zur Strukturierung von Lernumgebungen in Bezug auf die Diagnose von Lesekompetenz vorgenommen (Kapitel 3 und 4). Auf diese Weise wurde das Gegenstandsfeld spezifiziert und für die Operationalisierung strukturiert. Die Erkenntnisse dieses Untersuchungsschrittes bildeten den Rahmen für die Konkretisierung von »JuDiT®-L«, die in der nächsten Phase realisiert wurde.

Entwicklung einer Erprobungsfassung

Auf Basis der gewonnenen theoretischen Erkenntnisse und unter Berücksichtigung des aktuellen Forschungsstandes erfolgte die Entwicklung einer ersten Version von »JuDiT®-L«. Im Anschluss an Prediger et al. (2012, S. 454) kann festgehalten werden, dass diese „gegenstandsspezifische Konkretisierung jeweils ein kreativer Akt [ist], der mehr Ideen und Entscheidungen als reine Deduktionen aus der Theorie erfordert". Die Erprobungsversion wurde von mir in Zusammenarbeit mit der zuständigen Softwarefirma programmiert und aufgeschaltet. Weiterhin wurde die Erprobungsversion in einem mehrtägigen Testlauf hinsichtlich technischer Fehler oder anderer Schwierigkeiten überprüft, die die Durchführbarkeit der Studie hätten behindern können.[4] Wenn nötig, wurden entsprechende Programmierfehler korrigiert.

Erprobung in der Praxis
Die Entwicklung eines praxisnahen Diagnoseinstruments muss dadurch gekennzeichnet sein, dass die Handelnden – hier also die Deutschlehrkräfte – in diesen Prozess eingebunden werden. Aus diesem Grund lag das Augenmerk in der dritten Phase darauf, »JuDiT®-L« in der Schulpraxis zu erproben sowie die lehrerseitigen Perspektive(n) zum Gegenstandsfeld zu erfassen und zu rekonstruieren (Kapitel 7–8).

Reflexion der Ergebnisse und (Weiter-)Entwicklung von »JuDiT®-L«
Die gewonnenen empirischen und analytischen Ergebnisse wurden im Anschluss systematisch aufeinander bezogen. Fachdidaktische und lehrerseitige Perspektiven zum Gegenstandsfeld wurden zueinander in Beziehung gesetzt, um auf dieser Basis *begründete* Erkenntnisse für die (Weiter-)Entwicklung von »JuDiT®-L« zu formulieren. Die so gewonnenen Einsichten wurden in einem nächsten Schritt für die Weiterentwicklung von »JuDiT®-L« produktiv gemacht (Kapitel 10). Der Begriff „Weiterentwicklung" ist in dieser Arbeit also nicht nur auf einer übergeordneten Ebene – im Sinne der Formulierung von Schlussfolgerungen für die Lehrerbildung – zu interpretieren, sondern die gewonnenen Erkenntnisse wurden *konkret* für die (weitere) Konzeption des Diagnoseinstruments aufgearbeitet.

Die beschriebenen einzelnen Untersuchungsschritte sollten sicherstellen, dass eine *systematische und reflektierte Entwicklung* eines Diagnoseinstruments vollzogen wird. Weiterhin soll durch die gestrichelte Ellipse in Abbildung 6.1 angedeutet werden, dass die skizzierten einzelnen Forschungs- und Entwicklungsschritte iterativ miteinander verknüpft sind und im Forschungsverlauf keine isolierten Prozesse darstellten.

---

4 Für den Testlauf wurden beispielsweise sämtliche Auswertungsfunktionen, die Anordnung der Hintergrundtexte oder die Normwerte für die jeweiligen Klassenstufen überprüft.

6.2 Aufbau und Funktionen von »JuDiT®-L«

6.2.1 Grundsätzliches zum Aufbau

Computergestützte Verfahren nehmen in der Pädagogischen Diagnostik zunehmend einen großen Raum ein – „es liegt auf der Hand, dass [...] Argumente auch für die EDV-Nutzung im Rahmen der formativen Leistungsdiagnostik sprechen" (Maier 2014, S. 71).[5] Dass »JuDiT®-L« (**Jugend**Diagnose**T**ool-Lesekompetenz) webbasiert angelegt wurde, hat mit Blick auf die spätere schulische Implementation den Vorteil, dass Lehrkräfte von jedem internetfähigen PC ohne größeren Aufwand auf das Diagnosetool zugreifen können. Auf der Internetseite des Tools können sich die Nutzer mit ihrer Mailadresse und ihrem individuellen Passwort einloggen. Im geschützten Login-Bereich ist auf der Einstiegsseite zunächst die Klassenübersicht sichtbar (Abbildung 6.2). Die Klassenübersicht gibt den Lehrkräften einen Überblick, für welche Lernenden sie bereits Eintragungen vorgenommen haben. Die grüne Balkendarstellung zeigt wiederum den Umfang der bereits eingeschätzten Beobachtungspunkte (siehe Kapitel 6.2.2) für den einzelnen Schüler/die einzelne Schülerin in Prozent an.

Abbildung 6.2: Einstiegsseite »JuDiT®-L« (fiktive Daten)

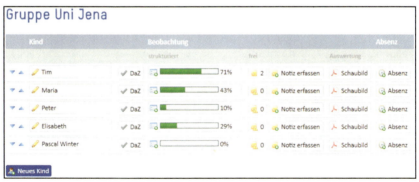

Unter dem Stichwort »Beobachtung frei« können die Deutschlehrkräfte einsehen, wie viele Notizen (siehe Kapitel 6.2.3) sie für ihre Lernenden jeweils bereits eingetragen haben – eine direkte Auswertung der bisherigen Eintragungen ist über den Reiter »Schaubild« möglich (siehe Kapitel 6.2.5). Zudem können die

---

5 Dazu auch Russell (2010) und Frahm (2013, S. 23f.).

Fehlstunden der Lernenden eingetragen werden (»Absenz«). Allgemein ist noch anzumerken, dass Tool ,Angebotscharakter' hat, d. h. die Lehrkräfte können eigenständig entscheiden, ob sie das Diagnoseinstrument für die gesamte Klasse oder zur Individualdiagnostik nutzen wollen (Abbildung 6.3).

Abbildung 6.3: Eintragung eines Schülers/einer Schülerin in »JuDiT®-L«

Zweifelsohne ist die Dokumentation ein wichtiger Aspekt der Praktikabilität von Diagnoseverfahren (Maier 2015, S. 108). »JuDiT®-L« vereint aus diesem Grund verschiedene Funktionen, die für lesediagnostische Zielsetzungen wesentlich sind. So wird etwa von fachdidaktischer Seite zentral gesetzt, dass Lehrkräfte Leseentwicklungen und -stagnationen ihrer Schülerinnen und Schüler erkennen sollen (Kapitel 4.2.1). In einer solchen verlaufsdiagnostischen Lesediagnose unterstützt das Tool sie, indem die vorgenommenen Eintragungen jederzeit abgeändert und neu gespeichert werden können. Nach diesem ersten allgemeinen Überblick sollen nun die bisher nur in Kurzform angerissenen verschiedenen Funktionen des Diagnoseinstruments detaillierter beschrieben und so forschungsseitig transparent gemacht werden.

6.2.2 Inhaltliche Struktur von »JuDiT®-L«

Als Ausgangspunkt für die Konzeption des Diagnosetools diente, wie bereits angeführt, das didaktisch orientierte Mehrebenen-Modell des Lesens (Rosebrock/Nix 2008), mit dem eine integrative Perspektive auf den Begriff der Lesekompetenz eingenommen wird (Kapitel 3.1). Auf Basis des Mehrebenen-Modells wurde Gesamtkonstrukt „Lesekompetenz" im Tool in einzelne Teilfähigkeiten[6] des Lesens mit entsprechenden Aussagesätzen (Items) untergliedert. Unter dem Reiter „Beobachtung" gelangen die Nutzerinnen und Nutzer zu diesen einzelnen strukturierten Beobachtungspunkten.

Grundsätzlich ist zwischen dem direkt beobachtbaren Leseverhalten und der tatsächlichen Lesekompetenz zu unterscheiden. Dies bedeutet jedoch nicht zwangsläufig die verkürzte Vorstellung, dass nur die direkt beobachtbaren Leseprozesse zu reflektieren sind und andere Ebenen – wie das soziale Umfeld – nicht in lesediagnostische (Handlungs-) eingeschlossen werden sollten. Aus diesem Grund wurden für die Erprobungsversion von »JuDiT®-L« *alle Ebenen* des Mehrebenen-Modells berücksichtigt. Konzeptionell erfolgte insofern eine inhaltliche Dreiteilung, angelehnt an das Mehrebenen-Modell des Lesens von Rosebrock/Nix (2008), in die Bereiche *Prozessbezogene Dimension, Leserbezogene Dimension* und *Leseumfeld*.[7] Diese drei Bereiche wurden jeweils in weitere fachdidaktische Teilbereiche ausdifferenziert (siehe Anhang I.).[8] Ergänzend wurden für die Konzeption einer ersten Version des Diagnosetools auch die curricularen Vorgaben zum Gegenstandsfeld herangezogen, um abzusichern, dass das Tool weiterhin kompatibel mit den bildungsadministrativen Vorgaben ist, welche für Lehrkräfte im Fach Deutsch potentiell handlungsleitend sind.[9]

Abgeleitet aus den theoretischen Erkenntnissen (Kapitel 3 und 4) wurden in einem nächsten Schritt angemessene Beobachtungsitems (siehe Abbildung 6.4)

---

6 Die Bezeichnungen „Facetten" und „Teilfähigkeiten" werden in der weiteren Argumentation synonym verwendet.

7 Terminologisch habe ich versucht, fachliche Inhalte möglichst vermittelnd – d. h. sowohl adressaten- als auch zielorientiert – aufzubereiten, um nicht bereits durch das verwendete Sprachregister erste Kommunikationsschwierigkeiten resp. ‚Abwehrmechanismen' zu erzeugen (vertiefend zu diesem Aspekt: Kapitel 9).

8 Für die *Prozessbezogene Dimension*: Leseflüssigkeit, Lesetechniken/-strategien und Textverstehen; für die *Leserbezogene Dimension*: Wissen, Reflexion, Lesebezogenes Selbstkonzept, Motivation und Subjektive Beteiligung; für das *Leseumfeld*: Anschlusskommunikation, Familie, Peers sowie Schule (siehe Anhang I.).

9 Ein Beispiel für die Anlehnung an die bildungsadministrativen Vorgaben ist der Bereich *Lesestrategien/-techniken* im Tool. In der fachdidaktischen Diskussion wird hier eine Differenzierung der Begriffe bevorzugt (Bräuer 2010b). Bezieht man bisherige Befunde in der Professionsforschung mit ein, so ist davon auszugehen, dass sich Lehrkräfte vage an curricularen Vorgaben orientieren (z. B. Goldenbaum 2012; Kunze 2004, S. 404ff.; Vollstädt et al. 1999; Zeitler/Köller/Tesch 2010).

für die einzelnen Teilbereiche generiert.[10] Im Sinne der Transparenz und Verständlichkeit von fachdidaktischen Diagnoseindikatoren wurden die einzelnen Items mitunter durch Ankerbeispiele ergänzt, um für die Lehrkräfte zu profilieren, welche Äußerungen von Lernenden und/oder welche Schülerproduktionen im Unterricht auf bestimmte Teilfähigkeiten von Lesekompetenz hindeuten.

Abbildung 6.4: Beobachtungsitems im Teilbereich „Lesebezogenes Selbstkonzept" (fiktive Daten)

Durch Anklicken einer Bewertung auf einer fünfstufigen Skala können die Deutschlehrkräfte ihre Diagnosen dazu eintragen, was die Lernenden jeweils bereits auf einem bestimmten Leseniveau können. Für Aspekte, die Lehrkräfte bei ihren Lernenden noch nicht erfasst wurden, gibt es im Tool die Möglichkeit »n. b.« für »nicht beobachtet« einzutragen. Eine Balkendarstellung zeigt darüber hinaus den Umfang der vorgenommenen Eintragungen in Prozent an, d. h. es wird sichtbar, wie viele Aussagesätze im jeweiligen Bereich bereits für den einzelnen Schüler/die einzelne Schülerin ausgefüllt wurden (Abbildung 6.4).

---

10 Die von mir erarbeiteten Items wurden zudem innerhalb meiner Fachgruppe diskutiert, bevor sie in das Tool eingespielt wurden.

6.2.3 Notizfunktion

Manche diagnostischen Urteile passen unter Umständen nicht zu den vorstrukturierten Beobachtungsitems – sie stellen ergänzende Beobachtungspunkte dar. Unter dem *Notizsymbol* haben Lehrkräfte deshalb die Möglichkeit, weitere Diagnoseaspekte in einem Textfeld einzutragen. Die Notizen sind über ein aufklappbares Menüfeld den einzelnen Beobachtungsbereichen zuordenbar oder können als »Elternkontakt« oder »Allgemeine Notiz« hinterlegt werden (Abbildung 6.5). Die Notizen werden automatisch datiert und sind mit einer Editierfunktion nachbearbeitbar.

Abbildung 6.5: Notizübersicht in »JuDiT®-L« (fiktive Daten)

Datum	Notiz	Aktion	
Allgemeine Notizen		Notiz erfassen	
Keine Notizen vorhanden			
Elternkontakt		Notiz erfassen	
Keine Notizen vorhanden			
Kindersicht		Notiz erfassen	
Keine Notizen vorhanden			
Prozessbezogene Dimension		Notiz erfassen	
25.01.2012	Tim macht Fortschritte beim Erkennen von Textzusammenhängen.	Notiz editieren	Notiz löschen
11.10.2012	Tim hat beim SLS-Test ein schlechteres Ergebnis erzielt als vor einem Jahr.	Notiz editieren	Notiz löschen
Leserbezogene Dimension		Notiz erfassen	
Keine Notizen vorhanden			
Leseumfeld		Notiz erfassen	
Keine Notizen vorhanden			

6.2.4 Hintergrundtexte

Mit Blick auf bestehende Diagnoseverfahren kritisiert Jäger (2009, S. 114), dass von diesen zumeist nicht „die Brücke zur Förderung" vollzogen werde. In Kapitel 4.1.4 wurde herausgearbeitet, dass Diagnose keinen Selbstzweck darstellt, sondern es weiterhin angemessener didaktischer Überlegungen und Handlungsschritte bedarf, die im Anschluss an die Urteilsbildung erfolgen (müssen). Nur so ist davon auszugehen, dass diagnostisches Handeln für Schülerinnen und Schüler auch lernwirksam wird. Vor diesem Hintergrund stehen den Lehrkräften im Diagnosetool zusätzlich Hintergrundtexte (siehe Anhang IV.)[11] zur Verfügung. Diese wurden von mir verfasst, um den Lehrkräften eine Möglichkeit zu eröffnen, ihre individuellen Diagnosen und Auswertungen einordnen zu können sowie angemessene Handlungsmöglichkeiten im Bereich Leseförderung aufzuzeigen. Die einzelnen Dossiers sind in dem Tool den jeweiligen übergeordneten Bereichen mit dem Stichwort „Hintergrundtext" zugeordnet und können über den entsprechenden Button von den Lehrkräften abgerufen werden (siehe Abbildung 6.6).

Abbildung 6.6: Anzeige der Hintergrundtexte in »JuDiT®-L«

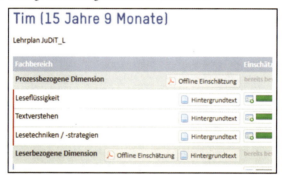

Die Hintergrundtexte bestehen aus einer 2-3-seitigen Kurzzusammenfassung zum aktuellen Forschungsstand in dem jeweiligen Bereich von Lesekompetenz sowie einer »Ideenbox« (blau hinterlegt, siehe Abbildung 6.7). Die »Ideenbox« soll Lehrkräften eine mögliche Form der Anschlussförderung für den entsprechenden Teilbereich aufzeigen. Am Ende der Hintergrundtexte ist noch weiterführende Literatur zur jeweiligen Thematik angeführt. Die einzelnen Literaturangaben wurden von mir zudem mit kurzen, erläuternden Kommentaren zur Orientierung versehen. Für die Erprobungsversion des Tools wurden von mir insgesamt fünf Dossiers erstellt (Bereiche: *Leseflüssigkeit, Lesestrategien/-techniken, Textverstehen, leserbezogene Dimension* und *Leseumfeld*).

---

11 Im Anhang dieser Arbeit ist exemplarisch der Hintergrundtext für den Teilbereich „Leseflüssigkeit" einzusehen.

Abbildung 6.7: Hintergrundtext zum Teilbereich „Leseflüssigkeit"

Leseflüssigkeit

Allgemein wird unter dem Begriff Leseflüssigkeit *(fluency)* „die Fähigkeit zur genauen, automatisierten, schnellen und sinnkonstituierenden leisen und lauten Lektüre" (Rosebrock et al, 2011: 15) verstanden. Aus empirischen Studien wissen wir, dass die Leseflüssigkeit eine Voraussetzung für das Textverstehen ist, die sich nicht bei allen Schülerinnen und Schülern automatisch entwickelt.

DEKODIERFÄHIGKEIT → LESEFLÜSSIGKEIT → TEXTVERSTEHEN

Abbildung 1: Zur Rolle der Leseflüssigkeit beim Textverstehen

Flüssiges Lesen ist eine besonders wichtige Ebene für den Aufbau von Lesekompetenz. Die Komponente Leseflüssigkeit wird als *Brücke* zwischen Entziffern (Dekodieren) und Verstehen verstanden (vgl. Abb. 1). Erst wenn die kognitiven Ressourcen nicht mehr auf das Erlesen von Buchstaben und Wörtern fokussiert sind, kann der Schwerpunkt auf das Erfassen des Textsinns gelegt werden (die sog. hierarchiehöheren Verstehensleistungen). Noch in der Sekundarstufe I haben viele Schülerinnen und Schüler Probleme, Texte automatisiert zu erfassen (vgl. Rosebrock et al. 2011). Sie sind so damit beschäftigt, Wörter zu erlesen, dass ihnen für das Textverständnis keine Gelegenheit bleibt.

Das Konstrukt Leseflüssigkeit umfasst aus wissenschaftlicher Perspektive vier Dimensionen, die aufeinander aufbauen:

- die *exakte Dekodierfähigkeit* von Wörtern;
- die *Automatisierung* von Dekodierprozessen;
- eine angemessen schnelle *Lesegeschwindigkeit*;
- die sinngemäße *Betonung* des Gelesenen (ausdrucksstarkes Vorlesen).

Diese Bestandteile des Flüssiglesen-Könnens sollen im Folgenden näher erläutert werden.

Dekodiergenauigkeit

Die erste Dimension, das fehlerfreie Dekodieren von Wörtern, kann als Voraussetzung für die weiteren Dimensionen der Leseflüssigkeit angesehen werden. Disfluente Leser bemerken und verbessern ihre Fehler nicht. In Studien der amerikanischen Leseforschung werden Richtwerte von 90% korrekt erlesener Wörter als eine angemessene Dekodierfähigkeit genannt. Man kann davon ausgehen, dass Schülerinnen und Schüler, die unterhalb dieses Grenzwertes liegen bzw. lesen, einen Text inhaltlich nicht problemlos nachvollziehen können und im Leseprozess mehr raten als dass sie lesen.

Automatisierung

Eine weitere Ebene des Flüssiglesens ist die Automatisierung des beschriebenen Vorgangs des Dekodierens. Gute Leserinnen und Leser können Wortbedeutungen schnell und sicher erschließen sowie Wörter mühelos erlesen, ohne dabei ins Stocken zu geraten. Erst wenn dieser Prozess von dem Leser / von der Leserin bewältigt werden kann, ist das flüssige Lesen möglich und die Aufmerksamkeit kann auf das Verständnis von gelesenen Texten verlagert werden kann.

Ideenbox: Lautleseverfahren

Als Verfahren zur Förderung des flüssigen Lesens bieten sich die sog. „Lautlese-Tandems" an. Dies ist ein kooperatives Verfahren mit übendem Charakter, das unterschiedlich gestaltet werden kann. Eine Möglichkeit soll hier vorgestellt werden:

Zum Ablauf

Ein stärkerer (Trainer) und ein schwächerer (Sportler) Leser bilden ein Team. Sie lesen zusammen einen Text mehrmals und synchron (halb) laut.

- Der **(Lese-) Trainer** (Tutor): führt mit dem Finger mit und verbessert Fehler.
- Der **(Lese-) Sportler** (Tutand): kann sich an Tempo und Betonung des Trainers orientieren sowie alleine weiter lesen, wenn er sich sicher genug fühlt.

Lesesportler und Trainer lesen so lange gemeinsam, bis sich der Lesesportler sicher fühlt und ein vereinbartes Zeichen gibt, um alleine weiterzulesen. Der Lesetrainer korrigiert bei Bedarf und gibt Feedback.

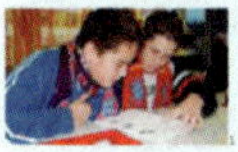

1

Idealerweise sollte das Lesetraining mindestens einmal wöchentlich für jeweils ca. 20 Minuten im regulären Unterricht stattfinden. Um Effektivität zu erreichen, erscheint es angemessen, das Verfahren über mindestens 5 Wochen durchzuführen.

Das „Trainingsmaterial" für dieses Verfahren bilden verschiedene altersgemäße kurze Texte. Nach Möglichkeit sollte die Lehrkraft hierfür eine Textsammlung bereitstellen.

[Angemessene Texte und nähere Erläuterungen zu diesem Verfahren gibt es bei Rosebrock et al. 2011.]

Lesegeschwindigkeit

Eine angemessene (Mindest-) Lesegeschwindigkeit liegt bei mindestens 100 Wörtern pro Minute. Ungefähr ab diesem Wert hat der Leser / die Leserin ein Lesetempo erreicht, das es ihm / ihr erlaubt, sich auf das eigentliche Textverständnis einzulassen und Vorstellungen vom Textinhalt zu bilden. Werte, die unterhalb dieser Grenze liegen, werden als kritisch angesehen. Denn wer zu langsam liest, hat am Ende des Satzes bereits vergessen, was er am Anfang gelesen hat.

Ausdrucksstarkes Vorlesen

Das Erkennen von Sinneinheiten und Satzgrenzen sowie die sinngestaltende Betonung von Texten sind ebenfalls wichtige Bestandteile der Leseflüssigkeit. Die Fähigkeit, Texte sinnstiftend bzw. sinnvoll gegliedert (vor-) lesen zu können, ist einerseits als Folge eines vertieften Textverstehens beim Leser / bei der Leserin anzusehen. Zugleich bildet das betonte und sinngestaltende (Vor-) Lesen aber auch eine Voraussetzung, um zu einem Textverstehen zu gelangen.

Grundsätzlich sollten lesedidaktische Verfahren zur Förderung der Leseflüssigkeit darauf ausgerichtet sein, das Wahrnehmungsvermögen auf Wort- und Satzebene zu verbessern. Das Verfahren des „Reihumlesens" in der Klasse ist zur Förderung der Leseflüssigkeit wegen der geringen Lesezeit für jeden Schüler/jede Schülerin nicht geeignet. Zudem wird hierbei kein geschützter Übungsraum für disfluente Leserinnen und Leser geschaffen.

Weiterführende Literatur zum Thema *Leseflüssigkeit*

- Gailberger, Steffen/Dammann-Thedens, Katrin (2008): Förderung schwacher und schwächster Leser durch Hörbücher im Deutschunterricht. Theoretische und praktische Anregungen zur Förderung der Leseflüssigkeit. In: Beiträge Jugendliteratur und Medien (kjl & m). München: kopaed. H. 3, S. 35-48.

[In dem Aufsatz wird Arbeit mit Hörbüchern zur Förderung basaler Lesefertigkeiten beschrieben. Ergebnisse an Hauptschulen zeigen, dass mit dem simultanen Lesen und Hören eine Steigerung der Lesegeschwindigkeit möglich ist.]

6.2.5 Auswertungsmöglichkeiten

Die eingetragenen Bewertungen können über den Button „Auswertungen" als grafisch aufgearbeitete Gesamtübersicht abgerufen werden. Dazu werden die einzelnen Itemwerte innerhalb der Teilbereiche gemittelt und auf einem dreifarbigen Balken sichtbar gemacht (siehe Abbildung 6.8). Um eine entsprechende Auswertung vornehmen zu können, müssen allerdings mindestens 80% der Beobachtungsitems innerhalb eines Teilbereichs ausgefüllt werden, ansonsten erscheint die Anzeige „mangelnde Bewertungsgrundlage" in der Auswertungsgrafik.[12] Mit einem Stern, der in der Auswertungsgrafik erscheint, wird der Lernstand des Schülers bzw. der Schülerin im Vergleich zur jeweiligen Klassenstufe sichtbar gemacht. Erscheint der Stern in der Auswertungsgrafik innerhalb des grünen Balkens, ist die beobachtbare Fähigkeit als angemessen für die jeweilige Klassenstufe anzusehen. Schneidet der Schüler bzw. die Schülerin in einzelnen oder mehreren Bereichen schlechter ab, erscheint der Stern

12 Diese Vorgabe entspricht dem Vorgehen bei KiDiT®, und wurde – mit Blick auf den technischen Aufwand für eine Änderung – zunächst für die Alpha-Version von »JuDiT-L« beibehalten.

in der Auswertungsgrafik innerhalb des orangen oder roten Balkens. Diese Ausgestaltung soll den Lehrkräften konkrete Einsichten ermöglichen, um sich mit den Fähigkeiten des Lernenden genauer auseinanderzusetzen und angemessene Fördermaßnahmen zu ergreifen. Zugleich sollte die relativ eindeutige Farbwahl den Lehrkräften erleichtern, die Auswertung der eingetragenen Beobachtungen angemessen interpretieren zu können.[13]

Abbildung 6.8: Teilbereich der Auswertungsgrafik in »JuDiT®-L« (fiktive Daten)

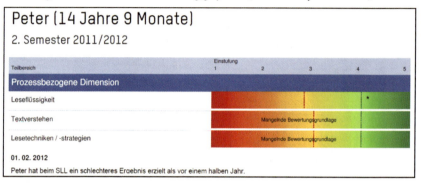

Die Anforderungen an die Lesefähigkeiten der Schülerinnen und Schüler unterscheiden sich in den jeweiligen Klassenstufen. Die Ausdehnung der farbigen Bereiche in der Auswertungsgrafik verändert sich daher mit der Klassenstufe der Lernenden (siehe Abbildung 6.9). In Kapitel 3.4 wurde erläutert, dass Erkenntnisse zu Lernerperspektiven bzw. zum Entwicklungsprozess der Lesekompetenz noch nicht in breitem Maße erfasst sind. Aus diesem Grund konnte für die Setzung der Normwerte nicht auf empirisch bestätigte Richtwerte zurückgegriffen werden. Die hinterlegten Normwerte in »JuDiT®-L« (siehe Anhang V.) basieren daher auf normativen Setzungen, die sich aus der theoretischen Auseinandersetzung mit dem Gegenstandsfeld Lesekompetenz, den Zielvorstellungen in den Bildungsstandards und in Diskussion mit der Fachgruppe ergaben.

Dass mit diesem Vorgehen diskussionswürdige Setzungen verbunden sind, ist mir bewusst. So sind (nicht nur) normative Setzungen auf der Subjektebene des Lesens nicht unproblematisch:

---

13 Es ist evident, dass eine umfangreiche Reflexion standardisierter Textverfahren und der durch sie generierten Ergebnisse notwendig ist (u. a. Holle 2010, S. 59; Schrader/Helmke 2002, S. 56).

Es ist heikel, auf der Subjektebene Leistungsanforderungen zu standardisieren, es sei denn, man flüchtet sich in Abstraktionen und benennt beispielsweise generell die Stufen der Moralentwicklung oder der Perspektivenübernahme, die erreicht sein sollen. (Rosebrock 2009, S. 63)

Leitend für die hinterlegten Normwerte in der Erprobungsversion war die Arbeitshypothese, dass eine Altersprogression bzgl. der Lesekompetenz besteht, die sich auch in den Normwerten widerspiegeln müsste. Gleichwohl sind bestimmte Facetten der Lesekompetenz, wie die Motivation oder die Empathie, hingegen zum Teil als über Jahre stabil anzusehen und mitunter starken Schwankungen in eine positive und negative Richtung unterworfen (Kapitel 3.3.4). Aus diesem Grund wurden Aussagesätze, die sich auf diese Facetten beziehen, altersunabhängig normiert (siehe Anhang V.).

Sicherlich ist das Tool mit Blick auf die rein normativ gesetzten Normwerte angreifbar, da damit die Passung zwischen der deklarierten Verbindlichkeit und der tatsächlichen Erreichbarkeit infrage steht. Da aber momentan noch eine empirische Forschungslücke zum Lesekompetenzerwerb von Schülerinnen und Schülern besteht (Kapitel 3.4), war es forschungspragmatisch vorerst notwendig, auf diese vorrangig subjektiv vorgenommenen Setzungen zurückzugreifen. Die Normwerte für den Bewertungsteil stärker empirisch abzusichern wird mit Blick auf weitere Forschungsprojekte angestrebt und soll in einem weiteren Entwicklungsschritt – außerhalb der vorliegenden Arbeit – realisiert werden.[14]

---

14 Geeignet erscheint beispielsweise die Anbindung an größere Leistungsstudien mit mehreren Schuljahrgängen – zu denken wäre hier etwa Stufenmodelle des Instituts für Qualität im Bildungswesen (IQB 2009).

6 »JuDiT-L« –Konstruktion eines lededidaktischen Diagnoseinstruments

Abbildung 6.9: Veränderung der Normwerte in den einzelnen Jahrgangsstufen

Beispiel für einen Schüler in der 5. Klasse (fiktives Beispiel)

Beispiel für einen Schüler in der 10. Klasse (fiktives Beispiel)

Neben der farbigen Gesamtübersicht gibt es im Tool weiterhin die Möglichkeit, die Auswertung in Form einer Klassenliste (siehe Abbildung 6.10) vorzunehmen, die den jeweiligen Lern- und Entwicklungsstand aller Lernenden innerhalb der einzelnen Teilbereiche anzeigt. Diese Ausgestaltung soll Lehrkräften eine Hilfe für die Strukturierung eines binnendifferenzierten Unterrichts bieten.

Abbildung 6.10: Auswertungsgrafik Klassenübersicht in »JuDiT®-L« (fiktive Daten)

Klassenübersicht

Leseflüssigkeit							
Kind	Alter	Einstufung:	1	2	3	4	5
Elisabeth	15 Jahre 7 Monate			*			
Peter	15 Jahre 7 Monate			*			
Maria	15 Jahre 7 Monate	Mangelnde Bewertungsgrundlage					
Tim	15 Jahre 9 Monate				*		
Pascal Winter	17 Jahre 7 Monate	Mangelnde Bewertungsgrundlage					

In einem weiteren Schritt soll das Diagnosetool als Forschungsinstrument dazu genutzt werden, Diagnoseprozesse von Deutschlehrkräften im Bereich Lesekompetenz zu erfassen. Allerdings ist der Prozess der Urteilsbildung ohnehin methodisch schwer abbildbar[15] (Kapitel 4.3). Mit »JuDiT®-L« ist es zumindest möglich, sich an diese mentalen Prozesse anzunähern. Die von den Lehrkräften vorgenommenen Einschätzungen können anonymisiert ausgewertet und Diagnosekriterien,

---

15 Ich spreche hierbei von „allem, was man als Vorgänge des Könnens bezeichnen kann, Vorgänge des Wahrnehmens, Urteilens und Handelns" (Neuweg 2001, S. 46).

Diagnoseprozesse und Diagnoseleistungen für die Forschung nachvollziehbar werden. Gerade in diesem Bereich besteht gegenwärtig noch eine große Forschungslücke (Bräuer/Winkler 2012, S. 79; Eriksson 2006, S. 57).[16]

6.3 Pilotierung der Beobachtungsitems

Um frühzeitig die Perspektive(n) der Deutschlehrkräfte in den Entwicklungsprozess einzubinden, wurden die konzipierten Beobachtungsitems der Erprobungsversion bereits vor der Erprobung des (gesamten) Tools in der Praxis pilotiert (Kapitel 6.1). Für die Pilotierung wurden die Items (Version 0.0, Anhang I.) auf einem Fragebogen abgebildet und dieser mit einer Kommentarspalte versehen. Dieses Vorgehen sollte gewährleisten, dass die Lehrkräfte gegenstandsorientierte Anmerkungen zu den jeweiligen Toolitems machen können. In dem beigefügten Bogen wurden die Probanden gebeten, eine schriftliche Rückmeldung zu den erarbeiteten Items zu geben,

- wenn sie ein Item missverständlich finden (z. B. auf sprachlicher Ebene),
- wenn der Inhalt für sie unklar erschien
- oder wenn die Deutschlehrkräfte der Ansicht waren, dass der formulierte Aussagesatz keine Relevanz für die Diagnose von Lesekompetenz hat.[17]

Um eine Durchführungsobjektivität der Erhebung sicherzustellen, wurden die Lehrkräfte zudem durch ein Begleitschreiben, das dem Fragebogen vorangestellt war, über das Vorgehen informiert. Durch diese standardisierte Instruktion sollten mögliche Verzerrungen hinsichtlich der Ausgangsbedingungen minimal gehalten werden. Ebenso wurden allgemeine Daten der teilnehmenden Deutschlehrkräfte (Geschlecht, Berufserfahrung etc.) in einem beigefügten Kurzfragebogen erhoben.[18]

---

16 Die Eintragungen der Beobachtungspunkte sowie die Anzahl der erstellten Notizen werden in einer gesicherten Datenbank, welche im Hintergrund von »JuDiT®-L« läuft, erfasst und statistisch ausgewertet. Dies bietet vielfältige Möglichkeiten für weitere Untersuchungen.
17 Auch die Möglichkeit zur Ergänzung der Items war in der Voruntersuchung gegeben, wurde von den Probanden aber nicht genutzt.
18 Zusätzlich wurde noch vorab je eine Lehrkraft pro Schule über das Vorgehen instruiert. Dies sollte zumindest annähernd sicherstellen, dass die Pilotierung unter gleichen Rahmenbedingungen vollzogen wird und die ausgefüllten Fragebögen an die Forschende zurückgesendet werden.

Um Probanden für die Pilotierung der Beobachtungsitems zu gewinnen, wurden von mir persönliche Kontakte zu einzelnen Schulen genutzt.[19] Die Vorstudie erfolgte im November 2011 mit insgesamt acht Deutschlehrkräften (5w, 3m) zweier Niedersächsischer Schulen (eine Hauptschule, eine Haupt- und Realschule).[20] Drei der Lehrkräfte aus dem Sample unterrichteten das Fach Deutsch fachfremd. Die befragten Lehrpersonen in der Stichprobe verfügten im Schnitt über 17 Jahre Berufserfahrung im Schuldienst.

Welche Erkenntnisse ergaben sich aus der Pilotierung? Nach Rücklauf und Auswertung der Fragebögen

- wurde die Anzahl der Items teilweise gekürzt, da die befragten Lehrkräfte übereinstimmend auf einen zu großen Umfang der Items für die Nutzung in der Unterrichtspraxis hinwiesen.
- wurden einige Beobachtungsitems – wenn möglich unter Rückgriff auf Formulierungsvorschläge der befragten Lehrkräfte – umformuliert, um die Verständlichkeit der Items zu erhöhen.
- war eine Differenz zwischen Fach- und Lehrersprache zur Formulierung der Beobachtungsitems rekonstruierbar.[21] Aus diesem Grund wurden mehrere Items überarbeitet, um für Lehrkräfte verständlich zu sein. So war etwa die in der Fachdidaktik relativ geläufige Formulierung, dass die lokale Kohärenzbildung eine „Verknüpfung *eng beieinander stehender* Informationen" (siehe Anhang I.) darstellt, für viele der Befragten im Sample nicht nachvollziehbar.
- war ein weiterer Befund, dass einige der befragten Lehrkräfte hierarchiehöhere Verstehensleistungen, wie etwa das Reflektieren über Texte, nicht für ihren Lesekompetenzbegriff heranzogen oder für Lernende an der Hauptschule schlichtweg als Überforderung einstuften.[22]

---

19 Die Kriterien zur Auswahl der Deutschlehrkräfte waren identisch mit den Kriterien in der Hauptuntersuchung. In Kapitel 7.1 sind die Kriterien für die Sampleauswahl ausführlich dargelegt und werden deshalb an dieser Stelle nicht näher erläutert.
20 Die beteiligten Schulen waren nicht dieselben wie in der Hauptuntersuchung (siehe Kapitel 7.1).
21 So wird auch in der Implementationsforschung betont, dass die sprachliche Aufbereitung von fachdidaktischen Inhalten einen entscheidenden Implementationsfaktor darstellt (Euler/Sloane 1998, S. 322f.). Vertiefend dazu: Kapitel 9.
22 Charakteristisch waren hier Formulierungen wie „können meine Schüler nicht" oder „brauchen wir in der Hauptschule nicht". In der Hauptuntersuchung sollte sich dieser Befund aus der Pilotierung als relevante Orientierung(en) der Lehrkräfte bestätigen (siehe Kapitel 8).

Zur besseren Nachvollziehbarkeit der hier skizzierten Pilotierungserkenntnisse, die zu einer (ersten) Weiterentwicklung des Tools genutzt wurden, können die Beobachtungsitems im Anhang dieser Arbeit eingesehen werden (siehe Version 0.0, Anhang I. und Erprobungsversion 1.0, Anhang II.).

6.4 Zusammenfassung

Zielperspektive des vorliegenden Kapitels war es, Funktion, Aufbau und theoretische Überlegungen zur Konzeption von »JuDiT®-L« zu darzulegen und zu diskutieren. Abschließend sollen nochmals die in den vorherigen Kapiteln diskutierten Anforderungen an ein lesediagnostisches Verfahren für die Sekundarstufe I aufgegriffen werden, um intersubjektiv nachvollziehbar zu machen, wie die zuvor formulierten Arbeitshypothesen bzw. herausgearbeiteten Ansprüche an ein praxisnahes Diagnoseinstrument bei der Entwicklung von »JuDiT®-L« umgesetzt wurden:

> **Ein praxisnahes lesediagnostisches Verfahren für die Sekundarstufe I sollte**
>
> - *… auch Lesefähigkeiten auf Ebene der basalen Leseprozesse berücksichtigen.* Aufbauend auf der Erkenntnis, dass hierarchieniedrige Lesefähigkeiten bei Schülerinnen und Schülern der Sekundarstufe I nicht vorausgesetzt werden können, wurde ein eigenständiger Bereich „Leseflüssigkeit" in das Tool integriert sowie ein eigener Hintergrundtext für diesen Schwerpunkt konzipiert.
>
> - *… eine differenzierte Analyse der Lesekompetenz der Lernenden erlauben.* Basis für den inhaltlichen Aufbau des Diagnosetools bildete das Mehrebenen-Modell des Lesens (Rosebrock/Nix 2008), mit dem eine integrative Perspektive auf den Begriff der Lesekompetenz eingenommen wird. Konzeptionell erfolgte weiterhin eine inhaltliche Dreiteilung des Tools, in die übergeordneten Bereiche *Prozessbezogene Dimension, Leserbezogene Dimension* und *Leseumfeld*. Diese drei Bereiche wurden im Tool jeweils anhand von fachdidaktischen Indikatoren ausdifferenziert. Zudem wurden die diagnostischen Indikatoren in Teilen durch Ankerbeispiele spezifiziert, um den Lehrkräften einen Orientierungsrahmen zu bieten.

- *... die Individualität der Entwicklungsverläufe berücksichtigen.*
  Die Erprobungsfassung von »JuDiT®-L« ermöglicht es, Beobachtungen individuell für jeden Schüler bzw. jede Schülerin einzutragen. Vor diesem Hintergrund ist es für die Lehrkräfte möglich, Entwicklungsverläufe individualisiert zu beobachten und zu dokumentieren.
- *... auch eine prozessorientierte Diagnostik ermöglichen.*
  Grundlegend bietet die Erprobungsfassung von »JuDiT®-L« verschiedene Auswertungsmöglichkeiten für Lehrerinnen und Lehrer, mit denen sie einen individuellen als auch gruppen- bzw. klassenbezogenen Überblick über ihre dokumentierten Diagnosen erhalten können (Kapitel 6.2.5). Durch mehrmaliges Ausdrucken der eingetragenen Beobachtungen ist es weiterhin möglich, Entwicklungsverläufe zu erfassen.
- *... eine individuelle und differenzierte Rückmeldung zur Lesekompetenz der Lernenden ermöglichen.*
  Das Tool ermöglicht, die dokumentierten Beobachtungen in verschiedenen Auswertungsgrafiken abzurufen, die unter anderem als Grundlage für individuelle Rückmeldungen an die Schülerinnen und Schüler dienen können.
- *... auf Lerninhalte des Deutschunterrichts im Bereich Lesekompetenz abgestimmt sein.*
  Für die Entwicklung der Erprobungsfassung erfolgte im Rahmen der fachdidaktischen Klärung des Gegenstands Lesekompetenz (Kapitel 3), in der auch eine Auseinandersetzung mit den Bildungszielen sowie empirischen Erkenntnissen über die Lernerperspektiven in diesem Bereich erfolgte. Der Lerngegenstand wurde auf diese Weise theoriebasiert spezifiziert und strukturiert und die Erprobungsfassung von »JuDiT®-L« auf dieser Grundlage konzipiert.

7 Methodisches Vorgehen – Anlage der Untersuchung

Der methodologische Hintergrund einer Untersuchung ist die Brille, mit der der Forschungsgegenstand auf spezifische Weise erforscht und interpretiert wird. Er ist konstitutiv für den Erkenntnisgewinn. Betrachtet man die profilierten Forschungsfragen für diese Studie (Kapitel 1.1), so liegt für deren Bearbeitung die Entscheidung für eine qualitative Ausrichtung nahe. Diese Argumentation ist von folgenden Arbeitshypothesen geleitet: Erstens nehmen qualitative Forschungsprozesse ihren Ausgang bei den Perspektiven der Beforschten auf das Gegenstandsfeld, anstatt dass – wie mit einem quantitativen Vorgehen üblich – theoretisch ausgearbeitete Konzepte in der Datenerhebung überprüft und Häufigkeiten und Zusammenhänge gemessen werden (u. a. Flick/von Kardorff/ Schreier 2006a; Steinke 2009). Zweitens sind die lehrerseitigen Sichtweisen zur Diagnose von Lesekompetenz in der Sekundarstufe I weitgehend unerforscht und daher keine einschlägigen Forschungsperspektiven zum Untersuchungsgegenstand auszumachen (Kapitel 4.4) – somit kann man sich dem Untersuchungsfeld nur explorativ annähern. Folgt man Kattmann (2007), so lässt sich drittens argumentieren, dass eine „Präferenz für qualitative Methoden" (ebd., S. 101) im Hinblick auf die empirischen Aufgaben im Modell der Didaktischen Rekonstruktion besteht, da das Beschreiben und Verstehen der Sichtweisen der Befragten einen wesentlichen Pfeiler des Modells darstellt.[1]

Mit der qualitativen Ausrichtung dieser Studie sind Entscheidungen und Klärungen vor und während des Forschungsprozesses verbunden. Die einzelnen Forschungsschritte in der vorliegenden Untersuchung sollen nachfolgend transparent gemacht und erörtert werden. In diesem Kapitel wird daher

---

1   Dass diese Ausführungen zum Potenzial qualitativer Forschung nicht trivial sind, zeigt die derzeit zu beobachtende Tendenz zu quantitativen Studien im erziehungswissenschaftlichen und in Ansätzen auch im fachdidaktischen Feld. So sprechen kritische Stimmen in der Deutschdidaktik von „der im öffentlichen Diskurs derzeit geradezu übermächtig erscheinenden quantitativen Bildungsforschung" (Scherf 2013, S. 46) oder einer „psychometriefixierten Literaturdidaktik" (Kammler 2011, S. 8). Zugleich möchte ich mich aber sehr bewusst von der Debatte um eine Entweder-Oder-Entscheidung in Bezug auf qualitative und quantitative Forschung abgrenzen.

- die Stichprobe der Untersuchung dargelegt (Kapitel 7.1),
- beschrieben und begründet, welche Prinzipien und forschungspraktischen Schritte zur Erhebung der Sichtweisen von Deutschlehrkräften realisiert wurden (Kapitel 7.2),
- das konkrete Forschungsdesign der Studie vorgestellt und diskutiert (Kapitel 7.3), sowie
- abschließend skizziert und erörtert, welches Vorgehen gewählt wurde, um die erhobenen Daten auszuwerten (Kapitel 7.4).

7.1 Beschreibung der Stichprobe

Mit der Frage, wie der Zugang zum Untersuchungsfeld strukturiert und gestaltet wird, ist zugleich die Frage berührt, welche zu interpretierenden Daten forscherseitig in eine Studie eingebracht werden. Konkret: Mit der Bestimmung des Objektbereiches erfolgen bereits erste Entscheidungen im Hinblick auf die Erkenntnisse der Untersuchung (Flick 2010, S. 154). Zentrales Prinzip für die Samplebildung ist die *Gegenstandsangemessenheit*, d. h. die Zusammensetzung der Stichprobe orientiert sich am Erkenntnisinteresse und dem Untersuchungsfeld der Studie (Helfferich 2011, S. 26; Kuckartz et al. 2008, S. 13).

In der vorliegenden Studie wurde die Stichprobe gleich zu Beginn nach theoretischen Kriterien festgesetzt. Sicher wäre es ebenso denkbar gewesen, ein „theoretisches Sampling" durchzuführen, das im Rahmen der Grounded Theory (Breuer 2010; Strauss/Corbin 2010) als theoretisch fundiertes Vorgehen zur Stichprobenbildung üblich ist. Eine Orientierung am Prinzip des theoretischen Samplings hätte allerdings bedeutet, dass so lange Daten erhoben und analysiert worden wären, bis man eine „theoretische Sättigung" (Strauss/Corbin 2010, S. 76ff.) erreicht hat, d. h. keine neuen Auffassungen zum Forschungsgegenstand mehr im Datenmaterial auftreten. Gemeinhin ist kritisch zu fragen, inwiefern im Rahmen einer Untersuchung überhaupt *sämtliche* Relevanzsetzungen der Befragten zu einem bestimmten Thema erfasst werden können: „Wann hat man genügend Fälle?" (Przyborsk/Wohlrab-Sahr 2014, S. 186). Selbst mit einer hinreichend großen qualitativen Untersuchung kann man nicht ausschließen, dass es noch weitere Sichtweisen – im Fall der vorliegenden Arbeit zur Diagnose von Lesekompetenz – gibt, die durch weitere Untersuchungen hinzukommen könnten (problembewusst in dieser Hinsicht: Breuer 2010, S. 58).

Die Entscheidung für eine „Vorab-Festlegung der Samplestruktur" (Flick 2010, S. 155) war in dieser Studie allerdings primär durch forschungspragmatische Gründe geprägt: Das in Kapitel 6.1 beschriebene mehrschrittige Vorgehen zur Entwicklung des praxisnahen Diagnoseinstruments brachte es mit sich, dass für die Untersuchung zwei Erhebungsphasen inklusive einer Schulung zum Umgang mit dem Diagnoseinstrument eingeplant waren (siehe Kapitel 7.3). Die Bestimmung der Stichprobe musste daher bereits vor der Nutzung des Diagnosetools erfolgen, um zu vermeiden, dass die erste Erhebung durch die Arbeit mit dem Diagnosetool beeinflusst wird. Ein sukzessives Vorgehen bei der Datenerhebung hätte den Forschungsprozess um mindestens mehrere Monate verlängert, da allen beteiligten Lehrkräften ermöglicht werden sollte, das Diagnoseinstrument über ein gesamtes Schulhalbjahr zu nutzen.

Die Analyse der empirischen Befunde in der Lehrerforschung (Kapitel 5.3) hat darüber hinaus aufgezeigt, dass die Wissensbestände von Lehrkräften kontextabgängig sind, d. h. von der Schulform beeinflusst sind, an der eine Lehrkraft unterrichtet. Da weiterhin die Rahmenbedingungen für Lehrkräfte je nach Schulform unterschiedlich gestaltet sind, erschien es für die vorliegende Studie zielführend, die lehrerseitigen Sichtweisen *schulartspezifisch* zu erheben – in der Untersuchung wurden die Perspektiven von Hauptschullehrkräften auf das Gegenstandsfeld erfasst. Die Fokussierung der Untersuchung auf Lehrkräfte im Fach Deutsch, die an einer Hauptschule unterrichten, ist auf mehrere theoretische Vorüberlegungen zurückzuführen: Erstens begründet sich die vorgenommene Eingrenzung des Objektbereichs in der Annahme, dass es an der Hauptschule eine nicht unerhebliche Anzahl an leseschwachen Schülerinnen und Schüler gibt, die bereits auf der Ebene der basalen Lesefertigkeiten Schwierigkeiten haben (Kapitel 3.3.1). Als Arbeitshypothese lässt sich somit ableiten, dass die Förderung von Lesekompetenz eine besondere Herausforderung im Deutschunterricht darstellt und folglich ein relevantes Thema für Deutschlehrkräfte an der Hauptschule ist.[2] Zweitens trägt die Festlegung auf den Objektbereich Hauptschule dem empirischen Befund Rechnung, dass an anderen Schulformen, wie dem Gymnasium, literarisches Lernen einen höheren Stellenwert im Deutschunterricht einnimmt (Kapitel 5.3).[3] Empirisch begründet konnte daher vermutet

---

2 Empirisch gestützt wird diese Annahme durch die Ergebnisse aus den Lehrerinterviews in der Studie von Pieper et al. (2004, S. 57–74).
3 Die Diagnostik literarischer Fähigkeiten ist ebenfalls ein interessanter Untersuchungsgegenstand. Allerdings besteht hier noch ein bleibender Forschungsbedarf in Bezug auf die Modellierung des Konstrukts (u. a. Frickel/Kammler/Rupp 2012; Garbe/Holle/ von Salisch 2006, S. 146f.). Zudem stellt sich auch die Frage, inwiefern sich literarische Fähigkeiten überhaupt für ein entsprechendes Diagnosetool normieren lassen. Vertiefend zur Normierung literarischer Fähigkeiten u. a. Kämper-van den Boogart (2005) sowie zur literarischen Bildung im kompetenzorientierten Deutschunterricht etwa Rösch (2010) und Frickel/Kammler/Rupp (2012).

werden, dass an diesen Schulformen die Leseförderung weitaus weniger zentral für das Denken und Handeln von Lehrkräften im Fach Deutsch ist. Drittens gibt es bislang ein marginales Interesse für die Hauptschule in der Disziplin: Die Schulform ist „etwas vergleichsweise Fremdartiges" (Schmelz 2009, S. 11) in der deutschdidaktischen Professionsforschung, sodass mit der vorliegenden Untersuchung ein Beitrag zur Verkleinerung dieser Forschungslücke geleistet werden soll. Im Hinblick auf die diskutierten Überlegungen erschienen Deutschlehrkräfte an der Hauptschule als ein geeignetes Sample für diese Untersuchung. Das heißt aber auch: Die in Kapitel 8 diskutierten Ergebnisse können *nicht* für sämtliche Schulformen verallgemeinert werden.

Ein weiteres Kriterium im Samplingverfahren war der Anspruch, dass die beteiligten Deutschlehrerinnen und Deutschlehrer über konkrete Unterrichtserfahrungen im Bereich Lesekompetenz verfügen und zum Erhebungszeitpunkt in mindestens einer Klasse das Fach Deutsch unterrichten. In das Sample wurden nur Probanden aufgenommen, die das 2. Staatsexamen zum Erhebungszeitpunkt abgeschlossen hatten. Unter dem Aspekt der fachwissenschaftlichen Expertise ist weiterhin zu berücksichtigen, dass es gerade an Hauptschulen einen unterschiedlich großen Anteil an Lehrkräften gibt, die das Fach Deutsch fachfremd unterrichten (u. a. Ehlers 2007, S. 233)[4]; dieser Umstand ist unter anderem auf das Klassenleiterprinzip an Hauptschulen zurückzuführen. Fachfremd unterrichtende Lehrkräfte haben zwar keine deutschdidaktische Ausbildung, sie verfügen jedoch über konkrete Unterrichtserfahrungen und somit auch über Wissensbestände zu Inhalten des Deutschunterrichts (Kapitel 5.1.2.1). Zudem bietet die Aufnahme fachfremd Unterrichtender im Hinblick auf den explorativen Ansatz der Studie (s. o.) weitere Möglichkeiten für eine kontrastive Fallauswahl: Im Anschluss an Merkens (1997, S. 100) sollen im Zuge der Samplebildung sowohl der „Kern des Feldes" als auch „abweichende Vertreter" in die Stichprobe aufgenommen werden. Mit diesem Vorgehen geht die Erwartung einher, dass sich die Varianz der vorhandenen (verschiedenen) Auffassungen in einem Untersuchungsfeld im erhobenen Datenmaterial (annähernd) abbildet.

Der Zugang zum Feld ist ein wichtiges Moment im Forschungsprozess und „legt den Grundstein für alle weiteren Forschungsschritte" (Friebertshäuser/ Langer 2010, S. 450; ähnlich Flick 2010, S. 142–153). Im Rahmen der Samplebildung fungierten die Schulleiterinnen und Schulleiter an den einzelnen

---

4 So gaben bspw. in der DESI-Studie 31% der befragten Hauptschullehrenden im Fach Deutsch an, dass sie das Fach Deutsch nicht studiert haben (Ehlers et al. 2008, S. 315). Der Einsatz fachfremder Deutschlehrkräfte ist in der Deutschdidaktik verständlicherweise nicht unumstritten (z. B. Gölitzer 2009, S. 151; Pieper et al. 2004, S. 199).

Standorten als „Gatekeeper" (Merkens 2009, S. 288) – sie waren generell die erste Kontaktperson, um Probanden für die Untersuchung zu gewinnen.[5] Die jeweilige Schulleitung verwies mich anschließend entweder an bestimmte Kolleginnen und Kollegen, die an meiner Studie teilnehmen könnten, oder an die Deutschfachgruppen an den jeweiligen Schulen. Im Rahmen von Fachkonferenzen oder in separaten Gesprächen, teilweise gemeinsam mit der Schulleitung, wurden die möglichen Probanden dann von mir über das Anliegen der Untersuchung informiert. Die Gewinnung von Probanden über die Schulleitungen kann durchaus kritisch gesehen werden, wie Pieper et al. (2004, S. 54) mit Blick auf ihre eigene Untersuchung zu bedenken geben:

> Die Bereitschaft, über den eigenen Unterricht Auskunft zu geben, war insgesamt gering und der Umstand, dass LehrerInnen von Schulleitungen angesprochen wurden, lässt vermuten, dass das Sample eher eine Positivauswahl der LehrerInnen darstellt, die entweder ein besonderes Interesse für ihr Fach Deutsch haben oder sich in der schulischen Arbeit insgesamt profilieren.

Vor dem Hintergrund dieser „Positivauswahl" ist die Aussagekraft der Untersuchungserkenntnisse von vornherein in einem gewissen Maße begrenzt (Schreier 2006a, S. 347f.). So ist im Weiteren zu berücksichtigen, dass an der Studie nur Lehrkräfte teilnahmen, die bereit waren, an Interviews zum Thema „Diagnose von Lesekompetenz" teilzunehmen und zudem Interesse am Einblick und der Evaluation eines lesediagnostischen Verfahrens hatten.[6]

Die Stichprobe meiner Untersuchung bildeten Lehrkräfte von insgesamt vier ländlich geprägten Schulen im Bundesland Niedersachsen.[7] Alle Schulen liegen in einem Landkreis und haben jeweils einen relativ hohen Anteil an Schülerinnen und Schülern mit Migrationshintergrund. Folglich kann davon ausgegangen werden, dass die schulischen Rahmenbedingungen für die Probanden relativ gut vergleichbar sind. Als empirische Basis liegen der Untersuchung zwölf Interviews

---

5 Laut Auskunft der einzelnen Schulleitungen wurden in den meisten Fällen alle infrage kommenden Kolleginnen und Kollegen für das Fach Deutsch zu den Gesprächen gebeten. Dennoch wurde hier der Weg des geringen Widerstandes gewählt, da die Schulleiterinnen und Schulleiter über Bekannte angefragt wurden oder mir selbst bekannt waren. Zur Rolle der Schulleitung im Rahmen von Innovationsprozessen siehe Lauer (2006, S. 24).

6 Alle Lehrkräfte, die letztlich an der Studie teilnahmen, gaben ihr schriftliches Einverständnis zur Verwendung der im Projekt erhobenen Daten.

7 Inwieweit innerhalb der einzelnen Schulen Gruppendynamiken für oder gegen die Teilnahme an der Studie eine Rolle gespielt haben, ist forschungsseitig nicht einschätzbar.

zu Grunde, von denen zehn in die Datenanalyse einbezogen wurden.[8] Von diesen zehn Lehrkräften im Fach Deutsch waren neun ausgebildete Deutschlehrerinnen und Deutschlehrer. Das Sample bestand aus insgesamt acht weiblichen und zwei männlichen Lehrkräften – wahrscheinlich keine seltene Verteilung für Lehrkräfte im Fach Deutsch.[9] Somit ergab sich folgendes Gesamtbild für das Sample in der vorliegenden Untersuchung:

Tabelle 7.1: Sample[10]

Name (Kürzel)	Schule	Profession, Berufsjahre	Klasse(n) im Fach Deutsch (während Erhebungszeitraum)
Simone Albrecht (Alb)	STEY	Lehramt an GS/HS (BRD) (Schwerpunkt GS), 5 Jahre	Klasse 7
Nina Meier (Mei)	STEY	Lehramt an GS/HS (BRD) (Schwerpunkt GS), 15 Jahre	Klasse 9
Katja Lehmann (Leh)	STEY	Lehramt an GS/HS (BRD) (Schwerpunkt GS), 3 Jahre	Klasse 5 und 9
Lisa Mellmann (Mel)	STEY	Lehramt an GS/HS (BRD) (Schwerpunkt GS), 11 Jahre	Klasse 8
Daniela Kunze (Kun)	STEY	Lehramt an GS/HS (BRD) (Schwerpunkt GS), 1 Jahr	Klasse 6
Hanna Leeke (Lee)	LIE	Diplomlehrerin (DDR) (Schwerpunkt GS), 15 Jahre	Klasse 5
Nils Arndt (Arn)	STEY	Lehramt an GS/HS (BRD) (Schwerpunkt HS), 21 Jahre	Klasse 10
Anna Thiele (Thi)	STEB	Lehramt an GS/HS (BRD) (Schwerpunkt GS), 16 Jahre	Klasse 8
Lars Uhland (Uhl)	LIE	Quereinsteiger Referendariat an Gesamtschule, Deutsch fachfremd, 3 Jahre	Klasse 10
Marie Seefeld (See)	LAD	Lehramt an GS/HS (BRD) (Schwerpunkt HS), 12 Jahre	Klasse 8

---

8 Nach Guest/Bunce/Johnson (2006) wird eine Sättigung bei Interviewerhebungen mit einer Anzahl von zwölf Probanden erreicht. Auch wenn die Art und Weise, wie die Autoren zu dieser Zahl gelangen, sicherlich kritisch zu hinterfragen ist, diente diese Angabe als ein erster Orientierungspunkt für die vorliegende Studie. Somit wurden zunächst zwölf Lehrkräfte nach den beschriebenen Stichprobenkriterien ausgewählt sowie eine weitere Lehrerin für die Pilotierung des zweiten Interviewleitfadens (Kapitel 7.2) mit in die gesamte Untersuchung aufgenommen. Allerdings brach eine Lehrerin die Studie vor der zweiten Interviewerhebung ab. Die Interviewdaten mit einer weiteren Lehrerin stellten sich nach einer ersten Analyse als nicht aussagekräftig heraus.
9 Dazu auch die Ausführungen bei Lehmann et al. (1995, S. 80f.) und Winkler (2011, S. 206, Fußnote 12).
10 In Tabelle 7.1 sind nur diejenigen Lehrkräfte angeführt, deren Interviewdaten in die Analyse eingeflossen sind (siehe Kapitel 7.4.3).

An deutschen Hauptschulen unterrichten neben ausgebildeten Hauptschullehrkräften auch vielfach Lehrerinnen und Lehrer, die über eine Ausbildung an einer anderen Schulform verfügen. Dies spiegelt sich auch in der vorliegenden Studie wider: Im Sample gibt es nur zwei ausgebildete Hauptschullehrkräfte und acht Lehrkräfte, die an der Grundschule oder an einer anderen Schulform ausgebildet wurden. Folglich sind im Sample – im Sinne einer kontrastiven Fallauswahl – Unterschiede hinsichtlich der Ausbildung sowie der Unterrichtserfahrung der Lehrkräfte auszumachen, wie Tabelle 7.1 verdeutlicht. Es wurde insofern ein Sample gebildet, in welchem die schulische Situation für die Probanden gut vergleichbar und dennoch ein hinreichender Kontrast in Bezug auf verschiedene Faktoren gewährleistet war.

7.2 Vorgehensweise bei der Erhebung

Ein wesentlicher Schritt in der vorliegenden Studie ist es, die Vorstellungen und Orientierungen von Deutschlehrkräften in den Konzeptionsprozess einzubeziehen. Zentrales Prinzip war in diesem Kontext, dass den Lehrerinnen und Lehrern ein Äußerungsraum geboten wird, in dem sie ihre Sichtweisen zum Gegenstandsfeld breiter bzw. vertiefend entfalten – damit Gemeinsamkeiten und Unterschiede zu fachdidaktischen Sichtweisen erkennbar und in einem nächsten Schritt zur weiteren Entwicklung des Diagnoseinstruments produktiv gemacht werden können (Kapitel 10). Im Hinblick auf diese Zielsetzung bieten sich Formen der qualitativen Befragung als Forschungszugang an, die den Anspruch haben, das Gegenstandsfeld möglichst offen und vollständig zu erfassen (Bortz/Döring 2006, S. 308). Innerhalb des Spektrums an qualitativen Befragungsmethoden habe ich mich für die Durchführung von Interviews entschieden, deren zentrale Charakteristika nachfolgend erläutert werden.

Zieldimension von Interviews ist die Erhebung von verbalen Daten zur Rekonstruktion von Wissen, Erfahrungen und Ereignissen aus der individuellen Perspektive von Akteuren. Der Zugang zu den Sichtweisen der Erforschten erfolgt in einer mündlichen Befragung von Einzelpersonen zu einem Forschungsgegenstand. In der Kommunikation wird interaktiv zwischen Interviewer und Befragten ein ‚Text' erzeugt, der die Grundlage für die Rekonstruktion der subjektiven Auffassungen von Personen bildet (Helfferich 2014, S. 251). Zentraler Erkenntnisansatz bei der Durchführung von Interviews ist das Prinzip des *Fremdverstehens* (Helfferich 2011, S. 84ff.). Bei qualitativen Befragungen müssen die Interviewenden daher alles zugleich leisten, Vertrautheit herstellen und gleichzeitig Fremdheit annehmen, offen sein und gleichzeitig strukturieren, sich als „naiv" und als „kundig" darstellen etc. […]. (Ebd., S. 11)

Aufgabe des Forschenden ist es, eine größtmögliche Offenheit in der Gesprächssituation zu herzustellen: Für die Befragten muss ein offener Äußerungsraum geschaffen werden, in dem sie ihre Sichtweisen in der *ihnen eigenen Logik und Sprache* frei und ausführlich präsentieren können. Gleichzeitig ist für die Erhebung und Auswertung des Datenmaterials zu bedenken, dass mitunter Bedeutungsänderungen von Begriffen zwischen Interviewenden und Beforschten bestehen (Bromme 1997, S. 9; Reinartz 2003, S. 29).[11] Vor diesem Hintergrund ist davon auszugehen, dass „[d]ie Nennung der fachlich akzeptablen Termini allein […] für sich genommen keinen Konstruktionsprozess in Richtung eines entsprechenden fachlichen Verständnisses" widerspiegelt (Riemeier 2007, S. 74f.). So argumentiert Gropengießer im Hinblick auf die entstehenden Herausforderungen für die Interviewsituation:

> Die schwierige Aufgabe besteht darin, die vom Interviewpartner gemeinte Bedeutung zu erfassen, auch dann, wenn eine eigene, möglicherweise abweichende Bedeutungszuweisung des Interviewers besteht. (Gropengießer 1997, S. 77)

Folglich wurden in den Interviews – insbesondere zum Lese- und Diagnosebegriff – explizite Nachfragen an die Probanden gerichtet, um zu erschließen, *welches Konstrukt* Deutschlehrkräfte beispielsweise unter einem in der Lesedidaktik tradierten Begriff wie „Leseflüssigkeit" fassen. Wichtig ist darüber hinaus, dass die Interviewsituation immer eine asymmetrische Kommunikationssituation darstellt – auch wenn idealtypisch eine Begegnung ‚auf Augenhöhe' anzustreben ist (Helfferich 2011, S. 42ff.). So verhält sich die interviewende Person notwendigerweise strategisch, da sie von einem bestimmten Erkenntnisinteresse geleitet ist. Dies gilt es sowohl in der Gesprächssituation als auch für die Analyse zu reflektieren.

Sicher wäre im Hinblick auf das Erkenntnisinteresse der Studie denkbar gewesen, das Erhebungsverfahren der Gruppendiskussion (Bohnsack 2010) zu verwenden – schließlich zielt diese Forschungsmethode darauf, „kollektive Orientierungen und Wissensbestände" zu erfassen (Przyborski/Wohlrab-Sahr 2014, S. 93). Allerdings ist zu vermuten, dass in Gruppendiskussionen einzelne Aspekte, beispielsweise durch Gruppendynamiken, verloren gegangen oder Handlungspraxen von den Befragten aufgrund eines angenommenen bzw.

---

11 Dazu auch Kunze (2004, S. 31) und Scherf (2013, S. 21, Fußnote 19).

vorhandenen gemeinsamen Erfahrungsbasis in der Gruppe gar nicht expliziert worden wären.[12]

Umgekehrt ist die Erhebung von „Orientierungen" über Einzelinterviews auch nicht unumstritten: So stellt Scherf mit Blick auf die Studie von Wieser (2008) infrage, dass geteilte Auffassungen von Lehrkräften überhaupt durch Einzelinterviews erhoben werden können:

> Kollektive Wissensbestände einer Gruppe, vor allem sofern sie atheoretisch bzw. konjunktiv [d. h. implizit] vorliegen, können schließlich […] nur dann aufscheinen, wenn sie innerhalb eines Kollektivs artikuliert oder aber repräsentiert werden […,] insofern ist es kaum möglich, (konjunktiv) gültige Orientierungen einer (Real-)Gruppe aus […] Einzelinterviews zu rekonstruieren. (Ebd., S. 63)

Scherfs Argumentation ist – auch unter dem Zugeständnis der Bedeutung von Gruppendiskursen – nicht tragfähig. Zur Klärung möchte ich Scherfs These drei Gedankengänge entgegenstellen, um meinen Standpunkt zu konkretisieren:

1. In psychometrischen Studien werden Aussagen über das Kollektiv getroffen und nicht über den Einzelnen. Um diese Aussagen zu treffen, werden jedoch die Daten über den Einzelnen (und eben nicht über das Kollektiv) erhoben. Scherfs Argumentation würde also – negativ ausgelegt – der quantitativen Forschungslogik ihre Grundlage entziehen.
2. Zudem wurde in dieser Arbeit bereits eingehend diskutiert, dass die Wissensbestände von Lehrkräften ein Zusammenspiel aus Sozialisations- und Integrationsprozessen darstellen. So führen etwa Przyborski/Slunecko (2010) an, dass kollektive Wissensbestände „*nicht in der konkreten Gruppe verankert*" sind und der Erfahrungsraum örtlich gebunden ist. Kollektive Wissensbestände sind

> vielmehr eine von der Gruppe losgelöste Kollektivität, indem sie all diejenigen miteinander verbindet, die an Handlungspraxen und damit an Wissens- und Bedeutungsstrukturen teilhaben, die in einem bestimmten Erfahrungsraum gegeben sind. (Ebd., S. 632; Herv. ebd.)

3. Darüber hinaus durchläuft man als Lehrkraft in der schulischen Laufbahn *mehrere, verschiedene Erfahrungsräume*, die zugleich als Quellen für das

---

12 So stellt Scherf (2013, S. 75), der im Rahmen seiner Untersuchung sowohl Interviews als auch Gruppendiskussionen durchgeführt hat, Folgendes zu beiden Erhebungsmethoden fest: „[I]m Einzelinterview [kam es] […] zu detaillierten Schilderungen der Handlungspraxen im Unterricht, jene spielten in der Gruppendiskussion eine viel kleinere Rolle – da schließlich allen Informanten (vermeintlich) klar war, wie Unterricht an ihrer Schule zu funktionieren habe".

handlungsleitende Wissen von Lehrerinnen und Lehrern zu bedenken sind (Kapitel 5.2.2.1). Wenn, wie Scherf argumentiert, diese Erfahrungsräume bzw. kollektiven Wissensbestände nur über „(Real-)Gruppen" (s. o.) zu erheben wären, könnten Orientierungen vom Forschenden zu keinem Zeitpunkt vollständig rekonstruiert werden.

Zusammengefasst gehe ich davon aus, dass die Erhebung von lehrerseitigen Orientierungen nicht zwingend an Gruppendiskussionen als Erhebungsverfahren gebunden ist, sondern auch über Einzelinterviews erfolgen kann (dazu auch vertiefend Nohl 2009).

7.2.1 Interviewverfahren

Mit der Erhebungsmethode Interview können „nicht nur die Perspektiven und *Orientierungen*, sondern auch die *Erfahrungen*, aus denen Orientierungen hervorgegangen sind[,]" erhoben werden (Nohl 2009, S. 7; Herv. ebd.).[13] DAS Interview gibt es allerdings nicht – unter dem Begriff „Interview" wird in der methodischen Literatur eine Fülle an Verfahren summiert, die mit unterschiedlichen Forschungsinteressen verknüpft sind (im Überblick: Flick 2010, S. 194–226; Schmidt 2016a).[14] Das bedeutet zugleich, dass mit der Entscheidung für ein spezifisches Interviewverfahren (mit) bestimmt wird, welche Daten und Forschungsergebnisse in einer Untersuchung generiert werden (Friebertshäuser/Langer 2010, S. 438f.); die Auswahl des Interviewverfahrens hat daher Konsequenzen für den weiteren Forschungsprozess. Vor diesem Hintergrund sind vom Forschenden die „Ansprüche, Herausforderungen und Voraussetzungen spezifischer Interviewverfahren in dem jeweiligen Untersuchungskontext auszuloten und zu reflektieren" (Mey/Mruck 2010, S. 432).

Im Hinblick auf die Zielsetzung dieser Studie wurden das Verfahren des problemzentrierten Interviews gewählt, das den leitfadengestützten Interviewformen zuzuordnen sind (Schmidt 2016b). Grundprinzip dieses maßgeblich von Witzel (1985, 2000) entwickelten Verfahrens ist eine „möglichst unvoreingenommene

---

13 Erfahrungen sind „in qualitativen Interviews nicht direkt zugänglich. Interviews eröffnen nur den Zugang zu gedeuteten und präsentierten Erfahrungen und Handlungen" (Helfferich 2011, S. 31).
14 Die einzelnen Interviewformen können zudem noch in unterschiedlichen Varianten realisiert werden. Kritisch ist darüber hinaus, dass die Systematisierung der einzelnen Interviewformen in der einschlägigen Literatur uneinheitlich ist und mitunter auch eine unspezifische Begriffsverwendung besteht (Helfferich 2011, S. 35f.; Mey/Mruck 2010, S. 428).

7 Methodisches Vorgehen – Anlage der Untersuchung

Erfassung individueller Handlungen sowie subjektiver Wahrnehmungen" zu einem bestimmten Untersuchungsgegenstand (Witzel 2000, S. 1). Aus diesem Grund erschien diese Interviewform besonders geeignet, die komplexen Zusammenhänge in Bezug auf die Vorstellungen und Orientierungen der Lehrkräfte zu erfassen. Im Anschluss an Witzel (1985, S. 230–235) sind die folgenden drei Grundpositionen wesentlich für das problemzentrierte Interview:

1. Problemzentrierung, womit die „Orientierung an einer gesellschaftlich relevanten Problemstellung" gefasst wird (Witzel 2000, S. 4); Thema und Schwerpunkte werden vorab vom Interviewenden festgesetzt;
2. Gegenstandsorientierung, d. h. die Methode muss am fixierten Thema orientiert bleiben und zugleich „flexibel gegenüber den Anforderungen des untersuchten Gegenstands" (ebd.) sein;
3. Prozessorientierung, dies meint, dass schrittweise eine gegenstandsbezogene Theorie durch Gewinnung und Prüfung von Daten entwickelt wird.

Im Unterschied zu narrativen Interviews (Schütze 1976) ist die Gesprächsstrukturierung in problemzentrierten Interviews nicht nur auf erzählgenerierende Anteile und monologische Struktur der Befragten ausgerichtet. Vielmehr arbeiten die interviewende Person und die Beforschten in einem gemeinsamen „Verständnisprozess" (Helfferich 2011, S. 41) an dem Gegenstand. Der Interviewende bringt dabei sein bzw. ihr Wissen mit in die Kommunikation ein und konfrontiert den Befragten gegebenenfalls auch damit (Witzel 2000, S. 3).[15] Dieses problembasierte Sinnverstehen wird durch Ad-hoc-Fragen und allgemeine oder spezifische Sondierungen, wie Spiegelungen oder Konfrontationsfragen, ergänzt. Die dialogische Interviewform des problemzentrierten Interviews gesteht dem Interviewenden ein stärkeres Rederecht als bei anderen Interviewvarianten zu: Die Interviewenden „leiten den Prozess der Reflexion bei den Befragten, die ihre eigenen Äußerungen da, wo sie unklar sind, überdenken und korrigieren sollen" (Helfferich 2011, S. 44).

Zentral für die Durchführung von problemzentrierten Interviews sind der Kurzfragebogen, der Leitfaden und das Postskriptum (Witzel 1985, 2000), welche auch in der vorliegenden Untersuchung eingesetzt wurden (siehe Kapitel 7.4.3).[16] Die Anwendung eines Leitfadens im Erhebungsprozess soll absichern, dass im Interview forschungsseitig relevante Themen und Fragerichtungen zur Sprache

---

15 Es liegt im Ermessen der interviewenden Person, wie stark die eigenen Wissensbestände im Interview eingebracht werden (Helfferich 2011, S. 85).
16 Daneben führt Witzel noch die „Tonträgeraufzeichnung" an, die mittlerweile jedoch in Interviews selbstverständlich geworden ist.

kommen, ohne dass dabei die Offenheit des Gesprächs zu stark eingeengt wird (Friebertshäuser/Langer 2010, S. 439).[17] Darüber hinaus stellt ein Leitfaden eine gewisse Form der Vorstrukturierung für den Gesprächsverlauf in *allen* Interviews dar: In den einzelnen Erhebungen bilden gleiche bzw. ähnliche Fragen die Basis der Kommunikation, sodass die verschiedenen Interviewdaten gut miteinander vergleichbar sind (Helfferich 2014, S. 565).

Allgemein ist der Interviewleitfaden eine Art Checkliste und kein Drehbuch: Die Leitfragen sind – abgesehen von der Einstiegsfrage – ein Gerüst für die Datenerhebung und situativ flexibel zu stellen; dem Interviewten wird somit auch ermöglicht, selbst Themen in die Kommunikation einzubringen bzw. Schwerpunktsetzungen im Gesprächsverlauf vorzunehmen (Bortz/Döring 2006, S. 314). Eine strikte Orientierung an den vorab erstellten Fragen im Sinne einer „Leitfadenbürokratie" (Hopf 1978, S. 101–106), also das schlichte Abarbeiten der Leitfragen im Gesprächsverlauf, muss man vermeiden. Unter anderem besteht bei einem solchen Vorgehen die Gefahr, dass nur oberflächliche Aussagen der Befragten erhoben werden. Zugleich ist prinzipiell zu berücksichtigen, dass die gewählten Leitfragen – die sich aus dem Vorverständnis des Gegenstandsfelds vonseiten des Forschenden ergeben – in gewisser Form eine Erkenntnisgrenze für die Untersuchung darstellen. Das heißt: Anhand der eingesetzten Leitfragen wird der Blickwinkel auf den Forschungsgegenstand geformt, sodass gleichzeitig (und unvermeidlicherweise) bestimmte Bereiche ausgeblendet werden (Friebertshäuser/Langer 2010, S. 439).

7.2.2 Konstruktion der Interviewleitfäden

Der eingesetzte Interviewleitfaden bestimmt die „Qualität der qualitativen Daten" (Helfferich 2011). Für die Leitfadenkonstruktion habe ich mich daher einerseits am Erkenntnisinteresse des Forschungsvorhabens orientiert sowie andererseits die Ergebnisse aus der Fachdidaktischen Klärung (Kapitel 3 und 4) einbezogen. Da in dieser Untersuchung zwei Erhebungsphasen durchgeführt wurden (siehe Kapitel 7.3), werden nachfolgend die thematischen Schwerpunkte beider Leitfäden separat voneinander dargestellt.

---

17 In mehreren Interviews kam es vor, dass gewisse Aspekte bereits bei anderen Fragestellungen thematisiert wurden. Statt einer erneuten (eventuell für die Interviewten frustrierenden) Nachfrage, wurde(n) diese Frage(n) im Gespräch flexibel getilgt bzw. nur noch gegebenenfalls vertieft.

7 Methodisches Vorgehen – Anlage der Untersuchung

Leitfaden erste Erhebung[18]

Im ersten Interview lag das Erkenntnisinteresse darauf, die Vorstellungen und Orientierungen der Deutschlehrkräfte zur Diagnose von Lesekompetenz zu erheben. Themenkomplexe mit jeweils dazugehörigen Einzelaspekten waren unter anderem Fragen zu Beobachtungsverfahren im eigenen Deutschunterricht, den zugrunde gelegten Diagnosekriterien im Bereich Lesekompetenz oder zum Lesekonzept der Lehrenden (siehe Anhang VI.). Dabei wurde angenommen, dass bestimmte – durch den gegenwärtigen Diskurs aufgeladene – Begriffe den Interviewverlauf beeinflussen und nachhaltig verändern könnten. Vor diesem Hintergrund wurde in beiden Erhebungen der Kompetenzbegriff, der im gegenwärtigen Bildungsdiskurs stark und kontrovers diskutiert wird, vermieden bzw. nur dann thematisiert, wenn er von den Probanden in das Gespräch eingebracht wurde.[19] Ähnliches gilt für den Terminus „Diagnose" im schulischen Handlungsfeld. In Kapitel 4.1 wurde bereits entfaltet, dass häufig ein medizinisch geprägtes Verständnis mit Diagnosebegriff verbunden wird, der keine (unmittelbare) Handlungsrelevanz im Kontext Schule hat. Um zu vermeiden, dass die interviewten Deutschlehrkräfte vor diesem Hintergrund keine Auffassungen zum Untersuchungsgegenstand äußern, wurde der Diagnosebegriff in den Interviewfragen durch die allgemeineren Termini „Beobachten" (i. S. v. Lernprozessdiagnostik) resp. „Beurteilen" (i. S. v. Leistungsdiagnostik) ersetzt.

Leitfaden zweite Erhebung

Zentral für den zweiten Interviewleitfaden war die Reflexion des konzipierten Diagnoseinstruments durch die Lehrkräfte im Sample. Zur Erhebung wurde ein Interviewleitfaden adaptiert und modifiziert, der bereits zur Evaluation des Diagnosetools KiDiT® (Walter-Laager/Pfiffner 2011) eingesetzt worden war. Zieldimension des zweiten Interviews war neben einer Erhebung der lehrerseitigen Perspektiven zur Praktikabilität und Akzeptanz des Tools auch Rückmeldungen zur inhaltlichen Struktur und zum Aufbau des Tools (siehe Anhang VII.). Aus diesem Grund habe ich im zweiten Teil des Interviews mit Screenshots der einzelnen Elemente des Tools (Kapitel 6.2) als Gesprächsimpulsen gearbeitet. Auf diese Weise sollten gezielt vertiefende Schilderungen der Befragten zu einzelnen

---

18 Für anregende Rückmeldungen zu einer ersten Fassung des Leitfadens aus Perspektive der empirischen Lehr-Lernforschung danke ich Dr. Andrea Bernholt.
19 Zur Rezeption des Kompetenzbegriffs aus deutschdidaktischer Perspektive siehe u. a. Gailberger/Holle (2010, S. 271); Gailberger (2013, S. 35f.); Kepser (2012) und Wieser (2010, S. 116f.).

Bereichen des Diagnoseinstruments angeregt werden. Nach einem ersten Interviewabschnitt, in dem die Probanden ihren allgemeinen Eindruck zum Tool entfalten konnten, wurden im zweiten Teil des Interviews die Bildausschnitte vorgelegt, um (weitere) Perspektiven auf die den einzelnen Bereiche von JuDiT®-L« zu erheben.

Um eine Leitfadenbürokratie im Interviewverlauf zu vermeiden (s. o.), wurden die Fragen in beiden Interviewleitfäden so formuliert, dass die Themenblöcke flexibel und gut handhabbar waren. In beiden Interviews wurde eine erzählgenerierende Einstiegs- und Ausstiegsfrage eingesetzt, damit die Probanden möglichst umfassend ihre Sichtweisen explizieren und eigene Relevanzsetzungen vornehmen können (Helfferich 2014, S. 565; zur zentralen Rolle beim problemzentrierten Interview: Witzel 2000, S. 14). In der ersten Erhebung wurde zudem ein Vignettentest als Gesprächsstimulus eingesetzt, der nachfolgend vertiefend erläutert werden soll.

7.2.2.1 Vignettentest: Zielsetzung und Aufbau

Der Gesprächseinstieg ist (nicht nur) im problemzentrierten Interview eine „zentrale Kommunikationsstrategie" (Witzel 2000, S. 13). Die Einleitungsfrage bildet den Rahmen für das weitere Gespräch und kann den Interviewten in diesem Sinne (stark) beeinflussen. Im ersten Interview wurde vor diesem Hintergrund ein Vignettentest als sog. „ice breaker" (Barter/Renold 1999) eingesetzt.[20] Vignetten sind schriftlich oder als Videosequenz präsentierte Problemsituationen: „Die Studienteilnehmer werden aufgefordert, sich in die vorgegebenen Szenarien hineinzuversetzen und ihre (hypothetischen) Reaktionen zu benennen" (Atria/Strohmeier/Spiel 2006, S. 233). Schriftliche oder mündliche Vignetten zielen dabei auf die handlungsleitenden Auffassungen von Personen (Beck et al. 2008, S. 90).[21] Fischler (2001, S. 106) benennt die Arbeit mit problemhaltigen Situationen in Interviewsituationen als eine Möglichkeit, um nicht nur „Idealvorstellungen" in verhaltensfernen Situationen zu erheben, sondern eine stärkere Nähe zu handlungsleitenden Auffassungen von Lehrkräften zu generieren. Bei der Konzeption von Vignetten ist insofern zu beachten, dass das dargestellte Szenario „vom Lehrer zumindest als möglich, besser noch typisch für den Unterricht, den er selbst zu verantworten hat" (ebd., S. 108) angesehen wird, damit

---

20 Die Offenheit des Gesprächs ist auch ein zentraler Aspekt für die Dokumentarische Methode (siehe Kapitel 7.4.1).
21 Zu den Möglichkeiten und Grenzen dieses Erhebungsinstruments: Barter/Renold (1999).

7 Methodisches Vorgehen – Anlage der Untersuchung 231

sich die Person in die dargestellte Situation hineinversetzen kann. Die Güte von Vignettentests orientiert sich weiterhin daran, dass diese nicht zu komplex konstruiert werden dürfen (Atria/Strohmeier/Spiel 2006, S. 237; Barter/Renold 1999).

In der vorliegenden Untersuchung habe ich eine Vignette adaptiert und modifiziert, die in der Studie von Beck et al. (2008)[22] zur Erfassung der diagnostischen Kompetenz von Lehrkräften eingesetzt wurde. In der Vignette für die vorliegende Untersuchung wurden die Probanden aufgefordert, einem Studierenden zu erläutern, inwiefern aus ihrer Sicht diagnostische Aspekte im Bereich Lesekompetenz bei der Planung[23] einer Deutscheinheit berücksichtigt werden sollten:

> *Daniel Wagner hat in der Ausbildung gehört, dass eine gute Diagnose des Lernstandes der Schülerinnen und Schüler für die Planung und Steuerung des Unterrichts wichtig sei. Daniel möchte deshalb regelmäßig während einer Unterrichtseinheit die Lesefähigkeiten der Schülerinnen und Schüler beobachten.*
> *Erklären Sie Daniel bitte, wie er dies schon bei der Vorbereitung berücksichtigen kann und wie er das Ergebnis seiner Beobachtung für die Steuerung und die weitere Planung des Unterrichts nutzen könnte.*

Nach einer kurzen, einführenden mündlichen Erläuterung wurde das Szenario den Lehrkräften vorgelesen und zusätzlich schriftlich vorgelegt. Die Probanden konnten die Vignette anschließend ggf. noch einmal durchlesen, sich ggf. Notizen machen und selbst bestimmen, wann sie mit ihren Ausführungen beginnen.

Für den Einsatz der skizzierten Vignette war die Arbeitshypothese leitend, dass die Lehrkräfte im Sample ihre Wissensbestände zum Untersuchungsgegenstand im Interview explizit thematisieren, da sie ihre Erfahrungen aus der Praxis an einen Praktikanten weitergeben sollen. Das damit gesetzte Experten-Novizen-Verhältnis sollte eine Absicherung dafür darstellen, dass von den Lehrkräften auch Gedanken expliziert werden, die sonst möglicherweise vor dem Hintergrund eines angenommenen gemeinsamen Erfahrungsraumes im Gesprächsverlauf nicht thematisiert worden wären (dazu auch Beck et al. 2008, S. 91). Diese Kontextuierung sollte zugleich ermöglichen, dass sich die Teilnehmenden im Interview weniger

---

22 Ich danke Prof. Dr. Franziska Vogt, dass sie mir die unveröffentlichte Vignette aus dieser Studie zur Verfügung gestellt hat.
23 Vertiefend zum Thema Unterrichtsplanung und den damit verbundenen fachspezifischen Besonderheiten sei hier auf die Arbeit von Tebrügge (2001) verwiesen.

in einer Rechtfertigungsposition für ihre Ausführungen sehen (allgemein Atria/Strohmeier/Spiel 2006, S. 247ff.; Barter/Renold 1999).

Kritisch gilt es zu bedenken, dass die Befragten mit der Vignette dazu aufgefordert wurden, sich über eine hypothetische Situation bzw. Klasse zu äußern: „However when using this technique [den Vignettentest], [...] the problematic relationship between belief and action must be heeded" (Barter/Renold 1999). Da das Phänomen einer situierten, hypothetischen Situation mit dem Einsatz eines Vignettentests unumgänglich ist, gilt es, dies für die Datenauswertung kritisch zu reflektieren. Dass mit einer Vignette dennoch wertvolle Daten in Bezug auf die Diagnosepraxis von Lehrkräften gewonnen werden können, lassen die Befunde einer Studie von Südkamp/Möller (2009) vermuten, in der die Methode des simulierten Klassenraums zur Erhebung der diagnostischen Kompetenz von Studierenden genutzt wurde. Schrader stellt mit Bezug auf diese Studie fest:

> Dass der Urteiler sein Wissen über Schüler innerhalb der experimentellen Sitzung aufbaut, entspricht der Situation der Lehrkraft, die in einer unbekannten Klasse unterrichtet und aus ersten Eindrücken ein Bild ihrer Schüler gewinnt. Diagnostisches Wissen ließe sich simulieren, indem man den Probanden Informationen über die hypothetischen Schüler gibt, z. B. über ihr Vorwissen. (Schrader 2009, S. 240)

7.2.2.2 Pilotierung der Leitfäden

Einen Interviewleitfaden zu erstellen ist eine Herausforderung. Vor der Datenerhebung wurden daher beide Leitfäden jeweils in einer Vorstudie pilotiert, um die Validität und Praktikabilität der konzipierten Interviewleitfäden zu überprüfen.[24] Dies stellt ein wichtiges Gütekriterium für die Qualität der generierten Daten in Leitfadeninterviews dar (Schmidt 2016b, S. 55f.). Zieldimension für die beiden Pilotierungen war jeweils, die Interviewsituation gezielt zu üben und die Rolle als Interviewende zu reflektieren, erste Erkenntnisse zum Forschungsgegenstand zu gewinnen und Hinweise für „problematische, zu komplexe oder unverständliche Formulierungen" in den Leitfragen zu erhalten (Friebertshäuser/Langer 2010, S. 441). In der Pilotierung der beiden Leitfäden wurde deutlich, dass

1. ... die Verwendung der Begriffe „Beobachten" und „Beurteilen" tragfähig ist, damit die Deutschlehrkräfte ihre eigenen Sichtweisen zum Gegenstandsfeld „Diagnose von Lesekompetenz" entfalten.
2. ... die konzipierte Vignette zur Erhebung der lehrerseitigen Auffassungen geeignet ist und anschließend für vertiefende Fragen zum Forschungsgegenstand

---

24 Für beide Pilotierungen wurden dieselben Rahmenbedingungen wie für die jeweilige Haupterhebung festgesetzt.

genutzt werden kann. Jedoch zeigte sich, dass den Lehrkräften zusätzlich die Möglichkeit gegeben werden sollte, sich zur Beantwortung der Vignette Notizen zu machen, um ihre Gedanken und Argumentation entfalten zu können.[25]

3. ... die für das zweite Interview erstellten visuellen Impulse für die Kommunikation über das Diagnoseinstrument zielführend sind, da die Lehrkräfte so zur Explikation in Bezug auf einzelne Toolelemente, wie etwa die Beobachtungsitems, aufgefordert wurden.

4. ... die Sprache der Lehrkräfte einen sensibilisierenden Aspekt im Rahmen der Erhebung darstellt, da die interviewten Lehrkräfte mitunter andere Begriffe als die Fachdidaktik zum Gegenstandsfeld verwendeten oder die in der Fachdidaktik etablierten Begriffe semantisch anders füllten. Dies bestätigte den Eindruck, der bereits im Rahmen der Vorerhebung des Tools (Kapitel 6.3) gewonnen wurde, sodass in der Haupterhebung sowie bei der Auswertung ein besonderes Augenmerk auf diesen Punkt gelegt wurde.

5. ... das Lehrerwissen zur Diagnose von Lesekompetenz auch kollektive Orientierungen enthält, die unter anderem in Hinweisen auf die Bedingungen an den eigenen Schulen oder in Absprache mit Kollegen eingeführte Diagnoseverfahren deutlich wurden (z. B. durch Äußerungen wie „man" oder „wir"). Bestätigend zu den Ausführungen in Kapitel 5.1.1 konnte deshalb angenommen werden, dass in der Haupterhebung sowohl Vorstellungen als auch Orientierungen der Deutschlehrkräfte zur Diagnose von Lesekompetenz herausgearbeitet werden können.

Darüber hinaus konnte durch die Pilotierung der Leitfäden bereits ein Eindruck über die ungefähre Dauer der jeweiligen Interviews gewonnen werden, was wiederum für forschungspragmatische Überlegungen in dieser Untersuchung wichtig war. Im Anschluss an die durchgeführten Probeinterviews erfolgt eine Re-Analyse der Leitfragen, sodass die Interviewleitfäden begründet weiterentwickelt werden konnten. Im Anhang (siehe VI. und VII.) dieser Arbeit sind die jeweils überarbeiteten Leitfäden abgebildet.

7.3 Studienanlage

Wie bereits im vorherigen Kapitel diskutiert, waren zur Bearbeitung der Forschungsfrage(n) in dieser Untersuchung mehrere Forschungsphasen bzw. -schritte wesentlich, die mit jeweils eigenen Entscheidungen und Klärungen

---

25 Die Notizen wurden nicht ausgewertet, da diese als wenig(er) bedeutsam für das Erkenntnisinteresse der Untersuchung bewertet wurden.

verbunden waren. Die nachfolgende Abbildung veranschaulicht die Forschungsanlage und den Verlauf der empirischen Erhebung:

Abbildung 7.1: Anlage der empirischen Erhebung

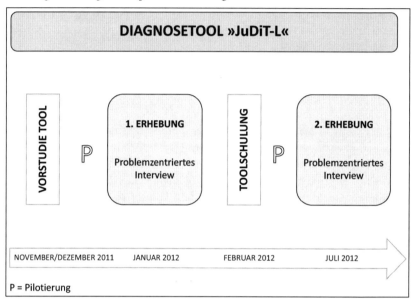

Abbildung 7.1 ist zu entnehmen, dass im Anschluss an die Konzeption einer Erprobungsversion des Diagnosetools zunächst eine Pilotierung der Beobachtungsitems vorgenommen wurde (Kapitel 6.3). In einem nächsten Schritt wurde erfasst, über welche handlungsrelevanten lesediagnostischen Wissensbestände Deutschlehrkräfte verfügen und wie Lehrkräfte ein auf fachdidaktischen Erkenntnissen entwickeltes Diagnoseverfahren reflektieren. Die hiermit verknüpften Untersuchungsschritte wurde im Schuljahr 2011/12 durchgeführt. Zu diesem Zeitpunkt unterrichteten alle beteiligten Lehrkräfte das Fach Deutsch in einer oder mehreren Klassen an ihrer Schule.

In der Methodenliteratur wird empfohlen, ein vertrautes Umfeld der Beforschten als Erhebungsort zu wählen, da dies die Wahrscheinlichkeit erhöht, authentische Informationen im Gespräch zu erhalten (u. a. Mey/Mruck 2010, S. 429f.; Przyborski/Wohlrab-Sahr 2014, S. 63ff.). Interviewort in der vorliegenden Studie war entweder die Schule, an der die Probanden unterrichteten, oder die Interviews fanden bei den Lehrkräften zu Hause statt. Insofern erfolgten

7 Methodisches Vorgehen – Anlage der Untersuchung

die Gespräche in einem für die Beforschten vertrauten Umfeld.[26] Sämtliche Interviews wurden von mir durchgeführt und mit einem digitalen Tonbandgerät aufgezeichnet. Die beiden Interviews pro Lehrkraft umfassten zusammengefasst jeweils zwischen 1,5 bis 3 Stunden Tonaufnahmen.[27]

Im Anschluss an das erste Interview wurden – kontrastiv zum Vorgehen bei Witzel (1985, S. 238) – allgemeine Daten der Lehrerinnen und Lehrer mit einem standardisierten Kurzfragebogen erhoben. So konnten allgemeine und berufsbiographische Angaben (Ausbildung, Berufserfahrung, Unterrichtserfahrung im Fach Deutsch) unkompliziert erfasst werden, ohne das Interview selbst zu beeinflussen.[28] Nach beiden Erhebungen wurde von mir, mit geringem zeitlichem Abstand, ein *Postskriptum* (Flick 2010, S. 213; Witzel 1985, S. 238) angefertigt, mit dem Gesprächsverlauf, Gesprächsatmosphäre, Besonderheiten in der Gesprächssituation sowie Eindrücke über die interviewte Person erfasst wurden. Kurzfragebogen und Postskript waren Interpretationshilfen, die ich gegebenenfalls in die Analyse mit einbezogen habe, die mit Blick auf das Erkenntnisinteresse der Studie allerdings nicht eigens von mir systematisiert wurden.

Grundsätzlich ist das Diagnosetool »JuDiT®-L« selbsterklärend (Kapitel 6.1). Um die Durchführbarkeit der Studie zu gewährleisten, wurde den Deutschlehrkräften im Sample das Verfahren zusätzlich in einer etwa einstündigen Schulung erläutert. Mit diesem Vorgehen sollte weitestgehend vermieden werden, dass methodische resp. technische Schwierigkeiten mit dem Diagnoseinstrument das Forschungsvorhaben beeinflussen. Die Schulung erfolgte jeweils schulweise nachdem die erste Interviewerhebung abgeschlossen war – so sollte ein Einfluss der Schulung auf die Ergebnisse des ersten Interviews vermieden werden. Die Schulungen erfolgten zu Beginn des Schulhalbjahres, damit alle Lehrkräfte im Sample ggf. die Möglichkeit hatten, das Tool während einer Einheit zur Lesekompetenz zu nutzen. Zudem bestand die Annahme, dass der Bereich

---

26 Ein Interview aus der zweiten Erhebungsphase fand in einem Café statt, wodurch Nebengeräusche auf der Aufnahme enthalten sind. Die Qualität dieser Aufnahme ist daher schlechter als die anderen Tonaufnahmen, aber war dennoch grundsätzlich analysierbar.

27 Nach dem offiziellen Ende des Interviews fanden zumeist noch längere Gespräche mit den Probanden statt. Relevante Aspekte aus diesen im informellen Gesprächsteil geäußerten Sachverhalten wurden im Postskript notiert. Zur Relevanz dieser ‚nachträglichen' Äußerungen für den Interviewprozess etwa Bortz/Döring (2006, S. 311).

28 Ähnlich Flick (2010, S. 212), der argumentiert, dass der Einsatz des Fragebogens zu Beginn des Gesprächs möglicherweise eine „Frage-Antwort-Struktur auf den Dialog im Interview" initiiere.

Lesekompetenz über den Zeitraum eines Schulhalbjahres (implizit oder explizit) Unterrichtsgegenstand sein müsste.[29]

Im Hinblick auf das Erkenntnisinteresse der Untersuchung war weniger entscheidend, wie häufig die Lehrkräfte mit dem Tool arbeiten, sondern vielmehr, dass sich die Lehrkräfte grundlegend mit dem Verfahren auseinandersetzen und dessen Einsatzmöglichkeiten im alltäglichen Deutschunterricht reflektieren.

Die Einführung in die Arbeit mit dem Diagnosetool ist mit den Ansprüchen an eine Fortbildung (dazu z. B. Lipowsky 2010, S. 52f.) vergleichbar. Es wurde darauf geachtet, gleiche Ausgangsbedingungen für alle Teilnehmenden zu schaffen und ihnen die Realisierung der fachdidaktischen Innovation – sprich das Diagnosetool »JuDiT®-L« zu erproben – zu erleichtern. Daher erhielten alle Probanden ein Begleitheft, in dem ich die wichtigsten Handlungsschritte bei der Arbeit mit dem Diagnosetool zusammengefasst und zugleich durch Schaubilder illustriert hatte. Die Projektphase wurde nach der Schulung forscherseitig weiterhin begleitet, indem unter anderem das Angebot des digitalen supports an die Teilnehmerinnen und Teilnehmer gemacht und per Brief alle zwei Monate nach eventuellen Rückfragen und Problemen mit dem Beobachtungsinstrument gefragt wurde.[30] Auf diese Weise sollten Ergebnisverzerrungen durch technische Schwierigkeiten möglichst verhindert und die Lehrkräfte zudem an das Erproben des Tools erinnert werden.

7.4 Vorgehen bei Datenaufbereitung, -analyse und -interpretation

Jeder Interviewtext ist „das Protokoll einer besonderen Interaktion und Kommunikation, unverwechselbar und einmalig in Inhalt und Form" (Meuser/Nagel 1991, S. 451). Die Aufbereitung und Analyse der verbalen Daten ist ein *methodisch kontrolliertes Fremdverstehen*, in welchem die Äußerungen der Erforschten erfasst und ihnen Sinn verliehen wird, sie also interpretiert werden. Mit der Entscheidung für eine Auswertungsmethode sind aber auch bestimmte Setzungen für den Blick auf den Untersuchungsgegenstand verbunden, die es zu reflektieren gilt (allgemein Baltruschat 2014). Prinzipiell ist die Anwendung von problemzentrierten Interviews nicht an eine bestimmte

---

29 Im Hinblick auf die Tool-Evaluation war die einzige forschungsseitige Vorgabe an die Probanden, dass sie das Instrument zumindest für einen Schüler bzw. eine Schülerin verwenden sollten, um nicht von vornherein durch besonders strikte und umfangreiche Vorgaben eine Abwehrhaltung der beteiligten Lehrkräfte zu erzeugen.
30 Insgesamt nahmen die teilnehmenden Lehrerinnen und Lehrer diese Möglichkeit eher selten in Anspruch.

7 Methodisches Vorgehen – Anlage der Untersuchung

Auswertungsmethode gebunden (Friebertshäuser/Langer 2010, S. 443).[31] In der Vorstellungsforschung finden häufig kategorisierende Verfahren, wie die Qualitative Inhaltsanalyse (Mayring 2010), zur Auswertung von Interviewdaten Verwendung (u. a. die Studien von Gropengießer 2007a; Niebert 2010; van Dijk 2009).[32] Mit einer inhaltsanalytischen Vorgehensweise werden allerdings weniger die impliziten Handlungs- und Wissensstrukturen von Lehrkräften rekonstruiert, sondern das begrifflich explizierte, kommunikative Wissen der Akteure ins Zentrum der Analyse gerückt. Zudem ist kritisch zu fragen, inwiefern ein inhaltsanalytisches Vorgehen geeignet ist, um die Vielschichtigkeit des Lehrerwissens (Kapitel 5.1.1) angemessen zu erheben.

Für das Erkenntnisinteresse der vorliegenden Untersuchung wurde insofern eine Anlehnung an die Prinzipien der Dokumentarischen Methode[33] als gegenstandsangemessen betrachtet. Die Dokumentarische Methode sucht das ‚Dilemma' der Forschungshaltungen des Subjektivismus und Objektivismus zu überwinden,

> indem der Beobachter einerseits dem Wissen der Akteure als empirischer Ausgangsbasis der Analyse verpflichtet bleibt und deren Relevanzen berücksichtigt, ohne aber andererseits an deren subjektiven Intentionen und Common Sense-Theorien gebunden zu bleiben [...]. Vielmehr gewinnt der Beobachter einen Zugang zur Handlungspraxis und zu der dieser Praxis zugrunde liegenden (Prozess-)Struktur, die sich der Perspektive der Akteure selbst entzieht. (Bohnsack/Nentwig-Gesemann/Nohl 2007, S. 12)

Dies korrespondiert mit dem Anliegen dieser Studie, individuelle und sozial geteilte Wissensbestände von Deutschlehrkräften zu rekonstruieren, die sowohl explizit als auch implizit vorliegen können (Kapitel 5.2).[34] Wesentlich für das Vorgehen der Dokumentarischen Methode ist weiterhin, dass im Rahmen der

---

31 Witzel (2000, S. 18–25) macht selbst einen Vorschlag für die Auswertung von problemzentrierten Interviews, der aber vielfach kritisiert wird (z. B. Nohl 2009, S. 35f.).

32 So wird in Beiträgen zum Modell der Didaktischen Rekonstruktion explizit die Qualitative Inhaltsanalyse als geeignetes Auswertungsverfahren benannt (z. B. Gropengießer 2005; Kattmann 2007a, S. 101).

33 In der Forschungsliteratur findet sich sowohl die Schreibung „dokumentarische Methode" (bspw. Nohl 2009) als auch „Dokumentarische Methode" (z. B. Kleemann/Krähnke/Matuschek 2009). Im Folgenden werde ich die zweite Schreibweise benutzen, da die Großschreibung nach meiner Auffassung die begriffliche Einheit als auch die Eigenständigkeit als Auswertungsmethode angemessener kennzeichnet.

34 In der deutschdidaktischen Professionsforschung findet die Dokumentarische Methode als Auswertungsverfahren in den letzten Jahren zwar häufiger Anwendung (u. a. Wieser 2008; Lindow 2013; Scherf 2013), der „Grad der methodischen Verbindlichkeit ist in den einzelnen Arbeiten [aber] recht unterschiedlich" (Ballis et al. 2014, S. 94).

dokumentarischen Interpretation nicht nach dem Wahrheits- oder Richtigkeitsanspruch von Realitätskonstruktionen der Beforschten gefragt bzw. diese aus Forscherperspektive beurteilt werden. Primär interessiert im Rekonstruktionsprozess, über welche expliziten und impliziten Wissensbestände die Akteure verfügen, ohne dass diese vor dem Hintergrund wissenschaftlicher Erkenntnisse rein defizitär zu bewerten sind (Bohnsack 2010, S. 64). Die Auswertungsmethode fußt auf der Annahme, dass das Wissen und Handeln von Menschen auf Erfahrungen basiert – was Mannheim (1970, S. 619) als *Seinsverbundenheit* allen Wissens und Sprechens beschreibt – und somit nicht determiniert werden kann. Zielsetzung und zentrale Auswertungsschritte der Dokumentarischen Methode sollen nachfolgend erläutert und auf das vorliegende Forschungsvorhaben bezogen werden.

7.4.1 Methodologische Orientierung: Die Dokumentarische Methode

Die Dokumentarische Methode ist ein Verfahren der rekonstruktiven Sozialforschung. Es zielt als solches darauf, dass die Erforschten „ein Thema in deren eigener Sprache, in ihrem Symbolsystem und innerhalb ihres Relevanzrahmens entfalten" (Bohnsack 2010, S. 20f.). Das maßgeblich von Ralf Bohnsack (exemplarisch Bohnsack 2010) entwickelte Auswertungsverfahren eignet sich insbesondere dazu, den „Zusammenhang von Orientierungen und Erfahrungen zu rekonstruieren" (Nohl 2009, S. 7). Mit dieser Perspektive ist der Anspruch verbunden, die Sinnkonstruktionen von Gruppen oder einzelnen Personen nachzuvollziehen (ebd., S. 11–14). Dies ist tragfähig für die Zielperspektive der vorliegenden Studie, die Vorstellungen und Orientierungen von Deutschlehrkräften zu rekonstruieren, um ihre Sichtweisen für die Entwicklung eines praxisnahen Diagnoseverfahrens im Bereich Lesekompetenz produktiv zu machen. Ursprünglich für Gruppendiskussionen entwickelt, wurde die Dokumentarische Methode in den letzten Jahren methodisch und thematisch auf andere Bereiche ausgeweitet, sodass mittlerweile bspw. auch Bild- und Videodaten oder Interviews dokumentarisch interpretiert werden (im Überblick: Bohnsack/Nentwig-Gesemann/Nohl 2007, S. 17–22).

Die zentrale theoretische Grundlage der Dokumentarischen Methode ist die Wissenssoziologie von Karl Mannheim (1970). Die Dokumentarische Methode greift dabei zwei der von Mannheim benannten Sinnebenen auf (ebd., S. 103f.) und unterscheidet methodologisch folgende Ebenen von Äußerungen[35]:

---

35 Mannheim (1970, S. 104) führt als weitere Sinnebene von Äußerungen noch den „intendierten Ausdruckssinn" an. Dabei handelt es sich um die Motive und Absichten, die der Beforschte in der Erzählsituation verfolgt, d. h. seine bzw. ihre Selbstdarstellung.

- Der *immanente* bzw. *objektive Sinngehalt*, mit dem „das vom schöpferischen Subjekt Gemeinte" (ebd., S. 111), also das reflexiv verfügbare Wissen bezeichnet, das beispielsweise in einer Interviewsituation expliziert wird.
- Der *konjunktive* bzw. *dokumentarische Sinngehalt* beschreibt das sog. „atheoretische Wissen" von Personen – ein Handlungswissen, das den Erforschten gewöhnlich gar nicht bewusst ist, also implizit vorliegt und auf Erfahrungen beruht.[36]

Mannheim verweist darauf, dass das *atheoretische Wissen* nicht an einzelne Personen gebunden ist, sondern von einer Gruppe von Menschen geteilt wird; Verstehen ist somit nur unmittelbar auf Grundlage eines gemeinsamen Handlungswissens – dem „*konjunktivem Erfahrungsraum*" – möglich (Bohnsack 1997, S. 53f., 58). Im Sinne von habitualisierten Orientierungen sind die

> Träger durch Gemeinsamkeiten des Schicksals, des biographischen Erlebens, Gemeinsamkeiten der Sozialgeschichte miteinander verbunden […]. Dabei ist die Konstitution konjunktiver Erfahrung nicht an das gruppenhafte Zusammenleben derjenigen gebunden, die an ihr teilhaben. (Bohnsack 2010, S. 131)

Das Verstehen setzt also ein gemeinsames Wissen bzw. einem geteilten Erfahrungshintergrund voraus: So weiß ein Deutschlehrer die Aussage einer Kollegin über das „super Klima" in einer Deutschklasse an ihrer Schule in einen bestimmten konjunktiven Erfahrungsraum einzuordnen. Er versteht ihre Aussage, ohne dass sie diese näher erläutern muss. An diesem Beispiel wird deutlich, dass sich das Erleben von Unterricht in einen oder mehreren konjunktive Erfahrungsräumen begründet (Kapitel 5.1.2).

Diejenigen, die von außen auf die Gruppe blicken, verfügen *nicht* über die Wissens- und Erfahrungsbestände dieser Gruppe. Das atheoretische Wissen der Gruppe ist für sie folglich nicht ohne Weiteres zugänglich und „kann immer nur in Abhängigkeit vom jeweiligen *Kontext* und in Kenntnis dieses Kontextes […] interpretiert werden" (Bohnsack 1998, S. 109; Herv. ebd.). In der Logik der Dokumentarischen Methode geht man folglich davon aus, dass sich Außenstehende den konjunktiven Erfahrungsraum einer Gruppe in rekonstruktiver Analyse erschließen und explizieren können (Bohnsack/Nentwig-Gesemann/Nohl 2007,

---

Da diese vom Forschenden aber nie gänzlich sicher bestimmt werden kann, wird der intendierte Ausdruckssinn in der Dokumentarischen Methodologie nicht aufgegriffen (Kleemann/Krähnke/Matuschek 2009, S. 159f.).

36 Diese Zuweisung ist anschließbar an den Ansatz, zwischen implizitem und explizitem Lehrerwissen zu unterscheiden (Kapitel 5.1.2.2). Diese Verknüpfung deutet bereits Bohnsack (2001, S. 331) unter expliziter Bezugnahme auf Polanyi an.

S. 12; Kleemann/Krähnke/Matuschek 2009, S. 158f.). Einen interpretativen Zugang auf das konjunktive Wissen der Befragten kann die forschende Person über den kommunikativen Erfahrungsraum erhalten, also über das Wissen, das von den Beforschten explizit mitgeteilt wird:

> Erst wo wir gezwungen sind, Außenstehenden etwas zu erklären […], versuchen wir den Gegenstand des habituellen Handelns und damit unser atheoretisches Wissen in alltagstheoretische Begrifflichkeiten zu überführen. (Nohl 2009, S. 10)

In den Äußerungen der Erforschten zeigt sich demzufolge das Handlungswissen, das den Befragten gewöhnlich selbst nicht präsent ist: Sie „wissen im Grunde gar nicht, was sie alles wissen" (Przyborski/Wohlrab-Sahr 2014, S. 281f.), sodass das geteilt vorliegende Wissen auch nicht Gegenstand des Gesprächs wird. Vor diesem Hintergrund geht es für Forschende darum, einen Zugang zum konjunktiven Erfahrungsraum der Beforschten zu erhalten (Kleemann/Krähnke/Matuschek 2009, S. 156–159). Charakteristisch für die Dokumentarische Methode sind insofern zwei aufeinanderfolgende Interpretationsschritte, mit denen die „Doppelstruktur" (Bohnsack 2001, S. 329) von immanentem und dokumentarischem Sinngehalt (s. o.) für die Datenanalyse aufgegriffen wird, die *formulierende* und die *reflektierende* Interpretation:

> Der Übergang von der formulierenden (immanenten) zur reflektierenden Interpretation markiert den Übergang von den Was- zu den Wie-Fragen. Es gilt das, *was thematisch wird* und als solches Gegenstand der formulierenden Interpretation ist, von dem zu unterscheiden, *wie ein Thema*, d. h. in welchem Rahmen oder nach welchem modus operandi es *behandelt wird*, was sich in dem Gesagten über die Gruppe oder das Individuum dokumentiert. (Bohnsack 2001, S. 337; Herv. F.S.)

Über diesen zentralen Perspektivwechsel in der Dokumentarischen Methode vom ‚Was' zum ‚Wie' bzw. ‚Warum' wird insofern eine „konstruktivistische Analyseeinstellung" (Bohnsack/Nentwig-Gesemann/Nohl 2007, S. 13) auf das Datenmaterial eingenommen. Zu den Prinzipien der Dokumentarischen Methode gehört darüber hinaus, dass die Forschenden ihr gegenstandsbezogenes Vorwissen in den Forschungsprozess einbringen – dies unterscheidet das Vorgehen etwa von der Grounded Theory (u. a. Breuer 2010; Strauss/Corbin 2010), wo man von einer Unvoreingenommenheit des Interpretierenden ausgeht.[37] Ansatzpunkt für die Dokumentarische Methode ist, dass die Forschenden nicht

---

37 Dies markiert eine grundlegende Problematik im Vorgehen der Grounded Theory: Die Vorstellung, dass man als Interpret vollkommen unvoreingenommen an die Datenauswertung herangehen kann, ist kritisch zu hinterfragen: die Standortgebundenheit des Forschers bzw. der Forscherin kann nie gänzlich ‚eliminiert' werden.

mehr wissen als die Akteure oder Akteurinnen, sondern [...] dass letztere selbst nicht wissen, was sie da eigentlich alles wissen, somit also über ein implizites Wissen verfügen, welches ihnen reflexiv nicht so ohne weiteres zugänglich ist. (Bohnsack/Nentwig-Gesemann/Nohl 2007, S. 11)

Die Dokumentarische Methode distanziert sich also von der Frage, ob Aussagen als wahr bzw. richtig einzuordnen sind (Kleemann/Krähnke/Matuschek 2009, S. 156). Im Zentrum steht vielmehr, was sich über die Erforschten in Äußerungen dokumentiert, d. h. was für die Befragten als Wirklichkeit gilt. Die Standortgebundenheit des Forschenden wird durch den Vergleich innerhalb des Einzelfalles und mit anderen Fällen „methodisch relativiert" (Nohl 2009, S. 13). Ein sequentielles Vorgehen sowie eine konsequent vergleichende Forschungshaltung sind demzufolge charakteristisch für die dokumentarische Interpretation und gleichzeitig wichtige Kontroll- und Reflexionsmaßnahmen für den Auswertungsprozess (Przyborski/Wohlrab-Sahr 2014, S. 282). Die Daten werden zueinander in Beziehung gesetzt, um so im Vergleich das Überindividuell-Gemeinsame und das Überindividuell-Unterschiedliche in den Fällen herausarbeiten zu können.[38] Dieses Vorgehen grenzt die Dokumentarische Methode von Verfahren wie der Objektiven Hermeneutik ab.[39] Zugleich sensibilisiert das Verfahren für einzelne Textpassagen und -aussagen, wodurch der Blick auf das Datenmaterial größtmöglich offen angelegt ist. Zusammengefasst wird deutlich, dass die Dokumentarische Methode „ein hohes Maß an Selbstreflexion und Vergewisserung über die konkrete Anwendung der methodischen Schritte" erfordert (Kleemann/Krähnke/Matuschek 2009, S. 191).[40]

Prinzipiell ist auch das Denken von Forschenden an bestimmte Wissens- und Erfahrungsbestände gebunden, die mit Setzungen einhergehen. Insofern stellt für die vorliegende Untersuchung „die reflektierte Relationierung der Wissenssysteme [von Lehrkräften und Fachdidaktikern] eine nicht unerhebliche Herausforderung dar" (Wieser 2015, S. 21). Im Rahmen dieser Arbeit wirkt die *Standortgebundenheit* von mir als deutschdidaktisch Forschende auf den Erhebungs- und Auswertungsprozess ein – wenngleich natürlich der Anspruch

---

[38] Durch die gleich gehaltene Erhebungsstruktur in den problemzentrierten Interviews wurde diese Vorgehensweise gestützt.

[39] Zu den Unterschieden zwischen Objektiver Hermeneutik und Dokumentarischer Methode u. a. Bohnsack (2010, S. 83–90).

[40] Darüber hinaus zeigt das hier beschriebene iterative Vorgehen Parallelen zum Forschungsansatz der Didaktischen Rekonstruktion (Kapitel 2) auf, da auch hier Erkenntnisse als vorläufig betrachtet und theoretische Überlegungen im Auswertungsprozess kritisch reflektiert werden sollen.

besteht, den Forschungsgegenstand tatsächlich so zu rekonstruieren, wie er sich für die Befragten darstellt (allgemein Bohnsack 2010, S. 27). Der Versuch, die Standortgebundenheit bei der Dateninterpretation angemessen zu hinterfragen, ist im Kontext einer reflexiven Sozialforschung folgerichtig unabdingbar (Przyborski/Slunecko 2010, S. 630).[41] Darüber hinaus muss berücksichtigt werden, dass ich als Interviewende in der Interaktion Einfluss auf die Kommunikation bzw. die Befragten und ihre Äußerungen genommen habe; auch dies gilt es bei der Analyse zu berücksichtigen. Im Anschluss an Wieser (2008, S. 106) gehe ich aber davon aus, dass der Anspruch „[i]llusorisch" ist, bei der Analyse tatsächlich „alle reaktiven Äußerungen aufzudecken", die die Interviewsituation bedingen sowie in der Auswertung das Spannungsfeld der Standortgebundenheit gänzlich verlassen zu können. Die eigenen Normen bei der Datenauswertung können nicht gänzlich ausgeblendet werden, müssen aber in der Ergebnisdarstellung transparent gemacht werden – insbesondere im Hinblick darauf, dass in einem weiteren Schritt produktive Bezüge zwischen deutschdidaktischen Perspektiven und den rekonstruierten Relevanzsetzungen der interviewten Lehrkräfte zum Gegenstandsfeld hergestellt werden sollen (siehe Kapitel 10).

7.4.2 Ergänzender Zwischenschritt für die Datenanalyse: Die Konzeptbildung[42]

Für das Herstellen von Bezügen zwischen wissenschaftlichen Erkenntnissen und lehrerseitigen Auffassungen ist die Vergleichbarkeit auf gleicher Komplexitätsebene eine hinreichende Bedingung (dazu Gropengießer 1997, S. 74). In Kapitel 5.2 wurde diskutiert, welche Bedeutung Konzepte im Rahmen des Vorstellungsbegriffes haben und wie diese zu operationalisieren sind. Wissenschaftliche Erkenntnisse und die Vorstellungen und Orientierungen der Lehrkräfte sollen zueinander in Beziehung gesetzt werden, um auf dieser Basis ein unterrichtsnahes Diagnoseinstrument zu entwickeln (Kapitel 2). Für das Erkenntnisinteresse der vorliegenden Untersuchung erschien es daher notwendig, das sequenzanalytische Vorgehen zur Datenanalyse mit einem kategorisierenden Vorgehen zu kombinieren. Die Analysehaltung in dieser Arbeit fokussiert „schließlich nicht nur [...] den Modus der Konstruktion, sondern ebenso sind die Inhalte der Vorstellungen und Orientierungen [der Deutschlehrkräfte] [...] von Interesse"

---

41 Zur Perspektive des Forschenden siehe allgemein Pieper et al. (2014).
42 Ich danke apl. Prof. Dr. Wolfgang Fichten für anregende Gespräche zu diesem Kapitel.

(Wieser 2008, S. 87).[43] Entsprechend wurde die Orientierung an den Auswertungsschritten der Dokumentarischen Methode um einen kategorisierenden Zwischenschritt ergänzt, um die erhobenen Daten zu gruppieren und abstrahierend zu erfassen (siehe unten, Abbildung 7.2). Durch Hinzunahme der Kategorienbildung wurden die Ebene des immanenten Sinngehalts (Kapitel 7.4.1) sowie die komparative Herangehensweise gegenüber dem üblichen Vorgehen in der dokumentarischen Methode gestärkt. Der kategorisierende Zwischenschritt bildet einen Knotenpunkt der Datenanalyse, da hier in besonderem Maße die damit einhergehende Zuordnungsleistung intersubjektiv nachvollziehbar zu sein hat. Gerade da die Reduktion des Datenmaterials auf neu generierte Konzepte eine normative Entscheidung ist, ist damit weiterhin die Frage verbunden, welche Konzepte überhaupt als forschungsproduktiv anzusehen sind und wie man zu diesen gelangt. Kerngedanke ist, Zusammenhänge und Strukturen aus dem Material heraus zu entwickeln bzw. aufzudecken und zu einer höheren Abstraktionsebene zusammenzufassen (siehe Abbildung 7.2). Neben der nachfolgenden Bestimmung des Konzeptbegriffes ist mithin auch die Frage danach zentral, was ein gutes von einem weniger geeigneten Konzept unterscheidet und wie es im Interpretationsverlauf zu rekonstruieren ist.

Abbildung 7.2: Die Beziehung von Konstruktion erster und höherer Ordnung im Rekonstruktionsprozess (eigene Darstellung)

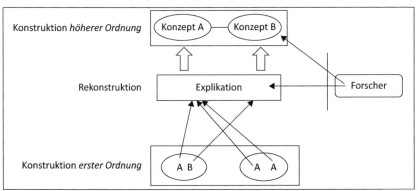

Mit der Rekonstruktion sozialer Praxis besteht eine Nähe der Dokumentarischen Methode zu anderen ethnomethodologischen Ansätzen, wie der Grounded

---

43 Auch Wieser (2008, S. 89, 101f.) verbindet in ihrer Untersuchung rekonstruktive und kategorisierende Auswertungsschritte für die Dateninterpretation.

Theory, die genau an diesem Punkt ansetzt. In der Tradition der Grounded Theory-Methodologie wird eine gegenstandsbezogene Theoriebildung fokussiert, die in den empirischen Daten begründet ist und dafür ein mehrschrittiges Kodieren zentral setzt (Strauss/Corbin 2010).[44] Vor dem Hintergrund dieses Kodierparadigmas findet in der Grounded Theory eine intensivere und kritische Auseinandersetzung mit dem Kategorienverständnis statt, an dem sich die vorliegende Studie für das eigene Konzeptverständnis orientiert.[45] Für die Auswahl von Kodes bieten Glaser und Strauss jedoch keine Systematik an, die für das Vorgehen in dieser Arbeit angewendet werden könnte. Insbesondere die Aufsätze von Muckel (2001, 2011) bieten hier eine Orientierung, auf die ich mich im Weiteren größtenteils beziehe.

Zunächst erfolgt eine Umbenennung: Was im Forschungsprogramm der Grounded Theory als „Kategorie" bezeichnet wird, wird im Rahmen dieser Studie als *Konzept* bezeichnet. Die Grenzen zwischen „Konzepten" in der Vorstellungsforschung (Kapitel 5.2) und „Kategorien" in der Grounded Theory sind nur auf einer terminologischen und nicht auf einer inhaltlichen Ebene zu sehen. Innerhalb der Grounded Theory gibt es vielleicht gerade deswegen auch eine uneinheitliche Verwendung der Begriffe. So schreibt beispielsweise auch Schreier, dass das Ziel der Grounded Theory sei, „über die Identifikation *zentraler Konzepte* zu einer Theorie zu gelangen, die in den Daten verankert ist" (Schreier 2006a, S. 348; Herv. F.S.).

Zentraler Ausgangspunkt für das Vorgehen ist, dass Konzepte angemessen anschaulich sind, damit sie auf das ursprüngliche Datenmaterial zurückzuführen sind – sie werden demzufolge aus dem Material gebildet bzw. entdeckt. Weiterhin sollen Konzepte auch anschlussfähig an eine angemessene Abstraktionsebene sein, nur so lassen sich entsprechende Begriffe eines höheren Abstraktionsniveaus zueinander in Beziehung setzen. Muckel (2011, S. 336) beschreibt diesen Vorgang als einen iterativen Prozess, der durch Auswahl- und Entscheidungsprozesse bestimmt ist. Dabei sind gebildete Konzepte als vorläufig anzusehen: Sie sind flexibel „*im Prozess und offen* für Veränderungen" (Herv. ebd.). Auch

---

44 Da die Auswertung vorrangig in Anlehnung an die Dokumentarischen Methodologie erfolgt und nur in einem ergänzenden Zwischenschritt an Überlegungen zum Kodieren in der Grounded Theory orientiert ist, wird an dieser Stelle darauf verzichtet, ausführlicher auf Ursprünge und Zielsetzungen der Methodologie einzugehen.
45 In der Dissertation von Wieser (2008) werden ähnliche Überlegungen deutlich. Zur Datenauswertung kombiniert Wieser das Verfahren der Grounded Theory (spezifisch den Interpretationsschritt des axialen Kodierens) mit der dokumentarischen Interpretation (ebd., S. 89, 101f.).

für diese Zuordnungsleistung gilt die intersubjektive Nachvollziehbarkeit als ein Gütekriterium, das sichergestellt werden muss: „Die Güte [...] wird in Abhängigkeit vom Gegenstand definiert" (Muckel 2001, S. 6). Zusammenfassend lässt sich festhalten, dass mit diesem Konzeptverständnis ein In-Beziehung-Setzen zwischen den Perspektiven der Lehrkräfte und der fachlichen/fachdidaktischen Perspektive gewährleistet erscheint.

7.4.3 Auswertung der Daten

Nachfolgend soll das genaue Vorgehen bei der Analyse der erhobenen empirischen Daten dokumentiert und begründet werden. Wie bereits dargelegt, orientiert sich mein Vorgehen grundlegend an der Dokumentarischen Methode (Kapitel 7.4.1). Einzelne, abweichende oder von mir mit Blick auf das fachdidaktische Erkenntnisinteresse dieser Arbeit ergänzend vorgenommene Interpretationsschritte werden im Folgenden dargelegt und begründet.

Schritt 1: Transkription

Alle Interviewerhebungen sind durch digitale Audioaufnahmen dokumentiert, welche zwei unabhängige Personen für eine nachvollziehbare Datenaufbereitung verschriftlicht haben.[46] Im Anschluss wurde von mir ein Abgleich der Transkriptionen vorgenommen[47] – auch um zu sichten, ob alle Interviews grundsätzlich für die Auswertung geeignet sind (Flick 2010, S. 380). Nach Prüfung der Aufnahmequalität waren alle erhobenen Daten grundsätzlich analysierbar, letztlich

---

46 Ich danke Insa Blanken und Jelena Precht für das Anfertigen der Transkripte.
47 Die mitunter noch lebhaft geführte Diskussion um ein Für und Wider des eigenen Transkribierens von erhobenen verbalen Daten ist mir bekannt (bspw. Dresing/Pehl 2010, S. 726f.). Sowohl forschungspragmatische Gründe aufgrund des aufwendigen Erhebungsdesigns meiner Studie (Kapitel 7.3) als auch die Möglichkeit einer vorläufigen ‚Distanzierung' vom erhobenen Datenmaterial – da man sich als Transkribierender kaum ersten Deutungen bzw. Vorannahmen bei der Verschriftlichung entziehen kann (Dresing/Pehl 2010, S. 726; Kruse 2010, S. 149f.) – sprachen für eine Fremdtranskription im Rahmen dieser Studie. Die Transkribientinnen erhielten detaillierte Transkriptionseinweisungen, um eine gleichbleibende Qualität bei der Erstellung der Interviewtexte zu erlangen. Die Transkriptionen wurden von mir im Anschluss überprüft und wenn nötig korrigiert bzw. ergänzt, da Interviewpassagen auch immer ein mehrdeutiges Verstehen enthalten und ich als Interviewende ggf. mein Kontextwissen über die Erhebung heranziehen konnte.

wurden die Interviewdaten von zehn der befragten Lehrkräfte im Sample in die Datenanalyse einbezogen (Kapitel 7.1).[48]

In einem ersten Analyseschritt wurden die Tonaufnahmen *vollständig transkribiert*, womit eine „umfassende Konservierung der kommunikativen Informationen" (Kruse 2010, S. 138) angestrebt wurde. Innerhalb der Dokumentarischen Methode wird für eine erste Datenreduktion indes nur die Transkription einzelner Passagen vorgeschlagen, welche nach Höreindruck als relevant erachtet werden (Nohl 2009, S. 66–72; Przyborski/Wohlrab-Sahr 2014, S. 292). Sicherlich hat das partielle Transkribieren allein schon forschungspragmatische Vorteile, wenn es sich um Projekte mit größeren Fallzahlen handelt; ein kritischer Punkt an diesem Vorgehen ist allerdings, dass wichtige Daten bzw. Passagen – ob nun in einem ersten Höreindruck oder auch nach mehrfachem Hören – aus einem eher vorläufigen Eindruck heraus verloren gehen können (Langer 2010, S. 516). Zu bedenken ist in diesem Kontext darüber hinaus, dass die Transkription eine „Schlüsselstelle" (Przyborski/Wohlrab-Sahr 2014, S. 162) im Forschungsprozess darstellt. Sie ist der *erste interpretative Zugang* zum Datenmaterial, in dem bereits erste Interpretationshypothesen für die Untersuchung gebildet werden. Mit dem Vorgehen, nur bestimmte (vermeintlich relevante) Passagen für die Transkription von Daten auszuwählen, sind daher auch weitreichende Konsequenzen für die weiteren Analyseschritte bzw. den Erkenntnisprozess verbunden, die es vorab sorgfältig zu reflektieren gilt (Dresing/Pehl 2010, S. 724). Vor diesem Hintergrund wurde von diesem Vorgehen innerhalb der dokumentarischen Methode abgewichen und alle erhobenen Interviewaufnahmen vollständig transkribiert.

Neben der Festsetzung des Transkriptionsumfanges ist weiterhin zu entscheiden, welches Transkriptionssystem für die Überführung der verbalen Daten in Schriftsprache als angemessen bzw. produktiv für die profilierten Forschungsfragen erachtet wird (Breuer 2010, S. 66; Schreier 2006c, S. 422). Allgemein ist die Dokumentarische Methode nicht an ein bestimmtes Transkriptionssystem gebunden. Sie verlangt allerdings Transkriptionen, welche die Interaktivität der Kommunikation abbilden (Langer 2010, S. 516).[49] Mit dem Transkriptionssystem von Kuckartz et al. (2008, S. 28f.) war für die vorliegende Studie ein Verfahren leitend, das den „Fokus auf den Inhalt der Redebeitrages" legt und daher

---

48 Aus Gründen des Personenschutzes (Bortz/Döring 2006, S. 312f.) wurden im Zuge dieses Verfahrens die Daten anonymisiert und mit den entsprechenden Identifikationssignaturen belegt.

49 Im Anschluss an Meuser/Nagel (1991, S. 455) sind komplexe Notationssysteme mit einem hohen Detailliertheitsgrad eher bei konversationsanalytischen Auswertungen notwendig.

gewinnbringend für das Erkenntnisinteresse der Untersuchung erschien. Das leicht modifizierte Zeicheninventar für die vorliegenden Transkripte ist nachfolgend in Tabelle 7.2 aufgeführt:

Tabelle 7.2: Transkriptionsregeln (verändert nach Kuckartz et al. 2008, S. 28f.)

Transkriptionsregeln/Zeicheninventar	
(...)	Deutliche, längere Pause, die Anzahl der Punkte spiegelt die Länge der Pause wider (ab vier Sekunden mit Zahlenangabe)
[...]	Auslassung
[Unterbrechung durch Handyklingeln]	Anmerkung
I: Dass du] L: [Genau, genau.	Beginn einer Überlappung bzw. direkter Anschluss beim Sprecherwechsel
„der Schüler kann"	Textstellenauszüge, bspw. aus dem Tool, die vorgelesen werden
Das muss ich ja übertragen können.	betont gesprochen
NEIN, SO NICHT.	laut gesprochen
((lacht))	Kommentar bzw. Anmerkungen zu parasprachlichen, nicht-verbalen oder gesprächsexternen Ereignissen
gema/	Abbruch des Wortes oder Satzes
(unv.), (unv., Handyklingeln)	unverständliches Wort/Passage, unverständliches Wort/Passage mit Angabe der Ursache
(Unterricht???)	vermuteter Wortlaut

Schritt 2: Formulierende Interpretation

Angelehnt an den *thematischen Verlauf* und die *formulierende Interpretation* der Dokumentarischen Methode wurde zunächst der immanente Sinngehalt des jeweiligen Textes, also „das unmittelbar Mitgeteilte" (Kleemann/Krähnke/Matuschek 2009, S. 159) ins Zentrum gerückt. Ziel dieses Interpretationsschrittes war, die thematische Struktur in den Aussagen der befragten Lehrkräfte zugänglich zu machen und dabei ihre Relevanzsetzungen ernst zu nehmen (Bohnsack 2010, S. 34, 134f.; Nohl 2009, S. 46f.).

In einem ersten systematisierenden Zugriff wurden die einzelnen Interviewtexte sequentiell gegliedert. Anhand von Überschriften (Ober- und Unterthemen) wurde herausgestellt, welche thematischen Aspekte von den in den Interviewaussagen benannt werden, um auf dieser Basis einen *fallbezogenen* Überblick über die Aussagen der befragten Lehrkräfte zu schaffen.[50] Darauf aufbauend erfolgte die formulierende Interpretation der Daten anhand der *induktiv* herausgearbeiteten Schlagworte/Codes, um einen *fallübergreifenden* Überblick über die thematisierten Aspekte der Lehrkräfte zu erhalten (vertiefend zu diesem Vorgehen: Korff 2016, S. 146f.).[51] Diese Abweichung gegenüber dem üblichen Vorgehen innerhalb der Dokumentarischen Methode – dort wird der allgemein verständliche Sinngehalt als Fließtext vollständig paraphrasiert bzw. reformuliert (Nohl 2009, S. 46) – lässt sich darin begründen, dass so ähnliche Aussagen aus verschiedenen Interviewpassagen einfach(er) herausgearbeitet und nebeneinander gestellt werden konnten.[52] Auf diese Weise konnten erste Erkenntnisse über inhaltliche Gemeinsamkeiten und Unterschiede zwischen den befragten Lehrkräften und ein erster Einblick in die Aussagen einzelner Lehrkräfte in verschiedenen Interviewpassagen gewonnen werden (Korff 2016, S. 147).[53] Der (frühe) Fokus auf eine fallübergreifende Perspektive auf der Ebene des immanenten Sinngehalts ist dem Erkenntnisinteresse der vorliegenden Untersuchung geschuldet, da insbesondere fallübergreifende bzw. -vergleichende Erkenntnisse zur (Weiter-)Entwicklung des Diagnoseverfahrens zentral waren (siehe Kapitel 10).

Die Paraphrasierung erfolgte in Form von paraphrasierten Schlagworten/Codes, die eng am Material angelehnt waren (Korff 2016, S. 147), sodass der thematische Gehalt „vollständig im Rahmen des Interpretierten" (Nohl 2009, S. 9) zusammengefasst wurde, wie es auch innerhalb der Dokumentarischen Methode vorgesehen ist. Aus Forscherperspektive wurde so weiterhin der Verstehensprozess kontrolliert und „vorschnelle Zuschreibungen auf Ebene des Objektsinns, die möglicherweise kommende Interpretationsschritte beeinflussen und Vorurteile transportieren könnten" vermieden (Kleemann/Krähnke/Matuschek 2009,

---

50 Zudem konnte dieser Überblick im weiteren Analyseprozess für die Einordnung der Erkenntnisse immer wieder herangezogen werden.
51 Für die Datenaufbereitung wurde zudem die Textanalyse-Software MAXQDA (Version 11) verwendet: „[…][Textanalyse-]Programme erleichtern besonders beim Kodieren den Überblick über Codes und Textmaterial; außerdem erzwingen sie eine Systematisierung der Vorgehensweise" (Schreier 2006c, S. 433).
52 Anhand dieser inhaltlichen Anpassung wird die unterschiedliche Zielsetzung dieses Auswertungsschrittes gegenüber der Dokumentarischen Methode deutlich. Ziel der formulierenden Interpretation innerhalb der Dokumentarischen Methode ist es, „dem ‚Was' eines Interviewtextes auf die Spur zu kommen" (Nohl 2009, S. 47). Sie dient vor allem auch der Auswahl von thematischen relevanten Abschnitten, die anschließend transkribiert und so für die reflektierende Interpretation aufbereitet werden.
53 Dass in diesem Zusammenhang auch erkennbar wurde, inwiefern inter- bzw. intrapersonell Aussagen widersprüchlich sind, wird in Kapitel 8 noch vertiefend diskutiert.

S. 175). Zugleich bildete die beschriebene Form der Codierung einen grundlegenden Schritt für die Konzeptualisierung der Daten, die im nächsten Schritt erfolgte, „enthielt aber selbst noch keine zusammenfassende Bearbeitung des Code-Systems" (Korff 2016, S. 147).

Schritt 3: Konzeptbildung

Im Unterschied zum üblichen Vorgehen in der Dokumentarischen Methode wurde im weiteren Rekonstruktionsprozess eine *Konzeptualisierung* der Daten vorgenommen, um einen fallübergreifenden inhaltlichen Überblick über die Aussagen der befragten Lehrkräfte zu gewinnen (Kapitel 7.4.2). Ein wichtiger Bezugspunkt für die Herausarbeitung bzw. Benennung der jeweiligen Konzepte waren „die Worte und Äußerungen, die von den Informanten selbst verwendet werden [...]" (Strauss/Corbin 2010, S. 50).[54] Zumeist sind dies prägnante Formulierungen oder Metaphern, die von den Beforschten verwendet werden und einen Aspekt stimmig zum Ausdruck bringen. In der Grounded Theory werden diese Begriffe als *„In-vivo-Kodes"* bezeichnet. Zur Gewinnung von Konzepten schlägt Muckel die „Flip-Flop-Technik" und das „Schwenken der roten Fahne" vor (Muckel 2011, S. 345f.). Mit der Flip-Flop-Technik wird im Datenmaterial nach kontrastierenden Fällen gesucht. Das Schwenken der roten Fahne impliziert, den Text auf Signalwörter, wie „immer" u. Ä., hin zu durchleuchten. Beide Techniken stehen für eine „Lockerheit des Denkens" (ebd., S. 345) gegenüber den Daten. Überträgt man diese Perspektive auf das hier angestrebte Konzeptualisieren der Daten, so sind rein deskriptive Beschreibungen nicht anschlussfähig. Vielmehr müssen Konzepte ein höheres Abstraktionsniveau innehaben und zugleich gegenstandsangemessen, d. h. „in den Daten verwurzelt" sein (Muckel 2011, S. 349).

Die Konzeptbildung innerhalb der Datenanalyse führte insofern zu einer *eigenen Ergebnisebene* im Hinblick auf das kommunikative Wissen der befragten Lehrkräfte und ermöglicht zugleich, die Aussagen der Lehrkräfte fallvergleichend miteinander in Beziehung zu setzen.[55]

---

54 Dieses induktive Vorgehen wurde statt einer unmittelbaren (defizitorientierten) Verwendung wissenschaftlich besetzten Begriffen herangezogen.

55 Dagegen ist die Herausarbeitung des immanenten Sinngehalts innerhalb der Dokumentarischen Methode vielmehr ‚nur' ein Zwischenschritt, der dem Identifizieren relevanter Textstellen dient, um darauf aufbauend Hintergründe und Zusammenhänge innerhalb der reflektierenden Interpretation zu erschließen (Nohl 2009, S. 46f.). Eine fallübergreifende Betrachtung innerhalb des Schrittes der formulierenden Interpretation ist insofern nicht angedacht.

Schritt 4: Reflektierende Interpretation

Die sich anschließende *reflektierende Interpretation* war wiederum eng am Datenmaterial ausgerichtet und orientierte sich am Vorgehen innerhalb der Dokumentarischen Methode. Wie bereits erläutert, zielt die reflektierende Interpretation darauf, den *dokumentarischen Sinngehalt* in den Aussagen der Befragten zu ermitteln, womit sich die Interpretationsperspektive vom *Was* (gesagt wird) zum *Wie* (etwas gesagt wird) verschiebt (Kapitel 7.4.1). Kern in diesem Analyseschritt waren insofern nicht mehr das Datenmaterial inhaltlich aufzuschlüsseln (Schritt 2 und 3), sondern der Fokus lag auf dem *fallbasierten* Vergleich einzelner Interviewpassagen sowie der vertieften Analyse der (impliziten) Begründungszusammenhänge und Argumentationsstrukturen. Fokussiert wurde insofern, die *Orientierungen* hinter den (expliziten) Aussagen der Befragten herauszuarbeiten.

Angelehnt an die Textsortentrennung[56] innerhalb der Dokumentarischen Methodologie wurde zunächst die Textsorte (Erzählung, Beschreibung, Argumentation) bestimmt, in der die einzelnen Sequenzen gehalten waren (Nohl 2009, S. 47–57). *Erzählungen* umfassen Äußerungen zu einzelnen Handlungs- und Geschehnisabläufen und geben Einblick in die Erfahrungen des Interviewten. *Beschreibungen* beziehen sich auf mehr oder weniger regelmäßig wiederkehrende Handlungsabläufe oder Sachverhalte (Indikatoren sind Wörter wie „öfter"); *Argumentation*en sind (alltags-)theoretische Zusammenfassungen der Gründe, Bedingungen und Motive für das eigene oder fremdes Handeln (Nohl 2009, S. 26ff.).[57] In den jeweiligen Interviewerhebungen wurde versucht, alle drei genannten Textsorten bei den Befragten hervorzurufen. Es wird angenommen, dass sich der *konjunktive Erfahrungsraum* der Beforschten in Erzählungen und Beschreibungen entfaltet, weshalb diese im Mittelpunkt der dokumentarischen Interpretation stehen (Bohnsack 2010, S. 208; Nohl 2009, S. 49). Argumentationen (und Bewertungen) sind prinzipiell dem *kommunikativen Erfahrungsraum* zuzuordnen, da die Erforschten hier gezwungen sind, gegenüber Außenstehenden die Motive und Gründe ihres Handelns zu explizieren (Nohl 2009, S. 10). Kritisch betrachtet kann es also sein, dass Äußerungen als gerichtete Motive – im Sinne einer Rechtfertigung, Erklärung usw. gegenüber dem Interviewenden – zu verstehen sind (Kleemann/Krähnke/Matuschek 2009, S. 175).

---

56 Die Textsortentrennung innerhalb der Dokumentarischen Methode basiert auf der Narrationsstrukturanalyse von Schütze (1976).

57 Insbesondere für die Beschreibung der formalen Diskursorganisation von Gruppendiskursen besteht ein ausdifferenziertes Begriffsinventar; mit Blick auf das Forschungsinteresse dieser Untersuchung wird dieser Aspekt nicht vertiefend diskutiert (siehe dazu Kleemann/Krähnke/Matuschek 2009, S. 176ff.).

7 Methodisches Vorgehen – Anlage der Untersuchung

Mit Blick auf die Zielsetzung, produktive Bezüge zwischen den (verallgemeinerten) Auffassungen der Lehrkräfte und den fachdidaktischen Relevanzsetzungen herzustellen, ist der reflektierenden Interpretation ein besonderer Stellenwert einzuräumen. Mit der komparativen Analyse der rekonstruierten Einzelfälle wird beabsichtigt, das atheoretische Wissen nicht nur auf Grundlage (alltags-)theoretischen Wissens des Forschenden, sondern vor allem vor der Folie der kollektiven Erfahrungen und Orientierungen innerhalb des sog. „Milieus" zu rekonstruieren (Nohl 2009, S. 11ff.). Zur Strukturierung des Vergleichs werden im vorhandenen Datenmaterial die Gemeinsamkeiten bei Themen oder Mustern (positiver *Horizont*) sowie differente Behandlungen einer Thematik ermittelt (negativer *Gegenhorizont*). Die rekonstruierten Einzelfälle dienen somit als Vergleichshorizonte, die in dem Material verankert und durch dieses begründbar sind (Bohnsack 2010, S. 38). Innerhalb der dokumentarischen Interpretation geschieht dies als fallimmanente und fallübergreifende Kontrastierung. Ziel ist es, durch den komparativen Vergleich auf ein „tertium comparationis" zu schließen (Kleemann/Krähnke/Matuschek 2009, S. 164).

Die Unterscheidung zwischen formulierender und reflektierender Interpretation ist forschungslogisch motiviert (Kapitel 7.4.1). Wie bereits angeführt, soll durch ein längeres Verbleiben im Material gesichert werden, nicht nur in den eigenen „subjektiven Perspektiven verhaftet zu bleiben" (Kleemann/Krähnke/Matuschek 2009, S. 191). Allerdings stellt sich die Frage, wie diese reflexive Interpretationsleistung im Forschungsprozess gewährleistet werden kann. Einen wichtigen Impuls zur Beantwortung dieser Frage bot die *Leiter des Schließens* (Altrichter/Posch 2007, S. 113f., s. u.). Die hier hinreichend konkreten formulierten Hilfsmittel zur Datenanalyse erschienen auch für die reflexive Interpretation tragfähig und wurden daher in meine konzeptuellen Überlegungen für diesen Auswertungsschritt mit einbezogen.

Die Leiter des Schließens

Die Aktionsforscher Altrichter/Posch (2007, S. 113f.) stellen mit Rückgriff auf Argyris et al. (1985) die *Leiter des Schließens* vor, als „Hilfsmittel, um sich den Sicherheitsgrad der Daten zu vergegenwärtigen". Hierzu ist ein Dreischritt der Dateninterpretation vorgesehen, um die Sicherheit der Daten zu gewährleisten: Die *erste Stufe* der Leiter konzentriert sich auf eindeutig beobachtbare Situationsmerkmale, wie bspw. das wörtliche Zitat aus einem Interviewauszug, das anhand der Tonaufnahme nachgeprüft werden kann. Die *zweite Stufe* der Leiter bildet die darauf aufbauende kulturell gemeinsame Bedeutung dieser Aussage, die auf einer höheren Abstraktionsebene angesiedelt ist. In dem angeführten Beispiel

(Abbildung 7.3) ist die Äußerung in unserem Kultur- und Sprachraum als Tadel zu verstehen. Auf der *dritten Stufe* der Leiter steht die subjektive Bedeutung, die der Aussage im Kontext des Materials zugesprochen wird. Hierbei handelt es sich um eine Interpretation, die unterschiedlich gewertet werden kann. Die Analyseebene dieser dritten Stufe bzw. die damit verbundene Aussage entspricht dem, was Bohnsack als Orientierungsrahmen (Bohnsack 1997) bezeichnet.

Abbildung 7.3: Die Leiter des Schließens (Altrichter/Posch 2007, S. 114)

Von Sprosse zu Sprosse erhöht sich die Wahrscheinlichkeit, dass verschiedene Interpretationen der Ereignisse vorgenommen werden. Mit der Leiter des Schließens soll man (1) durch Nachprüfbarkeit von den Daten eines Einzelfalles zu „abstrakteren Interpretationen gelangen", (2) die Verknüpfung von Interpretation zu allgemeinen Daten aufzeigen sowie (3) eine konsequent kritische Reflexion der Handlungsschritte vollziehen (Altrichter/Posch 2007, S. 114).

Im Unterschied zum üblichen Vorgehen in der Dokumentarischen Methode wurden die rekonstruierten Orientierungen oder Orientierungsrahmen nicht anhand einer sinngenetischen und soziogenetischen Typenbildung eingeordnet.[58]

---

[58] Im Zuge der Dokumentarischen Methode werden zwei Interpretationsschritte differenziert, um „das Entstehen von Orientierungsrahmen" (Kleemann/Krähnke/Matuschek 2009, S. 165) zu rekonstruieren: Die sinngenetische und die soziogenetische Typenbildung. In der *sinngenetischen Typenbildung* werden die in einem Fall rekonstruierten Orientierungsrahmen vom Einzelfall losgelöst und themenbezogen mit Orientierungsrahmen aus anderen Fällen in Beziehung gesetzt, um daraus themenspezifische Typologien zu bilden (Nohl 2009, S. 57). Jener Interpretationsschritt soll die unterschiedlichen Orientierungsrahmen aufzeigen, in welchen die Befragten Themen und Problemstellungen entfalten (Bohnsack 2008, S. 139ff.). Die Besonderheit des

Zweifelsohne ist es ein Gewinn, die habitualisierte Praxis genauer zu beschreiben; zugleich „entziehen sich diese empirischen Ergebnisse einer unmittelbaren unterrichtlichen Verwendbarkeit", wie bereits Ballis et al. anführen (Ballis et al. 2014, S. 101). Mit Blick auf das Erkenntnisinteresse der vorliegenden Untersuchung, einen wechselseitigen Vergleich lehrerseitiger und fachdidaktischer Perspektiven vorzunehmen, um daraus Erkenntnisse für die (Weiter-)Entwicklung eines praxisnahen Diagnoseverfahrens zu gewinnen, erscheint die Typenbildung nicht als methodisch gewinnbringend bzw. zielführender Erkenntnisschritt für das weiter Vorgehen im Rahmen der vorliegenden Arbeit. Daher wurden in dieser Studie die vorherigen Analyseschritte gegenüber der Typenbildung gestärkt. Abschließend sind in der nachfolgenden Überblickdarstellung die in diesem Abschnitt diskutieren Analyseschritte angeführt, die für die Auswertung des Datenmaterial strukturierend waren:

ANALYSESCHRITTE IM ÜBERBLICK

(1) Transkription
Zielsetzung: Konservierung der verbalen Daten
(2) Formulierende Interpretation
Zielsetzung: Überblick über die thematisieren Aspekte der befragten Lehrkräfte
(3) Konzeptbildung
Zielsetzung: fallübergreifender inhaltlicher Überblick über die Aussagen der Lehrkräfte
(4) Reflektierende Interpretation
Zielsetzung: Strukturen, Hintergründe und Zusammenhänge der Perspektiven der Lehrkräfte erschließen

---

Einzelfalls bleibt dabei stets „oberster Bezugspunkt" (Bohnsack 2010, S. 137). Die soziogenetische Typenbildung zielt auf die Rekonstruktion der sozialen Bedingungsfelder von Orientierungsrahmen (Nohl 2009, S. 59). Grundlegend ist aber zu hinterfragen, ob aus geringen Fallzahlen, wie in der vorliegenden Untersuchung, überhaupt soziogenetische Typiken ableitbar sind.
Noch eine ergänzende Anmerkung: Die sinngenetische und soziogenetische Typenbildung in der dokumentarischen Interpretation ist nicht gleichzusetzen mit der Typenbildung nach Kluge/Kelle (2010). Kluge und Kelle (2010) fokussieren eine empirischfundierte Typenbildung. Die Typenbildung in der Dokumentarischen Methode ist hingegen grundsätzlich mehrdimensional und berücksichtigt die soziale Genese der Typenbildung (Nohl 2009, S. 57ff.; zu diesem Aspekt auch Wieser 2008, S. 103ff.).

8 Die Sicht der Lehrkräfte: Ergebnisse der Interviewanalysen

8.1 Zielsetzung

In diesem Kapitel werden die grundlegenden Erkenntnisse der empirischen Erhebung präsentiert und zur Diskussion gestellt. Die Darstellung der Analyseergebnisse ist dabei auf zwei Ebenen angesiedelt: Zunächst werden die fallvergleichend rekonstruierten Sichtweisen der Deutschlehrkräfte im Überblick dargestellt (Kapitel 8.3). Auf der fallvergleichenden Ebene ist zu fragen, inwieweit sich geteilte Auffassungen zwischen den befragten Lehrkräften herausarbeiten lassen und welche charakteristischen Zusammenhänge innerhalb des Samples offen gelegt werden können. Wie bereits im Rahmen der methodologischen Überlegungen diskutiert, ist eine Typenbildung auf Basis des vorliegenden Datenmaterials nicht das zentrale Anliegen der Analyse gewesen (Kapitel 7.4.3). Die Perspektiven, die rekonstruiert werden, sollen vielmehr die Basis für das Verknüpfen fachdidaktischer und lehrerseitiger Perspektiven bilden – erst das Zusammenbringen beider Perspektiven ermöglicht, produktive Folgerungen für die Weiterentwicklung von »JuDiT®-L« zu formulieren. Vor diesem Hintergrund werden im Folgenden die komplexen Strukturen der Typenbildung zugunsten einer Schwerpunktsetzung auf (individuelle und verallgemeinerte) Konzepte und Denkfiguren der Lehrenden vernachlässigt. Die Analyse des Datenmaterials erfolgt dabei gemäß der in Kapitel 7.4.3 dargestellten Analyseschritte.[1] Die systematische Verknüpfung der Perspektive(n) von Lehrenden und Fachdidaktik wird schließlich gesondert im Rahmen der Fachdidaktischen Strukturierung vorgenommen (Kapitel 10). Im Anschluss an die fallübergreifende Betrachtung werden zwei Einzelfallanalysen vorgenommen, um vertiefende Einsichten in das Datenmaterial zu geben (Kapitel 8.4). Auf der Ebene des Einzelfalls ist das gesetzte Ziel, zu einer möglichst dichten und differenzierten Beschreibung der Vorstellungen und Orientierungen der einzelnen Lehrkraft zu gelangen, d. h. aufzuzeigen, wie etwa bestimmte Begrifflichkeiten bei ihnen Anwendung finden, welche Zusammenhänge zwischen verschiedenen rekonstruierten Vorstellungen und Orientierungen bestehen oder wie sich bestimmte fallübergreifende Erkenntnisse in ihren fallspezifischen Kontexten erschließen.

---

1 Siehe dazu die Ausführungen in Kapitel 5.2.3 zur Unterscheidung der Wissensbereiche in unterschiedliche Komplexitätsstufen.

Abschließend werden die gewonnenen Erkenntnisse noch einmal zusammenfassend präsentiert und auf dieser Basis Schlussfolgerungen für die Weiterentwicklung des Diagnosetools formuliert (Kapitel 8.5).

Die hier präsentierten und diskutierten Ergebnisse sind nicht sämtlich in die Weiterentwicklung des Diagnoseinstruments eingeflossen; sie werden in diesem Kapitel jedoch dargestellt, da die Relevanzsetzungen der Lehrkräfte so besser intersubjektiv nachvollziehbar sind. Ebenso werden in diesem Kapitel *nicht alle* Relevanzsetzungen der Lehrkräfte herausgestellt, die im Rahmen der Analyse rekonstruiert wurden, um eine Übersichtlichkeit und Transparenz der Argumentationslogik zu gewährleisten. In diesem Kapitel werden vielmehr diejenigen lehrerseitigen Perspektiven in den Vordergrund gestellt, welche sich hinsichtlich des Erkenntnisinteresses der Untersuchung als besonders relevant herausgestellt haben.[2]

8.2 Bemerkungen zur Ergebnispräsentation

Die nachfolgende Ergebnispräsentation gliedert sich in die zusammenfassende Darstellung der empirischen Erkenntnisse aus den Interviewanalysen sowie eine Darstellung zweier Einzelfallanalysen. Die Darstellungsstruktur folgt insofern einer umgekehrten Logik gegenüber dem Vorgehen der Datenanalyse, d. h. die Präsentation nimmt vom *Ergebnis* der Datenanalyse ihren Ausgang.[3] Zunächst werden Überblicksdarstellungen vorgenommen, in denen ein Querschnitt des vorliegenden Datenmaterials entfaltet und grundlegende geteilte Wissensbestände der befragten Deutschlehrkräfte herausgearbeitet werden. Darauffolgend werden zwei Einzelfalldarstellungen präsentiert, um die herausgearbeiteten Vorstellungen und Orientierungen in ihren jeweiligen fallspezifischen Zusammenhängen ins Zentrum zu stellen – die vorangestellten Überblicksdarstellungen ermöglichen insofern eine bessere Kontextualisierung der Einzelfälle. Anspruch für die Darstellung der exemplarischen Einzelfallanalysen ist es, einerseits transparent zu machen, auf welche Weise die Analyseergebnisse in dieser Studie gewonnen wurden sowie andererseits aufzuzeigen, wie sich die fallübergreifend

---

[2] Für weitere Darstellungen von Aussagen bzw. Einzelfällen sei an dieser Stelle auf die bislang erschienen Publikationen zu dieser Untersuchung verwiesen (Schmidt 2013, 2015, 2016c).

[3] Folgende Markierungen werden in den weiteren Ausführungen zur Unterscheidung der Analyseebenen genutzt: ||Code||, < Konzept>, >DENKFIGUR<.

8 Die Sicht der Lehrkräfte: Ergebnisse der Interviewanalysen 257

dargestellten Zusammenhänge im konkreten Einzelfall verschränken.[4] Anzumerken ist indes, dass die hier dargestellten Fälle *eine* mögliche Form lesediagnostischen Wissens von Deutschlehrkräften darstellen und nicht als ein bestimmter Typus von Lehrkräften o. Ä. einzuordnen sind (Kapitel 8.1). Zur besseren Nachvollziehbarkeit werden bei der Darstellung die rekonstruierten Perspektiven der Lehrkräfte anhand von exemplarischen Interviewauszügen illustriert, sodass die einzelnen Aussagen in ihren inhaltlichen Zusammenhängen eingeordnet werden können. Vor dieser Hintergrundfolie werden die „*Besonderheiten oder Gesamtgestalt des Falles*" (Bohnsack 2010, S. 137, Herv. ebd.) deutlich – eine umfassende Darstellung wird dabei jedoch nicht angestrebt.[5] Dort, wo eine Lehrkraft aus dem Sample erstmalig (ausführlich) zitiert wird, ist eine ‚Karteikarte' zum Einzelfall zur Orientierung für die Lesenden abgebildet. Diese Darstellungsform dient dazu, einen Einblick in die individuelle(n) Position(en) und Argumentationsstrukturen der jeweiligen Lehrkraft zu den Kernthemen der Analyse zu geben, da an Überblicksdarstellungen nicht der Anspruch eines Interpretationsniveaus wie bei einer Falldarstellung angelegt werden kann.[6]

Mit der folgenden Ergebnispräsentation und -diskussion sind darüber hinaus Setzungen verbunden, die es vorab zu reflektieren gilt. Ein ‚Nicht-Sagen' der Lehrkräfte zu bestimmten Fragen der Lesediagnostik ist nicht unmittelbar als Indikator für ein ‚Nicht-Vorhandensein' von Wissensbeständen in diesem Bereich anzusehen (dazu insb. Kapitel 5.1). Das bedeutet konkret: Wenn bestimmte Relevanzsetzungen – implizit oder explizit – von den befragten Lehrkräften im Sample nicht vorgenommen werden, kann forschungsseitig keine konkrete Aussage darüber getroffen werden, dass diese Aspekte nicht (doch) in ihrem Horizont sind. Es kann indes nur vermutet werden, dass die Relevanz dieser Gesichtspunkte nicht als so hoch einzuschätzen ist (und sie insofern auch weniger

---

4 Wie bereits Wieser (2008, S. 110) anmerkt, ist eine klare Grenze zwischen formulierender und reflektierender Interpretation in der Darstellung der Ergebnisse nicht immer möglich.
5 Für die folgende Darstellung der Befunde habe ich Aussagen aus den Interviews ausgewählt, die zum einen exemplarisch für eine Reihe vergleichbarer Aussagen stehen und die zum anderen aufgrund hoher inhaltlicher Dichte als besonders relevant für die Gesprächsteilnehmenden gelten können. Dass die angeführten Aspekte von allen Befragten indes nicht in gleicher Intensität in den jeweiligen Gesprächen diskutiert werden, kann und soll hier aber nicht näher dargestellt werden.
6 Ausgenommen sind davon die erstellten Karteikarten zu Nils Arndt und Marie Seefeld, deren Vorstellungen und Orientierungen gesondert im Rahmen der beiden Einzelfallanalysen in Kapitel 8.4 diskutiert werden.

handlungsrelevant für die Lehrkräfte sind bzw. werden). In diesem Zusammenhang ist weiterhin noch einmal anzuführen, dass die Analyse im Sinne der Dokumentarischen Methode nicht die Frage fokussiert, ob die zu interpretierenden Darstellungen von Handlungen normativ gesehen als richtig oder angemessen einzuordnen sind (Kapitel 7.3.1). Im Fokus steht vielmehr die Frage, *was* sich in den Darstellungen über die Beforschten und ihre Vorstellungen und Orientierungen *dokumentiert*. Ziel des vorliegenden Untersuchungsschrittes ist es, dies wurde bereits mehrfach deutlich, die analysierten Sichtweisen der Lehrkräfte im Sample in der ihnen eigenen Logik zu betrachten. Schließlich besteht professionelles Handeln seitens der Deutschdidaktik auch darin, Lehrkräfte nicht als „*defizitäre Fachdidaktiker* [zu] betrachten, sondern [...] sie als (mehr oder weniger) *professionelle Lehrer* ernst [zu] nehmen" (Scherf 2013, S. 440; Herv. ebd.).[7]

8.3 Fallübergreifende Betrachtung

In der folgenden fallübergreifenden Darstellung wird ein Überblick über die gewonnenen empirischen Erkenntnisse hinsichtlich der Vorstellungen und Orientierungen der interviewten Deutschlehrkräfte entfaltet. Für die Darstellung der Ergebnisse bilden insgesamt fünf Kernthemen den Rahmen, welche sich während der Analyse als besonders bedeutsam für das Forschungsinteresse der vorliegenden Arbeit erwiesen haben. Diese sind:

- Lesebegriff im Deutschunterricht (Kapitel 8.3.1)
- Strukturierung von Diagnoseprozessen im Deutschunterricht (Kapitel 8.3.2)
- Haltung zum Anspruch der (diagnosebasierten) Leseförderung (Kapitel 8.3.3)
- ‚Bild' von Schülerinnen und Schülern als Leser (Kapitel 8.3.4)
- Rezeption des Diagnosetools »JuDiT®-L« (Kapitel 8.3.5)

Die Darstellung der fallübergreifenden Analyseergebnisse erfolgt anhand dieser Bereiche, um Gemeinsamkeiten und Unterschiede in den rekonstruierten Vorstellungen und Orientierungen der befragten Lehrkräfte aufzuzeigen. Wie die genannten Perspektiven wiederum im Einzelfall miteinander verschränkt sind, wird ergänzend in Kapitel 8.4 anhand der beiden Einzelfallanalysen aufgezeigt.

---

7 Die Darstellung – im Sinne eines Kompromisses zwischen dem Anspruch, eine intersubjektive Nachvollziehbarkeit der Interpretationen zu gewährleisten, und einem angemessen und übersichtlichen Darstellungsumfang in diesem Kapitel zu finden – ist in Teilen etwas knapper gehalten.

8.3.1 Lesebegriff im Deutschunterricht

Eine zentrale Vergleichskategorie während des Analyseprozesses war die Frage, über welchen Lesebegriff die Lehrkräfte im Sample verfügen, und darauf aufbauend, auf welche Indikatoren sie zur Diagnose von Lesekompetenz zurückgreifen – diese Gesichtspunkte bilden schließlich den Deutungsrahmen für das Unterrichtshandeln der Lehrerinnen und Lehrer. Beide Aspekte wurden zum einen im ersten Interview explizit erfragt und zum anderen – explizit wie implizit – bei der Thematisierung des Diagnosetools, etwa bei der Diskussion einzelner Beobachtungsitems, relevant.

Allgemein messen alle Lehrkräfte dem Thema Lesen für ihren Deutschunterricht Bedeutung zu, allerdings soll an dieser Stelle schon darauf hingewiesen werden, dass wiederum die Realisierung des Anspruchs der Leseförderung in der Sekundarstufe unterschiedlich bewertet wird (siehe Kapitel 8.3.3). Als grundlegende Gemeinsamkeit ist festzustellen, dass von allen Lehrkräften ||basale Lesefähigkeiten|| in den Interviews thematisiert und als bedeutsam für das Lesenkönnen und die Diagnose von Lesekompetenz herausgestellt werden. Ein Teilbereich, auf den sich einige Lehrkräfte in diesem Zusammenhang beziehen, sind die Dekodierprozesse beim Lesen. Exemplarisch zeigt sich dies in den Ausführungen von Lisa Mellmann, wenn sie beschreibt, woran sie einen schwachen Leser bzw. eine schwache Leserin im Unterricht erkenne:

> Mel$_4$: Ja, der schafft das nicht. Der ist langsamer im Erlesen. Der weiß, der liest das Wort, zum Beispiel, "beinhalten", ja. Liest ein schwacher Leser „bei-nhalten", oder so. Weil er „be" und „inhalten" nicht erfassen kann. So. Also du siehst an diesem, (.) ja die sehen den Sinn da nicht sofort drin. (Mellmann$_4$ 1, 619–622)[8]

Mellmann beschreibt zunächst, dass schwache Lesende Wörter noch nach einzelnen Buchstaben erfassen und diese nicht sinnhaft zusammenziehen (also erlesen können), um dann weiterführend zu erläutern, dass diese Schülerinnen und Schüler entsprechend nicht den Sinn im Gelesenen erkennen können. Ähnlich beschreibt Lars Uhland, dass ein guter Leser *„einen Text (...) ja nicht*

---

[8] In bisherigen Publikationen zu dieser Forschungsstudie (Schmidt 2013, 2015, 2016c) wurde jeweils das Kürzel „L" (für Lehrkraft) verwendet und die einzelnen Lehrpersonen mit einer Rangfolge (L1 bis L13) im Anschluss an die Reihenfolge der Interviewtermine der ersten Erhebung versehen. Um den Bezug zu den bisherigen Veröffentlichungen zu dieser Arbeit herstellen zu können, verweist die tiefgestellte Zahl auf die in den Beiträgen verwendeten Kürzel, z. B. „L8" = „Arndt$_8$ (Arn$_8$). Die hinter dem Namen angeführte Zahl „1" oder „2" verdeutlicht, ob das angeführte Zitat aus dem ersten oder zweiten Interview mit der entsprechenden Lehrkraft entnommen ist.

Buchstabe für Buchstabe erfasst, und auch vielleicht nicht Wort für Wort erfasst" (Uhl$_{11}$ 1, 264f.). Die Lehrkräfte beziehen sich einerseits auf das Synthetisieren im Leseprozess und andererseits die Worterkennung bzw. -identifikation, wodurch deutlich wird, dass sich ihre Perspektiven im Hinblick auf Dekodierprozesse beim Lesen voneinander unterscheiden. Mit der Wendung „*sehen sie den Sinn da nicht sofort drin*" setzt Lisa Mellmann darüber hinaus die Schwierigkeiten auf der Ebene des Erlesens mit dem Textverstehen in Beziehung. Deutlich wird hier, dass im Lesekonzept der Lehrkräfte unterschiedliche Teilprozesse des Lesens miteinander verknüpft sind, wie sich in den folgenden Ausführungen noch weiter konkretisieren lässt.[9]

Auffällig ist in den Interviewaussagen weiterhin, dass alle Lehrerinnen und Lehrer übereinstimmend die Fähigkeit zum angemessenen Vorlesen im Gespräch als wichtige Komponente für ihren Lesebegriff herausstellen. Dazu nochmals ein Auszug aus dem ersten Interview mit Lisa Mellmann:

> Mel$_4$: Ja, ich kann es mir ganz, ganz einfach mal formulieren, ohne dass ich die ganzen pädagogischen Fachbegriffe nehme. Also es geht erst einmal, dass sie si/ überhaupt sich Wörter erlesen können, Sätze erlesen können und den Sinn verstehen. […] Ähm, pff, flüssiges Lesen, lautes Lesen, betontes Lesen. Also auf die Intonation lege ich sehr viel Wert, weil, ob du es so liest oder so, es kommt dann anders rüber. […]. (Mellmann$_4$ 1, 555–564)

In Bezug auf Aspekte der Betonung beschreibt Mellmann im zweiten Teil der Sequenz, dass die Intonation beim Vorlesen für sie einen Schwerpunkt bilde; darauf lege sie „*sehr viel Wert*" in ihrem Unterricht. An anderen Stellen im Interview wird deutlich, dass die angemessene Betonung beim Vorlesen für Lisa Mellmann ein eigenständiges Lernziel darstellt (Mel$_4$ 1, 720–735). Mellmann begründet diese Haltung damit, dass je nachdem, welche Betonung man beim Lesen wähle, das Gelesene unterschiedlich vermittelt werde. Sie zielt damit implizit auf Bildung von Sinneinheiten, die anhand von ausdrucksstarkem Vorlesen sichtbar wird.[10]

---

9   Allgemein kann festgehalten werden, dass sich zwar geteilte Positionen aller Lehrkräfte im Hinblick auf lesebezogene Aspekte herausarbeiten lassen, die Teilprozesse des Lesens von den einzelnen Lehrkräfte im Sample aber unterschiedlich miteinander verknüpft werden (siehe dazu die entsprechenden Karteikarten).

10 Darüber hinaus ist die bewusste sprachliche Abgrenzung im ersten Satz dieser Sequenz auffällig, die Lisa Mellmann mit der Wendung „*einfach mal formulieren, ohne dass ich die ganzen pädagogischen Fachbegriffe nehme*" vornimmt. Sie distanziert sich somit klar von fachlicher Terminologie zur Verhandlung von Unterrichtsinhalten (siehe dazu vertiefend Kapitel 9).

Abbildung 8.1: Karteikarte Lisa Mellmann, Schule STEY

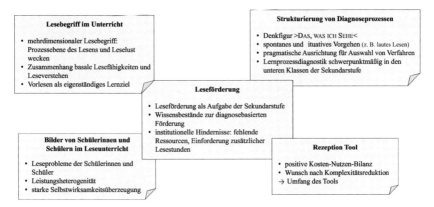

Neben Mellmann geht der Großteil der Lehrkräfte im Sample (Albrecht, Meier, Lehmann, Kunze, Thiele, Uhland) auf die Betonung des Gelesenen ein, wenn die Fähigkeit zum angemessenen Vorlesen thematisiert wird. So bezieht sich Nina Meier in der folgenden Sequenz ebenfalls auf die Bedeutung der Intonation beim lauten Lesen, die für sie einen zentralen Bewertungsmaßstab für das Lesenkönnen im Unterricht darstellt:

> Mei$_2$: Die Kriterien sind natürlich, dass ich, ähm, <u>höre</u>, dass dieser Text sich dem Schüler erschließt. Und das höre ich, oder das meine ich zu hören, beurteilen zu können, indem ich, ähm, tatsächlich die <u>Betonung</u> eines Textes mir anhöre. (Meier$_2$ 1, 263–265)

Deutlich wird in dem Interviewauszug darüber hinaus, dass das korrekte Betonen von Nina Meier i. w. S. in einem Zusammenhang mit dem Textverstehen der Schülerinnen und Schüler gesehen wird, wie die Formulierung *„dieser Text sich dem Schüler erschließt"* zeigt.

Abbildung 8.2: Karteikarte Nina Meier, Schule STEY

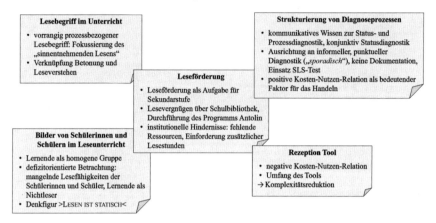

Der beschriebene (enge) Zusammenhang von sinnerfassendem Vorlesen und Verstehen des Gelesenen kann als Konzept noch bei mehreren Befragten im Sample rekonstruiert werden.[11] So etwa bei Hanna Leeke, wenn sie näher ausführt, wie man im Unterricht die Lesefähigkeiten der Schülerinnen und Schüler erkenne:

> Lee$_7$: […] Ähm, dann gibt es natürlich so etwas wie lautes Lesen. Obwohl ich festgestellt habe, dass jemand/ ein Schüler, der laut liest, äh, nicht unbedingt Verständnis hat. Also es sind zwei Paar verschiedene Schuhe. (I: Mmh.) Es gibt Kinder, die können super gut laut vorlesen, wunderbar betont auch durchaus. (I: Mmh.) Aber haben nichts verstanden von dem, was da steht. (Leeke$_7$ 1, 84–88)

Hier kann exemplarisch aufgezeigt werden, dass Hanna Leeke das angemessene Vorlesen in Beziehung zum ||Leseverstehen|| setzt. Sie weist darauf hin, dass aus ihrer Sicht das laute Lesen und das Verständnis des Gelesenen „*zwei Paar Schuhe*" seien, die man im Rahmen des Unterrichtshandelns bedenken müsse. So gebe es aus ihrer Sicht Schülerinnen und Schüler, die zwar „*wunderbar betont*" vorlesen könnten, aber das Gelesene nicht verstehen würden. Diesen

---

11 Z. B. Arn$_8$ 1, 358–364; Thi$_9$ 1, 238–240. In der Leseforschung ist bislang noch nicht eindeutig geklärt, ob das ausdrucksstarke Vorlesen als Voraussetzung oder als Folge des Textverstehens anzusehen ist (Kapitel 3.3.1.4).

„Widerspruch" (Lee₇ 1, 207) bemerkt Leeke zwar, kann ihn aber nicht lesedidaktisch begründen, wie im weiteren Interview deutlich wird.¹²

Abbildung 8.3: Karteikarte Hanna Leeke, Schule LIE

Insgesamt kann festgehalten werden, dass basale Lesefähigkeiten im Lesebegriff der Befragten eine zentrale Rolle einnehmen sowie einen wichtigen Bewertungsmaßstab für das Lesenkönnen darstellen.¹³ Nicht zuletzt bestätigt sich diese Lesart in den Kommentierungen des Diagnosetools. Große Zustimmung erhält bei allen Lehrkräften der Teilbereich „Leseflüssigkeit", wie sich exemplarisch anhand der Ausführungen von Nils Arndt verdeutlichen lässt:

---

12 Dass Hanna Leeke dabei das Vorlesen nicht als Voraussetzung für das Leseverstehen auffasst, wird deutlich, wenn sie an anderer Stelle anführt, dass sie in ihrem Unterricht auf das Beobachten des Vorlesens „nicht so sehr Wert [lege] […], das ist dann immer so nebenbei" (Lee₇ 1, 319–321).

13 Diversen Studien der letzten Jahre zufolge sind insbesondere Lehrkräfte an der Hauptschule unmittelbar mit Problemen im Bereich der Leseflüssigkeit konfrontiert (Kapitel 3.4.1). In einem früheren Beitrag habe ich diesen Aspekt – mit aller Vorsicht aufgrund der Stichprobengröße – als eine mögliche „schulformspezifische Kultur" diskutiert (Schmidt 2015, S. 99f.). Gleichwohl verdeutlichen die ersten Befunde aus der Studie von Kamzela (2015, S. 66), dass zumindest zu Beginn der Sekundarstufe auch Lehrende an anderen Schulformen den hierarchieniedrigen Lesefähigkeiten, wenn auch mit gewissen Abstufungen, Bedeutung zumessen.

> Arn₈: [...]. Also ganz allgemein gesehen, äh, fand ich diese Kriterien, die du hier aufgestellt hast, die fand ich gut. (I: Mmh.) Ja. Und da habe ich mich also am meisten eigentlich auch wiedergefunden. In diesem ganzen Bereich. Was, was mir so vorschwebt und so weiter, ne. Und hier muss ich sagen, dass/ (..) im Großen und Ganzen (.), bin ich damit gut klargekommen. [...]. (Arndt₈ 2, 722–731)

Im Auszug stellt Arndt zu Beginn heraus, dass er mit den angeführten Beobachtungskriterien im Bereich Leseflüssigkeit einverstanden sei und er sich „*am meisten eigentlich auch* [in diesem Bereich] *wiedergefunden*" habe. Dies deutet darauf hin, dass die angeführten Aspekte einen Schwerpunkt für sein eigenes Unterrichtshandeln darstellen (siehe vertiefend Kapitel 8.4.1). Ähnliche Ausführungen sind auch bei allen anderen Lehrkräften im Sample zu rekonstruieren. So schildert Simone Albrecht, dass für sie der Bereich „Leseflüssigkeit" im Tool – kontrastierend zu anderen Teilbereichen – „*einleuchtend und gut nachvollziehbar*" gewesen sei (Alb₁ 2, 835f.).

Die Fähigkeit zur Bildung lokaler Kohärenz, die aus fachdidaktischer Perspektive weiterhin zu den basalen Lesefähigkeiten gezählt und als bedeutsam für das Textverstehen beachtet wird (Kapitel 3.3.3.2), wird in den Handlungserzählungen der Lehrkräfte kaum explizit thematisiert. Und dass obwohl mehrere Lehrende auf die sprachlichen Schwierigkeiten ihrer Lernenden eingehen (z. B. Leeke, Arndt). Mögliche Erklärungsmuster für diese lehrerseitige Setzung zeigen sich insbesondere in den Kommentaren zu dem entsprechenden Beobachtungsitem im Diagnosetool[14]:

> Kun₅: [...] [D]as ist auch einfach schwierig zu beobachten, weil man da so [...] ins Detail gehen müsste im Text. Und das, dazu hat man oft die Möglichkeit im Unterricht nicht, finde ich. (I: Mmh.) [...] oft redet man über das globale Verständnis des Textes und, ähm, Sichtweisen oder so. Und, ähm, geht ja seltener auf die einzelnen Informationen ein. (Kunze₅ 2, 641–645)

> Mel₄: (5) Ja, wenn man, wenn man irgendwie Texte, Satz, Sätze wiedergeben kann, dann hat es, dann ist das, hat man ja auch den Sinn erfasst. (I: Mmh.) Und wenn das jemand nicht kann, dann hat er auch den Sinn des Textes nicht, also verstanden. Und dann erübrigt sich für mich dies hier so ein bisschen. (Mellmann₄ 2, 1037–1040)

In beiden Zitaten zeigt sich, dass Fragen der lokalen Kohärenzetablierung in den Vorstellungen der Lehrkräfte als weniger bedeutsam für das Unterrichtshandeln erachtet werden. Für diese ‚Setzung' lassen sich im Datenmaterial jedoch zwei

---

14 Das entsprechende Item lautet: „Dem Schüler/der Schülerin gelingt es, dicht aufeinander folgende Informationen/Sätze/Satzfolgen sinnvoll zu verknüpfen" (Teilbereich „Textverstehen", Item 2, siehe Anhang II).

8 Die Sicht der Lehrkräfte: Ergebnisse der Interviewanalysen

unterschiedliche Erklärungsmuster herausarbeiten, wie sich anhand der gewählten Interviewauszüge herausarbeiten lässt: Daniela Kunze führt an, dass in ihrem Unterricht die Bildung von lokalen Kohärenzen nicht im Fokus der Auseinandersetzung mit Texten stehe, da man dafür „*ins Detail gehen müsste*", wozu aus ihrer Perspektive „*oft die Möglichkeit im Unterricht nicht*" bestehe. Kunze verweist darauf, dass sie sich in ihrem Unterricht weniger auf die Auseinandersetzung mit „*einzelnen Informationen*" aus dem Text beziehe, sondern sich vielmehr auf das globale Textverstehen und „*Sichtweisen*" zum Text konzentriere. Kunze stellt insofern weniger die Relevanz dieses Aspektes des Lesenkönnens infrage, ordnet diese Facette aber als weniger bedeutsam für ihren eigenen unterrichtsbezogenen Lesebegriff – und somit auch ihr lesediagnostisches Handeln[15] – ein. Ein anderer Begründungszusammenhang zeigt sich hingegen bei Lisa Mellmann: Mellmann führt an, dass sie vom globalen Textverstehen Rückschlüsse auf das lokale Textverstehen ziehen könne. Denn „*wenn man irgendwie Texte, Satz, Sätze wiedergeben kann, dann hat es, dann ist das, hat man ja auch den Sinn erfasst*". Aus ihrer Sicht „*erübrigt*" sich somit, diesen Teilprozess separat im Leseunterricht zu fokussieren. Die Bildung von lokalen Kohärenzen ist vor diesem Hintergrund für ihr lesediagnostisches Handeln weniger relevant.[16] Somit lässt sich rekonstruieren, dass der Teilprozess der lokalen Kohärenzetablierung bei den befragten Lehrkräften eine untergeordnete Rolle für ihr Handeln einnimmt, dieser Befund aber auf unterschiedliche Erklärungsmuster zurückzuführen ist.

---

15 Für das lesediagnostische Handeln vieler Lehrkräfte im Sample sind diejenigen Aspekte von Lesekompetenz zentral, die unmittelbar direkt zu erfassen sind (vertiefend dazu Kapitel 8.3.2.1).

16 Einen ähnlichen Befund gibt es in der Untersuchung von Kamzela (2015, S. 58f.). Die Begründungszusammenhänge der Lehrerinnen und Lehrer in diesem Kontext werden in dem Beitrag allerdings nicht deutlich.

Abbildung 8.4: Karteikarte Daniela Kunze, Schule STEY

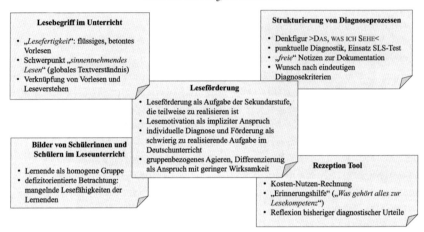

In den bisherigen Ausführungen wurde bereits mehrfach (implizit) das Textverständnis der Schülerinnen und Schüler angesprochen, das von allen Befragten in der Untersuchung thematisiert und als wesentliche Komponente von Lesekompetenz betrachtet wird. So argumentiert etwa Daniela Kunze im Hinblick auf den Teilbereich „Textverstehen" im Diagnosetool, dass diese Aspekte für ihr Unterrichtshandeln *„auch immer sehr wichtig [seien]. Da müssen wir sie ja auch unbedingt drauf schulen, auf Textverstehen"* (Kun$_5$ 2, 620–623). Auffällig ist zudem, dass alle Lehrkräfte bis auf Lars Uhland im Gespräch den Oberbegriff „sinnentnehmendes Lesen" verwenden, um i. w. S. Aspekte des ||Leseverstehens|| zu thematisieren.[17] Bei genauerer Prüfung der Interviewpassagen wird deutlich, dass die meisten Lehrkräfte mit diesem Begriff – wie im Übrigen auch mit dem Begriff „Textverstehen" – zuvorderst die inhaltliche Klärung des Gelesenen fokussieren. Charakteristisch sind in diesem Zusammenhang die folgenden Passagen aus den Interviews mit Anna Thiele und Nils Arndt:

> Thi$_9$: Also wenn ich zum Beispiel in einer Klasse eine Kurzgeschichte lese, dann sollten die Schüler in der Lage sein, den groben Inhalt dieser Geschichte wiederzugeben. Also einfach den Inhalt nachzuerzählen. Das ist so ein Textverständnis. (Thiele$_9$ 1, 198–203)

---

17 Dass Lars Uhland diesen Begriff nicht nutzt, ist möglicherweise darauf zurückzuführen, dass er die einzige Lehrkraft im Sample ist, die das Fach Deutsch fachfremd unterrichtet (Kapitel 7.1).

Arn₈: Aber ich sage ihnen immer: ihr habt den Text dann verstanden, wenn ihr ihn ohne viel Verlesenes mit eigenen Worten erklären könnt. (Arndt₈ 1, 45–47)

Deutlich wird in den beiden Interviewauszügen, dass mit der lehrerseitigen Rede von „sinnentnehmendem Lesen" durchaus verschiedene Begriffe bzw. Konzepte von den Befragten verhandelt werden. Während einige Lehrkräfte im Sample, wie Anna Thiele, mit diesen Termini auf die Ebene der propositionalen Textbasis verweisen (*„einfach den Inhalt nachzuerzählen"*), nehmen andere Lehrkräfte, wie Nils Arndt, Bezug auf das Ziehen von Inferenzen zur Bildung eines Situationsmodells (*„mit eigenen Worten erklären"*). Bei der Diskussion des Konzepts, das die Lehrkräfte mit dem Terminus „sinnentnehmendes Lesen" verbinden, drückt sich bei einigen Lehrkräften im Sample zudem eine gewisse Unbestimmtheit aus, wie dieses Konstrukt zu füllen ist. Exemplarisch lässt sich dies anhand der Aussage von Lisa Mellmann darstellen:

Mel₄: (5) Ja, wenn man, wenn man irgendwie Texte, Satz, Sätze wiedergeben kann, dann hat es, dann ist das, hat man ja auch den Sinn erfasst. (I: Mmh.) Und wenn das jemand nicht kann, dann hat er auch den Sinn des Textes nicht, also verstanden. (Mellmann₄ 2, 1037–1039)

Mit der Wendung *„irgendwie Texte, Satz, Sätze wiedergeben"* dokumentiert sich eine Vagheit hinsichtlich der (explizit-kommunikativen) Bestimmung dessen, was Mellmann als Ausweis dafür sieht, den *„Sinn des Textes"* zu erfassen. Welcher Anspruch mit dem Zusammenfassen des Gelesenen von ihrer Seite verbunden ist, wird von Mellmann nicht entfaltet bzw. spezifiziert. Inwiefern ihre unterrichtlichen Praktiken insofern auf Tiefenstrukturen des Lernens abzielen, kann nicht herausgearbeitet werden. Eine Unbestimmtheit hinsichtlich des Konzepts <Mit eigenen Worten wiedergeben>, die im obigen Beispiel aufscheint, lässt sich bei insgesamt drei Lehrkräften im Sample herausarbeiten.[18]

Insgesamt dokumentiert sich in den Ausführungen der Lehrkräfte, dass ihr Leseunterricht durch ein Bemühen um Inhaltssicherung strukturiert bzw. bestimmt wird. Weitere zentrale hierarchiehöhere Verstehensprozesse – wie die Bildung von Superstrukturen oder die Sinnzuschreibung – sind nicht im Horizont der Lehrkräfte oder werden in den Gesprächen als weniger handlungsrelevant thematisiert (siehe dazu auch Kapitel 8.3.4).[19] Weiterhin erscheint mit Blick darauf, dass Textverstehensleistungen verlangt, aber Aspekte der lokalen Kohärenzetablierung für

---

18 Hanna Leeke, Lisa Mellmann, Anna Thiele.
19 Hier zeigen sich Parallelen zu Ergebnissen in den Studien von Gölitzer (2009, S. 303f.) und Pieper et al. (2004, S. 64, 182). Interessant ist ergänzend ein Befund aus der PISA-Studie: Der Kompetenzbereich „Reflektieren und Bewerten" ist hier im Vergleich zu

viele Lehrkräfte im Sample weniger bedeutsam für das Unterrichtshandeln sind (s. o.), ein „Weg zum Textverstehen nicht [zwingend] modelliert" (Bredel/Pieper 2015, S. 173). Inwiefern im Leseunterricht der Lehrkräfte im Sample ein umfassendes Textverstehen angebahnt wird, kann auf Grundlage der vorliegenden Daten allerdings nicht abschließend beantwortet werden.

In den bisherigen Ausführungen wurden Aspekte von Lesekompetenz diskutiert, die auf die Prozessebene des Lesens abzielen. Ein Teil der befragten Lehrkräfte im Sample betont in den Gesprächen aber auch die Rolle der Vermittlung von ||Lesefreude|| und verfolgt insofern einen mehrdimensionalen Lesebegriff.

Abbildung 8.5: Karteikarte Anna Thiele, Schule STEB

Anna Thiele$_9$, Schule STEB

Lesebegriff im Unterricht	Strukturierung von Diagnoseprozessen
• Schwerpunkt: sinnbetontes Vorlesen und Inhaltsklärung („*einfach den Inhalt nachzuerzählen*") • Zusammenhang von Vorlesen und Leseverstehen	• punktuelle Dokumentation in Bogenform → Fokus „*Notengebung*" • konjunktiv leistungsbezogener Diagnose-begriff • Denkfigur >DAS, WAS ICH SEHE< • kein verfügbares Wissen über standardisierte Testverfahren

Leseförderung
• Leseförderung als Aufgabe der Sekundarstufe
• Zieldimension „*Leselust*"
• gruppenbezogenes Agieren
• pauschale Fördermaßnahmen

Bilder von Schülerinnen und Schülern im Leseunterricht	Rezeption Tool
• Lernende als homogene Gruppe • defizitorientierte Betrachtung: Leseprobleme der Schülerinnen und Schüler	• Umfang des Tools → Komplexitätsreduktion • negative Kosten-Nutzen-Bilanz

So kann etwa in den nachfolgenden Ausführungen von Anna Thiele rekonstruiert werden, dass sie in ihrem Leseunterricht auch darauf abzielt, einen genussvollen Lesehabitus anzuregen:

> Thi$_9$: Also erst einmal gehört dazu, dass ich sie überhaupt motivieren kann, überhaupt zu lesen. Ich habe, ähm, im letzten Jahr hier eine Klasse in Deutsch übernommen, eine siebte Hauptschulklasse, die habe ich jetzt immer noch, die ist jetzt achte natürlich. Und da habe ich mal gefragt: „Wer von euch liest denn in seiner Freizeit?" Da hat sich eine Schülerin gemeldet, eine einzige. Und die liest nicht mal besonders gut, sage ich mal. Aber die liest, ne. (I: Mmh.) Und, ähm, dann habe ich mit ihnen eine Lektüre behandelt und habe immer gesagt: „So, ihr habt jetzt ein Kapitel, das bereitet ihr zu Hause vor". Das passte auch mit den Schülern, den Kapiteln gena/ ziemlich genau überein. Und

---

den anderen abgefragten Teilkompetenzen relativ schwach ausgeprägt (Artelt/Schlagmüller 2004, S. 39f.; Klieme et al. 2010).

8 Die Sicht der Lehrkräfte: Ergebnisse der Interviewanalysen

allein dadurch, dass sie scho/ nur so ein Kapitel für sich erst einmal vorstellen mussten, hatten die auch relativ Lust zum Lesen. Hätte ich gesagt: „Ihr lest einfach nur", von Seite 60 bis 80 zum Beispiel, dann hätten sie es nicht gemacht. Und so habe ich also versucht so durch, durch schrittweises Herangehen, sie zum Lesen zu <u>motivieren</u>. (I: Mmh.) Dann sucht man natürlich Bücher oder Texte aus, die die Schüler auch interessiert. Das ist das Schwerste, finde ich, weil die haben alle sehr unterschiedliche, ähm, ja, Neigungen sage ich mal. (I: Mmh.) Und da muss man schon Texte finden, die einigermaßen alle angehen. [...]. (Thiele$_9$ 1, 170–193)

Im ersten Teil des Auszugs beschreibt Anna Thiele, dass für sie persönlich im Unterricht wichtig sei, dass sie Schülerinnen und Schüler „*überhaupt*" zum Lesen motivieren könne. Auch in der Auseinandersetzung mit dem Diagnosetool findet der Teilbereich „Lesemotivation" bei Thiele große Zustimmung und wird von ihr als „*sehr, sehr spannend*" bewertet (Thi$_9$ 1, 733–741). Mit dem Wort „*überhaupt*" wird zu Beginn der Sequenz gleichwohl eine Spannung zwischen dem Anspruch der Vermittlung von Lesefreude und deren Realisierung in der Schule deutlich, die von Thiele in den weiteren Ausführungen konkretisiert wird. Sie erläutert, dass sie in ihrer Klasse die Frage gestellt habe, wer in seiner Freizeit lese. Aus diesem Grund habe sie im Anschluss bei der Lektürebehandlung jedem Schüler bzw. jeder Schülerin nur ein einzelnes Kapitel als Leseauftrag gegeben, da die gesamte Lektüre die Lernenden aus ihrer Sicht überfordert hätte.[20] Wie sie im Weiteren begründet, habe sie mit diesem „*schrittweisen Herangehen*" versucht, die Schülerinnen und Schüler „*überhaupt*" an die Lektüre heranzuführen, womit sich erneut der reduzierte Anspruch darstellt, den sie in ihrem Unterricht, ausgehend von den Leseproblemen ihrer Lernenden, verfolge.[21]

Auch wenn von einem Teil der Lehrkräfte Aspekte der Lesefreude bzw. Lesemotivation thematisiert werden, zeigt sich bei genauerer Analyse ihrer Ausführungen, dass sie zwar das genussvolle Lesen als Anliegen für ihren Deutschunterricht beschreiben, diesen Aspekt in ihren Handlungen weitaus *weniger intensiv* verfolgen. Als Erklärungsmuster wird häufig auf Leseprobleme bzw. die Heterogenität der Schülerinnen und Schüler verwiesen. Aus Sicht der Lehrkräfte erschwere dies die Realisierung dieser Zielsetzung im Unterricht, wie Simone Albrecht beschreibt:

Alb$_1$: Mmh. (5) Das ähm, mir auffällt, weil, ich habe früher viel in der Grundschule gearbeitet, dass mir auffällt, dass in der Hauptschule, hm, die Freude am Lesen (..) abnimmt. Oder dass man so verschiedene Strategien gar nicht so durchführen kann. Also, ich war

---

20 Ihre Ausführungen zur Maßnahme bleiben im Interview weiterführend vage, sodass eine Einschätzung ihres Vorgehens forscherseitig nicht angemessen möglich ist.
21 Zum reduzierten Anspruch an die Anbahnung von Lesekompetenz als ‚Reaktion' auf wahrgenommenen Leseprobleme der Schülerinnen und Schüler siehe Kapitel 8.3.4.2.

mal an einer Grundschule, da war es für die Kinder automatisch, dass sie sich in den Sitzkreis gesetzt haben. Jeder hatte sein eigenes Buch dabei, und jeder hat die Geschichte gelesen und geübt gehabt, ne. (I: Mmh.) Also das, das finde ich (.) für die Hauptschüler schade, dass das, das, so diese Motivation des Lesens, oder auch das Präsentieren eines Textes, verloren geht. Aus welchen Gründen auch immer. (I: Mmh.) Aufgrund der Pubertät oder weil es einfach lernschwächere Schüler sind. (I: Mmh.) Aber das ist eigentlich, ähm, (..) ja eine Methode, die sehr, sehr schön war in der Grundschule, fand ich. Dass man dann einen Tag immer hatte, wo man gemeinsam eben was vorgelesen bekommen hat. (Albrecht₁ 1, 204–214)

Eine genussstiftende Tätigkeit des Lesens steht mit Blick auf die Ausgangslage der Lernenden im Unterricht hinten an und wird von Albrecht, wie von allen anderen Lehrkräften im Sample, als generelle Problemstelle für ihr Unterrichtshandeln wahrgenommen.[22]

Abbildung 8.6: Karteikarte Simone Albrecht, Schule STEY

Simone Albrecht₁, Schule STEY

Lesebegriff im Unterricht
- kommunikativ mehrdimensionaler Lesebegriff
- Schwerpunkt Leseflüssigkeit und Leseverstehen

Strukturierung von Diagnoseprozessen
- unsystematisches Vorgehen, individuelle Diagnostik als kaum einzulösende Aufgabe
- Denkfigur >DAS, WAS ICH SEHE<
- Dokumentation in Bogenform
- Unsicherheit mit eigenen Diagnose-kriterien

Leseförderung
- Leseförderung als kaum zu realisierende Maßnahme mit Blick auf eigene Ressourcen
- Spannungsfeld zur Verknüpfung von Dia-gnose und Förderung

Bilder von Schülerinnen und Schülern im Leseunterricht
- Lernende als homogene Gruppe
- defizitorientierte Betrachtung: Leseprobleme der Lernenden
- → negative Selbstwirksamkeitsüberzeugung

Rezeption Tool
- Umfang des Tools
- → Komplexitätsreduktion
- Reflexion des eigenen bisherigen Handelns

Zusammenführend kann festgehalten werden, dass für den Unterricht der befragten Lehrkräfte ein Lesebegriff gilt, in dem aus fachdidaktischer Perspektive ein vorrangig prozessbezogener Begriff des Lesens dominiert. Bei der Rezeption des Diagnosetools wird diese Lesart bestätigt, da alle Lehrkräfte im zweiten Interview

---

22 Simone Albrecht ist ausgebildete Grundschullehrerin (Kapitel 7.1). Dass diese Berufsausbildung eine dominante Orientierung für ihr Handeln darstellt, dokumentiert sich verschiedentlich in beiden Interviews. Zum Zeitpunkt der Erhebung hatte sie bereits einen Versetzungsantrag gestellt und trat zum neuen Schuljahr wieder eine Stelle an einer Grundschule an.

den Teilbereichen „Leseflüssigkeit" und „Textverstehen" besondere Bedeutung für ihr Unterrichtshandeln zuweisen. Das Ziel, Schülerinnen und Schüler zum Lesen zu animieren bzw. Leselust zu wecken, verfolgen die Lehrkräfte im Sample zwar auch, dieser Anspruch steht jedoch hinter dem primären Anliegen, die leseprozessbezogenen Aspekte im Unterricht zu fokussieren, zurück und wird zudem oftmals als nicht zu erreichendes Ziel in Hauptschule diskutiert (siehe auch Kapitel 8.3.3). Obwohl also ein Teil der Lehrerinnen und Lehrer im Sample im kommunikativen Diskurs über einen mehrdimensionalen Begriff des Lesens verfügt, dokumentiert sich im beschriebenen Handeln zuvorderst ein prozessbezogener Lesebegriff bei den befragten Hauptschullehrkräften. Darüber hinaus offenbaren sich in den rekonstruierten Daten tiefergehende Kenntnisse aktueller lesedidaktischer Positionen indes nicht als Quelle des handlungsrelevanten Lehrerwissens.

8.3.2 Strukturierung von Diagnoseprozessen im Deutschunterricht

Welche Schwerpunktsetzungen die Lehrkräfte im Sample zu Fragen der Lesediagnostik vornehmen, bildete weiterhin einen zentralen Aspekt im Rahmen der Analyse. Zum einen steht nachfolgend im Fokus, wie die befragten Lehrkräfte Diagnose bzw. diagnostisches Handeln verstehen (Kapitel 8.3.2.1), und zum anderen soll herausgearbeitet werden, inwiefern die Lehrkräfte lesediagnostisches Handeln in ihrem Unterricht umsetzen (Kapitel 8.3.2.2).

8.3.2.1 Diagnosebegriff und Zielsetzungen von Lesediagnostik

Zentral für das Erkenntnisinteresse der vorliegenden Arbeit ist weiterhin, welche ||Ziele von Diagnostik|| in den Ausführungen der Lehrkräfte erkennbar sind. Die meisten Lehrerinnen und Lehrer im Sample verfügen über Wissensbestände hinsichtlich einer lernprozessbezogenen Lesediagnostik, die insbesondere in Auseinandersetzung mit der Textvignette zu Beginn des ersten Interviews deutlich werden.[23] Charakteristisch ist in diesem Zusammenhang die Schilderung von Lars Uhland:

> Uhl$_{11}$: [...] Und dann würde ich irgendwie, äh, (.) man muss so eine Systematik erfinden. Also eigentlich, ich sage mal, das eine ist sicherlich die Diagnose, also eine, eine Erhebung zu einem bestimmten Zeitpunkt. Dann muss man sicherlich, ähm, (.) die Übungen, die dann folgen, planen, individuell. Es muss dann also eine Planung her, dass

---

23 So verwundert es wenig, dass alle beteiligten Lehrkräfte eine große Zustimmung für die farbliche Einteilung in »JuDiT®-L« äußern, schließlich ist dies bündig zu der Auffassung, Diagnose vor allem im Sinne der Bewertungsfunktion wahrzunehmen.

man sagt, dieser und jener Schüler muss in dem und dem Bereich (.) fitter werden. Und dann muss natürlich wieder eine Überprüfung kommen. Eigentlich. (I: Mmh.) Also, dass sicherlich auch eine, eine Evaluation dann also. Oder einfach, dass man einfach sagt, wir machen das alle halbe Jahr, alle Vierteljahr, oder so. Gucken wir einfach immer kontinuierlich, wie ist jetzt der Lernstand, dass man wirklich eine Entwicklung auch dann verfolgen kann. Und so als Momentaufnahme, als einmalige Geschichte, bringt das natürlich nichts. Also, wenn man so etwas anfängt, das würde ich dem Daniel Wagner raten, dann, ähm, ja muss er es auch durchziehen, ne. Dann muss man das eben machen. Immer wieder machen. (Uhland$_{11}$ 1, 57–72)

In der Passage beschreibt Uhland zunächst, dass es wichtig sei, eine Systematik zur Diagnose von Lesekompetenz zu verfolgen. Schließlich sei eine Diagnose eine Erhebung zu einem bestimmten Zeitpunkt. Im zweiten Teil der Sequenz betont er, dass es wichtig sei, Diagnosen kontinuierlich vorzunehmen, damit man „wirklich" eine Lernentwicklung der Schülerinnen und Schüler erkennen könne. Mit dem Wort „*irgendwie*" drückt sich eine Unbestimmtheit aus, wie genau diese systematische Lesediagnostik im Unterricht umsetzbar ist. Zugleich nimmt Uhland mit dem Wort „*eigentlich*" eine Einschränkung hinsichtlich der Realisierung einer solchen Lesediagnostik vor. Hier wie auch an anderen Stellen zeigt sich, dass Uhland kommunikativ zwar auf Wissensbestände zurückgreifen kann, die auf eine Lernentwicklung abzielen, diese weiterhin jedoch nicht handlungswirksam werden. Eine individualisierte Diagnostik im Unterricht durchzuführen sei „*unmöglich*" und „*blanke Theorie*", wie Uhland an anderer Stelle ausführt (Uhl$_{11}$ 1, 153–158).

Abbildung 8.7: Karteikarte Lars Uhland, Schule LIE

Lars Uhland$_{11}$, Schule LIE

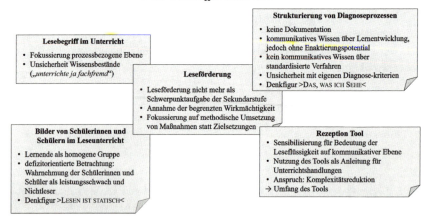

Dass lernprozessbezogene Lesediagnostik bei den befragten Lehrkräften jedoch oftmals einen Anspruch ohne „Enaktierungspotential"[24] darstellt, dokumentiert sich beispielsweise in den Handlungserzählungen von Nina Meier. Konfrontiert mit der Textvignette hebt sie zunächst hervor, dass man im Rahmen des lesediagnostischen Handelns im Unterricht bedenken müsse, dass es „*ein Vorher* und [...] *ein Nachher*" gebe. Weiterführend verweist sie darauf, dass es deshalb wichtig sei, die Lernentwicklung der Schülerinnen und Schüler in den Blick zu nehmen, und nicht bei einer einmaligen Diagnostik stehen zu bleiben (Mei$_2$ 1, 38–50). Kommunikativ zeigt sich also bei Meier, dass sie, ähnlich zu der bereits diskutierten Sichtweise von Lars Uhland, über Wissensbestände zur prozessbezogenen Lesediagnostik verfügt. Auf die konkrete Nachfrage, ob der Praktikant in der Textvignette aus ihrer Sicht eine Frage stelle, die auch für ihren Unterricht bzw. ihr Handeln bedeutsam sei, zeigt sich jedoch ein anderes Bild:

> Mei$_2$: Also, ich muss natürlich unterscheiden zwischen dem, was ich praktiziere und dem, was ich dem Daniel [dem Praktikanten] rate. (I: Mmh.) Ähm, und, ähm, da muss ich schon sagen, dass ich mich dieser Diagnoseinstrumente (.) bediene. (I: Mmh.) Aber eben nicht so, dass ich das so mache, dass ich zu Beginn einer Einheit und am Ende einer Einheit die einsetze. (I: Mmh.) Sondern bei mir ist das tatsächlich sporadisch, verteilt über ein Halbjahr. Meistens auch nochmal dann vor dem Elternsprechtag, damit ich den Eltern eine Rückmeldung geben kann. Das ist die Realität. Mmh. (Meier$_2$ 1, 98–104)

Zu Beginn der Sequenz betont Nina Meier die Differenz zwischen ihrem eigenem unterrichtlichen Vorgehen und ihrem Rat an den Praktikanten. Sie beschreibt, dass sie in ihrem Unterricht zwar „*schon*" – womit sie eine erste Einschränkung vornimmt – Diagnoseinstrumente in ihrem Unterricht nutze. Jedoch sei ihr Handeln nicht danach strukturiert, kontinuierlich zu diagnostizieren. Meier beschreibt, dass sie in ihrem Unterricht Diagnosen „*tatsächlich sporadisch*" über ein Schulhalbjahr hinweg durchführe. In diesem Zusammenhang sei für sie etwa ein anstehender Elternsprechtag ein Anlass, um gezielt Diagnosen durchzuführen. Anlass für das lesediagnostische Handeln von Meier ist insofern die Rechtfertigung nach außen und weniger die didaktische Zielstellung, Erkenntnisse für die eigene Unterrichtsplanung zu gewinnen. Mit der abschließenden Formulierung, dass dies „*die Realität*" sei, wird ihr Handeln nicht erklärt, von ihr aber relativiert. Die Beweggründe für Meiers Handeln werden an anderer Stelle deutlich. Ausgehend von der Frage, inwiefern sie für ihren eigenen Unterricht noch Verbesserungsbedarf sehe, äußert sich Meier wie folgt:

---

24 Mit dem Begriff „Enaktierungspotential" wird in der Dokumentarischen Methode die faktische Wahrscheinlichkeit beschrieben, die einem geäußerten Wunsch bzw. der Umsetzung einer Orientierung inhärent ist (Bohnsack 2010, S. 136).

Mei₂: (.) Ich, wie gesagt, ich schwanke da immer hin und her. Ich, äh, ich sehe die Notwendigkeit, ähm, dass man das natürlich beobachten muss. Aber wir beobachten schon so viel, dass das, ähm, dass das möglicherweise dann nicht mehr den Stellenwert hat, den es haben sollte. Ähm, Lösungen habe ich nicht wirklich. (I: Mmh.) Also ich, ich könnte, könnte natürlich einen Beobachtungsbogen entwickeln, könnte den mit den Schülern durchgehen und könnte dann so etwas machen wie eine Selbsteinschätzung, Fremdeinschätzung, Übereinstimmung. So etwas könnte ich mir vorstellen. Es ist, glaube ich, kaum praktikabel im normalen Unterrichtsgeschehen. (Meier₂ 1, 547–554)

Aus Meiers Perspektive sind es die institutionellen Bedingungen, d. h. die ungünstigen Voraussetzungen *„im normalen Unterrichtsgeschehen"*, die dem gezielten Einsatz von Diagnoseverfahren entgegenstehen – nach ihrem Ermessen fehle vor allem die Zeit, um gezielt und zugleich „praktikabel" zu diagnostizieren, dies betont sie im weiteren Gespräch noch mehrmals. Obschon Nina Meier also die *„Notwendigkeit"* kennt, möglichst kontinuierlich und systematisch die Lesekompetenz(en) der Lernenden zu diagnostizieren, verwirft sie diese Option für ihr eigenes Unterrichtshandeln, da dies ihre persönlichen Ressourcen übersteigt.

Allgemein kann für die befragten Lehrkräfte im Sample festgehalten werden, dass diese vorrangig eine Haltung einnehmen, wonach sie Diagnose(n) als eine einmalige bzw. punktuelle Handlungen in ihrer Unterrichtspraxis zu verstehen, um Schülerleistungen zu beurteilen oder Lernende in unterschiedliche Leistungsniveaus einzuteilen (i. S. v. Statusdiagnosen). Eine systematische Lesediagnostik, wie sie von fachdidaktischer Seite vertreten wird (Kapitel 4.2.1), ist in den Handlungserzählungen der Lehrkräfte indes weniger als Orientierungsrahmen dokumentiert.

Abbildung 8.8: Karteikarte Katja Lehmann, Schule STEY

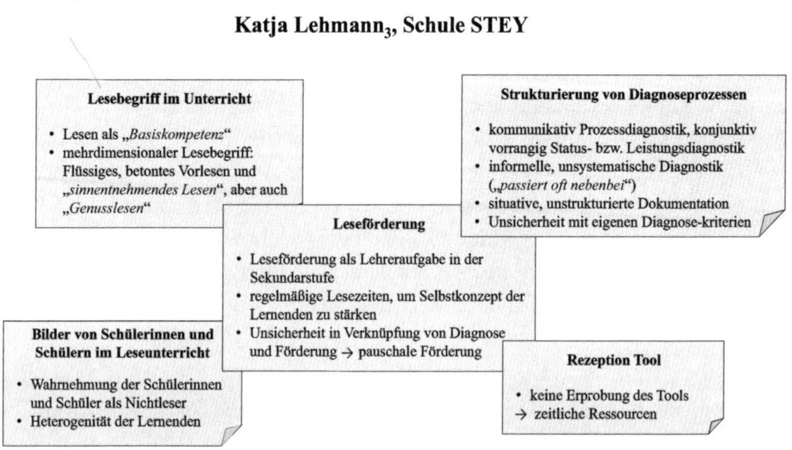

Katja Lehmann₃, Schule STEY

Lesebegriff im Unterricht
- Lesen als *„Basiskompetenz"*
- mehrdimensionaler Lesebegriff: Flüssiges, betontes Vorlesen und *„sinnentnehmendes Lesen"*, aber auch *„Genusslesen"*

Strukturierung von Diagnoseprozessen
- kommunikativ Prozessdiagnostik, konjunktiv vorrangig Status- bzw. Leistungsdiagnostik
- informelle, unsystematische Diagnostik (*„passiert oft nebenbei"*)
- situative, unstrukturierte Dokumentation
- Unsicherheit mit eigenen Diagnose-kriterien

Leseförderung
- Leseförderung als Lehreraufgabe in der Sekundarstufe
- regelmäßige Lesezeiten, um Selbstkonzept der Lernenden zu stärken
- Unsicherheit in Verknüpfung von Diagnose und Förderung → pauschale Förderung

Bilder von Schülerinnen und Schülern im Leseunterricht
- Wahrnehmung der Schülerinnen und Schüler als Nichtleser
- Heterogenität der Lernenden

Rezeption Tool
- keine Erprobung des Tools
→ zeitliche Ressourcen

8 Die Sicht der Lehrkräfte: Ergebnisse der Interviewanalysen   275

Bei einem Teil der Lehrkräfte ist weiterhin festzustellen, dass das Durchführen von Diagnosen vordergründig der Notengebung dient, wie exemplarisch bei Katja Lehmann deutlich wird:

> Leh₃: [...] Und auch, ähm, die Art und Weise, wie ich das dokumentiere, finde ich immer schwierig. Also Noten hinschreiben, finde ich immer schwierig. Ähm, alle anderen Bewertungskriterien, sei es jetzt diese mit dem Minus und dem Plus und dem Kreis, ähm, ist ja im Prinzip dasselbe. Ähm, das habe ich irgendwie, und ein Text ist immer schwierig in unsere, unsere Zeugnisformulare unterzubringen. Also wenn ich mir das selber notiere, ähm, muss, bin ich ja trotzdem am Ende gezwungen, das irgendwie in eine Note zu formen. Ähm, das finde ich noch relativ schwierig. Da habe ich noch nicht so den, die Lösung gefunden. Also ich schreibe mir das oft auf, einfach, ähm, als Notiz, als, als Satz oder Text und, ähm, muss dann, wenn Zeugnisse anstehen, mir überlegen, tja, hm, was mache ich denn jetzt daraus? Ne. Weil einfach die Noten das gar nicht so differenziert, ähm, wiedergeben können, wie Lesen ja auch verschiedene Bereiche hat. Ähm, tja und letztendlich muss ich eine Deutschnote geben für alles und das ist natürlich, hm, schwierig finde ich. (Lehmann₃ 1, 542–554)

In der Schilderung von Lehmann dokumentiert sich, dass sie Diagnosen zuvorderst durchführt und notiert, um auf dieser Grundlage Zeugnisnoten zu entwickeln. So beschreibt Lehmann im ersten Teil der Sequenz, dass sie es als schwierig empfinde, ihre Einschätzungen angemessenen zu dokumentieren. Kontrastiv zu den bisherigen leseprozessbezogenen Ausführungen in diesem Abschnitt zeigt sich weiterführend, dass Lehmann lesediagnostisches Handeln unmittelbar auf die Leistungsdiagnostik bzw. das Ableiten von Zeugnisnoten bezieht. Sie schildert, dass es für sie „*relativ schwierig*" sei, aus ihren diagnostischen Erkenntnissen unmittelbar Noten zu generieren. In der Wendung „*wenn ich mir das selber notiere, ähm, muss, bin ich ja trotzdem am Ende gezwungen, das irgendwie in eine Note zu formen*" wird deutlich, dass sie das Durchführen bzw. die Dokumentation von Diagnosen zuvorderst mit dem Zweck der leistungsbezogenen Einschätzung verknüpft. Eine ähnliche Haltung ist bei Anna Thiele zu erkennen, wenn diese beschreibt, dass sie im Unterricht das Fehlerlesen zur Beobachtung anwende, und die Grundlage für ihr Urteil dabei sei, dass „*je länger man liest, desto besser ist auch die Note und desto flüssiger werde ich auch*" (Thi₉ 1, 43–46).[25] Die handlungsleitende Zielstellung, die sich bei beiden Lehrkräften dokumentiert, ist also die Leistungsdiagnostik.

---

25 Dass die Methode des Fehlerlesens mit Blick auf die Förderung von Leseflüssigkeit kritisch zu sehen ist, wird an dieser Stelle nicht näher ausgeführt (dazu u. a. Rosebrock et al. 2011).

In den einzelnen Beschreibungen des lesediagnostischen Handelns ist zudem rekonstruierbar, dass sich die Lehrkräfte im Sample in ihren Aussagen zu geeigneten Indikatoren von Lesekompetenz auf „die äußerlich sichtbaren Merkmale" (Bertschi-Kaufmann 2007, S. 98) konzentrieren. Diese Haltung wird etwa in den Ausführungen von Lisa Mellmann deutlich, wenn sie den Teilbereich „Leseflüssigkeit" im Diagnosetool kommentiert:

> Mel$_4$: Mmh. Ist alles eigentlich drin. (…) Das würde ich so lassen. Ich weiß nicht, was man da noch <u>ergänzen</u> kann vielleicht. Aber die finde ich erst einmal ausreichend, das sind ja auch sehr viele im, im Bezug auf andere Bereiche. Und deswegen, ähm, umso detaillierter, umfasst eigentlich so dieses, das, was ich als Lehrer in der Klasse gut auch beobachten kann. Also ich kann sehen, ob der, wie er laut liest. (I: Mmh.) Oder ich kann das eben hören, ob de/ ob die Sinneinheiten stimmen, ne, so. Das, äh, das kann ich, kann man eigentlich relativ gut auch auswerten. (Mellmann$_4$ 2, 970–976)

An anderer Stelle im Interview bestätigt sich diese Lesart, wenn Mellmann argumentiert: „*Alles, was ich schnell, also wirklich sehe, erfassen kann, kann ich auch schneller hier eintragen*" (Mel$_4$ 2, 1227f.).[26] Festgehalten werden kann, dass viele Lehrkräfte im Sample vor allem die direkt und unmittelbar messbaren Komponenten von Lesekompetenz in den Blick nehmen. Indirekt erfassbare Facetten, wie etwa die subjektive Beteiligung beim Lesen, sind für ihr Handeln insofern nachgeordnet, wie etwa die Kommentierung von Lars Uhland zum entsprechenden Teilbereich verdeutlicht:

> Uhl$_{11}$: Ja, das ist so, wie das Wort subjektiv schon sagt, also das kann man ja, subjektiv, das kann man ja so hineininterpretieren. Ist er beteiligt, ist er nicht beteiligt, so. Das, ja die Punkte sind okay. Also das kann ich nachvollziehen, ne. Aber wenn man über die Texte spricht, dann kann man sagen: Ja, der und der hat, ne, das kann ich nachvollziehen, was mit ihm los ist oder mit dem nicht irgendwie. Also, das find ich gut, also so eine innere Beteiligung (…) Ja. Dass einem einer Leid tut, also dass man so Mitgefühl hat. Ja, das (…) kann sein. Aber ich glaub nicht. Ja, das kann man aber, das, das (..) ja, das sind so Sachen, das kann man, das könnte ich auch nachvollziehen oder kann ich auch nachvollziehen, ne. Punkt drei ist wieder schwierig mit den eigenen Erfahrungen, Erlebnissen, ja, im Gespräch irgendwie dann, dass man dann, dass der Schüler irgendwie was sagt, aber (…). Punkt eins ((vorlesend)) „*ist in Lektüre versunken*" nicht, das ist definitiv beobachtbar, das kann ich sehen. Und ob der jetzt da liest oder, oder ob er nicht liest. Bei den anderen beiden Punkten ist es eben schon wieder schwierig, ne. (Uhland$_{11}$ 2, 967–979)

---

26 Dass sich hier weiterhin eine Kosten-Nutzen-Rechnung für das lesediagnostische Handeln zeigt, wird an anderer Stelle noch vertiefend thematisiert (siehe Kapitel 8.3.5).

In der Sequenz wird es von Uhland als Problemstelle ausgemacht bzw. von ihm als nicht leistbar empfunden, bestimmte mental ablaufende Prozesse des Lesens, wie die innere Beteiligung der Schülerinnen und Schüler für das Dargestellte, zu diagnostizieren. Als Erklärungsmuster dient ihm dabei, dass das Wort „subjektiv" bereits darauf hinweise, dass er als Lehrkraft keinen ‚direkten Zugang' zu entsprechenden Lesevorgängen habe und insofern *„ja so hineininterpretieren"* müsse. Grundlegend wird hier, wie auch an weiteren Stellen im Interview, deutlich, dass diejenigen Bereiche der Lesekompetenz, die nur indirekt oder durch gezieltes Nachfragen erhoben werden können, eine untergeordnete Rolle für sein lesediagnostisches Handeln einnehmen. Diese Haltung, die sich für einen Großteil der Lehrkräfte im Sample rekonstruieren lässt, wird im Weiteren als Denkfigur >DAS, WAS ICH SEHE< beschrieben.[27]

Als ein gewisser Widerspruch zur Denkfigur >DAS, WAS ICH SEHE< erscheint, dass alle Lehrkräfte im Sample darauf verweisen, dass sie ihre Diagnosen primär auf Basis von Intuition und Erfahrung vornehmen:

> Arn$_1$: […] Und sein wir mal ehrlich, irgendwo haben wir ja alle das Gefühl, ob das gut ist oder schlecht ist, ne. (I: Mmh.) Aber, äh, richtig festmachen können wir es eigentlich auch nur so an individuellen Empfindungen. (Arndt$_1$ 1, 885–887)

Ein Teil der Lehrkräfte thematisiert in diesem Zusammenhang eine ||Unsicherheit|| im Hinblick auf die von ihnen verwendeten Diagnosekriterien im eigenen Unterricht (Albrecht, Lehmann, Kunze, Arndt, Thiele, Uhland). So antwortet Katja Lehmann auf die Frage, was für sie eine Herausforderung beim Diagnostizieren von Lesekompetenz darstelle:

> Leh$_3$: Ich glaube, die Kriterien sind das Schwierige. Zumindestens haben, haben das meine, die Leute, die ich gefragt habe, so gesagt, dass sie sagen, ja eigentlich kann ich dir das gar nicht so genau sagen, das mache ich aus dem Bauch. So. Das habe ich im Gefühl. Und dann habe ich so gedacht, das ist ja schön, das ich nicht ((lacht)). Ähm, wahrscheinlich gibt es irgendwo ein schlaues Buch, das ich noch nicht gefunden habe, wo die Kriterien oder die, diese ganzen Sachen schön drinstehen. Das ist mir bisher noch nicht so über den Weg gelaufen. (Lehmann$_3$ 1, 617–623)

In ihrer Schilderung wird eine Unzufriedenheit mit den gegenwärtigen Diagnosekriterien erkennbar, in den Ausführungen von Katja Lehmann erscheinen diese eher als Notbehelf für ihr Handeln.[28] Lehmann verweist in diesem

---

27 Dass hier auch ein Anknüpfungspunkt für die Weiterentwicklung des Tools besteht, wird vertiefend in Kapitel 10.2.3.2 diskutiert.

28 Eine explizite Reflexion über die eigenen Diagnosekriterien wird auch kaum von Lehrkräften eingefordert. Dies spricht für die Argumentation von Schrader (2012),

Zusammenhang weiterführend darauf, dass ihr aber auch ihre Kollegen auf Nachfrage keine eigenen Diagnosekriterien hätten nennen können und (auch nur) auf ihre Intuition *("aus dem Bauch heraus")* als Urteilsgrundlage verwiesen hätten.[29] Indem Lehmann das Dilemma aus ihrem Wunsch nach eindeutiger Diagnose der Lesefähigkeiten und ihrer Unsicherheit mit den eigenen Kriterien als generelles Problem von Deutschlehrkräften kennzeichnet, kann sie das Spannungsfeld, das sie für ihr eigenes Handeln wahrnimmt, zumindest relativieren und so ihre berufliche Balance bewahren.

8.3.2.2 Umsetzung lesediagnostischen Handelns im Deutschunterricht

Wie auch in der einschlägigen Literatur (u. a. Schrader/Helmke 2001) diskutiert wird, beschreiben alle Lehrkräfte im Sample, dass sie die Lesekompetenz(en) ihrer Lernenden im Unterricht vorrangig spontan und situativ beobachten:

> Leh$_3$: Mmh. Ähm, ja, gute Frage ((lacht)). Also, ich glaube, so absichtlich beobachten tue ich das ganz selten. Ich glaube, das passiert oft nebenbei. Auch so Einschätzungen die, die mir da so, ähm einfallen, ähm, sind Sachen, die eher so nebenbei passieren. So ganz bewusst, ähm, passiert das eher selten. Es sei denn, ich setze mich wirklich hin und überlege: wie liest derjenige denn eigentlich? Ähm, es gibt aber auch immer Schüler, wo ich so denke, weiß ich gar nicht so genau. Also, ähm, dass ich es konkret beobachte, so mit Absicht bei allen, ist selten. Passiert tatsächlich nur, wenn ich sage, okay, jetzt muss ich da mal genauer drauf achten, das weiß ich jetzt gar nicht. DANN ACHTE ich ein bisschen verstärkt drauf, wenn derjenige liest oder sorge dafür, dass es eine Situation gibt, wo er irgendwie lesen muss. Und wo ich es auch dann mitkriege. Das ist ja was, was, ähm, das nächste ist. Ich muss ja irgendwann mitkriegen, ob derjenige wirklich liest oder ob er nur das Buch anguckt, ne. Ähm, deswegen ist vorlesen da schon, oder laut lesen schon irgendwas, wo, was auch so ein bisschen eine Kontrollfunktion hat. Dann bin ich sicher, okay, er hat zumindest auch gelesen. Ne. (Lehmann$_3$ 1, 250-263)

Gleich zu Beginn wird mit der Wendung *„gute Frage"* deutlich, dass bei Katja Lehmann Wissensbestände zum Gegenstandsfeld nicht unmittelbar präsent sind. Diese Lesart wird im Weiteren konkreter, wenn Lehmann herausstellt, dass sie *„ganz selten gezielt"* in ihrem Unterricht beobachte und Diagnosen zumeist *„nebenbei"* durchführe. Es wird deutlich, dass bei ihr diagnostische Prozesse, wenn überhaupt, aus dem Unterrichtsgeschehen heraus erfolgen. Gezielte Lernarrangements und eine systematische Lesediagnostik sind diesem Vorgehen eher nachgeordnet. Das hier beschriebene spontane und situative Lehrerhandeln,

---

Erfahrungsräume zu gestalten, in denen Lehrende die eigene diagnostische Praxis reflektieren und schrittweise weiterentwickeln können (ebd., S. 45).

29 Hier werden auch Bezüge zum vorherigen Zitat von Nils Arndt deutlich (s. o.).

8 Die Sicht der Lehrkräfte: Ergebnisse der Interviewanalysen

dass sich in den Handlungserzählungen aller Lehrkräfte dokumentiert, spiegelt sich auch in der Rezeption des Diagnosetools wider (siehe dazu auch Kapitel 8.3.5). So beschreibt etwa Lisa Mellmann rückblickend, dass sie zu Beginn davon ausgegangen sei, das sie das Tool „*halt wirklich nebenbei nutzen* [könne], *neben meinem Unterricht*" (Mel$_4$ 2, 50).

Mit anderen Worten: Auch wenn von allen Lehrkräften im Sample auf kommunikativer Ebene dem diagnostischen Handeln eine Bedeutung zugewiesen wird, ist die Umsetzung einer systematischen Lesediagnostik für ihren Unterricht nicht handlungsrelevant. Als Erklärungsmuster ist dabei zumeist rekonstruierbar, dass diese Handlungsoption mit Blick auf fehlende persönliche Ressourcen und institutionelle Bedingungen verworfen wird (Kapitel 8.3.2.1). Bei Lars Uhland wird in diesem Kontext deutlich, dass er ein systematisches lesediagnostisches Vorgehen grundlegend auch für nicht notwendig erachtet.[30] So verfügt Uhland zwar über kommunikatives Wissen bzgl. einer systematischen Lesediagnostik[31], führt im weiteren Gespräch aber aus, dass „*diese Systematik, die man eigentlich bringen müsste, die habe* [er] *[...] da nicht dahinter*" (Uhl$_{11}$ 1, 408):

> Uhl$_{11}$: Ja, das ist natürlich irgendwie so intuitiv eigentlich ein bisschen auch, ne. Das ist so aus dem normalen Unterrichtsgeschehen. Da merkt man das schon. Also ich kann das ziemlich genau sagen, wie wer liest, ne. (Uhland$_{11}$ 1, 412–414)

Mit Blick auf die bisherigen Ausführungen ist weiterhin die Frage danach interessant, welche ||Formen der Diagnostik|| sich im vorliegenden Datenmaterial rekonstruieren lassen. Auffällig ist, dass obwohl alle befragten Lehrenden diagnostisches Handeln grundsätzlich als wichtig ansehen, diagnostische Ansätze in den Gesprächen zumeist kaum im Horizont der Lehrkräfte sind. Dominierende Maßnahme, die von allen zehn befragten Lehrkräften thematisiert wird, ist das Vorlesen von Texten oder Sequenzen im Rahmen des Deutschunterrichts, womit Befunde bisheriger Untersuchungen bestätigt werden (Gölitzer 2009, S. 292; Pieper 2004, S. 181). Exemplarisch für viele andere Aussagen im vorliegenden Datenmaterial ist dazu die folgende Sequenz aus dem Interview mit Nina Meier:

> Mei$_2$: Gut, das ist ganz banal, dass das, ähm, je nach Aufgabenstellung entweder, ähm, ein lautes Vorlesen ist und ich den Schüler, der tatsächlich auch laut vorgelesen hat, bitte, das nochmal zusammenzufassen, was er gelesen hat. (I: Mmh.) Das ist ja eine große Schwierigkeit häufig. Oder grundsätzlich die Schüler immer wieder bitte, Texte mit eigenen Worten zusammenzufassen, mündlich und schriftlich. (Meier$_2$ 1, 194–198)

---

30 Diese Setzung ist in Verknüpfung damit zu sehen, dass Uhland die Förderung von Lesekompetenz nicht mehr als Aufgabe der Sekundarstufe versteht (Kapitel 8.3.3.1).
31 Siehe dazu die diskutierte Sequenz in Kapitel 8.3.2.1.

Neben dem Vorlesen als Diagnoseinstrument verweist Meier im zweiten Teil des Zitats auf die Wiedergabe des Gelesenen als einen wesentlichen Diagnoseindikator, um das Textverstehen zu erfassen. Hier werden Bezüge zum bereits diskutierten Konzept <mit eigenen Worten wiedergeben> deutlich (Kapitel 8.3.1). Ein Großteil der Lehrkräfte im Sample bezieht sich im Interview ebenfalls auf die Möglichkeit, das Textverstehen der Schülerinnen und Schüler über das Erstellen von Textzusammenfassungen sowie weiterhin über Inhaltsfragen zu erheben.[32]

Semiformelle oder formelle Verfahren zur Lesediagnostik, wie die Verwendung von Beobachtungsbögen oder die Einbindung von Diagnoseergebnissen aus Vergleichs- und zentralen Prüfungsarbeiten, werden in den Handlungserzählungen kaum thematisiert und nehmen in den Perspektiven der meisten Lehrkräfte eine untergeordnete Rolle zur Informationsgewinnung ein – narrative oder bilanzierende Passagen zu standardisierten Verfahren fehlen oftmals.[33] Bei mehreren Lehrkräften sind diagnostische Tests auch kein Teil ihres kommunikativ verfügbaren Wissens, wie auf konkrete Nachfrage bei Anna Thiele deutlich wird: Sie sei „*überhaupt nicht auf die Idee gekommen, dass es da Diagnosemodule [gebe] [...]*" (Thi$_9$ 1, 446–456).

Im Rahmen der Analyse stellte sich als ein weiterer zentraler Aspekt heraus, welche Perspektive die Lehrenden auf die ||Auswahl von Diagnoseverfahren|| einnehmen. Kontrastiv zu der zuvor beschriebenen Perspektive von Anna Thiele wird von allen Lehrkräften an der Schule STEY[34] das Salzburger Lesescreening (Auer et al. 2005) als ein mögliches Verfahren herausgestellt, um die Lesefähigkeiten der Schülerinnen und Schüler zu diagnostizieren. Der SLS-Test wurde an der Schule STEY auf Grundlage eines gemeinsamen Beschlusses in der Fachkonferenz Deutsch eingeführt und wird in den Klassen 5–8 verbindlich „*meistens so kurz vor den Herbstferien*" (Alb$_1$ 1, 402) durchgeführt. In den Handlungserzählungen der Lehrkräfte wird deutlich, dass sich Durchführung des Tests aus ihrer Perspektive als Erfolg erweist. Interessant ist, welche Erklärungsmuster sich in diesem Zusammenhang rekonstruieren lassen:

---

32 Zur Problematik, die Wiedergabe des Gelesenen als Indikator für ein umfassendes Textverstehen zu werten, siehe die Ausführungen in Kapitel 8.3.1.
33 Dieser Befund ist anschlussfähig an eine Studie von Jäger-Flor/Jäger (2008), in der nur 14 Prozent der Befragten (N=545) sich als sehr vertraut mit diagnostischen Instrumenten einschätzen (dazu Jäger 2009, S. 106f.). Auch bei Inckemann (2008, S. 111f.) zeigen die Lehrkräfte zu Beginn der Untersuchung ein gering ausgeprägtes Wissen über geeignete Diagnoseverfahren im Schriftspracherwerb.
34 Simone Albrecht$_1$, Nina Meier$_2$, Katja Lehmann$_3$, Lisa Mellmann$_4$, Daniela Kunze$_5$, Nils Arndt$_8$.

8 Die Sicht der Lehrkräfte: Ergebnisse der Interviewanalysen

Arn$_8$: [....] Aber das war einfach. Es war schnell durchzuführen. Das war praktikabel und es war, äh, vom Ergebnis her ganz eindeutig. (Arndt$_8$ 1, 737–738)

Mel$_4$: Kön/ Würde ich ihm anraten. Zum Beispiel mit so einem Ding anzufangen und zu gucken. Das kann man in drei Minuten machen. Dann hast du so einen, ungefähr da, wobei es da ja nicht nur um die Lesefertigkeiten/ Doch, da geht es auch/ geht es ja um Schnelligkeit, um sinnentnehmendes Lesen. Das ist ja so ein Test, der unheimlich, den Schülern unheimlich viel Leistung in kürzester Zeit, ähm, abmisst. Und da kann man halt anhand einer Wertung schon einmal so ungefähr sagen, wo liegen die eigentlich, was habe ich da für eine Klasse vor mir. (Mellmann$_4$ 1, 209–215)

Hier, wie auch in anderen Interviews, wird die Orientierung deutlich, dass die Durchführungspraktikabilität den subjektiv bedeutenden Faktor für den Einsatz eines lesediagnostischen Verfahrens darstellt. Die Frage, welches *diagnostische Potenzial* die einzelnen Verfahren besitzen – z. B. im Hinblick auf das Gütekriterium Validität (Kapitel 4.2.2) – ist für das Handeln der Befragten hingegen nachgeordnet. Es kann rekonstruiert werden, dass das Salzburger Lesescreening von allen Lehrkräften, die an der Schule STEY unterrichten, nicht basierend auf lesedidaktischen Zielsetzungen, sondern vorrangig aus pragmatischen Gründen als erfolgreich implementierbar angesehen wird.[35] Die Erkenntnisse des SLS-Tests weiterführend gelingend für den Unterricht zu nutzen, wird von keiner Lehrkraft explizit thematisiert. Obschon also von den Lehrkräften ein standardisiertes Verfahren im Unterricht eingesetzt wird, bleibt dessen Ertrag für den Unterricht weitgehend folgenlos. Vermutlich steht dies in Zusammenhang mit der in Kapitel 8.3.2.1 rekonstruierten Haltung, Diagnostik als *Statusdiagnostik* und nicht als lernprozessbezogenes Vorgehen zu verstehen (Kapitel 8.3.3.1).[36]

---

35 Weiterhin ist auffällig, dass der kollektive Beschluss zum Einsatz des Verfahrens auch nicht (mehr) hinterfragt wird. So beschreibt Daniela Kunze auf Nachfrage, warum der SLS-Test zu Beginn des Schuljahres durchgeführt werde, dass sie die Beweggründe für diese Entscheidung nicht kenne: „*Vielleicht ist das eine bewusste Entscheidung mal gewesen, weiß ich nicht*" (Kun$_5$ 1, 332). Scheinbar wird der Zeitpunkt der Durchführung von ihr als eine selbstbestimmte Aktion der Kollegenschaft wahrgenommen wird, die von ihr nicht weiter hinterfragt wird.

36 Bei Simone Albrecht ist in diesem Zusammenhang beispielsweise erkennbar, dass sie die Ergebnisse des SLS-Tests strategisch – im Sinne einer Rechtfertigung nach außen – nutzt. Sie schildert im Interview, dass man mit den Testergebnissen für Elternsprechtag „*gut was in der Hand*" habe, um über die Lesefähigkeiten der Schüler zu diskutieren (Alb$_1$ 1, 403–406). Dieses strategische Orientierungsmuster wurde weiterhin im zweiten Interview deutlich: Simone Albrecht berichtet, dass sie einen Ausdruck der Auswertungsbögen von zwei Schülern aus dem Diagnosetool für den Elternsprechabend

Neben der schnellen Durchführbarkeit als prägender Orientierung ist in dem angeführten Zitat von Lisa Mellmann weiterhin interessant, dass sie erläutert, dass mit dem SLS-Test die *„Schnelligkeit"* und *„sinnentnehmendes Lesen"* (Mel$_4$ 1, 212) erhoben werden können. Das Salzburger Lesescreening (Auer et al. 2005) ist ein Verfahren, das die basalen Lesefertigkeiten misst und dabei vor allem die Lesegeschwindigkeit auf Satzebene erfasst (Kapitel 4.2.2). Die Ausführungen von Mellmann lassen insofern vermuten, dass sie das Salzburger Lesescreening mit Blick auf dessen spezifische Zielsetzung eher oberflächlich rezipiert hat. Auffällig ist, dass Simone Albrecht, Katja Lehmann und Nils Arndt in ähnlicher Weise argumentieren, dass der SLS-Test das Lesetempo und das Inhaltsverständnis überprüfe (Alb$_1$ 1, 106–114; Leh$_3$ 1, 67–72; Arn$_8$ 1, 547–552, 556–560). Inwiefern hier eine geteilte Auffassung der Lehrkräfte an der Schule STEY vorliegt, kann anhand des Datenmaterials allerdings nicht abschließend beantwortet werden.

Mit Blick auf das bisher Diskutierte ist abschließend interessant, wie Diagnoseerkenntnisse von den Lehrkräften festgehalten werden. Im Hinblick auf die ||Dokumentation der Beobachtungen|| lassen sich unterschiedliche Perspektiven rekonstruieren. Nur ein Teil der Lehrkräfte thematisiert im Interview, dass sie Notizen ihrer Beobachtungen anfertigen (Albrecht, Lehmann, Kunze, Arndt, Thiele). Allerdings schildern alle Lehrkräfte, die dieser Position zuzuordnen sind, dass sie ihre Beobachtungen weniger strukturiert und ausdifferenziert dokumentieren – die Notizen seien *„manchmal sehr frei"* (Kun$_5$ 1, 258). Als Erklärungsmuster für dieses Vorgehen beziehen sich die Lehrkräfte erneut auf ressourcenbedingte Aspekte. So verweist Anna Thiele darauf, dass das Lesen *„ein kleiner Punkt von ganz vielen anderen"* sei: *„[…] [D]iese Notizen mache ich mir nur, wenn wir längere Lesephasen haben, sonst schaffe ich das gar nicht. Das ist ein Riesenaufwand, ne"* (Thi$_9$ 1, 410–412). Ihr eigenes Vorgehen sieht Thiele dabei durchaus kritisch:

> Thi$_9$: Mmh. Also manchmal habe ich für mich so den Eindruck, ich bin da nicht konsequent genug. Dass ich, äh, manchmal, ähm, diese Dokumentation zum Beispiel, dann auch so ein bisschen schleifen lasse, weil es einfach auch sehr, sehr arbeitsintensiv ist, ne, und ich mich dann zwischendurch auf etwas Anderes einlasse. Ähm, und manchmal denke ich für mich auch, dass es sinnvoll wäre, den Schülern, ähm, auch zu zeigen, was sie im Laufe der Zeit besser machen. Und das schaffe ich auch oft nicht und das würde ich ganz gerne. (Thiele$_9$ 1, 546–551)

---

genutzt habe (Alb$_1$ 2, 698–732), um gegenüber den Eltern zu verdeutlichen: *„Hallo, ist ganz wichtig, dass Ihre Kinder Förderung erhalten"* (Alb$_1$ 2, 715).

Implizit tritt hier ein Problembewusstsein zutage: Anna Thiele nimmt zwar wahr, dass sie den Schülerinnen und Schülern gegenwärtig nicht gerecht wird, stabilisiert ihr Handeln jedoch damit, dass sie eine systematische Lesediagnostik auf Grundlage der weiteren anstehenden Aufgaben an der Hauptschule nicht mehr leisten könne. Die in der Sequenz kommunizierte Alternative stellt einen Wunsch ohne Enaktierungspotential dar. Zugleich sichert diese Haltung berufliche Stabilität, indem das angemessene Handeln gewusst, aber unter den ungünstigen Umständen ‚nur' nicht realisiert werden kann.

In der Gesamtschau lässt sich festhalten, dass obwohl die meisten Lehrerinnen und Lehrer im Sample über explizite lernprozessbezogene Wissensbestände verfügen, vorrangig ein punktuelles bzw. statusdiagnostisches Vorgehen ihr lesediagnostisches Handeln strukturiert. Formen der semiformellen und formellen Diagnostik spielen in den Handlungserzählungen der Lehrkräfte eine eher untergeordnete Rolle. Primär ist eine Haltung zu rekonstruieren, wonach lesediagnostisches Handeln spontan und situativ erfolgt. Lesediagnostisches Handeln wird von allen Lehrkräften als Tätigkeit verstanden, welche man kaum systematisch (noch individualisiert) innerhalb des Deutschunterrichts ausführen könne.[37] Wenn der Einsatz von lesediagnostischen Verfahren in den Interviews thematisiert wird, so lässt sich rekonstruieren, dass dieser zuvorderst von einer Kosten-Nutzen-Rechnung bestimmt ist. Für alle Lehrkräfte im Sample werden die diagnostischen Zielsetzungen bzw. das Potenzial der einzelnen Verfahren bei der Frage nach dem Einsatz bestimmter Verfahren kaum handlungsrelevant.

8.3.3 Haltung zum Anspruch der (diagnosebasierten) Leseförderung

Von fachdidaktischer Seite werden Lesediagnose und Leseförderung in einem Zusammenhang gesehen sowie die Förderung von Lesefähigkeiten als Aufgabe für den Deutschunterricht in der Sekundarstufe betrachtet. Insofern ist es von zentralem Interesse, inwiefern die Befragten im Sample die Förderung von Lesefähigkeiten eigentlich als (Lehrer-)Aufgabe für die Sekundarstufe ansehen (Kapitel 8.3.3.1) und auf welcher Grundlage sie Maßnahmen zur Leseförderung durchführen (Kapitel 8.3.3.2).

---

37 Die beschriebene Haltung der Lehrkräfte wirft weiterführend die Frage auf, inwiefern aus den Dokumentationen nutzbare Urteile für Anschlusshandlungen abgeleitet werden (siehe dazu Kapitel 8.3.3.2).

8.3.3.1 Leseförderung als (k)eine Aufgabe des Deutschunterrichts

Auch wenn alle Deutschlehrkräfte den Stellenwert des Lesenkönnens in den Interviews herausstellen, wird wiederum die Aufgabe der Leseförderung nicht von allen als Teil der Lehrerarbeit in der Sekundarstufe angenommen. Sieben der zehn befragten Lehrkräfte sehen die Förderung von Lesekompetenz tendenziell als Aufgabe des Unterrichts der Sekundarstufe.[38] Dagegen wird in den rekonstruierten Perspektiven von Hanna Leeke, Marie Seefeld und Lars Uhland deutlich, dass sie Leseförderung, wenn auch in unterschiedlichen Abstufungen, nicht mehr als Lehreraufgabe in der Sekundarstufe auffassen. So argumentiert Lars Uhland im Rahmen des ersten Interviews:

> Uhl$_{11}$: Ähm, ja dann muss man erst einmal, also ich sage mal, in der, in der achten Klasse, ähm, wo wir jetzt sind, ähm, (…) ist das ja schon erst einmal überhaupt gar kein Schwerpunkt mehr. Also da, diese Sache, wer, wer jetzt nicht gut lesen kann, der hat ja, ähm, schon einmal generell einfach erstmal auch ein Problem. Das muss man ja mal so sagen, denn, äh, vom, vom Lehrplan her ist da jetzt ja kein Platz, keine Zeit, irgendwie zu sagen, ähm, ähm, wir machen jetzt mal so eine Einheit und lernen mal Lesen. Das ist ja gelaufen, das war ja schon in der Grundschule oder in der fünften Klasse vielleicht so, ne. Und, äh, ich sage mal diese Appelle, was dann, was man dann so, äh, hat, dass man sagt, du musst mehr lesen oder wir lesen mal ein Buch, ähm, das erreicht ja genau die Schüler, die nicht gut lesen können, die versuchen das ja auch zu vermeiden, weil sie ja nicht gut lesen können. Also, da kann ich ja nichts mit erreichen. Das ist ja, ähm, eine Sache, also, ähm, (.) und dabei ist es so eine, so eine Schlüsselqualifikation eigentlich, diese Schüler haben ja auch in allen anderen Bereichen ja auch ein Problem dann, ne. Weil sie da in sich, für sie Aufgabenstellungen nicht erschließen usw., ne. Und das ist schon ein Riesenproblem, aber, ähm, (…) also eine spezielle Form der Leseförderung, außer, ähm, dass man natürlich irgendwie alle halbe Jahr irgendwie eine Lektüre liest und im Deutschbuch irgendwie liest und versucht irgendwie, auch mal, ähm, zuzuhören und auch zuhören zu lernen, das ist schon schwierig so im Unterrichtsalltag, ne. (Uhland$_{11}$ 1, 287–304)

In den Ausführungen von Uhland wird deutlich, dass er den Schwerpunkt für die gezielte Leseförderung in der Grundschule und nicht mehr in der Sekundarstufe sieht. In seiner achten Klasse sei Lesen „*ja schon erst einmal überhaupt gar kein Schwerpunkt mehr*". Möglichkeiten, um die von ihm wahrgenommenen Leseprobleme seiner Schülerinnen und Schüler in seinem Deutschunterricht aufzugreifen, sieht Uhland nicht. Dies könne er sich „*nicht mehr leisten. Es ist zu viel*"

---

[38] Innerhalb des Samples sind noch weitere Abstufungen in den einzelnen Orientierungsmustern der Lehrkräfte erkennbar. Dieser Aspekt wird mit Blick auf das Erkenntnisinteresse der vorliegenden Arbeit aber nicht vertieft.

(Uhl₁₁ 1, 637f.). Ähnlich argumentiert Hanna Leeke im ersten Interview, dass sie das Lesenkönnen „*im Großen und Ganzen voraussetze*" und dieser Aspekt insofern keinen Schwerpunkt mehr in ihrem Unterricht darstelle. Sie mache „*also keinen Anfangsunterricht mehr*". Mit Blick auf die Leseprobleme ihrer Lernenden habe sie die „*Hoffnung*", dass die Schülerinnen und Schüler „*natürlich mit Lesen lernen. Ständig. In jedem Fach, ganz klar, dass es dann kommt*" (Lee₇ 1, 744–754). Sie vertritt somit die Auffassung, dass die Lesefähigkeiten ihrer Lernenden im Unterricht mitgefördert werden könnten, für eine gezielte Leseförderung sieht sie sich hingegen nicht mehr zuständig.

Neben der Frage, ob Leseförderung als (k)eine Aufgabe für den Deutschunterricht der Sekundarstufe gesehen wird, muss weiterhin differenziert werden, inwiefern die Lehrkräfte im Sample Leseförderung auch als erfolgreich zu leistende Lehreraufgabe begreifen.[39] Von fachdidaktischer Seite sowie in aktuellen lesedidaktischen Konzeptionen wird in diesem Zusammenhang insbesondere der Anspruch vertreten, dass Leseförderung nicht nur systematisch, sondern auch möglichst individualisiert zu erfolgen habe. Wie bereits in den Darstellungen zum diagnostischen Handeln (Kapitel 8.3.2) implizit deutlich wurde, ist das professionelle Selbstverständnis der meisten Lehrenden im Sample allerdings davon geprägt, *gruppenbezogen* zu handeln und weniger darauf konzentriert, eine ||Individualisierung|| in ihrem Unterricht anzustreben. Einen lehrerseitig individualisierend organisierten Deutschunterricht auf Grundlage von individuellen Diagnosen durchzuführen, wird von den Lehrkräften zwar als professionelles Lehrerhandeln anerkannt, jedoch als Handlungsoption für den eigenen Unterricht verworfen:

Leh₃: (…) Also dass man im Prinzip echt Zeit und Ruhe hat, sich, ähm, also rein von der, von der Organisation her, ähm, sich in Ruhe mit, ähm, mit einer kleineren Gruppe von Schülern zusammenzusetzen und es, ähm, und sich in Ruhe mit Lesen und diesen Lesefähigkeiten zu beschäftigen, und in Ruhe zu beobachten. Das ist, ähm, manchmal organisatorisch einfach schwierig, weil wir, ähm, ja nicht immer hinkriegen eine, eine Doppelsteckung, oder dass jemand nur die Hälfte der Klasse hat. Ähm, das würde ich mir manchmal einfach wünschen. Dass ich sage, komm, ich nehme die fünf jetzt heute mit und, ähm, gucke mit denen und lese mit denen zusammen und, äh, beobachte da ein bisschen genauer, ohne dass die 15 anderen da noch rumlaufen. (Lehmann₃ 1, 676–684)

---

[39] So kommt Scherf in seiner Studie zu der Erkenntnis, dass „die Professionalisierung der Organisation in Bezug auf Leseförderung auch davon abhängig [ist], ob die beauftragten Mitglieder Leseförderung als ihre Aufgabe anerkennen *und* die Aufgabe für erfolgreich lösbar halten" (Scherf 2013, S. 373, Herv. F.S.).

Es wird insofern allen Lehrkräften als nicht auflösbares Spannungsfeld gesehen, dass man mit einem gruppenbezogenen Handeln im Leseunterricht nicht allen Schülern gerecht werden kann. „*Die Gefahr ist ja immer, das ist, glaube ich, bei uns immer, dass wir gerne allen Schülern die gleiche Aufgabenstellung geben, weil das einfach am einfachsten ist*" (Lee$_7$ 1, 782–784). Die differenzierte Leseförderung der leistungsheterogenen Schülerschaft ist somit von Lehrerseite gewünscht, deren *Umsetzung* innerhalb der schulischen Rahmenbedingungen wird jedoch in den Interviews häufig als Problemstelle ausgemacht, wie etwa bei Lisa Mellmann deutlich wird, die zunächst verbalisiert, das sie eine Individualisierung in ihrem Unterricht anstrebe:

> Mel$_4$: […] Also ich, äh, ich wende auch individuell auf verschiedene Schüler verschiedene Sachen an. Wenn, wenn die Zeit mir das lässt. Das habe ich gemacht in, als wir diese drei Stunden hatten. Da habe ich wirklich dran, da geguckt, was habe ich da für einen Schüler vor mir sitzen. Dann musste ich erst einmal diagnostizieren, wie ist der so drauf und was kann er überhaupt schon und wo muss ich da ansetzen? So und da ging es los und da habe ich dieses Ganze halt gemacht mit denen. Erst einmal so eine, so einen Einheitsbrei und dann selektierte sich so langsam heraus, wer besser ist und wer schlechter ist. Wer unterfordert war und wer überfordert war. Und dann haben sie differenziert Sachen zugeschoben gekriegt. (Mellmann$_4$ 2, 647–655)

Deutlich wird, dass Lisa Mellmann auf kommunikativer Ebene über Wissensbestände zu einer gezielten individualisierten Leseförderung verfügt. In ihrer Aussage, „[d]*as habe ich gemacht,* […] *als wir diese drei Stunden hatten*" – womit sie auf die ursprünglichen Leseförderstunden an der Schule STEY verweist – zeigt sich aber, dass Mellmann diesen Anspruch für ihr gegenwärtiges Handeln verwirft. Mit Blick auf die fehlenden zeitlichen Ressourcen ist eine Individualisierung des Unterrichts aus ihrer Sicht nicht mehr leistbar. Eine Entsprechung der kommunizierten Haltung, individualisiert Leseförderung zu betreiben, kann in ihren Handlungserzählungen weitgehend nicht rekonstruiert werden. So zeigt sich auch bei Katja Mellmann zuvorderst ein *gruppenbezogenes Agieren* im Rahmen des Deutschunterrichts.

8.3.3.2 Leseförderung im Deutschunterricht

Diejenigen Deutschlehrkräfte, die Leseförderung als Aufgabe der Sekundarstufe verstehen, beziehen sich in ihren Handlungserzählungen auf unterschiedliche Ansätze. Allerdings ist festzustellen, dass die Lehrkräfte eher allgemein über verwendete Methoden im Unterricht sprechen, die zur Förderung der Lesefähigkeiten ihrer Schülerinnen und Schüler eingesetzt werden. In der Analyse ist insgesamt festzustellen, dass viele Lehrkräfte zumeist eher pauschal und unsystematisch Fördermaßnahmen vornehmen. Interessant sind in diesem Zusammenhang die Erklärungsmuster für ||Förderentscheidungen||, die in den Handlungserzählungen der Lehrkräfte deutlich werden. So erläutert Lars Uhland im zweiten Interview, dass er die Methode des Lautlese-Tandems ausprobiert habe, da dieses Verfahren in den Hintergrundtexten des Diagnosetools als Methode beschrieben sei. Vertiefende Erkenntnisse zur Grundlage seiner Entscheidung ergeben sich bei der konkreten Nachfrage, warum er diese Fördermaßnahme ergriffen habe:

> I: Das Lesetandem haben Sie dann, ähm, (.) benutzt, weil Sie festgestellt haben, dass bei Ihnen viele Schüler die Leseflüssigkeit noch nicht so ausgebildet haben, oder weil Sie die Methode gerne ausprobieren wollten?
>
> Uhl$_{11}$: Wollte die Methode einfach mal gern ausprobieren. Und dann habe ich natürlich dann immer noch so kombiniert, etwas stärkere und etwas schwächere Schüler. (Uhland$_{11}$ 2, 53–59)

Es zeigt sich, dass Lars Uhland vorrangig an der *Durchführbarkeit* der Fördermaßnahme im Unterricht interessiert ist. Die Ideenbox in den Hintergrundtexten (Kapitel 6.2.4) wird von ihm als Anleitung für Unterrichtshandlungen aufgefasst. Die lesedidaktische Zielsetzung des Lautlese-Tandems wird von ihm indes nicht hinterfragt bzw. ist nicht in seinem Wahrnehmungsfokus. Ein ähnlicher Begründungszusammenhang zeigt sich auch bei Hanna Leeke, die ebenfalls thematisiert, dass sie das Lautlese-Tandem im Unterricht ausgeführt habe, weil sie „*die Idee toll*" fand. Die Zielsetzung des Verfahrens thematisiert sie hingegen nicht, sodass auch bei ihr eine Haltung deutlich wird, die primär an der Durchführung des Verfahrens orientiert ist (Lee$_7$ 2, 236–247).[40] Festgehalten werden kann, dass beide Lehrkräfte dem fachdidaktischen Verfahren zwar grundlegend offen und ‚interessiert' begegnen, sie das Verfahren des Lautlese-Tandems jedoch als Handlungsanleitung verstehen, deren Setzung(en) von ihnen nicht hinterfragt bzw. nur oberflächlich rezipiert werden.[41]

Wie bereits angeführt, werden Förderhandlungen und Strukturierungsmaßnahmen im Unterricht von den Lehrkräften häufig nicht an die Bedingungen

---

40 Dieser Befund ist anschlussfähig an die Ergebnisse von Scherf (2013, S. 389, 413).
41 Von beiden wird das Verfahren nur oberflächlich angewendet und nach kurzer Zeit wieder abgebrochen wird (Lee$_7$ 2, 216f., Uhl$_{11}$ 2, 63–71). Dies steht vermutlich in Zusammenhang mit der Tatsache, dass beide Lehrkräfte Leseförderung allgemein nicht mehr als Aufgabe in der Sekundarstufe ansehen (Kapitel 8.3.3.1).

in den Lerngruppen angepasst, wodurch die gewünschte Wirkung von Unterrichtsaktivitäten ausbleibt:

> Leh$_3$: Ja. Also wir haben jetzt, ähm, zum Beispiel als, als EM war, ähm, uns mit Fußball/ mit Büchern rund um Fußball beschäftigt. Weil ich gedacht habe: Hey, ich habe ganz viele Jungs. Fußball finden die alle cool, vielleicht finden sie ja das Buch, wo sie dann sagen: „Ja! Da will ich jetzt gar nicht mehr aufhören zu lesen". Ähm, nein, war leider nicht so. (I: Mmh.) Obwohl da bestimmt 40 verschiedene zur Auswahl waren und sie halt auch erst einmal gucken konnten und sich orientieren konnten. Da war leider keiner so begeistert, dass so: „Oah, das finde ich total toll." Aber woran das liegt, weiß ich nicht. Ob das an meinen Schülern liegt und das einfach, oder ob es einfach an dem Medium Buch liegt. Dass sie einfach von sich aus finden, Bücher sind irgendwie uncool, keine Ahnung. Also es hat schon eine Relevanz, ne. Ähm, ich würde mir auch wünschen, dass das irgendwie meine Schüler so, dass sie das so, dass es ihnen irgendwann so geht und dass sie sagen: „Ja, das finde ich toll". Aber ich/ es ist leider nicht so die, das, was sie tun. (Lehmann$_3$ 2, 557–568)

In der Sequenz wird deutlich, dass der Umgang der Schülerinnen und Schüler mit dem Förderverfahren für Katja Lehmann nicht zufriedenstellend verlaufen ist. Die Misserfolgserlebnisse der aus ihrer Sicht attraktiven Fördermaßnahme kann sie sich allerdings nicht erklären *("keine Ahnung")*, sondern bezieht sich eher vage auf verschiedene Erklärungsmuster. So etwa dass die Lernenden allgemein Bücher „irgendwie uncool" finden, da sie ihre Schülerinnen und Schüler allgemein als Nichtleser einstuft (siehe dazu auch Kapitel 8.3.4.1). Aus fachdidaktischer Perspektive erscheint dagegen die Durchführung von leseanimierenden Verfahren mit Blick auf die im Interview beschriebenen Voraussetzungen der Lernenden als nicht angemessen.

In den Handlungserzählungen einiger Lehrkräfte zeigt sich in diesem Zusammenhang auch eine Unsicherheit, Diagnoseergebnisse mit passenden Fördermaßnahmen verknüpfen zu können, wie etwa Katja Lehmann auf Nachfrage an anderer Stelle konkret erläutert:

> Leh$_3$: […]. Ich finde es immer relativ schwierig, weil ich immer das Materialproblem sehe und ich dann schon denke, man muss ja relativ, ein relativ großes Spektrum haben an Material, was man den Schülern zur Verfügung stellt. Und das immer passend auszuwählen ist schwer. Auch da muss man ja kritisch gucken. Es gibt da sicherlich viele Dinge mit Leseförderung auf dem Markt und wenn man sich so einen Verlagskatalog mal anguckt, gibt es da bestimmt drei Seiten, wo es um Leseförderung geht. Aber da immer so das Passende für die Schüler zu finden, finde ich sehr schwierig. Und das wäre natürlich nett, wenn ich da nochmal irgendwann soweit bin, dass ich da souverän sagen kann: Okay, der kriegt jetzt den Text oder der muss daran noch weiterarbeiten. Das, da fehlt mir einfach, glaube ich, noch ein bisschen Erfahrung. (Lehmann$_3$ 1, 566–577)

In jener Schilderung dokumentiert sich, dass für Lehmann zum einen eine Schwierigkeit darin besteht, zu analysieren, welche Zielsetzungen bestehende Materialien zur Leseförderung verfolgen. Zum anderen wird deutlich, dass sie die Verknüpfung von Diagnoseergebnissen mit angemessenen Förderhandlungen als „*relativ schwierig*" einordnet, um im Umgang mit der Leistungsheterogenität „*das Passende für die* [einzelnen] *Schüler zu finden*".[42] Auffällig ist, dass die Spannung von fehlendem differenzierten Vorgehen und gezielter Förderung, die sie für ihr gegenwärtiges Handeln bemerkt, von ihr auf die fehlende „*Erfahrung*" zurückgeführt wird. Entsprechend ist ihre Hoffnung bzw. Überzeugung, dass die Schieflage in ihrem aktuellen Unterrichtshandeln mit zunehmender Expertise im Berufsfeld „*irgendwann soweit*" auflösbar sei.[43] Forscherseitig ist zu interpretieren, dass diese Hoffnung für Lehmann ermöglicht, ihre berufliche Balance zu bewahren. Auch für eine Reihe weiterer Lehrkräfte im Sample ist festzustellen, dass sie – trotz der wahrgenommenen Leseschwächen vieler Lernender – nicht bzw. nahezu kaum auf elaborierte Wissensbestände zur Leseförderung zurückgreifen können, die als handlungsleitende Orientierung präsent sind.

Neben den eher pauschalen Maßnahmen, die in den Handlungserzählungen der meisten Lehrkräfte aufscheinen, lässt sich bei einigen Lehrkräften im Sample (Albrecht, Mellmann, Arndt)[44] rekonstruieren, dass diese Fördermaßnahmen durchaus auch ausgehend von den wahrgenommenen Lesefähigkeiten ihrer Lernenden vornehmen:

Mel$_4$: [..]. Aber, ähm, so Projekte laufen eigentlich immer ganz gut. Ich habe, ähm, Thema *Zeitung* in Deutsch bearbeiten müssen. Und habe dann mit den Schülern, äh, unsere Lokalzeitung uns vorgenommen, haben wir uns vorgenommen. Und dann haben wir geguckt, in welche Rubriken ist die überhaupt eingeteilt, was lohnt sich zu lesen, was nicht, was verstehe ich eigentlich. Und anschließend haben wir uns Adress/ also, mal, ich musste dann als Lehrerin immer von vorne sagen: „Lauter lesen. Lies mit Betonung", ne. Und, ähm, (.) das hat nicht so geklappt. Dann habe ich mir überlegt, privat auch, ich habe/ unsere Nachbarin ist in den, in, in den X [Name eines Seniorenheims] hier gekommen und da haben, haben, hatte ich damals die Idee, aus der Y [Name der

---

42 Zu dieser Leseart passt, dass Lehmann im zweiten Interview die Ideenbox in den Hintergrundinformationen des Tools positiv bewertet (Leh$_3$ 2, 221–230).
43 Hascher (2005, S. 1) verweist in diesem Zusammenhang auf das Phänomen der *Erfahrungsfalle*, wonach eine mehrjährige Berufserfahrung „nicht zwingend zur professionellen Entwicklung von Lehrerpersonen" führe, sondern auch (fach-)didaktische Blindheiten entstehen können.
44 Dass innerhalb der drei Einzelfälle wiederum Abstufungen im Hinblick auf die vorgenommene Verknüpfung von Diagnose und Förderung bestehen, wird hier nicht näher diskutiert.

Lokalzeitung] adressatenbezogen zu lesen. Weil da <u>müssen</u> sie laut lesen. Da müssen sie, ähm, sinngemäß lesen. Also auch Zeichensetzung berücksichtigen. So, und dieses adressatenbezogene Lesen, das haben wir anderthalb Jahre, fast zwei Jahre jetzt gemacht. <u>Jede Woche</u> einmal. Halbe Stunde lang, im Seniorenheim X unseren Omis da vorlesen. Das hat unheimlich viel gebracht, dieses Training. (Mellmann$_4$ 1, 161–174)

Lisa Mellmann beschreibt, dass sie in ihrem Unterricht zunächst festgestellt habe, dass ihre Schülerinnen und Schüler nicht in der Lage waren, Texte angemessen vorzulesen. Vor diesem Hintergrund habe sie ein Leseprojekt mit einem Seniorenheim initiiert, im Rahmen dessen ihre Lernenden den Bewohnern des Heims *„adressatenbezogen"* vorlesen sollten. Deutlich wird in ihren Ausführungen, dass sie die Maßnahme als sehr erfolgreich ansieht, wie sich in der Wendung *„unheimlich viel gebracht"* im letzten Satz der Sequenz zeigt. Auffällig ist auch hier, dass Mellmann ihre Ausführungen nicht mit lesedidaktischen Wissensbeständen begründet, wenngleich ihr beschriebenes Vorgehen aus fachdidaktischer Perspektive als angemessen einzustufen ist.

Zusammenführend ist festzuhalten, dass eine systematische Leseförderung, wie sie von fachdidaktischer Seite vertreten wird, in den rekonstruierten lehrerseitigen Perspektiven kaum Entsprechung findet. Insbesondere das dialektische Verhältnis von Diagnose und Förderung bleibt in den Handlungserzählungen der Lehrkräfte im Sample häufig unscharf oder ist aus lesedidaktischer Perspektive als kontraproduktiv anzusehen. Welche Auswirkungen die dokumentierten Relevanzsetzungen für den Unterricht haben, kann anhand des Datenmaterials dieser Studie allerdings nicht erörtert werden.

8.3.4 Bilder von Schülerinnen und Schülern im Leseunterricht

In der fallbezogenen Interpretation zeigte sich insbesondere das Schülerbild, das sich in den Interviewäußerungen dokumentiert, als besonders bedeutsam für das Handeln der Lehrkräfte im Sample. Alle Lehrkräfte machen in diesem Kontext Aussagen über die Rahmenbedingungen des Leseunterrichts an der Hauptschule allgemein wie auch spezifisch an ihrer jeweiligen Schule. Dabei werden Herausforderungen bzw. Spannungsfelder auf zwei Ebenen herausgestellt: (1) Der Umgang mit den (mangelnden) Lesefähigkeiten der Schülerinnen und Schüler (Kapitel 8.3.4.1) sowie (2) der Umgang mit dem Anspruch, Lesefähigkeiten angemessen im Unterricht anzubahnen (Kapitel 8.3.4.2).

8.3.4.1 *Lesefähigkeiten der Lernenden aus Sicht der Lehrkräfte*

Die ||Leseprobleme|| der Schülerinnen und Schüler, mit denen sich die Lehrkräfte bis in die höheren Jahrgangsstufen konfrontiert sehen, bilden ein bestimmendes

8 Die Sicht der Lehrkräfte: Ergebnisse der Interviewanalysen   291

Thema im Rahmen aller Interviews. Im Datenmaterial sind Narrationen über die spezifischen Lernbedingungen an der Hauptschule rekonstruierbar, die aus Sicht der Lehrkräfte mit spezifischen Anstrengungen (nicht nur) für ihr Handeln verbunden sind.[45] Dieser Aspekt kann insofern als geteilter Wissensbestand rekonstruiert werden. Bei genauerer Betrachtung der Schilderungen lassen sich allerdings zwei unterschiedliche Erklärungsmuster[46] beschreiben, die in diesem Zusammenhang deutlich werden:

- *ein lehrkraftbezogenes Erklärungsmuster*, das darauf abzielt, dass persönlichen Ressourcen der Lehrkraft ausgeschöpft sind
- *ein schülerbezogenes Erklärungsmuster* mit Blick auf die Lernenden und ihre lesebezogenen Leistungsfähigkeit („*dass es Grenzen gibt*")

Das *lehrkraftbezogene* Erklärungsmuster zeigt sich in Ausführungen, in denen die schulischen Rahmenbedingungen als Erschwernis für ein angemessenes Handeln thematisiert werden. So wird von einigen Lehrkräften der Schule STEY (Meier, Mellmann, Arndt) auf die Abschaffung zusätzlicher Leseförderstunden an ihrer Schule verwiesen, die aus ihrer Perspektive eine Möglichkeit zum (gelingenden) Umgang mit den mangelnden Lesefähigkeiten der Schülerinnen und Schüler dargestellt habe, wie die folgenden Aussagen von Nina Meier und Lisa Mellmann zeigen:

> Mei$_2$: Es sollte so sein, wie wir das bei uns an der Schule schon einmal hatten, dass wir ein Fach einführen, das Leseförderung heißt. Und zwar jeden Tag. (I: Aha.) An jedem Tag hat die Klasse eine Stunde Leseförderung. Und mein Empfinden war, als wir das hatten, dass die Schülerinnen und Schüler sich anders angenähert haben. Und dass sich irgendwann so automatisiert hat, dass sie tatsächlich gemerkt haben: Es bringt mir etwas. (I: Mmh.) Also die, die Lesekompetenz, obwohl sie nicht zu trennen ist [vom restlichen Deutschunterricht], tatsächlich nochmal auslagern und sie speziell fördern. So wie wir das gemacht haben in der extra Stunde, wie Gesamtschulen das zum Teil machen, dass sie, ähm, Lesekino oder, äh, Lesekeller, oder Lese/ wie auch immer das heißt, ähm, einrichten, um Schüler da speziell zu fördern. (Meier$_2$ 1, 415–423)

> Mel$_4$: […] Ähm, du weißt, dass wir an dieser Schule ursprünglich drei Stunden aus dem Fachunterricht rausgenommen hatten und eigentlich eine Leserförder/ Leseförderstunde immer mit angebracht haben. (I: Ja.) Meine ganz große Kritik in Bezug auf, äh,

---

45 Dazu auch Pieper et al. (2004, S. 63).
46 Diese Erklärungsmuster sind jedoch nicht als dichotome bzw. konträre Positionen anzusehen. Sie bilden inhaltlich ineinandergreifende Aspekte, die auch innerhalb eines Einzelfalls rekonstruiert werden konnten. Dazu etwa die beiden Einzelfallanalysen in Kapitel 8.4.

Unterrichtsplanung an dieser Schule ist, dass diese drei Stunden wegfallen. Ich habe nur noch eine. In der Zeit habe ich nämlich festgestellt, dass das meine Schüler brauchen und dass ich in der Zeit viel besser mit der Lesefertigkeit voranschreiten kann als im normalen Deutschunterricht. Ähm, diese Stunden fehlen mir tatsächlich. (Mellmann$_4$ 1, 28-36)

Beide Lehrkräfte kritisieren, dass an der Schule STEY die Lesestunde(n) wieder abgeschafft wurden. In beiden Aussagen wird deutlich, dass aus Sicht der beiden Lehrerinnen die gegenwärtigen schulischen Rahmenbedingungen eine angemessene Leseförderung verhindern bzw. nicht ermöglichen. Sie verweisen auf vor diesem Hintergrund auf die nicht mehr bestehende(n) Leseförderstunde(n), die sie als zentralen Anker für ein erfolgreiches Leseförderhandeln im Rahmen des Deutschunterrichts verstehen. Das Zeit- und Ressourcenproblem stellt zugleich eine Möglichkeit dar, um das nicht angemessene gegenwärtige Handeln zu relativieren und eine individualisierte Leseförderung als Option für das eigene Handeln verwerfen zu können (Kapitel 8.3.3.2).

Im Hinblick auf das *schülerbezogene* Erklärungsmuster ist festzustellen, dass einige Lehrkräfte die Haltung einnehmen, dass eine sog. ‚Grenze' im Hinblick auf die Lesefähigkeiten der Lernenden erreicht sei. So antwortet Nils Arndt im zweiten Interview auf die Frage nach seinem Eindruck über die Arbeit mit dem Diagnosetool:

Arn$_8$: [...] Also ich fand das erst einmal ganz gut, dass man überhaupt sich mit dieser ganzen Sache [Lesefähigkeiten der Schülerinnen und Schüler] nochmal auseinandergesetzt hat, (I: Mmh.) nee. Das wäre mir sonst so gar nicht so klargeworden. (I: Mmh.) Also, dass Defizite bestehen und so weiter und dass wir insgesamt keine prallen Leser haben, das ist eigentlich jedem bewusst. (I: Mmh.) Aber das <u>verdrängt</u> man im Grunde genommen, oder man akzeptiert das irgendwo ab einem bestimmten Punkt. (I: Mmh.) Ne, und sagt: Das <u>ist</u> halt so. Aber danach passiert nicht mehr viel. (Arndt$_8$ 2, 60-66)

Deutlich wird in dem Interviewauszug, dass sich für Arndt kaum zu lösende Spannungen zwischen den (mangelnden) Voraussetzungen der Lernenden und den von außen gestellten Anforderung ergeben (z. B. bei Abschlussarbeiten), sodass er zur Konklusion kommt: *„Das ist halt so"*. In der Erklärung deutet sich eine wahrgenommene Grenze im Leselernprozess der Schülerinnen an, die er an anderer Stelle als *„gottgegeben"* (Arn$_8$ 2, 147) akzeptiert. Eine erreichte Grenze im Hinblick auf die Lesefähigkeiten ihrer Lernenden dokumentiert sich auch bei Marie Seefeld: Ihr sei *„ganz klar"*, dass ihre Lernenden *„natürlich"* nicht lesen könnten (See$_{13}$ 2, 27-32).[47] In den Handlungserzählungen von einem Großteil der Lehrkräfte ist

---

47 Siehe dazu auch die beiden Einzelfallanalysen von Nils Arndt und Marie Seefeld in Kapitel 8.4.

8 Die Sicht der Lehrkräfte: Ergebnisse der Interviewanalysen 293

rekonstruierbar, dass unklar ist, was man im Unterricht (noch) leisten solle und welche Maßnahmen (noch) ergriffen werden können, damit sich eine Verbesserung der Lesefähigkeiten bei den Lernenden einstellt, da (scheinbar) eine schülerbezogene Grenze erreicht ist, was die Leistungsfähigkeit im Bereich Lesen betrifft.

Unabhängig vom gewählten Erklärungsmuster ist bei mehreren Lehrkräften eine pessimistische Einschätzung zu rekonstruieren, im Rahmen des eigenen Unterrichts (noch) kompensatorisch wirken zu können. Als Orientierungsrahmen kann ausgemacht werden, dass Förderhandlungen sowie Leseförderung allgemein eine begrenzte Wirkmächtigkeit für den Lesekompetenzerwerb der Hauptschülerinnen und Hauptschüler zugeschrieben wird. In der Gesamtschau des vorliegenden Datenmaterials ist zudem auffällig, dass in den Beschreibungen der Lehrkräfte tendenziell eine homogenisierende Sicht auf die Lernenden besteht, die in den Äußerungen oftmals mit einer defizitorientierten Perspektive auf die Leseleistungen der Lernenden verbunden ist.[48] Dieser Aspekt kommt insbesondere in den Kommentierungen der Toolitems zum Tragen, wie die beiden folgenden Auszüge illustrieren:

> Arn$_8$: Äh, der Schüler. Ich habe mir dieses Letzte vor allen Dingen angekreuzt. ((vorlesend)) *„Der Schüler, die Schülerin bringt Informationen aus Texten mit eigenen Erfahrungen und Erlebnissen in Verbindung."* Das ist auch wieder das Endziel sozusagen, ne. (I: Mmh.) Also das ist die Königsdiziplin würde ich sagen. Also das können unsere nicht. (Arndt$_8$ 2, 966–969)

> Thi$_9$: […] Ähm, was ich nicht relevant finde, ist hier dieses Zweite, ((vorlesend)) *„vor dem Lesen überlegt sich der Schüler, was er zum Thema des Textes weiß"*. Das tun die eigentlich nie. Das kann man auch nicht mal in der Realschule, kann man das verlangen. In der Hauptschule schon gar nicht. […]. (Thiele$_9$ 2, 523–530)

In den Beschreibungen der Lehrkräfte fällt auf, dass sie sich in ihren Äußerungen auf die Lernenden als eine homogene Gruppe beziehen. ‚Diese Gruppe' kann den im Tool formulierten Anforderungen an das Lesen bzw. Lesekompetenz aus Sicht der Lehrkräfte nicht gerecht werden („*das können unsere nicht*", „*das tun die eigentlich nie*"). Diese schülerbezogene Haltung ist im Datenmaterial wiederholt rekonstruierbar, obschon einige Lehrkräfte im kommunikativen Diskurs mitunter auf die Heterogenität Schülerinnen und Schüler rekurrieren.[49] Die Homogenisierung der Lernenden erscheint in den Handlungserzählungen

---

48 Ähnlich stellen auch Pieper et al. (2004, S. 15) eine „stark homogenisierende Wahrnehmung der HauptschülerInnen" bei den interviewten Deutschlehrkräften in ihrer Untersuchung fest.
49 So führt etwa Nils Arndt an, dass er in seinem Unterricht so viele „*Individuen*" sitzen habe, „*und jeder braucht eigentlich seine spezielle Betreuung*" (Arn$_8$ 1, 599–601).

der Lehrkräfte als Form der Komplexitätsreduktion, die es erleichtert, mit den problematischen Lesefähigkeiten der Lernenden umzugehen.[50] Erkennbar ist in diesem Zusammenhang, dass die Lernenden in ihrer Leistungsfähigkeit im Bereich Lesen von den meisten Lehrkräften vereinheitlichend als leistungsschwach eingeordnet werden. In den Interviews sind Wendungen wie „*das können unsere* [Lernenden] *nicht*" (z. B. Arn$_8$ 2, 848, 866, 975) charakteristisch für diese Haltung. So scheint in dieser Untersuchung der Befund von Schieferdecker bestätigt, dass „*Heterogenität* [...] *offenbar Teil des kommunikativen Diskurses*" (Schieferdecker 2015, S. 72) von Lehrkräften ist, während auf konjunktiver Ebene die Lernenden vorrangig homogenisierend betrachtet werden wird.

8.3.4.2 „Die Autorintention? Nicht bei Hauptschülern."[51] – Ein reduzierter Lesebegriff für das Unterrichtshandeln

Einhergehend mit den wahrgenommenen Leseproblemen besteht für die Lehrkräfte im Sample eine Spannung zwischen ihrem eigenen Anspruch an Lesekompetenz und der Umsetzbarkeit dieses Anspruches in ihrer Schulpraxis. In den Aussagen der Lehrkräfte lässt sich rekonstruieren, dass für sie – ausgehend von den wahrgenommenen Leseproblemen ihrer Lernenden – bestimmte Anforderungen von Lesekompetenz nicht als Zielperspektive ihres Unterrichtshandelns erscheinen. Implizit oder explizit vertreten alle Lehrkräfte im Interview die Ansicht, dass bestimmte Leseteilprozesse mit *diesen* Schülerinnen und Schülern schlichtweg nicht erreichbar seien. Explizit wird diese Haltung beispielsweise bei Nina Meier während der Kommentierung des Teilbereichs „Anschlusskommunikation" im Diagnosetool: Meier schildert in der entsprechenden Sequenz zunächst, dass sie Aspekte einer „*Deutungskompetenz*" bei ihren Schülerinnen und Schülern im Unterricht tendenziell nicht beobachten könne (Mei$_2$ 2, 194–202). Auf die konkrete Nachfrage, ob sie sich darauf beziehe, dass dieser Aspekt im Unterricht für sie schwierig zu diagnostizieren sei oder sie die Anschlusskommunikation als nicht bedeutsam für ihren Unterricht erachte, begründet Meier ihre Einschätzung folgendermaßen:

---

50 Dieser Befund stützt zudem Befunde aus der in Kapitel 4.1.4 diskutierten Studie von Bromme (1997). Auch hier bezogen sich die Lehrkräfte retrospektiv auf den „kollektiven Schüler", was Bromme als Form der Informations- bzw. Komplexitätsreduktion interpretiert. Zur Homogenisierung von Schülerinnen und Schülern bzw. einem kollektiven Referenzpunkt bei der Wahrnehmung von Lernenden siehe auch die Arbeit von Schieferdecker (2015).
51 Entnommen aus Thiele$_9$ 2, 645.

8 Die Sicht der Lehrkräfte: Ergebnisse der Interviewanalysen 295

> Mei$_2$: Nein. Das, äh, möchte ich gar nicht so verstanden wissen, überhaupt nicht. (I: Mmh.) Aber du hattest ja gesagt, das richtet sich speziell an Hauptschüler, die, ähm, dieses Tool. Und da muss man tatsächlich auch ehrlich sein, und sagen, dass es da Grenzen gibt (I: Mmh.), dass es wirklich erschreckende Grenzen gibt. (Meier$_2$ 2, 208–211)

Meier hebt zu Beginn der Sequenz zunächst deutlich hervor, dass sich das Diagnosetool spezifisch auf Hauptschülerinnen und Hauptschüler beziehe. Mit Blick auf diese Setzung argumentiert sie weiter, dass bestimmte Facetten von Lesekompetenz mit Lernenden an der Hauptschule aus ihrer Sicht nicht erreichbar seien, da gebe es „*erschreckende Grenzen*". In dieser Aussage dokumentiert sich das bereits beschriebene schülerbezogene Erklärungsmuster für die mangelnden Lesefähigkeiten der Schülerinnen und Schüler (Kapitel 8.3.4.1). Von Meier werden die beschriebenen Grenzen in der Leistungsfähigkeit ihrer Lernenden als unüberwindbare Hürden für das Lehrerhandeln betrachtet. Die Spannung zwischen im Tool gesetzten Ansprüchen an Lesekompetenz und ihrem defizitorientierten Schülerbild kann Meier für sich auflösen, indem sie darauf verweist, dass man diese Grenzen als gegeben akzeptieren müsse. Erkennbar wird hier die Denkfigur >LESEN IST STATISCH<. Diese Denkfigur ist charakterisiert durch die Perspektive, dass eine (weitere) Entwicklungsfähigkeit der Lesekompetenz(en) der Schülerinnen und Schüler tendenziell in Abrede gestellt wird. Diese Denkfigur hat für das Unterrichtshandeln der Lehrkräfte stabilisierende Funktion, da man das eigene Handeln auf diese Weise nicht infrage stellen muss.

Auffällig in den Handlungserzählungen der Lehrkräfte ist weiterhin, dass insbesondere das Reflektieren im Anschluss an die Lektüre eines Textes von allen Lehrkräften übereinstimmen als eine kaum zu erwartende Leseleistung an der Hauptschule herausgestellt:

> See$_{13}$: […] Ähm, ((vorlesend)) „*der Schüler kann das Gelesene in Bezug auf Inhalt und Darstellung reflektieren, interpretieren und bewerten*". In Grundzügen wird das ja auch in den Prüfungen so verlangt. Aber in der Hauptschule eben wirklich in Grundzügen. Da würde ich natürlich von einem Gymnasiasten erwarten und die, diese Frage 8 würde ich natürlich im Gymnasium voll richtig finden (I: Mmh). Bei uns ist die nur am Rand. […] (Seefeld$_{13}$ 2, 648–652)

In der Sequenz argumentiert Marie Seefeld, dass das Reflektieren über Texte an der Hauptschule eine nahezu kaum einlösbare Facette von Lesekompetenz darstelle und „*eben wirklich* [nur] *in Grundzügen*" bei den Lernenden erkennbar sei, womit Seefeld zugleich eine Einschränkung hinsichtlich der Realisierbarkeit im Unterricht vornimmt. Vor diesem Hintergrund wird diese Komponente von Lesekompetenz von ihr, ebenso wie das angeführte Beobachtungsitem zu diesem Bereich, als anzuzielender Gegenstand für den

Unterricht verworfen.⁵² Diese Reduktion hat für ihr Unterrichtshandeln stabilisierende Funktion (dazu vertiefend Kapitel 8.4.2). Die deutlich werdende Abgrenzung zu anderen Schulformen, die Marie Seefeld in der obigen Sequenz vornimmt, lässt sich im vorliegenden Datenmaterial verschiedentlich auch bei anderen Lehrkräften rekonstruieren. So argumentiert Simone Albrecht rückblickend in Bezug auf den Teilbereich „Lesetechniken/-strategien", dass sie die Eintragungen in diesem Bereich „*auch sehr schwierig fand für die Hauptschüler. Also das ist sehr, eher so Real- und Gymnasialniveau*" (Alb₁ 2, 891f.). In ihren Augen erscheint dieser Aspekt von Lesekompetenz in der Realschule notwendig und möglich, jedoch nicht an der Hauptschule. Deutlich wird: Aus der wahrgenommenen Überforderung der Schülerinnen und Schüler resultiert für die Lehrkräfte zumeist, dass sie eine Reduktion ihres Anspruches an den Lesekompetenzbegriff für ihren Unterricht vornehmen. Obwohl also im kommunikativen Diskurs, etwa in den Kommentierungen des Diagnosetools, mitunter noch eine Orientierung an einer umfassenden Lesekompetenz und damit verbundenen Teilprozessen bei den Lehrkräften im Sample erkennbar ist, dokumentiert sich in ihren Äußerungen zum Handeln im Unterricht, dass sie hier einen weitaus weniger anspruchsvollen Lesebegriff verfolgen.

Zusammengefasst stellt für die meisten Lehrenden das unter den ungünstigen Umständen (noch) Realisierbare die dominierende Rahmung für ihr lesebezogenes Handeln dar.⁵³ Vor diesem Hintergrund werden bestimmte Komponenten von Lesekompetenz im Unterricht scheinbar gar nicht bzw. kaum angebahnt, sodass die Reduktion des Lesekompetenzbegriffs als Antwort auf die wahrgenommenen Lesedefizite der Lernenden erscheint.⁵⁴ In ähnlicher Form konnte Susanne Gölitzer (2009) in ihrer Studie feststellen, dass die von ihr beforschten Hauptschullehrkräfte eine Reduktion des Anspruchs an Literatur vornehmen, da sie von einer stark eingeschränkten Selbstwirksamkeit hinsichtlich der

---

52 In den Befunden von PISA wird diese Perspektive bestätigt. Deutschland gehört zu den Ländern, in denen die Kompetenz im Bereich „Reflektieren und Bewerten" im Vergleich zu den anderen beiden Aspekten des Lesens relativ schwach ausgeprägt ist (Artelt/Schlagmüller 2004, S. 39f.; Klieme et al. 2010).
53 Die Analyse im Sinne der Dokumentarischen Methode fokussiert nicht die Frage, ob die zu interpretierenden Darstellungen von Handlungen normativ richtig sind. Im Zentrum steht hier und in den weiteren Ausführungen vielmehr, was sich in den Darstellungen über die befragten Lehrkräfte und ihre Perspektiven auf das Gegenstandsfeld dokumentiert.
54 Zu dieser Verknüpfung von Lehrer-Selbstwirksamkeitserwartungen und Schülerleistungen siehe u. a. Baumert/Kunter (2006, S. 503).

Leseförderung ausgehen (Gölitzer 2009, S. 285).[55] Diese Haltung hat stabilisierende Funktion für die Lehrkräfte, da man so das bisherige – eigentlich nicht angemessene – Unterrichtshandeln erklären kann und nicht grundsätzlich infrage stellen muss.

8.3.5 Rezeption des Diagnosetools »JuDiT®-L«[56]

8.3.5.1 Aspekte auf struktureller Ebene

Im zweiten Interview wurden die Lehrkräfte zu Beginn nach ihrem Eindruck und ihren Erfahrungen im Hinblick auf die Arbeit mit »JuDiT®-L« gefragt. Innerhalb des Samples konnten zuvorderst geteilt vorliegende Wissensbestände rekonstruiert werden, die sich auf eine pragmatische Umsetzung des Tools beziehen. Übereinstimmend beziehen sich alle Lehrkräfte im Sample (bis auf Katja Lehmann[57]) auf den ||Umfang der Beobachtungsitems||, den sie als problematisch empfinden. Dies zeigt sich in der folgende Interviewpassage von Nina Meier, die charakteristisch für eine Reihe weiterer Aussagen im Datenmaterial steht:

> Mei$_2$: Mein Eindruck ist, dass es sehr umfangreich ist. Sehr, sehr umfangreich und dass viele Dinge (.), wenn man, ähm, quasi nur beobachtet und nicht, ähm, kriterienorientiert beobachtet, ähm, gar nicht abgefragt werden (I: Mmh.) von einer erfahrenen Lehrerin. Das ist mir aufgefallen.
>
> I: Kannst du das noch ein bisschen genauer ausführen?
>
> Mei$_2$: Ähm, also dass zum Beispiel die/ meine Beobachtungs-, äh, kompetenz sich nur auf einen Teilbereich dessen, ähm, (.) bezieht, was im Tool eigentlich auch, also was

---

55 Bezieht man die Ergebnisse von Schmelz (2009) zum Thema *Schreibkompetenz* mit ein, so scheint diese Reduktion von Gegenständen des Deutschunterrichts bei Hauptschullehrkräften nicht nur den Bereich Lesekompetenz zu umfassen. Ob hier möglicherweise ein hauptschulspezifischer „Denkstil" im Sinne Flecks (1994 [1935]) zu erkennen ist, kann anhand der Daten dieser Untersuchung nicht abschließend geklärt werden.

56 In diesem Teilkapitel ergeben sich partiell Überschneidungen mit Aspekten, die bereits in vorherigen Abschnitten diskutiert wurden. Dies ist darauf zurückzuführen, dass in der Datenanalyse Äußerungen auch mehreren der herausgearbeiteten Kernthemen zugeordnet werden können, worin sich nicht zuletzt zeigt, dass die Wissensbestände von Lehrkräften ein eigenes (vielschichtiges) Theoriesystem bilden (Kapitel 5.1).

57 Dass Katja Lehmann als einzige Lehrkraft nicht den Umfang der Beobachtungssätze thematisiert, ist vermutlich darauf zurückzuführen, dass sie über das Schulhalbjahr nicht mit dem Diagnosetool gearbeitet hat. Gleich zu Beginn des zweiten Interviews verweist sie darauf, dass sie es aus zeitlichen Gründen nicht geschafft habe, sich mit dem Tool zu beschäftigen (Leh$_3$ 2, 17–25).

eben abgefragt wird. Also bei mir steht ganz häufig im Vordergrund zum Beispiel Leseflüssigkeit. (I: Mmh.) Ähm, Betonung. Ne, so. Solche Dinge stehen bei mir im Vordergrund. Und nicht, ja Textverstehen natürlich. (I: Mmh.) Lesetechniken, Lesestrategien ist für mich klassisch immer etwas, was in den unteren, äh, Klassen schon passiert sein muss. Und, ähm, deswegen denke ich, dass ich einen sehr eingeschränkten Blick darauf habe, dieses Tool dazu anleitet, den Blick zu weiten. So. Aber trotzdem ist es sehr, sehr umfangreich. Sehr detailliert. Sehr spezifisch. (Meier$_2$ 2, 11–26)

Das Diagnosetool wird von Meier als *„sehr umfangreich"* eingeschätzt, was sie in der Sequenz mehrfach betont. Deutlich wird: Der Umgang mit bzw. das Reduzieren von Komplexität spielen in diesem Zusammenhang eine entscheidende Rolle. Nicht die Frage nach Zielsetzung des Tools steht für Meier dabei im Vordergrund, sondern die Frage, welche der im Tool abgebildeten Facetten von Lesekompetenz für sie handlungsrelevant sind (*„steht bei mir häufig im Vordergrund"*). Auf diese Weise kann sie die wahrgenommene Komplexität, die für sie mit dem Umfang der Beobachtungsitems verbunden ist, für sich reduzieren. Dass im letzten Teil der Sequenz weiterhin zum Ausdruck kommt, dass Meier das Diagnosetool als Reflektionsinstrument nutzt (*„dieses Tool dazu anleitet, den Blick zu weiten"*), wird auch in den Aussagen eine Reihe weiterer Lehrkräfte deutlich (siehe dazu Kapitel 8.3.5.2).

Der Umfang der Beobachtungsitems wird von den Lehrkräften insbesondere beim Teilbereich „Lesestrategien" problematisiert. Dieser Teilbereich umfasst insgesamt 15 Beobachtungsitems und wird übereinstimmend als eine *„Reizüberflutung"* (Mel$_4$ 2, 436) charakterisiert:

Mel$_4$: (…) Hmm, besonders, also ich fand eigentlich die pro/ *„prozessbezogenen Dimensionen"* ganz gut. Weil das, das ist ja recht schnell zu machen. Da sind auch die, ähm, äh, Inhalte nicht ganz so ausführlich. Es gibt ja auch Inhalte, das ist in dem Bereich (..) *„Lesetechniken und -strategien"*, das fand ich schwieriger. […] (Mellmann$_4$ 2, 319–328)

Während bei Nina Meier ihr eigener unterrichtsbezogener Lesebegriff die dominierende Rahmung für die kritische Bewertung des Toolumfangs darstellt (s. o.), zeigt sich in der Schilderung von Lisa Mellmann ein anderer Begründungszusammenhang. Sie führt an, dass ihr die prozessbezogene Dimension im Tool besonders gut gefallen habe, da die Eintragungen dort *„ja recht schnell zu machen"* und die *„Inhalte nicht ganz so ausführlich"* seien. Diese einfache Handhabung sieht Mellmann dagegen im Teilbereich „Lesetechniken/-strategien" nicht erfüllt, den sie deshalb *„schwieriger fand"*.[58] Aufwand und Ertrag stehen für sie

---

58 Dass Mellmann die Teilbereiche falsch zuordnet – der Bereich „Lesetechniken/-strategien" gehört auch zur prozessbezogenen Dimension – wird hier nicht vertiefend analysiert.

8 Die Sicht der Lehrkräfte: Ergebnisse der Interviewanalysen   299

in diesem Bereich nicht in einem angemessenen Verhältnis. In dieser Interviewpassage dokumentieren sich Bezüge zur bereits diskutierten Kosten-Nutzen-Rechnung, die für das lesediagnostische Handeln vieler Lehrkräfte im Sample prägend ist (Kapitel 8.3.2.2). Diese Perspektive ist auch deutlich zu erkennen, wenn Hanna Leeke im Interview hinsichtlich der Toolrezeption betont: „[...] *Sie werden Lehrer [...] nur davon, mich auch, davon überzeugen können, wenn [...], wenn das schnell geht*" (Lee$_7$ 2, 817f.). Aufschlussreich ist insofern, dass auch hier weniger das diagnostische Potenzial bzw. der Erkenntnisgewinn als Bewertungsmaßstab herangezogen wird, sondern für Hanna Leeke vielmehr die schnelle bzw. pragmatische Umsetzbarkeit des Tools in der Unterrichtspraxis im Vordergrund steht, wie in der Formulierung „*wenn das schnell geht*", deutlich wird. Folgende Orientierung ist insofern rekonstruierbar: Investiert wird nur, wenn man schnell und kostenneutral zu einem Ertrag gelangt, nur so könne man Lehrer vom dem Diagnosetool „*überzeugen*".

Verbunden mit dem Umfang des Tools sind weiterführend Ausführungen zu ||Überscheidungen||, die sich aus Lehrerperspektive zwischen den einzelnen Teilbereichen ergeben – dies führt bei den Lehrkräften zu Irritationen, wie sich exemplarisch anhand der folgenden Aussage von Marie Seefeld rekonstruieren lässt:

> See$_{13}$: Ähm. So, dann ((vorlesend)) „*Gespräch mit Mitschülern zu einer gemeinsamen Deutung von Texten zu kommen*". Ähm, (.) ja. Aber haben wir eigentlich schon abgearbeitet in einem anderen Punkt. Also ((vorlesend)) „*subjektive Textdeutung oder nicht Verstandenes zu thematisieren*". Hatte ich ja eigentlich schon gesagt, ähm, würde ich an anderer Stelle beobachten (I: Mmh.) und sagen, ist der in der Lage, mit dem Stift mitzulesen? (I: Mmh.) Reicht, reicht mir die Beobachtung da. Wenn ich es da nochmal ausfüllen soll und dann ist das eventuell, weil ich struselig im Kopf bin, widersprüchlich zu meiner Bewertung in der anderen Kategorie. Dann nervt mich das. (Seefeld$_{13}$ 2, 801–808)

Die pragmatische Haltung, die in den angeführten Lehreraussagen deutlich wird, korrespondiert mit der bereits in Kapitel 8.3.2 angeführten Perspektive zur ||Auswahl von Diagnoseverfahren||. Wichtig erscheint für die Befragten also weitaus weniger, was die Zielsetzung des Diagnosetools ist, sondern vielmehr, wie (diagnostisches) Handeln mit dem Tool organisiert werden muss.

Übereinstimmend wird von allen Lehrkräften die ||farbige Auswertungsgrafik|| positiv bewertet. Bei genauerer Analyse der Erklärungsmuster wird deutlich, dass insbesondere die Eindeutigkeit bzgl. der Interpretation die zentrale Grundlage für die Einschätzung darstellt:

> Leh$_3$: Mmh. Ähm, also zum Beispiel fand ich diese grafische Darstellung, ähm, ganz gut. (I: Mmh.) Weil es wirklich auf Anhieb, ähm, ne, in, ins Auge springt. Schwierig ist immer, wenn man ga/ relativ viel Text lesen muss. Es ist halt auch was, wenn man, wenn

ich jetzt ein, ein Elterngespräch habe oder irgendwie mit, mit jemand anderem ein Gespräch führe und will was dazu sagen. Ähm, ist es immer schwierig, wenn ich mit so viel Text komme. Und wenn ich dann sagen kann: „Hier, gucken Sie auf der Grafik, sehen Sie", ne. Oder auch wenn man dann, äh, den Bezug zur Lerngruppe hat und sagen kann: „Hier, im Vergleich zu, ne, den anderen Schülern ist das im normalen Bereich oder unterhalb oder, ne, weit oben drüber." (I: Mmh.) Ähm, da ist so eine grafische Darstellung ja immer ganz gut. So für mich selber ist Grafik immer ganz ansprechend, viel Text lesen ist immer so ein bisschen, hm ((lacht)). (Lehmann₃ 2, 284–294)

Es lässt sich vermuten, dass diese Perspektive auch mit der Stabilität und Sicherheit in Zusammenhang steht, die die farbige Gestaltung als ein ‚handfestes' und direkt ablesbares Urteil verspricht. Dies macht etwa Daniela Kunze explizit, indem sie anführt, dass durch die farbliche Gestaltung *„diese Durchschnittswerte auch deutlich wurden, die eigentlich erreicht werden könnten, sollten, müssten und so. [...] Ähm, das gibt eben schnell einen guten Überblick"* (Kun₅ 2, 447–452). Hier zeigen sich Bezüge zu lehrerseitigen Setzungen, die bereits in Zusammenhang mit dem Einsatz des Salzburger Lesescreenings an der Schule STEY thematisiert wurden (Kapitel 8.3.3.2). Neben Katja Lehmann verweisen zudem noch weitere Lehrkräfte auf die Möglichkeit, dass sich die Auswertungsgrafik als Grundlage für Gespräche mit Eltern eigne, worin sich wahrscheinlich die Haltung widerspiegelt, auf diese Weise diagnostische Urteile nach außen (besser) erläutern und veranschaulichen zu können.[59]

8.3.5.2 Aspekte auf Inhaltsebene

In Kapitel 8.3.2.1 wurde diskutiert, dass das lesediagnostische Handeln von vielen Lehrkräften durch die Denkfigur >DAS, WAS ICH SEHE< strukturiert ist. Ein weiterer Aspekt, der vor diesem Hintergrund von mehreren Lehrkräften im Interview thematisiert wird, ist die Nicht-Diagnostizierbarkeit bestimmter Beobachtungsitems, die sich auf ||mentale Prozesse|| des Lesens beziehen:

Kun₅: Mmh. Ähm, hm. (5) Ja, das finde ich auch immer noch sehr schwierig. Also die Schüler da zu beobachten, wie sie und ob sie über sich selbst nachdenken oder über das Gelesene, das finde ich immer schwierig. (I: Mmh.) Ne, also das war auch so ein Punkt, ähm, da war ich mir teilweise nicht so ganz sicher. Hmm, vielleicht eher das so formulieren, dass man es beobachtbar macht. Also (I: Also) da auch wieder auf Nachfrage oder sowas (I: Mmh.) da reinbringen. (Kunze₅ 2, 997–1002)

---

[59] So hat Simone Albrecht die Auswertungen der Erprobungsversion auch tatsächlich für Elterngespräche genutzt (Alb₁ 2, 704–710).

In den Kommentierung wird deutlich, dass die Denkfigur >DAS, WAS ICH SEHE< die Wahrnehmung der Beobachtungsitems (mit) strukturiert. Von mehreren Lehrenden im Sample werden daher bestimmte mental ablaufende Prozesse des Lesens, die im Tool abgebildet sind, als Option für ihr Handeln verworfen, da man die „*innere Prozesse, […] nicht unbedingt überprüfen kann*" (Kunze₅ 2, S. 65f.). Insbesondere werden diese Problemstellen bei einem großen Teil der Lehrkräfte im Hinblick auf Items aus dem Bereich „lesebezogenes Umfeld" ausgemacht. Exemplarisch für viele weitere Stellen im vorliegenden Datenmaterial steht die Aussage von Lisa Mellmann:

> Mel₄: Ja. (5) Ja, das fand ich ja, das hatten wir doch. Mit der Reflexion, (I: Mmh, da haben wir vorhin/) das finde ich wirklich immer noch schwierig. Also das: ((vorlesend)) „*Denkt ausgehend vom Gelesenen über sich selbst, sein oder ihr Wissen und über Ideen nach*". Ich weiß nicht, wie ich das sehe. Wie ich das beobachten kann. (Mellmann₄ 2, 1397–1400)

Lisa Mellmann verweist auf starke Schwierigkeiten („*finde ich wirklich immer noch schwierig*"), die sie mit der Einordnung bzw. Anwendung des Items „Denkt ausgehend vom Gelesenen über sich selbst, sein oder ihr Wissen und über Ideen nach" habe (siehe Anhang II). Sie begründet diese Aussage damit, dass ihr explizite Diagnoseindikatoren fehlen, um die beschriebene Facette einzuordnen. Mit der Formulierung „[i]*ch weiß nicht, wie ich das sehe. Wie ich das beobachten kann*" dokumentiert sich, dass Mellmann die äußerlich sichtbare Indikatoren als zentrales Element für ihr lesediagnostisches Handeln begreift. Gerade die Items im Bereich „lesebezogenes Umfeld" sind deshalb für Mellmann, sowie alle anderen Lehrkräfte im Sample, problematisch, da diese Items sich größtenteils auf mentale (nicht direkt sichtbare) Prozesse beziehen.

In verschiedenen Zusammenhängen konnten weiterhin ||Reflexionserkenntnisse|| herausgearbeitet werden, die bei den Lehrkräften durch die Rezeption des Diagnosetools initiiert wurden. So führen einige Lehrkräfte an, dass sie in der Auseinandersetzung mit dem Diagnosetool in ihrem Lesebegriff „*bestätigt worden*" (Mel₄ 2, 488–506) seien, d. h. dass das Tool als Bewertungsmaßstab für die eigenen Diagnosekriterien gesehen wird,[60] während andere Lehrkräfte anführen, dass sich ihr lesediagnostischer Blick ‚geändert' habe. So beschreibt Nina Meier, dass ihr durch die Arbeit mit dem Tool bewusst geworden sei, dass sie in ihrem bisherigen Unterrichtshandeln „*einen sehr eingeschränkten Blick*" auf

---

[60] Diese Haltung ist insbesondere bei denjenigen Lehrkräften rekonstruierbar, die im ersten Interview eine Unsicherheit bzgl. ihrer eigenen Diagnosekriterien thematisiert hatten (Kapitel 8.3.2.1).

die Lesefähigkeiten ihrer Lernenden eingenommen habe und die Rezeption des Tools sie dazu angeregt habe, „*den Blick zu weiten*" (Mei$_2$ 2, S. 24f.).
Auch Reflektionserkenntnisse im Hinblick auf die Lesefähigkeiten der Schülerinnen und Schüler werden von mehreren Lehrkräften thematisiert. So beschreibt Daniela Kunze, dass sich ihr Urteil über die Lesekompetenz einiger ihrer Lernenden durch die Arbeit mit dem Tool relativiert habe. Auf die konkrete Nachfrage, ob ein Schüler also bei der Auswertung nicht so gut abgeschnitten habe, wie sie dies gedacht habe, beschreibt Kunze:

> Kun$_5$: Richtig, also durch dieses nochmal Reflektieren später, an so einem späteren Zeitpunkt. Das war bei einem Schüler so, der vorher wirklich auch Interesse an dem Gelesenen hatte. Da dachte ich immer, und, ähm, vorlesen also super, supertoll betont kann der das. Und bei diesem Pflichtbuch, da hatte der dann, ähm, äh, ja diese, diese Aufgaben sehr oberflächlich nur bearbeitet, als hätte er das nicht verstanden. Er hatte das Buch wohl auch gar nicht ganz zu Ende gelesen und so. (I: Mmh.) Also, ähm, ja. Da konnte man das dann nochmal sehen und dann hat sich das alles noch so ein bisschen relativiert, ne. (Kunze$_5$ 2, 125–131)

Neben der bereits in Kapitel 8.3.3.2 diskutierten Reduktion des Lesebegriffs, die alle Lehrkräfte im Sample vornehmen, lässt sich weiterhin rekonstruieren, dass die befragten Lehrkräften die informellen Sozialisationsinstanzen zur Leseförderung häufig nicht in ihrem Wahrnehmungsfokus haben oder diese Instanzen für ihr lesediagnostisches Handeln eine untergeordnete Rolle einnehmen. In der Diskussion des Teilbereichs ||Leseumfeld|| im Diagnosetool verweisen viele Lehrerinnen und Lehrer in diesem Zusammenhang darauf, dass sie es als nicht leistbar empfinden, Erkenntnisse über das individuelle Leseumfeld ihrer Lernenden zu gewinnen:

> Alb$_1$: Ähm, (…) nützlich fand ich auch, ähm, (…) also bei den Dimensionen auf jeden Fall die prozessbezogene Dimension. Das fand ich super. Aber wie gesagt, das Leseumfeld. Ich weiß, das spielt mit rein, das muss man wahrscheinlich auch fragen. Aber das fand ich (.) ganz schwer, (.) witzigerweise. Also klar, bei Elterngesprächen und so kann man darauf eingehen. Aber inwiefern die Schule jetzt ein Leseumfeld darstellt, das ist nur das letztendlich, was wir als Lehrer den Schülern anbieten, ähm, oder ich dann im Deutschunterricht. Das war, das ist für mich/ irgendwie klar, war das. Das fand ich jetzt eher nicht so nützlich. Und Peers, das ist, (.) fand ich schwer. Das war dann wirklich immer in Rücksprache mit den einzelnen Schülern. (Albrecht$_1$ 2, 356–364)

> Thi$_9$: Hm (..) […] wobei ich Probleme hatte, hier bei dem „*Leseumfeld*". Ähm (…), oft ist es so, dass ist jetzt in der Klasse 8a nicht so, aber insgesamt ist das so, dass ich über die Familie und über irgendwelche Peers nicht so gut Bescheid weiß. Es sei denn, ich habe in der Klasse noch ein bisschen mehr Unterricht. Das ist relativ schwierig, das zu bewerten. Was ich gut bewerten konnte, waren diese prozessbezogenen und

leserbezogenen Dimensionen. Das war auch kein Problem, ne. Das war überhaupt kein Problem. (Thiele₉ 2, 372–378)

Ein anderes Erklärungsmuster, das sich ebenfalls im Sample abbildet, ist, dass die Lehrkräfte Erkenntnisse über das individuelle Leseumfeld ihrer Lernenden als weniger bedeutsam für ihr Unterrichtshandeln empfinden: „*Ja, das ist interessant, das einmal am Anfang zu wissen. Spielt aber danach keine weitere Rolle*" (Lee₇ 2, 1347f.).

Zusammenführend ist festzuhalten, dass für die Lehrkräfte im Sample sowohl Aspekte auf struktureller als auch auf inhaltsbezogener Ebene in der Rezeption des Diagnosetools handlungsrelevant werden. Insbesondere ist festzustellen, dass sich Bezüge zum bereits diskutieren Kosten-Nutzen-Verhältnis zeigen, dass das lesediagnostische Handeln der Lehrkräfte strukturiert (Kapitel 8.3.2).

8.4 Einzelfalldarstellungen

Nachdem in den vorherigen Abschnitten die Analyseergebnisse im Überblick dargestellt wurden, soll nun anhand zweier Einzelfallanalysen ein vertiefter Einblick in die Datenanalyse gegeben werden. Die Einzelfälle habe ich so gewählt, dass sie einerseits exemplarischen Charakter im Hinblick auf die bereits dargelegten Analyseergebnisse zeigen. Andererseits wurden die im Weiteren diskutierten Fälle von mir vor dem Hintergrund ausgewählt, kontrastive Elemente herauszuarbeiten, die in den Perspektiven innerhalb des Samples deutlich werden.[61] Anspruch für die fallorientierte Betrachtung ist es, zu einer dichteren Beschreibung der Vorstellungen und Orientierungen der befragten Lehrkräfte zu gelangen, um so die individuellen Zugänge und Verknüpfung der Argumentationen innerhalb des Einzelfalls herauszuarbeiten. Zielperspektive kann (und soll) dabei allerdings nicht sein, sämtliche rekonstruierte Vorstellungen und Orientierungen darzustellen (Kapitel 8.2), sondern vielmehr die kennzeichnenden Aspekte des Einzelfalls herauszustellen. Auf Darstellungsebene ist weiterhin anzumerken, dass allein schon mit Blick auf die Lesbarkeit nicht der Gang der Einzelfallauswertung wiedergegeben wird, sondern deren Ergebnisse nachfolgend zusammengefasst beschrieben und anhand von Interviewauszügen illustriert werden.

---

61 Zur Bedeutung der komparativen Analyse innerhalb der Dokumentarischen Methode siehe Kapitel 7.4.

8.4.1 Einzelfallanalyse Nils Arndt

Nils Arndt ist ausgebildeter Hauptschullehrer für die Fächer Deutsch und Geschichte und seit über 21 Jahren als Lehrer tätig. Er hat in seiner Berufslaufbahn an verschiedenen Schulformen unterrichtet (Grundschule, Haupt- und Realschule, Berufsschule) und wirkt nun seit mehreren Jahren als Lehrer an der Hauptschule STEY. Zum Zeitpunkt der Interviewdurchführung unterrichtete er das Fach Deutsch in zwei Klassen im 10. Jahrgang.

8.4.1.1 „Mit eigenen Worten. [...] Dann steht der total im Text drin." – Lesebegriff im Unterricht

Das Lesen ist für Nils Arndt *„eine der grundlegenden Kulturtechniken"*, um *„in diesem Leben bestehen zu können"* (Arn$_8$ 1, 209–211). Welche lesebezogenen Zielsetzungen er vor diesem Hintergrund in seinem Deutschunterricht verfolgt und über welche lesebezogenen Wissensbestände er verfügt, soll nachfolgend diskutiert werden.

Im Hinblick auf die Frage, was unter Lesenkönnen zu fassen ist, misst Arndt basalen Lesefähigkeiten eine wesentliche Bedeutung zu. Seine Überlegungen sind dabei weitgehend durch die Fähigkeit zu einem angemessenen Vorlesen bestimmt. Diese Lesart bestätigt sich, wenn Arndt im Rahmen des zweiten Interviews darauf verweist, dass er sich bei der Arbeit mit dem Diagnosetool im Teilbereich „Leseflüssigkeit" *„am meisten eigentlich auch wiedergefunden"* habe (Arn$_8$ 2, 719f.). Bei der vertiefenden Analyse des Datenmaterials zeigt sich, dass Arndt mit dem Konstrukt Leseflüssigkeit vorrangig zwei Komponenten verbindet: Er bezieht sich einerseits auf das angemessene flüssige Vorlesen, also die *„Geschwindigkeit, mit der jemand mit so einem Text fertig ist"* (Arn$_8$ 1, 334f.), sowie andererseits auf die korrekte Betonung des Gelesenen, wie in seiner Beschreibung eines guten bzw. schlechten Lesers deutlich wird:

> Arn$_8$: (.) Äh, ja. Äh, das heißt, äh, ein guter Leser, der weiß auch, wo er die Pausen machen muss. Der weiß auch, wo er die Stimme heben und senken muss, der weiß nämlich genau, wie der Satz weitergeht. Weil der nämlich den ersten Teil des Satzes schon verstanden hat. (I: Mmh.) Und ein anderer, der liest zwar flüssig. Aber so, ja, eigentlich so ein, zwei Worte vorher ist er eigentlich erst da, äh, wo ein anderer schon längst gedanklich schon längst vorbei ist. (I: Mmh.) Ne. Und, äh, dann sieht er vielleicht, zwei Wörter weiter kommt der Punkt, dass er da also Schluss machen muss. (Arndt$_8$ 1, 360–366)

Guter Leserinnen und Leser, so schildert Arndt, seien dazu in der Lage, korrekte Pausen bei Satzzeichen zu setzen und ihre Stimme den Sinneinheiten entsprechend angemessen zu heben und zu senken. Arndt begründet diese Einordnung damit, dass gute Leserinnen und Leser bereits während des Leseprozesses wissen, wie der Satz weitergehe, da sie „*nämlich den ersten Teil des Satzes schon verstanden*" haben und insofern Zusammenhänge erschließen können. Für ihn ist es also die Bildung von Sinneinheiten, die gute von schlechten Lesenden im Bereich der Intonation unterscheidet. Aus den bisherigen Ausführungen lässt sich weiterhin herausarbeiten, dass Nils Arndt basale Lesefähigkeiten als Voraussetzung für andere Leseprozesse wahrnimmt. So stellt er die korrekte Betonung des Gelesenen nicht nur als bedeutsam für das Lesenkönnen heraus (s. o.), sondern stellt diese weiterführend in einen Zusammenhang mit dem Leseverstehen: „[W]*enn ich sinnbetont lesen kann, dann habe ich auch den Text verstanden*" (Arn$_8$ 2, 488f.; dazu auch Arn$_8$ 1, 579f.). Wie genau Nils Arndt beide Teilprozesse miteinander verknüpft, wird an anderer Stelle offengelegt. Gefragt danach, wie er sich erklären könne, dass einige Schülerinnen und Schüler in seiner Klasse zwar flüssig vorlesen könnten, aber weiterhin das Gelesene nicht verstehen, nutzt Arndt folgendes Erklärungsmuster:

> Arn$_8$: Ja, die haben also gelernt, äh, sozusagen mechanisch zu lesen, sagen wir so. (I: Mmh.) Aber nicht eigentlich de/ auf den Sinn einzugehen. Die wissen nicht, was sie lesen, sie wissen nur, wann irgendwo eine Pause zu machen ist. Oder dass nach einem Punkt sozusagen die Stimme abfällt usw. (I: Mmh.) Äh, sodass die relativ flüssig lesen. Das heißt, sie können die Wörter eigentlich lesen und die Silben gut zusammenziehen. Aber die/ vom Inhalt her können sie es nicht, äh, irgendwie, äh, in Zusammenhang bringen. […] (Arndt$_8$ 1, 88–93)

Um die Differenz zwischen angemessener Lesegeschwindigkeit und dem Nicht-Verstehen des Gelesenen zu erläutern, verweist Arndt darauf, dass leseschwache Schülerinnen und Schüler Wörter bzw. Texte zwar „*sozusagen mechanisch*" und „*relativ flüssig*" erlesen können, aber weiterführend nicht dazu fähig sind, auf den Sinn eines Textes einzugehen. Aus seiner Sicht wissen diese Lernenden gar nicht, „*was sie lesen*", sondern nur, wann in einem Text „*irgendwo*" eine Pausensetzung erfolgen müsse. Arndt zielt darauf ab, dass bei diesen Schülerinnen und Schülern zwar auf lokaler Ebene kohärenzstiftende Prozesse erkennbar sind, den Lernenden aber weiterhin ein globales Textverständnis fehle. Er geht insofern davon aus, dass die Leseprobleme seiner Schülerinnen und Schüler auf die fehlende Fähigkeit zur Bedeutungskonstruktion zurückzuführen sind („*nicht eigentlich* […] *auf den Sinn einzugehen*"). Aus lesedidaktischer Perspektive ist hingegen zu argumentieren, dass die nicht automatisierte Dekodierfähigkeit das Verstehen des Gelesenen verhindert, da die Lernenden ihre ganze kognitive Aufmerksamkeit für die Entzifferung der Schrift benötigen (Rosebrock/Nix 2008,

S. 32).[62] In der Formulierung „*irgendwie* [...] *in Zusammenhang bringen*" drückt sich zudem eine Unbestimmtheit bzw. Kriterienlosigkeit aus, auf der die Einschätzung von Arndt basiert. Deutlich wird hier, wie auch an anderen Stellen in beiden Interviews, dass sich der Lesebegriff von Nils Arndt nicht auf lesedidaktischen Wissensbeständen begründet, sodass fachdidaktische Inhalte auch keinen Eingang in sein Unterrichtshandeln nehmen (siehe auch Kapitel 8.4.1.2).

Wenig später im Interview macht Arndt deutlich, dass das „*sinnentnehmende Lesen*" eine zentrale Zielstellung für seinen Deutschunterricht einnimmt. Welche Aspekte Arndt mit diesem Begriff verbindet, lässt sich exemplarisch in der nachfolgenden Sequenz zeigen:

> Arn$_8$: MIT EIGENEN WORTEN. (I: Ok.) Also für mich ist das nochmal ganz wichtig. Also wenn jemand mir mit eigenen Worten das erklären kann und nicht zum Beispiel viele Fremdwörter des Textes benutzen muss, (I: Mmh.) dann steht der total im Text drin. Dann hat er es wirklich drauf. (Arndt$_8$ 1, 353–356)

Arndt erläutert, dass jemand, der das Gelesene in eigenen Worten wiedergeben könne, „*total im Text drin*" sei, was aus seiner Sicht ein angemessenes Leseverstehen widerspiegele. Die Formulierung „*wirklich drauf*" am Ende des Zitats legt offen, dass dies für ihn einen Ausweis für ein vertieftes Textverstehen darstellt – hier wird das bereits diskutierte Konzept <Mit eigenen Worten wiedergeben> erkennbar. Die Fähigkeit zur Erstellung von Zusammenfassungen ist die am stärksten betonte Zielstellung von Arndt, die sich nicht nur in diesem Auszug, sondern an mehreren Stellen im Datenmaterial rekonstruieren lässt (u. a. Arn$_8$ 1, 45–47; 81f.). Wie prägend diese Denkfigur ist, wird etwa in der folgenden Sequenz aus dem zweiten Interview deutlich, in der Nils Arndt die Aussagesätze aus Teilbereich „Textverstehen" kommentiert; das Beobachtungsitem „Der Schüler/Die Schülerin kann das Gelesene (in Bezug auf Inhalt und Darstellung) reflektieren, interpretieren und bewerten" (siehe Anhang II.) beurteilt er im Gespräch folgendermaßen:

> Arn$_8$: [...] Oder dann, hier, mit dem Reflektieren. Das fand ich wieder sehr gut. Weil das ist eigentlich auch immer das, was ich mache. Oder sagen wir mal so, immer wenn ich einen unbekannten Text oder ein Stück eines Textes habe lesen lassen, habe ich mir immer die Zeit genommen, dass die Schüler nochmal mir mit eigenen Worten erklären, äh, was sie gelesen haben. (I: Mmh.) Und in dem Augenblick, wo sie sinngemäß mir das wiedergeben konnten. Da habe ich auch verstanden, dass sie das wirklich verstanden

---

62 In der Leseforschung ist bislang noch nicht eindeutig geklärt, ob das ausdrucksstarke Vorlesen als Voraussetzung oder als Folge des Textverstehens anzusehen ist (Nix 2011, S. 101; siehe auch Kapitel 3.3.1).

8 Die Sicht der Lehrkräfte: Ergebnisse der Interviewanalysen

haben, was sie gelesen haben. (I: Mmh.) Und das taucht hier also auch auf. [...] (Arndt$_8$ 2, 260–268)

Arndt sieht seinen Lesebegriff im Beobachtungsitem bestätigt und führt zunächst aus, dass er diese Facette von Lesekompetenz auch in seinem Unterricht aufgreife bzw. anziele. In seinen anschließenden Ausführungen zeigt sich allerdings, dass Arndt das Item als das Nacherzählen einer Textstruktur auslegt bzw. dies mit dem Reflektieren über das Gelesene gleichsetzt. Auch hier wird wiederum die Wendung „*mit eigenen Worten erklären können*" gewählt, um die Zielsetzungen seines Unterrichts zu erläutern. Diese Aussage legt offen, dass die Zielstellung, den Text mit eigenen Worten wiedergeben zu können, auch dann für Arndt relevant wird, wenn eigentlich andere Teilprozesse des Lesens fokussiert werden. Dies verweist auf die starke Geltung des Konzepts für sein lesebezogene Handeln.

Hierarchiehöhere Teilprozesse des Lesens, die aus fachdidaktischer Perspektive zentral gesetzt werden (Kapitel 3.3.3.3), werden von Arndt in den Interviews hingegen nicht thematisiert und erscheinen insofern weniger bedeutsam für sein Unterrichtshandeln, wie sich in der folgenden Sequenz aus dem zweiten Interview dokumentiert, in der Arndt ein Beobachtungsitem aus dem Teilbereich „Textverstehen" kommentiert:

Arn$_8$: [...]. Also, ((vorlesend)) „*die Schüler, Schülerin erkennt die Struktur beziehungsweise den Aufbau bekannter Textsorten. Beispielsweise die Struktur einer Fabel oder eines Zeitungsartikels*". Da habe ich mich wirklich gefragt: Ist das nötig, muss man das kennen? Um, um wirklich sinnbetont oder sinnentnehmend auch lesen zu können?

I: ((zögerlich)) Das nicht. Aber m/ vielleicht mit Blick auf Textverstehen dann auch. Kann man komplett eine Fabel er/sich erschließen, wenn man nicht weiß, wie eine Fabel funktioniert?

Arn$_8$: Also, ich habe das mehr auf das Lesen an sich bezogen. (I: Ja. Also.) Äh, also ist jedenfalls für mich schwierig dann, oder sagen wir mal, da müsste ich ja vom Lesen jetzt mehr oder weniger abkommen und sozusagen jetzt die literarische Gattung abfragen. (Arndt$_8$ 2, 750–762)

Arndt verweist darauf, dass er sich nicht sicher sei, ob Lernende dazu fähig sein müssen, die Struktur bzw. den Aufbau bekannter Textsorten zu kennen. Er stellt die rhetorische Frage, ob diese Teilfacette zwingend notwendig sei, um einen Text sinnentnehmend lesen zu können. Aus seiner Sicht gehört diese Facette nicht zum „*Lesen an sich*", sondern wird von ihm in den Bereich des literarischen Lernens eingeordnet, wie sich im letzten Satz dokumentiert („*vom Lesen jetzt mehr oder weniger abkommen*"). Unmittelbar anschließend an die vorliegende Sequenz betont Arndt im Interview erneut seine Perspektive, indem er fragt:

„*Muss ich [...] jetzt den Aufbau eines Dramas kennen, um ein Drama lesen zu können?*" (Arn$_8$ 2, 769f.). In den beschriebenen Ausführungen ist rekonstruierbar, dass wissensbasierte Verstehensleistungen für das Lesekonzept, das Arndt im Rahmen seines Deutschunterrichts verfolgt, nicht unterrichtswirksam werden.

Die bisherigen Ausführungen haben verdeutlicht, dass Nils Arndt zuvorderst die Prozessebene des Lesens in seinen Handlungserzählungen zum Lesekönnen thematisiert. Gefragt nach den generellen Zielsetzungen seines Unterrichts zeigt sich aber, dass Arndt es auf kommunikativer Ebene weiterhin als zentral erachtet, in seinem Unterricht Lesemotivation zu betreiben bzw. den Lernenden Freude am Lesen zu vermitteln (Arn$_8$ 1, 283–293). Nach seinem Ermessen sei allerdings das „*Lesen um des Lesens willen*" (Arn$_8$ 1, 294) äußerst schwierig im Deutschunterricht zu realisieren:

> Arn$_8$: [...] Das heißt wir haben ja auch das Angebot, etwa von der Bücherei usw. Äh, einige Schüler gehen auch tatsächlich hin. Ähm, ich merke es nur immer daran, dass das nicht so richtig klappt. Dann wenn/ die Rückgabe der Bücher wird häufig angemahnt. Und das ist immer eigentlich so ein Zeichen, dass sie nicht so richtig gelesen haben, ne. (I: Mmh.) Ansonsten, einige scho/ einige ganz wenige lesen. Und das merkt man auch sofort im ganzen Ausdrucksverhalten, im ganzen Deutschunterricht im Grunde genommen. (I: Mmh.) Ne, das hat also ganz klare Auswirkungen darauf. JA. Und, äh, andere wiederum sind an längere Bücher überhaupt nicht dran zu bekommen. [...] (Arndt$_8$ 1, 219–227)

Arndt beschreibt, dass er die Hoffnung habe, dass man über das Angebot der Schulbibliothek die Schülerinnen und Schüler zum Lesen motivieren könne. Den Schülerinnen und Schülern Freude am Lesen zu vermitteln, gehört zu seinen Ansprüchen an den Leseunterricht. Allerdings wird diese Zielstellung direkt von ihm mit der Formulierung „*einige Schüler [...] auch tatsächlich hin*" eingeschränkt, um anschließend zur Konklusion zu kommen, dass das eigenständige Lesen mit Büchern aus der Bibliothek „*nicht so richtig klappt*"[63]. Im weiteren Gesprächsverlauf zeigt sich, dass Arndt diese Misserfolgserlebnisse mit den schwierigen Voraussetzungen seiner Lernenden erklärt (Kapitel 8.4.2.3). Er geht davon aus, dass es überhaupt schwer sei, bei Hauptschülerinnen und Hauptschülern eine Begeisterung für das Lesen zu entwickeln. Aus seiner Sicht werde das Lesen von den meisten Lernenden als ein Qual erlebt, die sie „*scheuen [...] wie der Teufel das Weihwasser*" (Arn$_8$ 1, 253). Entsprechend falle es schwer, Begeisterung

---

63 Dies stellt weiterhin einen Bruch zu seiner eigenen Lesebiographie dar, denn er persönlich habe „*gelesen wie der Teufel in dem Alter*" (Arn$_8$ 1, 841). Lesen ist für Arndt genussstiftend und er selbst beschreibt sich als Person, die ohne Bücher nicht leben könnte (Arn$_8$ 1, 205–214; 838–843).

für Literatur bzw. das Lesen bei *diesen* Schülerinnen und Schülern zu wecken. Genussfähigkeit beim Lesen zu erlangen wird von Arndt somit als Ziel benannt, von ihm aber zugleich als kaum erfolgreich zu realisierende Aufgabe erlebt.[64] Dass indes der Besuch der Schulbibliothek mit Blick auf die Lesefähigkeiten der Lernenden keine zielführendes Verfahren darstellen könnte – aus lesedidaktischer Perspektive erscheinen leseanimierende Verfahren für die beschriebenen Lesefähigkeiten der Schülerinnen und Schüler nicht angemessen – wird in seinen Ausführungen nicht deutlich. Nils Arndt begründet das Scheitern leseanimierender Verfahren hingegen damit, dass im Unterricht „*eigentlich immer relativ zielgerichtet gelesen wird*" (Arn$_8$ 1, 815), worunter er informationsentnehmendes Lesen fasst. Aus seiner Sicht ist somit ein Mangel an Formen des Genusslesens im Unterricht die Ursache für das Nicht-Funktionieren des Verfahrens.

Allgemein erzählt Arndt in der Gesamtschau weitaus häufiger von Maßnahmen zur Verbesserung des flüssigen Lesens und Leseverstehens gegenüber lesemotivierenden Maßnahmen (Kapitel 8.4.1.3), was vermuten lässt, dass dies den Schwerpunkt seines Handelns im Deutschunterricht bildet. An anderer Stelle, gefragt nach Herausforderungen im Unterricht, führt Arndt auch selbstkritisch an, dass „*dieses Lesen, um die Freude am Lesen sozusagen zu befriedigen, ne, das kommt bei uns, glaube ich, total zu kurz*" (Arn$_8$ 1, 812f.). Somit verfolgt Nils Arndt zwar auch das Ziel der Leseanimation in seinem Unterricht, aber weitaus weniger intensiv.

8.4.1.2 Fachdidaktische Indikatoren und Auswahl von Diagnoseverfahren

Die Frage, welche Wissensbestände das lesediagnostische Handeln von Nils Arndt strukturieren, soll nun im Folgenden nachgegangen werden. Im ersten Interview mit der Textvignette konfrontiert, beschreibt Arndt sein Vorgehen im Deutschunterricht folgendermaßen:

> Arn$_8$: Dann würde ich ganz gezielt die Schüler beobachten, wie sie lesen. Das heißt also, äh, wenn sie schon nach kurzer Zeit abgelenkt sind, äh, sind sie nicht bei der Sache. Dann verstehen sie auch irgendwas nicht. (I: Mmh.) Das ist völlig klar, ne. (I: Mmh.) Da/ also da können sie mit dem Text relativ wenig anfangen. (I: Ja.) Als Kontrolle, äh, für mich persönlich dann, wenn sie den Text gelesen haben, äh, mache ich bis heute

---

[64] Kontrastiv verweist Nils Arndt auf die Schülerklientel am Gymnasium, bei der auch die Eltern einen „*ganz anderen Bildungsanspruch*" hätten (Arn$_8$ 2, 113–122). Ähnlich beschreiben auch die Lehrkräfte in der Studie von Pieper et al. (2004) einen Zusammenhang von Lesefähigkeiten und familiärem Hintergrund ihrer Schülerinnen und Schüler (ebd., S. 60f.).

so, lasse ich den Text erzählen. Oder stelle gezielte Fragen zu dem Text. (I: Mmh.) Ne. Ein, zwei Fragen, nicht zu viel. Aber ich sage ihnen immer: Ihr habt den Text dann verstanden, wenn ihr ihn ohne viel Verlesenes mit eigenen Worten erklären könnt. [...] (Arndt$_8$ 1, 39-47)

In der Narration werden sowohl die lesediagnostischen Handlungsweisen von Nils Arndt deutlich als auch welche Zielsetzungen er mit diesen verfolgt. Zuvorderst verweist Arndt auf das Leseverhalten, das er bei seinen Schülerinnen und Schülern beobachte und das für ihn bereits einen ersten Indikator für Lesenkönnen darstelle („[...] _wie sie lesen. Das heißt also, äh, wenn sie schon nach kurzer Zeit abgelenkt sind, äh, sind sie nicht bei der Sache"_). An anderer Stelle betont Arndt in diesem Zusammenhang, dass er letztlich schon nach _„zwei Minuten"_ eine erste Einschätzung darüber geben könne, ob ein Schüler ein guter oder schlechter Leser sei: _„Einer, der gut lesen kann, der hat sofort den Text, und, und ist sofort in den Text vertieft"_ (Arn$_8$ 1, 326-333). Wenn die Lernenden hingegen beim Lesen abgelenkt seien, bilde dies aus seiner Sicht bereits ein erstes Indiz für ein Nichtverstehen des Gelesenen. Für Arndt sei dann _„völlig klar"_, dass die Schülerinnen und Schüler dann _„mit dem Text relativ wenig anfangen können"_ – hier dokumentiert sich, dass Arndt in seinem Lesebegriff die Facetten Leseverhalten und Leseverstehen eng miteinander verknüpft.[65]

Weiterführend beschreibt Arndt, dass er zur _„Kontrolle"_ des Leseverstehens das Gelesene erzählen lasse. Deutlich wird in diesem Teil der obigen Sequenz, dass Arndt das Erstellen von Zusammenfassungen – neben dem Stellen von Inhaltsfragen, die er weiterhin anführt – als _vorrangiges_ Instrument zur Erfassung des Leseverstehens dient. Die zentrale Position, die dieser Diagnoseindikator für ihn einnimmt, wird deutlich, wenn Arndt erläutert, dass er auch seinen Schülerinnen und Schülern vermittle, dass man den Text dann verstanden habe, wenn man das Gelesene in eigenen Worten wiedergeben könne (Arn$_8$ 1, 45-47; siehe auch Kapitel 8.4.1.1).

In den Ausführungen von Arndt dokumentiert sich weiterführend eine Unsicherheit mit den bisher beschriebenen Diagnoseindikatoren. Auf die Frage, was er sich wünschen würde, wenn es um das Beobachten von Lesefähigkeiten in seinem Unterricht gehe, schildert Nils Arndt:

---

65 Neben Nils Arndt verweisen nur noch Lisa Mellmann und Hanna Leeke auf das _Leseverhalten_ als einen Diagnoseindikator (Mel$_4$ 1, 663-698; Lee$_7$ 1, 290-293). In fachdidaktischer Perspektive wird die Aufmerksamkeit, die Schülerinnen und Schüler Texten entgegenbringen, mitunter als Element von Lesekompetenz diskutiert. Rieckmann (2012) ordnet das Leseverhalten unter Rückgriff auf Guthrie/Wigfield als eine Dimension des Konstrukts „Leseengagement" ein.

8 Die Sicht der Lehrkräfte: Ergebnisse der Interviewanalysen

Arn₈: Ja, also ich würde mir zum Beispiel etwas wünschen, äh, ich weiß nicht, ob das möglich ist, aber sagen wir mal so <u>objektive Kriterien</u>, an denen man Lesefähigkeit feststellen kann. Das heißt also das, was ich jetzt gerade die ganze Zeit erzählt habe, das ist ja eigentlich so auf meinem individuellen Mist mehr oder weniger gewachsen. (I: Mmh.) Und ob das <u>nun richtig ist</u> oder nicht, da, pfff, das kann ich schlecht einordnen. Sagen wir es mal so. Für mich persönlich mag das ja nun gut zutreffen. Aber, äh, sicher bin ich mir auch nicht, ne. Also ich würde mir jetzt so wünschen, dass es etwas gäbe. Ich weiß nicht, ob es, ob das überhaupt möglich ist, aber dass es so <u>objektive Kriterien</u> gibt, boah, die hilfreich sind. Die für alle Kollegen vielleicht gleich sein könnten, woran man gutes oder schlechtes Lesen erkennen kann, ne. So im Augenblick habe ich das Gefühl, stoppelt jeder was für sich selber zusammen. Und sein wir mal ehrlich, irgendwo haben wir ja alle das Gefühl, ob das gut ist oder schlecht ist, ne. (I: Mmh.) Aber, äh, richtig festmachen können wir es eigentlich auch nur so an individuellen Empfindungen. (Arndt₈ 1, 879–891)

Im weiteren Gespräch betont Arndt, dass er zwar nicht „todunglücklich" mit seiner bisherigen Einschätzungsgrundlage sei, dieser „*Maßstab*" aber „*aus der Not heraus geboren ist, so wie das bei jedem anderen auch* [sei]" (Arn₈ 1, 939–949). In Arndts Ausführungen ist zum einen eine Unzufriedenheit mit seinen gegenwärtigen Diagnosekriterien erkennbar, die eher als Notbehelf für sein Handeln erscheinen. Es scheint für ihn ein Spannungsmoment darin zu liegen, dass er keine Rückmeldung zu den von ihm angelegten Kriterien hat, denn ob seine Kriterien „*nun gut zutreffen*", da sei er sich nicht sicher. Mit dem Verweis auf ähnliche Schwierigkeiten bei seinen Kollegen versucht Arndt, so lässt sich aus seiner Äußerung vermuten, Stabilität für sein Handeln zu erreichen, indem er das Dilemma aus Wunsch nach eindeutiger Diagnose der Lesefähigkeiten und Unsicherheit mit eigenen Kriterien als allgemeines Problem von Deutschlehrkräften interpretiert.[66] Dieses Erklärungsmuster bewahrt ihn auch davor, Änderungen vorzunehmen. An einer Stelle im ersten Interview verweist er lediglich darauf, dass entsprechende Wissensbestände im Rahmen seiner Ausbildung nicht thematisiert worden seien:

Arn₈: […] Äh, wir haben zwar alle studiert und wir haben alle Deutsch studiert. Aber sagen wir mal, äh, <u>diese Kriterien</u> sind in meinen Studien zum Beispiel nie vorgekommen. Ne. Man hat sich über verschiedenste Theorien unterhalten und Pipapo. Aber, äh, was dieses Konkrete angeht, ne. Und, äh, welchen Maßstab lege ich an. Was/ Wie beurteile ich das. Und was, das ist zum Beispiel in meinem Studium relativ kurz gekommen. Und ich denke bei den Kollegen auch. Die jeweils in <u>meinem Jahrgang</u> so ungefähr sind, ne. (Arndt₈ 1, 939–949)

---

66 Eine ähnliche Haltung dokumentiert sich beispielsweise auch bei Katja Lehmann (siehe Kapitel 8.3.2).

Allgemein lassen sich in den Handlungserzählungen von Arndt Formen einer semiformellen Diagnostik kaum rekonstruieren. Er diagnostiziert die Lesekompetenz(en) seiner Lernenden vorrangig spontan und situativ aus dem Unterrichtsgeschehen heraus. Eine bewusste Entscheidung für die Diagnose steht nicht im Vordergrund, was Arndt auch im Interviewverlauf begründet: *„Ich bin auch der Meinung, da braucht man keinen besonderen Anlass für"* (Arn$_8$ 2, 333f.). Darauf bezugnehmend wird für Arndt eine systematische Dokumentation seiner Beobachtungsergebnisse nicht handlungsrelevant, da er ohnehin *„spätestens innerhalb der ersten sechs Wochen"* wisse, wie ein Schüler bzw. eine Schülerin lese – *„das brauche ich dann nicht, nicht mehr ein halbes Jahr später nochmal aufschreiben"* (Arn$_8$ 1, 691–700). Deutlich wird hier, dass Arndt eine statische Auffassung der Lesefähigkeiten seiner Lernenden hat und diese als *„gottgegeben"* (Arn$_8$ 2, 147) akzeptiert (siehe dazu auch Kapitel 8.4.1.3). Ein systematisches Vorgehen zur Lesediagnostik ist in seinen Erzählungen somit nicht erkennbar.

Im Hinblick auf standardisierte Verfahren bezieht sich Arndt auf das Salzburger Lesescreening, das an der Schule STEY als Diagnoseverfahren etabliert ist (Kapitel 8.3.2). Das Lesescreening wird von Arndt als *„sehr hilfreich"* (Arn$_8$ 1, 542) für sein Lese(förder)handeln beschrieben. Auf die konkrete Nachfrage zur Begründung seines Urteils argumentiert er:

> Arn$_8$: [...] Das hat mich total bestätigt auch. Ne, das, was wir vorher wussten. Äh, also erst einmal Lesegeschwindigkeit und Inhaltsverständnis, ne. (I: Mmh.) Diese beiden Sachen wurden ja im Grunde im Wesentlichen da abgetestet. Und es ist genau das Gleiche rausgekommen, was, was wir eigentlich so (.) auch jeden Tag eigentlich festgestellt haben, ne. (Arndt$_8$ 1, 556–560)

Erkennbar ist hier eine starke Wertschätzung des Diagnoseverfahrens aufgrund der Passung zu seiner eigenen Wahrnehmung der Lesefähigkeiten der Lernenden (*„Das hat mich total bestätigt [...]"*). Der Lesetest dient Arndt insofern als Referenzrahmen für seine eigenen diagnostischen Urteile. Im Vergleich zu seinen eigenen Indikatoren, die eher auf subjektiven Einschätzungen basieren und mit einer gewissen Unsicherheit behaftet sind (s. o.), verspricht der SLS-Test für ihn eine Eindeutigkeit und Sicherheit bei der Einordnung der Leseleistungen der Lernenden und somit Stabilität für sein Unterrichtshandeln.[67] Wie sich in seinen weiteren Ausführungen dokumentiert, wird die Validität der Befunde aus dem

---

67 Interessant ist in diesem Kontext die Rückmeldung von Nils Arndt, warum ihm der Aufbau des Diagnosetools gefallen habe: *„[...] ich bin so ein Typ, der [...] immer klare Strukturen braucht, ne. Und das fand ich zum Beispiel wirklich toll"* (Arn$_8$ 2, 357f.).

8 Die Sicht der Lehrkräfte: Ergebnisse der Interviewanalysen   313

SLS-Test von ihm hingegen nicht infrage gestellt und insofern nicht im weiteren Unterrichtsverlauf überprüft.[68]
Interessant ist an der obigen Sequenz weiterhin, dass Arndt anführt, dass mit dem SLS-Test sowohl die „*Lesegeschwindigkeit*" als auch das „*Inhaltsverständnis*" erhoben werde. Die Validität des Verfahrens im Hinblick auf das Überprüfen des Inhaltsverständnisses wird von ihm nicht hinterfragt (dazu auch Arn_8 1, 547–552). So ist das Salzburger Lesescreening (Auer et al. 2005) ein Verfahren, das die basalen Lesefertigkeiten misst und dabei vor allem die Lesegeschwindigkeit erfasst (Kap 4.2.2).[69] Die Ausführungen von Arndt lassen insofern vermuten, dass er das Salzburger Lesescreening mit Blick auf dessen spezifische Zielsetzung eher oberflächlich rezipiert hat. Diese Lesart bestätigt sich an anderer Stelle im Interview. Gefragt danach, ob er denn ein ähnliches Verfahren wie das Salzburger Lesescreening auch für die Klassen neun oder zehn einsetzen würde, wenn es eine entsprechende Version geben würde[70], führt Nils Arndt aus:

> Arn_8: <u>Unbedingt, unbedingt</u>. Weil auch vom AUFWAND her ist das nicht zu viel. Das ist <u>ratzfatz</u> <u>gemacht</u>. (I: Mmh.) Denn ansonsten/ Ein anderes Problem, was wir ja ständig haben: Uns läuft die Zeit davon. Wir müssen so tausend Sachen machen. (I: Mmh.) Und, ja, und wir haben so viele, äh, Individuen da sitzen und jeder braucht eigentlich seine spezielle Betreuung. (I: Mmh.) Äh, die Zeit läuft uns einfach weg. Und <u>hier</u>, das war so eine Sache, die konnte man einmal so zwischen zwei, drei Stunden so dazwischen schieben, ne. Und da war das gelaufen. Und man konnte einige Zeit später sozusagen, äh, ein neues Resultat abrufen. (Arndt_8 1, 579–585)

In seiner Argumentation ist der implizite Anspruch erkennbar, dass der Einsatz von formellen Verfahren im Deutschunterricht vor allem von arbeitsökonomischen Erwägungen und weniger von der Validität der Diagnoseergebnisse abhängig ist. Zu Beginn der Sequenz macht Arndt deutlich, dass er den SLS-Test auch in höheren Stufen einsetzen würde, wenn ihm eine entsprechende Version zur Verfügung stünde. Die doppelte Nennung des Wortes „*unbedingt*" verdeutlicht diese positive Haltung. Im Weiteren begründet Arndt seine positive Haltung mit dem geringen Aufwand, der mit der Durchführung des Verfahrens im Unterricht verbunden sei – das Screening sei ihm Unterricht „*ratzfatz gemacht*".

---

68 Dazu kontrastiv z. B. Katja Lehmann (Leh_3 1, 83–87).
69 In Kapitel 8.3.2.2 wurde bereits diskutiert, dass diese Auffassung von mehreren Lehrkräften an der Schule STEY geteilt wird.
70 Das Salzburger Lesescreening ist für die Klassenstufen 5–8 konzipiert (Auer et al. 2005), in denen Arndt zum Erhebungszeitpunkt nicht unterrichtete.

In dieser Fokussierungsmetapher[71] zeigt sich, dass die Zeit bzw. Durchführungspraktikabilität den subjektiv entscheidenden Faktor für das lesediagnostische Handeln von Nils Arndt darstellt. Dass der Einsatz von lesediagnostischen Verfahren für Arndt zuvorderst von einer Kosten-Nutzen-Rechnung geprägt ist, wird an anderer Stelle im ersten Interview noch konkreter:

> Arn_8: [...] Da konnten/ da stehen alle, glaube ich, bis heute hinter. Ob es gut oder schlecht ist, weiß ich nicht. Aber das war einfach. Es war schnell durchzuführen. Das war praktikabel und es war, äh, vom Ergebnis her ganz eindeutig. ($Arndt_8$ 1, 735–738)

Als Grund für positive Beurteilung des Verfahrens zeigt sich, dass Kosten und Nutzen für Arndt bei der Anwendung des Lesetests in einem tragbaren Verhältnis standen („*war einfach*", „*war schnell durchzuführen*"). In sein Leseförderhandeln gehen die Ergebnisse des Diagnoseverfahrens hingegen kaum ein, wie im weiteren Gespräch deutlich wird, wenn Arndt die Verbesserungen der Lesetestergebnisse seiner Lernenden zum Schuljahresende beschreibt:

> Arn_8: [...] Und eben, worüber ich dann, äh, sehr erstaunt war, dass beim nächsten Mal diese Tests schon wesentlich besser ausgefallen sind, ne.
>
> I: Weil ihr aus/ mit den Ergebnissen etwas gemacht habt, oder weswegen?
>
> Arn_8: Ja, ich weiß es nicht, ob es jetzt konkret daran lag. Oder lag es einfach daran, dass die vielleicht jetzt schon wussten, beim nächsten Mal, dass man die Fragen schneller beantworten muss. Oder wie auch immer. Ich weiß es nicht, woran es lag. Ich hoffe, dass das Erste zählt. (I: Mmh.) Aber genau sagen kann ich es nicht. Ob das nun wirklich das, das Ergebnis dessen war, ne. ($Arndt_8$ 1, 564–754)

Es bleibt vage, ob und inwiefern Maßnahmen ergriffen wurden. Dass die Lesetestergebnisse Einfluss auf Fördermaßnahmen oder seinen Leseunterricht haben, wird in der obigen Sequenz wie auch im weiteren Gespräch nicht thematisiert, was vermuten lässt, dass die Erkenntnisse von ihm nicht produktiv verwendet werden. Sein Leseförderhandeln planvoll an diagnostischen Ergebnissen auszurichten, wie von lesedidaktischer Seite als Anspruch vertreten, wird bei Arndt nicht handlungsrelevant.[72]

---

71 In der Dokumentarischen Methode werden mit dem Begriff der Fokussierungsmetapher Textstellen bezeichnet, die durch sprachliche Besonderheiten bzw. metaphorische Dichte gekennzeichnet sind. Fokussierungsmetaphern können sowohl Textstellen sein, in denen Metaphern vorzufinden sind, als auch Textstellen, in denen sich die Befragten besonders ausführlich resp. engagiert äußern (u. a. Nohl 2009, S. 46).

72 In der Passage dokumentiert sich weiterhin, dass Arndt auch keine lesedidaktischen Begründungen zur Erläuterung der besseren Schülerergebnisse heranzieht, sodass zu

So ist abschließend festzuhalten, dass Arndt zwar vereinzelt gezielte Diagnosen betreibt, der Diagnoseertrag allerdings für seinen weiteren Unterricht nahezu folgenlos bleibt. In Bezug auf die Ergebnisse des Salzburger Lesescreenings nimmt Arndt folglich nur jene Aspekte auf, die mit seiner Perspektive auf lesediagnostisches Handeln im Einklang stehen, d. h. eine Einteilung der Lesekompetenz der Lernenden vorzunehmen bzw. sich seine eigenen diagnostischen Urteile bestätigen zu lassen.

8.4.1.3 „Die scheuen […] das Lesen wie der Teufel das Weihwasser" – Bild von den Schülerinnen und Schülern als ‚Leser'

Die Förderung von Lesekompetenz wird von Nils Arndt tendenziell als Aufgabe in der Sekundarstufe verstanden. In den Handlungserzählungen von Arndt spiegeln sich verschiedene Maßnahmen wider, die er im Unterricht zur Leseförderung ergreift (kontrastierend Marie Seefeld, Kapitel 8.4.2). Ein Verfahren, das er in seinem Unterricht für die schwachen Schülerinnen und Schüler anwendet, ist, die Lernenden außerhalb des Klassenraums Texte allein laut lesen zu lassen:

> Arn$_8$: Dann mache ich es von vornherein so, was ich vorhin schon sagte, ich schicke die raus, äh, sage: „Du liest jetzt nur, sagen wir mal die erste halbe Seite. (I: Mmh.) Und die liest du <u>laut</u>. Und die liest du auch mehrfach. Und du schreibst oder du unterstreichst dir, was du nicht verstehst usw." UND DANN, äh, oder auch als Hausaufgabe mache ich das auch ganz gerne. Weil die Schwächeren brauchen nicht den ganzen Text zu lesen. Die bekommen immer einen bestimmten <u>Abschnitt</u>. Aber Bedingung ist immer, und ich habe ihnen auch erklärt, warum ich das so möchte, dass sie <u>laut lesen</u>. (I: Mmh.) Denn ich habe auch festgestellt, immer wenn sie, oder merke ich an <u>mir selber</u>, äh, wenn ich einen Text leise lese und schnell lese teilweise, kann ich ihn auch nicht sinnentnehmend, wenn ich nicht voll konzentriert bin, lesen. (I: Mmh.) Husche drüber weg. Und wenn ich dann mir vorstelle, ich habe <u>noch Probleme mit dem Lesen</u>. Und, äh, wenn ich still lese, lese ich immer gut. Aber wenn ich laut lese, dann merke ich ja, wo ich hängen bleibe, ne. Und das habe ich meinen Schülern eigentlich auch immer versucht zu/klarzumachen. Und warum sie dann laut lesen sollen. Sie sagten: „Ja, manchmal ist das schwirig dann" und so. Aber von Eltern habe ich wieder dann teilweise Rückmeldungen: „Ja, der liest tatsächlich laut und so. Und dann machen wir schon die Tür zu, ne". (Arndt$_8$ 1, 128–143)

Arndt schildert, dass er die schwachen Leserinnen und Leser im Unterricht rausschicke, sodass diese die Texte zunächst allein und auch mehrmals lesen sollen. Im Weiteren beschreibt er, dass diese Methode „*eigentlich immer ganz*

---

vermuten ist, dass diese nicht im Horizont für sein Handeln sind (siehe dazu auch Kapitel 8.4.1.3).

gut" funktioniere. Seine Intention sei es zudem, die Schülerinnen und Schüler zu motivieren und ihnen aufzuzeigen, dass sie *"es ja eigentlich mit entsprechender Übung"* schaffen würden. Eine lesedidaktische Begründung seines Vorgehens ist in der Erzählung von Arndt jedoch nicht auszumachen und bleibt auch im weiteren Gesprächsverlauf vage. Die Einschränkungen, die in der Wendung „eigentlich" enthalten sind, lassen vermuten, dass Arndt zwar Verbesserungen bei seinen Lernenden im Hinblick auf „sinnentnehmendes Lesen" erkennt, sein Handeln aber weniger auf elaborierten lesedidaktischen Wissensbeständen basiert.

An verschiedenen Stellen im Gespräch verweist Arndt weiterführend darauf, dass er eine gezielte Leseförderung als schwierig zu leistende Lehreraufgabe an der Hauptschule ansieht. Als Erklärungsmuster bezieht er sich auf die mangelnden Lesefähigkeiten seiner Lernenden, die er noch bis zum Ende der Schulzeit feststelle. So etwa das mangelnde Sprachvermögen, das aus seiner Sicht eine der zentralen Ursachen für die Leseprobleme seiner Lernenden darstellt:

> Arn$_8$: [...] Und ich meine, ich muss mir bis heute sagen/ also manchmal bin ich erstaunt, dass sie die einfachsten Wörter nicht können. Die für uns also völlig klar sind, also die eigentlich auch bei uns im täglichen Sprachgebrauch vorkommen, sind für die Schüler also wirklich jenseits von Gut und Böse, ne. (I: Mmh.) Also da bin ich manchmal überrascht, dass ich daran nicht gedacht habe. Ganz normale Wörter, ne. Die man eigentlich für jeden Satzbau braucht. Kennen sie teilweise nicht, ne. (I: Ja.) Äh, da bin ich teilweise überrascht. [...] (Arndt$_8$ 1, 65-71)

In der Sequenz verweist Arndt darauf, dass er manchmal erstaunt sei, dass seine Lernenden die *"einfachsten Wörter"* aus dem alltäglichen Sprachgebrauch nicht kennen würden. In der Fokussierungsmetapher *"jenseits von Gut und Böse"* kommt klar zum Ausdruck, was den Orientierungsrahmen für sein Handeln darstellt: Bedeutende Rahmung für sein Lehrerhandeln an der Hauptschule ist, dass er mit den mangelnden Lesefähigkeiten seiner Lernenden konfrontiert ist, die er für kaum kompensierbar hält und die von ihm als zentrales Problem für den Unterricht ausgemacht werden. Ähnliche Handlungserzählungen sind bei Arndt auch für den Bereich der Lesemotivation rekonstruierbar. So beschreibt Arndt im ersten Interview, dass er selbst eine sehr positive Haltung zum Lesen habe und sich *"seine Welt"* ohne Bücher nicht vorstellen könne (Arn$_8$ 1, 212f.). Aus seiner Sicht ist jedoch kaum realisierbar, dass seine Lernenden einen solchen Zugang zum Lesen finden, wie sich etwa in seinen Kommentierungen des Teilbereichs „Lesebezogenes Selbstkonzept" im Diagnosetool dokumentiert:

> Arn$_8$: [...] ((vorlesend)) *"Leseinteressen benennen", "bezeichnet sich selbst als Leser".* Also, wie gesagt, einen Einzigen haben wir hier an der Schule. Der ist in Lisas Klasse. Der

wirklich, äh, auch die Praktika im, äh, der Bibliothek macht oder im Buchladen, und, und, und, der ich weiß nicht wie viele Punkte bei Antolin hat, etliche tausend. Und der auch ständig ein Buch hat. Also das ist aber seit, na 15 Jahren glaube ich, der Erste und Einzige, den ich je so extrem erlebt habe, ne. Aber ansonsten ist Lesen nicht unbedingt eine der Lieblingsbeschäftigungen unserer Schüler, ne. Okay. (Arndt$_8$ 2, 1007–1114)

Dass seine Lernenden in ihrer Freizeit lesen, gelte für *„für 99 Prozent unserer Schüler"* nicht, wie er an anderer Stelle ausführt (Arn$_8$ 2, 179f.). Vor diesem Hintergrund stellt der erwähnte Schüler in der Klasse seiner Kollegin Lisa Mellmann, der eine hohe Lesemotivation zeigt, für ihn eine Ausnahme dar. Am konkreten Beispiel dieses Schülers zeigt sich, dass für Arndt Hauptschülerinnen und Hauptschüler als Nichtleser gelten, die keine lustvolle Beziehung zur Lektüre entwickeln. Auch allgemein besteht für ihn eine Grenze im Hinblick auf die Möglichkeiten zur Förderung der Lesefähigkeiten seiner Lernenden. So führt er bei der Diskussion des Items „Der Schüler/Die Schülerin kann das Gelesene in Bezug auf Inhalt und Darstellung reflektieren, interpretieren und bewerten" (siehe Anhang II.) an, dass diese Facette(n) von Lesekompetenz ein zu hoher Anspruch für die Hauptschule sei:

Arn$_8$: Ja, also vielleicht mehr mit ihrer Lebenswirklichkeit zu tun hat in irgendeiner Art und Weise. Wie siehst du das, wie würdest du dich verhalten? So auf der Ebene. Ne. Siehst du das genauso? Also dass/ ich denke so in der Richtung. Aber ansonsten interpretieren, da, dass die zwischen den Zeilen viel wiederfinden können. Das ist bei uns halt nicht gegeben. (I: Mmh.) Im Allgemeinen, ne. (Arndt$_8$ 2, 789–793)

Arndt bezieht sich zunächst auf das Reflektieren und Bewerten des Gelesenen (*„mehr mit ihrer Lebenswirklichkeit zu tun hat"*), dass er als (noch) leistbaren Anspruch für den Umgang mit Texten in seinem Unterricht ansieht. Zugleich relativiert er aber auch die Umsetzbarkeit dieser Facette von Lesekompetenz, was sich in den Worten *„vielleicht"* und *„in irgendeiner Art und Weise"* dokumentiert. Das Interpretieren – im Sinne eines *„zwischen den Zeilen viel wiederfinden können"* – wird von Arndt als eine nicht zu realisierende Aufgabe entworfen. In der Formulierung *„bei uns halt nicht gegeben"*, die charakteristisch für mehrere Stellen in beiden Interviews ist, zeigt sich eine defizitorientierte Haltung bzw. ein Schülerbild, wonach das Interpretieren von Texten eine Überforderung für die Lernenden an der Hauptschule darstellt. An anderer Stelle im Interview wird dies von Arndt nochmals pointiert herausgestellt, wenn er das Interpretieren von Texten als die *„Königsdisziplin"* (Arn$_8$ 2, 969) an der Hauptschule charakterisiert. Aus der Erkenntnis, dass er vorwiegend schwache Leserinnen und Leser in seiner Klasse habe, die er weiterhin als Nichtleser einstuft, resultiert für Arndt, dass er sein Anspruchsniveau an diese schwachen Leseleistungen anzupassen habe. Im Datenmaterial lässt sich insofern rekonstruieren, dass er, ausgehend von den ungünstigen Zugangsvoraussetzungen, die sein Schülerbild prägen, eine Reduktion des Lesekompetenzbegriffs für sein Unterrichtshandeln vornimmt. Nils Arndt sieht die mangelnden Lesefähigkeiten der Schülerinnen und Schüler nicht nur für das Fach Deutsch als problematisch an, sondern für die Leistungen in allen Fächern. Hinzu kommen aus seiner Perspektive noch ressourcenbedingte Schwierigkeiten, seit nur noch vier Deutschstunden im Lehrplan an seiner Schule vorgesehen seien (Arn$_8$ 1, 291f.).[73] Entsprechend schätzt er seine Möglichkeiten, im Unterricht noch kompensatorisch wirken zu können, eher pessimistisch ein. Dies lässt sich exemplarisch anhand der Reflexionserkenntnisse aufzeigen, die Arndt im Hinblick auf sein bisheriges Lehrerhandeln nach der Arbeit mit dem Diagnosetool schildert. Im zweiten Interview beschreibt er, dass sich hierdurch sein Blick verändert habe:

> Arn$_8$: [...] Das heißt, also das hatte ich weitgehend verdrängt. (I: Mmh.) Oder als gottgegeben hingenommen. Das ist halt so. Und jetzt müssen wir darüber hinaus. Weil das so ist. Eben versuchen, das Beste draus zu machen. (I: Mmh.) Ne. Also das heißt, ich hatte das mehr oder weniger auch beiseitegeschoben, ne. (Arndt$_8$ 2, 132–135)

Indem Arndt darauf verweist, dass er die Leseprobleme seiner Lernenden zwar wahrgenommen, diese aber als „*gottgegeben*" akzeptiert habe (auch Arn$_8$ 2, 60–65).[74] Diese Haltung schützt ihn davor bzw. verhindert, Misserfolge des eigenen Leseförderhandelns zu erkennen bzw. auf eigene Handlungen zurückzuführen. Deutlich wird, dass die in Kapitel 8.3.4. diskutierte Denkfigur >LESEN IST STATISCH< sein Handeln strukturiert. Noch konkreter wird dieses statische Verständnis bei der Kommentierung der Toolitems:

> Arn$_8$: [Das ist zum Beispiel so ein Punkt, äh, wo ich sage, ja, da ist man mal mit der Nase auf etwas gestoßen worden, ne. Ist jetzt die Frage, äh, wie man es üben kann, oder, ob nachher was bei rüberkommt, wenn nämlich die ganze Zeit lang nichts rüberkommt, lässt man es automatisch wieder fallen. Aber die/ von der Grundidee her war das gut, nur, äh, aus meiner Meinung oder jetzigen Meinung würde ich sagen: Nein, das können

---

[73] An der Schule STEY gab es bis vor einem Jahr noch eine weitere, eigene Lesestunde in allen Klassen. Diese eine zusätzliche Stunde wird von allen Lehrkräften an der Schule als wesentlich für die Realisierbarkeit einer individuellen Leseförderung herausgestellt (Kapitel 8.3.4).

[74] Auffällig in der Beschreibung ist weiterhin, dass Arndt für seine Ausführungen bzgl. des defizitorientierten Schülerbildes das Präteritum wählt („*hatte* [...] *weitgehend verdrängt*", „*hatte beiseitegeschoben*"). Hier dokumentiert sich, dass die Arbeit mit dem Diagnosetool für Arndt einen Reflexionsanlass in Bezug auf die Wahrnehmung der Leseleistungen seiner Lernenden dargestellt hat (siehe vertiefend Kapitel 8.4.1.5).

unsere nicht. Und so ad hoc sowieso nicht. Ne, aber wäre eine Möglichkeit mal zu testen, inwieweit kann ich das eigentlich üben, ne. (Arndt$_8$ 2, 856–862)

In der Wendung „*wenn nämlich die ganze Zeit lang nichts rüberkommt, lässt man es automatisch wieder fallen*" wird deutlich, dass Nils Arndt die Leseschwierigkeiten seiner Lernenden als kaum (noch) veränderbar einstuft und vielmehr davon ausgeht, dass er in seinem Unterricht kaum noch kompensatorisch wirken kann. Insbesondere hierarchiehöhere Verstehensprozesse werden von ihm zwar allgemein als Zieldimension für den Unterricht anerkannt, zugleich aber für die Hauptschule faktisch nicht als Handlungsperspektive aufgegriffen. Diese Orientierung hat stabilisierende Funktion, da man so das bisherige – eigentlich nicht angemessene – Unterrichtshandeln erklären kann und nicht grundsätzlich infrage stellen muss. Die bisher beschriebenen Ausführungen sind auch unter anderem Aspekt aufschlussreich: Es wird deutlich, dass Arndt in seinen Handlungserzählungen in der Perspektive verbleibt, die Lernenden homogenisierend zu betrachten. Pauschalisierende Wendungen wie „*das können unsere nicht*" (s. o.) oder „*das ist in der Hauptschule nicht möglich*" (s. u.) sind an verschiedenen Stellen in beiden Interviews rekonstruierbar.[75] Diese Haltung ist erkennbar, obschon er im Gespräch auch auf die Heterogenität Schülerinnen und Schüler verweist: „[…] [W]*ir haben so viele, äh, Individuen da sitzen und jeder braucht eigentlich seine spezielle Betreuung*" (Arn$_8$ 1, 599–601).

An verschiedenen Stellen in beiden Interviews zeigt sich bei Arndt weiterhin ein Bewusstsein für Maßnahmen zur Differenzierung im Leseunterricht, welche sich zuvorderst auf die Textgestaltung fokussiert: „*Die Schwächeren brauchen nicht den ganzen Text zu lesen. Die bekommen immer einen bestimmten Abschnitt*" (Arn$_8$ 1, 132f.). Eine (weiterführende) individualisierende Leseförderung zu betreiben, wird von Arndt zwar als professionelles Lehrerhandeln begriffen (s. o.), diesen Anspruch einzulösen, von ihm aber für seinen Unterricht verworfen. Arndt legitimiert seine Orientierung damit, dass aus seiner Sicht kaum genügend persönliche Ressourcen für eine individuelle Förderung zur Verfügung stehen: „*Die Zeit läuft uns einfach weg*" (Arn$_8$ 1, 601). Ebenso fehle es an den entsprechenden schulischen Rahmenbedingungen, wie er mit Blick auf die früher noch bestehende „*reine Lesestunde*" beschreibt:

Arn$_8$: Vor einigen Jahren, ich glaube vor gut einem Jahr, haben wir noch fünf Stunden gehabt. Eine reine Lesestunde davon noch. Aber das ist, das hängt auch immer vom Stundenplan ab. Von der Verteilung der Stunden, die möglich sind, ne. Da haben wir dann gezielt <u>eine</u> Stunde pro Woche <u>gelesen</u>. (Arndt$_8$ 1, 300–306)

---

75 Z. B. Arn$_8$ 2, 214f., 775–777, 819f., 843f., 860f.

In Arndts Ausführungen wird ein Problembewusstsein erkennbar, das zugleich ein Spannungsfeld zwischen eigenen Erwartungen und praktischen Gegebenheiten offenlegt: individuelle Förderung wird von Nils Arndt zwar als Aufgabe für den Deutschunterricht gesehen, jedoch von ihm als nicht leistbar eingestuft. Zur Auflösung des Dilemmas verweist er auf den Zeit- und Ressourcenmangel, der einer individualisierten Leseförderung entgegenstehe, um sein eigenes Handeln zu relativieren. In Arndt Ausführungen dokumentiert sich insofern eine Tendenz zur gruppenbezogenen Ausrichtung seines Handelns, um Stabilität zu bewahren, da eine Individualisierung des Unterrichts von Arndt als kaum zu leistende Lehreraufgabe im Deutschunterricht verstanden wird. Auf diese Weise gelingt ihm die Auflösung des Dilemmas, im Unterricht den von außen gestellten Ansprüchen ebenso wie dem einzelnen Lernenden nicht gerecht zu werden.

8.4.1.4 „Ja, ich habe es eigentlich gerne gemacht" – Rezeption von »JuDiT®-L«

Um sich der Perspektive von Nils Arndt auf das Diagnosetool anzunähern, soll zunächst die Einstiegssequenz aus dem zweiten Interview betrachtet werden, in der Nils Arndt zunächst nach seinem Eindruck von dem Diagnosetool gefragt wird:

Arn$_8$: Ja, ich habe es eigentlich gerne gemacht. Äh, ich muss dazu sagen, zeitlich war es ein bisschen, ähm, äh, problematisch. (I: Mmh.) Weil wir eben auch die mündlichen Prüfungen hatten, die schriftlichen Zentralprüfungen (I: Mmh.) und so weiter. Und auch das gezielte, äh, Üben dafür. Aber ich habe mir dann doch zwei-, dreimal die Zeit genommen (I: Mmh.) und einen Schüler fast fertig auch bekommen. (I: Mmh.) Und das, äh, lief also meiner Meinung nach auch wirklich gut. Und ich habe das nachher also auch wirklich gerne gemacht. Also nachher be/ das, was ich wirklich gut fand: Es war immer das gleiche System. (I: Mmh.) Und wenn man das erst einmal/ wenn man erst einmal so reingekommen ist, allein, ich glaube, immer in diese fünf Punkte (I: Mmh.), äh, äh, und nachher das System drauf hatte, äh, sage ich aber nachher noch was zu, dann hat das richtig Spaß gemacht. (I: Ja.) Und das ging eigentlich auch ratzfatz muss ich sagen. Zu einigen, äh, äh, Unterpunkten zu den, äh, Peergroups zum Beispiel oder Elternhaus. (I: Mmh.) Das war ein bisschen problematisch für mich. Äh, also ich denke, da muss man noch so ein bisschen, oder hätte ich die Schüler ein bisschen besser kennenlernen müssen. (I: Mmh.) Also (.) aber ansonsten muss ich sagen, äh, zum Formulierungen war teilweise ein bisschen, äh, lang. Also, die Sätze (I: Mmh.) ein bisschen lang. Und, und teilweise auch ein bisschen kompliziert. Manchmal musste man umdenken. (I: Mmh.) Äh, man hat, die Frage davor war eigentlich positiv formuliert (I: Mmh.) oder, oder die Beobachtung. Die nächste war dann negativ oder so, wenn ich das noch richtig in Erinnerung habe. (I: Und dass man dann) Und das hat so ein bisschen, äh, Kuddelmuddel gemacht. Aber, oder sagen wir so, man musste sich dann sehr konzentrieren. (I: Mmh.) Ne. Aber ansonsten, muss ich sagen, hat das schon Spaß gemacht. Und, äh, vor allen Dingen, wenn man überlegt, äh, als ich das nachher farbig ausgedruckt gesehen habe. (I: Mmh.) Ja, da ist mir dann auch ((leicht amüsiert)) einiges klar geworden. (Arndt$_8$ 2, 19–42)

Zu Beginn der Sequenz hebt Arndt zunächst hervor, dass ihm die Arbeit mit dem Tool Spaß gemacht habe, um zugleich darauf zu verweisen, dass Prüfungstätigkeiten ihn zunächst von einer vertieften Auseinandersetzung mit dem Diagnosetool abgehalten haben. Nachdem er dann aber doch Zeit gefunden habe, sei der Umgang mit dem Tool aus seiner Sicht auch gelungen. Als Erklärungsmuster für die positive Bewertung wird von ihm die einfache Durchführung des Tools angeführt (*„und das ging eigentlich auch ratzfatz"*). Auch in den anschließenden Ausführungen lässt sich wiederholt herausarbeiten, dass die aus seiner Sicht schnelle Durchführbarkeit des Tools den zentralen Aspekt für seinen Blick auf »JuDiT®-L« bildet (Arn$_8$ 2, 95–200, 304–306). Hier lassen sich viele Bezüge zu bereits ausgeführten Aspekten herstellen: Nils Arndt begründet seine positive Haltung zum Diagnosetool durch ein für ihn angemessenes Verhältnis von Aufwand und Ertrag. Zuvorderst ist es die aus seiner Sicht (pragmatische) Durchführbarkeit, die für ihn bei der Rezeption des Diagnosetools relevant wird (Kapitel 8.4.1.2).

Aufschlussreich ist weiterhin, dass sich Arndt im zweiten Teil der Sequenz auf den Umgang mit den Beobachtungsitems bezieht und darauf verweist, dass er die Items mitunter als „*ein bisschen lang*" und „*teilweise auch ein bisschen kompliziert*" empfunden habe. Hier dokumentiert sich die von allen Lehrkräften im Sample geteilte Position, dass der Umfang des Diagnosetools erschwere, Diagnosen ökonomisch durchzuführen und auszuwerten (Kapitel 8.3.5). In diesem Kontext verweist Arndt an anderer Stelle darauf, dass er im Tool zwar viele seiner relevanten Aspekte für das Lesenkönnen aufgegriffen sehe, um daraufhin einschränkend anzuführen, dass der Lesebegriff im Tool „[a]*llerdings* viel, viel genauer und dezidierter [sei], *als ich das jemals so mir überlegt hatte. Und praktiziert habe*" (Arn$_8$ 2, 182f.). Hier wird erkennbar, dass die Haltung, umfassende Erkenntnisse über die Lesekompetenz seiner Lernenden zu gewinnen, für Arndt nicht handlungsrelevant ist. Bezogen auf einzelne Teilbereiche im Diagnosetool zeigt sich zudem, dass diese von ihm als nicht bedeutsam für den Unterricht eingeordnet werden:

Arn$_8$: Ja. Also zum Beispiel, also einige habe ich durchaus, meiner Kriterien habe ich hier wiedergefunden. Total. (I: Ja.) Also fast wortwörtlich. (I: Mmh.) Andere, äh, sagen wir mal so, da (.) mag es an der Formulierung gewe/ äh, gelegen haben. Ich weiß es nicht. Also da/ das war nicht so unbedingt mein Ding. Aber natürlich gehörte das zum Thema. Das heißt aber, ich wäre vielleicht selber nicht so drauf gekommen. (I: Mmh.)

Ne. So und andere, zum Beispiel dann Elternhaus. Das hätte ich vielleicht auch noch mit einbezogen. Aber bei uns ist das ja fast eine homogene Gruppe im negativen Sinne, ne. (I: Mmh.) Äh, dass man sich aber da nochmal Gedanken macht. Aber da muss ich es, äh, auch zugeben, also da habe ich eigentlich die größten Probleme und genauso wie mit der Peergroup. (I: Mmh.) Das sind so die beiden, äh, Bereiche gewesen, die bei mir eigentlich auch mehr oder weniger ausgeblendet gewesen sind. (I: Mmh.) Und auch allein von daher war das gut, äh, dass man da nochmal den Blick so geschärft bekommt. [...]. (Arndt$_8$ 2, 90–104)

In der Sequenz schildert Arndt zunächst, dass er im Diagnosetool einige Facetten seines Lesebegriffs wiedergefunden habe, um im Weiteren einschränkend zu erläutern, dass einige der angeführten Aspekte für seine Arbeit nicht bedeutsam seien, wie sich in der Wendung „nicht so mein Ding" dokumentiert. Interessant ist insbesondere der Verweis auf den Bereich „Leseumfeld". Arndt führt an, dass er Aspekte, wie die Bedeutung des Elternhauses oder der Peergroup, für die Aneignung von Lesekompetenz „mehr oder weniger ausgeblendet" habe. Hier wird erneut die bereits beschriebene Verallgemeinerung der Schülerinnen und Schüler deutlich, indem Arndt anführt, dass seine Lernenden „ja fast eine homogene Gruppe im negativen Sinne" darstellen. Zugleich wird aber auch erkennbar, dass das Tool in diesem Zusammenhang als Reflexionsfolie dient, indem Arndt im letzten Satz darauf verweist, dass er durch die Arbeit im Tool „nochmal den Blick so geschärft" bekommen habe (s. u.).

Im Zusammenhang mit der Kommentierung der einzelnen Beobachtungsitems zeigt sich bei Arndt die von mehreren Lehrkräften geteilte Position, dass einige der angeführten Items im Tool in der Unterrichtspraxis kaum diagnostizierbar seien:

Arn$_8$: Ja? Gut. Dann, äh, (.) hier habe ich viele Fragezeichen. Wo ich mir wirklich nicht sicher bin. ((vorlesend)) „Die Schülerin kann das Gelesene mit eigenen Erfahrungen in Beziehung setzen". (I: Mmh.) „Kann Details entschlüsseln, Informationen eines Textes wiedergeben". Äh, da habe ich so meine Probleme. Das irgendwo abzutesten, ne. Oder, ob man das <u>kann</u>. Also zumindest der erste Punkt. „Der Schüler kann das Gelesene mit eigenen Erfahrungen in Beziehung setzen". Das ist für unsere unheimlich schwer. <u>Unheimlich</u> schwer. Und, äh, ich glaube, das ist auch schwer, das abzutesten. (Arndt$_8$ 2, 813–819)

Dieser Auszug verweist darauf, dass von Nils Arndt die Diagnose von mentalen Prozessen als kaum realisierbar eingestuft wird.[76] Mit der doppelten Wendung, dass dies „unheimlich schwer" sei, zeigt sich, dass Arndt die angeführten Komponenten zwar als Zielstellungen für den Unterricht anerkennt, diese jedoch für

---

76 Dass er diese Facette von Lesefähigkeit als „sehr schwer" zu diagnostizieren empfunden habe, betont er später im Interview erneut (Arn$_8$ 2, 961).

8 Die Sicht der Lehrkräfte: Ergebnisse der Interviewanalysen

sein lesediagnostisches Handeln nicht bedeutsam werden. An weiteren Stellen im Interview dokumentiert sich, dass Arndt sich vorrangig auf die direkt beobachtbaren Teilfähigkeiten des Lesens bezieht, d. h. die Denkfigur >DAS, WAS ICH SEHE< leitend für sein Handeln ist.

Auffällig ist zudem, dass Nils Arndt an verschiedenen Stellen hervorhebt, dass ihm bei der farblichen Auswertungen seiner Auswertungen „*einiges klar geworden sei*" (Arn$_8$ 2, 41f.). Auf die konkrete Nachfrage, inwiefern er eine Erkenntnis anhand der farbigen Ausdrucke gewonnen habe, verweist Arndt auf die Eindeutigkeit der Toolergebnisse:

> Arn$_8$: Äh, sehr, sehr, sehr viel rot.
>
> I: Mmh. (Arn$_8$: Ne). Und das hat dich überrascht bei den Schülern?
>
> Arn$_8$: Ja. Das ist dann also/ wenn man so an den einzelnen Fragen ist, äh, dann sieht man schon: Okay, das können sie nicht, oder nicht so gut. (I: Mmh.) Und wenn man das Gesamtergebnis nachher dann eigentlich so rot leuchtend sieht, dann merkt man eigentlich, was sie alles nicht können. Und ich habe also einen relativ schwachen Schüler und einen mittleren Schüler (I: Mmh.) eigentlich immer mal so untersucht (I: Mmh.). Und, äh, selbst bei dem Mittleren war so, dass da weit, weit, weit, weit, die rote Farbe dominiert hat. (Arndt$_8$ 2, 46–55)

In der Überblicksdarstellung wurde hervorgehoben, dass die farbige Auswertungsgrafik übereinstimmend von allen Lehrkräften positiv bewertet wurde (Kapitel 8.3.5), so auch von Nils Arndt, der an anderer Stelle schildert, die Auswertung habe ihn „*tief beeindruckt, muss ich ehrlich sagen*" (Arn$_8$ 2, 633f.). Vermutlich steht dies auch mit der *Stabilität und Sicherheit* in Zusammenhang, die die farbige Gestaltung als ein ‚handfestes' Urteil verspricht. Hinsichtlich der Auseinandersetzung mit den Auswertungsergebnissen zeichnet sich im Gespräch weiterhin ab, dass diese für Arndt eine Reflexionsfolie für sein bisheriges Unterrichtshandeln darstellen:

> Arn$_8$: [...] Also ich fand das erst einmal ganz gut, dass man überhaupt sich mit dieser ganzen Sache nochmal auseinandergesetzt hat, ne (I: Mmh.). Das wäre mir sonst so gar nicht so klar geworden. (I: Mmh.) Also, dass Defizite bestehen und so weiter und dass wir insgesamt keine prallen Leser haben, das ist eigentlich jedem bewusst. (I: Mmh.) Aber das verdrängt man im Grunde genommen, oder man akzeptiert das irgendwo ab einem bestimmten Punkt. (I: Mmh.) Ne, und sagt: Das ist halt so. Aber danach passiert nicht mehr viel. (I: Ja.) Und das ist mir also anhand/ vielleicht wenn es, wenn es keine Farbe gewesen wäre oder so, wäre es mir noch nicht mal so, äh, extrem aufgefallen. An jeder einzelnen Frage oder an jeder einzelnen Kategorie merkt man es ja. Ne, wenn ich da die 1 geben muss (I: Mmh.) oder so, dass da irgendwas nicht stimmt. Aber, und aber wenn man es dann wirklich mal als Ergebnis ausgedruckt sieht, das hat mich schon beeindruckt, sagen wir es mal so. (I: Mmh.) Und das Problem eigentlich verdeutlicht.

Aber das fand ich gut. (I: Ja) Also auch von der, von der Aufmachung her. (I: Mmh.) [...]. (Arndt$_8$ 2, 60–73)

Arndt beschreibt, dass ihm die Arbeit mit dem Tool gefallen habe, da er sich so mit *„dieser ganzen Sache"*, womit er die Diagnostik von Lesekompetenz meint, nochmals auseinandergesetzt habe – einige Aspekte wären ihm sonst gar nicht deutlich geworden. Arndt führt dazu an, dass er bisher zwar wahrgenommen habe, dass Lesedefizite bei seinen Lernenden bestehen, er diese aber als *„gottgegeben"* akzeptiert habe: *„Das ist halt so"* (siehe dazu bereits Kapitel 8.4.1.3). Durch die Tool-Eintragungen und die Auswertungsergebnisse sei er aber unmittelbar mit den (schlechten) Lesefähigkeiten seiner Lernenden konfrontiert gewesen. Arndt beschreibt, dass er auf diese Weise erkannt habe, *„dass da irgendwas nicht stimmt"*. In seinen Ausführungen zeigt sich insofern eine Reflexion seines bisherigen Lehrerhandelns. In der obigen Sequenz, wie auch an weiteren Stellen im Interview, wird deutlich, dass Arndt das Tool insofern als Reflexionsperspektive nutzt.

8.4.1.5 Zusammenfassung

Wie aufgezeigt wurde, verfolgt Nils Arndt in seinem Unterricht auf *kommunikativer* Ebene einen mehrdimensionalen Lesebegriff, der die Förderung prozessbezogener Leseteilprozesse sowie die Leseanimation fokussiert. Betrachtet man Arndts Ausführungen jedoch vertiefend, so wird deutlich, dass sein Handeln eher einseitig von der Zielsetzung bestimmt ist, bei den Lernenden die Fähigkeit zur Informationsentnahme aus Texten anzubahnen. Seine Überlegungen zur Lesekompetenz sind vom Wortschatz, dem flüssigen und sinnbetonten Vorlesen und vor allem der Inhaltsklärung bestimmt, welche für ihn auch im Hinblick auf die Diagnose von Lesekompetenz handlungsrelevant werden. Fachdidaktische Inhalte offenbaren sich in den hier präsentierten Befunden indes nicht als Quelle des handlungsrelevanten Lehrerwissens.

Im Hinblick auf das lesediagnostische Handeln von Arndt kann weiterhin ausgemacht werden, dass er Diagnosen primär spontan und situativ vornimmt. Mit Blick auf semiformelle oder formelle Formen der Lesediagnostik stiften für ihn eindeutige und schnell durchführbare lesediagnostische Verfahren, wie das Salzburger Lesescreening, Sicherheit für sein Handeln. Im Vordergrund bei der Rezeption entsprechender Verfahren steht dabei weniger deren didaktische Zielsetzung als vielmehr die methodische Durchführbarkeit der Maßnahmen im Unterricht. Diagnoseergebnisse werden von Arndt zuvorderst genutzt, um seine bisherigen diagnostischen Urteile zu reflektieren bzw. die Lesefähigkeiten der Lernenden (eindeutig) belegen zu können. Obwohl Arndt Leseförderung als

Aufgabe für die Sekundarstufe tendenziell anerkennt, ist eine Ausrichtung seines Deutschunterrichts an der diagnostizierten Ausgangslage der Lernenden in seinen Erzählungen kaum zu rekonstruieren. In der Zusammenschau lassen sich die Erkenntnisse wie folgt auf einer Karteikarte darstellen:

Abbildung 8.9: Karteikarte Nils Arndt, Schule STEY

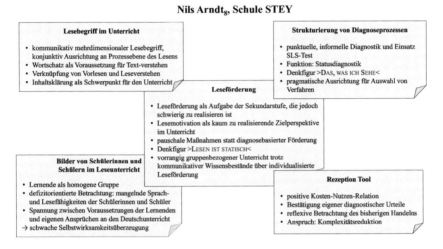

8.4.2 Einzelfallanalyse Marie Seefeld

Bevor näher ausgeführt werden soll, welche Charakteristika der Einzelfall aufweist, sollen einige biographische Informationen über Marie Seefeld erfolgen. Zum Zeitpunkt der Interviews ist Marie Seefeld 12 Jahre als Lehrerin tätig und unterrichtet vornehmlich die Fächer Mathematik und Deutsch, die sie auch studiert hat. Sie ist ausgebildete Haupt- und Realschullehrerin und seit mehreren Jahren an der Hauptschule LAD tätig.

8.4.2.1 Ein nutzbarer Lesebegriff für die Berufswelt

Um sich der Frage zu nähern, welchen Lesebegriff Marie Seefeld in ihrem Unterricht verfolgt, soll zunächst darauf eingegangen werden, welche Bedeutung sie dem Lesenkönnen zumisst. Gleich zu Beginn des ersten Interviews wird deutlich, dass Seefeld die Aneignung von Lesekompetenz nicht nur mit Blick auf die Anforderungen innerhalb des Deutschunterrichts als zentral erachtet:

See$_{13}$: […] Und, ähm, wichtig finde ich, dass, ähm, das eigentlich nicht nur im Fach Deutsch erfolgt, sondern ich finde die Lesefähigkeit im Fach Mathematik fast noch entscheidender. Denn, ähm, in Deutsch kann man sich eigentlich bei der Bearbeitung von Texten oftmals irgendwie rauseiern und rauslabern und es ist, ähm, gar nicht immer so ersichtlich, ob wirklich Schwächen bestehen oder, ähm, Fortschritte zu verzeichnen sind. Weil man, ähm, viele Möglichkeiten hat, auch im Gespräch/ im Unterrichtsgespräch, äh, Schwächen im Verstehen oder im Sinnentnehmenden oder wie auch immer zu kompensieren, durch so ein Rausgeeiere. Das ist in Mathematik eigentlich nicht möglich. Und deshalb würde ich eigentlich, ähm, stark fächerübergreifend, vor allen Dingen aber auch im Fach Mathematik arbeiten. Ähm, weil man da eigentlich am prägnantesten sehen kann, ob sinnentnehmendes Lesen und eine Umsetzung möglich ist oder nicht. [...]. (Seefeld$_{13}$ 1, 39–51)

In der Schilderung rückt Marie Seefeld die Fähigkeit, lesen zu können, zunächst in den Horizont der Anforderungen im Mathematikunterricht, wobei insbesondere die kontrastive Gegenüberstellung der Fächer Deutsch und Mathematik auffällig ist. Gleich zu Beginn stellt Seefeld die These auf, dass die Aneignung von Lesefähigkeiten für das Fach Mathematik „*fast noch entscheidender*" sei als für das Fach Deutsch.[77] Sie begründet ihre Haltung mit den jeweiligen Vorgehensweisen bzw. unterschiedlichen Setzungen in beiden Fächern, die sie wahrnimmt: Innerhalb des Deutschunterrichts könnten sich die Schülerinnen und Schüler bei der Bearbeitung von Texten „*oftmals irgendwie rauseiern und rauslabern*", sodass Schwächen und Fortschritte im Lernprozess schwierig zu erkennen seien. Für Lernende gebe es daher viele Möglichkeiten, um im Unterrichtsgespräch Schwächen im Verstehen oder im sinnentnehmenden Lesen zu kompensieren. Dem entgegengestellt verweist Marie Seefeld auf das Fach Mathematik, in dem ein solches „*Rausgeeiere*" eigentlich nicht möglich sei. Dort könne man genau erkennen, ob die Schülerinnen und Schüler dazu in der Lage seien, sinnentnehmend zu lesen und eine Textaufgabe umzusetzen. Wie diese Sichtweise genau zu verstehen ist, wird im weiteren Verlauf des Interviews deutlich:

See$_{13}$: [...] Es ist ja, äh, gerade in der, in der Mathematik, hm, die ja nun sehr viel Genauigkeit verlangt, ich meine ähnliche Aufgaben haben wir auch in anderen Fächern, nur da kann man sich dann wieder durch Reden leichter rauseiern. Ähm, ähm, ich muss die Geschichte verstehen, die dahinter steckt. Ich muss, ähm, bestimmte Aspekte, die jetzt für eine PLANFIGUR oder irgendwas nötig sind, die muss ich entnehmen können. Ich muss erkennen können, ob ich, ähm, vielleicht verschiedene Einheiten habe. Also (..) ich muss ziemlich viel an so einer Aufgabe erkennen können, wenn ich sie richtig gelesen habe. (Seefeld$_{13}$ 1, 377–384)

---

77 Diese Höherwertung des Faches Mathematik nimmt Marie Seefeld wenig später im Interview nochmals vor (See$_{13}$ 1, 160f.).

Es zeigt sich, dass Marie Seefeld die Leseanforderungen im Fach Mathematik vor allem mit einer stärkeren Zielgenauigkeit im Hinblick auf Aufgabenbearbeitung verbindet (ebenso See$_{13}$ 1, 452). Die Lernenden müssen schließlich die „*Geschichte verstehen, die dahinter steckt*", wenn sie Textaufgaben bearbeiten. Kontrastiv dazu sieht Seefeld eine solche ‚Eindeutigkeit' im Hinblick auf die Leseanforderungen bei der Bearbeitung von Texten und Aufgaben in anderen Fächern, wie etwa dem Fach Deutsch, nicht gegeben. Später im Interview verweist sie exemplarisch noch auf bestehende Auswertungsvorgaben bei Abschlussprüfungen im Fach Deutsch. Hier sei es so, dass ein Schüler bereits einen Punkt erhalte, „*wenn er den Zusammenhang irgendwie verstanden hat*" (See$_{13}$1, 134–141). Dass ihr eigener Bewertungsmaßstab für die Vergabe der Punkte (auch) eine zentrale Rolle spielt, wird von Seefeld hingegen nicht in Anschlag gebracht. Insgesamt wird in den Ausführungen von Seefeld ein Bestreben erkennbar, *eindeutigen* Setzungen und Handlungsweisen zu folgen, die sie im Fach Mathematik stärker als im Fach Deutsch realisiert sieht. Dass ihr Lesebegriff allgemein stark mit den Anforderungen des Mathematikunterrichts verknüpft ist, kann innerhalb des ersten Interviews vielfach rekonstruiert und als dominierende Perspektive für ihr Handeln ausgemacht werden.[78]

Die vorangehend beschriebenen Setzungen sind auch bestimmend für die Zieldimensionen, die Marie Seefeld in ihrem Deutschunterricht verfolgt. Gefragt danach, welchen Stellenwert sie dem Lesenkönnen überhaupt einräume, argumentiert Seefeld, dass aus ihrer Sicht oftmals die „*falschen Schwerpunkte*" – etwa mit der Fokussierung auf das adressatenbezogene Schreiben[79] – innerhalb des Deutschunterricht gesetzt würden (See$_{13}$ 1, 111–118). Der „*Kern*" werde auf diese Weise vernachlässigt:

> Der Kern ist <u>der</u>, dass HAUPTSCHÜLER nicht in der Lage sind, Textaufgaben, Sachaufgaben in der Mathematik zu lösen. Und, und deshalb ist Lesen <u>unglaublich</u> wichtig. (Seefeld$_{13}$ 1, 116–118)

Seefeld verweist mit dem Bewältigen von Textaufgaben auf den Bereich, den sie persönlich als wesentlich geltend für den Unterricht an der Hauptschule ansieht. Nach ihrer Auffassung ist dies *der* Lernbereich, dem alle anderen

---

[78] U. a. See$_{13}$ 1 (116–124, 143–147, 153–161, 377–384). Die starke Bezugnahme auf Leseanforderungen im Mathematikunterricht führt Seefeld nicht zuletzt auch selbst im Interview an (See$_{13}$1, 170f.).

[79] Mit dem Begriff „*adressatenbezogene[s] Schreiben*" verknüpft Seefeld relativ allgemein, dass Schülerinnen und Schüler auf Texte in verschiedenen Textformen wie Brief, Mail u. Ä. antworten sollen (See$_{13}$ 1, 111–115).

Zieldimensionen der Leseaneignung (sowie des Deutschunterrichts allgemein) nachgeordnet sind. Ein Erklärungsmuster, um die dominante Ausrichtung am Lösen von Textaufgaben zu verorten, ergibt sich, wenn sie später im zweiten Interview konkreter beschreibt, welche Schwerpunkte sie im Hinblick auf das Lesenkönnen in ihrem Unterricht setzt: *„Die sollen eine Textaufgabe lesen können, ähm, das ist das, was die Arbeitgeber verlangen, und (.) gut ist"* (See$_{13}$ 2, 378). Eher beiläufig erwähnt Seefeld, dass aus ihrer Sicht die Bearbeitung von Textaufgaben *die* zentrale Fähigkeit darstellt, die in der Berufswelt erwartet werde. Hier offenbart sich nun, dass ihr Handeln bzw. ihre Zielsetzungen im Bereich Lesen an Anforderungen orientiert sind, die ‚von außen' – konkret durch die Arbeitswelt – an sie herangetragen werden. Weit weniger scheint Marie Seefeld hingegen *eigene* Ansprüche an den Leseunterricht zu formulieren, was sich im obigen Interviewauszug mit der Formulierung *„und gut ist"* andeutet. Diese Lesart wird in der folgenden Sequenz aus dem weiteren Interviewverlauf noch konkretisiert:

> See$_{13}$: Vielleicht wird, ich weiß es nicht, ich, vielleicht kann ich es nicht beurteilen. Vielleicht wird insgesamt in, in der schulischen Ausbildung, was Lesen anbetrifft, zu viel, vielleicht, zu viel Wert gelegt auf, äh, Argumentation. Auf Bedürfnisformulierung. Ich weiß es nicht. Vielleicht so etwas. Ähm, und dabei wird vergessen, dass einfache Zusammenhänge, die aber hinterher so gestellt werden in der Berufswelt, (..) auf die ganz kurz und knapp eingehen zu können, zielgenau eingehen zu können. Aber dazu muss man sie ja erst einmal verstehen. Es interessiert keinen Chef, vielleicht nur in ganz bestimmten Berufen, ob JEMAND SEINE BEDÜRFNISSE GENAU FORMULIEREN KANN, das ist egal. Das ist das, was ich meine. Darauf kommt es an und das wird uns immer wieder vorgeworfen, dass wir das nicht leisten, dass die Schüler, ähm, hinkommen und ein RIESENGESABBEL und GEEIER um ihre Bedürfnisse machen können, aber keine Arbeitsanweisungen verstehen können. (Seefeld$_{13}$ 1, 462–473)

Wie bereits angeführt, dokumentiert sich in den Ausführungen von Marie Seefeld ein Lesebegriff, der sich eng auf die Aneignung von ‚praktisch nutzbaren' Lesefähigkeiten bezieht. Diese Fokussierung erklärt auch, warum Seefeld im ersten Interview wiederholt auf das Lösen von Textaufgaben abzielt. Das Entnehmen von Textinformationen stellt für sie *die* zentrale Facette von Lesekompetenz dar, um in der Berufswelt bestehen zu können. Ob jemand hingegen seine Bedürfnisse genau formulieren könne, ist aus ihrer Sicht den beruflichen Anforderungen nachgeordnet (s. o.). Die Analyse der bisherigen Interviewpassagen weist auf das professionelle Selbstverständnis von Marie Seefeld hin, das auch für ihr Handeln im Rahmen des Lese- bzw. Deutschunterrichts bestimmend ist: Sie stellt sich als Lehrerin dar, die versucht, die Schülerinnen und Schüler auf die Ansprüche von außen, d. h. die Anforderungen der Berufswelt, vorzubereiten und orientiert

8 Die Sicht der Lehrkräfte: Ergebnisse der Interviewanalysen

daran ihr professionelles Handeln.[80] Diese Orientierung entlastet zugleich ihr Handeln und schafft für sie persönlich eine berufliche Balance. Dieser Aspekt wird noch einmal etwas deutlicher, wenn Seefeld in der nachfolgenden Sequenz schildert, was ihr besonders wichtig sei, wenn sie die Lesefähigkeiten ihrer Lernenden beobachte:

> See$_{13}$: Ich möchte wissen, ob die Schüler dann sozusagen ((lacht)) ein paar Monate, bevor sie, äh, unser Haus verlassen und in die Lebensrealität geschmissen werden, ob sie zum Beispiel Textaufgaben sinnentnehmend lesen können. Weil ich weiß, dass das auch das ist, worauf die Chefs Wert legen und was man uns immer wieder in der Berufsschule vorjammert, dass das nicht möglich ist. (I: Mmh.) Und, ähm, das ist für mich <u>absolut</u> mit ein entscheidendes Kriterium. Für mich ist es nicht so wichtig, das ist aber jetzt vielleicht auch nur meine persönliche Haltung, ob, weiß ich nicht, irgendeine tränentriefende Kurzgeschichte richtig als E-Mail und Trostbrief beantwortet werden kann. (I: Mmh.) Das ist, finde ich, nicht so wichtig für die <u>Lebensrealität</u> als eben tatsächlich in der Ausbildung, ähm, Aufgaben in Textform umsetzen zu können. (Seefeld$_{13}$ 1, 318–327)

Seefeld erläutert, dass für sie wesentlich sei, dass ihre Schülerinnen und Schüler zum Ende der Schulausbildung Aufgaben „*sinnentnehmend*" lesen können und misst in diesem Zusammenhang erneut dem Lösen von Textaufgaben große Bedeutung zu, wenn sie diese Teilleistung als ein „*absolut […] entscheidendes Kriterium*" herausstellt. Auch hier kann also rekonstruiert werden, dass Seefelds professionelles Handeln davon geprägt ist, den Anforderungen von außen zu entsprechen, da bisherige Erfahrungen – mit Arbeitgebern und in Auseinandersetzung mit Lehrkräften in der Berufsschule – nahelegen, dass sie so am ehesten Stabilität für ihr Handeln erreicht.[81] Zugleich schafft sie auf diese Weise Entlastung für ihren Anspruch an den Deutschunterricht, da sie schließlich in ihrem Unterricht diejenigen Aspekte von Lesekompetenz fokussiert, die von ihr gefordert werden.

---

80 Die Perspektive von Marie Seefeld, in ihrem Unterricht einen praktisch nutzbaren Lesebegriff zu verfolgen, der sich vor allem aus gesellschaftlichen Anforderungen ergibt, möchte ich hier darlegen und soll hier – im Sinne der Dokumentarischen Methode – nicht normativ bewerten werden.

81 Interessant sind in diesem Zusammenhang die bisherigen Forschungsergebnisse zu sprachlich-kommunikativen Anforderungen an Berufsschullernende (im Überblick: Efing 2014). Diese zeigen, dass die Auszubildenden (1) Schwierigkeiten im Umgang mit den Textsorten haben, die in der Berufsschule rezipiert und produziert werden, und (2) sich darüber hinaus durch den Unterricht in der Sekundarstufe nicht ausreichend auf die Anforderungen im Ausbildungsberuf vorbereitet fühlen (ebd., S. 20).

Wichtig ist vor diesem Hintergrund außerdem die Frage, welcher Lesebegriff bei Seefeld handlungsrelevant wird und wie einzelne Teilprozesse des Lesens bei ihr miteinander verknüpft sind. Eine Facette, die Seefelds Lesebegriff stark bestimmt, ist das „*sinnentnehmende Lesen*". Welche Aspekte des Lesens Marie Seefeld mit dem Begriff verbindet, lässt sich anhand der folgenden Interviewpassage aufzeigen, in der Marie Seefeld erläutert, woran sie einen guten Leser in ihrem Unterricht erkenne:

See$_{13}$: [...] Wenn ich merke, dass das Lesen einigermaßen flutscht, dann habe ich auch, ähm, (.) habe ich auch eine gewisse Hoffnung, dass der Sinn dahinter verstanden wurde. In der Regel, bei den Schülern, die das nicht können, die können mir hinterher den Text nicht zusammenfassen. Oder, hm, können mir nicht sagen, wovon es gehandelt hat oder so.

I: Mmh. Das wären dann auch die Punkte, wo, wo Sie sagen, daran erkenne ich einen guten Schüler, der würde Ihnen den Inhalt zusammenfassen oder]

See$_{13}$: [Ja, oder, ähm, verschiedene Sachen. Er könnte mir den Inhalt zusammenfassen. Er könnte mir eine Frage, äh, beantworten, wer was gesagt hat in dem Text. Er könnte von sich aus, äh, eine Frage stellen, ähm, eine Verständnisfrage, zu einem Wort, die er nicht verstanden hat, weil er das einfach parallel abspeichern kann, äh, zu dem, was er dort liest und ist sofort in der Lage, irgendetwas zum Text hinterher beitragen zu können. (Seefeld$_{13}$ 1, 187–209)

Es lässt sich feststellen, dass Marie Seefeld mit dem Begriff „*sinnentnehmendes Lesen*" zuvorderst das Zusammenfassen des Inhalts assoziiert. Es geht ihr darum, eine Inhaltssicherung anzubahnen, was dem Konzept <den Text mit eigenen Worten wiedergeben> (Kapitel 8.3.1) zugeordnet werden kann. Seefeld führt weiterhin an, dass ein guter Leser „*von sich aus Fragen* [zum Text] *stellt*" und nach der Textrezeption „*sofort in der Lage ist, irgendetwas zum Text hinterher beitragen zu können*" Mit den beiden letztgenannten Punkten verweist Seefeld auf Aspekte des Anwendens von Elaborationsstrategien, indem die Lernenden ihr Vorwissen mit dem Textinhalt verknüpfen (Kapitel 3.3.2 und 3.3.3). Die Formulierung „*irgendetwas zum Text*" wirft die Frage an, inwiefern diesem Aspekt gleiche Bedeutung wie dem Zusammenfassen des Inhalts zugewiesen wird, da hier (konkretere) eigene Ansprüche an den Leseunterricht zumindest nicht explizit formuliert werden.[82]

---

[82] Dass indes das in diesem Abschnitt diskutierte *kommunikativ* verfügbare Wissen von Marie Seefeld über Textverstehensprozesse nicht sämtlich eine Entsprechung in ihrem Leseförderhandeln hat, wird in den weiteren Abschnitten noch differenzierter herausgearbeitet.

8 Die Sicht der Lehrkräfte: Ergebnisse der Interviewanalysen

Des Weiteren verweist Marie Seefeld im ersten Teil der obigen Sequenz auf einen Aspekt, der in den bisher zitierten Interviewauszügen noch keine Erwähnung gefunden hat: Das laute (Vor-)Lesen. Sie erläutert, dass sie bei Schülerinnen und Schülern, die in der Lage seien zu *„lesen"* – worunter sie das flüssige Vorlesen fasst –, auch die Hoffnung habe, dass diese das Gelesene verstanden haben. Marie Seefeld formuliert hier also einen Zusammenhang zwischen dem Vorlesen und dem Verstehen eines Textes (*„dass der Sinn dahinter verstanden wurde"*). An anderer Stelle im Interview wird explizit deutlich, *wie* genau beide Teilfacetten für Marie Seefeld miteinander verknüpft sind: *„Das [Vorlesen] steht ja noch vor, ähm, der Erkenntnis, dass, dass jemand vielleicht den Sinn verstanden hat"* (See$_{13}$ 1, 371f.). Das flüssige Vorlesen wird von Marie Seefeld also als Schritt vor dem Leseverstehen gesehen.

Neben dem flüssigen Vorlesen und sinnentnehmenden Lesen werden weitere Teilprozesse von Lesekompetenz, die aus lesedidaktischer Perspektive zentral gesetzt werden, von Marie Seefeld in den Interviews nicht thematisiert oder auch nicht als zentrale Zieldimension für den Deutschunterricht erachtet, wie die folgende Passage aus dem zweiten Interviews zeigt, in der sie eine Rückmeldung zu einzelnen Toolitems gibt:

See$_{13}$: […] Ähm, (.) die Transferleistung, *„das Gelesene mit eigenen Erfahrungen in Beziehung zu setzen"*. Das ist ja nun in der Hauptschule die Königsdisziplin und definitiv nicht von allen zu erwarten.

I: Mmh. Also dass das]

See$_{13}$:   [Das ist, nein.

I: ein Regelstandard wäre.

See$_{13}$: Nein. Dann wären sie auf der Realschule. (..) ((vorlesend)) *„Details und Schlüsselinformationen eines Textes wiedergeben"*, muss man in groben Zügen erwarten können. (I: Mmh.) (..) Aber in groben Zügen. ((vorlesend)) *„Textstellen ohne Zeilenangaben wiederfinden"*, hatte ich schon was zu gesagt, ähm, schon in einer anderen. Ist mir eigentlich a/ Nein, ist nicht so. Ähm, ((vorlesend)) *„dem Schüler gelingt es, einen Text im Hinblick auf eine konkrete Fragestellung zu lesen"*. Das finde ich schon, das ist eigentlich ja hier die Königsdisziplin, dass man, ähm, ständig immer wieder übt, ähm, ja, dass der Text so genau gelesen wird, dass man das dann auch umsetzen kann. (I: Mmh.) Äh, ((vorlesend)) *„der Schüler kann den Text auf wesentliche Elemente reduzieren"*. Das ist hier eine harte Arbeit. Das wäre ja das Problem der Inhaltsangabe (I: Mmh.). Der mündlichen oder der schriftlichen. Das ist, ähm, an der Hauptschule eine, ähm, harte Arbeit und nicht von allen zu leisten. Also zum Beobachten finde ich es schon (.) ganz gut. (I: Mmh.) Ob einen dann das, was man notiert, nicht frustriert. Weiß ich nicht. ((lacht)) (Seefeld$_{13}$ 2, 574–598)

Zu Beginn der Interviewpassage wird deutlich, dass Marie Seefeld das Reflektieren über Texte als nicht realisierbares Ziel an der Hauptschule betrachtet. Auf die aus ihrer Sicht utopische Dimension dieser Teilfacette des Lesens verweist sie zum einen durch den Begriff der „*Königsdisziplin*", zum anderen durch die Erläuterung, dass Schülerinnen und Schüler, die in der Lage seien, das Gelesene in Beziehung zu eigenen Erfahrungen zu setzen, nicht an der Hauptschule anzutreffen wären, sondern die Realschule besuchen würden. Neben dem Reflektieren werden von Seefeld aber auch andere Komponenten von Lesekompetenz als kaum realisierbar aufgefasst. So verweist sie beim Item „*dem Schüler gelingt es, einen Text im Hinblick auf eine konkrete Fragestellung zu lesen*" erneut darauf, dass diese Facette von Lesekompetenz eine „*Königsdisziplin*" für ihre Schülerinnen und Schüler darstelle. Die beschriebenen Stellen machen deutlich, dass Seefeld diese Komponenten von Lesekompetenz für nicht bzw. kaum realisierbar an der Hauptschule erachtet.

Daneben zeigt die Interviewpassage, dass Beobachtungsitems, die Seefeld grundsätzlich als tragfähige Schwerpunkte für den Unterricht an der Hauptschule erachtet, von ihr direkt hinsichtlich der Realisierbarkeit bei ihren Lernenden eingeschränkt werden. Beispielsweise zeigt sich dies in den Formulierungen „*in groben Zügen*" oder „*[d]as ist [...] an der Hauptschule [...] harte Arbeit*". Marie Seefeld begründet diese Einschränkungen hinsichtlich des Lesebegriffs für ihren Unterricht mit dem defizitorientierten Schülerbild, das sie wahrnimmt – in beiden Interviews verweist Seefeld wiederholt auf die mangelnden Lesefähigkeiten ihrer Hauptschülerinnen und Hauptschüler (siehe vertiefend Kapitel 8.4.2.3). Neben den Bezügen zu bereits ausgeführten Aspekten entsteht in der Darstellung somit der Eindruck, dass Marie Seefeld den Anspruch an ihren Lese- bzw. Deutschunterricht aufgrund der Ausgangslage Lernenden reduziert, um das Dilemma zwischen (von außen gesetzten) Anforderungen an Lesekompetenz und den wahrgenommenen schlechten Leseverstehensleistungen ihrer Lernenden für sich aufzulösen. Diese Interpretation erscheint schlüssig zu den Ausführungen im letzten Satz der obigen Sequenz: Marie Seefeld verweist darauf, dass sie die angeführten Aspekte im Tool „*schon (.) ganz gut*" finde, sich aber fragt, ob das Ergebnis bei der Beobachtung dieser Facetten von Lesekompetenz „*nicht frustriert*".

8.4.2.2 Diagnostizieren als Sammeln von Eindrücken

Für die Analyse des Einzelfalles ist weiterhin zentral, welchen Stellenwert Marie Seefeld dem Diagnostizieren von Lesefähigkeiten zumisst, welche Zielsetzungen sie verfolgt und wie sie ihr lesediagnostisches Handeln strukturiert. Mit der Textvignette konfrontiert, verweist Marie Seefeld zu Beginn des ersten Interviews

8 Die Sicht der Lehrkräfte: Ergebnisse der Interviewanalysen 333

darauf, dass sie dem Praktikanten raten würde, zunächst einen „*Ist-Zustand*" zu ermitteln – wie genau beschreibt sie in der Sequenz indes nicht –, um dann im weiteren Verlauf einer Unterrichtseinheit ein Kriterienraster zu nutzen, mit dem man die Lernentwicklung der Schülerinnen und Schüler dokumentieren könne (See$_{13}$ 1, 27–38). Es lässt sich insofern rekonstruieren, dass Marie Seefeld über kommunikativ über Wissensbestände bezüglich einer lernprozessbezogene Lesediagnostik verfügt – dies zeigen auch die beiden folgenden Auszüge, die aus dem zweiten Interview mit Marie Seefeld stammen:

> See$_{13}$: […] Ähm, ((vorlesend)) *„Schüler ist bereit, Schwierigkeiten beim Lesen zu bewältigen."* Wäre natürlich durchaus ein Beobachtungspunkt (I: Mmh.). Und der würde ja dann da mit einfließen, ob man eventuell, ähm, in dem Tool festlegen kann, derjenige hat Fortschritte gemacht oder nicht. (I: Mmh.). Ne. Das schon. (Seefeld$_{13}$ 2, 767–770)
>
> See$_{13}$: Ähm, gut. ((vorlesend)) *„Zeigt Interesse an schulischen Lesestoffen"*, würde ich vermutlich eintragen. Weil mir das sicherlich, ähm, (..) das wäre eine Sache, da würde ich ganz gerne wohl eine Entwicklung beobachten wollen, ja. […] (Seefeld$_{13}$ 2, 869–877)

In beiden Sequenzen macht Marie Seefeld kommunikativ deutlich, dass sie den lernprozessbezogenen Blick auf die Lesefähigkeiten ihrer Lernenden als professionell schätzt. So schildert sie im Hinblick auf die verschiedenen Teilprozesse von Lesekompetenz, die sich in den Beobachtungsitems abbilden, dass die Dokumentation von Lernfortschritten für sie persönlich eine Zielsetzung darstelle bzw. sie „*ganz gerne eine Entwicklung beobachten wollen*" würde. Die Analyse ihrer Handlungserzählungen im Datenmaterial zeigt allerdings, dass die hier kommunizierte Haltung keine Entsprechung in ihrem Handeln hat, wie im Weiteren näher ausgeführt werden soll.

Allgemein bleiben Marie Seefelds Schilderungen zu ihrem tatsächlichen lesediagnostischen Vorgehen eher vage. Sie beschreibt im ersten Interview zunächst, dass sie in ihrem Unterricht viel im Klassenverband vorlesen lasse. Das habe „*schon einen großen Stellenwert im Unterricht*", auch wenn damit oftmals Schwierigkeiten verbunden seien, sodass viele ihrer Kollegen das laute Reihum-Lesen in der Klasse vermeiden würden (See$_{13}$ 1, 263–266). Ungeklärt bleibt allerdings, inwiefern Seefeld das laute Lesen als Diagnoseinstrument dient bzw. inwiefern sie aus diesem Verfahren Diagnoseergebnisse ableitet. So verweist Marie Seefeld im Weiteren lediglich darauf, dass sie versuche, bei ihren Schülerinnen und Schülern „*Hemmschwellen*" (See$_{13}$ 1, 278) im Hinblick auf Vorlesen abzubauen.[83] Mit Blick auf die von Marie Seefeld beschriebenen Leseprobleme

---

83 Diese Fokussierung wird im zweiten Interview auch deutlich, wenn Seefeld bei der Rückmeldung zu den Items im Bereich „Leseflüssigkeit" anführt, dass sie vor allem

der Lernenden (Kapitel 8.4.2.3) erscheint die gewählte Praktik aus lesedidaktischer Perspektive allerdings fraglich, um sich positiv auf das Selbstkonzept der Lernenden auszuwirken (z. B. Rosebrock/Nix 2008, S. 36ff.).[84] Neben dem lauten Lesen verweist Marie Seefeld insbesondere auf die Fähigkeit von Schülerinnen und Schülern, Textaufgaben sinnentnehmend lesen und umsetzen können als *den* zentralen Diagnoseindikator. Alle anderen Facetten von Lesekompetenz könne man nach ihrer Auffassung zwar auch beobachten, „[a]*ber da würde ich den Schwerpunkt setzen*" (See$_{13}$ 1, 486–488). Der starke Fokus auf einen konkreten Teilaspekt von Lesekompetenz erklärt sich mit der bereits erläuterten Orientierung, dass Marie Seefeld ihr Handeln an den beruflichen Anforderungen ausrichtet (Kapitel 8.4.2.1).

Verfahren standardisierter Lesediagnostik oder auch Formen semiformeller Diagnostik zu nutzen, um Einsichten über die Lesefähigkeiten ihrer Lernenden zu gewinnen, erscheint in der Gesamtschau nicht als zentrale Perspektive für Marie Seefeld. Interessant ist in diesem Zusammenhang, wie sie die Auswahl von lesediagnostischen Maßnahmen für ihren Unterricht begründet:

> See$_{13}$: Ich bin grundsätzlich, ich bin grundsätzlich immer dran interessiert, ähm, extrem zeitsparend zu antworten, also, äh, äh, zu beobachten. Ein Instrumentarium, äh, zu haben, was, äh, (..) was mir Zeit spart. Das ist immer optimal.
>
> I: Also eine pragmatische]
>
> See$_{13}$:   [Ja. Weil, es ist einfach, ähm, Gott. Lesen ist ja nur ein ganz, ganz kleiner Teil der ganzen Probleme (I: Mmh.) und, ähm, es geht einfach zu viel ZEIT drauf für alles Mögliche. Also pragmatisch, zeitsparend ist immer gut, wobei ich natürlich auch weiß, dass das SEINE GRENZEN hat, denn, ähm, das kann ja keine Individuallösung wieder bieten. (Seefeld$_{13}$ 1, 250–258)

Auffällig ist, dass Marie Seefeld ihr diagnostisches Handeln über ressourcenbedingte Aspekte strukturiert. Sie sei daran interessiert, die Lesefähigkeiten ihrer Schülerinnen und Schüler „*extrem zeitsparend* [...] *zu beobachten*", da die Lesedefizite, die sie bei ihren Schülerinnen und Schülern feststellt (Kapitel 8.4.2.3),

---

das Item „Der Schüler/Die Schülerin hat keine Scheu, laut vorzulesen" als wichtig für diesen Bereich erachtet (See$_{13}$ 2, 525–532).

84 Marie Seefeld schildert an anderer Stelle, dass die Schüler sogar auf Fehllesen bestehen und Freude an der Durchführung hätten (See$_{13}$ 1, 348f.). Auch andere Lehrkräfte im Sample berichten von positiven Erfahrungen mit dem Fehllesen (z. B. Thi$_9$ 1, 44–48; Uhl$_{11}$ 2, 46–49).

nur ein Teil der Lern- und Leistungsproblem ihrer Lernenden darstelle.[85] Hier lässt sich erkennen, dass Seefelds Handeln zuvorderst an eine Kosten-Nutzen-Rechnung gebunden ist: Diagnoseaktivitäten und die Auswahl von Diagnoseverfahren erfolgen mit Blick auf die (pragmatische) Durchführbarkeit und weniger mit Fokus auf die didaktischen Zielsetzungen der einzelnen Maßnahmen. Gefragt danach, wie sie in ihrem Unterricht konkret die Lesefähigkeiten beobachte, grenzt sich Marie Seefeld insofern deutlich gegenüber dem Vorgehen ab, das aus ihrer Sicht charakteristisch für das Handeln im Studium sei:

> See$_{13}$: Nein, also mir bleibt überhaupt nicht die Zeit, um, um jetzt, äh, wie in einer Studiensituation so einen Riesenaufwand da zu machen, wo man so ein Geschiss machen muss um, um seine ganzen Arbeiten. Die Zeit bleibt mir überhaupt nicht. Das heißt, ähm, natürlich müssen wir auch irgendwelche, ähm, Berichte zu irgendwelchen Lernständen verfassen. Aber ich mache mir für die Lesefähigkeit ganz bestimmt keine umfassenden Tabellen. Mhm ((verneinend)). Das beurteile ich aus dem Alltag heraus. Beziehungsweise sehe dann im Verlauf der Wochen und Monate, ja, wie was fruchtet und stelle dann eventuell um oder mache natürlich auch eine individuelle Förderung dann. Aber nicht mit so einem Gedöns wie jemand, der das da im Studium macht. (Seefeld$_{13}$1, 250–258)

Zu Beginn der Sequenz verweist Marie Seefeld zweimal darauf, dass sie überhaupt keine Zeit zur Verfügung habe, um „*einen Riesenaufwand*" zu betreiben, wie er aus ihrer Sicht charakteristisch für das Beobachten von Lesefähigkeiten im Studium sei. Natürlich müsse sie auch Lernstandsberichte verfassen, verweist aber darauf, dass sie dafür „*ganz bestimmt*" keine umfassenden Tabellen anfertige. Das Beurteilen erfolge bei ihr vielmehr „*aus dem Alltag heraus*", denn – wie sie an anderer Stelle betont – es ergebe „*sich eine Leseobachtung ja nun wirklich aus dem täglichen Unterricht […] in allen Fächern*" (See$_{13}$1, 344). Für Seefeld sind umfassendere Diagnoseverfahren (wie das „*Gedöns*" im Studium) weniger bedeutsam für ihren Unterricht bzw. ihr Handeln, da sie in ihrem Unterricht erkennen könne, was „*fruchtet*" und daraus insofern Rückschlüsse für ihr weiteres Leseförderhandeln ziehen könne. Marie Seefeld distanziert sich in der vorliegenden Sequenz deutlich von einem aus fachdidaktischer Perspektive erforderlichen systematischen Vorgehen zur Lesediagnostik. Interessant ist in diesem Zusammenhang weiterhin, wie Diagnoseergebnisse von ihr verwendet werden. Auf die explizite Nachfrage, ob sie diagnostische Erkenntnisse für ihren Deutsch- bzw. Leseunterricht nutze, beschreibt Marie Seefeld:

---

85 Zudem müsse sie auch ressourcenorientiert arbeiten, da sie schließlich noch ihren „*Zweitjob mit der Familie, ähm, am Hacken*" habe (See$_{13}$ 2, 144).

See₁₃: Ja, <u>aber nicht groß dokumentiert</u>. Also wenn ich mir was notiere, dann für einzelne Schüler. Weil es, ähm, da ja auch manchmal aufgrund der individuellen Geschichte drauf ankommt. Dass man ein Augenmerk auf dieses oder jenes legt. Dass sie besser lesen. Aber, ähm, ich mache mir natürlich nicht so einen Übersichtskram, wie ich es dem jetzt vorschlagen würde, damit er eine, ja eine, weiß ich nicht, einen Schein kriegt im Studium oder irgendwas. (Seefeld₁₃ 1, 287–292)

Zunächst bestätigt Marie Seefeld, dass sie Diagnoseergebnisse für ihren Unterricht heranziehe, nimmt aber zugleich eine Einschränkung vor und betont, dass sie ihre Diagnosen *„aber nicht groß dokumentiert"*. Sie fertige Notizen zwar für einzelne Schülerinnen und Schüler an, mache aber nicht eine umfassende Übersicht, wie man sie für einen Schein im Studium benötige. An anderer Stelle im Interview bringt Marie Seefeld dazu zum Ausdruck, dass sie in ihrem Unterricht Diagnosen *„unstrukturiert"* vornehme, sie *„sammle Eindrücke"* (See₁₃ 1, 392). Seefeld schildert das Diagnostizieren als etwas, dass sich *„ja nun wirklich aus dem täglichen Unterricht [...] in allen Fächern"* ergebe, also gewohnheitsmäßig geschehe (See₁₃ 1, 344f.). Normalerweise würde sie eine Liste per Bleistift führen, die sie sich anschaue, wenn sich eine passende Situation aus dem Unterricht ergebe. Ihre Liste sei auch eher relativ ungeordnet, sie würde aber schon zu jedem Schüler bzw. jeder Schülerin, mit Datum versehen, etwas notieren. In einer Verteidigungshaltung führt sie an: *„Aber ich <u>komme damit klar</u>"* (See₁₃ 2, 111–123). Deutlich wird, dass Marie Seefeld nicht die notwendigen Ressourcen sieht, um eine Diagnose fundiert bzw. umfassend zu betreiben. Hier dokumentiert sich eine Orientierung, wonach Marie Seefeld zwischen dem, was sie nach außen anrät, und ihrem eigenen Unterrichtshandeln klar unterscheidet:

See₁₃: Ja. Es ist, äh, im/ <u>ICH</u> finde die Struktur ja gar nicht schlecht. Sie umfasst ja auch, ähm, eigentlich alle Aspekte, um Lesekompetenz zu erreichen. (I: Mmh.) Und wenn ich jetzt in einer zweiten Klasse bin. Oder ich bin vielleicht sogar an einer Förderschule oder so, wo ich <u>wirklich</u> gezielt gucken muss, <u>wie</u> entwickelt der sich. I: Mmh.) Dann finde ich das auch optimal. Aber eben für mich in meiner Klassenstufe so nicht. Da ist das Thema wahrscheinlich auch schon zu <u>sehr</u> in den Hintergrund gerückt, ähm, um das wirklich jetzt sich nachmittags mit viel Fleißarbeit selber nochmal (I: Mmh.) so für alle Schüler zu erschließen. (Seefeld₁₃ 2, 154–161)

Zudem wird deutlich, dass unterrichtliche Verfahren danach bewertet werden, wie viel Aufwand bzw. Zeit diese in Anspruch nehmen und nicht danach befragt, welchen Erkenntniswert die Verfahren im Hinblick auf die Lesefähigkeiten der Schülerinnen und Schüler erbringen. Obwohl Marie Seefeld also den Anspruch kennt, Beobachtungen systematisch festzuhalten, stellt dies keinen Teil ihres handlungsrelevanten Wissens dar.

8 Die Sicht der Lehrkräfte: Ergebnisse der Interviewanalysen

8.4.2.3 „Eigentlich ist der Zug abgefahren…" – Leseförderung als (k)eine Lehreraufgabe im Deutschunterricht der Sekundarstufe

Gleich zu Beginn des zweiten Interviews betont Seefeld, dass sie bei der Beschäftigung mit dem Diagnosetool „*ein bisschen zwiegespalten*" gewesen sei, ob sie – als Hauptschullehrerin mit einer achten Klasse – „*die richtige Adressatin*" für eine Rückmeldung zum Verfahren sei (See$_{13}$ 2, 18–20). Seefeld begründet ihre Haltung damit, dass sie ein lesegnostisches Verfahren für ihren Unterricht „*eigentlich nicht* [mehr] *so gut gebrauchen*" könne. Insofern habe sie sich in die Lage von Grundschullehrkräften mit einer ersten oder zweiten Klasse versetzt, da dort der Aufbau von Lesekompetenz stattfinde. An der Grundschule sei das Tool aus ihrer Sicht „*gut*" anwendbar und sie könne sich persönlich auch gut vorstellen, dass Diagnosetool als Grundschullehrerin „*auch verstärkt*" zu nutzen (See$_{13}$ 2, 21–34). In dieser Aussage ohne jegliches *Enaktierungspotential*[86] lässt sich eine bewusste Abgrenzung rekonstruieren, mit der Marie Seefeld deutlich markiert, dass sie die Anbahnung von Lesekompetenz nicht als von ihr zu leistende Aufgabe versteht. Diese Haltung zeigt sich wenig später erneut, wenn sie – gebeten um konkrete Rückmeldungen zu den einzelnen Beobachtungssitems – zunächst klar betont: „*Ha. Na, da bin ich aber nicht die Richtige*" (See$_{13}$ 2, 519). Leseförderung zu betreiben, sieht sie nicht als ihre Aufgabe. Auf dieser Grundlage ist es für Marie Seefeld nicht handlungsrelevant, sich vertiefend mit der lesediagnostischen Innovation auseinanderzusetzen und kann mit dem Tool verbundene Wissensbestände vor diesem Hintergrund als Option für das eigene Handeln verwerfen.[87]

An mehreren Stellen im Datenmaterial ist bei Seefeld die Haltung rekonstruierbar, dass das Fundament für die Aneignung von Lesekompetenz bereits in der Grundschule gelegt werden müsse – Leseförderung sei somit nicht (mehr) eine Aufgabe der Sekundarstufe.[88] Zwar thematisiert Seefeld, dass bei ihren Schülerinnen und Schülern noch mangelnde grundlegende Lesefähigkeiten festzustellen seien, sie argumentiert aber zugleich, dass sie keine Möglichkeiten mehr sehe, diese Leseprobleme in ihrem Unterricht zu kompensieren:

See$_{13}$: […] <u>Für mich</u> ist es so gewesen in <u>meiner</u> Situation, natürlich können meine [Schülerinnen und Schüler] nicht lesen. <u>Das ist ganz klar</u>. (I: Mmh.) Letzten Endes kann

---

86 Zum Begriff des Enaktierungspotentials Kapitel 8.3.2.1.
87 Dass bei der positiven Bewertung des Tools für die Arbeit an der Grundschule auch Aspekte der sozialen Erwünschtheit eine Rolle spielen, ist denkbar, wird hier jedoch nicht vertiefend diskutiert.
88 Z. B. im Rahmen des zweiten Interviews See$_{13}$ 2 (318–328, 520f., 732–740, 751f.).

ich das aber in der Fülle der Aufgaben, die anstehen, ähm, nicht mehr groß ändern. Da haben wir viel Zeit für verwendet, auch schon in Schuljahrgängen, wo, ähm, man das Lesenkönnen voraussetzen muss. Und der Punkt ist erreicht, wo man sagen muss, ähm, friss die Aufgabe oder stirb. [...]. (Seefeld$_{13}$ 2, 27–32)

Zu Beginn der Interviewpassage erläutert Marie Seefeld, dass ihr die schlechten Lesefähigkeiten ihrer Schülerinnen und Schüler bewusst seien. Die Leseprobleme ihrer Lernenden seien für sie zwar *„ganz klar"* erkennbar, allerdings könne sie die vorhandenen Lesedefizite mit Blick auf die Fülle der Aufgaben, die an der Hauptschule anstehen, schlichtweg nicht mehr groß ändern – dies übersteige ihre persönlichen Ressourcen. Implizit tritt hier ein Problembewusstsein zutage: Marie Seefeld nimmt wahr, dass sie den Schülerinnen und Schülern nicht gerecht wird, stabilisiert ihr Handeln jedoch damit, dass sie eine angemessene Leseförderung auf Grundlage der weiteren anstehenden Aufgaben an der Hauptschule nicht mehr leisten könne. Noch deutlicher wird dieses Orientierungsmuster im zweiten Teil der obigen Interviewpassage: Marie Seefeld stellt dar, dass sie bereits in den Schuljahrgängen, in denen man aus ihrer Perspektive die Lesekompetenz voraussetzen müsse, viel Zeit für die Leseförderung verwendet habe. In der achten Klasse sei für sie nunmehr der Punkt erreicht, an dem man sagen müsse, *„friss die Aufgabe oder stirb"*. Um ihr Handeln zu begründen bzw. zu relativieren, verweist Marie Seefeld also auf Förderaktivitäten, die in den vorherigen Schuljahrgängen bereits vorgenommen worden seien, um die Lesedefizite der Schülerinnen und Schüler im Rahmen des (Deutsch-)Unterrichts aufzufangen.[89] Dieses Erklärungsmuster dient dazu, dass eigene Handeln im Angesicht der Leseprobleme ihrer Schülerinnen und Schüler nicht grundsätzlich infrage stellen zu müssen und so die eigene berufliche Balance zu stabilisieren. Marie Seefeld gelangt schließlich zur *Konklusion*[90], dass im Hinblick auf die Wirksamkeit von Leseförderaktivitäten an der Hauptschule eine eher ausweglose Situation besteht, wofür sie die Redensart *„friss oder stirb"* heranzieht und auf den Umgang mit Aufgaben bezieht. Zugleich wirkt der in der gebrauchten Wendung enthaltene Imperativ wie eine Art ‚Schutzschild', um zusätzliche Ansprüche abzuwehren, die aufgrund der Leseprobleme ihrer Lernenden an sie herangetragen werden könnten.

Deutlich wird in der obigen Interviewpassage darüber hinaus, dass Seefeld neben den fehlenden Ressourcen auch die begrenzte Wirksamkeit von Förderaktivitäten als weiteres Erklärungsmuster für ihr (Nicht-)Handeln heranzieht.

---

89 Welche Maßnahmen genau ergriffen wurden, wird hier wie auch im weiteren Datenmaterial von Marie Seefeld nicht expliziert, sodass nur vermutet werden kann, dass aus lesedidaktischer Sicht nicht angemessene Förderaktivitäten ergriffen wurden.
90 Zum Begriff siehe Kapitel 7.4.1.

8 Die Sicht der Lehrkräfte: Ergebnisse der Interviewanalysen

Aus ihrer Perspektive könne man die Lesedefizite der Schülerinnen und Schüler in der achten Klasse „*nicht mehr groß ändern*", wie sich anhand dieses etwas längeren Auszugs aus dem ersten Interview mit Marie Seefeld noch weiter konkretisieren lässt:

> I: Mmh. Gut, wir haben jetzt ja einiges besprochen im Rahmen dieses Gesprächs. Ist Ihnen noch irgendwas durch den Kopf gegangen, was Ihres Erachtens wichtig ist, aber bisher noch nicht gesagt wurde?
>
> See$_{13}$: Mir wäre vielleicht wichtig, dass das, was auch Beurteilung von Lesefähigkeit anbetrifft, ich bin jetzt in Klasse acht, da ist der <u>Zug eigentlich abgefahren</u>. Also, ähm, ich habe nicht beobachtet, dass man einen Achtklässler zur neunten Klasse hin noch <u>GROSS</u> fördern kann in Richtung Lesefähigkeit. Der Zug ist eigentlich abgefahren. Das ist vielleicht noch so, vielleicht so graduell möglich. <u>Aber im Grunde genommen</u> muss eine Beurteilung von Lesefähigkeit <u>viel, viel eher</u> einsetzen, eine individuelle Förderung muss viel, viel eher einsetzen und wahrscheinlich muss man auch drüber nachdenken, ob Lesen <u>nicht noch früher erlernt werden sollte, als mit sechs Jahren in der ersten Klasse</u>. (I: Mmh.) Weil, ich glaube, bei uns ist der Kaffee durch.
>
> I: Also, Sie meinen damit, dass man in der achten, neunten Klasse es nicht mehr schaffen kann, die Schüler noch zu Lesern zu bekommen oder auf Grund der/ des Unterrichts, auf Grund der Schwerpunkte hat man nicht mehr die Möglichkeiten, so intensiv darauf einzugehen?
>
> See$_{13}$: Ähm, ma/ wir müssen ja drauf eingehen, weil wir ja auf Prüfungen zuarbeiten, bei denen das sinnentnehmende Lesen <u>zwingend</u> notwendig ist. Und natürlich machen wir das. Aber ich denke im, ähm, <u>für die Schüler</u>, da besteht <u>nicht mehr</u> groß Bereitschaft und vielleicht, ich weiß es nicht, auch nicht mehr genug Fähigkeit, ähm, etwas zu verbessern im Lesen. Weil wir ja nun, an der Hauptschule, wie haben ja nun die Schülerschaft, die jahrelang mit <u>irgendwie</u> Schulvermeidung gut klargekommen ist. Und das sind Strukturen, die, die, die können wir fast nicht mehr aufbrechen. Also das muss eigentlich viel, viel, viel, viel eher ansetzen. (Seefeld$_{13}$ 1, 510–536)

Obschon Marie Seefeld also die schwach ausgebildete(n) Lesekompetenz(en) ihrer Schülerinnen und Schüler erkennt, gibt es aus ihrer Perspektive keine großen Kapazitäten mehr, um diese im Rahmen des Unterrichts aufzufangen. Während aus ihrer Sicht an der Grundschule noch Möglichkeiten zur gezielten Leseförderung bestünden, habe sich die Perspektive als Nichtleser bei Hauptschülerinnen und -schülern bereits soweit gefestigt, dass sie als Lehrkraft darauf nicht mehr einwirken könne, wie etwa die Wendungen „*da ist der Zug abgefahren*" und „*der Kaffee* [ist] *durch*" aufzeigen. Der mehrmalige Verweis in der ich-Form zeigt zudem, dass diese Einschätzung von Seefeld einerseits als individuelle Perspektive gesehen wird, andererseits ihr Handeln stark von dieser Perspektive dominiert wird. Die mangelnden Lesefähigkeiten ihrer Lernenden werden von ihr als nicht (mehr) kompensierbar aufgefasst, Handlungsperspektiven insofern nicht entworfen und die Lesedefizite der Schülerinnen und Schüler als ‚gegeben' akzeptiert. Auf diese Weise kann Seefeld das Spannungsfeld, das zwischen dem Anspruch an Lesekompetenz und der Wirklichkeit – in Form der vorhandenen Schülerkompetenzen in ihrer Klasse – besteht, für sich auflösen.

Neben den bereits angeführten Aspekten ist weiterhin auffällig, dass Marie Seefeld in ihren Ausführungen in der Perspektive verbleibt, die Schülerinnen und Schüler als homogene Gruppe bzw. eine einheitliche Schülerklientel wahrzunehmen. Dies geschieht vorrangig auf Grundlage von negativen Vereinheitlichungen, wie die Wendungen „*natürlich können meine nicht lesen*" (See$_{13}$ 2, 27f.) oder „*für die Schüler, da besteht nicht groß mehr Bereitschaft*" (See$_{13}$ 1, 531) zeigen, die charakteristisch für weitere Stellen in beiden Interviews stehen. Die zu einer homogenen Gruppe vereinheitlichte Schülerschaft wird von Seefeld als leseschwach und als generelle Nichtleser eingestuft. Eine Individualisierung des Leseunterrichts findet nicht statt bzw. wird von ihr als Anspruch an den Lese- bzw. Deutschunterricht ausgeschlossen, wie sich bei ihrer Kommentierung der Toolstruktur zeigt:

> See$_{13}$: <u>Ja</u>. Es ist, äh, im/ <u>ICH</u> finde die Struktur [des Diagnosetools] ja gar nicht schlecht. Sie umfasst ja auch, ähm, eigentlich alle Aspekte, um Lesekompetenz zu erreichen. (I: Mmh.) Und wenn ich jetzt in einer zweiten Klasse bin. Oder ich bin vielleicht sogar an einer Förderschule oder so, wo ich <u>wirklich</u> gezielt gucken muss, <u>wie</u> entwickelt der sich. (I: Mmh.) Dann finde ich das auch optimal. Aber eben für mich in meiner Klassenstufe so nicht. Da ist das Thema wahrscheinlich auch schon zu <u>sehr</u> in den Hintergrund gerückt, ähm, um das wirklich jetzt sich nachmittags mit viel Fleißarbeit selber nochmal (I: Mmh.) so für alle Schüler zu erschließen. (Seefeld$_{13}$ 2, 154–161)

Eine systematische Lesediagnostik wird von Seefeld als Aufgabe der Grund- oder auch Förderschule verstanden. Gezielte und differenzierte Diagnosen in der Sekundarstufe vorzunehmen, sieht sie indes nicht als Handlungsoption.[91] Dazu sei das Thema ‚Lesenkönnen' schon zu stark in ihrer Klassenstufe in den Hintergrund gerückt. Den inhaltlichen Aufbau des Tools sieht Seefeld insofern eher skeptisch: sie verweist auf die viele „*Fleißarbeit*", die sich aus der Anwendung des (aus-)differenzierten Rasters für das Handeln als Lehrkraft ergebe. Eine solche systematische und individuelle Lesediagnostik zu betreiben, wird von Marie Seefeld abgelehnt. Diese ablehnende Haltung begründet sich insbesondere darin, dass auf individuelle Diagnosen auch eine an den Ausgangslagen der Lernenden orientierte Leseförderung erfolgen müsste, für die Marie Seefeld sich nicht mehr zuständig sieht (Kapitel 8.4.2.1). Folglich dokumentiert sich in

---

[91] Siehe zu diesem Aspekt auch die Ausführungen in Kapitel 8.4.2.2.

den Äußerungen von Marie Seefeld die Perspektive, den Unterrichtsverlauf an der Gesamtgruppe auszurichten, der sie eine imaginäre Homogenität bezüglich der Leseleistung zuschreibt.

8.4.2.4 Eine Kosten-Nutzen-Rechnung als dominierender Bewertungsrahmen für »JuDiT®-L«

In der folgenden Narration gleich zu Beginn des zweiten Interviews wird offen gelegt, welche Position(en) Marie Seefeld in Bezug das Diagnosetool »JuDiT®-L« einnimmt und wie ihre Argumentationen verknüpft sind:

> See$_{13}$: […] und ich hatte es ja auch schon geschrieben, für mich ist einfach der Faktor, wie viel Zeit sitze ich eigentlich noch privat dran. Wenn ich nach der Siebten nach Hause komme, ähm, muss ich logischerweise noch Zeit am Schreibtisch verbringen, aber die muss ich echt total effektiv verbringen. Und dann ist mir persönlich, wie gesagt, für eine achte Klasse, das wäre vielleicht anders in der zweiten Klassen, dann ist mir persönlich die Bandbreite der auszufüllenden Dinge ist mir zu, zu viel. (I: Mmh.) Ich würde mir ein, ähm, ein einfaches, vielleicht ein übergeordnetes Beobachtungsfeld, würde ich, ich für mich (I: Mmh.), würde mir das wünschen, wo ich nicht so viel vielleicht auch hin und her klicken und aufrufen muss, sondern, ähm, wo ich sozusagen alles auf einen Blick habe. Was aber in meinen Augen toll wäre, aber das würde vielleicht dann auch wieder andere, ähm, Lehrer überfordern, die dann vielleicht nicht so computerfit sind, aber ich würde das toll finden, wenn ich mir vielleicht innerhalb des Tools, ähm, selber Fenster oder Beobachtungsspalten erschließen könnte, wenn ich der Meinung bin, dass ich das brauche. (I: Mmh.) Ich habe also vielleicht ein Feld pro Schüler, in dem ich meine Beobachtungen hineinschreiben kann. Und wenn ich dann merke, dass, wenn ich ein paar Mal was reingeschrieben habe, da ist was, ich sage immer zu, ich sage bei dem öfter mal zum, zum selben Thema was, zum selben übergeordneten Thema was, dann kann ich mir selber vielleicht ein Unterfenster erstellen und kann mir das da rüber kopieren oder in Zukunft zusammenfassen, weil mir dann auffällt, bei dem Schüler möchte ich speziell mehr da gucken. Und in dem Moment erschließt sich dann mir auch, ähm, leichter die Ordnung. Weil ich habe es mir ja selber angelegt und klicke nicht wie wild hin und her und gucke, was habe ich bei dem geschrieben zu dem Thema, was habe ich bei dem geschrieben zu dem Thema. Meine/(.), wir sind ja davon ausgegangen, dass ich nur wenige Schüler jetzt beobachte und gucke. Ich habe aber auch da gemerkt, ich habe eigentlich lieber fast alle meine Schüler auf dem Schirm und sage dann lieber weniger, habe da nicht so viele Felder. Das entspricht zumindest mehr meiner Beobachtungsart und -weise, also ganz individuell. (Seefeld$_{13}$ 2, 52–78)

Einleitend verweist Marie Seefeld darauf, dass vor allem der „*Faktor*" Zeit für ihr Handeln entscheidend sei und sie diese „*echt total effektiv*" nutzen müsse. Hier dokumentiert sich erneut die bereits dargelegte Perspektive, dass die Diagnoseaktivitäten von Seefeld von einer Kosten-Nutzen-Rechnung bestimmt sind. Wichtig erscheint für Seefeld daher zunächst weniger, was die Absicht bzw. Zielsetzung des Diagnosetools ist, sondern welcher Aufwand mit der Anwendung des Verfahrens für sie verbunden ist. Darauf aufbauend geht Marie Seefeld in der Sequenz darauf ein, dass für sie „persönlich die Bandbreite der Eingaben bzw. Beobachtungsitems im Tool zu groß sei, um damit zu arbeiten (dazu auch See$_{13}$ 2, 95–98). Deutlich wird, dass Aufwand und Ertrag des Tools für sie in einem nicht tragbaren Verhältnis stehen. Mit Blick darauf, dass Seefeld diagnostische Informationen vor allem in Richtung ihre Schwerpunkts, dem sinnentnehmenden Lesen (Kapitel 8.4.2.2) deutet, steht die Struktur des Tools auch grundlegend im Widerspruch zu ihrer eigenen Handlungsweise. Um dieses Spannungsfeld aufzulösen, versucht sie die wahrgenommene Komplexität durch den Verweis auf ein einfaches Beobachtungsfeld, das ihr als Handlungsoption zielführend erscheint, für sich zu reduzieren. Auf die spätere konkrete Nachfrage, ob die Notizfunktion des Tools dazu keine Möglichkeit für sie biete, argumentiert Marie Seefeld:

> See$_{13}$: Doch, ich finde, ich finde schon, <u>das ist schon</u>, das ist auch schon toll durchdacht. Aber vielleicht entspricht es auch wieder nicht <u>meiner</u> Art zu denken. Ich habe dann einfach alles da reingeklatscht in das Fenster, was ich jetzt gerade offen hatte, was ich a/ schreiben wollte. Und bei näherer Betrachtung würde man wahrscheinlich sagen: „Ja, das würde doch aber eher zu dem Unterpunkt passen." (I: Mmh.) HABE ICH aber nicht gemacht. (Seefeld$_{13}$ 2, 107–111)

Abgesehen von der ‚Rechtfertigung' gegenüber mir als Interviewerin und der relativierenden Aussage, dass das Diagnosetool *„schon toll durchdacht"* sei, zeigt die Aussage vor allem, dass die vorgegebene, (aus-)differenzierte Struktur in »JuDiT®-L« im Widerspruch zu bereits dargestellten Diagnose- und Dokumentationsweise von Marie Seefeld steht, spontan Eindrücke zu sammeln und sich diese punktuell zu notieren (Kapitel 8.4.2.2). Dieses Spannungsfeld führt dazu, dass Marie Seefeld die Orientierung an der Struktur des Tools als Handlungsoption für sich verwirft. Diese Lesart wird noch konkreter, wenn Marie Seefeld im weiteren Gespräch erläutert, was sie einem Kollegen raten würde, der mit dem Tool arbeiten möchte:

> See$_{13}$: Ja. Ähm, auch, das ist letztlich auch wieder abhängig von (..), von der Klassenstufe. Einem Grundschulkollegen würde ich schon sagen: Setz dich sehr genau damit auseinander. Du kannst da schon etwas draus ziehen. (I: Ja) Auch in der, ähm, ähm, in der Beobachtung. Ähm, aber einem Hauptschulkollegen würde ich sagen, hm, nutze ein Feld, eine Notizfunktion. Schreib dir rein zu dem Schüler, was dir alles auffällt. (I: Mmh.) (..) Mit Datum ist es dann ja immer versehen, dass man sich das dann halt angucken kann. (I: Mmh.) Ja, so würde ich sagen. (Seefeld$_{13}$ 2, 339–345)

Neben der bereits diskutierten Tatsache, dass eine differenzierte Lesediagnostik von Seefeld in die Grund- bzw. Förderschule verlagert wird (Kapitel 8.4.2.2), zeigt sich, dass ihr für ihr lesediagnostisches Handeln im Unterricht ausreichend erscheint, ein Feld aus der Notizfunktion nutzen, um die eigenen Beobachtungen zu dokumentieren. Deutlich wird hier wiederum die Perspektive von Seefeld, eine systematische Lesediagnostik ebenso wie die Leseförderung nicht (mehr) als Aufgabe der Sekundarstufe zu begreifen.

In der Gesamtschau ist weiterhin auffällig, dass insbesondere die Möglichkeit zur farbigen Auswertungsgrafik im Tool (Kapitel 6.2.5) von Seefeld positiv hervorgehoben wird:

> See$_{13}$: Ähm, im Hinblick auf meine Sehgewohnheiten (I: Mmh.) und, ähm, in der Art, wie ich arbeite, gefällt mir diese grafische Darstellung am besten. Ob die nun rot, gelb, grün ist oder irgendwie anders sehr deutlich macht über Farben, äh, wie ein Fortschritt zu verzeichnen ist, ist mir eigentlich egal. (I: Mmh.) Ähm, das ist eine Sache, zu der habe ich keine Lust, mich auseinanderzusetzen, wenn sich das nur auf X (Name) bezieht. (Seefeld$_{13}$ 2, 422–426)

Erklärbar ist die positive Bewertung mit der bereits erläuterten Orientierung, dass Marie Seefeld ihr Handeln anhand von eindeutigen Handlungsanweisungen strukturiert (Kapitel 8.4.2.1). Schließlich wird anhand der farbigen Grafik *„sehr deutlich"*, welcher Fortschritt bei Schülerinnen und Schülern zu erkennen ist. Der letzte Satz in der obigen Sequenz deutet weiterhin an, dass Seefeld ihr Handeln nicht danach strukturiert, zu differenzierten Erkenntnissen über individuelle Ausprägungen von Lesekompetenz bei ihren Schülerinnen und Schülern zu gelangen. Vor diesem Hintergrund entsteht ein Widerspruch zur Struktur des Tools, dass eine individuelle Lesediagnostik fokussiert und somit nicht in Einklang mit ihrer eigenen Perspektive steht. Dass im Handeln von Seefeld vielmehr ein gruppenbezogener Blick dominiert, wird im weiteren Gesprächsverlauf noch explizit deutlich:

> See$_{13}$: […] Also eine Klassenübersicht GENERELL ZU HABEN finde ich, ähm, gut. Ich würde mir vielleicht AUCH wünschen, dass man einen, ähm, ähnlichen, äh, ähm, eine ähnliche farbige Darstellung sich wählt dafür. Also nicht nur über Sternchen. Wenn meine Sehgewohnheit, ich bin nun wieder so, wenn meine Sehgewohnheit nun so ist, dass ich, ähm, mir hier (..) (I: Mmh.) den Stil, der dort gewählt worden ist, schon einmal optisch verinnerlicht habe, dann würde das natürlich toll sein, wenn man so etwas Ähnliches im Klassenverlauf auch sieht. (I: Mmh.) Weil, das erspart wieder das Nachdenken ((lacht)). Ähm, man guckt dann einfach genauso und kann in der Klasse genauso das einschätzen, wie individuell. (I: Mmh.) Aber ansonsten finde ich eine Klassenübersicht sehr hilfreich. (Seefeld$_{13}$ 2, 438–446)

In der Auseinandersetzung mit den verschiedenen Auswertungsmöglichkeiten erläutert Seefeld, dass ihr insbesondere wichtig sei, eine Klassenübersicht zu haben, um sich so einen Überblick über die Lesekompetenz(en) ihrer Schülerinnen und Schüler zu verschaffen. Im Weiteren verweist sie darauf, dass sie eine farbige Darstellung des aktuellen Lernstands in Form einer Klassenübersicht als tragfähig für das Tool erachtet. Sie begründet ihre Haltung damit, dass die eindeutigen Setzungen, die sie mit einer solchen grafischen Darstellung verbindet, nicht nur eine Zeitersparnis darstellen, sondern auch den Aufwand für die Interpretation der Diagnoseergebnisse minimieren (*„das erspart wieder das Nachdenken"*). Zusammenfassend ist rekonstruierbar, dass Seefeld ihr Handeln gruppenbezogen ausrichtet. Eine Individualisierung bzw. einen individuellen diagnostischen Blick auf ihre Lernenden lehnt sie ab, da dies mit einer Destabilisierung ihres gegenwärtigen Handelns verknüpft wäre.

8.4.2.5 Zusammenfassung

Marie Seefeld verfolgt in ihrem Unterricht einen praktisch nutzbaren Lesebegriff, der insbesondere das flüssige Vorlesen und sinnentnehmende Lesen fokussiert. Ziel ihres Unterrichtshandelns ist es, den (Lese-)Anforderungen der Berufswelt zu entsprechen – lesedidaktisch begründet zu handeln, stellt für Seefeld hingegen einen wenig bedeutsamen Faktor für ihr Agieren dar.

Im Hinblick auf ihr lesediagnostische Vorgehensweise kann weiterhin ausgemacht werden, dass Seefeld zuvorderst spontan und situativ Diagnosen vornimmt, die von ihr wenig systematisiert notiert werden. Der lesedidaktische Anspruch, Diagnosen regelmäßig und strukturiert durchzuführen und Fördermaßnahmen auf Basis differenzierter, individueller Diagnoseergebnisse zu initiieren, entspricht somit nicht ihrer Perspektive. Allgemein lässt sich festhalten, dass Marie Seefeld die Förderung der Lesefähigkeiten ihrer Schülerinnen und Schüler nicht (mehr) als Lehreraufgabe in der Sekundarstufe auffasst, da diese Basis aus ihrer Sicht bereits in der Grundschule gelegt werden müsse. In den Aussagen von Seefeld dokumentiert sich ein defizitorientiertes Schülerbild: die mangelnden grundlegenden Lesefähigkeiten, die sie bei ihren Lernenden feststellt, werden von ihr aber als ‚gegeben' und nicht mehr änderbar akzeptiert. Diese Haltung hat stabilisierende Funktion, um das eigene Unterrichtshandeln nicht infrage stellen zu müssen. Ursächlich für die eher negative Wahrnehmung des Diagnosetools ist vorrangig eine Kosten-Nutzen-Bilanz, an der Marie Seefeld ihr eigenes lesediagnostisches Handeln ausrichtet. Eine intensive Auseinandersetzung mit »JuDiT®-L« bleibt vor diesem Hintergrund außen vor. Abschließend werden die rekonstruierten Relevanzsetzungen von Marie Seefeld in einer

Karteikarte abgebildet, um eine Verbindung zu den in der Überblickdarstellung herausgearbeiteten Aspekten herzustellen:

Abbildung 8.10: Karteikarte Marie Seefeld, Schule LAD

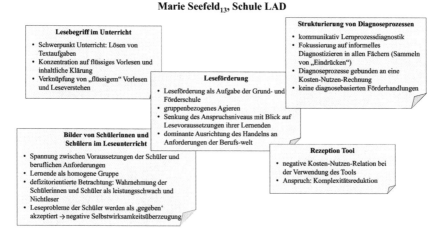

8.5 Zusammenfassung der Ergebnisse

Ziel dieses Kapitels war die Annäherung an die lesediagnostischen Perspektiven von Hauptschullehrkräften, die das Fach Deutsch in der Sekundarstufe I unterrichten. Im Rahmen der empirischen Untersuchung wurden die Wissensbestände von zehn Hauptschullehrerinnen und Hauptschullehrern rekonstruiert und miteinander verglichen. Grundsätzlich zeigt sich in den dargelegten Befunden, dass das lesediagnostische Wissen, über das Lehrende im Fach Deutsch verfügen, aus impliziten und expliziten Anteilen besteht und vielschichtig ist. Darüber hinaus lassen sich mitunter auch Unterschiede zwischen den kommunikativ verfügbaren und den handlungsleitenden Wissensbeständen der befragten Lehrkräften nachweisen – dieser Befund bestätigt bisherige Ergebnisse der deutschdidaktischen Professionsforschung (u. a. Kunze 2004, Scherf 2013; Wieser 2008). Anhand der dargestellten Perspektiven konnte zudem rekonstruiert werden, dass für alle Lehrkräfte im Sample widersprüchliche Anforderungen und Spannungen im Hinblick auf ihr lesediagnostisches Handeln bestehen, die sich insbesondere aus den Voraussetzungen der Schülerinnen und Schüler und den Zielsetzungen ihres Unterrichts ergeben.

Abschließend sollen überblicksartig die gewonnenen Analyseerkenntnisse dargestellt werden, die zugleich weiterführend für die Weiterentwicklung von »JuDiT®-L« zu berücksichtigen sind:

> 1. *Die befragten Lehrkräfte verfügen über einen vorrangig prozessbezogenen Lesebegriff, der vor allem das flüssige (Vor-)Lesen und die Inhaltssicherung fokussiert.*

In den rekonstruierten Perspektiven der Lehrkräfte dokumentiert sich fallübergreifend ein Lesebegriff, der die Prozessebene des Lesens stark betont. Teilbereiche bzw. -prozesse von Lesekompetenz, denen die Lehrkräfte besondere Bedeutung für ihren Unterricht zuweisen, sind das flüssige (Vor-)Lesen sowie die Inhaltssicherung („*sinnentnehmendes Lesen*"), worunter ein Großteil der Lehrkräfte das Zusammenfassen des Gelesenen mit eigenen Worten fasst. Die genannten Komponenten bilden zugleich einen zentralen Bewertungsmaßstab für die Diagnosepraxis der Lehrkräfte. Zwar sind im Datenmaterial auch Aspekte herauszuarbeiten, die der subjektiven Ebene von Lesekompetenz zuordenbar wären, anhand der Ausführungen aller Lehrkräfte im Sample lässt sich aber herausarbeiten, dass ihr Handeln weitaus mehr leseprozessbezogen ausgerichtet ist.

> 2. *Das lesediagnostische Handeln der Lehrkräfte ist primär an einem statusbezogenen Diagnosebegriff orientiert. Eine lernprozessbezogene Diagnostik ist in der Unterrichtspraxis weitgehend nicht etabliert.*

Gleichwohl die meisten Lehrerinnen und Lehrer im Sample kommunikativ über lernprozessbezogene Wissensbestände zur Lesediagnostik verfügen, strukturiert ein vorrangig punktuelles bzw. statusdiagnostisches Vorgehen ihr Handeln im Unterricht. Lesediagnostisches Handeln wird von allen Lehrkräften als Tätigkeit verstanden, welche man mit Blick auf die institutionellen Bedingungen und persönlichen Ressourcen kaum systematisch (noch individualisiert) innerhalb des Deutschunterrichts ausführen kann.

> 3. *In der Diagnosepraxis der befragten Lehrkräfte stehen informelle Diagnosen im Mittelpunkt. Der bedeutende Faktor für die Rezeption und Implementation von lesediagnostischen Verfahren ist ein tragbares Kosten-Nutzen-Verhältnis.*

Alle befragten Lehrkräfte diagnostizieren die Lesekompetenz(en) ihrer Lernenden vorrangig spontan und situativ. Formen der semiformellen und formellen Diagnostik nehmen in den Handlungserzählungen der Lehrkräfte eine eher untergeordnete Rolle ein. Der Einsatz von lesediagnostischen Verfahren wird

8 Die Sicht der Lehrkräfte: Ergebnisse der Interviewanalysen   347

von den Lehrkräften nicht mit dem diagnostischen Potenzial bzw. der Zielsetzung des Diagnoseinstruments begründet, sondern zuvorderst mit dessen (schneller) methodischer Durchführbarkeit. Der subjektiv bedeutende Faktor für die Rezeption und Implementation von lesediagnostischen Verfahren – dies zeigt sich auch bei der Rezeption des Diagnosetools – ist bei den befragten Lehrkräften ein tragbares Kosten-Nutzen-Verhältnis.

> 4. *In der Diagnose- und Förderpraxis der Lehrkräfte dominiert ein Blick auf die Lerngruppe.*

Die meisten Lehrenden im Sample richten ihre Maßnahmen an der Lerngruppe aus. Alle Lehrkräfte verfügen über Wissensbestände zur Anforderung des individualisierten Unterrichts und der Differenzierung, jedoch wird die Umsetzung einer individualisierten Leseförderung (die eine individualisierte Diagnostik mit einschließt) vom Großteil der Lehrkräfte für kaum leistbar erachtet. Aus Perspektive der meisten Lehrerinnen und Lehrer sind es insbesondere die gegenwärtigen schulischen Rahmenbedingungen und die fehlenden persönlichen Ressourcen, die einer individualisierten Handlungsweise entgegenstehen, sodass diese Handlungsoption für ihren eigenen Unterricht verwerfen. Dominante Wahrnehmungsperspektive ist insofern ein professionelles Selbstverständnis, wonach sich das Handeln der Lehrkräfte im Sample als vorrangig gruppenbezogene Arbeit darstellt. Damit verbunden dokumentiert sich in den Aussagen der Lehrkräfte ein Schülerbild, dass sie sich auf die Lernenden als eine homogene Gruppe beziehen.

> 5. *Diagnose und Förderung stellen in rekonstruierten Perspektiven der Lehrkräfte häufig zwei voneinander isolierte Prozesse im Leseunterricht dar. Es findet vorrangig eine pauschale und weniger eine systematische Leseförderung statt.*

In den Interviews thematisieren die befragten Lehrkräfte eher allgemein verschiedene Methoden, die sie im Unterricht zur Förderung von Lesekompetenz einsetzen. Auf elaborierte (lesedidaktische) Wissensbestände zur Leseförderung und Diagnoseergebnisse wird hingegen kaum zurückgegriffen; sie sind als handlungsleitende Orientierung bei den meisten Lehrenden nicht präsent. Förderhandlungen und -entscheidungen erfolgen vorwiegend pauschal und unsystematisch. Die Analyse des empirischen Materials deutet insofern darauf hin, dass Diagnostik als grundlegender Aspekt von Leseförderung in der

Unterrichtspraxis nicht verankert ist.[92] Das Handeln der Lehrkräfte im Sample ist eher von einer Suche nach Fördermaßnahmen geprägt und weniger an Diagnoseergebnissen ausgerichtet. Mit anderen Worten: Die lesedidaktischer Perspektive, Fördermaßnahmen zu systematisieren, findet kaum Entsprechung in den rekonstruierten Wissensbeständen – und dass unabhängig davon, ob eine systematische Leseförderung als bedeutsam erachtet wird.

> 6. *Die mangelnden Lesefähigkeiten der Schülerinnen und Schüler werden von den Lehrkräften als Problemstelle für ihr Unterrichtshandeln wahrgenommen. Ausgehend von den Leseproblemen der Lernenden ist eine Reduktion des Anspruchsniveaus im Unterricht erkennbar.*

In allen Interviews erwähnen und betonen die Lehrenden die mangelnden Lesefähigkeiten ihrer Schülerinnen und Schüler, die bis in die höheren Jahrgangsstufen bestehen. Ähnlich zu den befragten Hauptschullehrkräften von Pieper et al. (2004) sehen sich die Lehrkräfte im Sample damit konfrontiert, „didaktisch mit dem Wechselverhältnis von niedriger Lesekompetenz und fehlender, zumindest nicht stabiler Lesemotivation […] umgehen zu müssen" (ebd., S. 73). Für die Lehrkräfte ergeben sich insofern kaum zu lösende Spannungen zwischen den wahrgenommenen (defizitären) Voraussetzungen ihrer Lernenden und den von außen gesetzten Anforderungen an das Lesenkönnen. Vor diesem Hintergrund stellt das (noch) Realisierbare die dominierende Rahmung für ihr Handeln im Unterricht dar. Diese Perspektive ist zumeist mit einer Reduktion des Anspruchsniveaus an lesebezogene Kompetenzen der Lernenden verbunden. Dieses Ergebnis bietet Hinweise auf einen ‚Teufelskreis': Schülerinnen und Schüler mit ungünstigen Lesevoraussetzungen ‚treffen' auf einen Leseunterricht, in dem häufig keine systematische Leseförderung betrieben wird. Die damit verbundenen Konsequenzen lassen sich mit Bredel und Pieper (2015) folgendermaßen zusammenfassen:

> Ein Unterricht, der den Weg zum Textverstehen nicht modelliert, aber Textverstehensleistungen verlangt, kann Schüler/innen allerdings in einem schwachen lesebezogenen Selbstkonzept ebenso bestärken wie in einer negativen Leseidentität, weil er die Erfahrung des Nicht-Verstehens ebenso stärkt, wie die Erfahrung des Genusses – etwa die Freude an einer guten Geschichte – fast zwangsläufig ausbleiben muss. Bleibt die Aussichtslosigkeit eines solchen Arrangements unaufgeklärt, bestärkt der Unterrichtsverlauf auch die Lehrkraft in ihrer Wahrnehmung, dass die Schüler/innen leseschwach sind und dagegen kaum anzukommen ist. (Bredel/Pieper 2015, S. 173)

---

92 Welche Auswirkungen die hier dokumentierten Relevanzsetzungen für den Unterricht haben, kann anhand des Datenmaterials dieser Studie nicht erörtert werden.

8 Die Sicht der Lehrkräfte: Ergebnisse der Interviewanalysen

Zumindest mit Blick auf die empirischen Ergebnisse in der vorliegenden Arbeit ist insofern zu diskutieren, inwiefern Lesedefizite an der Hauptschule ausgeglichen werden. Verbunden mit dieser Feststellung werden auch Fragen hinsichtlich der Implementation von fachdidaktischen Innovationen aufgeworfen, die in der deutschdidaktischen Professionsforschung zukünftig (mehr) Beachtung finden sollten.[93]

Abschließend müssen auch die Grenzen hinsichtlich der Aussagekraft der hier dargestellten Erkenntnisse erwähnt werden. Die in diesem Kapitel herausgearbeiteten Perspektiven beziehen sich *ausschließlich* auf Sichtweisen von Lehrkräften, die an einer *Hauptschule* das Fach Deutsch unterrichten. Es ist zu vermuten, dass diese schulartspezifischen Gegebenheiten Einfluss auf die rekonstruierten und die in diesem Kapitel diskutierten Vorstellungen und Orientierungen haben (Kapitel 5.3.4). Es fehlen allerdings Vergleichswerte für andere Schularten, auf die sich die vorliegende Studie zur Kontextualisierung beziehen könnte (siehe Kapitel 4.4). Anhand der beschriebenen Befunde kann weiterhin weder eine Aussage darüber getroffen werden, wie die Lehrkräfte in diesem Sample tatsächlich handeln, noch geklärt werden, welche Auswirkungen die beschriebenen Erkenntnisse für den Unterricht der befragten Lehrkräfte haben.

In jedem Fall bilden die Ergebnisse der empirischen Untersuchung eine wichtige Grundlage für die Weiterentwicklung des Diagnosetools. Wie bereits einleitend herausgestellt, sind aber nicht sämtliche der in diesem Kapitel präsentierten Ergebnisse in die Weiterentwicklung des Tools eingeflossen (siehe Kapitel 10). Die Befunde wurden hier aber dargestellt, um die Relevanzsetzungen der Lehrkräfte besser intersubjektiv nachvollziehbar zu machen.

---

93 Mit Blick auf die profilierten Forschungsfragen dieser Untersuchung kann dieser Aspekt hier nicht umfassend diskutiert werden. Relevant erscheinen in diesem Zusammenhang u. a. die Überlegungen von Scherf (2016) zur Rezeption und den Verwendungsansprüchen fachdidaktischer Innovationen.

9 Exkurs: Wer (miss-)versteht wen? Zum Potenzial einer dritten Sprache im Dialog zwischen Deutschlehrkräften und Fachdidaktik

Im diskutierten Datenmaterial (Kapitel 8) ist ersichtlich geworden, dass die Lehrkräfte im Sample fachdidaktische Begriffe zur Thematisierung von Fragen der Lesediagnostik weniger gebrauchen, häufig auf eigene (Fach-)Wörter zur Beschreibung von lesediagnostischen Zusammenhängen zurückgreifen oder sich mitunter bewusst von der Sprache, die im fachdidaktischen Diskurs Verwendung findet, abgrenzen. Exemplarisch für diesen Befund stehen nochmals die folgenden Auszüge aus den Interviews mit Lisa Mellmann und Hanna Leeke:

> Ja, ich kann es mir ganz, ganz einfach mal formulieren, ohne dass ich die ganzen pädagogischen Fachbegriffe nehme. Also es geht erst einmal, dass sie […] überhaupt sich Wörter erlesen können, Sätze erlesen können und den Sinn verstehen. (Mellmann$_4$ 1, 555–557)

> Ich denke, dass man bestimmte Sachen, dieses […] wie jemand liest, in Anfangsstufen macht und dass das später rausfällt. […] Und dafür dann eher der Umgang mit Texten mehr der Schwerpunkt dann wird. […] Also dieses, wie nennen Sie das so schön? ((sucht in ihren Unterlagen)) „Anschlusskommunikation" und solche Sachen. (Leeke$_7$ 2, 171–175)

Neben der expliziten sprachlichen Abgrenzung, die in den Aussagen beider Lehrkräfte erkennbar ist, wird darüber hinaus deutlich, dass der Begriff der Anschlusskommunikation von Hanna Leeke verkürzt rezipiert wird; den Umgang mit Texten setzt sie mit „Anschlusskommunikation und solche Sachen" gleich. Zu dieser Beobachtung noch ein weiteres Beispiel aus dem zweiten Interview mit Simone Albrecht:

> Aber (.) ((zögerlich)) für mich (.) als Lehrerin (.) direkt in der Schule, finde ich erstmal nur diese prozessbezogene Dimension wichtig. […]. So […] weil, das ist ja das, was ich sehe […]. (Albrecht$_1$ 2, 175–177)

Der Interviewauszug zeigt, dass Simone Albrecht zwar den fachdidaktischen Begriff „prozessbezogene Dimension" verwendet – der auch im Diagnosetool angeführt wird –, sie den Fachbegriff mit der Formulierung „das, was ich sehe" jedoch nicht angemessen auf den fachlichen Gegenstand bezieht. Man kann also sagen: Albrecht fehlt hier ein Begriff von Begriffen.

Was ich mit den Interviewaussagen zeigen möchte: Die Kommunikation zwischen Lehrkräften und Fachdidaktikern führt nicht *per se* zu einer (erfolgreichen) Verständigung. Die angeführten Beispiele markieren, dass nicht nur der Inhalt, sondern auch die Ausdrucksseite der Vermittlung für das Verstehen mit entscheidend ist. Aus diesen und weitere Beobachtungen in meinem Datenmaterial resultiert für mich die Anforderung, nachfolgend die Funktion (und Bedeutung) von Sprache im Rahmen praxisnaher Forschungs- und Entwicklungsarbeit zu diskutieren.

9.1 Der Dialog zwischen Deutschlehrkräften und Fachdidaktik

Die Feststellung, dass Ausdrucksweisen von Lehrkräften und Fachdidaktikern zuweilen von einem „deutlichen Gegensatz" (Winkler 2010c, S. 3) gekennzeichnet sind, überrascht kaum. Schon vor über dreißig Jahren haben Schlotthaus/ Noelle (1984) die Kommunikationsprobleme zwischen Fachdidaktikern und Deutschlehrkräften betont und Fives/Buehl (2012, S. 474) stellen jüngst wieder aus internationaler Perspektive fest: „[T]eacher do not [...] share the same language as the researchers".[1] Die verschiedenen Sprachstile, auf die hier verwiesen wird, möchte ich in einem ersten Zugang als *Fachsprache der Lehrkräfte* und *Fachsprache der Wissenschaft* bezeichnen. Als „Fachsprache der Wissenschaft" fasse ich hier – bewusst in einem engeren Sinne – die in fachdidaktischen Veröffentlichungen und in der Lehrerbildung mündlich und schriftlich verwendete Sprache, mit der man sich an (angehende) Lehrkräfte als Adressaten richtet. Als „Fachsprache der Lehrkräfte" bezeichne ich den Sprachstil, den angehende und praktizierende Lehrkräfte in der Kommunikation über Lehr- und Lernprozesse im Deutschunterricht verwenden.[2] Dass auch sprachliche Schnittmengen zwischen Fachdidaktikern und Lehrkräften bestehen, soll mit dieser heuristischen Einordnung nicht in Abrede gestellt werden (siehe Abbildung 9.1).

---

1 Weiterhin dazu: Gräsel/Parchmann (2004a, S. 210); Grossmann/McDonald (2008, S. 198); Kattmann (2007a, S. 102); Schmidt/Keitel (2013, S. 416); Windschitl (2002, S. 138–140); spezifisch für die Deutschdidaktik die Ergebnisse bei Schmelz (2009, S. 257–259). Analog zur Differenzierung von Vorstellungen und Orientierungen bei der Modellierung des Lehrerwissens (Kapitel 5.2.3) muss mit Blick auf die jeweiligen Sprache(n) reflektiert werden, dass zwischen sozial geteilten und individuellen Termini und Wendungen zu unterscheiden ist – *die* Sprache der Fachdidaktik gibt es ebenso wenig wie *die* Sprache der Lehrkräfte.

2 Auf morphologische und syntaktische Spezifik der jeweiligen Sprachstile wird hier nicht näher eingegangen (allgemein zur Fachsprache z. B. Möhn/Pelka 1984; Roelcke 2010).

Wenn ich hier den Begriff des *Sprachstils* ins Spiel bringe, tue ich dies in Weiterführung der Wissenschaftstheorie von Ludwik Fleck (1994 [1935]). In seinen Überlegungen prägt Fleck den Begriff des Denkstils, den er als „Bereitschaft für gerichtetes Wahrnehmen, mit entsprechendem gedanklichen und sachlichen Verarbeiten des Wahrgenommenen" (ebd., S. 130) innerhalb einer Gemeinschaft – dem „Denkkollektiv" – beschreibt:

> Definieren wir ‚Denkkollektiv' als Gemeinschaft der Menschen, die im Gedankenaustausch oder in gedanklicher Wechselwirkung stehen, so besitzen wir in ihm den Träger geschichtlicher Entwicklung eines Denkgebietes, eines bestimmten Wissensbestandes und Kulturstandes, also eines besonderen Denkstils. (Fleck 1994 [1935], S. 54f.)

Flecks Theorie der Denkstile und Denkkollektive lässt sich mit Gewinn auf die Funktion von Sprache in Vermittlungskontext beziehen, zumal Sprache und Denken in einem engen Zusammenhang stehen (Kapitel 9.2.1).[3] Grundgedanke für die weiteren Überlegungen in diesem Kapitel ist insofern, dass die Zuordnung zu einem bestimmten Sprachstil *nicht* mit einer Wertung (vom fachdidaktischen Standort) über die Qualität der Sprache einhergeht. Schließlich „befinden sich die Fachdidaktiker keineswegs einfach in der Position des Wissenden", wie bereits Ivo herausstellt (Ivo 1994, S. 307).

Was bedeuten die bisherigen Ausführungen nun konkret für den Dialog zwischen Deutschlehrkräften und Fachdidaktik? Eine Deutschdidaktik, die sich als praktische Wissenschaft (Ossner 1993, 1999) versteht und somit beansprucht, mit ihren Innovationen und Erkenntnissen positiv änderend auf die Praxis zu wirken, ist ebenso aufgefordert, ihren Sprachstil für die Verständigung mit Lehrkräften zu reflektieren. Fachdidaktische Innovationen und Wissensbestände sind letztendlich Deutungsangebote „im Medium der Sprache und Interpretation" (Beck/Bonß 1989, S. 25f.), die den Anspruch in sich tragen, von Deutschlehrkräften nicht nur als anderes, sondern als *handlungsbezogenes Wissen* wahrgenommen zu werden.

Dass die Überschrift dieses Kapitels mit einem Fragezeichen versehen wurde, verdeutlicht den aktuellen Forschungsstand in diesem Bereich: Fragen zum

---

3   Flecks Denkstil-Begriff wird in der Linguistik bereits seit Längerem auf das Gebiet der Sprache erweitert: „Zum einen, weil Sprache […] eine Verbindung zu Denken, Erkennen und Fühlen aufweist, zum anderen, weil […] Denkkollektive stets auch ein sprachliches Korsett benötigen. […] Sprache ist folglich ein Indikator für einen Denkstil" (Schiewe 1996, S. 7f.; ähnlich Fix 2014). Fleck selbst diskutiert in seinen Überlegungen nur vereinzelt Bezüge zwischen Sprache und Denkstil. Schließlich mache ein „bestimmter Denkzwang" den Denkstil aus und nicht die „Färbung der Begriffe" (Fleck 1994 [1935], S. 85).

Dialog zwischen Lehrkräften und Fachdidaktikern begegnen einem im Diskurs zur Lehrerprofessionalisierung zwar immer wieder, sind in der weiteren Debatte aber fast folgenlos geblieben. Wie (gut oder schlecht) die Verständigung zwischen beiden Gruppen funktioniert, wissen wir nicht. Überhaupt besteht zu diesem Gegenstandsfeld national und international dringender Forschungsbedarf – und zwar disziplinübergreifend.[4] Die weiteren Überlegungen sind daher als Beitrag zur Schließung dieser Forschungslücke aus deutschdidaktischer Perspektive zu verstehen. Die Ausführungen konzentrieren sich darauf, wie

- deskriptiv gefragt, die Verständigung zwischen Lehrkräften und Fachdidaktikern über Gegenstände des Deutschunterrichts gekennzeichnet ist. (Kapitel 9.2)
- präskriptiv gefragt, die unterschiedlichen Sprachstile von Fachdidaktikern und Lehrkräften produktiv zusammengeführt werden können. (Kapitel 9.3)

9.2 Die Bedeutung der Sprache in der Verständigung zwischen Deutschlehrkräften und Fachdidaktik

Im folgenden Abschnitt wird zunächst das Wechselverhältnis von Sprache und Denken in den Blick genommen (Kapitel 9.2.1). Die hier diskutierten Gesichtspunkte sind weder gänzlich neu noch umfassend. Sie sind aber hilfreich, um die Bedeutung der Sprache in der Vermittlung von fachdidaktischen Erkenntnissen und Innovationen zu diskutieren. Darauf aufbauend folgt ein erstes Zwischenfazit zur Frage, wie eine erfolgreiche Kommunikation zwischen Deutschdidaktik und Deutschlehrkräften gestalten werden kann (Kapitel 9.2.2).

9.2.1 Das Verhältnis von Sprache und Denken: (Miss-)Verstehen als Teil des Denkstils

1. *Sprache ermöglicht tiefere Einsichten in unsere Vorstellungen.*

Die Aussage, dass Sprache expliziter Ausdruck von Wissensbeständen und Erfahrung ist (einschlägig Wygotski 1979), kann man fast als trivial ansehen – aber

---

4 U. a. Gräsel/Parchmann (2004a, S. 210); Grossmann/McDonald (2008, S. 198); für die Deutschdidaktik z. B. Schmelz (2009, S. 268). Dagegen hat sich in den letzten Jahren die wissenschaftliche Bestimmung von (Fach-)Sprache für das Lehren und Lernen in der Institution Schule – vornehmlich unter dem Schlagwort der „Bildungssprache" – zu einem zentralen Thema (u. a. Praxis Deutsch 2012, H. 233) und produktiven Forschungsgebiet (z. B. Becker-Mrotzek et al. 2013) in der Deutschdidaktik entwickelt.

eben nur fast. Denn diese Argumentation berührt zugleich die Frage nach den „disconnections" (Windschitl 2002) in der Kommunikation zwischen Deutschlehrkräften und Fachdidaktikern. Diese sind wenig verwunderlich, wenn man berücksichtigt, dass Lehrkräfte und Deutschdidaktikerinnen und Deutschdidaktiker jeweils von individuellen Wissensbeständen und Erfahrungen in unterschiedlichen Kontexten geprägt sind (Kapitel 5.1.2).[5] Für den Dialog zwischen Deutschlehrkräften und Fachdidaktik heißt das wiederum: „Kontextfreie Sprache wäre ein Ideal [...]" (Przyborski/Slunecko 2010, S. 632). Die verschiedenen Erfahrungsräume und damit verbundenen Sozialisationsprozesse für die Betrachtung von Lehr- und Lernprozessen im Deutschunterricht sind nicht einfach aufzuheben. Mehr noch: Die „Erwartung einer stärkeren Übereinstimmung [zwischen Wissenschaft und Praxis] ist unrealistisch und unangemessen" (Wieser 2008, S. 260). Vielmehr muss man konstruktive Wege für diese Herausforderung an die Verständigung zwischen den Akteuren finden. In umgekehrter Richtung geht Erkenntnis aber auch von Sprache aus und beeinflusst daher die Begriffsbildung: „Die Bilder, in denen wir sprechen, können das wissenschaftliche und außerwissenschaftliche Denken und Handeln bestimmen" (Kattmann 1992, S. 92). Aus normativer Sicht gilt es insofern zu reflektieren, *welche Vorstellungen* mit einzelnen Fachwörtern transportiert und in den Horizont von Deutschlehrkräften gebracht werden.[6]

> 2. *Sprache ist an das Verstehen der Adressaten gebunden. Wenn fachdidaktische Innovationen einen Orientierungswert für das Lehrerhandeln aufweisen sollen, müssen sie in Vermittlungsabsicht erstellt werden.*

Ein integraler Bestandteil von mündlicher und schriftlicher Kommunikation ist es, sich dem Adressaten verständlich zu machen (u. a. Pohl 2014, S. 104). Fachdidaktische Innovationen und Erkenntnisse sind insofern „kommunikative Angebote" (Rusch 1999, S. 169), die

> daraufhin beurteilt [werden müssen], ob der Schreiber oder Sprecher den Adressaten seine Ergebnisse und Erfahrungen deutlich verständlich machen kann und ob diese dann mit den eigenen Erfahrungen und Ergebnissen der Leser oder Hörer übereinstimmen bzw. sich vereinbaren lassen. (Hilfrich 1979, S. 154; zitiert nach Harms/Kattmann 2013, S. 379)

---

5 Darauf verweist nicht zuletzt der bereits diskutierte Begriff des Sprachstils (s. o.).
6 Nach meiner Kenntnis gibt es allerdings keine empirischen Studien dazu, wie und welche Termini und Wendungen in der direkten oder indirekten Kommunikation mit (angehenden) Lehrkräften vonseiten der Fachdidaktik verwendet werden.

Nicht unproblematisch ist deshalb, dass an Lehrkräfte adressierte Publikationen und Handreichungen oftmals auch die Fachkolleginnen und -kollegen als Leser mit im Blick haben, wie bereits Schlotthaus und Noelle (1984, S. 39) feststellen.[7] Aktuellen empirischen Nachdruck verleiht dieser Position die bereits diskutierte Studie von Scherf (2013). Einige der befragten Deutschlehrkräfte in seiner Untersuchung nehmen fachdidaktische Innovationen im Bereich Leseförderung „schlicht gar nicht als an sie gerichtete Angebote wahr" (ebd., S. 434). Wenn fachdidaktische Innovationen von Lehrkräften im Fach Deutsch gar nicht als an sie adressierte Angebote rezipiert werden, ist dies für eine Fachdidaktik als praktische Wissenschaft problematisch – sie „wäre an einer entscheidenden Stelle nicht praktisch" (Ossner 2001, S. 27). Im Übrigen verdeutlicht Scherfs Befund, dass nicht nur die sach-, sondern auch die *adressatengerechte* Vermittlung maßgeblich mitbestimmt, „ob und inwieweit ein Adressat sich dem Kommunikat [also dem Gegenstand] zuwendet und damit die Voraussetzungen für eine gelingende Kommunikation gegeben sind oder nicht" (Rincke 2010, S. 242). Diese Position ist nicht neu. So kritisierte schon Kaspar Spinner in den siebziger Jahren die Tendenz zur „strenge[n] Ausrichtung der Wissenschaft":

> Die größte Entfremdung vom Gegenstand bewirkt die heutige Wissenschaftssprache selbst in ihrer Tendenz zur Exaktheit, Formalisierung und Schematisierung. Diese Vorzüge sind damit erkauft, daß die Anschaulichkeit verloren geht. Die abstrakte Sprache vermag keine Vorstellung mehr im Leser erwecken […]. (Spinner 1977, S. 121)

Aus den vorangestellten Überlegungen resultiert, dass die *Form der Vermittlung* berücksichtigt werden sollte, wenn fachdidaktische Innovationen und Erkenntnisse einen Orientierungswert für das Lehrerhandeln aufweisen sollen.

---

7 Schlotthaus/Noelle (1984, S. 39) argumentieren, dass in fachdidaktischen Publikationen die Fachkollegen sogar vorrangig als Adressaten im Blickfeld seien. Auf die „Doppeladressierung" wissenschaftlichen Wissens vonseiten der Deutschdidaktik haben in jüngerer Zeit Schmelz (2009, S. 273) und Scherf (2013, S. 430) hingewiesen. In der Tat kann man im Anschluss an Schmelz (2009) etwa fragen, *wer* der eigentliche Abnehmerkreis von fachdidaktischen Zeitschriften ist (ebd., S. 273, Fußnote 8).

> 3. *Sprachlicher Ausdruck und gedankliches Konstrukt sind voneinander zu unterscheiden. Es muss daher reflektiert werden, welche Begriffe mit Fachwörtern bezeichnet werden.*

Fachdidaktik und Deutschlehrkräfte haben ihren je eigenen Soziolekt, der im Bourdieuschen Sinne „Teil der kulturellen Identität" ist (Bourdieu 1983).[8] Die Fachsprache der Lehrkräfte und die Fachsprache der Wissenschaft sind insofern als Sprachstile der jeweiligen Denkkollektive anzusehen (Kapitel 9.1). Die „(Fach)Sprache bestimmt, wie innerhalb sozialer Gruppen Sprechen und Handeln (Denken) aufeinander bezogen sind" (Rincke 2010, S. 239). Für den Dialog zwischen Deutschdidaktik und Deutschlehrkräften muss also reflektiert werden, dass mitunter „unterschiedliche Sichtweisen durch die Verwendung derselben Terminologie verdeckt werden" können (Bromme/Jucks/Rambow 2004, S. 178). Das heißt: Für die Verständigung ist der sprachliche Ausdruck vom gedanklichen Konstrukt zu unterscheiden, wenngleich sie nicht unabhängig voneinander bestehen (vertiefend z. B. Gropengießer 2007a, S. 19–32). Verschiedene Kommunikationskonstellationen sind in diesem Zusammenhang denkbar:

Lehrkraft: T_1
$\rightarrow$ B_a
Fachdidaktik: T_2

Lehrkräfte und Fachdidaktikerinnen und Fachdidaktiker verwenden in der Kommunikation unterschiedliche (Fach-)Termini (T_1 und T_2) und zielen dabei auf denselben Begriff (B_a).

Lehrkraft: T_3 $\rightarrow$ B_b
Lehrkraft: T_3 $\rightarrow$ B_c

Lehrkräfte und Fachdidaktikerinnen und Fachdidaktiker verwenden in der Kommunikation denselben (Fach-)Terminus (T_3) und gehen von unterschiedlichen Begriffen (B_b und B_c) aus.

---

8 Zur Sprache als identifikationsstiftendem Merkmal: Fleck (1994 [1935], S. 136). Abzugrenzen sind die folgenden Ausführungen jedoch von der Forschung zur „Experten-Laien-Kommunikation" (zusammenfassend: Bromme/Jucks/Rambow 2004). Zwar bestehen bei Deutschlehrkräften und Fachdidaktikern mitunter verschiedene Perspektiven auf einen Kommunikationsinhalt, eine Rollenzuschreibung als Laie oder Experte ist in diesem Zusammenhang aber nicht tragfähig (Kapitel 9.1).

Schon in den 90er Jahren hat Ivo (1994) auf die Problematik hingewiesen, dass der Dialog zwischen Deutschlehrkräften und der Deutschdidaktik „in einigen wesentlichen Punkten eine Scheinverständigung" sein kann (ebd., S. 305). So können fachdidaktische Innovationen und Erkenntnisse von Deutschlehrkräften mitunter als schon bekannte Theorien unter neuem Terminus aufgefasst und aufgrund dieser ‚Übersetzungsprobleme' nur verkürzt rezipiert werden. In meiner Untersuchung sind etwa mit den (Fach-)Begriffen „Leseflüssigkeit" oder „Textverstehen" Konstrukte verhandelt worden, die sich von denen der Fachdidaktik unterscheiden (Kapitel 8). Das heißt: Man kann nicht zwingend davon ausgehen, dass man (genau) weiß, wovon der andere spricht, wenn fachdidaktisch etablierte Fachwörter verwendet werden.[9] Wird dieser Umstand in der Verständigung zwischen Deutschlehrkräften und der Deutschdidaktik nicht angemessen hinterfragt, können die beschriebenen Kommunikationskonstellationen zu der von Ivo angesprochenen „Scheinverständigung" führen, die nicht nur im Rahmen von Implementationsprozessen als problematisch anzusehen ist.

Zusammengefasst: Im Vermittlungskontext kann ein gemeinsames Verständnis der Sinnzusammenhänge für Fachwörter nicht vorausgesetzt werden. Termini können darüber hinaus nicht nur etwas über Vorstellungen aussagen, sondern auch auf diese einwirken. Aus fachdidaktischer Perspektive muss deshalb (stärker) reflektiert werden, welche Fachwörter und Wendungen Eingang in den Dialog mit Deutschlehrkräften finden und welche tatsächlich intendierte Bedeutung im Rahmen der Kommunikation angestrebt wird.

9.2.2 Die Bedeutung der Sprache für die Kommunikation zwischen zwei Denkkollektiven

In der Kommunikation zwischen Deutschlehrkräften und Fachdidaktikern ist Sprache „Voraussetzung und Ausdruck des Denkstils" (Schiewe 1996, S. 7), wie die nachfolgende Abbildung 9.1 veranschaulicht:

---

9 Interessant dazu weiterhin die Beispiele bei Winkler (2016), in denen Studierende zwar fachdidaktische Terminologie („globale Kohärenz", „Superstrukturen" usw.) zur Einschätzung von Aufgabenanforderungen aktivieren, ihnen aber ein Verständnis dieser Begriffe fehlt, um sie dynamisch auf fachliche Gegenstände und Schülervorstellungen zu beziehen.

9 Exkurs: Wer (miss-)versteht wen? Zum Potenzial einer dritten Sprache 359

Abbildung 9.1: Übersicht über die Kommunikation zwischen Fachdidaktikern und Lehrkräften

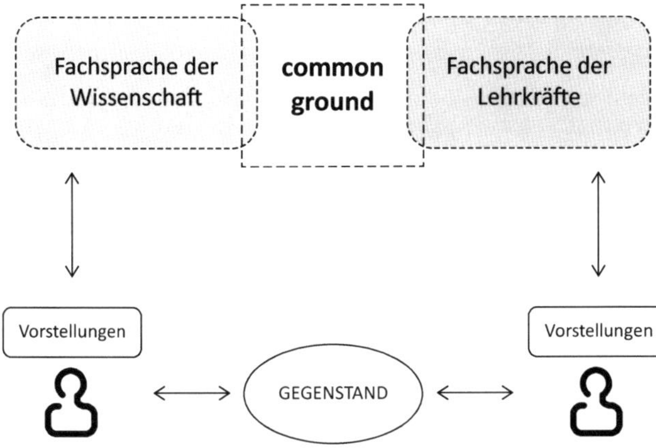

```
┌─────────────────┐  ┌─────────┐  ┌─────────────────┐
│ Fachsprache der │  │ common  │  │ Fachsprache der │
│  Wissenschaft   │  │ ground  │  │   Lehrkräfte    │
└────────┬────────┘  └─────────┘  └────────┬────────┘
         ↕                                  ↕

   Vorstellungen                      Vorstellungen
       ⚇        ←→    GEGENSTAND   ←→     ⚇
```

Wie können die beiden Sprachstile nun zu einem interkollektiven Dialog gelangen? Gewiss ist es ein wichtiger erster Schritt, die (sprachliche und inhaltliche) Differenz beider Sprachstile explizit zu machen (u. a. Schlotthaus/Noelle 1984, S. 39; Schmelz 2009, S. 268). Ob Lehrkräfte dieses Vorgehen aber überhaupt als eine wirkliche ‚Konfrontation' erleben, die dann auch noch Einfluss auf ihr Handeln nimmt, ist aber zu hinterfragen. Auf einer Metaebene ist für eine wechselseitige Verständigung entscheidend, dass ein gewisses Maß an Übereinstimmung, also ein „common ground" (Bromme 1999) zwischen den Beteiligten und ihren unterschiedlichen Perspektiven besteht.[10] Es ist einsichtig, dass je größer der *common ground* ausgestaltet ist, die Verständigung zwischen den Akteuren umso einfacher und erfolgreicher verläuft – eine Aussage über die Wirksamkeit der Kommunikation wird insofern aber nicht getroffen (Bromme/Jucks/Rambow 2004, S. 178).

---

10 Die aus der psycholinguistischen Kommunikationstheorie stammende Theorie des *common ground* findet vor allem in der Forschung zur Experten-Laien-Kommunikation und zur Wissenschaftskommunikation Verwendung (u. a. Bromme 1999; Roelcke 2010, S. 38ff.). Die Theorie des common ground kann produktiv auf die Betrachtung des Dialoges zwischen Deutschdidaktik und Deutschlehrkräften bezogen werden: Auch hier „kann wechselseitige Verständigung als der Versuch beschrieben werden, zwei individuelle kognitive Bezugsrahmen soweit zur Deckung zu bringen, dass deren Schnittmenge – der so genannte *common ground* – gerade ausreicht, um das jeweils spezifische Ziel der Kommunikation […] zu erreichen […]" (Bromme/Jucks/Rambow 2004, S. 178; Herv. ebd.).

Weiterführend ist zu fragen, „[w]ie (und in welcher „Sprache") [...] Forschende und Unterrichtende in einen Diskurs auf Augenhöhe treten [...]" können (Winkler 2010c, S. 3f.). Diesen Gedanken kann man anhand der Argumentation der Erziehungswissenschaftlerinnen Schmidt/Keitel (2013) noch stärker profilieren:

> Wissenschaft hat ihre eigene Sprache *und* Grammatik. Eine mechanische Wort-für-Wort-Übersetzung in die Sprache der beruflichen Wissensbestände von Lehrerinnen und Lehrern unter Übernahme der dort herrschenden Grammatik muss zwangsläufig scheitern. Einzig durch Neukonstruktion der Bedeutung unter Berücksichtigung beider Grammatiken können Aussagen der Wissenschaft im beruflichen Wissen nutzbar gemacht werden. (Schmidt/Keitel 2013, S. 416; Herv. ebd.)

Die „Entwicklung einer gemeinsam geteilten Sprache" (Krammer/Reusser 2005, S. 37) über Lerngegenstände im Fach Deutsch muss – wie bei Schmidt und Keitel zumindest implizit angedeutet – mit einer *didaktischen Re-Konstruktion* statt einer didaktischen Reduktion auf Sprachebene einhergehen. Diese Leitlinie wird im nachfolgenden Abschnitt konkretisiert.

9.3 Zu einer gemeinsamen Sprache finden: Eine eigenständige Aufgabe

Wenn eine Deutschdidaktik, die als praktische Wissenschaft „in erster Linie auf Lehrkräfte zielt" (Ossner 2001, S. 24), diesen etwas Relevantes im Hinblick auf Lehr- und Lernprozesse im Deutschunterricht zu sagen haben will, muss sie eine „dritte Sprache"[11] finden, um mit den Lehrkräften in einen Diskurs auf Augenhöhe zu treten. Zur Konstruktion einer solchen gemeinsamen Sprache bedarf es eines wegweisenden Rahmenmodells, wie bereits Grossmann und McDonald (2008, S. 186) hervorheben. Im deutschdidaktischen Diskurs fehlt aktuell ein entsprechendes Paradigma, wie auch allgemein Beschreibungen zu diesem Gegenstandsfeld eher vage bleiben und fachdidaktisch kaum expliziert sind (Kapitel 9.1). Anliegen

---

11 Den Begriff „dritte Sprache" verwende ich im Anschluss an Winkler (2010c), die den Begriff in einem unveröffentlichten Typoskript zur Lehrersektion auf dem 18. Symposion Deutschdidaktik 2010 in Bremen heranzieht. Ausgehend von der Feststellung, dass sich die Ausdrucksweisen von Deutschlehrkräften und Vertretern der Deutschdidaktik mitunter deutlich unterscheiden, führt Winkler aus, dass eine sog. „dritte Sprache" (ebd., S. 3) für einen produktiven Dialog zwischen Fachdidaktik und Deutschlehrerinnen und -lehrern fehle. Winklers Überlegungen enthalten allerdings noch keine deskriptive und normative Perspektive zum Konstrukt bzw. Begriff der *dritten Sprache*.

dieses Abschnitts ist es daher, in einem ersten theoretischen Zugang zu spezifizieren, welche Leitlinien produktiv sein können, um zu einer dritten Sprache im Dialog zwischen Deutschdidaktik und Deutschlehrkräften zu gelangen.

9.3.1 Ansatzpunkte für eine dritte Sprache

Ein Modell, das sich als Denkrahmen für die Herausbildung einer dritten Sprache eignet, ist das bereits diskutierte Modell der Didaktischen Rekonstruktion (Kattmann et al. 1997; Kapitel 2). Zur Erinnerung: Das Modell zielt explizit darauf ab, wissenschaftstheoretische und schulpraktische Perspektiven *in Vermittlungsabsicht* zusammenzuführen. Diese Perspektive ist anschlussfähig an die bisherigen Überlegungen zur Konzeption einer dritten Sprache in diesem Kapitel. Die Untersuchungsaufgaben für die Didaktische Rekonstruktion einer dritten Sprache werden in Abbildung 9.2 konkretisiert:

Abbildung 9.2: Didaktische Rekonstruktion einer dritten Sprache

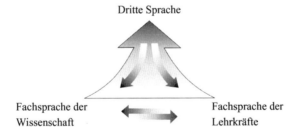

Für die Konzeption einer *dritten Sprache* werden die Fachsprache der Lehrkräfte und der Wissenschaft, also der Deutschdidaktik, zu einem bestimmten Unterrichtsinhalt zueinander in Beziehung gesetzt; beiden Sprachstilen wird dabei jeweils eine eigene Wertigkeit zugestanden (Kapitel 9.1). Oberste Prämisse für den interkollektiven Dialog muss eine Adressaten- *und* Zielorientierung von Sprache in Vermittlungsabsicht sein. Präziser gesagt verdeutlicht Abbildung 9.2, dass die Entwicklung einer dritten Sprache eine *eigenständige fachdidaktische Aufgabe* darstellt.[12] Eine in diesem Sinne vermittelnde Sprache zwischen Deutschdidaktik und Deutschlehrkräften ist „also komplexer und nicht bloß vereinfacht"

---

12 In sozialwissenschaftlicher Perspektive formulieren Beck und Bonß (1989): „Um praktisch zu werden, müssen Argumentationen [der Wissenschaft] vielmehr ‚verwandelt', das heißt [...] nach Maßgabe der Bedingungen der Handlungspraxis ‚neu' konstituiert werden" (ebd., S. 27).

(Kattmann 2007a, S. 101). Die wechselseitige Betrachtung der beiden Sprachstile ermöglicht zugleich, *begründet* zu Erkenntnissen in der Verständigung zwischen Deutschdidaktik und Deutschlehrkräften zu gelangen.

Was bedeuten die genannten Aspekte nun genau für die Konzeption einer dritten Sprache? Im Folgenden formuliere ich insgesamt drei Leitlinien, die ich als relevante Empfehlungen für die Konkretisierung einer dritten Sprache verstehe. Vor dem Hintergrund des gegenwärtigen Forschungsstands (Kapitel 9.2) sind die hier formulierten Leitlinien zumindest als ein erster Ansatzpunkt für systematische Analysen zu verstehen, sie bieten aber noch keine umfassende Darstellung – dies muss in eigenständigen Forschungsprojekten realisiert werden. Für meine weitere Argumentation greife ich in Teilen auf die naturwissenschaftsdidaktische Debatte zur „Didaktischen Rekonstruktion von Sprache im Unterricht" zurück (z. B. Harms/Kattmann 2013; Kattmann 1992, 1993). Einige der dort diskutierten Überlegungen erscheinen für die Verständigung zwischen Lehrkräften und Fachdidaktik besonders bedeutsam und sollen an dieser Stelle berücksichtigt werden.[13]

> **Leitlinie 1**: *Es sollte reflektiert werden, welche Vorstellungen mit Wörtern und Wendungen verbunden sind.*

Unser Denken wird durch verwendete Begriffe oder Wendungen in eine bestimmte Richtung gelenkt. So verweist Spinner (1977) auf die kommunikativen Möglichkeiten von Metaphern und bildhaften Wendungen für die Wissenschaftssprache, da diese „erlauben [...], über vieldimensionale Vorstellungsbilder beim Rezipienten eine Anschauung [zu] erzeugen" (ebd., S. 131). Schon Fleck hat in seinen wissenschaftstheoretischen Überlegungen die Metapher als Denkstil-Element diskutiert (Fleck 1994 [1935], S. 149; vertiefend dazu: Fix 2014).[14] Ein Beispiel: In der

---

13 Dabei soll an dieser Stelle nicht unbedarft der naturwissenschaftsdidaktische Diskurs zur sog. „Bildungssprache" im Fachunterricht auf die Kommunikation zwischen Lehrkräften und Fachdidaktik übertragen und angewendet werden. Dennoch ergeben sich wesentliche Überschneidungsbereiche, die sowohl im Rahmen von Implementationsvorhaben als auch im Rahmen der Lehrerprofessionalisierung zur Diskussion gestellt werden können.

14 Dieser Zusammenhang von Denkstil und Metapher ist anschlussfähig an die kognitive Metapherntheorie (im Überblick: Thornbury 1991). Verstehen erfolgt in vielen Wissensgebieten weitgehend imaginativ, z. B. aufgrund von Metaphern, und auch Fachwörter werden vielfach metaphorisch verwendet. Lakoff und Johnson (1980) sowie in fachdidaktischer Weiterführung und Ausdifferenzierung Gropengießer (1999, 2007b) haben mit der Theorie des erfahrungsbasierten Verstehens und der Unterscheidung von verkörpertem und imaginativem Denken wertvolle Impulse für die Betrachtung von metaphorischer Sprache geleistet.

lesedidaktischen Literatur werden Lesetechniken oftmals als „mentale Werkzeuge" beschrieben, über die gute Leserinnen und Leser im Umgang mit Texten verfügen (u. a. Bräuer 2010b, S. 153f.; Rosebrock/Nix 2014, S. 74ff.). Das Bild der Lesestrategien als „Werkzeuge" eröffnet einen Deutungsraum und damit verbundene Denkmöglichkeiten, die man (möglicherweise) auf diesen Bereich überträgt. Werkzeuge werden eingesetzt, um ein erwünschtes „Werkstück" zu erhalten – in Bezug auf Lesetechniken also das in der jeweiligen Situation angestrebte Text(teil)verständnis. Insofern gebraucht man mitunter „im eigenen Fachgebiet Begriffe, die [...] [dem] populären Wissensbestande entstammen" (Fleck 1994 [1935], S. 149). Der Werkzeug-Metapher liegt die Vorstellung zugrunde, dass Lesestrategien bewusst vom Leser angewendet werden. Allerdings ist gegenwärtig noch nicht eindeutig geklärt, ob und inwiefern Lesestrategien bewusst ablaufende Handlungsschritte darstellen (vertiefend: Bräuer 2010b). Das Beispiel soll hier nicht sprachkritisch angeführt werden, sondern vielmehr aufzeigen, dass sich die Lese- bzw. Deutschdidaktik bewusst machen sollte, welche Vorstellungen mit tradierten Fachwörtern und Metaphern[15] einhergehen. Dies betrifft ebenso die Frage, *welche Vorstellungen professioneller Verwendung und professionellen lesedidaktischen Handelns in fachdidaktischen Wissensangeboten explizit werden*.[16]

Für die Vermittlung ist daher wichtig, tradierte Begriffe und Metaphern nicht auf ihre fachliche Definition (*logischen Kern*) zu reduzieren, sondern auch das assoziative Umfeld (*Konnotationen*) zu reflektieren, das mit ihnen verbunden ist (Kattmann 1993, S. 276).[17] Naturgemäß strittig ist in diesem Kontext die Verwendung von lehrerseitigen Termini gegenüber fachdidaktisch etablierten Fachwörtern und Wendungen. Entscheidend ist nach meiner Auffassung, Termini oder Metaphern *kriteriengeleitet* auszuwählen. Recht erhellend sind dazu die Empfehlungen von Kattmann (1992, 1993), der sich in einem Beitrag mit der Auswahl bzw. Vermittlung von Fachwörtern im Biologieunterricht auseinandersetzt. Die von ihm diskutierten Kriterien sind auch aus deutschdidaktischer Perspektive aufschlussreich und wurden von mir für die Didaktische Rekonstruktion einer dritten Sprache folgendermaßen modifiziert:

---

15 Hier sei nur angemerkt, dass Metaphern ebenso für das Selbstverständnis einer Disziplin bedeutend sind (Fix 2014, S. 44f.) – ein Beispiel für das Selbstverständnis der Deutschdidaktik ist das Bild der „empirischen Wende" (Ossner 2001, S. 18).
16 So konnte Scherf (2016) in einer Analyse lesedidaktischer Wissensangebote herausarbeiten, dass diese durchaus unterschiedliche (implizite und explizit formulierte) Verwendungsempfehlungen in sich tragen, ohne dass dieser Aspekt umfassend reflektiert wird.
17 Dass eine eindeutige und widerspruchsfreie Sprache keineswegs zu einer eindeutigen Handlung führt, wird an dieser Stelle implizit mitgedacht, jedoch nicht weiter ausgeführt.

Abbildung 9.3: Kriterien für die Auswahl und Bildung von Termini und Metaphern in Vermittlungsabsicht

KRITERIUM	ERLÄUTERUNG	BEISPIEL
Zutreffende Bedeutung	Die ausgewählten (Fach-)Wörter und Metaphern sollten klar und unmissverständlich den angesprochenen Sachverhalt bezeichnen. Missleitende oder nicht sofort verständliche Fachwörter sollten ersetzt werden, soweit dies nicht zu weitreichenden Konsequenzen für die Vermittlung führt.	So bleiben die mit dem Fachwort »Superstrukturen [bilden]« gekennzeichneten geistigen Tätigkeiten implizit. In Vermittlungsabsicht ist der Terminus »Textsortenwissen [einsetzen]« als genauer anzusehen, sodass der Zugriff auf die Bedeutung des Begriffs erleichtert wird.
Eindeutigkeit	Dasselbe Wort sollte nicht für verschiedene Sachverhalte stehen; ein und derselbe Sachverhalt sollte hingegen durch ein und denselben Terminus bezeichnet werden. Dieses Kriterium wird durch den Wandel der Begriffe innerhalb verschiedener Konzepte und die Verwendung in verschiedenen Fachgebieten begrenzt.	So wird das Fachwort »Leseverhalten« im Fachdiskurs vielschichtig verwendet – es wird sowohl auf die Häufigkeit des Lesens wie auch auf die Zuwendung zu bestimmten Lesemedien und Textsorten bezogen.[18] In Vermittlungsabsicht ist zu bevorzugen, die konkreten Leseaktivitäten und -prozesse jeweils zu benennen.
Einfachheit	(Fach-)Wörter sollten so einfach wie möglich sein, da einfache Termini allgemein leichter lernbar und einprägsamer sind. Dieser Grundsatz muss jedoch gegenüber dem Kriterium der Eindeutigkeit abgewogen werden.	So ist das Fachwort »Textkritik« (Grzesik 2005, S. 347) gegenüber dem Fachwort »epistemologisch qualifiziertes Situationsmodell« (Richter 2003, S. 127) zu bevorzugen.
Tragfähigkeit	Es muss reflektiert werden, welche Konzepte, Denkfiguren und Theorien mit Termini und Metaphern verbunden sind und mit welchen sie vereinbart werden können. Für bisher unbenannte Begriffe sollten konzeptbezogen treffende Termini gewählt werden, soweit dies nicht zu weitreichenden Konsequenzen führt.	Die empirischen Ergebnisse in Kapitel 8 haben gezeigt, dass Lehrkräfte mitunter die Repräsentation der propositionalen Textbasis mit dem Fachwort »Textverstehen« verbinden. Im Rahmen einer dritten Sprache sollte insofern eine Differenzierung anhand der Termini »Zusammenfassung des Gelesenen«, »Sinnzuschreibung« usw. zugrunde gelegt werden, um eine Scheinverständigung zu vermeiden.

---

18 Vertiefend dazu Philipp (2010, S. 68ff.).

Die hier diskutierten Kriterien sollen eine Brücke zur Konversation bilden, also dem Bemühen um Verstehen.[19] Die Tragfähigkeit (und Wirkung) der didaktisch rekonstruierten Termini und Metaphern kann letztlich erst im (Kommunikations-)Prozess selbst erfasst werden (ähnlich bereits Kattmann 1992, S. 98). Weitere Studien im Bereich der Lehrerforschung, die Einblick in die Sprachstile von Deutschlehrkräften geben, können in diesem Zusammenhang wichtige Anknüpfungspunkte für ein systematisches Vorgehen bieten.

Leitlinie 2: *Termini sollten nicht isoliert betrachtet und vermittelt werden.*

Für die Konzeptualisierung einer dritten Sprache ist ein reflektierter Umgang für die Einführung von Termini (und dahinter stehenden Begriffen) notwendig. Es gilt einem „*Verbalismus*" (Harms/Kattmann 2013, S. 381, Herv. ebd.) entgegenzuwirken, indem Termini ohne die mit ihnen verbundenen Vorstellungen rezipiert werden. Wie in den eingangs angeführten Beispielen kann ein solcher Verbalismus dazu führen, dass ein Begriff von Begriffen fehlt oder die Kommunikation zur Ausbildung eines „Pseudobegriffs"[20] (Ossner 1993, S. 193) beiträgt. Nicht unproblematisch ist deshalb, dass Termini und ihre (fachdidaktischen) Bedeutungen häufig, etwa in der Hochschullehre, in einem Schritt etabliert werden. Begriffe werden somit vermittelt, ohne dass sie unmittelbar in einem Zusammenhang mit einer Erfahrung stehen:

> Die Entwicklung der wissenschaftlichen Begriffe beginnt bei der bewussten Einsicht und der Willkürlichkeit und setzt sich, nach unten in die Sphäre der persönlichen Erfahrung und des Konkreten keimend, weiter fort. (Wygotski 1979, S. 255)

Die Argumentation von Wygotski verdeutlicht mit Blick auf Lehrerprofessionalisierung, dass vor der Etablierung eines (Fach-)Wortes zuerst der begriffliche Inhalt gefestigt werden sollte (siehe auch Wagenschein 1968, S. 122).[21] So betont Ossner (1993) – hier bezogen auf den schulischen Unterricht – dass

---

19 Dass die fachliche bzw. fachdidaktische Verständigung nach Möglichkeit gewahrt bleiben sollte, etwa indem in fachdidaktischen Innovationen und Beiträgen die Zuordnung zur Fachsprache der Wissenschaft in einem Glossar, in Klammersetzung o. Ä. erfolgt, wird hier nicht näher ausgeführt.

20 Ossner (1993) verwendet den Begriff unter Rückgriff auf Wygotski und kennzeichnet damit Fälle, in denen „die begriffliche Terminologie zwar vorhanden ist, ohne daß der wissenschaftliche Begriff […] gegeben wäre" (ebd., S. 193).

21 Diese Position ist auch in neueren naturwissenschaftsdidaktischen Überlegungen zur Vermittlung von Fachwörtern zu finden (sog. „content-first-Ansatz", Brown/Ryoo 2008; aber gegenteilig: Rincke 2010).

epistemisches Wissen „unter einer didaktischen Perspektive in ein Wissen *von unten* umstrukturiert werden [muss], dass die ‚Entdeckung des Systems' [...] allererst möglich macht" (ebd., S. 191f.; Herv. ebd.). Die Parallelen zum Dialog zwischen Deutschdidaktik und Lehrkräften sind offensichtlich.

> **Leitlinie 3:** *Die Deutschdidaktik sollte reflektieren, inwiefern Fachwörter und Wendungen verstehensförderlich oder -hinderlich im Dialog mit Deutschlehrkräften sind.*

Schon in den vorhergehenden Abschnitten wurde deutlich, dass „Fachbegriffe Instrumente zum Verstehen sind [...]" (Kattmann 1992, S. 101). Fachdidaktische Termini und Wendungen können daher auch Sprachbarrieren in der Kommunikation sein, Unklarheiten verursachen oder missleitende Vorstellungen aufbauen (siehe Abbildung 9.3). Im Anschluss an die Überlegungen zu einer didaktisch rekonstruierten Fachsprache im Unterricht (Harms/Kattmann 2013; Kattmann 1992) halte ich es auch im Bereich der praxisbezogenen Forschung und Vermittlung für sinnvoll, zwischen *hinderlichen und förderlichen* Fachwörtern und Wendungen in der Kommunikation mit Deutschlehrkräften zu differenzieren. Beispielsweise muss bedacht werden, dass viele Termini im Alltag – ohne den entsprechenden fachwissenschaftlichen Hintergrund – Verwendung finden. „Der stets mitschwingende alltägliche Sinn kann die fachliche Bedeutungszuweisung behindern", da insofern inhaltlich ‚gegen' die Alltagsbedeutung argumentiert und/oder gelernt wird (Harms/Kattmann 2013, S. 382). So hat beispielsweise die Diskussion des Begriffs der Diagnose in Kapitel 4.1.1 aufgezeigt, dass die medizinisch-psychologische Alltagsvorstellung zu diesem Fachwort von der fachdidaktischen Begriffsverwendung abzugrenzen ist. Insofern wurde etwa im Rahmen meiner Interviewerhebungen die Termini „Beobachten und Beurteilen" verwendet, um in der Kommunikation möglichst eindeutig zu sein (Kapitel 7.2.2).

9.3.2 Bilanz: Die Rolle einer dritten Sprache im Vermittlungskontext

Ausgangspunkt dieses Kapitels war, dass im Dialog zwischen Deutschlehrkräften und Fachdidaktikern zwei Sprachstile aufeinandertreffen, welche für eine erfolgreiche Verständigung zu reflektieren sind. Die Didaktische Rekonstruktion einer dritten Sprache wurde vor diesem Hintergrund als Beitrag zur Herausbildung einer geteilten fachbezogenen Sprache von Lehrkräften und Fachdidaktikern vorgestellt und diskutiert (siehe Abbildung 9.4).

9 Exkurs: Wer (miss-)versteht wen? Zum Potenzial einer dritten Sprache 367

Abbildung 9.4: *Dritte Sprache in der Verständigung zwischen Lehrkräften und Fachdidaktikern*

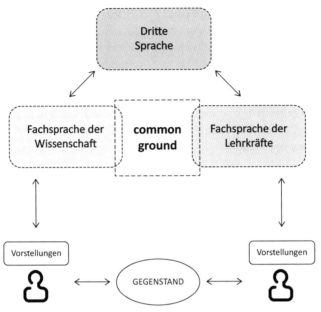

Insgesamt sind Prinzipien für eine wirksame fachbezogene Verständigung zwischen Lehrkräften und der Deutschdidaktik noch in mehrfacher Hinsicht unbestimmt. Die in diesem Kapitel thesenhaft angeführten Leitlinien können nicht mehr als ein erster Baustein zur Herausbildung einer dritten Sprache sein, die sich in der wechselseitigen Betrachtung der Sprachstile von Lehrkräften und Fachdidaktikern begründet. Nichtsdestotrotz bilden sie wichtige Anknüpfungspunkte zur Frage, *wie* an Deutschlehrkräfte gerichtete fachdidaktische Innovationen und Erkenntnisse *vermittelnd* erstellt werden.[22] Mit Blick auf die vorliegende Arbeit ist beispielsweise ein relevanter Ansatzpunkt, die im Rahmen der Studie herausgearbeiteten Beobachtungsitems und Teilbereiche didaktisch zu rekonstruieren

---

22 Darüber hinaus eröffnen die hier angerissenen Überlegungen möglicherweise auch Perspektiven zur Frage, wie Wissen bei Deutschlehrkräften „gezielter angesteuert werden kann" (Neuweg 2011a, S. 471).

(siehe Kapitel 10.2).[23] Die in diesem Kapitel diskutierten Leitlinien bieten für ein entsprechendes Vorgehen eine wichtige konzeptuelle Grundlage.

In jedem Fall resultiert aus den theoretischen Überlegungen in diesem Kapitel die Anforderung, dass die Deutschdidaktik reflexiv mit sprachlichen Setzungen in ihren Wissensangeboten umgehen sollte. Eine solche reflexive Perspektive auf (Fach-)Sprache ist wesentlich für eine praktische Wissenschaft, die „in einem hohen Maße immer eine gelehrte Wissenschaft ist", wie es Ossner (1993, S. 197) formuliert. Allerdings: Bei aller Bemühung um eine ‚wirksame' Verständigung zwischen Wissenschaft und der sog. „Praxis" bleibt freilich bestehen, dass die unterschiedlichen Rollen und Bedingungen, vor deren Hintergrund diskutiert wird, anzuerkennen sind.

---

23 Ebenso wäre ein relevanter Ansatzpunkt, die entwickelten Hintergrundtexte (Kapitel 6.2.4) didaktisch zu rekonstruieren. Dies stellt allerdings eine eigenständige Untersuchungsaufgabe dar, die im Rahmen dieser Arbeit nicht geleistet werden kann und Anschlussstudien vorbehalten ist.

10 Fachdidaktische Strukturierung: Weiterentwicklung von »JuDiT®-L«

Fachdidaktische Strukturierung ist nach dem Modell der Didaktischen Rekonstruktion „darauf angelegt, das Problem des Verhältnisses von Theorie und Praxis […] konstruktiv zu lösen" (Kattmann 2007a, S. 93). Ziel dieses Kapitels ist es, die (bisherigen) empirischen und analytischen Ergebnisse dieser Arbeit systematisch aufeinander zu beziehen. Fachdidaktische und lehrerseitige Perspektive(n) zum Gegenstandsfeld bleiben somit nicht isoliert nebeneinander stehen, sondern werden miteinander verbunden. Erst das Zusammenführen beider Rationalitätsformen ermöglicht es, produktive Schlussfolgerungen für die Weiterentwicklung von »JuDiT®-L« zu formulieren.

Die Verknüpfung der Perspektive(n) von Lehrenden und Fachdidaktik kann allerdings nur gelingen, wenn die Zusammenführung nicht zu einer „Anbiederung der Wissenschaft an das Berufsfeld" (Winkler 2015a, S. 5) führt und damit „dem Fehler eines rezeptologischen Verständnisses von Didaktik" (Ossner 1993, S. 193) erliegt.[1] Gleichwohl gibt es in der Deutschdidaktik derzeit keine belastbaren Erkenntnisse oder systematischen Überlegungen dazu, *wie* produktive Beziehungen zwischen wissenschaftlichen Erkenntnissen und dem Horizont der Lehrenden hergestellt werden können. In den Worten von Wieser (2015, S. 21): „Zumindest für die deutschdidaktische Lehrerforschung stellt die reflektierte Relationierung der Wissenssysteme eine nicht unerhebliche Herausforderung dar". Die folgenden Ausführungen sind als ein erster Schritt zur Konkretisierung und Umsetzung einer solchen Verknüpfung zu verstehen – hier spezifisch zur Konzeption eines praxisorientierten Diagnoseverfahrens.[2]

---

1 Dass mit der Klärung dieses Aspekts auf einer Metaebene das disziplinäre Selbstverständnis der Deutschdidaktik und die Bestimmung ihres Verhältnisses zur sog. „Praxis" in ihrem Kern berührt ist, kann hier nur knapp angeführt werden. Siehe vertiefend zu dieser Debatte den Sammelband von Bräuer (2016).

2 Gleichzeitig kann und soll hier nicht der Anspruch erhoben werden, eine elaborierte metatheoretische Bestimmung zur Verknüpfung von Theorie und Praxis in der Deutschdidaktik vorzulegen.

Dazu ist es erforderlich,

- zunächst Prinzipien zur Frage zu diskutieren, wie verstehensfördernde Bezüge zwischen lehrerseitigen und fachdidaktischen Perspektiven hergestellt werden können (Kapitel 10.1), um
- darauf aufbauend die analytischen und empirischen Untersuchungsschritte dieser Arbeit systematisch und strukturiert zusammenzuführen, damit in einem nächsten Forschungsschritt Schlussfolgerungen für die Konzeption von »JuDiT®-L« formuliert und diese anhand ausgewählter Beispielen konkretisiert werden können (Kapitel 10.2);
- abschließend wird neben der Zusammenschau der entwickelten Leitlinien diskutiert, welche übergeordneten Gütekriterien für die Untersuchungsaufgabe der Fachdidaktischen Strukturierung im Modell der Didaktischen Rekonstruktion anzulegen sind und inwiefern diese Kriterien im Rahmen der vorliegenden Untersuchung eingehalten wurden (Kapitel 10.3).

10.1 Prinzipien des wechselseitigen Vergleichs von lehrerseitigen und fachdidaktischen Sichtweisen

Die Ergebnisse der analytischen und empirischen Aufgabenbereiche „wechselwirkend" aufeinander zu beziehen, ist wesentliches Kennzeichen des Modells der Didaktischen Rekonstruktion (Kattmann 2007a, S. 96). Daher sind „fachliche Aspekte [...] weder allein bestimmend noch normsetzend" (ebd.). Die Perspektiven beider Seiten, d. h. Wissenschaft und Praxis, werden vielmehr als wichtige Quellen zur Konstruktion einer fachdidaktischen Strukturierung für die Unterrichtspraxis bzw. Lehrerbildung verstanden. Auf Basis dieses In-Beziehung-Setzens werden Entscheidungen „in Vermittlungsabsicht" (Kattmann et al. 1997, S. 12) erarbeitet. Für die vorliegende Arbeit bedeutet das konkret, in einem zweiten Schritt Folgerungen zur Weiterentwicklung von »JuDiT®-L« herauszuarbeiten (siehe Kapitel 10.2).

Indem nachfolgend Bezüge zwischen beiden Perspektiven hergestellt werden, sind einerseits die in dieser Studie rekonstruierten Sichtweisen der Deutschlehrkräfte zu hinterfragen. Vice versa wird das praktische Erfahrungswissen der Lehrkräfte zur Reflexionsfolie für gegenwärtige fachdidaktischen Positionen und Konzeptionen zum Untersuchungsgegenstand (u. a. Komorek/Fischer/Moschner 2013, S. 55). Beide Bereiche bleiben somit nicht unverändert: Kerngedanke im Modell der Didaktischen Rekonstruktion ist, dass der „wechselseitige Vergleich" zu Elaborationen in der Tiefe führt, denen man eine „neue Qualität" zuschreiben kann (Kattmann 2007a, S. 98). Im Ergebnis entsteht eine *begründete* fachdidaktische Strukturierung für den Untersuchungsgegenstand.

10 Fachdidaktische Strukturierung: Zur Weiterentwicklung von »JuDiT-L«

Wie ist es nun allerdings möglich, die „produktive Kraft des Vergleichs" (Köster 1995, S. 118) für den Forschungsprozess angemessen zu nutzen? Im Modell der Didaktischen Rekonstruktion werden Bezüge zwischen Wissenschaft und Handlungsfeld anhand folgender „Vergleichskategorien" (Gropengießer 2007a, S. 200) hergestellt:

- *Gemeinsamkeiten* sind gleichgerichtete oder ähnliche Perspektiven von Fachdidaktikern und Lehrkräften zu einem bestimmten Inhaltsbereich.
- *Unterschiede* sind gegensätzliche oder verschiedene Relevanzsetzungen von Deutschlehrkräften und der Fachdidaktik Deutsch zu einem Themenbereich. Sie erwachsen vor allem aus der Kontextbezogenheit von Sichtweisen.
- *Eigenheiten* sind Sichtweisen zu einem bestimmten Inhaltsbereich, die für eine der beiden Perspektiven charakteristisch sind und die Grenzen der anderen Position(en) aufzeigen – so kann etwa die *wisdom of practice* der Deutschlehrkräfte die Begrenztheiten deutschdidaktischer Konzeptionen bzw. Perspektiven für die Umsetzung in der Unterrichtspraxis aufzeigen.[3]

Anhand dieser Vergleichskategorien entsteht ein zugespitztes Raster, mit dem zugleich eine Metaposition für die weitere Analyse eingenommen wird.[4] Über den Vergleich sollen Charakteristika beider Positionen verdeutlicht und zentrale Korrespondenzen sowie Schwierigkeiten für den Transfer fachdidaktischer Innovationen in die Unterrichtspraxis herausgearbeitet werden. Die Erkenntnisse über Gemeinsamkeiten, Eigenheiten und Unterschiede bilden den inhaltlichen Ausgangspunkt für Überlegungen in *Vermittlungsabsicht* – also Überlegungen, die strukturgebend für die weitere Entwicklung von »JuDiT®-L« sind (siehe Kapitel 10.2). Die weiterhin von Gropengießer (2007a, S. 200) vorgeschlagene Herausarbeitung von „Begrenztheiten"[5] im Rahmen

---

3   Hierbei muss allerdings angemerkt werden, dass nicht für jeden Bereich *Eigenheiten* auf Seiten der Fachdidaktik oder der Lehrkräfte herausgearbeitet werden können. Denkbar ist etwa, dass die Perspektiven der Lehrenden auf bestimmte Bereiche hinweisen, die in fachlichen und fachdidaktischen Grundannahmen zur Diagnose von Lesekompetenz bewusst nicht berücksichtigt werden.

4   Dass beim wechselseitigen Vergleich bestimmte Aspekte in den Mittelpunkt treten und andere Aspekte aufgrund des fokussierten Vergleichsrahmens unberücksichtigt bleiben (müssen), ist hier implizit mitgedacht.

5   Die Herausarbeitung von „Begrenztheiten" zielt darauf ab, dass durch die Eigenheiten der einen Perspektive erst die Grenzen der Erklärungskraft der jeweils anderen Perspektive zu erkennen sind (Gropengießer 2007a, S. 200). Mit Blick auf die Weiterentwicklung des Diagnosetools wurde diese Vergleichskategorie als nachgeordnetes Erkenntnisziel innerhalb der Fachdidaktischen Strukturierung angesehen.

des wechselseitigen Vergleichs wird mit Blick auf das Anliegen dieser Studie nachfolgend nicht berücksichtigt.[6]

Vorneweg: Das beschriebene Vorgehen ist im Modell der Didaktischen Rekonstruktion verortet, welches den Orientierungsrahmen für die vorliegende Arbeit bildet (siehe Kapitel 2). Die in diesem Abschnitt beschriebene Variante des Vergleichs ist aber keineswegs ein Alleinstellungsmerkmal der Didaktischen Rekonstruktion: Vielmehr gehört der Vergleich zu den etablierten Formen des wissenschaftlichen Erkenntnisgewinns in den Geistes-, Kultur- und Sozialwissenschaften (einschlägig Kaelble/Schriewer 2003; für die Deutschdidaktik insb. Köster 1995).

10.2 Vergleich beider Perspektiven und Folgerungen für »JuDiT®-L«

Ausgangspunkt des wechselseitigen Vergleichs sind, wie bereits erörtert, die rekonstruierten Perspektiven der Lehrkräfte (Kapitel 8) und die herausgearbeiteten Sichtweisen der Fachdidaktik (Kapitel 3 und 4) zum Gegenstandsfeld. Für den nachfolgenden Vergleich beider Perspektiven sind folgende Fragestellungen leitend (verändert nach Komorek/Fischer/Moschner 2013, S. 47f.):

- Welche Korrespondenzen können zwischen Lehrer- und Wissenschaftsperspektiven in Vermittlungsabsicht herausgearbeitet werden?
- Welche Ansatzpunkte können für die weitere Entwicklung eines praxisorientieren Diagnoseverfahrens formuliert werden?
- Welche Relevanzsetzungen sind für die Vermittlung von fachdidaktischen Inhalten zum Gegenstandsfeld und für die Verwendung von Termini zu beachten?

Die Ergebnisse des wechselseitigen Vergleichs geben Hinweise darauf, wie das Diagnosetool »JuDiT®-L« in Vermittlungsabsicht strukturiert werden kann. Der Vergleich dient als konzeptuelle Basis für die Herausarbeitung von Leitlinien, die für die weitere Entwicklung des Diagnosetools produktiv gemacht werden. Eine übergeordnete Leitlinie kann bereits auf Grundlage der diskutierten Erkenntnisse zur Sprache im Vermittlungskontext formuliert werden (Kapitel 9):

---

6 Allerdings sind Erkenntnisse aus dieser Vergleichskategorie in die bereits dargestellten Überlegungen zur Sprache im Vermittlungskontext (Kapitel 9) eingeflossen.

> **Übergeordnete Leitlinie:** Sich um das Verstehen bemühen – sprachliche Aspekte reflektieren
>
> Die Analyse zeigt, dass Lehrkräfte häufig auf eigene (Fach-)Wörter zur Beschreibung lesediagnostischer Zusammenhänge zurückgreifen. Sie verwenden zwar fachdidaktische Terminologie, mitunter fehlt ihnen aber das Verständnis der Begriffe oder die befragten Lehrkräfte grenzen sich bewusst von fachdidaktischer Terminologie ab. Ziel in Vermittlungsabsicht muss es daher sein, zu einer fachspezifischen dritten Sprache im Dialog zwischen Deutschdidaktik und Deutschlehrkräften zu gelangen. Aus fachdidaktischer Perspektive gilt es zu reflektieren, welche Vorstellungen mit Fachwörtern und Wendungen verbunden sind und inwiefern verwendete Termini als verständnisförderlich oder -hinderlich aufgefasst werden können. Darüber hinaus ist zu bedenken, dass Fachwörter möglichst nicht isoliert betrachtet und unverbunden vermittelt werden sollten.

Welche Herausforderungen prinzipiell mit der Untersuchungsaufgabe der Fachdidaktischen Strukturierung verbunden sind, machen die Autoren des Modells der Didaktischen Rekonstruktion selbst deutlich. In den Worten von Kattmann et al. (1997) stellt die (Fach-)Didaktische Strukturierung eine konstruktive „Planungsaufgabe" dar, die „nicht gefunden werden [kann] – sie ist vielmehr zu erfinden" (ebd., S. 13). Die Ergebnisse der Fachdidaktischen Strukturierung sind daher vielfältig; sie können „auf unterschiedlichen Ebenen und in verschiedenen Formen genutzt" (Kattmann 2007a, S. 97) und „durch konkrete Ziele, Adressatengruppen und Schwerpunktsetzungen relativ frei gestaltet werden" (Komorek/Fischer/Moschner 2013, S. 55). Die Konzeption einer Fachdidaktischen Strukturierung für die Lehrerbildung ist also vom Forschenden eigenständig zu leisten, sodass – kritisch betrachtet – nicht eindeutig geklärt ist, *wie* genau aus den analytischen und empirischen Erkenntnissen die Fachdidaktische Strukturierung herausgearbeitet werden kann und *welche Aspekte* es für diesen Untersuchungsschritt zu berücksichtigen gilt (siehe auch Kapitel 10.3.2).[7]

---

7 Diese Offenheit ist durchaus kritisch zu sehen (Heinicke 2012, S. 41). Wiederum wird hier nochmals deutlich, dass das Modell der Didaktischen Rekonstruktion einen Orientierungs*rahmen* für fachdidaktische Studien darstellt und eben keine starre Forschungsstruktur bildet, in der (in sich abgeschlossene) Schlussfolgerungen für die Fachdidaktische Strukturierung bereits von Beginn an festgelegt sind.

Im Hinblick auf das Erkenntnisinteresse der vorliegenden Studie, die Analyseergebnisse des wechselseitigen Vergleichs für die Weiterentwicklung von »JuDiT®-L« produktiv zu machen, erscheint es zielführend, als Vergleichsrahmen sowohl die strukturellen Ebenen des Diagnosetools zu nutzen als auch auf allgemeine Aspekte einzugehen, die sich prinzipiell als bedeutsam für die Entwicklung des unterrichtsnahen Diagnoseverfahrens erwiesen haben. Folgende Aspekte sind vor diesem Hintergrund inhaltlich strukturierend für das In-Beziehung-Setzen lehrerseitiger und fachdidaktischer Sichtweisen zum Gegenstandsfeld:

- Perspektiven zu lesediagnostischen Zielsetzungen (Kapitel 10.2.1)
- Perspektiven zur Prozessebene des Lesens (Kapitel 10.2.2)
- Perspektiven zur leserbezogenen Ebene des Lesens (Kapitel 10.2.3)
- Perspektiven zum Leseumfeld (Kapitel 10.2.4)
- Perspektiven zur Leseförderung (Kapitel 10.2.5)

Mit diesen Aspekten wurde somit einerseits die inhaltliche Struktur des Tools aufgegriffen (Kapitel 6.2) sowie andererseits zwei zentrale übergeordnete Bereiche berücksichtigt, die prinzipiell für die Konzeption eines praxisnahen Diagnoseverfahrens zentral sind. Nur so erschien es gewährleistet, ausgehend von den erfassten Perspektiven tragfähige Einsichten zu gewinnen, die für die Weiterentwicklung des Diagnosetools produktiv sind.

In der nachfolgenden Darstellung der Erkenntnisse ist jedem Unterkapitel zunächst eine tabellarische Übersicht der Befunde des wechselseitigen Vergleichs vorangestellt, die im Anschluss vertiefend erläutert werden. Aufbauend auf den jeweiligen Vergleichsergebnissen erfolgt die Herausarbeitung von Leitlinien für die Weiterentwicklung von »JuDiT®-L«, die zugleich anhand ausgewählter Beispiele konkret umgesetzt werden.

10.2.1 Perspektiven zu lesediagnostischen Zielsetzungen

10.2.1.1 Vergleich fachdidaktischer und lehrerseitiger Sichtweisen

Tabelle 10.1: Vergleich fachdidaktischer und lehrerseitiger Perspektiven zu lesediagnostischen Zielsetzungen

FACHDIDAKTIK		DEUTSCHLEHRKRÄFTE
Lesediagnostische Zielsetzungen		
EIGENHEIT		EIGENHEIT
Fokussierung des diagnostischen Potenzials von Verfahren		*Pragmatisches Diagnoseverständnis: gebunden an eine positive Kosten-Nutzen-Bilanz*
	GEMEINSAMKEIT	
	Bedeutung diagnostischen Handelns	
UNTERSCHIED		UNTERSCHIED
Diagnose als Prozess- und Statusdiagnostik		*Diagnose als Statusdiagnostik*
Umfassende Diagnostik		*Bündelung von Informationen*

GEMEINSAMKEITEN

- *Bedeutung diagnostischen Handelns*:
  Die Gemeinsamkeit beider Perspektiven liegt in der Anerkennung der Bedeutung von Diagnose bzw. diagnostischem Handeln im Deutschunterricht, auch wenn sich die Sichtweisen beider Seiten im Hinblick auf ein angemessenes lesediagnostisches Handeln mitunter deutlich voneinander unterscheiden.

UNTERSCHIEDE

- *Differenzierung von Prozess- und Statusdiagnose vs. Diagnose als Statusdiagnostik*:
  Unterschiede zwischen Fachdidaktik und Lehrkräften ergeben sich vor allem mit Blick auf den Diagnosebegriff. Während von fachdidaktischer Seite ein Diagnosebegriff in den Mittelpunkt gerückt wird, der sowohl die

Durchführung von Prozess- als auch Statusdiagnosen umfasst, wendet ein Großteil der befragten Lehrkräften im Sample einen Diagnosebegriff an, der die Durchführung von Statusdiagnosen in den Mittelpunkt rückt.

- *Umfassende Diagnose vs. Bündelung von Informationen:*
Fachdidaktik und die befragten Lehrkräfte teilen zwar die Auffassung, dass lesediagnostisches Handeln auf Grundlage von angemessenen Diagnoseindikatoren erfolgen sollte, übertragen diesen Anspruch jedoch auf unterschiedliche bzw. unterschiedlich weit gefasste Zielbereiche: Vonseiten der Fachdidaktik wird das Konstrukt Lesekompetenz breit ausdifferenziert, während aus Lehrerperspektive hingegen erkennbar ist, dass hier eine Haltung zum Bündeln und Zusammenführen von lesediagnostischen Informationen besteht, um zu einer Komplexitätsreduktion zu gelangen.

EIGENHEITEN

- *Pragmatisches Diagnoseverständnis:*
Betrachtet man die rekonstruierten Sichtweisen der Lehrkräfte in dieser Untersuchung, so ist allgemein sowie spezifisch für die Arbeit mit dem Diagnosetool erkennbar, dass das diagnostische Handeln der befragten Lehrkräfte von einer Kosten-Nutzen-Bilanz bestimmt ist. Ein überschaubarer Aufwand und eine ökonomische Durchführbarkeit spielen aus Perspektive der Lehrkräfte eine entscheidende Rolle, wenn es um die Auswahl von Diagnoseverfahren und die Durchführung von Diagnosen geht. Es ist anzunehmen, dass diese Denkfigur mit dem „Handeln unter Druck" (Wahl 1991) in Verbindung steht sowie darauf zurückzuführen ist, dass Lehrkräfte stabilisierende Routinen für ihr Handeln benötigen. Da eine entsprechende Perspektive vonseiten der Fachdidaktik nicht rekonstruiert werden kann, ist diese Haltung als Eigenheit der Lehrkräfte zu charakterisieren.

- *Fokussierung des diagnostischen Potenzials von Verfahren:*
Prägend für die fachdidaktische Perspektive ist die Reflexion des diagnostischen Potenzials von einzelnen Verfahren für den Einsatz im Deutschunterricht. Ein in diesem Sinne systematisches Verständnis von Lesediagnose ist in den rekonstruierten Perspektiven der Deutschlehrkräfte kaum feststellbar. Die meisten Lehrenden im Sample bewerten Diagnoseverfahren eher vor dem Hintergrund ihrer methodischen Durchführbarkeit (s. o.). Eine Thematisierung der Validität von Diagnoseverfahren findet indes keine Entsprechung in den rekonstruierten Interviewaussagen der Lehrkräfte, sodass diese Perspektive als Eigenheit der Fachdidaktik eingeordnet werden kann.

10.2.1.2 Folgerungen und Konkretisierung in »JuDiT®-L«

Leitlinie 1: Fokussieren statt Ausdifferenzieren: Lesediagnostische Innovationen sollten nicht zu umfassend sein, damit sie für Lehrkräfte handlungsrelevant werden können.

Ein wertvoller Anknüpfungspunkt in Vermittlungsabsicht ist, dass sowohl vonseiten der Fachdidaktik als auch vonseiten der befragten Deutschlehrkräfte von einer grundsätzlichen Relevanz diagnostischen Handelns ausgegangen wird. Mag es für fachdidaktische Ansprüche sinnvoll sein, für die Erforschung von Unterrichtsprozessen das Gegenstandsfeld Lesekompetenz (breit) auszudifferenzieren, so besteht von Lehrerseite das Bedürfnis, Diagnosen ökonomisch durchzuführen und auszuwerten. Der Umgang mit bzw. das Reduzieren von Komplexität sowie ein angemessenes Kosten-Nutzen-Verhältnis spielen eine entscheidende Rolle für das lesediagnostische Handeln der Lehrkräfte im Sample. Dies ist unter anderem dadurch zu erklären, dass das Unterrichten stabilisierende Routinen benötigt, d. h. „Lehrende eine ‚Revolution' [...] nicht mittragen, zu einer ‚Evolution' des Handelns aber bereit sind" (Scherf 2013, S. 422). Lesediagnostische Innovationen sollten sich daher – wenn sie handlungsrelevant werden wollen – auf ‚Kernbotschaften' fokussieren statt Erkenntnisse zu umfassend oder Konstrukte (zu) stark differenzierend zu beschreiben. Nur so besteht die Möglichkeit, dass Deutschlehrkräfte fachdidaktische Innovationen als sinnhafte Ressource für ihr diagnostisches Handeln wahrnehmen und sich (vertieft) mit ihnen auseinandersetzen.

KONKRETISIERUNG IN »JuDiT®-L«

➤ PROFILIERUNG DER TEILBEREICHE UND BEOBACHTUNGSITEMS

Zur Umsetzung dieser Leitlinie wurde im Vergleich zur Erprobungsversion eine Profilierung vorgenommen, die sich sowohl auf die Ebene der Teilbereiche im Tool als auch auf die Ebene der einzelnen Beobachtungsitems bezog. Bereits im Mehrebenen-Modell des Lesens (Rosebrock/Nix 2008), das die zentrale Grundlage für den Aufbau des Tools darstellte (Kapitel 6.1), sind vielfältige Schnittmengen zwischen den einzelnen (Teil-)Dimensionen des Lesens vorhanden. Insbesondere sind hier Schnittmengen zwischen den Dimensionen „Textverstehen", „Lesestrategien", „Wissen" und „Reflexion" zu nennen, welche auch häufig von den Lehrkräften in den Interviews thematisiert wurden (Kapitel 8.3.5). Basierend auf der oben formulierten Leitlinie wurden deshalb beispielsweise die

Teilbereiche „Wissen" und „Reflexion" im Rahmen der Weiterentwicklung des Tools zusammengeführt (siehe Abbildung 10.1).[8]

Abbildung 10.1: Weiterentwicklung der Teilbereiche „Wissen" und „Reflexion"

»JuDiT®-L« Erprobungsversion 1.0	»JUDIT®-L« Version 2.0
Bereich „Leserbezogene Dimension"	**Bereich „Leserbezogene Dimension"**
Wissen 1 Zum Verständnis des Textes bezieht der Schüler/die Schülerin sein/ihr inhaltliches bzw. textspezifisches Vorwissen in ausreichendem Maße ein und verbindet dies mit dem Gelesenen. 2 Der Schüler/Die Schülerin verfügt über einen großen (Lese-)Wortschatz, kennt die gebräuchlichsten Wörter und Wendungen. **Reflexion** 1 Der Schüler/Die Schülerin denkt ausgehend vom Gelesenen über sich selbst, sein/ihr Wissen und Ideen nach. 2 Der Schüler/Die Schülerin kann gelesene Texte in Bezug auf die dort beschriebenen Wertvorstellungen bewerten bzw. sich kritisch mit ihnen auseinandersetzen.	**Wissen und Reflexion** 1 Der/Die Lernende[9] verfügt über einen großen (Lese-)Wortschatz. (er kennt die gebräuchlichsten Wörter und Wendungen) 2 Der/Die Lernende erkennt den Aufbau bekannter Textsorten. (z. B. kann er/sie die Struktur verschiedener Textsorten – wie Erzählung, Bericht, Ballade usw. – erfassen oder Vermutungen über den Aufbau anstellen, weil er/sie schon weiß, wie die Textsorte ‚funktioniert') 3 Der/Die Lernende kann das Gelesene bewerten bzw. sich kritisch damit auseinandersetzen. (z. B. das Verhalten einer literarischen Figur oder den Handlungsverlauf eines Textes beurteilen)

Exemplarisch dafür, wie Leitlinie 1 auf der Ebene der Beobachtungsitems umgesetzt wurde, soll hier weiterhin der Teilbereich „Lesestrategien/-technik"

---

8 Diese Profilierung der beiden Teilbereiche, bei der dennoch zentrale Aspekte erhalten wurden, ist auch mit Blick auf empirische Studien tragfähig: so ist durch die Ergebnisse der Studie von Stark (2010) belegt, dass Wissensaktivierung, Verstehens- und Wertungsprozesse beim Lesen von Literatur interagieren.

9 Ein Großteil der Lehrkräfte hat im Rahmen der zweiten Erhebung darauf hingewiesen, dass sie die genderbezogenen Aspekte in den Items als störend für ihren Lesefluss und für die Verarbeitung der Beobachtungsitems empfinden (so z. B. Albrecht$_1$ 2, 769–772, 933f.; Kunze$_5$ 2, 544–552; Leeke$_7$ 2, 835–837). Vor diesem Hintergrund wurde für die weiterentwickelten Items einheitlich die Formulierung „der/die Lernende" verwendet und versucht, die Items möglichst ohne zu viele genderbezogene Formulierungen zu konstruieren.

10 Fachdidaktische Strukturierung: Zur Weiterentwicklung von »JuDiT-L«   379

diskutiert werden, welcher insbesondere von den befragten Lehrkräften als zu umfangreich kritisiert wurde (Kapitel 8.3.5). Im Vergleich zur Erprobungsversion wurde eine deutliche Profilierung der vorher (stärker) ausdifferenzierten Beobachtungsitems vorgenommen, wie Abbildung 10.2 veranschaulicht:

Abbildung 10.2: Weiterentwicklung der Items im Teilbereich „Lesestrategien/-technik"

»JuDiT®-L« Erprobungsversion 1.0	»JUDIT®-L« Version 2.0
Lesetechniken/-strategien	**Lesetechniken/-strategien**
1 Der Schüler/Die Schülerin kann seine/ihre Lesetechnik den verschiedenen Textarten und dem jeweiligen Leseziel anpassen. (bspw. achtet er/sie auf die Aufgabenanforderung)	1 Der/Die Lernende kann einen Text im Hinblick auf eine konkrete Fragestellung lesen. (z. B. achtet er/sie auf die Aufgabenstellung)
2 Vorm Lesen des Textes überlegt sich der Schüler/die Schülerin, was er/sie zum Thema des Textes weiß. (er/sie beachtet Titel bzw. Überschrift des Textes, Autor, Inhalt, Bilder, Grafiken oder Klappentext)	2 Der/Die Lernende kann Leseerwartungen formulieren. (z. B. indem Erwartungen an einen Text anhand des Titels/der Überschrift geäußert oder Erwartungen über den weiteren Handlungsverlauf nach gelesenen Abschnitten formuliert werden)
3 Vorm Lesen des Textes überlegt sich der Schüler/die Schülerin, was er/sie über die Textsorte weiß. (bspw. kann er / sie Leseerwartungen formulieren wie "Wie "funktioniert" diese Textsorte?")	3 Der/Die Lernende macht Markierungen/Randnotizen beim Lesen. (z. B. gezieltes Unterstreichen oder Einkreisen von Wörtern oder Textteilen, Randkommentare zur Gliederung von Texten)
4 Beim Bearbeiten von Texten macht der Schüler/die Schülerin Markierungen bzw. Lesespuren. (bspw. Unterstreichungen, zusätzliche Nummerierungen, Verweise, Streichungen, Fragen, Paraphrasen, Randbemerkungen)	4 Der/Die Lernende kann unbekannte Wörter und Wendungen für sich klären. (indem er/sie Nachschlagewerke verwendet oder Wortbedeutungen aus dem Textzusammenhang erschließt)
5 Der Schüler/Die Schülerin kann unbekannte Wörter und Wendungen für sich klären. (bspw. indem er/sie Nachschlagewerke verwendet oder Wortbedeutungen aus dem Textzusammenhang erschließt)	5 Der/Die Lernende kann Text- und Bildinformationen aufeinander beziehen.
6 Der Schüler/Die Schülerin nutzt Informationen aus bisherigen Abschnitten für das weitere Textverstehen. (bspw. wenn Hypothesen über den weiteren Handlungsverlauf nach gelesenen Textabschnitten formuliert werden sollen)	

380   10 Fachdidaktische Strukturierung: Zur Weiterentwicklung von »JuDiT-L«

»JuDiT®-L« Erprobungsversion 1.0	»JUDIT®-L« Version 2.0
7 Bei unklaren Wörtern/Wendungen bzw. besonders komplizierten Sätzen liest sich der Schüler/die Schülerin die Textstelle genau durch. (bspw. durch Markieren mit Fragezeichen oder durch mehrmaliges Lesen der Textstelle)	
8 Der Schüler/Die Schülerin kann das Gelesene mit eigenen Erfahrungen in Beziehung setzen.	
9 Der Schüler/Die Schülerin kann Details und Schlüsselinformationen eines Textes wiedergeben.	
10 Der Schüler/Die Schülerin kann bestimmte Textstellen auch ohne Zeilenangaben wiederfinden.	
11 Dem Schüler/Der Schülerin gelingt es, einen Text im Hinblick auf eine konkrete Fragestellung zu lesen.	
12 Der Schüler/Die Schülerin kann den Text auf wesentliche Elemente (bspw. Hauptpersonen, Handlungszusammenhänge) reduzieren und zusammengefasst wiedergeben.	
13 Bei Text- und Bildinformationen kann der Schüler/die Schülerin diese aufeinander beziehen.	
14 Der Schüler/Die Schülerin kann eine Meinung/Urteil zum Text formulieren.	
15 Der Schüler/Die Schülerin kann das eigene Leseverhalten und die gewählte Lesestrategie reflektieren.	

Unter anderem wurde für die Weiterentwicklung in Anschlag gebracht, ob bestimmte Items bereits in anderen Teilbereichen des Tools in ähnlicher Form diskutiert werden (z. B. Item 12 und 14, Version 1.0, siehe Anhang II.), oder ob einzelne Items zu Lesetechniken bzw. -strategien auch zu einem übergeordneten Beobachtungsitem gebündelt werden können (u. a. Item 2 und 3, Version 1.0). Weiterhin wurden bestimmte Items im Rahmen der Weiterentwicklung nicht berücksichtigt, die sich in der Unterrichtspraxis als nur schwer beobachtbar herausgestellt haben (z. B. Item 1 und 15, Version 1.0, siehe Anhang II.). Wie in Abbildung 10.2 erkennbar, wurde auf diese Weise eine Fokussierung auf Kernbotschaften und damit verbunden eine kontrollierte Komplexitätsreduktion innerhalb des Tools gegenüber der Erprobungsversion vorgenommen. Insgesamt erscheint die beschriebene Fokussierung auf Ebene der Teilbereiche und Beobachtungsitems als ein wesentlicher Schritt, damit Lehrkräfte im Fach Deutsch das Tool als sinnhafte Ressource für ihr lesediagnostisches Handeln wahrnehmen. Die Profilierung der Teilbereiche und Beobachtungsitems für die Version 2.0 von »JuDiT®-L« ist vollständig im Anhang dieser Arbeit einsehbar (siehe Anhang III.).

➢ TRENNUNG VON BEOBACHTUNGSITEM UND ANKERBEISPIEL

Zur Umsetzung der Leitlinie erschien es weiterhin zielführend, die Darstellung der Beobachtungsitems im Tool zu überarbeiten. In der Erprobungsversion von »JuDiT®-L« werden die einzelnen Beobachtungsitems zumeist durch Ankerbeispiele spezifiziert, um die jeweiligen fachdidaktischen Diagnoseindikatoren für Lehrkräfte konkret und nachvollziehbar zu machen (Kapitel 6.2.2; siehe auch Anhang II.). In der Erprobungsversion wurden Beobachtungsitem und das dazugehörige Ankerbeispiel jeweils zusammen dargestellt (siehe Abbildung 10.3). Diese Form der Visualisierung geht mit einer gewissen Komplexität bei der Verarbeitung des Gelesenen einher, was auch in den Interviewaussagen mehrerer Lehrkräfte deutlich wird.[10]

Abbildung 10.3: Verknüpfung von Beobachtungsitem und Ankerbeispiel in »JuDiT®-L« 1.0

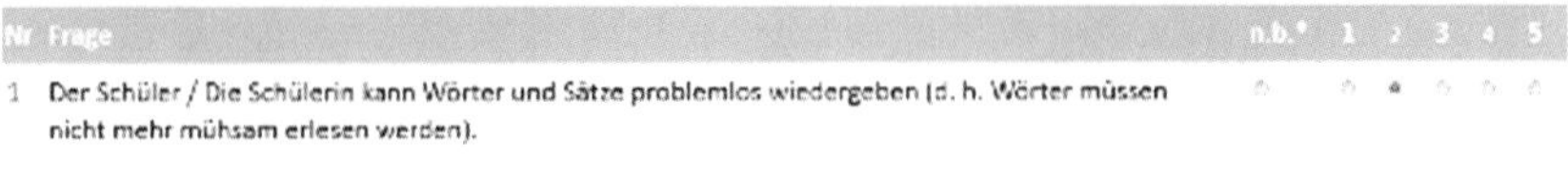

Nr	Frage	n.b.*	1	2	3	4	5
1	Der Schüler / Die Schülerin kann Wörter und Sätze problemlos wiedergeben (d. h. Wörter müssen nicht mehr mühsam erlesen werden).						

Ausgehend von der Perspektive, sich in Vermittlungsabsicht auf Kernbotschaften zu fokussieren, sollte für die Weiterentwicklung des Tools daher angestrebt werden, die Beobachtungsitems und Ankerbeispiele visuell voneinander zu trennen, um die Komplexität der zu verknüpfenden Informationen für Lehrkräfte zu reduzieren. Eine geeignete Möglichkeit stellt in diesem Kontext die Ergänzung eines Informationsbuttons dar, mit dem bei Bedarf per Mausklick die jeweiligen Ankerbeispiele zu den einzelnen Beobachtungsitems eingesehen werden können. Die nachfolgende Abbildung 10.4 verdeutlicht, wie eine entsprechende grafische Umsetzung im Diagnosetool aussehen sollte:

---

10 U. a. Hanna Leeke[7] 2, 816–829; Nils Arndt[8] 2, 725–727.

Abbildung 10.4: Trennung von Beobachtungsitem und Ankerbeispiel in »JuDiT®-L« 2.0

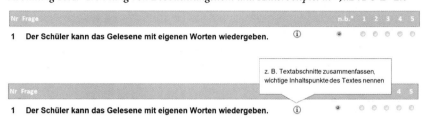

Diese Trennung von Beobachtungsitem und Ankerbeispiel in »JuDiT®-L« bietet den Lehrkräften die Möglichkeit, eigenständig zu entscheiden, wann sie Ankerbeispiele für die einzelnen Beobachtungsitems einsehen möchten.

Leitlinie 2: Lern- und Leistungsdiagnostik unterscheiden – eine ganzheitliche Perspektive auf Diagnose vermitteln

Die befragten Lehrkräfte im Sample nehmen vorrangig eine Haltung ein, wonach sie Diagnose(n) als eine einmalige Handlung in ihrer Unterrichtspraxis verstehen, um Schülerleistungen zu beurteilen oder Lernende in unterschiedliche Leistungsniveaus einzuteilen (i. S. v. Statusdiagnosen). Wie der wechselseitige Vergleich zeigt, kann aus fachdidaktischer Perspektive weiterhin eine lernprozessorientierte Perspektive eine zentrale Zielsetzung für diagnostisches Handeln sein. Es wird davon ausgegangen, dass eine mehrmalige Beobachtung der Schülerkompetenzen im (Lese-)Unterricht notwendig ist, um aussagekräftige Einblicke in die Lesefähigkeiten der Lernenden zu erhalten, d. h. von einer Performanz auf die zugrunde liegende Kompetenz zu schließen. Aus den rekonstruierten Lehrerperspektiven geht hervor, dass Lehrkräfte häufig nicht zwischen Status- und Prozessdiagnose unterscheiden bzw. eine lernprozessorientierte Perspektive keine Orientierung für ihr Handeln darstellt. Ansatzpunkt in Vermittlungsabsicht sollte es daher sein, eine ganzheitliche Perspektive auf den Diagnosebegriff zu vermitteln und deutlich zu machen, dass sowohl eine leistungs- als auch eine lernprozessbezogene Haltung Grundlage für diagnostisches Handeln im Unterricht sein kann. Im Sinne eines Lernens am Widerspruch kann diese Differenzierung dazu beitragen, dass Lehrkräfte ihre bisherigen Routinen produktiv in Zweifel ziehen und im günstigsten Fall ihr professionelles Selbstverständnis ändern.

10 Fachdidaktische Strukturierung: Zur Weiterentwicklung von »JuDiT-L« 383

KONKRETISIERUNG IN »JuDiT®-L«

➢ LERNENTWICKLUNGEN EXPLIZIEREN

Dass sowohl eine status- als auch eine lernprozessbezogene Haltung Grundlage für diagnostisches Handeln im Unterricht sein kann, lässt sich im Diagnosetool anhand der Auswertungsfunktion vermitteln. In der Erprobungsversion von »JuDiT®-L« konnten die Lehrerinnen und Lehrer nur Einsichten in die Lernentwicklung(en) ihrer Schülerinnen und Schüler gewinnen, indem sie die Auswertungsgrafiken für die Lernenden mehrmals ausdrucken (Kapitel 6.2.5) – eine lernprozessbezogene Perspektive auf die Lesekompetenz der Lernenden wurde somit nur indirekt als Haltung für diagnostisches Handeln deutlich. Für die Umsetzung der Leitlinie erscheint es daher zielführend, dass im Tool die einzelnen Auswertungsergebnisse direkt, ergänzt um das Datum der eingetragenen Beobachtungen, sichtbar werden. Wie diese Form der Darstellung innerhalb der Auswertungsfunktion grafisch umgesetzt werden kann, zeigt die nachfolgende Abbildung:

Abbildung 10.5: Anzeige der Lernentwicklung in »JuDiT®-L« 2.0

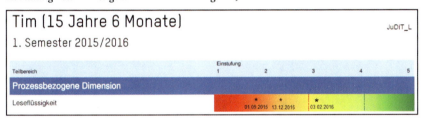

Die von den befragten Lehrkräften häufig nicht in den Blick genommene Lernprozessdiagnostik im Bereich Lesekompetenz wird durch diese Ausgestaltung des Auswertungsbereiches bewusst aufgegriffen. Im Vergleich zur Erprobungsversion von »JuDiT®-L« wird Lehrkräften somit unmittelbar vermittelt, dass Diagnosen zu mehreren Erhebungszeitpunkten – im Sinne einer Lernprozessdiagnostik – erfolgen können bzw. sollten. Die neue Darstellungsfunktion bildet insofern einen Reflexionsimpuls und kann dazu beitragen, dass Lehrkräfte ihre bisherigen Setzungen hinterfragen bzw. rekonstruieren und bestenfalls eine ganzheitliche Perspektive auf den Diagnosebegriff einnehmen.

10.2.2 Perspektiven zur Prozessebene des Lesens

10.2.2.1 Vergleich fachdidaktischer und lehrerseitiger Sichtweisen

Tabelle 10.2: *Vergleich fachdidaktischer und lehrerseitiger Perspektiven zur Prozessebene des Lesens*

FACHDIDAKTIK		DEUTSCHLEHRKRÄFTE
Prozessebene des Lesens		
EIGENHEIT		EIGENHEIT
Lokale Kohärenzbildung als Teil grundlegender Lesefähigkeiten		
	GEMEINSAMKEIT	
	Leseflüssigkeit als zentrales Element von Lesekompetenz	
	Leseverstehen als Zielsetzung des Unterrichts	
UNTERSCHIED		UNTERSCHIED
Differenzierung von Textverstehensprozessen		*Summierende Vorstellung von Textverstehen*
Weg zum Textverstehen modellieren		*Bemühen um Inhaltssicherung*

GEMEINSAMKEITEN

- *Leseflüssigkeit*:
Die größte Gemeinsamkeit beider Perspektiven besteht im Hinblick auf die Facette der Leseflüssigkeit, die in Perspektiven der Fachdidaktik und der befragten Lehrkräfte eine zentrale Rolle einnimmt und als bedeutsam für die Aneignung und Diagnose von Lesekompetenz betrachtet wird. Sowohl in der Fachdidaktik als auch bei einem Großteil der befragten Lehrkräfte wird das flüssige Vorlesen im Zusammenhang mit dem Leseverstehen gesehen.

- *Leseverstehen*:
In der Analyse beider Perspektiven zeigt sich, dass sowohl die Fachdidaktik als auch die befragten Deutschlehrkräfte im Sample dem Lese- bzw. Textverstehen Bedeutung für das Lesenkönnen zugestehen. Lese- bzw. Textverstehen wird von beiden Seiten als eigenständige Zielsetzung des Deutschunterrichts

betrachtet. Allerdings lassen sich hinsichtlich der Modellierung des Begriffes „Textverstehen" sowie der Zieldimensionen für den Leseunterricht Unterschiede zwischen beiden Perspektiven herausarbeiten, die nachfolgend erläutert werden sollen.

UNTERSCHIEDE

- *Differenzierung von Textverstehensprozessen vs. summierende Vorstellung von Textverstehen*
  Wenngleich der Begriff von beiden Seiten verwendet wird, werden jedoch unterschiedliche Konzepte mit dem Begriff „Textverstehen" verhandelt. In fachdidaktischer Perspektive wird zwischen der Klärung der propositionalen Textbasis, der globalen Kohärenzetablierung und der Sinnzuschreibung unterschieden. Dagegen wird in den rekonstruierten Perspektiven der Deutschlehrkräfte mit den Begriffen „Textverstehen" oder auch „sinnentnehmendes Lesen" vornehmlich die Sicherung der propositionalen Textbasis oder das Ziehen von Inferenzen zur Bildung eines Situationsmodells fokussiert. Auffällig ist vor diesem Hintergrund weiterhin, dass lehrerseitig unterschiedliche Konzepte mit dem Begriff „Textverstehen" verbunden werden.
- *Wege zum Textverstehen modellieren vs. Bemühen um Inhaltssicherung*
  In der Analyse beider Perspektiven ergeben sich weiterhin Unterschiede hinsichtlich der Frage, welche Zielbereiche für den Leseunterricht verfolgt werden. In den rekonstruierten Perspektiven der Lehrkräfte steht vor allem ein Bemühen um Inhaltssicherung, also die Abfrage von Textverstehensleistungen, im Fokus, während aus fachdidaktischer Perspektive (auch) verhandelt wird, wie im Leseunterricht Textverstehen angemessen angebahnt wird.

EIGENHEITEN

- *Lokale Kohärenzetablierung*:
  Die Bildung von lokalen Kohärenzen zählt aus fachdidaktischer Perspektive zu den grundlegenden Lesefähigkeiten und wird als Voraussetzung für das Textverstehen angesehen. Diese Perspektive findet keine Entsprechung in den rekonstruierten Sichtweisen der befragten Lehrkräfte im Sample und kann deshalb als Eigenheit von fachdidaktischer Seite charakterisiert werden.

10.2.2.2 Folgerungen und Konkretisierung in »JuDiT®-L«

Leitlinie 3: Textverstehen als komplexes Konstrukt nachvollziehbar machen

Der wechselseitige Vergleich zeigt, dass sowohl vonseiten der Fachdidaktik als auch vonseiten der befragten Lehrkräfte das Textverstehen als zentrale Dimension für den Unterricht betrachtet wird – dies bildet wertvolle Anknüpfungspunkte in Vermittlungsabsicht. Die Frage, was unter dem Konstrukt „Textverstehen" zu fassen ist, wird jedoch von beiden Seiten different beantwortet. Ausgehend von den analysierten Sichtweisen der Deutschlehrkräfte ist erkennbar, dass diese mitunter ‚nur' die Repräsentation der propositionalen Textbasis mit dem Konstrukt *Textverstehen* verbinden und insbesondere die Inhaltsklärung als Lernziel für den Unterricht verstehen. Aus lesedidaktischer Perspektive weiterhin zentrale hierarchiehöhere Verstehensprozesse – wie die Bildung von Superstrukturen oder die Sinnzuschreibung – sind in den Aussagen der Befragten im Sample weitaus weniger als Zieldimensionen rekonstruierbar. Aufgabe von fachdidaktischen Innovationen sollte es daher sein, das Textverstehen als komplexes Konstrukt nachvollziehbar zu machen. Im Vermittlungskontext gilt es, an die Relevanzsetzungen der Lehrkräfte anzuknüpfen und diese um eine lese- bzw. fachdidaktisch orientierte Sichtweise als Wissensangebot zu ergänzen (statt lesedidaktische Perspektiven einfach gegenüberzustellen) – schließlich kann neuartiges Handeln im Unterricht nicht umfassend sein, sondern muss an vertraute Routinen der Lehrenden anknüpfen. Die Reflexion der eigenen Perspektive auf den Begriff des Textverstehens ist eine entscheidende Voraussetzung, um einen Zugang für neue Wissensbestände zu schaffen und so eine zunehmend differenzierte Betrachtung des Konstrukts „Textverstehen" bei Deutschlehrkräften anzubahnen.

KONKRETISIERUNG IN »JuDiT®-L«

➢ WEITERENTWICKLUNG DES TEILBEREICHS „TEXTVERSTEHEN"

Zur Umsetzung der Leitlinie wurde im Diagnosetool der Teilbereich „Textverstehen" didaktisch rekonstruiert (siehe Anhang III.). Wie bereits in Leitlinie 3 angeführt, ist es wenig tragfähig, der lehrerseitigen Perspektive auf das Konstrukt Text- bzw. Leseverstehen einfach die fachdidaktische Perspektive entgegen zu stellen. Zur Reflexion sollte vielmehr an die Setzungen der Lehrkräfte angeknüpft werden: Im Vergleich zur Erprobungsversion von »JuDiT®-L« wurde daher die von den Lehrkräften in den Interviews häufig verwendete Formulierung „kann das Gelesene mit eigenen Worten wiedergeben" (Kapitel 8.3.1) als Beobachtungsitem

10 Fachdidaktische Strukturierung: Zur Weiterentwicklung von »JuDiT-L« 387

aufgegriffen. In Vermittlungsabsicht wurde dieses Beobachtungsitem durch weitere Items aus fachdidaktischer Perspektive ergänzt, um auf diese Weise den Übergang vom lokalen zum globalen Textverstehen für Lehrkräfte zu markieren (siehe Abbildung 10.6). Wichtig ist es in Vermittlungsabsicht, dass für Lehrkräfte deutlich wird, dass das Nacherzählen einer Textstruktur *nicht* mit dem Wiedergeben von Textinhalten oder dem Erfassen der Kernaussage eines Textes gleichzusetzen ist. Dieser Aspekt wird in der Version 2.0 von »JuDiT®-L« durch die Beobachtungsitems 2 und 3 vermittelt (siehe Anhang III.). Diese Differenzierung kann für Lehrkräfte ein Mittel zur Reflexion ihrer bisher gültigen Setzungen darstellen, wodurch eine grundlegende Voraussetzung zur Perspektivrekonstruktion geschaffen wird.

Abbildung 10.6: Weiterentwicklung der Beobachtungsitems im Bereich „Textverstehen"[11]

»JuDiT®-L« Erprobungsversion 1.0	»JUDIT®-L« Version 2.0
Textverstehen […] 2 Schüler/Der Schülerin gelingt es, dicht aufeinander folgende Informationen/Sätze/Satzfolgen sinnvoll zu verknüpfen. 3 Der Schüler/Die Schülerin kann auch weiter auseinander liegende Informationen und Abschnitte innerhalb eines Textes aufeinander beziehen und so Sinnzusammenhänge herstellen. 4 Der Schüler/Die Schülerin kann eine Vorstellung vom Text als Ganzem – Sachverhalte, Ereignisse, Handlungszusammenhänge – bilden. (bspw. bei Inhaltsfragen zum Text oder beim Paraphrasieren der Hauptaussagen) [….]	Textverstehen 1 Der/Die Lernende kann das Gelesene mit eigenen Worten wiedergeben. (z. B. kann er/sie Textabschnitte zusammenfassen, wichtige Inhaltspunkte des Textes nennen) 2 Der/Die Lernende kann einzelne Textinformationen miteinander verknüpfen. (z. B. kann er/sie auch weiter auseinander liegende Abschnitte/einzelne Textstellen aufeinander beziehen) 3 Der/Die Lernende kann die Kernaussage eines Textes formulieren. […]

Darüber hinaus wurde im Vergleich zur Erprobungsversion auf ein Beobachtungsitem, das auf die lokale Kohärenzetablierung abzielt (Item 2, siehe Anhang II.), verzichtet. Zum einen zeigte sich in den Interviewaussagen wiederholt, dass die befragten Lehrkräfte große Schwierigkeiten haben, den entsprechenden Aussagesatz

---

11 Die vollständige Weiterentwicklung des Teilbereichs „Textverstehen" ist im Anhang (III.) einsehbar.

„kann dicht aufeinander folgende Informationen/Sätze/Satzfolgen sinnvoll verknüpfen" zu erfassen bzw. das Item valide einzuschätzen (Kapitel 8.3.1).[12] Zum anderen ist durch die weiterentwickelten Items 1 und 2 in Version 2.0 der Übergang vom lokalen zum globalen Textverständnis bereits im Teilbereich markiert, sodass im Sinne von Leitlinie 1, sich auf Kernbotschaften zu fokussieren (s. o.), eine weitere Ausdifferenzierung für den Transfer in die Unterrichtspraxis als weniger zielführend anzusehen ist. Konkret wird im vorliegenden Fall also, was Daniel Scherf allgemein für die Konzeption fachdidaktischer Innovationen anführt:

> Ob im lesedidaktischen Denkrahmen Setzungen beibehalten werden sollten, die sich im direkten *Transfer* in Lehrerwissensbestände als nachteilig für die Professionalisierung von Leseförderung an einer Organisation darstellen, ist für den Einzelfall allerdings zu prüfen – auch der schulische Denkrahmen sollte also den lesedidaktischen in Zweifel ziehen dürfen. (Scherf 2013, S. 432; Herv. ebd.)

10.2.3 Perspektiven zur leserbezogenen Ebene des Lesens

10.2.3.1 Vergleich fachdidaktischer und lehrerseitiger Sichtweisen

Tabelle 10.3: *Vergleich fachdidaktischer und lehrerseitiger Perspektiven zur leserbezogenen Ebene des Lesens*

FACHDIDAKTIK		DEUTSCHLEHRKRÄFTE
Leserbezogene Ebene des Lesens		
EIGENHEIT		EIGENHEIT
	GEMEINSAMKEIT	
	Lesemotivation als Zieldimension	
UNTERSCHIED		UNTERSCHIED
Diagnostizierbarkeit mentaler Prozesse des Lesens		*Nicht-Diagnostizierbarkeit mentaler Prozesse des Lesens*
Reflektieren als Element einer umfassenden Lesekompetenz		*Vernachlässigung des Bereichs Reflexion*

---

12 Dies ist im Zusammenhang damit zu sehen, dass die Fokussierung auf die lokale Kohärenzetablierung eine Eigenart der fachdidaktischen Perspektive darstellt (Tab. 10.2).

GEMEINSAMKEITEN

- *Lesemotivation*:
Sowohl die Fachdidaktik als auch ein Großteil der Lehrkräfte im Sample verweist darauf, dass das Wecken von Leselust bzw. die Vermittlung von Lesemotivation eine wesentliche Zielsetzung für die Anbahnung von Lesekompetenz darstellt. Die Realisierbarkeit dieses Anspruchs wird vonseiten der Fachdidaktik und der befragten Lehrkräfte im Sample allerdings unterschiedlich bewertet.

UNTERSCHIEDE

- *Diagnostizierbarkeit mentaler Prozesse des Lesens*:
Deutliche Unterschiede zwischen beiden Perspektiven zeigen sich im Hinblick auf die Diagnostizierbarkeit von subjektbezogenen Teilfähigkeiten des Lesens. Von fachdidaktischer Seite werden mentale Prozesse des Lesens, wie die subjektive Beteiligung, für eine umfassende Lesediagnose mit in den Mittelpunkt gerückt, während die befragten Deutschlehrkräfte diese nicht thematisieren oder – in Auseinandersetzung mit den Items im Beobachtungstool – diese Facette von Lesekompetenz als schwer diagnostizierbar einordnen. Diese lehrerseitige Perspektive ist häufig auf die Denkfigur >DAS, WAS ICH SEHE< zurückzuführen, dass das Handeln von einem Großteil er Lehrkräfte im Sample strukturiert.

- *Reflektieren als Element einer umfassenden Lesekompetenz vs. Vernachlässigung*:
Ein weiterer Unterschied zwischen beiden Perspektiven ist im Hinblick auf das Reflektieren des Gelesenen erkennbar. Während von fachdidaktischer Seite das Reflektieren und Bewerten über Texte als wichtige Teilfacette von Lesekompetenz betrachtet wird, ist in den rekonstruierten Lehreraussagen hingegen erkennbar, dass diese Komponente – ausgehend von den (schwachen) Lesevoraussetzungen der Hauptschülerinnen und Hauptschüler – kaum handlungsrelevant wird oder als Zielperspektive für den Deutschunterricht verworfen wird.

10.2.3.2 Folgerungen und Konkretisierung in »JuDiT®-L«

Leitlinie 4: Mentale Prozesse des Lesens durch unterrichtspraktische Indikatoren manifest machen

Die rekonstruierten Sichtweisen der Deutschlehrkräfte zeigen, dass sich ihr diagnostisches Handeln vorrangig auf die direkt beobachtbaren Teilfähigkeiten des Lesens (z. B. die Leseflüssigkeit) bezieht; kennzeichnend für diese unterrichtsbezogene Perspektive ist die Denkfigur >DAS, WAS ICH SEHE<. Von den Lehrenden wird es häufig als Problemstelle ausgemacht oder auch als nicht leistbar empfunden, bestimmte mental ablaufende Prozesse des Lesens, wie etwa die innere Beteiligung der Schülerinnen und Schüler für das Dargestellte, zu diagnostizieren. In Vermittlungsabsicht ist es daher zentral, diesen Wahrnehmungsfokus der Lehrenden aufzugreifen. Übergeordnetes Ziel fachdidaktischer Innovationen sollte es sein, konkrete bzw. belastbare Diagnoseindikatoren für die Unterrichtspraxis zur Verfügung zu stellen, sodass fachdidaktische Zielsetzungen für Lehrerinnen und Lehrer im Fach Deutsch nachvollziehbar und praktisch umsetzbar werden. Solche konkreten Diagnoseindikatoren bieten einen lesedidaktisch angemessenen Orientierungsrahmen, der von Lehrkräften als hilfreich zur Überwindung der wahrgenommenen Problemstelle(n) aufgefasst werden kann, sodass lesedidaktische Wissensbestände bestenfalls Eingang in ihr lesediagnostisches Handeln finden.

KONKRETISIERUNG IN »JuDiT®-L«

➢ PRÜFUNG DER DIAGNOSEINDIKATOREN IN DEN BEOBACHTUNGSITEMS

Exemplarisch soll die Umsetzung der Leitlinie anhand der Rekonstruktion des Teilbereichs „Subjektive Beteiligung" verdeutlicht werden (siehe Abbildung 10.7).[13] Im Vergleich zur Erprobungsversion wurde kritisch reflektiert, inwiefern die konzipierten Beobachtungsitems der Erprobungsversion belastbare Diagnoseindikatoren für Lehrkräfte darstellen. Im Hinblick auf das Bemühen um Konkretheit wurden einzelne Beobachtungsitems in diesem Bereich um Ankerbeispiele ergänzt, anhand derer ein Rückschluss auf entsprechende Teilprozesse des Lesens

---

13 Die Leitlinie ist nicht nur hinsichtlich der hier diskutierten subjektbezogenen Aspekte des Lesens bedeutsam, sondern übergreifend für die Entwicklung fachdidaktischer Indikatoren tragfähig und insofern im Rahmen der Weiterentwicklung produktiv geworden.

10 Fachdidaktische Strukturierung: Zur Weiterentwicklung von »JuDiT-L«

möglich ist (z. B. Item 4, »JuDiT®-L« Version 2.0, siehe auch Anhang III.). Gegenüber der Erprobungsversion wurde weiterhin das Item 2 (Version 1.0) spezifiziert, damit die „innere Beteiligung für das Dargestellte" als Zieldimension des Lesens für Lehrkräfte manifest bzw. nachvollziehbar wird (Item 2 und 3, »JuDiT®-L« Version 2.0).

Abbildung 10.7: Weiterentwicklung des Teilbereiches „Subjektive Beteiligung"

»JuDiT®-L« Erprobungsversion 1.0	»JUDIT®-L« Version 2.0
Subjektive Beteiligung	**Involviertheit beim Lesen**
1 Beim Lesen ist der Schüler/die Schülerin in die Lektüre „versunken". (bspw. in freien Lesezeiten)	1 Der/Die Lernende ist beim eigenständigen Lesen in die Lektüre „versunken". (z. B. lässt er/sie sich in freien Lesezeiten nicht schnell ablenken oder wechselt nicht ständig die Bücher)
2 Der Schüler/Die Schülerin zeigt eine "innere Beteiligung für das Dargestellte". (bspw. äußert er/sie Begeisterung oder Mitgefühl für die literarischen Figuren oder das Thema des Textes)	2 Der/Die Lernende äußert eigene Gefühle oder persönliche Wertungen zum Gelesenen. (z. B. Mitfühlen mit einer literarischen Figur, Vergnügen/Interesse am Thema des Textes)
3 Der Schüler/Die Schülerin bringt Informationen aus Texten mit eigenen Erfahrungen und Erlebnissen in Verbindung.	3 Der/Die Lernende kann die erlebte Wirkung des Textes auf dessen Merkmale zurückführen. (z. B. indem er/sie die Wirkung anhand von Gestaltungsmitteln im Text, wie Erzählperspektive, sprachliche Mittel usw., begründen kann)
	4 Der/Die Lernende kann Gelesenes mit eigenen Erfahrungen verbinden. (z. B. »Wenn mir das passiert wäre, hätte ich ...«; „Wenn ich so einen Freund hätte, würde ich ...«)

Der übergeordneten Leitlinie zur Reflexion sprachlicher Aspekte folgend (s. o.), wurde weiterhin beachtet, dass der fachdidaktische Terminus „Subjektive Beteiligung" durchaus missleitend im Vermittlungskontext ist. Betrachtet man das Assoziationsfeld zum Begriff der subjektiven Beteiligung, so ist erkennbar, dass dieses Wort gedankliche Verknüpfungen initiiert, dass Teilprozesse des Lesens nicht bzw. schwer überprüfbar sind, da sie schließlich „subjektiv" vorliegen – dieses Assoziationsfeld kann implizit die Haltung der Lehrkräfte stützen, dass mentale Prozesse des Lesens für sie nur schwer oder auch kaum zu überprüfen sind.[14] Im Vergleich zur Erprobungsversion wurde die Benennung des Bereichs

---

14 So hat etwa Iris Winkler (2015b, S. 156) für den Bereich des literarischen Lernens hervorgehoben: „[D]ie Literaturdidaktik kann sich nicht auf Dauer damit begnügen,

"Involviertheit beim Lesen" verwendet, der auch anschlussfähig an neuere literaturdidaktische Diskussionen zum Gegenstandsfeld ist (z. B. Winkler 2015b).

10.2.4 Perspektiven zum Leseumfeld

10.2.4.1 Vergleich fachdidaktischer und lehrerseitiger Sichtweisen

Tabelle 10.4: *Vergleich fachdidaktischer und lehrerseitiger Perspektiven zum Leseumfeld*

FACHDIDAKTIK		DEUTSCHLEHRKRÄFTE
Leseumfeld		
EIGENHEIT		EIGENHEIT
	GEMEINSAMKEIT *Austausch über Gelesenes als Element von Lesekompetenz*	
UNTERSCHIED *Relevanz außerschulischer Einflussfaktoren für didaktisches Handeln*		UNTERSCHIED *teilweise Infragestellung außerschulischer Einflussfaktoren für didaktisches Handeln*

GEMEINSAMKEITEN

- *Austausch über Gelesenes*:
  Größte Gemeinsamkeit zwischen den rekonstruierten Perspektiven der Lehrkräfte und fachdidaktischen Sichtweisen besteht in der Bedeutung der Anschlusskommunikation für den Unterricht. Der Austausch über Gelesenes wird als wesentlicher Bestandteil des Umgangs mit Texten gesehen, wenngleich die Realisierung im Deutschunterricht von beiden Seiten unterschiedlich bewertet wird.

---

zentrale Prozesse literarischen Lernens stets nur einzufordern, ohne sie genauer nachvollziehbar zu machen".

10 Fachdidaktische Strukturierung: Zur Weiterentwicklung von »JuDiT-L«

UNTERSCHIEDE

- *Relevanz außerschulischer Einflussfaktoren*:
Unterschiede in den Denkstrukturen der Fachdidaktik und der befragten Lehrkräfte ergeben sich im Hinblick auf die Bedeutung von informellen Sozialisationsinstanzen für das Lesenkönnen. Aus fachdidaktischer Perspektive wird angeführt, dass informellen Sozialisationsinstanzen als zentrale Faktoren für den Leseerwerb von Schülerinnen und Schülern zu beachten sind, die es für das Verständnis des Kompetenzerwerbs zu berücksichtigen gilt. In den lehrerseitigen Perspektiven findet dieser Aspekt häufig keine Beachtung für das lesediagnostische Handeln der Lehrkräfte.

10.2.4.2 Folgerungen und Konkretisierung in »JuDiT®-L«

Leitlinie 5: Für außerschulische Einflussfaktoren sensibilisieren

Unterschiede in den Denkstrukturen ergeben sich im Hinblick auf die Relevanz außerschulischer Einflussfaktoren der Leseförderung. Während aus fachdidaktischer Perspektive betont wird, dass das Leseklima in der Familie oder in der Peergroup (mit-)entscheidend für die Leseneigung der Schülerinnen und Schüler ist, haben die befragten Lehrkräften diese informellen Sozialisationsinstanzen zur Leseförderung häufig nicht in ihrem Wahrnehmungsfokus. Viele Lehrerinnen und Lehrer im Sample empfinden es als nicht leistbar oder aber auch als nicht relevant, Erkenntnisse über das individuelle Leseumfeld ihrer Lernenden zu gewinnen. Ziel in Vermittlungsabsicht muss es somit sein, Lehrkräfte für informelle Lernprozesse in der Familie und unter Gleichaltrigen zu sensibilisieren. Produktiv erscheint es – ausgehend von der gemeinsamen Basis, dass Unterrichtsgespräche über Texte wesentlich im Rahmen lesediagnostischen Handelns sind –, deutlich zu machen, dass aus fachdidaktischer Perspektive auch der Blick auf informelle Sozialisationsinstanzen bedeutsam ist. Durch dieses Bewusstmachen von informellen Lernprozessen können Reflexionsprozesse bei Lehrkräften initiiert werden, was die Voraussetzung dafür ist, dass sie ihren Wahrnehmungsfokus rekonstruieren.

KONKRETISIERUNG IN »JuDiT®-L«

➢ BUTTON „POSITIVES LESEUMFELD"

Zur Umsetzung der Leitlinie wurde die Hervorhebung der außerschulischen Einflussfaktoren von den Beobachtungsitems separiert und in die Übersichtsdarstellung integriert. Im Vergleich zur Erprobungsversion erscheint es sinnvoll, in der Übersicht einen eigenständigen Button „Positives Leseumfeld" zu ergänzen, der bereits beim Erstellen eines Accounts für einen Schüler bzw. eine Schülerin deutlich macht, dass das Leseumfeld relevant für die Lesekompetenzerwerb der Lernenden ist. Durch entsprechende Ausführungen im Hintergrundtext „Leseumfeld" können Lehrkräfte weiterhin vertiefende Einsichten zum Einfluss informeller Sozialisationsinstanzen auf die Leseneigung gewinnen. Abbildung 10.8 verdeutlicht, wie eine entsprechende Umsetzung im Tool aussehen könnte:

Abbildung 10.8: Anzeige des Übersichtsbereichs in »JuDiT®-L« 2.0

10.2.5 Perspektiven zur Leseförderung

10.2.5.1 Vergleich fachdidaktischer und lehrerseitiger Sichtweisen

Tabelle 10.5: Vergleich fachdidaktischer und lehrerseitiger Perspektiven zur Leseförderung

FACHDIDAKTIK	DEUTSCHLEHRKRÄFTE
Leseförderung	
EIGENHEIT	EIGENHEIT
	Reduktion des Anspruchsniveaus
GEMEINSAMKEIT	
Bedeutung von Leseförderung	
UNTERSCHIED	UNTERSCHIED
systematische Leseförderung	*summarische Leseförderung*
individualisierende Leseförderung	*gruppenbezogene Förderung*

GEMEINSAMKEITEN

- *Bedeutung Leseförderung*:
Die größte Gemeinsamkeit beider Vorstellungsbereiche liegt darin, dass dem Lesenkönnen eine zentrale Bedeutung zugemessen wird. Weiterhin wird die Förderung von Lesekompetenz von einem Großteil der Lehrkräfte im Sample wie auch vonseiten der Fachdidaktik als wesentliche Aufgabe in der Sekundarstufe aufgefasst.

UNTERSCHIEDE

- *Systematische vs. summarische Leseförderung*:
Unterschiede in den Denkstrukturen von Lehrkräften und Fachdidaktik ergeben sich vor allem im Hinblick auf die Zielsetzungen von Fördermaßnahmen. Während von fachdidaktischer Seite diagnosebasierte Handlungsentscheidungen zur Förderung von Lesekompetenz im Vordergrund stehen, stellen Diagnose und Förderung bei den befragten Lehrkräften häufig zwei isolierte Prozesse dar. Aus fachdidaktischer Perspektive bedeutet Leseförderung eine elaborierte lesedidaktische Perspektive einzunehmen, während für die befragten Lehrkräfte häufig die Haltung rekonstruierbar ist, Maßnahmen pauschal und situativ vorzunehmen.

- *Individuelles vs. gruppenbezogenes Leseförderhandeln*:
Alle befragten Lehrkräfte in meiner Untersuchung teilen die Auffassung, dass Leseunterricht, und insofern auch Leseförderung, vorrangig als gruppenbezogenes Handeln zu realisieren ist, unabhängig davon, ob sie Individualisierung auf kommunikativer Ebene als Lehreraufgabe begreifen, während von fachdidaktischer Seite Leseförderung hingegen als individualisierendes Vorgehen betrachtet wird.

EIGENHEIT

- *Reduktion des Anspruchsniveaus*:
Ausgehend von den schwachen Lesefähigkeiten der Lernenden stellt für die Lehrkräfte im Sample (noch) Realisierbare zur Aneignung von Lesekompetenz die dominierende Rahmung für ihr Handeln im Unterricht dar. Diese Perspektive geht mit einer Reduktion des Anspruchsniveaus an den Lesekompetenzbegriff im Unterricht einher. Da diese Haltung keine Entsprechung in fachdidaktischen Perspektive findet, kann diese Sichtweise als Eigenheit der Lehrkräfte charakterisiert werden.

10.2.5.2 Folgerungen und Konkretisierung in »JuDiT®-L«

Leitlinie 6: Diagnose als prospektive Aufgabe bewusst machen

Im wechselseitigen Vergleich von fachdidaktischen und lehrerseitigen Perspektiven zeigt sich, dass Lehrkräfte die Diagnose und Förderung von Lesekompetenz bei ihren Schülerinnen und Schülern häufig als zwei voneinander isolierte Prozesse auffassen. Leseförderentscheidungen und die Gestaltung ihres (Lese-)Unterricht stehen häufig nicht in Beziehung zu ihren gewonnenen lesediagnostischen Erkenntnissen, sondern werden eher pauschal und vorrangig unsystematisch vorgenommen. Aus fachdidaktischer Perspektive setzt hingegen eine angemessene Förderung voraus, vorhandene Lesekompetenzen bei den Schülerinnen und Schülern zu diagnostizieren und die Erkenntnisse als Grundlage für Unterrichtsstrukturierungen und Förderentscheidungen anzusehen. Ziel fachdidaktischer Innovationen sollte es daher sein, die Verknüpfung von Diagnose und Förderung bewusst zu machen und insofern ein Mittel zur Reflexion für Lehrkräfte darstellen kann. Auf diese Weise kann ein reflektiertes Verständnis erreicht werden, das Voraussetzung ist, damit Lehrkräfte ihr bisheriges Handeln produktiv infrage stellen.[15]

KONKRETISIERUNG IN »JuDiT®-L«

> ZUSAMMENHÄNGE ÜBER DIE HINTERGRUNDTEXTE VERDEUTLICHEN

Eine Möglichkeit, Lehrkräften zu verdeutlichen, dass lesediagnostische Erkenntnisse und Förderentscheidungen zueinander in Beziehung gesetzt werden sollten, bieten die Hintergrundinformationen im Tool. Für die Weiterentwicklung des Tools sollte angestrebt werden, dass in den Hintergrundtexten (deutlicher) bewusst gemacht wird, dass Diagnoseergebnisse *die* zentrale Grundlage für die Auswahl von Fördermaßnahmen – wie etwa den Beispielen in der Ideenbox – sein sollten. Entsprechende Einsichten in die Verknüpfung von Diagnose und Förderung können für Lehrkräfte ein Mittel zur Reflexion darstellen, was die Voraussetzung für eine Vorstellungsänderung darstellt.

---

15 Diese Leitlinie ist nicht gleichzusetzen mit der Frage, ob und inwiefern fachdidaktische Innovationen dann Verwendung finden und tatsächlich professionalisierend wirken. Letztlich entscheidet hier der individuelle Umgang darüber, ob professionelles Handeln durch fachdidaktische Innovationen initiiert wird (siehe die Ergebnisse der Studien von Schmelz 2009 und Scherf 2013).

Was das Diagnosetool allerdings nicht leistet (und auch nicht leisten kann), ist eine *direkte* Zuordnung von Maßnahmen zur Leseförderung zu generierten Diagnoseergebnissen im Tool, auch wenn dies mitunter von den Lehrkräften als Anspruch an »JuDiT®-L« formuliert wird (z. B. Uhl$_{11}$ 2, 326–333). Ein solches „Anwenden von ‚Verknüpfungsrezepten'" (Schmill 2013, S. 39) sollte im Rahmen der Weiterentwicklung des Diagnosetools nicht befördert werden, da es kontraproduktiv für das diagnostische Handeln der Lehrkräfte wäre. Fachdidaktische Innovationen können es Deutschlehrkräften schließlich nicht abnehmen, konkrete diagnosebasierte Förderentscheidungen zu treffen, da diese situativ erfolgen müssen.

Leitlinie 7: Heterogenität begegnen – gruppenbezogene Einordnungen ermöglichen

Im wechselseitigen Vergleich wird deutlich, dass sowohl Lehrkräfte als auch die Fachdidaktik von einer Heterogenität der Lesefähigkeiten der Lernenden ausgehen, die es für die Förderung zu berücksichtigen gilt. Anhand der rekonstruierten lehrerseitigen Perspektiven wird allerdings deutlich, dass die Befragten im Sample es als problematisch ansehen, auf die Heterogenität der Leseleistungen ihrer Schülerinnen und Schüler einzugehen und der Anforderung der individuellen Diagnose und Förderung an den Leseunterricht mit Blick auf die schulischen Rahmenbedingungen (vollständig) zu entsprechen. Die meisten Lehrenden des Samples verstehen Lehrerhandeln daher als gruppenbezogenes Handeln. Fachdidaktische und lehrerseitige Perspektiven stimmen also nicht überein, sodass ein produktiver Umgang mit diesem Aspekt notwendig ist. Ziel in Vermittlungsabsicht sollte es sein, an gültige lehrerseitige Relevanzsetzungen anzuknüpfen und anhand von fachdidaktischen Innovationen gruppenbezogene Einordnungen auf Basis von diagnostischen Erkenntnissen zu ermöglichen. Auf diese Weise haben lesedidaktische Konzeptionen zwar innovativen Gehalt, reichen aber an zentrale lehrerseitige Setzungen heran, sodass vertraute Handlungsweisen der Lehrkräfte durch die Innovation nicht destabilisiert werden.

KONKRETISIERUNG IN »JuDiT®-L«

➢ GRUPPENBEZOGENE EINORDNUNGEN IN DER KLASSENÜBERSICHT

Zur Umsetzung der Leitlinie sollte das Tool den Lehrkräften eine gruppenbezogene Einordnung auf Basis der eingetragenen Beobachtungen ermöglichen. In der Erprobungsversion des Tools war es für Lehrkräfte bislang nur über die Auswertungsfunktion „Klassenübersicht" möglich, den Lernstand der Gesamtgruppe innerhalb der einzelnen Teilbereiche einzusehen und daraus Erkenntnisse für einen binnendifferenzierten Unterricht abzuleiten. Einen geeigneten Ausgangspunkt, um gruppenbezogene Einordnungen direkt im Tool vorzunehmen, bietet die Klassen- bzw. Gruppenliste auf der Einstiegsseite.

Abbildung 10.9: Möglichkeit zur Zuordnung von Lernenden in »JuDiT®-L« 2.0

Im Rahmen der Weiterentwicklung des Tools sollte die zusätzliche Funktion „Gruppenfarbe" ergänzt werden (Abbildung 10.9), um Deutschlehrkräften die Möglichkeit zu geben, die Lernenden anhand ihrer Beobachtungen bestimmten Gruppen zuzuordnen und so die Klasse in Klein- bzw. Fördergruppen unterteilen zu können (Abbildung 10.10).

Abbildung 10.10: Gruppenbezogene Einordnung der Lernenden in »JuDiT®-L« 2.0

Anhand dieser Ausgestaltung werden vertraute Handlungsweisen der Lehrkräfte, gruppenbezogene Einordnungen vorzunehmen, durch das Tool aufgegriffen und ihre bisherigen Praktiken nicht destabilisiert. Mit dieser Ausgestaltung ermöglicht »JuDiT®-L« ein Agieren zwischen gruppenbezogenen und individualisierenden Zielsetzungen und kann zugleich die Grundlage für eine systematische Leseförderung darstellen.

10.2.6 Zusammenfassung

Zielperspektive des vorliegenden Abschnitts war es, sich nicht nur bewusst zu machen, welche Perspektiven Fachdidaktik und Deutschlehrkräfte auf den Untersuchungsgegenstand der vorliegenden Arbeit einnehmen, sondern darüber hinaus beide Perspektiven auf einer Metaebene produktiv zueinander in Beziehung zu setzen. Der iterativ angelegte, wechselseitige Vergleich, der in diesem Kapitel vorgenommen wurde, mündete in die Formulierung *begründeter* Leitlinien und deren Umsetzung für die Weiterentwicklung von »JuDiT®-L«. Abschließend sollen die herausgearbeiteten Leitlinien und ihre Konkretisierung zusammengefasst dargestellt werden.[16] Die nachfolgende Abbildung 10.11 gibt einen Überblick über die herausgearbeiteten Leitlinien, welche sich aus dem In-Beziehung-Setzen lehrerseitiger und fachdidaktischer Perspektiven ergeben haben. Es sei in diesem Zusammenhang erneut angemerkt, dass die formulierten Leitlinien auf die *Chancen des Transfers* einer fachdidaktischen Innovation in die Unterrichtspraxis abzielen. Das heißt: Die Implementierung und Umsetzung des Diagnoseverfahrens findet in den genannten Aspekten keine explizite Berücksichtigung, sondern stellt einen gesonderten Forschungsschritt dar, der Anschlussstudien vorbehalten ist.

---

16 Dass die hier angeführten Aspekte auch für die Lehrerbildung relevant sind, wird an dieser Stelle nicht näher ausgeführt.

Abbildung 10.11: Übersicht der erarbeiteten Leitlinien

Leitlinien zur Weiterentwicklung von »JuDiT®-L«

Übergeordnete Leitidee
Sich um das Verstehen bemühen – sprachliche Aspekte reflektieren

Leitlinie 1
Fokussieren statt Ausdifferenzieren: Lesediagnostische Innovationen sollten nicht zu umfassend sein, damit sie für Lehrkräfte handlungsrelevant werden können.

↪Konkretisierung: Profilierung der Teilbereiche und Beobachtungsitems
↪Konkretisierung: Trennung von Beobachtungsitem und Ankerbeispiel

Leitlinie 2
Lern- und Leistungsdiagnostik unterscheiden – eine ganzheitliche Perspektive auf Diagnose vermitteln

↪Konkretisierung: Lernentwicklungen explizieren

Leitlinie 3
Textverstehen als komplexes Konstrukt nachvollziehbar machen

↪Konkretisierung: Weiterentwicklung des Teilbereichs „Textverstehen"

Leitlinie 4
Mentale Prozesse des Lesens durch unterrichtspraktische Indikatoren manifest machen

↪ Konkretisierung: Prüfung der Diagnoseindikatoren in den Beobachtungsitems

Leitlinie 5
Für außerschulische Einflussfaktoren sensibilisieren

↪Konkretisierung: Button „Positives Leseumfeld"

Leitlinie 6
Diagnose als prospektive Aufgabe bewusst machen

↪Konkretisierung: Zusammenhänge über die Hintergrundtexte verdeutlichen

Leitlinie 7
Heterogenität begegnen – gruppenbezogene Einordnungen ermöglichen

↪Konkretisierung: Gruppenbezogene Einordnungen in der Klassenübersicht

10.3 Reflexion: Güte der Fachdidaktischen Strukturierung

Zum Abschluss dieses Kapitels steht die Qualitätssicherung innerhalb des Untersuchungsschrittes der Fachdidaktischen Strukturierung im Mittelpunkt. Als Maßnahme zur Qualitätssicherung der Ergebnisse wurde zum einen eine Validierung der weiterentwickelten Beobachtungsitems und Toolbereiche (»JuDiT®-L« 2.0) vorgenommen, die nachfolgend zunächst transparent gemacht wird (Kapitel 10.3.1). Zum anderen erscheint die Orientierung an übergeordneten Gütekriterien zur Reflexion der Ergebnisse der Fachdidaktischen Strukturierung im Rahmen der vorliegenden Studie sinnvoll, die zum Abschluss dieses Kapitels erfolgt (Kapitel 10.3.2).

10.3.1 Ergebnisvalidierung der »JuDiT®-L«-Items 2.0

Um abschließend zu überprüfen, wie tragfähig die weiterentwickelte inhaltliche Struktur des Diagnosetools ist, erfolgte im März 2016 einer Ergebnisvalidierung, im Rahmen derer die Itemverständlichkeit und Angemessenheit der Aussagesätze bzw. Teilbereiche im Vordergrund stand. Zielperspektive war es, die Qualität der gewonnen Ergebnisse (weiter) abzusichern Dazu wurden die weiterentwickelten Teilbereiche und Beobachtungsitems (»JuDiT®-L« 2.0, Anhang III.) nochmals Deutschlehrkräften zur Evaluierung vorgelegt. Das hier beschriebene Vorgehen weist somit eine Nähe zur kommunikativen Validierung (Flick 2010, S. 494f.) auf, die dazu dienen soll, die im Forschungsprozess erzeugten Daten gemeinsam mit den Beforschten zu validieren. Im Rahmen der kommunikativen Validierung werden den Beforschten die Analyseergebnisse vorgelegt, um gemeinsam die Gültigkeit der Befunde zu prüfen.

Für die Befragung konnten die Fachgruppe Deutsch an einer Regelschule in Bundesland Thüringen gewonnen werden, die aus insgesamt fünf Deutschlehrkräften bestand. Bei der Auswahl der Lehrkräfte wurden – abgesehen von der Schulform – dieselben Kriterien wie in der Pilotierung und Hauptuntersuchung angelegt (Kapitel 7.1). Dass im Vergleich zum bisherigen Vorgehen auf Lehrkräfte zurückgegriffen wurde, die an einer Regelschule das Fach Deutsch unterrichten, hatte im Rahmen der Ergebnisvalidierung forschungspragmatische Gründe.[17] Darüber hinaus hat sich in jüngster Zeit in immer mehr Bundesländern eine zweigliedrige Struktur etabliert, die das Gymnasium und noch eine

---

17 Eine kommunikative Validierung mit den Probanden der Hauptuntersuchung hätte zu stärkeren zeitlichen Verzögerungen geführt, sodass die Realisierung einer Ergebnisvalidierung im Rahmen dieser Arbeit nicht möglich gewesen.

weitere Schulform – mit mehreren Bildungsgängen oder als integrierte Gesamtschule – umfasst (Tilmann 2012). Da aber auch an der Regelschule der Lesekompetenzerwerb eine große Herausforderung darstellt (u. a. Naumann et al. 2010), konnte begründet davon ausgegangen werden, dass das Thema Lesediagnostik für Lehrende an der Regelschule ebenfalls eine besondere Relevanz aufweist.

Ähnlich zum Vorgehen bei der Pilotierung der Beobachtungsitems (Kapitel 6.3) wurden die weiterentwickelten Teilbereiche und Items auf einem Fragebogen abgebildet, der um eine Kommentarspalte ergänzt wurde. Um eine Durchführungsobjektivität der Erhebung sicherzustellen, wurden die Lehrkräfte zudem durch ein Begleitschreiben, das dem Fragebogen vorangestellt war, über das Vorgehen informiert. Durch diese standardisierte Instruktion sollten mögliche Verzerrungen hinsichtlich der Ausgangsbedingungen minimal gehalten werden. Die Rückmeldung der Lehrkräfte ergab eine große Zustimmung zu den Items und Teilbereichen. Probleme der Nachvollziehbarkeit oder Infragestellung der Relevanz bestimmter Bereiche oder Ankerbeispiele, die noch bei den ersten beiden Toolversionen bestanden, gab es hier nicht.

Mit der nochmaligen Validierung wurden Lehrkräfte und ihre Relevanzsetzungen erneut ins Zentrum gestellt. Die Befragung und deren Erkenntnisse stellen insofern eine weitere Absicherung der Ergebnisse dieser Studie dar. Sicherlich handelt es sich um eine kleine Stichprobe mit beschränkter Aussagekraft. Jedoch deutet sich an, dass die Ergebnisse, die im Rahmen der Weiterentwicklung generiert wurden, eine gewisse Gültigkeit besitzen und es gelungen ist, eine lesediagnostische Innovation in Vermittlungsabsicht zu konzipieren. Die Entwicklung in Vermittlungsabsicht kann jedoch, wie bereits mehrfach angeführt, nicht mit einem erfolgreichen Transfer des Diagnosetools in die Unterrichtspraxis gleichgesetzt werden (insb. dazu Kapitel 2).

10.3.2 Gütekriterien für die Fachdidaktische Strukturierung

Zum Abschluss dieses Kapitels soll auf die zentrale Herausforderung des vorliegenden Untersuchungsschrittes eingegangen werden. Es wurde bereits diskutiert, dass die Fachdidaktische Strukturierung eine *eigenständige* Planungsaufgabe im Modell der Didaktischen Rekonstruktion für die Lehrerbildung darstellt, die nicht gefunden werden kann, sondern vielmehr *zu erfinden* ist (Kapitel 10.1). Da für diese Untersuchungsaufgabe zugleich der Anspruch besteht, mit den entwickelten Forderungen zu Elaborationen in der Tiefe zu gelangen und verstehensfördernde Bezüge zwischen Wissenschaft und Praxis herzustellen, ist es aber auch nur konsequent zu hinterfragen, *wie* die Qualität der generierten Fachdidaktischen Strukturierung – nicht nur in der vorliegenden Studie – zu prüfen ist. Anders formuliert: Was kann als angemessen und erwünscht gelten, wenn es darum geht, die Qualität der aufgestellten Forderungen im Rahmen dieser Planungsaufgabe zu sichern? Diese normative Frage zielt auf eine Metaebene, weshalb eine Orientierung an *übergeordneten Merkmalen* sinnvoll erscheint. Zielführend ist in diesem Kontext ein Beitrag von Hilbert Meyer (2005), der sich auf den Untersuchungsschritt der Didaktischen Strukturierung im Modell der Didaktischen Rekonstruktion (Kattmann et al. 1997) bezieht. Ausgangspunkt von Meyers Ausführungen ist, dass Gütekriterien der empirischen Sozialforschung zwar zur Überprüfung des Forschungsprozesses im Rahmen fachdidaktischer Lehr-Lernforschung zugrunde gelegt werden können, jedoch der Untersuchungsschritt der Didaktischen Strukturierung *eigenständige Kriterien* zur Sicherung der Qualität benötigt (Meyer 2005, S. 47). Meyer unterscheidet vor diesem Hintergrund drei zentrale Kriterien zur Prüfung der Güte von konstruierten Didaktischen Strukturierungen in Forschungsarbeiten: (1) Die Brauchbarkeit, (2) die Fruchtbarkeit und (3) die (ethische) Verträglichkeit in der Unterrichtspraxis – diese Kriterien bilden nach Meyer „wissenschaftlich abgesicherte Wertmaßstäbe, anhand derer die Konsequenz und Nützlichkeit der aus der empirischen Forschung hergeleiteten Handlungsorientierung beurteilt werden" kann (ebd., S. 49). Mir kommt es an dieser Stelle darauf an, dass sich die von Meyer diskutierten Gütekriterien mit Gewinn auf das Modell der Didaktischen Rekonstruktion für die Lehrerbildung übertragen lassen, um die Qualität Fachdidaktischer Strukturierungen zu prüfen bzw. abzusichern.[18] Meyers Überlegungen wurden daher von mir auf die Untersuchungsaufgabe der Fachdidaktischen Strukturierung bezogen und gegenstandsspezifisch modifiziert (s. u.). In der folgenden Tabelle 10.6 werden die von mir herausgearbeiteten Gütekriterien dargelegt und anhand von sog. „Prüfungsfragen" weiter spezifiziert:

---

18 Da das Modell der Didaktischen Rekonstruktion für die Lehrerbildung auf dem Modell der Didaktischen Rekonstruktion basiert (Kapitel 2.2), ist dieser Schritt nicht nur naheliegend, sondern auch gut begründbar.

Tabelle 10.6: Gütekriterien für die Fachdidaktische Strukturierung im Modell der Didaktischen Rekonstruktion für die Lehrerbildung

Gütekriterium	Beschreibung
Brauchbarkeit für die Lehrerbildung	<ul><li>Einbezug der empirischen Daten in die Fachdidaktische Strukturierung</li><li>iterativer Wechsel zwischen empirischen Daten und fachdidaktischen Entscheidungen zum Gegenstandsfeld</li><li>Verwendbarkeit der Erkenntnisse für Fachdidaktikerinnen und Fachdidaktiker in der Lehrerbildung</li></ul>**Prüfungsfragen:** ↪ Gibt es direkte Bezüge der empirischen Daten betreffs der Fachdidaktischen Strukturierung? ↪ Generieren sich die herausgearbeiteten Leitlinien aus einem oszillierenden Abgleich mit den empirischen Daten? ↪ Folgt aus der Fachdidaktischen Strukturierung ein nachvollziehbarer wissenschaftlicher sowie praktischer Nutzen für die Lehrerbildung?
Innovation	<ul><li>Erkenntnisgewinn der Fachdidaktischen Strukturierung für die Lehrerbildung</li></ul>**Prüfungsfrage:** ↪ Können neue fachdidaktische Wege im Kontext der Wissenschaft und Praxis als auch in ihrer Verzahnung beschritten werden?
Multiperspektivität	<ul><li>Berücksichtigen resp. Aufgreifen der lehrerseitigen Sichtweisen zum Gegenstandsfeld[19]</li><li>fachliche Korrektheit</li><li>Umgang mit Widersprüchen zwischen lehrerseitigen und fachdidaktischen Perspektiven</li></ul>**Prüfungsfragen:** ↪ Sind die generierten Ergebnisse sachlich adäquat und werden Widersprüche zwischen der Perspektive der Lehrkräfte und der Fachdidaktik expliziert bzw. in die Fachdidaktische Strukturierung integriert? ↪ Sind die Erkenntnisse und Ergebnisse für Wissenschaftlerinnen und Wissenschaftler anschlussfähig? ↪ Ist die Fachdidaktische Strukturierung hinreichend offen angelegt, d. h. auf andere Zielgruppen als die beforschte Stichprobe übertragbar?

---

19 Dieser Aspekt überschneidet sich partiell mit dem Punkt „Einbezug der empirischen Daten in die Fachdidaktische Strukturierung" (Gütekriterium „Brauchbarkeit für die Lehrerbildung").

11 Bilanz und Ausblick – ein (diagnostischer) Blick zurück nach vorn

Übergeordnetes Forschungsinteresse und Motivation des dargestellten Forschungsprojekts war die Entwicklung eines praxisnahen Verfahrens zur Diagnose von Lesekompetenz in der Sekundarstufe I. Einzuordnen ist diese Arbeit damit in das Verständnis der Deutschdidaktik als praktische Wissenschaft (Ossner 1993, 1999), zu deren Kern es gehört, zur Verbesserung von Lehr- und Lernprozessen im Deutschunterricht und der (Weiter-)Entwicklung der Unterrichtspraxis im Fach Deutsch beizutragen. Deutschlehrerinnen und Deutschlehrer waren im vorliegenden Projekt aber nicht nur als Adressaten für die zu entwickelnde fachdidaktische Innovation im Blick, sondern das Aufgreifen der Lehrendenperspektiven bildete ein wesentliches Design-Prinzip für die Konzeption von »JuDiT-L®«. Abschließend werden in diesem Kapitel

- die zentralen Ergebnisse der vorliegenden Studie auf Entwicklungs- und Forschungsebene zusammengefasst und verortet (Kapitel 11.1) sowie
- Folgerungen hinsichtlich zukünftiger Aufgaben und Forschungsvorhaben in der Deutschdidaktik formuliert, die sich aus den Erkenntnissen meiner Untersuchung ergeben (Kapitel 11.2).

11.1 Was erreicht ist: Zusammenfassung und Reflexion

Welche Erkenntnisse wurden im Rahmen der Untersuchung generiert? Zur Beantwortung dieser Frage greife ich nochmals auf die drei leitenden Forschungsfragen zurück, die in der Einleitung dieser Arbeit herausgearbeitet worden sind:

- Wie kann forschungsmethodisch ein Verfahren konstruiert werden, das Deutschlehrkräfte in der Sekundarstufe I bei der Diagnose von Lesekompetenz unterstützt?
- Welche Vorstellungen und Orientierungen haben Deutschlehrkräfte zur Diagnose von Lesekompetenz?
- Welche Schlussfolgerungen ergeben sich für die (Weiter-)Entwicklung des lesediagnostischen Verfahrens, wenn man die Berücksichtigung der lehrerseitigen Perspektiven zum Gegenstandsfeld als wesentliches Design-Prinzip begreift?

Die Antworten, die die vorliegende Studie auf diese miteinander verbundenen Fragestellungen liefert, sollen nachfolgend zusammengefasst dargestellt werden.

Vorneweg: Die theoretischen und methodischen Entscheidungsprozesse im Rahmen der vorliegenden Untersuchung haben den erzielten Erkenntnissen von vornherein Grenzen gesetzt. So ist etwa zu bedenken, dass in dieser qualitativen Studie zwar eine (sensible) Verallgemeinerung der Forschungsergebnisse vorgenommen wurde, die beschriebenen Erkenntnisse aber auf einer vergleichsweise schmalen empirischen Basis begründet sind und somit hinsichtlich ihrer externen Validität nicht überschätzt werden sollten. Die weiteren Ausführungen sind daher vor dem Hintergrund des ausführlich diskutierten Forschungsdesigns (Kapitel 6.1 und Kapitel 7) zu bewerten. Nichtsdestotrotz bietet die vorliegende Studie zentrale Anknüpfungspunkte zu Fragen fachdidaktischer Entwicklungsarbeit, welche für künftige deutschdidaktische Forschungsprojekte wichtige Impulse liefern können.

Wie kann forschungsmethodisch ein Verfahren konzipiert werden, das Deutschlehrkräfte in der Sekundarstufe I bei der Diagnose von Lesekompetenz unterstützt?

Das Modell der Didaktischen Rekonstruktion als Denk- und Forschungsrahmen

„In welchem theoretischen Rahmen ist das Verhältnis von Forschendem und Beforschtem, d. h. von deutschdidaktischer Forschung und Lehrenden zu reflektieren?" (Wieser 2015, S. 17). In der Fachdidaktik Deutsch gibt es bis dato keine Prinzipien oder systematischen Untersuchungen dazu, *wie* produktive Bezüge zwischen Setzungen der Fachdidaktik und Lehrendenperspektiven hergestellt werden können. Orientierung bot hier das Modell der Didaktischen Rekonstruktion (Kapitel 2), das sich insbesondere in den Naturwissenschaftsdidaktiken als Paradigma in vielfältigen Forschungsarbeiten bewährt hat und mit Gewinn auf die vorliegende Untersuchung übertragen werden konnte. Das Modell der Didaktischen Rekonstruktion für die Lehrerbildung bot einen „belastbaren Orientierungsrahmen" (Komorek/Fischer/Moschner 2013, S. 44) für die einzelnen Forschungsschritte der vorliegenden Arbeit. Auf Grundlage des Modells konnte systematisch ein praxisnahes Diagnoseverfahrens konzipiert werden, das im Fachdiskurs fundiert ist und zugleich die Relevanzsetzungen von Deutschlehrkräften berücksichtigt. Bilanzierend kann insofern festgehalten werden, dass das Modell der Didaktischen Rekonstruktion für die Lehrerbildung für die vorliegende Untersuchung als theoretischer und methodischer Forschungsrahmen tragfähig und produktiv gewesen ist.[1]

---

1 Zugleich wird hier deutlich, wie anhand von Modellen und Ansätzen, die sich in anderen Disziplinen als relevant erwiesen haben, das eigene Forschungsfeld konturiert

11 Bilanz und Ausblick – ein (diagnostischer) Blick zurück nach vorn

Theoretische Grundlage: Das Gegenstandsfeld Lesekompetenz
Im Rahmen dieser Arbeit erfolgte zunächst eine systematische Auseinandersetzung mit Ansätzen, bestehenden Setzungen und Forschungserkenntnissen im Gegenstandsfeld Lesekompetenz (Kapitel 3). Die auf diese Weise herausgearbeiteten Folgerungen bzw. Kernelemente bilden eine wesentliche Grundlage für die Entwicklung eines lesediagnostischen Verfahrens und zugleich eine wichtige Hintergrundfolie für die Erhebung der lehrerseitigen Sichtweisen im Rahmen der vorliegenden Untersuchung. Wesentlich für den weiteren Blick auf die Diagnose von Lesefähigkeit war der Anschluss an einen integrativen Lesekompetenzbegriff, wie er im Mehrebenen-Modell des Lesens von Rosebrock/Nix (2008) beschrieben wird.

Zum (un-)geklärten Diagnosebegriff in der Deutschdidaktik
Für die Konkretisierung des Gegenstandsfelds erfolgte weiterhin die Analyse und Strukturierung der Perspektiven auf schulische Diagnostik. Die Relevanz des Themas steht in der deutschdidaktischen Disziplin außer Frage. Bemerkenswerterweise gibt es aber kaum Debatten – geschweige denn Forschungsarbeiten – zu Aspekten schulischer Diagnostik innerhalb der Deutschdidaktik. In der vorliegenden Untersuchung wurde daher – auch in tiefergehender Auseinandersetzung mit wissenschaftlichen Zugängen anderer Disziplinen – profiliert und operationalisiert, was unter *fachdidaktischer* Diagnose zu verstehen ist (Kapitel 4). Die gewonnenen theoretischen Erkenntnisse aus dieser Konstruktspezifikation wurden in Verknüpfung mit den Erkenntnissen zum Gegenstandsbereich Lesekompetenz für die Formulierung von Anforderungen an ein lesediagnostisches Verfahren für die Sekundarstufe I verwendet.[2]

Konzeption des Diagnoseverfahrens »JuDiT-L®«
Die Diskussion um die Erstellung von Entscheidungshilfen für die Praxis wurde in dieser Arbeit anhand eines lesediagnostischen Verfahrens konkretisiert (Kapitel 6). Es wurde ein Diagnosetool konzipiert, das Lehrkräfte im Fach Deutsch in ihrer Diagnosepraxis unterstützt und auf Forschungsebene

---

werden kann. Siehe mit Bezug auf die vorliegende Arbeit auch Schmidt/Moschner (2016).

2 Die vorgenommene Konzeptualisierung eröffnet zudem Perspektiven für weitere Studien zu Fragen der Diagnostik im Deutschunterricht. So ist ein zentraler Aspekt, der sich an die vorliegende Arbeit anschließt, inwiefern der hier angelegte Diagnosebegriff tragfähig für die Unterrichtspraxis ist (siehe Kapitel 11.2).

zudem ermöglicht, die lesediagnostischen Urteile der Lehrkräfte zu erfassen. Die Konzeption des Tools erfolgte auf Basis der Erkenntnisse des Untersuchungsschritts der Fachdidaktischen Klärung (Kapitel 3–5), an deren Ende die Entwicklung einer ersten Erprobungsversion stand (»JuDiT-L®« 0.0). Zusätzlich wurden die generierten Diagnoseindikatoren der ersten Erprobungsversion pilotiert, um die Relevanzsetzungen von Deutschlehrkräften frühzeitig in den Entwicklungsprozess einzubinden (Kapitel 6.3). Aus den Erkenntnissen dieses Untersuchungsschritts resultierte eine erste Überarbeitung der Erprobungsversion (»JuDiT-L®« 1.0). Im Verlauf des weiteren Forschungs- und Entwicklungsprozesses, der in einem iterativen Zyklus erfolgte, wurde das Diagnosetool durch das Berücksichtigen lehrerseitiger Relevanzsetzungen zum Gegenstandsfeld weiterentwickelt, sodass als Ergebnis ein praxisnahes Diagnoseinstrument entstand.

Welche Vorstellungen und Orientierungen haben Deutschlehrkräfte zur Diagnose von Lesekompetenz?

Rekonstruktion der lesediagnostischen Sichtweisen von Deutschlehrkräften
Zentraler Leitgedanke für die vorliegende Arbeit war, dass bereits im Entwicklungsprozess die Relevanzsetzungen von Deutschlehrkräften Berücksichtigung finden sollten, um ein Diagnoseinstrument *für* die Praxis zu generieren. Um die Lehrendenperspektiven zum Gegenstandsfeld aufzugreifen, wurden im Rahmen der vorliegenden Arbeit zu zwei Erhebungszeitpunkten problemzentrierte Interviews mit Hauptschullehrerinnen und -lehrern geführt. Im Rahmen der Analyse wurden die Daten von insgesamt 10 Deutschlehrkräften ausgewertet, um deren Vorstellungen und Orientierungen zu Aspekten der Lesediagnostik in der Sekundarstufe I und den Ansprüchen an ein lesediagnostisches Verfahren zu rekonstruieren. Die Datenauswertung orientierte sich dabei vorrangig an der Dokumentarischen Methode, die um einen kategorisierenden Zwischenschritt ergänzt wurde (Kapitel 7.4.2).

Dieser Forschungsschritt und die damit verbundenen empirischen Einsichten hatten das Ziel, einerseits die Perspektiven der Lehrkräfte zu Fragen der Lesediagnostik zu erforschen sowie andererseits die Erprobungsversion des Tools zu evaluieren. Die gewonnenen empirischen Erkenntnisse wurden anschließend für die (Weiter-)Entwicklung von »JuDiT-L®« produktiv gemacht (s. u.). Die zentralen Befunde, die in Kapitel 8 ausführlich diskutiert wurden, sollen an dieser Stelle noch einmal thesenhaft dargestellt werden:

1. Die befragten Deutschlehrkräfte verfügen über einen vorrangig prozessbezogenen Lesebegriff, der vor allem das flüssige Lesen und die propositionale Textbasis fokussiert.
2. Das lesediagnostische Handeln der Lehrkräfte ist primär an einem statusbezogenen Diagnosebegriff orientiert. Eine lernprozessbezogene Diagnostik ist in der Unterrichtspraxis weitgehend nicht etabliert.
3. In der Diagnosepraxis der befragten Lehrkräfte stehen informelle Diagnosen im Mittelpunkt. Der bedeutende Faktor für die Implementation von lesediagnostischen Verfahren ist ein tragbares Kosten-Nutzen-Verhältnis.
4. In der Diagnose- und Förderpraxis der Lehrkräfte dominiert ein Blick auf die Lerngruppe.
5. Diagnose und Förderung stellen in den rekonstruierten Perspektiven der Lehrkräfte häufig zwei voneinander isolierte Prozesse im Leseunterricht dar. Es findet eher eine pauschale und weniger eine systematische Leseförderung statt.
6. Die mangelnden Lesefähigkeiten der Schülerinnen und Schüler werden von den Lehrkräften als Problemstelle für ihr Unterrichtshandeln wahrgenommen. Ausgehend von den Leseproblemen der Lernenden ist eine Reduktion des Anspruchsniveaus im Unterricht erkennbar.

Welche Schlussfolgerungen ergeben sich für die (Weiter-)Entwicklung des lesediagnostischen Verfahrens, wenn man die Berücksichtigung der lehrerseitigen Perspektiven zum Gegenstandsfeld als wesentliches Design-Prinzip begreift?

Potenzial einer dritten Sprache im Dialog zwischen Deutschlehrkräften und Deutschdidaktik

Als besonders wichtig hat sich während der Rekonstruktion der lehrerseitigen Sichtweisen die Funktion von Sprache im Vermittlungskontext herausgestellt: im Dialog zwischen Deutschlehrkräften und Fachdidaktikern treffen zwei Sprachstile aufeinander, welche für die (erfolgreiche) Verständigung zwischen den Akteuren zu reflektieren sind. Dieser Aspekt und damit verbundene Herausforderungen wurden in einem eigenständigen Kapitel diskutiert und hier für die Didaktische Rekonstruktion einer *dritten Sprache* in Vermittlungsabsicht plädiert, die sich in der wechselseitigen Betrachtung der Sprachstile von Lehrkräften und Fachdidaktikern begründet (Kapitel 9). Die Erkenntnisse aus diesem Kapitel bildeten auch einen wesentlichen Grundpfeiler für die Weiterentwicklung von »JuDiT-L®« (Kapitel 10.2).

Fachdidaktische Strukturierung: Weiterentwicklung von »JuDiT-L®«
Um begründet Schlussfolgerungen für die Weiterentwicklung von »JuDiT-L®« zu formulieren, wurden zunächst die in dieser Arbeit rekonstruierten lehrerseitigen und fachdidaktischen Perspektiven systematisch zueinander in Beziehung gesetzt (Kapitel 10). Durch den wechselseitigen Vergleich von Gemeinsamkeiten, Unterschieden und Eigenheiten zwischen beiden Perspektiven zum Gegenstandsfeld konnten schließlich acht Leitlinien für die Weiterentwicklung von »JuDiT-L®« herausgearbeitet werden:

Leitlinien zur Weiterentwicklung von »JuDiT®-L«

Übergeordnete Leitlinie: Sich um das Verstehen bemühen – sprachliche Aspekte reflektieren

Leitlinie 1: Fokussieren statt Ausdifferenzieren: Lesediagnostische Innovationen sollten nicht zu umfassend sein, damit sie für Lehrkräfte handlungsrelevant werden können.

Leitlinie 2: Status- und Prozessdiagnostik unterscheiden – eine ganzheitliche Perspektive auf Diagnose vermitteln

Leitlinie 3: Textverstehen als komplexes Konstrukt nachvollziehbar machen

Leitlinie 4: Mentale Prozesse des Lesens durch unterrichtspraktische Indikatoren manifest machen

Leitlinie 5: Für außerschulische Einflussfaktoren sensibilisieren

Leitlinie 6: Diagnose als prospektive Aufgabe bewusst machen

Leitlinie 7: Heterogenität begegnen – gruppenbezogene Einordnungen ermöglichen

---

Die in der Fachdidaktischen Strukturierung generierten Leitlinien wurden didaktisch konkretisiert und anhand ausgewählter Beispielen diskutiert. Die Leitlinien boten eine Orientierung, um die Weiterentwicklung des Tools so zu gestalten, dass die Perspektiven der Lehrenden aufgegriffen und für das Erkenntnisinteresse der vorliegenden Untersuchung produktiv gemacht werden konnten.[3] Im Sinne

---

3 Dass darüber hinaus die hier angeführten Leitlinien zum Gegenstandsfeld weiterhin für die Lehrerbildung wichtige Impulse liefern, steht außer Frage, wird mit Blick auf das Erkenntnisinteresse dieser Studie hier aber nicht vertiefend diskutiert.

der Berücksichtigung zentraler Qualitätskriterien wurden anschließend die neu generierten Beobachtungsitems (»JuDiT-L®« 2.0) noch einmal von Deutschlehrkräften formativ evaluiert (Kapitel 10.3.1).

Zusammenführend ist der Erkenntnisgewinn der vorliegenden Studie ein doppelter: Als *Produkt* dieser Studie ist ein praxisnahes Verfahren generiert worden. Gleichzeitig wurde mit der vorliegenden Untersuchung ein *Beitrag* zur Grundlagenforschung im Bereich der lehrerseitigen Perspektiven zur Lesediagnostik in der Sekundarstufe I geleistet.

11.2 Was noch zu tun ist: Prospektive Aufgaben für Forschung und Lehre

Es ist unbestritten, dass die Deutschdidaktik fachdidaktische Innovationen entwickelt, um auf die Praxis zu einzuwirken – bzw. normativ gesehen: die Praxis zu verbessern.[4] Gleichwohl demonstriert die vorgelegte Studie, dass die Konzeption entsprechender praxisnaher Innovationen eine komplexe Aufgabe ist, bei der „die Frage der Vermittlung nicht erst am Ende einer Untersuchung ins Spiel kommt, sondern von Anfang an das Design und die Auswertung mitbestimmt" (Kattmann 2007a, S. 101). Das damit verbundene systematische und kontrollierte Vorgehen ist aber nicht nur Herausforderung, sondern auch hinreichende Bedingung einer solchen Praxisorientierung – besteht sonst doch immer die Gefahr, dass unterrichtspraktische Innovationen (vor-)schnell zu einer unsystematischen und unwissenschaftlichen Wissensproduktion ‚verkommen', welche zurecht von Ossner (1999) angemahnt wird:

> Eine Fachdidaktik, die immer neue Zaubermittel für die Praxis, die sie selbst weder gestaltet, noch zu verantworten hat, erfindet, die Methodik in ihrer Wissenschaft mit Inszenierung ihrer Wissensbestände in der Schule verwechselt, eine solche Didaktik ist keine Wissenschaft, sondern ein Modebetrieb. (Ebd., S. 32)[5]

Mit Blick auf diese Argumentationsfigur hat die vorliegende Untersuchung bewusst und notwendigerweise einen „langen Weg zum Unterrichtsdesign" (Prediger/ Komorek 2013) beschritten, der zugleich neue und weiterführende Fragen aufwirft, die zum Abschluss dieser Arbeit ins Blickfeld rücken sollen (Kapitel 11.2.1).

---

4 Welche Verwendungsansprüche wiederum fachdidaktische Innovationen innehaben, die auf die Praxis zielen, ist in der Deutschdidaktik bislang kaum diskutiert und erforscht (Scherf 2016).

5 Ossner spricht im Weiteren, unter Rückgriff auf Ivo (1996), von einem „Aktualitätsdruck, der auf allen praktischen Wissenschaften lastet" (Ossner 1999, S. 40).

Verbunden mit der Reflexion der Erkenntnisse dieser Untersuchung und zugleich darüber hinausgehend, werde ich zudem darauf eingehen, „wie [sich] eine praktische Ausrichtung einer Wissenschaft überhaupt konstituieren kann" (Ossner 1993, S. 187). In diesem Kontext werden Charakteristika einer praxisorientierten Entwicklungsforschung diskutiert, die ich als wichtiges Aufgabengebiet für die weitere Forschung in der Deutschdidaktik betrachte (Kapitel 11.2.2).

11.2.1 Zukünftige Forschungsaufgaben

Im Rahmen dieser Untersuchung sind gewisse Fragen offen geblieben (bzw. mussten offen bleiben), es sind aber auch weitergehende Fragen durch die Erkenntnisse dieser Studie erwachsen sowie neue Fragestellungen hinzugekommen. In diesem Abschnitt werden vor diesem Hintergrund Anknüpfungspunkte für weitere Forschungsarbeiten und Fragen der Lehrerbildung diskutiert. Dafür nehme ich Überlegungen auf drei Ebenen in den Blick, die zugleich den Forschungszusammenhang dieser Arbeit widerspiegeln:

- Lesediagnostische Forderungen (Kapitel 11.2.1.1)
- Alltägliche Diagnosepraxis im Deutschunterricht (Kapitel 11.2.1.2)
- Lehrerprofessionalisierung (Kapitel 11.2.1.3)

11.2.1.1 Lesediagnostische Forderungen

Das dialektische Verhältnis von Diagnose und Leseförderung vermitteln

Aus Sicht der Lehrenden in meinem Sample wird in lesedidaktischen Angeboten nicht hinreichend geklärt, *wie* Bezüge zwischen Diagnose und Förderung hergestellt werden können. Publikationen und Handreichungen (nicht nur) im Bereich Lesekompetenz, die an Deutschlehrkräfte adressiert sind, sollten das dialektische Verhältnis von Diagnose und Förderung verstärkt berücksichtigen und auch Vorschläge zur konkreten Umsetzung unterbreiten (als gelungenes Beispiel etwa Gailberger/Nix 2013). Lehrkräfte im Fach Deutsch könnten mit solchen Konzeptionen angemessene Orientierungshilfen gegeben werden, um von Beobachtungen zu angemessenen Förderungen zu gelangen. Nicht zuletzt müssen fachdidaktische Innovationen Lehrkräfte dazu anzuregen, einen differenzierten Blick auf die Lesekompetenz ihrer Schülerinnen und Schüler einzunehmen, der schließlich die Grundlage für passende Strukturierungen für den Unterricht bildet. Vielen beforschten Lehrkräften in meinem Sample gelingt es indes nicht, flexibel auf Grundlage von Beobachtungen zu fördern und ihren Unterricht zu strukturieren. Dies ist ein Aspekt, der in der deutschdidaktischen

Lehrerbildung mitunter noch zu wenig bzw. vielleicht noch nicht systematisch genug in den Blick genommen worden.

11.2.1.2 Alltägliche Diagnosepraxis im Deutschunterricht

Sich der Diagnosepraxis von Deutschlehrkräften zuwenden

Wie sich das dokumentierte lesediagnostische Handeln der Lehrkräfte *tatsächlich* im Deutschunterricht auswirkt, kann anhand der vorliegenden Studie ebenso wenig beantwortet werden, wie die Frage, inwiefern die skizzierten Wissensgrundlagen im Unterricht *selbst* handlungswirksam werden. Demgemäß gilt es im Anschluss an die vorliegende Untersuchung Forschungssettings zu realisieren, mit denen das *diagnostische Können* der Deutschlehrkräfte und somit das sog. „Wissen 3" nach Neuweg (2011a) erforscht wird. Hier wie auch generell besteht vermehrter Forschungsbedarf in der deutschdidaktischen Professionsforschung (Bräuer/Winkler 2012, S. 78f.).[6] In diesem Kontext bietet »JuDiT®-L« weiterführende Perspektiven als Forschungsinstrument, welche im nachfolgenden Abschnitt in den Blick genommen werden.

Implementation von »JuDiT®-L«

Eine wichtige Phase für generierte fachdidaktische Innovationen ist zweifelsfrei deren Implementation ins schulische Handlungsfeld, um dort wirksam werden zu können. Schließlich ist es die Zieldimension von Innovationsprozessen, zur Verbesserung der Unterrichtspraxis beizutragen. An verschiedenen Stellen dieser Arbeit wurde betont, dass in der vorliegenden Untersuchung die *Vorbereitung* der Implementation des Verfahrens fokussiert wurde. Konsequenterweise ist die Implementation von »JuDiT®-L« in die Unterrichtspraxis ein logischer Schritt im Anschluss an die vorliegende Arbeit. Zu bedenken ist dabei allerdings, dass die Implementation von Innovationen mit eigenen Anforderungen verbunden ist (siehe dazu z. B. die Ergebnisse der Studien von Bräuer 2010a; Scherf 2013; Schmelz 2009). Im Kontext der Implementation des Verfahrens muss sich schließlich auch zeigen, *welche Perspektiven* »JuDiT®-L« in der alltäglichen Unterrichtspraxis bzw. für die Lehrerprofessionalisierung eröffnet:

> Ob eine Innovation die erwünschten Effekte erzielt und sich positiv auf die Lernergebnisse auswirkt, kann in dieser Sichtweise fairerweise nur dann evaluiert werden, wenn

---

6 Die Komplexität entsprechender Projekte zur Wechselwirkung von Unterrichts-, Schüler- und Lehrermerkmalen kann allerdings nur in größeren Forschungskooperationen bewältigt werden.

sie tatsächlich zu einem bestimmten Grad umgesetzt wurde. (Gräsel/Parchmann 2004a, S. 199)

Dabei sind *Implementationserfolg*, d. h. die Umsetzung einer Innovation in der Praxis, und *Innovationserfolg*, also die Wirksamkeit der Innovation in der Praxis, klar voneinander zu unterscheiden sind (ebd.); mit den Begriffen werden somit jeweils eigene Fragestellungen für zukünftige Forschungsarbeiten verhandelt.

»JuDiT®-L« als Forschungsinstrument nutzen

Bereits mehrfach wurde in dieser Arbeit diskutiert, dass »JuDiT®-L« Perspektiven für die Erforschung der Diagnoseprozesse von Deutschlehrkräften im Bereich Lesekompetenz eröffnet. Insbesondere da Diagnoseprozesse methodisch schlecht abbildbare Prozesse darstellen, bietet »JuDiT®-L« zumindest Möglichkeiten, um sich diesen mentalen Prozessen forschungsseitig anzunähern. Mit Hilfe des praxisorientierten Tools können insofern „unterrichtsnahe Diagnosekriterien, Diagnoseprozesse und Diagnoseleistungen von Lehrkräften" für die Deutschdidaktik nachvollziehbar werden, über die wir aktuell (noch) wenig wissen (Bräuer/Winkler 2012, S. 79; Herv. ebd.).

11.2.1.3 Lehrerprofessionalisierung

Einsatz von »JuDiT®-L« im Rahmen der Lehrer(aus-)bildung

Neben der Implementation von »JuDiT®-L« in die schulische Praxis bietet es sich auch an, das Tool als Reflexionsfolie in Vermittlungssituationen, beispielsweise in der Hochschuldidaktik, einzusetzen. In den vergangenen Jahren habe ich »JuDiT®-L« im Rahmen von verschiedenen Seminaren vorgestellt und diskutiert. Mit aller Vorsicht kann aus den jeweiligen Diskussionen in den Veranstaltungen geschlussfolgert werden, dass gerade bei Studierenden eine Aufgeschlossenheit für lesediagnostische Beobachtungsverfahren – vermutlich aufgrund noch nicht gefestigter Wissensbeständige zum Gegenstandsfeld – besteht.[7] Dass Interesse und Offenheit wesentliche Faktoren für den Erfolg fachdidaktischer Innovationen sind, dürfte unbestritten sein. Wünschenswert wären folglich auch Untersuchungen zum Einsatz und der Lernwirksamkeit des Diagnoseinstruments in der Hochschuldidaktik. Weitgehend unbearbeitet ist nämlich bislang, wie angemessene diagnosebezogene Wissensbestände bei angehenden

---

7 Das soll nicht heißen, dass Studierende eine tabula rasa sind; auch bei angehenden Lehrkräften bestehen bereits Perspektiven zum Gegenstandsfeld, die es für die Integration des Tools in die Hochschuldidaktik zu berücksichtigen gilt.

Lehrkräften ausgebildet werden können und wie entsprechend Lehr-Lernarrangements strukturiert werden müssen (Kapitel 4.3.1). Hier wie auch allgemein im Bereich der Wissensvermittlung in der Hochschule besteht gegenwärtig noch eine „*Krise der fehlenden Taten*" (Neuweg 2011a, S. 471; Herv. ebd).

Interviewmaterial in der Lehrerbildung nutzen
Neben dem reflektierten Verstehen kommt dem Stiften von Erfahrung eine bedeutende Rolle in der Vermittlung zu: Die Lehrerinterviews der vorliegenden Studie können in Form von Fallbeispielen (u. a. Pieper et al. 2014; Wieser 2015, S. 30ff.)[8] oder sog. „Concept Cartoons" (Keogh/Neylor 1999) für die Lehrerbildung genutzt werden. Concept Cartoons sind eine vor allem in der Naturwissenschaftsdidaktik anerkannte Methode zur Erfassung von Schülervorstellungen (Chin/Teou 2009). Indem Schülerinnen und Schüler mit Vorstellungen von (fiktiven) Lernenden zu bestimmten Situationen oder Gegenstandsfeldern konfrontiert werden und zu diesen Stellung beziehen müssen, werden auch ihre eigenen Vorstellungen offen gelegt. Bereits mehrfach habe ich im Rahmen meiner Staatsexamensprüfungen und Lehrveranstaltungen Concept Cartoons eingesetzt, die auf den Interviewerhebungen dieser Arbeit basierten. Die Erkenntnisse lassen mit aller Vorsicht vermuten, dass das Verfahren auch für die Hochschullehre eine geeignete Möglichkeit bietet, um sich mit den Vorstellungen von Studierenden auseinanderzusetzen.[9] Beide Verfahren eröffnen insofern Möglichkeiten, sowohl die Vorstellungen von (angehenden) Lehrkräften zu erfassen als auch Reflexionsprozesse zu initiieren. Die entwickelten Leitlinien in der vorliegenden Untersuchung (Kapitel 10.2) bieten in diesem Zusammenhang eine produktive Ergänzung.

Berücksichtigung einer dritten Sprache in der Lehreraus- und -weiterbildung
Die Ergebnisse dieser Untersuchung haben insbesondere die zentrale Rolle einer dritten Sprache zwischen Lehrkräften und Fachdidaktik im Vermittlungskontext verdeutlicht (Kapitel 9). Auf der tertiären Bildungsebene besteht in diesem Kontext ein nicht zu unterschätzender Aspekt darin, Fachsprache – konkret im Rahmen fachdidaktischer Lehrveranstaltungen – bewusst *anzuwenden* und zu

---

8 Zu den Möglichkeiten der Implementation von Fallbeispielen in die Hochschuldidaktik aus deutschdidaktischer Perspektive siehe Lindow (2013, S. 251ff.).
9 Zum Einfluss von professionsbezogenen Perspektive(n) der Studierenden (sowie der Lehrenden) für Lehr- und Lernprozesse im Lehramtsstudium Deutsch: Winkler (2015c).

formen. Mir erscheint es zielführend, gerade in der Hochschuldidaktik den fachdidaktischen Fachspracherwerb *entwicklungsproximativ* zu denken.[10]

11.2.2 Praxisorientierte Entwicklungsforschung – ein zukünftiges Aufgabenfeld für die Deutschdidaktik

Fachdidaktische Forschung hat das primäre Ziel, Unterrichtspraxis zu verbessern. In diesem Zusammenhang ist die Bestimmung des Verhältnisses der Deutschdidaktik zur Praxis bzw. zu den Lehrenden im Fach Deutsch als ihren Akteuren fortwährender Gegenstand der Diskussion – gehört dieser Bereich doch zu den Kernfragen des Selbstverständnisses unserer Disziplin (zuletzt Bräuer 2016). Die Einsicht und die verstärkte Auseinandersetzung mit der mangelnden „Bedeutsamkeit [fachdidaktischer Forschungsergebnisse und Innovationen] im professionellen Alltag" (Wieser 2015, S. 22) des Deutschunterrichtes ist hauptverantwortlich dafür, dass Fragen der Praxisorientierung und Innovationsrezeption erneut an Aktualität in der Deutschdidaktik gewonnen haben.[11] Schließlich darf nicht verkannt werden, dass

> jede praktische Disziplin, wenn sie praktisch sein will, auch eine Technologie braucht. Vergisst sie dieses, wird sie bald nur Rhetorik zu einer undurchschauten Praxis liefern. (Ossner 2001, S. 30)

Umso bemerkenswerter ist es, dass wiederum eine produktive Verbindung von Forschungs- *und* Entwicklungsarbeit, wie sie in der vorliegenden Untersuchung vorgenommen wurde, in der gegenwärtigen Diskussion zur Konzeption fachdidaktischer Innovationen ebenso randständig ist, wie Forschungen zur Frage, unter welchen Bedingungen gewünschte Ergebnisse in der Unterrichtspraxis erzeugt werden können.[12] An diesem Punkt setzt ein noch keineswegs ausreichend

---

10 Interessant wären vor diesem Hintergrund Untersuchungen dazu, wie Studierende fachdidaktische Gegenstände diskutieren.
11 So war beispielsweise im 41. Mitgliederbrief des Symposions Deutschdidaktik die Ankündigung der Gesellschaft für Fachdidaktik enthalten, einen Workshop zur „praxisorientierten fachdidaktischen Forschung" durchzuführen, der sich insbesondere mit der Frage befassen sollte, wie „Erträge fachdidaktischer Forschung auch sichtbar werden und sich im Handeln [der Lehrkräfte] niederschlagen" (SDD 2014, S. 4).
12 Anschlussfähig ist hier die Überlegung von Köster (2015), die vermutet, dass im Hinblick auf die Generierung von praxisorientierten, wissenschaftlichen Entscheidungshilfen eine „Furcht [der Deutschdidaktik] vor wissenschaftlicher Insuffizienz und vor Unterlegenheit gegenüber anderen Disziplinen" bestehe. Andere Disziplinen haben hier weitaus weniger Schwierigkeiten: Wie unter anderem Einsiedler (2011, S. 42)

geklärtes Forschungsparadigma für die Deutschdidaktik an, das zum Abschluss dieser Arbeit in den Fokus gerückt wird. Wesentliche Merkmale eines solchen Forschungszweigs, den ich als *praxisorientierte Entwicklungsforschung* kennzeichnen möchte, werden nachfolgend diskutiert.

Als Sinnbild für die Verortung des Ansatzes soll zunächst das international breit rezipierte Quadrantenmodell des Politikwissenschaftlers Donald E. Stokes (1997) herangezogen werden (siehe Abbildung 11.1). Ausgangspunkt von Stokes wissenschaftstheoretischen Überlegungen ist eine grundlegende Kritik am traditionellen Verständnis des Verhältnisses von Grundlagenforschung („basic research") und anwendungsbezogener Forschung („applied research"), welche nach herrschender Auffassung als entgegengesetzte Pole einer Dimension bzw. nacheinander zu durchlaufende Forschungsbereiche eingeordnet werden (ebd., S. 9f.). Anhand von verschiedenen Beispielen aus der Technik- und Wissenschaftsgeschichte erweitert Stokes diese eindimensionale Auffassung des Verhältnisses und schlägt eine neue Betrachtungsweise vor: Erkenntnis- und Anwendungsinteresse sollen als *zwei getrennte Orientierungsdimensionen* von Forschung aufgefasst werden (ebd., S. 72f.). Diese Überlegung führt er in einem *zwei*dimensionalen Quadrantenmodell von wissenschaftlichen Zugängen zusammen, das verschiedene Kombinationen für Forschungsarbeiten ermöglicht:

Abbildung 11.1: Praxisorientierte Entwicklungsforschung im „Quadrant Model of Scientific Research" (eigene Darstellung, verändert nach Stokes 1997, S. 73)

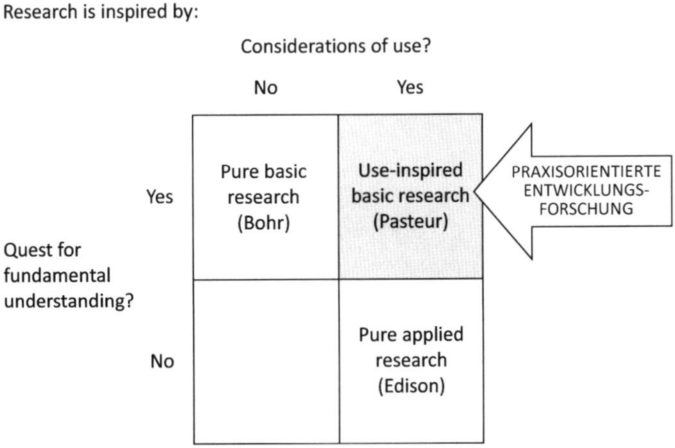

Research is inspired by:

Considerations of use?

		No	Yes	
Quest for fundamental understanding?	Yes	Pure basic research (Bohr)	Use-inspired basic research (Pasteur)	PRAXISORIENTIERTE ENTWICKLUNGS-FORSCHUNG
	No		Pure applied research (Edison)	

herausstellt, ist in der Medizin oder Technik die (selbst-)bewusste Verknüpfung von Forschung und Entwicklung längst etabliert.

Die erste Dimension in Stokes Modell fokussiert die Frage, ob ein Forschungsvorhaben die Generierung neuer Erkenntnisse im Sinne der Grundlagenforschung („Quest for fundamental understanding?") zentral setzt. Die zweite Dimension rückt dagegen die Frage ins Blickfeld, ob ein Forschungsvorhaben auf einen praktischen Nutzen ausgerichtet ist („Considerations of use?"). Praxisorientierte Entwicklungsforschung ist in Stokes Klassifizierung dem nach Louis Pasteur[13] benannten Quadranten zuzuordnen, der auf Forschungsvorhaben abzielt, die Forschungs- *und* Entwicklungsperspektive miteinander verknüpfen. Stokes (1997, S. 87f.) kennzeichnet diese Art von Forschung als „use-inspired basic research". Am Beispiel dieser Arbeit: Die vorliegende Studie zielte auf der Entwicklungsebene auf ein konkretes Produkt (»JuDiT®-L«), sie war also „use-inspired", und hat mit der Erhebung und Rekonstruktion der Sichtweisen von Lehrkräften zum Gegenstandsfeld der Lesediagnostik zugleich grundlegende Erkenntnisse für die Deutschdidaktik generiert („fundamental understanding").

Stokes Überlegungen helfen bei einer ersten Bestimmung des Forschungsparadigmas der praxisorientierten Entwicklungsforschung.[14] Deutlich wird: Praxisorientierte Entwicklungsforschung zielt nicht nur auf die Konzeption eines konkreten Produkts (*Entwicklungsarbeit*), sondern auch auf die Generierung von empirischen Einsichten (*Grundlagenforschung*). Sie versucht also eine Brücke zwischen den von Ossner (1999) beschriebenen Zielsetzungen einer Deutschdidaktik als praktische Wissenschaft zu schlagen, nämlich zum einen „die Praxis [zu] beschreiben" und zum anderen „auf die Praxis zu zielen" (ebd., S. 40).[15]

Basierend auf dieser ersten Begriffsbestimmung muss weiterhin gefragt werden, wie ein solcher Forschungsansatz in der Deutschdidaktik realisiert werden kann. In der nachfolgenden Abbildung werden die zentralen Charakteristika praxisorientierter Entwicklungsforschung im Überblick visualisiert:

---

13 Als historisches Beispiel für diese Forschungsrichtung führt Stokes (1997, S. 7ff.) die Arbeiten des Chemikers und Mikrobiologen Louis Pasteur an. Pasteur beschäftigte sich mit dem praktischen Problem der Haltbarkeit von Lebensmitteln und erbrachte zugleich grundlegende Erkenntnisse über Mikroorganismen, die zu wesentlichen Erkenntnissen im Bereich der Chemie, Biologie und Medizin führten.
14 Die Verortung in Pasteurs Quadrant des „use-inspired-research" wird häufig als Sinnbild in der Entwicklungsforschung genutzt (so u. a. Fischer/Waibel/Wecker 2005, S. 433; Prediger/Link 2012, S. 38).
15 Die Frage, in welcher Beziehung bzw. Verhältnis beide Forschungsrichtungen stehen (sollten), wird indes von Ossner nicht vertiefend diskutiert.

Abbildung 11.2: Merkmale einer praxisorientierten Entwicklungsforschung

Insgesamt lassen sich fünf übergeordnete Merkmale praxisorientierter Entwicklungsforschung bestimmen, deren wechselseitige Beziehungen sich mit Hilfe eines Tetraeder-Modells[16] darstellen lassen: (1) Die Gegenstandsorientierung, (2) die Iterativität, (3) die Prozessorientierung, (4) die Partizipation von Lehrkräften sowie (5) das Paradigma der Didaktische Rekonstruktion, das als Forschungsrahmen fungiert (siehe Abbildung 11.2).[17] Die genannten Charakteristika sind spezifisch für eine Verknüpfung von Grundlagenforschung und Entwicklungsarbeit und werden nachfolgend vertiefend dargestellt.

---

16 Abbildung 11.2 und die nachfolgend diskutierten Merkmale können nicht mehr als eine erste Justierung dieser Forschungsrichtung sein, die es u. a. mit Blick auf Qualitätskriterien in weiteren deutschdidaktischen Forschungsarbeiten zu vertiefen gilt.

17 Orientierungspunkt für die folgenden Ausführungen sind Erkenntnisse der vorliegenden Studie sowie bestehende Ansätze und Zugänge zur Entwicklungsforschung bzw. Design Research, die bereits in anderen Disziplinen verhandelt werden (im Überblick: Plomp/Nieveen 2013). Während die Merkmale „Iterativität", „Prozessorientierung" und „Gegenstandsorientierung" im Diskurs wiederholt als zentrale Charakteristika von Entwicklungsforschung benannt werden (u. a. Prediger/Link 2012; van den Akker et al. 2006; Wilhelm/Hopf 2014), finden die von mir weiterhin genannten Merkmale „Partizipation" und „Didaktische Rekonstruktion", die auf Grundlage der Erkenntnisse der vorliegenden Untersuchung herausgearbeitet wurden, hingegen keine explizite Berücksichtigung im Diskurs.

(1) Gegenstandsspezifität

Werden die fachlichen Inhalte vernachlässigt, so reißt der Faden zum Kern der Fachdidaktik (Ossner 1999, S. 33). Die Klärung des konkreten (Lern-)Gegenstands mit seinen Spezifika ist daher für die Planung und Durchführung praxisorientierter Entwicklungsforschung unverzichtbar. Dazu ist die Auseinandersetzung mit dem Stand der fachdidaktischen Theoriebildung zu einem Thema, zu Erkenntnissen über Lernendenperspektiven und gegenstandsspezifischen Lernzielen zentral (siehe Untersuchungsaufgabe „Fachliche Klärung" im Modell der Didaktischen Rekonstruktion, Kattmann et al. 1997, S. 11). Auf diese Weise wird der Lerngegenstand spezifiziert und fachdidaktisch strukturiert.

(2) Iterativität

Das Merkmal der Iterativität beschreibt die zyklische Vorgehensweise im Forschungs- und Entwicklungsprozess. Kennzeichnend für praxisorientierte Entwicklungsforschung ist, dass die *Phasen der Forschung und Entwicklung eng miteinander verknüpft* sind. Das bedeutet, dass mehrere Zyklen der Entwicklung, Evaluation, Analyse bzw. Reflexion und (Weiter-)Entwicklung im Forschungsprojekt durchlaufen werden, mit denen – im Sinne einer formativen Evaluation – die *Verbesserung der Innovation* angestrebt wird. Jeder Zyklus leistet somit einen (weiteren) Beitrag zur Spezifizierung und Strukturierung der fachdidaktischen Innovation (z. B. Änderung, weitere Ausdifferenzierung, empirische Absicherung theoretischer Annahmen). Die Grundidee ist also, dass die einzelnen Zyklen keine isolierten Prozesse darstellen, sondern von vornherein systematisch aufeinander bezogen werden, um zu *Elaborationen in der Tiefe* zu gelangen und nicht nur oberflächliche Erkenntnisse zu erzielen.

(3) Prozessorientierung

Fachdidaktische Innovationen sollten von Anfang an die schulischen Rahmenbedingungen berücksichtigen. Kennzeichnend für praxisorientierte Entwicklungsforschung ist daher weiterhin die unterrichtliche Erprobung fachdidaktischer Innovationen, um (Lern-)Prozesse und die alltäglichen Rahmenbedingungen der Unterrichtspraxis in ihrer Komplexität zu beforschen und daraus weiterführende Einsichten zum *Verstehen und Verbessern der entwickelten Innovation* zu gewinnen. Denn: Nicht nur Lehrkräfte und ihre Relevanzsetzungen (siehe Merkmal „Partizipation"), sondern auch die schulischen Rahmenbedingungen sind mitentscheidend für die Umsetzung einer fachdidaktischen Innovation – Praktiker und Praxis gleichzusetzen wäre eine verkürzte Sichtweise von Entwicklungsforschung. Im fortschreitenden Entwicklungsprozess geht es also auch darum zu klären, „why designs work and [...] how they may be adapted to new circumstances" (Cobb et al. 2003, S. 10). Wesentlich ist daher, dass nicht nur Bedingungen und Wirkung der fachdidaktischen Innovation beforscht werden, sondern dass auch die (*individuellen*) *Lernprozesse selbst als Objekt der Beforschung* ins Blickfeld geraten. Das Analysieren und Erklären von Lernverläufen, möglichen Hürden und Potentialen bildet einen Beitrag zur Gewinnung von empirischen fundierten Erkenntnissen über Lernprozesse im Gegenstandsfeld (Prediger et al. 2013, S. 12f.).

(4) *Partizipation*

Aufgabe der Fachdidaktik ist es, „ein Wissen *für jemanden*" (Ossner 1999, S. 32; Herv. ebd.) zu generieren – für eine Fachdidaktik als praktische Wissenschaft ist dieser *Jemand* vor allem die Deutschlehrkraft, die an der Umsetzung fachdidaktischer Innovationen entscheidend beteiligt ist. Praxisorientierte Entwicklungsforschung bedeutet deshalb auch, mit Lehrkräften zu kooperieren bzw. ihre Relevanzsetzungen zu einer zentralen Säule im Entwicklungsprozess zu machen. Mit dem Merkmal der Partizipation soll die Aufmerksamkeit darauf gerichtet werden, dass

> Lehrern [und ihren Perspektiven auf die jeweiligen Gegenstände] im Rahmen von Innovationsprozessen frühzeitig und in vielfältiger Form Gelegenheit zur Partizipation und Feedback gegeben werden sollte, da dies sowohl der Produktion als auch der Rezeption von Neuerungen dient. (Schmelz 2009, S. 280)

Zweifellos sind Kooperationen zwischen Akteuren aus der Wissenschaft und dem schulischen Feld anspruchsvoll – nicht nur auf organisatorischer, sondern auch auf konzeptioneller Ebene (u. a. Axelsson 2010). Denkbar ist vor diesem Hintergrund, dass Lehrkräfte und ihre Perspektiven auf bestimmte Gegenstandsbereiche im Rahmen *einzelner Arbeitsphasen* in den Entwicklungsprozess eingebracht werden. Prinzipiell zu berücksichtigen ist dabei, dass die Zusammenarbeit zwischen Lehrkräften und Fachdidaktikern nicht „per se produktiv" ist (Gräsel/Parchmann 2004a, S. 210f.; Herv. ebd.).[18] Praxisorientierte

---

18 Geht es um Formen der längeren *direkten* Zusammenarbeit von Akteuren des Praxisfelds und Fachdidaktikern sind praxisorientierte Entwicklungsprojekte der transdisziplinären Forschung zuzuordnen. Gerade in diesem Bereich besteht in der Deutschdidaktik (noch) einiger Bedarf an Erfahrungen sowie überhaupt der theoretisch-konzeptionellen Reflexion, wie ein solches Vorgehen gelingen kann (Winkler/Schmidt 2016, S. 18). Erste Ansätze und Impulse für derartige Kooperationen, die mit Gewinn auf die Deutschdidaktik bezogen werden können, finden sich in den

Entwicklungsforschung bzw. das Merkmal der Partizipation fordert daher eine bestimmte Haltung als Maßstab für gemeinsame Forschungsbemühungen ein: Vonseiten der Lehrkräfte ist es die Bereitschaft, nicht nur einfache Handlungsrezepte von der Fachdidaktik zu erwarten bzw. einzufordern und vonseiten der Fachdidaktik ist es die Bereitschaft, Lehrkräfte als professionell handelnde Personen im Praxisfeld wahrzunehmen.[19]

(5) Didaktische Rekonstruktion als Forschungsrahmen
Mit Blick auf die skizzierten (umfangreicheren) Aufgaben im Rahmen praxisorientierter Entwicklungsforschung ist es nicht zuletzt wesentlich, dass sich die einzelnen Forschungs- und Entwicklungsschritte an einem übergreifenden Paradigma orientieren. Als tragfähig erscheint in diesem Zusammenhang das Modell der Didaktischen Rekonstruktion (Kattmann et al. 1997), das sich auch in der vorliegenden Studie als Orientierungsrahmen bewährt hat. Dass das Modell der Didaktischen Rekonstruktion ein angemessenes Untersuchungsdesign für das zyklische Vorgehen innerhalb praxisorientierter Entwicklungsforschung darstellt, wird deutlich, wenn man sich den Zielanspruch des Modells noch einmal vergegenwärtigt:

> Mit der Didaktischen Rekonstruktion werden wesentliche Aufgaben fachdidaktischer *Forschungs- und Entwicklungsarbeiten in ihren wechselseitigen Bezügen*, ihren Voraussetzungen und Abhängigkeiten [aus dezidiert fachdidaktischer Perspektive] modelliert. (Kattmann et al. 1997, S. 4; Herv. F.S.).

Mit dem Modell der Didaktischen Rekonstruktion liegt weiterhin ein etablierter und erprobter Denkrahmen für Forschungsprojekte vor, der ein methodisch kontrolliertes Vorgehen sowohl innerhalb einzelner Untersuchungsaufgaben als auch im Hinblick auf das systematische In-Beziehung-Setzen der Erkenntnisse aus den einzelnen Untersuchungsaufgaben ermöglicht. Insbesondere die vergleichende Betrachtung von Alltags- und Wissenschaftlerperspektiven in Vermittlungsabsicht stellt ein produktives Paradigma für praxisorientierte Entwicklungsforschung dar.[20]

Naturwissenschaftsdidaktiken (u. a. Nawrath 2010; Parchmann et al. 2006; Ralle/Di Fuccia 2014).
19 Gerade hier zeigt sich die Tragfähigkeit des Modells der Didaktischen Rekonstruktion als Forschungsparadigma für praxisorientierte Entwicklungsforschung – ist es doch Zielperspektive des Modells, Strukturierungen *in Vermittlungsabsicht* zu generieren.
20 Die Zusammenführung bzw. vergleichende Betrachtung von Wissenschaftler- und Schüler- bzw. Lehrerperspektiven findet in den bisherigen Ansätzen der Entwicklungs-

Zusammengefasst: Praxisorientierte Entwicklungsforschung in der beschriebenen Art und Weise trägt zur Konzeption praxisnaher *und* forschungsbasierter fachdidaktischer Innovationen bei. Auf Basis der beschriebenen fünf Merkmale werden Innovationen generiert, die das „Ergebnis eines systematischen Nachdenkens über den Gegenstand und seine Entwicklungspotenz sowie der gefundenen empirischen Daten" sind (Ossner 1999, S. 32). Kennzeichnend für die Ausgestaltung praxisorientierter Entwicklungsforschung ist eine konsequente Verschränkung von Forschungs- *und* Entwicklungsaufgaben. Wie dies im Einzelfall gestaltet werden kann, wurde anhand der vorliegenden Studie deutlich. Die Implementation der so generierten Innovationen ist wiederum kein Schritt innerhalb praxisorientierter Entwicklungsforschung, sondern ein darauf aufbauender.

Wenn der Anspruch vonseiten der Deutschdidaktik besteht, Einfluss auf den Deutschunterricht zu nehmen und Akzente zur (Weiter-)Entwicklung zu setzen, muss sie schließlich auch den Mut haben, sich *aktiv* an der Verbesserung der Unterrichtspraxis zu beteiligen: Sie muss – auch und gerade als wissenschaftliche Disziplin – Lehrkräften Entscheidungshilfen für die Erfordernisse des Deutschunterrichts bereitstellen, die weiterführende Einsichten für Praktikerinnen und Praktiker ermöglichen. Für diese Position hat sich Jakob Ossner (2001, S. 24) bereits vor fünfzehn Jahren stark gemacht. Juliane Köster (2015) hat den von Ossner formulierten Anspruch jüngst wieder aufgenommen und die Generierung von Entscheidungshilfen für das Handlungsfeld des Deutschunterrichts sowie die Diskussion von Entscheidungsmöglichkeiten als „germanistischen Kern der Disziplin"[21] beschrieben. Als zielführend für diesen Anspruch bzw. diese Zielperspektive einer auf Handlungen zielenden Deutschdidaktik erachte ich den Weg hin zu einer praxisorientierten Entwicklungsforschung. Die vorliegende Untersuchung soll dazu ein erster Impuls sein.

Zum Schluss: Der in diesem Abschnitt zur Diskussion gestellte Ansatz praxisorientierter Entwicklungsforschung nimmt in Teilen bekannte Fragen und Debatten auf, die geführt werden, seit es die Disziplin gibt – so etwa die Frage nach

---

forschung meist keine Beachtung (z. B. bei Cobb et al. 2003; Prediger/Link 2012; van den Akker et al. 2006).

21 Köster (2015) warnt davor, dass zwischen den strategischen Trends der Partialisierung und Eklektizismus, die gegenwärtig in der Deutschdidaktik vorzufinden seien, das „Handlungsfeld des Deutschunterrichts zum blinden Fleck" (ebd., S. 4) werden könne. Als Ausweg aus diesem „Dilemma" verweist sie auf die Bestimmung der Deutschdidaktik als praktische Wissenschaft sensu Ossner (1993, 1999), um der „Forderung nach Relevanz der Disziplin für die unterrichtliche Praxis gerecht zu werden" (Köster 2015, S. 6).

dem Stellenwert von Forschungs- und Entwicklungsaufgaben für eine Deutschdidaktik als praktische Wissenschaft (Ossner 1993, 1999). Altbekanntes aufzugreifen und vor neuem Hintergrund zu diskutieren, kann aber auch zu neuen Einsichten führen. Und erfahrungsgemäß lässt sich ja mit einer neuen Brille der eigene Blick (wieder) schärfen.

12 Literaturverzeichnis[1]

Abel, Jürgen/Faust, Gabriele (Hrsg.) (2010): Wirkt Lehrerbildung? Antworten aus der empirischen Forschung. Münster: Waxmann.

Abraham, Ulf et al. (Hrsg.) (2003): Deutschdidaktik und Deutschunterricht nach PISA. Freiburg i. Br.: Fillibach.

Abraham, Ulf/Frederking, Volker (2003): Nach PISA und IGLU – Konsequenzen für den Deutschunterricht und die Deutschdidaktik. In: Abraham, Ulf et al. (Hrsg.): Deutschdidaktik und Deutschunterricht nach PISA. Freiburg i. Br.: Fillibach, S. 189–203.

Abraham, Ulf/Kepser, Matthis (2009): Literaturdidaktik Deutsch. Eine Einführung. 3., neu bearbeitete und erweiterte Auflage. Berlin: Erich Schmidt.

Abraham, Ulf/Müller, Astrid (2009): Aus Leistungsaufgaben lernen. In: Praxis Deutsch. Jg. 36. H. 214, S. 4–12.

Abs, Hermann Josef (2007): Überlegungen zur Modellierung diagnostischer Kompetenz bei Lehrerinnen und Lehrern. In: Lüders, Manfred et al. (Hrsg.): Forschung zur Lehrerbildung. Kompetenzentwicklung und Programmevaluation. Münster u. a.: Waxmann, S. 63–84.

Adam-Schwebe, Stefanie et al. (2009): Der Frankfurter Leseverständnistext 5–6 (FLVT 5–6). In: Lenhard, Wolfgang/Schneider, Wolfgang: Diagnostik und Förderung des Leseverständnisses. Göttingen: Hogrefe, S. 113–130.

Afflerbach, Peter (2012): Understanding and Using Reading Assessment. K-12. 2nd edition. Newark, DE: International Reading Association.

Afflerbach, Peter/Cho, Byeong-Young (2011): Classroom assessment of reading. In: Kamil, Michael L. (Ed.): Handbook of reading research. Volume 4. London: Routledge, pp. 487–514.

Ahrenholz, Bernt (2014): Erstsprache – Zweitsprache – Fremdsprache. In: Ahrenholz, Bernt/Oomen-Welke, Ingelore (Hrsg.): Deutsch als Zweitsprache. 3., korrigierte Auflage. Baltmannsweiler: Schneider Hohengehren, S. 3–16.

Ahrens-Drath, Regine et al. (2005): „Lesekompetenz im Kontext – Lesesozialisation und schulische Praxis." Ein Fortbildungskonzept zum Lesen für Lehrkräfte. In: Literatur im Unterricht. Jg. 6. H. 1, S. 65–82.

Altrichter, Herbert/Wiesinger, Sophie (2004): Der Beitrag der Innovationsforschung im Bildungswesen zum Implementierungsproblem. In: Reinmann,

---

1 Letztes Zugriffsdatum für alle Internetquellen: 26.03.2018.

Gabi/Mandl, Heinz (Hrsg.): Psychologie des Wissensmanagements. Perspektiven, Theorien und Methoden. Göttingen u. a.: Hogrefe, S. 220–233.

Altrichter, Herbert/Wiesinger, Sophie (2005): Implementation von Schulinnovationen – aktuelle Hoffnungen und Forschungswissen. Abrufbar unter: http://paedpsych.jk.uni-linz.ac.at/INTERNET/ORGANISATIONORD/ALTRICHTERORD/IMPLse2PlusLit.pdf.

Altrichter, Herbert/Posch, Peter (2007): Lehrerinnen und Lehrer erforschen ihren Unterricht. Unterrichtsentwicklung und Unterrichtsevaluation durch Aktionsforschung. 4., überarbeitete und erweiterte Auflage. Bad Heilbrunn: Julius Klinkhardt.

American Federation of Teachers (AFT) (1990): Standards for Teacher Competence in Educational Assessment of Students. Washington, DC: National Council of Measurement in Education. Abrufbar unter: http://buros.org/standards-teacher-competence-educational-assessment-students.

Anders, Yvonne et al. (2010): Diagnostische Fähigkeiten von Mathematiklehrkräften und ihre Auswirkungen auf die Leistungen ihrer Schülerinnen und Schüler. In: Psychologie in Erziehung und Unterricht. Jg. 57. H. 3, S. 175–193.

Arnold, Karl Heinz (1999): Diagnostische Kompetenz erwerben. Wie das Beurteilen zu lehren und zu lernen ist. In: Pädagogik. Jg. 51. H. 7/8, S. 73–77.

Artelt, Cordula (2004): Zur Bedeutung von Lernstrategien beim Textverstehen. In: Köster, Juliane/Lütgert, Will/Creutzburg, Jürgen (Hrsg.): Aufgabenkultur und Lesekompetenz. Deutschdidaktische Positionen. Frankfurt a. M.: Peter Lang, S. 61–75.

Artelt, Cordula (2009): Diagnostische Urteile von Lehrkräften im Bereich der Lesekompetenz. In: Bertschi-Kaufmann, Andrea/Rosebrock, Cornelia (Hrsg.): Literalität. Bildungsaufgabe und Forschungsfeld. Weinheim/München: Juventa, S. 125–136.

Artelt, Cordula/Demmrich, Anke/Baumert, Jürgen (2001): Selbstreguliertes Lernen. In: Deutsches PISA-Konsortium (Hrsg.): PISA 2000. Basiskompetenzen von Schülerinnen und Schülern im internationalen Vergleich. Opladen: Leske + Budrich, S. 271–298.

Artelt, Cordula et al. (2001): Lesekompetenz: Testkonzeptionen und Ergebnisse. In: Baumert, Jürgen et al. (Hrsg.): PISA 2000. Basiskompetenzen von Schülerinnen und Schülern im internationalen Vergleich. Opladen: Leske + Budrich, S. 69–137.

Artelt, Cordula et al. (2004): Die PISA-Studie zur Lesekompetenz. Überblick und weiterführende Analysen. In: Schiefele, Ulrich et al. (Hrsg.): Struktur, Entwicklung und Förderung von Lesekompetenz. Vertiefende Analysen im Rahmen von PISA 2000. Wiesbaden: Verlag für Sozialwissenschaften, S. 139–168.

Artelt, Cordula et al. (2007): Expertise – Förderung von Lesekompetenz. Bonn/ Berlin: Bundesministerium für Bildung und Forschung. (= Bildungsreform Band 17)

Artelt, Cordula/Gräsel, Cornelia (2009): Gasteditorial. Diagnostische Kompetenz von Lehrkräften. In: Zeitschrift für Pädagogische Psychologie. Jg. 23. H. 3/4, S. 157–160.

Artelt, Cordula/Naumann, Johannes/Schneider, Wolfgang (2010): Lesemotivation und Lernstrategien. In: Klieme, Eckhard et al. (Hrsg.): PISA 2009. Bilanz nach einem Jahrzehnt. Münster u. a.: Waxmann, S. 73–112.

Artelt, Cordula/Schlagmüller, Matthias (2004): Der Umgang mit literarischen Texten als Teilkompetenz im Lesen? Dimensionsanalysen und Ländervergleiche. In: Schiefele, Ulrich et al. (Hrsg.): Struktur, Entwicklung und Förderung von Lesekompetenz. Vertiefende Analysen im Rahmen von PISA 2000. Wiesbaden: Verlag für Sozialwissenschaften, S. 169–196.

Atria, Moira/Strohmeier, Dagmar/Spiel, Christiane (2006): Der Einsatz von Vignetten in der Programmevaluation – Beispiele aus dem Anwendungsfeld "Gewalt in der Schule". In: Flick, Uwe (Hrsg.): Qualitative Evaluationsforschung. Reinbek: rororo sachbuch, S. 233–249.

Auer, Michaela et al. (2005): SLS 5–8. Salzburger Lesescreening für die Klassenstufen 5–8. Göttingen: Hogrefe.

Axelsson, Robert (2010): Integrative research and transdisciplinary knowledge production: a review of barriers and bridges. In: Journal of Landscape Ecology. Jg. 4. Issue 2, pp. 14–40.

Ballis, Anja/Gaebert, Désirée-Kathrin (2010): Lehr- und Lernmedien im Literaturunterricht: Erste Ergebnisse einer empirischen Studie. In: Ehlers, Swantje (Hrsg.): Empirie und Schulbuch. Vorträge des Giessener Symposiums zur Leseforschung. Frankfurt a. M.: Peter Lang, S. 27–42.

Ballis, Anja et al. (2014): Die dokumentarische Methode und ihr Potenzial (nicht nur) in der Fachdidaktik Deutsch. In: Didaktik Deutsch. Jg. 19. H. 37, S. 92–104.

Baltruschat, Astrid (2014): Variationen eines Falls: Drei Interpretationen vergleichend betrachtet. In: Pieper, Irene et al. (Hrsg.): Was der Fall ist: Beiträge zur Fallarbeit in Bildungsforschung, Lehramtsstudium, Beruf und Ausbildung. Wiesbaden: Springer VS, S. 151–165.

Barter, Christine/Renold, Emma (1999): The Use of Vignettes Qualitative Research. In: Social Research Update. No. 25. Abrufbar unter: http://www.soc. surrey.ac.sru/SRU25.html.

Bastian, Johannes/Helsper, Werner (2000): Professionalisierung im Lehrerberuf – Bilanzierung und Perspektiven. In: Bastian, Johannes et al. (Hrsg.):

Professionalisierung Lehrerberuf. Von der Kritik der Lehrerrolle zur pädagogischen Professionalität. Opladen: Leske + Budrich, S. 167–192.

Bates, Caroline/Nettelbeck, Ted (2001): Primary school teachers' judgements of reading achievement. In: Educational Psychology. Vol. 21. No. 2, pp. 177–187.

Baumann, Monika (2003): Lesetests. In: Bredel, Ursula et al. (Hrsg.): Didaktik der deutschen Sprache. Ein Handbuch. 2. Teilband. Paderborn: Ferdinand Schöningh, S. 862–882.

Baumert, Jürgen et al. (Hrsg.) (2001): PISA 2000. Basiskompetenzen von Schülerinnen und Schülern im internationalen Vergleich. Opladen: Leske + Budrich.

Baumert, Jürgen/Kunter, Mareike (2006): Stichwort: Professionelle Kompetenz von Lehrkräften. In: Zeitschrift für Erziehungswissenschaft. Jg. 9. H. 4, S. 469–520.

Baumert, Jürgen/Kunter, Mareike (2011): Das Kompetenzmodell von COACTIV. In: Kunter, Mareike et al. (Hrsg.): Professionelle Kompetenz von Lehrkräften. Ergebnisse des Forschungsprogramms COACTIV. Münster: Waxmann, S. 29–53.

Baurmann, Jürgen (2002): Schreiben – Überarbeiten – Beurteilen. Ein Arbeitsbuch zur Schreibdidaktik. Seelze: Kallmeyer.

Baurmann, Jürgen/Müller, Astrid (2005): Lesen beobachten und fördern. In: Praxis Deutsch. Jg. 32. H. 194, S. 6–13.

Beck, Bärbel/Bundt, Svenja/Gomolka, Jens (2008): Ziele und Anlage der DESI-Studie. In: DESI-Konsortium (Hrsg.): Unterricht und Kompetenzerwerb in Deutsch und Englisch. Ergebnisse der DESI-Studie. Weinheim/Basel: Beltz, S. 11–25.

Beck, Erwin et al. (2008): Adaptive Lehrkompetenz. Analyse von Struktur, Veränderbarkeit und Wirkung handlungssteuernden Lehrerwissens. Münster: Waxmann.

Beck, Ulrich/Bonß, Wolfgang (1989): Verwissenschaftlichung ohne Aufklärung? Zum Strukturwandel von Sozialwissenschaft und Praxis. In: Dies. (Hrsg.): Weder Sozialtechnologie noch Aufklärung? Analysen zur Verwendung sozialwissenschaftlichen Wissens. Frankfurt a. M.: Suhrkamp, S. 7–45.

Becker-Mrotzek, Michael et al. (Hrsg.) (2013): Sprache im Fach. Sprachlichkeit und fachliches Lernen. Münster: Waxmann.

Begeny, John C. et al. (2008): Teachers' perceptions of students' reading abilities: An examination of the relationship between teachers' judgments and students' performance across a continuum of rating methods. In: School Psychology Quarterly. Vol. 23. No. 1, pp. 43–55.

Beisbart, Ortwin et al. (Hrsg.) (1993): Leseförderung und Leseerziehung. Theorie und Praxis des Umgangs mit Büchern für junge Leser. Donauwörth: Auer.

Beiträge zur Lehrerinnen- und Lehrerbildung (2013), Jg. 31, H. 2: Pädagogische Diagnostik.

Bell, Sherry Mee/McCallum, R. Steve (2008): Handbook of Reading Assessment. Boston: Pearson.

Bennett, Randy E. (2011): Formative assessment: a critical review. In: Assessment in Education: Principles, Policy & Practice. Vol. 18. No. 1, pp. 5–25.

Bertschi-Kaufmann, Andrea (Hrsg.) (2007a): Lesekompetenz – Leseleistung – Leseförderung. Grundlagen, Modelle und Materialien. Seelze: Klett/Kallmeyer.

Bertschi-Kaufmann, Andrea (2007b): Leseverhalten beobachten – Lesen und Schreiben in der Verbindung. In: Dies. (Hrsg.): Lesekompetenz – Leseleistung – Leseförderung. Grundlagen, Modelle und Materialien. Seelze: Klett/Kallmeyer, S. 96–108.

Bertschi-Kaufmann, Andrea et al. (2007): Lesen. Das Training. Lesefertigkeiten – Lesegeläufigkeit – Lesestrategien. Stufe I. Seelze: Friedrich.

Bertschi-Kaufmann, Andrea/Kappeler, Silvana (2010): Gegenwärtiger Stand der empirischen Unterrichtsforschung zur Vermittlung von Lesekompetenz. In: Kämper-van den Boogaart, Michael/Spinner, Kaspar H. (Hrsg.): Lese- und Literaturunterricht. Teil 2. Baltmannsweiler: Schneider Hohengehren, S. 275–305.

Bimmel, Peter (2002): Strategisch lesen lernen in der Fremdsprache. In: Zeitschrift für Fremdsprachenforschung. Jg. 13. H. 1, S. 113–141.

Black, Paul/William, Dylan (1998a): Assessment and Classroom Learning. In: Assessment in Education: Principles, Policy, Politics. Vol. 5. No. 1, pp. 7–74.

Black, Paul/William, Dylan (1998b): Inside the Black Box: Raising standards through classroom assessment. In: Phi Delta Kappan. Vol. 80. No. 2, pp. 138–148.

Black, Paul/William, Dylan (2009): Developing the theory of formative assessment. In: Educational Assessment, Evaluation and Accountability. Vol. 21. No. 1, pp. 5–31.

Blömeke, Sigrid/Aufschnaiter, Claudia von (2010): Professionelle Kompetenz von (angehenden) Lehrkräften erfassen – Desiderata. In: Zeitschrift für Didaktik der Naturwissenschaften. Jg. 16, S. 361–367.

Blömeke, Sigrid et al. (Hrsg.) (2011): Kompetenzen von Lehramtsstudierenden in gering strukturierten Domänen – Erste Ergebnisse aus TEDS-LT. Münster: Waxmann.

Bloom, Benjamin S. (1969): Some theoretical issues relating to educational evaluation. In: Tyler, Ralph W. (Ed.): Educational evaluation: New roles, new means. The 68th Yearbook of the National Society for the Study of Education Yearbook. Part 2. Chicago, IL: University of Chicago Press, pp. 26–50.

Bohnsack, Ralf (1997): „Orientierungsmuster": Ein Grundbegriff qualitativer Sozialforschung. In: Schmidt, Folker (Hrsg.): Methodische Probleme der empirischen Erziehungswissenschaft. Baltmannsweiler: Schneider Hohengehren, S. 49–61.

Bohnsack, Ralf (1998): Rekonstruktive Sozialforschung und der Grundbegriff des Orientierungsmusters. In: Siefkes, Dirk et al. (Hrsg.): Sozialgeschichte in der Informatik. Kulturelle Praktiken und Orientierungen. Wiesbaden: Deutscher Universitäts-Verlag, S. 105–122.

Bohnsack, Ralf (2001): Dokumentarische Methode. Theorie und Praxis wissenssoziologischer Interpretation. In: Hug, Theo (Hrsg.): Wie kommt Wissenschaft zu Wissen? Einführung in die Methodologie der Kultur- und Sozialwissenschaften. Bd. 3. Baltmannsweiler: Schneider Hohengehren, S. 326–345.

Bohnsack, Ralf (2010): Rekonstruktive Sozialforschung. Einführung in qualitative Methoden. 8., durchgesehene Auflage. Stuttgart: UTB.

Bohnsack, Ralf/Nentwig-Gesemann, Iris/Nohl, Arnd-Michael (2007): Einleitung: Die dokumentarische Methode und ihre Forschungspraxis. In: Dies. (Hrsg.): Die dokumentarische Methode und ihre Forschungspraxis. Grundlagen qualitativer Forschung. 2., erweiterte und aktualisierte Auflage. Wiesbaden: VS Verlag für Sozialwissenschaften, S. 9–27.

Bortz, Jürgen/Döring, Nicola (2006): Forschungsmethoden und Evaluation für Human- und Sozialwissenschaftler. 4., überarbeitete Auflage. Heidelberg: Springer.

Bos, Wilfried et al. (2003): Erste Ergebnisse aus IGLU. Schülerleistungen am Ende der vierten Jahrgangsstufe im internationalen Vergleich. Münster u. a.: Waxmann.

Bos, Wilfried et al. (2007): Internationaler Vergleich 2006: Lesekompetenz von Schülerinnen und Schülern am Ende der vierten Jahrgangsstufe. In: Bos, Wilfried et al. (Hrsg): IGLU 2006 – Lesekompetenzen von Grundschulkindern in Deutschland im internationalen Vergleich. Münster: Waxmann, S. 109–160.

Bos, Wilfried et al. (2012): Lesekompetenzen im internationalen Vergleich. In: Bos, Wilfried et al. (Hrsg.): IGLU 2011. Lesekompetenzen von Grundschulkindern in Deutschland im internationalen Vergleich. Münster: Waxmann, S. 91–135.

Bos, Wilfried/Schwippert, Knut/Stubbe, Tobias C. (2007): Die Koppelung von sozialer Herkunft und Schülerleistung im internationalen Vergleich. In: Bos, Wilfried et al. (Hrsg.): IGLU 2006 – Lesekompetenzen von Grundschulkindern in Deutschland im internationalen Vergleich. Münster: Waxmann, S. 225–245.

Bourdieu, Pierre (1983): Ökonomisches Kapital, kulturelles Kapital, soziales Kapital. In: Kreckel, Reinhard (Hrsg.): Soziale Ungleichheiten. Göttingen: Schwarz, S. 183–198.

Bräuer, Christoph (2010a): Könnerschaft und Kompetenz in der Leseausbildung. Theoretische und empirische Perspektiven. Weinheim/München: Juventa.

Bräuer, Christoph (2010b): Lesetechniken erlernen, Lesestrategien entwickeln im Unterricht. In: Kämper-van den Boogaart, Michael/Spinner, Kaspar H. (Hrsg.): Lese- und Literaturunterricht. Teil 3. Baltmannsweiler: Schneider Hohengehren, S. 153–196.

Bräuer, Christoph (Hrsg.) (2016): Denkrahmen der Deutschdidaktik. Die Identität der Disziplin in der Diskussion. Frankfurt am Main u. a.: Peter Lang.

Bräuer, Christoph/Winkler, Iris (2012): Aktuelle Forschung zu Deutschlehrkräften. Ein Überblick. In: Didaktik Deutsch. Jg. 17. H. 33, S. 74–91.

Bräuer, Christoph/Wieser, Dorothee (2015): Lehrende im Blick. Empirische Lehrerforschung in der Deutschdidaktik. Wiesbaden: Springer VS.

Bredel, Ursula et al. (2003): Vorwort der Herausgeber. In: Dies. (Hrsg.): Didaktik der deutschen Sprache. Ein Handbuch. 1. Teilband. Paderborn: Ferdinand Schöningh, S. 11–16.

Bredel, Ursula/Pieper, Irene (2015): Integrative Deutschdidaktik. Paderborn: Ferdinand Schöningh.

Bremerich-Vos, Albert (2002): Empirisches Arbeiten in der Deutschdidaktik. In: Kammler, Clemens/Knapp, Werner (Hrsg.): Empirische Unterrichtsforschung und Deutschdidaktik. Baltmannsweiler: Schneider Hohengehren, S. 16–29.

Bremerich-Vos, Albert/Granzer, Dietlinde/Köller, Olaf (2008) (Hrsg.): Lernstandsbestimmung im Fach Deutsch. Gute Aufgaben für den Unterricht. Weinheim/Basel: Beltz.

Bremerich-Vos, Albert et al. (2011): Professionelles Wissen von Studierenden des Lehramts Deutsch. In: Blömeke, Sigrid et al. (Hrsg.): Kompetenzen von Lehramtsstudierenden in gering strukturierten Domänen – Erste Ergebnisse aus TEDS-LT. Münster: Waxmann, S. 47–76.

Bremerich-Vos, Albert/Dämmer, Jutta (2013): Professionelles Wissen im Studienverlauf: Lehramt Deutsch. In: Blömeke, Sigrid et al. (Hrsg.): Professionelle Kompetenzen im Studienverlauf. Weitere Ergebnisse zur Deutsch-, Englisch- und Mathematiklehrerausbildung. Münster: Waxmann, S. 47–75.

Breuer, Franz (2010): Reflexive Grounded Theory. Eine Einführung in die Forschungspraxis. 2. Auflage. Wiesbaden: VS Verlag für Sozialwissenschaften.

Brinker, Klaus (2010): Linguistische Textanalyse. 7., durchgesehene Auflage. Berlin: Erich Schmidt.

Bromme, Rainer (1992): Der Lehrer als Experte. Zur Psychologie des professionellen Wissens. Bern/Göttingen/Toronto: Hans Huber.

Bromme, Rainer (1997): Kompetenzen, Funktionen und unterrichtliches Handeln des Lehrers. In: Weinert, Franz E. (Hrsg.): Psychologie des Unterrichtens in der Schule. Enzyklopädie der Psychologie. Bd. 3. Göttingen: Hogrefe, S. 177–202.

Bromme, Rainer (1999): Die eigene und die fremde Perspektive: Zur Psychologie kognitiver Interdisziplinarität. In: Umstätter, Walter/Wessel, Karl-Friedrich (Hrsg.): Interdisziplinarität – Herausforderung an die Wissenschaftlerinnen und Wissenschaftler. Festschrift zum 60. Geburtstag von Heinrich Parthey. Bielefeld: Kleine Verlag, S. 37–61.

Bromme, Rainer (2008): Lehrerexpertise. In: Schneider, Wolfgang/Hasselhorn, Marcus (Hrsg.): Handbuch der Pädagogischen Psychologie. Göttingen u. a.: Hogrefe, S. 159–167.

Bromme, Rainer/Jucks, Regina/Rambow, Riklef (2004): Experten-Laien-Kommunikation im Wissensmanagement. In: Reinmann, Gabi/Mandl, Heinz (Hrsg.): Psychologie des Wissensmanagements. Perspektiven, Theorien und Methoden. Göttingen u. a.: Hogrefe, S. 176–188.

Brown, Bryan A./Ryoo, Kihyun (2008): Teaching science as a language: A "content first" approach to science teaching. In: Journal of Research in Science Teaching. Vol. 45. No. 5, pp. 529–553.

Brunner, Martin et al. (2006): Die professionelle Kompetenz von Mathematiklehrkräften: Konzeptualisierung, Erfassung und Bedeutung für den Unterricht. Eine Zwischenbilanz des COACTIV-Projekts. In: Prenzel, Manfred/Allolio-Näcke, Lars (Hrsg.): Untersuchungen zur Bildungsqualität von Schule. Abschlussbericht des DFG-Schwerpunktprogramms. Waxmann: Münster, S. 54–82.

Brunner, Martin et al. (2011): Diagnostische Fähigkeiten von Mathematiklehrkräften. In: Kunter, Mareike et al. (Hrsg): Professionelle Kompetenz von Lehrkräften. Ergebnisse des Forschungsprogramms COACTIV. Münster: Waxmann, S. 215–234.

BS HSA 2005 = Bildungsstandards im Fach Deutsch für den Hauptschulabschluss. Beschluss der Kultusministerkonferenz vom 15.10.2004. Neuwied: Luchterhand. Abrufbar unter: http://www.kmk.org/fileadmin/veroeffentlichungen_beschluesse/2004/2004_10_15-Bildungsstandards-Deutsch-Haupt.pdf.

BS MSA 2004 = Bildungsstandards im Fach Deutsch für den Mittleren Schulabschluss. Beschluss der Kultusministerkonferenz vom 04.12.2003. Neuwied: Luchterhand. Abrufbar unter: http://www.kmk.org/fileadmin/veroeffentlichungen_beschluesse/2003/2003_12_04-BS-Deutsch-MS.pdf.

Buhagiar, Michael A. (2007): Classroom assessment within the alternative assessment paradigm: revisiting the territory. In: The Curriculum Journal. Vol. 18. No. 1, pp. 39–56.

Calderhead, James (1981): Stimulated Recall: A Method for Research on Teaching. In: British Journal of Educational Psychology. Vol. 51. No. 2, pp. 211–217.

Calfee, Robert/Hiebert, Elfrieda (1991): Classroom assessment of reading. In: Barr, Rebecca et al. (Eds.): Handbook of Reading Research. Volume II. White Plans, NY: Longman, pp. 281–309.

Chin, Christine/Teou, Lay-Yen (2009): Using Concept Cartoons in Formative Assessment: Scaffolding Student's Argumentation. In: International Journal of Science Education. Vol. 31, No. 10, pp. 1307–1332.

Christmann, Ursula (2010): Lesepsychologie. In: Kämper-van den Boogaart, Michael/Spinner, Kaspar H. (Hrsg.): Lese- und Literaturunterricht. Teil 1. Baltmannsweiler: Schneider Hohengehren, S. 148–200.

Christmann, Ursula/Groeben, Norbert (1999): Psychologie des Lesens. In: Franzmann, Bodo et al. (Hrsg.): Handbuch Lesen. München: Saur, S. 145–223.

Coltheart, Max (1978): Lexical access in simple reading tasks. In: Underwood, Geoffrey (Ed.): Strategies of information processing. London: Academic Press, pp. 151–216.

Combe, Arno/Kolbe, Fritz (2008): Lehrerprofessionalität: Wissen, Können und Handeln. In: Helsper, Werner/Böhme, Jeannette (Hrsg.): Handbuch der Schulforschung. 2., durchgesehene Auflage. Wiesbaden: VS Verlag für Sozialwissenschaften, S. 857–875.

Cronbach, Lee J. (1955): Processes affecting scores on "understanding of others" and "assumed similarity". In: Psychological Bulletin. Vol. 52. No. 3, pp. 177–193.

Deci, Edward L./Ryan, Richard M. (1985): Intrinsic motivation and self-determination in human behavior. New York, NY: Plenum Press.

Demaray, Michelle K./Elliot, Stephen N. (1998): Teachers' judgements of students' academic functioning: A comparison of actual and predicted performances. In: School Psychology Quarterly. Vol. 13. No. 1, pp. 8–24.

Deutscher Bildungsrat (1970): Empfehlungen der Bildungskommission. Strukturplan für das Bildungswesen. Stuttgart: Ernst Klett.

Didaktik Deutsch (2007a), Jg. 12. H. 22.

Didaktik Deutsch (2007b), Jg. 12. H. 23.

Didaktik Deutsch (2014a), Jg. 19. H. 36.

Didaktik Deutsch (2014b), Jg. 19. H. 37.

Dresing, Thorsten/Pehl, Thorsten (2010): Transkription. In: Mey, Günter/Mruck, Katja (Hrsg.): Handbuch Qualitative Forschung in der Psychologie. Wiesbaden: VS Verlag für Sozialwissenschaften, S. 723–733.

Dudenredaktion (Hrsg.) (2011): Duden. Deutsches Universalwörterbuch. 7., überarbeitete und erweiterte Auflage. Mannheim: Dudenverlag.

Dünnebier, Katrin/Gräsel, Cornelia/Krolak-Schwerdt, Sabine (2009): Urteilsverzerrungen in der schulischen Leistungsbeurteilung. Eine experimentelle Studie zu Ankereffekten. In: Zeitschrift für Pädagogische Psychologie. Jg. 23. H. 3–4, S. 187–195.

Duit, Reinders (Hrsg.) (2009): Bibliography – STCSE. Students' and teachers' conceptions and science education. Abrufbar unter: http://www.ipn.uni-kiel.de/aktuell/stcse/.

Dutke, Stephan (1998): Zur Konstruktion von Sachverhaltsrepräsentationen beim Verstehen von Texten: Fünfzehn Jahre nach Johnson-Lairds Mental Models. In: Zeitschrift für Experimentelle Psychologie. Jg. 45. H. 1, S. 42–59.

Eberwein, Hans/Knauer, Sabine (Hrsg.) (1998): Handbuch Lernprozesse verstehen. Wege einer neuen (sonder-)pädagogischen Diagnostik. Weinheim/Basel: Beltz.

Edelenbos, Peter/Kubanek-German, Angelika (2004): Teacher assessment: the concept of 'diagnostic competence'. In: Language Testing. Vol. 21. No. 3, pp. 259–283.

Efing, Christian (2006): Viele sind nicht in der Lage, diese schwarzen Symbole da lebendig zu machen." – Befunde empirischer Erhebungen zur Sprachkompetenz hessischer Berufsschüler. In: Efing, Christian/Janich, Nina (Hrsg.): Förderung der berufsbezogenen Sprachkompetenz. Befunde und Perspektiven. Paderborn: Eusl, S. 33–68.

Efing, Christian (2014): „Wenn man sich nicht sprachlich ausdrücken kann, kann man auch keine präziseren, qualifizierteren Arbeiten ausführen." – Stellenwert von und Anforderungen an kommunikative(n) Fähigkeiten von Auszubildenden. In: leseforum.ch, H. 1/2014, S. 1–25. Abrufbar unter http://www.leseforum.ch/myUploadData/files/2014_1_Efing.pdf.

Ehlers, Holger (2007): Deutschlehrerinnen und Deutschlehrer – neu entdeckt. Zur Untersuchung schulformtypischer pädagogischer Milieus am Beispiel von DESI. In: Gailberger, Steffen/Krelle, Michael (Hrsg.): Wissen und Kompetenz. Entwicklungslinien und Kontinuitäten in Deutschdidaktik und Deutschunterricht. Heiner Willenberg zum 65. Geburtstag gewidmet. Baltmannsweiler: Schneider Hohengehren, S. 228–238.

Ehlers, Holger et al. (2008): Soziodemografische und fachdidaktisch relevante Merkmale von Deutsch-Lehrpersonen. In: Klieme, Eckhard et al. (Hrsg.):

Unterricht und Kompetenzerwerb in Deutsch und Englisch. Ergebnisse der DESI-Studie. Weinheim/Basel: Beltz, S. 313–318.

Einsiedler, Wolfgang (2010): Didaktische Entwicklungsforschung als Transferförderung. In: Zeitschrift für Erziehungswissenschaft. Jg. 13. H. 1, S. 59–81.

Einsiedler, Wolfgang (2011): Was ist Didaktische Entwicklungsforschung? In: Ders. (Hrsg.): Unterrichtsentwicklung und Didaktische Entwicklungsforschung. Bad Heilbrunn: Klinkhardt, S. 41–70.

Ennemoser, Marco (2006): Evaluations- und Implementationsforschung. In: Groeben, Norbert/Hurrelmann, Bettina (Hrsg.): Empirische Unterrichtsforschung in der Literatur- und Lesedidaktik. Ein Weiterbildungsprogramm. Weinheim/München: Juventa, S. 513–528.

Eriksson, Brigit (2006): Bildungsstandards im Bereich der gesprochenen Sprache. Eine Untersuchung in der 3., der 6. und der 9. Klasse. Tübingen: Francke.

Ernest, Paul (2010): Reflections on Theories of Learning. In: Sriraman, Bharath/English, Lyn (Eds.): Theories of Mathematics Education: Seeking New Frontiers. Berlin/Heidelberg: Springer, pp. 39–47.

Euler, Dieter/Sloane, Peter F. E. (1998): Implementation als Problem der Modellversuchsforschung. In: Unterrichtswissenschaft. Zeitschrift für Lernforschung. Jg. 26. H. 4, S. 312–326.

Feinberg, Adam B./Shapiro, Edward S. (2003): Accuracy of teacher judgments in predicting oral reading fluency. In: School Psychology Quarterly. Vol. 18. No. 1, pp. 52–65.

Feinberg, Adam B./Shapiro, Edward S. (2009): Teacher accuracy: An examination of teacher-based judgments of student's reading with differing achievement levels. In: The Journal of Educational Research. Vol. 102. No. 6, pp. 453–463.

Fischer, Astrid et al. (Hrsg.) (2014): Diagnostik für lernwirksamen Unterricht. Baltmannsweiler: Schneider Hohengehren.

Fischer, Christian (Hrsg.) (2012): Diagnose und Förderung statt Notengebung? Problemfelder schulischer Leistungsbeurteilung. Münster: Waxmann.

Fischer, Frank/Waibel, Mira/Wecker, Christof (2005): Nutzenorientierte Grundlagenforschung im Bildungsbereich. Argumente einer internationalen Diskussion. In: Zeitschrift für Erziehungswissenschaft. Jg. 8. H. 3, S. 427–442.

Fischler, Helmut (2000a): Über den Einfluß von Unterrichtserfahrungen auf die Vorstellungen vom Lehren und Lernen bei Lehrerstudenten der Physik. Teil 1: Stand der Forschung sowie Ziele und Methoden einer Untersuchung. In: Zeitschrift für Didaktik der Naturwissenschaften 6/2000, S. 27–36.

Fischler, Helmut (2000b): Über den Einfluß von Unterrichtserfahrungen auf die Vorstellungen vom Lehren und Lernen bei Lehrerstudenten der Physik.

Teil 2: Ergebnisse der Untersuchung. In: Zeitschrift für Didaktik der Naturwissenschaften 6/2000, S. 79–96.

Fischler, Helmut (2001): Verfahren zur Erfassung von Lehrer-Vorstellungen zum Lehren und Lernen in den Naturwissenschaften. In: Zeitschrift für Didaktik der Naturwissenschaften 7/2001, S. 105–120.

Fischler, Helmut (2008): Physikdidaktisches Wissen und Handlungskompetenz. In: Zeitschrift für Didaktik der Naturwissenschaften 14/2008, S. 27–49.

Fives, Helenrose/Buehl, Michelle M. (2012): Spring cleaning for the "messy" construct of teachers' beliefs: What are they? Which have been examined? What can they tell us? In: Harris, Karen R. et al. (Eds.): APA educational psychology handbook. Volume 2. Individual differences and cultural contextual factors. Washington, DC: American Psychological Association, pp. 471–499.

Fix, Ulla (2014): Denkstile, Metaphern und wissenschaftliches Schreiben. In: Specht, Benjamin (Hrsg.): Epoche und Metapher. Systematik und Geschichte kultureller Bildlichkeit. Berlin/Boston: De Gruyter, S. 42–58.

Fleck, Ludwik (1994) [1935]: Entstehung und Entwicklung einer wissenschaftlichen Tatsache. Einführung in die Lehre vom Denkstil und Denkkollektiv. Mit einer Einleitung hrsg. von Lothar Schäfer und Thomas Schnelle. 3. Auflage. Frankfurt a. M.: Suhrkamp.

Flick, Uwe (2008): Triangulation. Eine Einführung. 2. Auflage. Wiesbaden: VS Verlag für Sozialwissenschaften.

Flick, Uwe (2010): Qualitative Sozialforschung. Eine Einführung. 3. Auflage. Reinbek bei Hamburg: Rowohlt Taschenbuch.

Flick, Uwe/von Kardorff, Ernst/Steinke, Ines (2009): Was ist qualitative Forschung? Einleitung und Überblick. In: Dies. (Hrsg.): Qualitative Sozialforschung. Ein Handbuch. 7. Auflage. Reinbek bei Hamburg: Rowohlt Taschenbuch, S. 13–29.

Frahm, Sarah (2013): Computerbasierte Testung der Rechtschreibleistung in Klasse fünf – eine empirische Studie zu Mode-Effekten im Kontext des Nationalen Bildungspanels. Berlin: Logos.

Frank, Gerd (1992): Literaturunterricht und Unterrichtswirklichkeit. Ergebnisse einer Untersuchung. In: Praxis Schule 5–10. Zeitschrift für die Sekundarstufe des Schulwesens. Jg. 3. H. 1, S. 56–58.

Frey, Andreas/Jung, Claudia (2011): Kompetenzmodelle und Standards in Lehrerbildung und Lehrerberuf. In: Terhart, Ewald/Bennewitz, Hedda/Rothland, Martin (Hrsg.): Handbuch der Forschung zum Lehrerberuf. Münster u. a.: Waxmann, S. 540–572.

Frickel, Daniela A./Kammler, Clemens/Rupp, Gerhard (2012): Literaturdidaktik im Zeichen von Kompetenzorientierung und Empirie. Perspektiven und Probleme. Freiburg i. Br.: Fillibach.

Friebertshäuser, Barbara/Langer, Antje (2010): Interviewformen und Interviewpraxis. In: Friebertshäuser, Barbara/Langer, Antje/Prengel, Annedore (Hrsg.): Handbuch Qualitative Forschungsmethoden in der Erziehungswissenschaft. Unter Mitarbeit von Heike Boller und Sophia Richter. 3., vollständig überarbeitete Auflage. Weinheim/München: Juventa, S. 437–455.

Friedrich, Helmut Felix/Mandl, Heinz (2006): Lernstrategien: Zur Strukturierung des Forschungsfeldes. In: Dies. (Hrsg.): Handbuch Lernstrategien. Göttingen u. a.: Hogrefe, S. 1–23.

Friedrich Jahresheft (2006), Heft 2: Diagnostizieren und Fördern.

Friedrichsen, Patricia J. (2009): Does teaching experience matter? Examining biology teachers' prior knowledge for teaching in an alternative certification program. In: Journal of Research in Science Teaching. Vol. 46. No. 4, pp. 357–383.

Fromm, Martin (2010): Grid-Methodik. In: Mey, Günter/Mruck, Katja. (Hrsg.): Handbuch Qualitative Forschung in der Psychologie. Wiesbaden: VS Verlag für Sozialwissenschaften, S. 524–537.

Füssenich, Iris (2003): Diagnostik, und dann? In: Grundschule. Jg. 35. H. 5, S. 8–9.

Gailberger, Steffen (2007): Die Mentalen Modelle der Lehrer elaborieren. In: Willenberg, Heiner (Hrsg.): Kompetenzhandbuch für den Deutschunterricht. Auf der empirischen Basis des DESI-Projekts. Baltmannsweiler: Schneider Hohengehren, S. 24–36.

Gailberger, Steffen (2013): Systematische Leseförderung für schwach lesende Schüler. Zur Wirkung von lektürebegleitenden Hörbüchern und Lesebewusstmachungsstrategien. Weinheim/Basel: Beltz Juventa.

Gailberger, Steffen/Krelle, Michael/Triebel, Wolfgang (2007): Wissen und Kompetenz im Literaturunterricht am Beispiel von *Nachts schlafen die Ratten doch*. In: Gailberger, Steffen/Krelle, Michael (Hrsg.): Wissen und Kompetenz. Entwicklungslinien und Kontinuitäten in Deutschdidaktik und Deutschunterricht. Baltmannsweiler: Schneider Hohengehren, S. 97–119.

Gailberger, Steffen/Willenberg, Heiner (2008): Leseverstehen Deutsch. In: DESI-Konsortium (Hrsg.): Unterricht und Kompetenzerwerb in Deutsch und Englisch. Ergebnisse der DESI-Studie. Weinheim/Basel: Beltz, S. 60–71.

Gailberger, Steffen/Holle, Karl (2010): Modellierung von Lesekompetenz. In: Kämper-van den Boogaart, Michael/Spinner, Kaspar H. (Hrsg.): Lese- und Literaturunterricht. Teil 1. Baltmannsweiler: Schneider Hohengehren, S. 269–323.

Gailberger, Steffen/Nix, Daniel (2013): Lesen und Leseförderung in der Primar- und Sekundarstufe. In: Gailberger, Steffen/Wietzke, Frauke (Hrsg.): Handbuch Kompetenzorientierter Deutschunterricht. Weinheim/Basel: Beltz, S. 32–69.

Gailberger, Steffen/Wietzke, Frauke (Hrsg.) (2013): Handbuch Kompetenzorientierter Deutschunterricht. Weinheim/Basel: Beltz.

Garbe, Christine (2005): Warum Leseförderung vor und in der Grundschule ansetzen muss. Erkenntnisse der biographischen Leseforschung. In: Gläser, Eva/Franke-Zöllmer, Gitta (Hrsg.): Lesekompetenz fördern von Anfang an. Didaktische und methodische Anregungen zur Leseförderung. Baltmannsweiler: Schneider Hohengehren, S. 24–36.

Garbe, Christine (2009): Lesesozialisation. In: Garbe, Christine/Holle, Karl/Jesch, Tatjana (Hrsg.): Texte lesen. Lesekompetenz – Textverstehen – Lesedidaktik – Lesesozialisation. Paderborn: Schöningh, S. 167–222.

Garbe, Christine/Holle, Karl/von Salisch, Maria (2006): Entwicklung und Curriculum: Grundlagen einer Sequenzierung von Lehr-/Lernzielen im Bereich des (literarischen) Lesens. In: Groeben, Norbert/Hurrelmann, Bettina (Hrsg.): Empirische Unterrichtsforschung in der Literatur- und Lesedidaktik. Ein Weiterbildungsprogramm. Weinheim/München: Juventa, S. 115–154.

Garbe, Christine/Holle, Karl/Jesch, Tatjana (Hrsg.) (2009): Texte lesen. Lesekompetenz – Textverstehen – Lesedidaktik – Lesesozialisation. Paderborn: Schöningh.

Gattermaier, Klaus (2003): Literaturunterricht und Lesesozialisation. Eine empirische Untersuchung zum Lese- und Medienverhalten von Schülern und zur lesesozialisatorischen Wirkung ihrer Deutschlehrer. Regensburg: edition vulpes.

Gerstenmaier, Jochen/Mandl, Heinz (1995): Wissenserwerb unter konstruktivistischer Perspektive. In: Zeitschrift für Pädagogik. Jg. 41. H. 6, S. 867–888.

Gerstenmaier, Jochen/Mandl, Heinz (2000): Einleitung: Die Kluft zwischen Wissen und Handeln. In: Mandl, Heinz/Gerstenmaier, Jochen (Hrsg.): Die Kluft zwischen Wissen und Handeln. Empirische und theoretische Lösungsansätze. Göttingen u. a.: Hogrefe, S. 11–23.

Gold, Andreas (2007): Lesen kann man lernen: Lesestrategien für das 5. und 6. Schuljahr. Göttingen: Vandenhoeck & Ruprecht.

Gold, Andreas (2009): Leseflüssigkeit. Dimension und Bedingungen bei leseschwachen Hauptschülern. In: Bertschi-Kaufmann, Andrea/Rosebrock, Cornelia (Hrsg.): Literalität. Bildungsaufgabe und Forschungsfeld. Weinheim/München: Juventa, S. 151–164.

Gold, Andreas et al. (2010): Bedingungen des Textverstehens bei leseschwachen Zwölfjährigen mit und ohne Zuwanderungshintergrund. In: Didaktik Deutsch. Jg. 15. H. 28, S. 59–74.

Goldenbaum, Andrea (2012): Innovationsmanagement in Schulen. Eine empirische Untersuchung zur Implementation eines sozialen Lernprogramms. Wiesbaden: Springer VS.

Gölitzer, Susanne (2004): Die Funktionen des Literaturunterrichts im Rahmen der literarischen Sozialisation. In: Härle, Gerhard/Rank, Bernhard (Hrsg.): Wege zum Lesen und zur Literatur. Baltmannsweiler: Schneider, S. 121-136.

Gölitzer, Susanne (2009): Wozu Literatur lesen? Der Beitrag des Literaturunterrichts zur literarischen Sozialisation von Hauptschülerinnen und Hauptschülern. Habilitationsschrift. Abrufbar unter: http://opus.bsz-bw.de/phhd/volltexte/2009/7504/pdf/Goelitzer_Habil_2008.pdf.

Graf, Werner (2007): Lesegenese in Kindheit und Jugend. Einführung in die literarische Sozialisation. Baltmannsweiler: Schneider Hohengehren.

Gramzow, Yvonne/Riese, Josef/Reinhold, Peter (2013): Modellierung fachdidaktischen Wissens angehender Physiklehrkräfte. In: Zeitschrift für Didaktik der Naturwissenschaft 19/2013, S. 7-30.

Gräsel, Cornelia (2010): Stichwort: Transfer und Transferforschung im Bildungsbereich. In: Zeitschrift für Erziehungswissenschaft. Jg. 13. H. 1, S. 7-20.

Gräsel, Cornelia (2011): Die Kooperation von Forschung und Lehrer/-innen bei der Realisierung didaktischer Innovationen. In: Einsiedler, Wolfgang (Hrsg.): Unterrichtsentwicklung und Didaktische Entwicklungsforschung. Bad Heilbrunn: Klinkhardt, S. 88-104.

Gräsel, Cornelia/Parchmann, Ilka (2004a): Implementationsforschung - oder: der steinige Weg, Unterricht zu verändern. In: Unterrichtswissenschaft. Jg. 32. H. 3, S. 196-214.

Gräsel, Cornelia/Parchmann, Ilka (2004b): Die Entwicklung und Implementation von Konzepten situierten, selbstgesteuerten Lernens. In: Zeitschrift für Erziehungswissenschaft. Jg. 7. Beiheft 3, S. 171-184.

Gravemeijer, Koeno/Cobb, Paul (2006): Design research from a learning design perspective. In: Van den Akker, Jan et al. (Eds.): Educational Design Research. London: Routledge, pp. 17-51.

Groeben, Norbert/Hurrelmann, Bettina (Hrsg.): Lesesozialisation in der Mediengesellschaft. Ein Forschungsüberblick. Weinheim: Juventa, S. 11-35.

Groeben, Norbert (2004b): (Lese)Sozialisation als Ko-Konstruktion - Methodisch-methodologische Problem-(Lösungs-)Perspektiven. In: Groeben, Norbert/Hurrelmann, Bettina (Hrsg.): Lesesozialisation in der Mediengesellschaft. Ein Forschungsüberblick. Weinheim: Juventa, S. 145-168.

Groeben, Norbert et al. (1988): Das Forschungsprogramm Subjektive Theorien. Eine Einführung in die Psychologie des reflexiven Subjekts. Tübingen: Francke.

Groeben, Norbert/Hurrelmann, Bettina (Hrsg.) (2002): Lesekompetenz. Bedingungen, Dimensionen, Funktionen. Weinheim/München: Juventa.

Groeben, Norbert/Hurrelmann, Bettina (Hrsg.) (2004a): Lesesozialisation in der Mediengesellschaft. Ein Forschungsüberblick. Weinheim/München: Juventa, S. 440–465.

Groeben, Norbert/Hurrelmann, Bettina (2004b): Fazit: Lesen als Schlüsselqualifikation? In: Dies. (Hrsg.): Lesesozialisation in der Mediengesellschaft. Ein Forschungsüberblick. Weinheim/München: Juventa, S. 440–465.

Groeben, Norbert/Hurrelmann, Bettina (Hrsg.) (2006): Empirische Unterrichtsforschung in der Literatur- und Lesedidaktik. Ein Weiterbildungsprogramm. Weinheim/München: Juventa.

Groeben, Norbert/Scheele, Brigitte (2010): Das Forschungsprogramm Subjektive Theorien. Mey, Günter/Mruck, Katja (Hrsg.): Handbuch Qualitative Forschung in der Psychologie. Wiesbaden: VS Verlag für Sozialwissenschaften, S. 151–165.

Groeben, Norbert/Schroeder, Sascha (2004): Versuch einer Synopse: Sozialisationsinstanzen – Ko-Konstruktion. In: Groeben, Norbert/Hurrelmann, Bettina (Hrsg.): Lesesozialisation in der Mediengesellschaft. Ein Forschungsüberblick. Weinheim/München: Juventa, S. 306–348.

Gropengießer, Harald (1997): Schülervorstellungen zum Sehen. In: Zeitschrift für Didaktik der Naturwissenschaften. Jg. 3. H. 1, S. 71–87.

Gropengießer, Harald (1999): Was die Sprache über unsere Vorstellungen sagt. Kognitionslinguistische Analyse als Methode zur Erfassung von Vorstellungen: das Beispiel sehen. In: Zeitschrift für Didaktik der Naturwissenschaften. Jg. 5. H. 2, S. 57–78.

Gropengießer, Harald (2005): Qualitative Inhaltsanalyse in der fachdidaktischen Lehr-Lernforschung. In: Mayring, Philipp/Gläser-Zikuda, Michaela (Hrsg.): Die Praxis der Qualitativen Inhaltsanalyse. Weinheim/Basel: Beltz, S. 172–189.

Gropengießer, Harald (2007a): Didaktische Rekonstruktion des Sehens. Wissenschaftliche Theorien und die Sicht der Schüler in der Perspektive der Vermittlung. Nachdruck der 2. überarbeiteten Auflage. Oldenburg: Didaktisches Zentrum.

Gropengießer, Harald (2007b): Theorie des erfahrungsbasierten Verstehens. In: Krüger, Dirk/Vogt, Helmut (Hrsg.): Theorien in der biologiedidaktischen Forschung. Ein Handbuch für Lehramtsstudenten und Doktoranden. Berlin/Heidelberg: Springer, S. 105–116.

Gropengießer, Harald/Kattmann, Ulrich (2008): Didaktische Rekonstruktion – Schritte auf dem Weg zu gutem Unterricht. In: Moschner, Barbara/Hinz, Renate/Wendt, Volker (Hrsg.): Unterrichten professionalisieren. Schulentwicklung in der Praxis. Berlin: Cornelsen Scriptor, S. 159–164.

Grossmann, Pam/McDonald, Morva (2008): Back to the Future: Directions for Research in Teaching and Teacher Education. In: American Educational Research Journal. Vol. 45. No. 1, pp. 184–205.

Grundschule (2003), Heft 5: Diagnostik und dann? Zugänge zur Grammatik.

Grzesik, Jürgen (2005): Texte verstehen lernen: Neurobiologie und Psychologie der Entwicklung von Lesekompetenz durch den Erwerb von textverstehenden Operationen. Münster u. a.: Waxmann.

Guest, Greg/Bunce, Arwen/Johnson, Laura (2006): How Many Interviews are Enough? An Experiment with Data Saturation and Variability. In: Field Methods. Vol. 18. No. 1, pp. 59–82.

Guthrie, John T./Wigfield, Allan (2000): Engagement and Motivation in Reading. In: Kamil, Michael L. et al. (Eds.): Handbook of reading research. Volume 3. Mahwah, NJ: Longman Erlbaum, pp. 403–422.

Hänze, Martin/Jurkowski, Susanne (2011): Diagnostizieren in Lern- und Prüfungssituationen. Pädagogische und lernpsychologische Ansätze. In: Naturwissenschaften im Unterricht. Chemie. Jg. 22. H. 124/125, S. 2–4.

Härle, Gerhard/Steinbrenner, Markus (Hrsg.) (2004): Kein endgültiges Wort. Die Wiederentdeckung des Gesprächs im Literaturunterricht. Baltmannsweiler: Schneider Hohengehren.

Harms, Ute/Kattmann, Ulrich (2013): Sprache. In: Gropengießer, Harald/Harms, Ute/Kattmann, Ulrich (Hrsg.): Fachdidaktik Biologie. 9., völlig überarbeitete Auflage. Köln: Aulis Deubner, S. 378–389.

Hascher, Tina (2003): Diagnose als Voraussetzung für gelingende Lernprozesse. In: Journal für Lehrerinnen- und Lehrerbildung. Jg. 3. H. 2, S. 25–30.

Hascher, Tina (2005a): Diagnostizieren in der Schule. In: Bartz, Adolf et al. (Hrsg.): PraxisWissen SchulLeitung. Basiswissen und Arbeitshilfen zu den zentralen Handlungsfeldern von Schulleitung. Bonn: Wolters Kluwer, S. 1–8.

Hascher, Tina (2005b): Die Erfahrungsfalle. In: Journal für Lehrerinnen- und Lehrerbildung. Jg. 5. H. 1, S. 39–45.

Hascher, Tina (2008): Diagnostische Kompetenzen im Lehrberuf. In: Kraler, Christian/Schatz, Michael (Hrsg.): Wissen erwerben, Kompetenzen entwickeln. Modelle zur kompetenzorientierten Lehrerbildung. Münster: Waxmann, S. 71–86.

Hascher, Tina (2011): Forschung zur Wirksamkeit der Lehrerbildung. In: Terhart, Ewald/Brennewitz, Hedda/Rothland, Martin (Hrsg.): Handbuch der Forschung zum Lehrerberuf. Münster u. a.: Waxmann, S. 418–440.

Hascher, Tina/Neuweg, Hans-Georg (Hrsg.) (2012): Forschung zur (Wirksamkeit der) Lehrer/innenbildung. Wien u. a.: LIT.

Hattie, John A. C. (2013): Lernen sichtbar machen. Überarbeitete deutschsprachige Ausgabe von „Visible Learning". Übersetzt und überarbeitet von Wolfgang Beywl und Klaus Zierer. Baltmannsweiler: Schneider Hohengehren.

Heimann, Paul/Otto, Gunther/Schulz, Wolfgang (1969): Unterricht. Analyse und Planung. 4. Auflage. Hannover: Schroedel.

Heinicke, Susanne (2012): Aus Fehlern wird man klug. Eine Genetisch-Didaktische Rekonstruktion des „Messfehlers". Berlin: Logos.

Helfferich, Cornelia (2011): Die Qualität qualitativer Daten. Manual für die Durchführung qualitativer Interviews. 4. Auflage. Wiesbaden: VS Verlag für Sozialwissenschaften.

Helfferich, Cornelia (2014): Leitfaden- und Experteninterviews. In: Baur, Nina/Blasius, Jörg (Hrsg.): Handbuch Methoden der empirischen Sozialforschung. Wiesbaden: Springer, S. 559–580.

Helmke, Andreas (2010): Unterrichtsqualität und Lehrerprofessionalität. Diagnose, Evaluation und Verbesserung des Unterrichts. 3. Auflage. Seelze-Velber: Klett/Kallmeyer.

Helmke, Andreas/Hosenfeld, Ingmar/Schrader, Friedrich-Wilhelm (2004): Vergleichsarbeiten als Instrument zur Verbesserung der Diagnosekompetenz von Lehrkräften. Abrufbar unter: http://www.uni-due.de/fischer/mix/AGFischer.1394.jXAku.pdf.

Helmke, Andreas/Lenske, Gerlinde (2013): Unterrichtsdiagnostik als Voraussetzung für Unterrichtsentwicklung. In: Beiträge zur Lehrerinnen- und Lehrerbildung. Jg. 31. H. 2, S. 214–233.

Helmke, Andreas/Schrader, Friedrich-Wilhelm (1987): International effects of instructional quality and teacher judgement accuracy on achievement. In: Teaching and Teacher Education. Vol 3. No. 2, pp. 91–98.

Helsper, Wolfgang (2011): Lehrerprofessionalität – der strukturtheoretische Professionsansatz zum Lehrerberuf. In: Terhart, Ewald/Bennewitz, Hedda/Rothland, Martin (Hrsg.): Handbuch der Forschung zum Lehrerberuf. Münster u. a.: Waxmann, S. 149–170.

Heritage, Margaret (2007): Formative assessment: What do teachers need to know and do? In: Phi Delta Kaplan. Vol. 89. No. 2, pp. 140–145.

Herrlitz, Wolfgang (1998): Zum Denkstil der Sprachdidaktik. Elemente eines komparativ inspirierten Forschungskonzepts. In: Giese, Heinz/Ossner, Jakob (Hrsg.): Sprache thematisieren. Fachdidaktische und unterrichtswissenschaftliche Aspekte. Freiburg i. Br.: Fillibach, S. 167–190.

Hertel, Silke et al. (2010): Schulische Rahmenbedingungen und Lerngelegenheiten im Deutschunterricht. In: Klieme, Eckhard et al. (Hrsg.): PISA 2009. Bilanz nach einem Jahrzehnt. Münster: Waxmann, S. 113–151.

Hesse, Ingrid/Latzko, Brigitte (2011): Diagnostik für Lehrkräfte. 2. Auflage. Opladen/Farmington Hills: Barbara Budrich.

Hill, Heather C./Rowan, Brian/Ball, Deborah L. (2005): Effects of Teachers' Mathematical Knowledge for Teaching on Student Achievement. In: American Educational Research Journal. Vol. 42. No. 2, pp. 371-406.

Hilligus, Annegret/Rinkens, Hans-Dieter (Hrsg.) (2006): Standards und Kompetenzen – neue Qualität in der Lehrerausbildung? Neue Ansätze und Erfahrungen in nationaler und internationaler Perspektive. Münster: LIT.

Hofer, Barbara K./Pintrich, Paul R. (1997): The development of epistemological theories: beliefs about knowledge and knowing and their relation to learning. In: Review of Educational Research. Vol. 67. No. 1, pp. 88-140.

Hoffmann, Joachim/Engelkamp, Johannes (2013): Lern- und Gedächtnispsychologie. Berlin/Heidelberg: Springer.

Hoge, Robert D./Coladarci, Theodore (1989): Teacher-Based judgments of Academic Achievement: A Review of Literature. In: Review of Educational Research. Vol. 59. No. 3, pp. 297-313.

Hohn, Katharina et al. (2013): Lesekompetenz in PISA 201: Veränderungen und Perspektiven. In: Prenzel, Manfred et al. (Hrsg.): PISA 2012. Fortschritte und Herausforderungen in Deutschland. Münster u. a.: Waxmann, S. 217-244.

Holle, Karl (2006): Flüssiges und phrasiertes Lesen (fluency). Lesetheoretische Grundlagen und unterrichtspraktische Hinweise. In: Weinhold, Swantje (Hrsg.): Schriftspracherwerb empirisch. Konzepte – Diagnostik – Entwicklung. Baltmannsweiler: Schneider Hohengehren, S. 87-119.

Holle, Karl (2009): Psychologische Modelle und ihre lesedidaktischen Implikationen. In: Garbe, Christine/Holle, Karl/Jesch, Tatjana: Texte lesen. Lesekompetenz – Textverstehen – Lesedidaktik – Lesesozialisation. Paderborn: Schöningh, S. 103-165.

Holle, Karl (2010a): Key Element No. 2: Applying Diagnostic Forms of Assessment. In: Garbe, Christine/Holle, Karl/Weinhold, Swantje (Eds.): Adore – Teaching Struggling Adolescent Readers in European Countries. Key Elements of Good Practice. Frankfurt a. M.: Peter Lang, pp. 84-94.

Holle, Karl (2010b): Diagnostische Verfahren zur Leseförderung. Denkanstöße und praktische Anregungen für Lehrkräfte aller Unterrichtsfächer. In: Bayerisches Staatsministerium für Unterricht und Kultus/Staatsinstitut für Schulqualität und Bildungsforschung (Hrsg.): ProLesen. Auf dem Weg zur Leseschule – Leseförderung in den gesellschaftswissenschaftlichen Fächern. Aufsätze und Materialien aus dem KMK-Projekt „ProLesen". Donauwörth: Auer, S. 57-89.

Hopf, Christel (1978): Die Pseudo-Exploration – Überlegungen zur Technik qualitativer Interviews in der Sozialforschung. In: Zeitschrift für Soziologie. Jg. 7. H. 2, S. 97–115.

Horstkemper, Marianne (2006): Fördern heißt diagnostizieren. Pädagogische Diagnostik als wichtige Voraussetzung für individuellen Lernerfolg. In: Friedrich Jahresheft XXIV: Diagnostizieren und Fördern, S. 4–7.

Hosenfeld, Ingmar/Helmke, Andreas/Schrader, Friedrich-Wilhelm (2002): Diagnostische Kompetenz. Unterrichts- und lernrelevante Schülermerkmale und deren Einschätzung durch Lehrkräfte in der Unterrichtsstudie SALVE. In: Prenzel, Manfred/Doll, Jörg (Hrsg.): Bildungsqualität von Schule: Schulische und außerschulische Bedingungen mathematischer, naturwissenschaftlicher und überfachlicher Kompetenzen. Weinheim/Basel: Beltz, S. 65–82.

Hurrelmann, Bettina (1994): Leseförderung. In: Praxis Deutsch. Jg. 21. H. 127, S. 17–26.

Hurrelmann, Bettina (2002a): Leseleistung – Lesekompetenz. Folgerungen aus PISA, mit einem Plädoyer für ein didaktisches Konzept des Lesens als kultureller Praxis. In: Praxis Deutsch. Jg. 29. H. 176, S. 6–18.

Hurrelmann, Bettina (2002b): Prototypische Merkmale der Lesekompetenz. In: Groeben, Norbert/Hurrelmann, Bettina (Hrsg.): Lesekompetenz. Bedingungen, Dimensionen, Funktionen. Weinheim/München: Juventa, S. 275–286.

Hurrelmann, Bettina (2004a): Sozialisation der Lesekompetenz. In: Schiefele, Ulrich et al. (Hrsg.): Struktur, Entwicklung und Förderung von Lesekompetenz. Vertiefende Analysen im Rahmen von PISA 2000. Wiesbaden: VS Verlag für Sozialwissenschaften, S. 37–60.

Hurrelmann, Bettina (2004b): Informelle Sozialisationsinstanz Familie. In: Groeben, Norbert/Hurrelmann, Bettina (Hrsg.): Lesesozialisation in der Mediengesellschaft. Ein Forschungsüberblick. Weinheim/München: Juventa, S. 169–201.

Hurrelmann, Bettina (2007): Modelle und Merkmale der Lesekompetenz. In: Bertschi-Kaufmann, Andrea (Hrsg.): Lesekompetenz – Leseleistung – Leseförderung. Grundlagen, Modelle und Materialien. Seelze: Klett/Kallmeyer, S. 18–28.

Hurrelmann, Bettina/Hammer, Michael/Nieß, Ferdinand (1993): Lesesozialisation. Band 1: Leseklima in der Familie. Eine Studie der Bertelsmann Stiftung. Gütersloh: Bertelsmann Stiftung.

Hußmann, Stephan et al. (2013): Gegenstandsorientierte Unterrichtsdesigns entwickeln und erforschen. Fachdidaktische Entwicklungsforschung im Dortmunder Modell. In: Komorek, Michael/Prediger, Susanne (Hrsg.): Der lange Weg zum Unterrichtsdesign – Zur Begründung und Umsetzung genuin fachdidaktischer Forschungs- und Entwicklungsprogramme. Münster u. a.: Waxmann, S. 25–42.

Hußmann, Stephan/Selter, Christoph (Hrsg.) (2013): Diagnose und individuelle Förderung in der MINT-Lehrerbildung. Das Projekt dortMINT. Münster u. a.: Waxmann.

Inckemann, Elke (2008): Förderdiagnostische Kompetenzen von Grundschullehrerinnen im schriftsprachlichen Anfangsunterricht. In: Zeitschrift für Grundschulforschung. Jg. 1. H. 2, S. 99–115.

Ingenkamp, Karlheinz (1992): Lehrbuch der Pädagogischen Diagnostik. Studienausgabe. 2., unveränderte Auflage. Weinheim/Basel: Beltz.

Ingenkamp, Karlheinz/Lissmann, Urban (2008): Lehrbuch der Pädagogischen Diagnostik. 6. Auflage. Weinheim: Beltz.

International Reading Association (Eds.) (2013): Formative assessment: A position statement of the international reading association. Newark, DE: Author. Abrufbar unter: http://www.reading.org/Libraries/position-statements-and-resolutions/ps1080_formative_assessment_web.pdf.

IQB 2009 = Institut für Qualitätsentwicklung im Bildungswesen (2009): Kompetenzstufenmodell zu den Bildungsstandards im Kompetenzbereich Lesen für den Mittleren Schulabschluss. Abrufbar unter: www.iqb.huberlin.de/bista/dateien/Deutsch_KSM_Les_2.pdf.

Ivo, Hubert (1994): Muttersprache, Identität, Nation. Sprachliche Bildung im Spannungsfeld zwischen einheimisch und fremd. Opladen: Westdeutscher Verlag.

Jäger, Reinhold S. (2009): Diagnostische Kompetenz und Urteilsbildung als Element von Lehrerprofessionalität. In: Zlatkin-Troitschanskaia, Olga et al. (Hrsg.): Lehrerprofessionalität. Bedingungen, Genese, Wirkungen und ihre Messung. Weinheim/Basel: Beltz, S. 105–116.

Jank, Werner/Meyer, Hilbert (2011): Didaktische Modelle. 10. Auflage. Frankfurt am Main: Cornelsen Scriptor.

Jesch, Tatjana (2009): Textverstehen. In: Garbe, Christine/Holle, Karl/Jesch, Tatjana (Hrsg.): Texte lesen. Lesekompetenz – Textverstehen – Lesedidaktik – Lesesozialisation. Paderborn: Schöningh, S. 39–102.

Johnson-Laird, Philipp N. (1983): Mental Models. Towards a cognitive science of language, inference and consciousness. Cambridge, Mass.: Harvard University Press.

Kaelble, Hartmut/Schriewer, Jürgen (Hrsg.) (2003): Vergleich und Transfer. Komparatistik in den Sozial-, Geistes- und Kulturwissenschaften. Frankfurt a. M.: Campus.

Kammler, Clemens (2011): Kryptische Selbstkritik. In: Didaktik Deutsch. Jg. 16. H. 30, S. 5–10.

Kammler, Clemens (2014): Präzisiert die Bildungsstandards Deutsch! – Vergleichende Anmerkungen zum mittleren Schulabschluss und zum Hauptschulabschluss. In: Didaktik Deutsch. Jg. 19. H. 37, S. 13–16.

Kammler, Clemens/Knapp, Werner (2002): Empirische Unterrichtsforschung als Aufgabe der Deutschdidaktik. In: Dies. (Hrsg.): Empirische Unterrichtsforschung und Deutschdidaktik. Baltmannsweiler: Schneider, S. 2–14.

Kämper-van den Boogaart, Michael (1998): „Praxis" und „Theorie" als Wertbegriffe in der Ausbildung von Deutschlehrerinnen. Vortrag auf dem 12. Symposion Deutschdidaktik in Siegen "Germanistik studieren - Deutsch lehren?". 28.09.-01.10.1998. Unveröffentlichtes Typoskript.

Kämper-van den Boogaart, Michael (2005): Lässt sich normieren, was als literarische Bildung gelten soll? In: Rösch, Heidi (Hrsg.): Kompetenzen im Deutschunterricht. Beiträge zur Literatur-, Sprach- und Mediendidaktik. Frankfurt a. M. u. a.: Peter Lang, S. 27–50.

Kämper-van den Boogaart, Michael (2010): Lehrerkonzepte und Lehrerkompetenzen für den Lese- und Literaturunterricht. In: Kämper-van den Boogaart, Michael/Spinner, Kaspar H. (Hrsg.): Lese- und Literaturunterricht. Teil 2. Baltmannsweiler: Schneider Hohengehren, S. 104–136.

Kämper-van den Boogaart, Michael (2011): Zur Fachlichkeit des Literaturunterrichts. In: Didaktik Deutsch. Jg. 16. H. 30, S. 22–39.

Kamzela, Kerrin (2015): Die Perspektiven von Lehrenden auf basale Lesefähigkeiten zu Beginn der Sekundarstufe I. In: Bräuer, Christoph/Wieser, Dorothee (Hrsg.): Lehrende im Blick. Empirische Lehrerforschung in der Deutschdidaktik. Wiesbaden: Springer VS, S. 49–70.

Karing, Constance (2009): Diagnostische Kompetenz von Grundschul- und Gymnasiallehrkräften im Leistungsbereich und im Bereich Interessen. In: Zeitschrift für Pädagogische Psychologie. Jg. 23. H. 3/4, S. 197–209.

Karing, Constance/Matthäi, Jaqueline/Artelt, Cordula (2011): Genauigkeit von Lehrerurteilen über die Lesekompetenz ihrer Schülerinnen und Schüler in der Sekundarstufe I – Eine Frage der Spezifität? In: Zeitschrift für Pädagogische Psychologie. Jg. 25. H. 3, S. 59–172.

Karing, Constance/Pfost, Maximilian/Artelt, Cordula (2011): Hängt die diagnostische Kompetenz von Sekundarstufenlehrkräften mit der Entwicklung der Lesekompetenz und der mathematischen Kompetenz ihrer Schülerinnen und Schüler zusammen? In: Journal of Educational Research Online (JERO). Jg. 3. H. 2, S. 119–147.

Karst, Karina (2012): Kompetenzmodellierung des diagnostischen Urteils von Grundschullehrern. Münster: Waxmann.

Kattmann, Ulrich (1992): Von der Macht der Namen – was mit biologischen Fachbegriffen gelernt wird. In: Entrich, Hartmut/Staeck, Lothar (Hrsg.): Sprache und Verstehen im Biologieunterricht. Alsbach: Leuchtturm, S. 91–101.

Kattmann, Ulrich (1993): Das Lernen von Namen, Begriffen und Konzepten – Grundlagen biologischer Terminologie am Beispiel Zellenlehre. In: MNU. Der mathematische und naturwissenschaftliche Unterricht. Jg. 46. H. 5, S. 275–285.

Kattmann, Ulrich (2004): Unterrichtsreflexion im Rahmen der Didaktischen Rekonstruktion. In: Seminar – Lehrerbildung und Schule. Jg. 10. H. 3, S. 40–49.

Kattmann, Ulrich (2007a): Didaktische Rekonstruktion – eine praktische Theorie. In: Krüger, Dirk/Vogt, Helmut (Hrsg.): Theorien in der biologiedidaktischen Forschung. Ein Handbuch für Lehramtsstudenten und Doktoranden. Berlin/Heidelberg: Springer, S. 93–104.

Kattmann, Ulrich (2007b): Alte Vorstellungen und neues Wissen – Oder: Warum (Um-)Lernen so schwer fällt. Überlegungen aus der Perspektive der Naturwissenschaften. In: Engagement. Zeitschrift für Erziehung und Schule. H. 1, S. 57–66.

Kattmann, Ulrich et al. (1997): Das Modell der Didaktischen Rekonstruktion – Ein Rahmen für naturwissenschaftsdidaktische Forschung und Entwicklung. In: Zeitschrift für Didaktik der Naturwissenschaften. Jg. 3. H. 3, S. 3–18.

Kelter, Stephanie (2003): Mentale Modelle. In: Rickheit, Gert/Hermann, Theo/Deutsch, Werner (Hrsg.): Psycholinguistik – Psycholinguistics. Ein internationales Handbuch. Berlin/New York: De Gruyter, S. 505–517.

Keogh, Brenda/Naylor, Stuart (1999): Concept cartoons, teaching and learning in science: an evaluation. In: International Journal of Science Education. Vol. 21. No. 4, pp. 431–446.

Kintsch, Walter (1998): Comprehension. A paradigm for cognition. Cambridge et al.: Cambridge University Press.

Kepser, Matthis (2012): Anmerkungen zur Kompetenzorientierung in der Literaturdidaktik. In: Frickel, Daniela A./Kammler, Clemens/Rupp, Gerhard (Hrsg.): Literaturdidaktik im Zeichen von Kompetenzorientierung und Empirie. Perspektiven und Probleme. Freiburg im Breisgau: Fillibach, S. 67–84.

Kintsch, Walter/van Dijk, Teun A. (1978): Toward a Model of Text Comprehension and Production. In: Psychological Review. Jg. 58. Vol. 5, pp. 363–394.

Kinzl, Bernd (2011): Diagnose der Lesekompetenz in der Sekundarstufe I: Entwicklung eines Verfahrens zur verlaufsdiagnostischen Leseanalyse in der

Hauptschule als Grundlage einer individualisierten Anschlussförderung. Berlin: Wissenschaftlicher Verlag.

Klafki, Wolfgang (1969): Didaktische Analyse als Kern der Unterrichtsvorbereitung. In: Roth, Heinrich/Blumental, Alfred (Hrsg.): Auswahl: Grundlegende Aufsätze aus der Zeitschrift Die Deutsche Schule. 10. Auflage. Hannover: Schroedel, S. 5–34.

Klauer, Karl Josef (1982): Perspektiven Pädagogischer Diagnostik. In: Ders. (Hrsg.): Handbuch der Pädagogischen Diagnostik. Bd. 1, S. 3–14. Düsseldorf: Schwan.

Kleber, Eduard W. (1992): Diagnostik in pädagogischen Handlungsfeldern. Einführung in die Bewertung, Beurteilung, Diagnose und Evaluation. München/Weinheim: Juventa.

Kleemann, Frank/Krähnke, Uwe/Matuschek, Ingo (2009): Interpretative Sozialforschung. Eine praxisorientierte Einführung. Wiesbaden: VS Verlag für Sozialwissenschaften.

Klein, Wolfgang (1992): Zweitspracherwerb. Eine Einführung. 3. Auflage, unveränderter Nachdruck der 2. Auflage. Frankfurt a. M.: Hain.

Kleinbub, Iris Diana (2010): Unterrichtsqualität im Leseunterricht. Eine videobasierte Analyse in vierten Klassen. Trier: Wissenschaftlicher Verlag Trier.

Klicpera, Christian/Gasteiger-Klicpera, Barbara (1993): Lesen und Schreiben – Entwicklung und Schwierigkeiten. Die Wiener Längsschnittuntersuchungen über die Entwicklung, den Verlauf und die Ursachen von Lese- und Schreibschwierigkeiten in der Pflichtschulzeit. Bern: Huber.

Klicpera, Christian/Gasteiger-Klicpera, Barbara (1998): Psychologie der Lese- und Schreibschwierigkeiten. Entwicklung, Ursachen, Förderung. 2. Auflage. Weinheim: Beltz Psychologie-Verlags-Union.

Kliemann, Sabine (Hrsg.) (2008): Diagnostizieren und Fördern in der Sekundarstufe I. Berlin: Cornelsen Scriptor.

Klieme, Eckhard et al. (Hrsg.) (2008a): Unterricht und Kompetenzerwerb in Deutsch und Englisch. Ergebnisse der DESI-Studie. Weinheim/Basel: Beltz.

Klieme, Eckhard et al. (2008b): Alltagspraxis, Qualität und Wirksamkeit des Deutschunterrichts. In: Klieme, Eckhard et al. (Hrsg.): Unterricht und Kompetenzerwerb in Deutsch und Englisch. Ergebnisse der DESI-Studie. Weinheim/Basel: Beltz, S. 319–344.

Klieme, Eckhard et al. (Hrsg.) (2010a): PISA 2009. Bilanz nach einem Jahrzehnt. Münster u. a.: Waxmann.

Klieme, Eckhard et al. (Hrsg.) (2010b): PISA 2009. Bilanz nach einem Jahrzehnt. Zusammenfassung. Münster u. a.: Waxmann. Abrufbar unter: http://

www.dipf.de/de/dipf-aktuell/pdf-aktuelles/presseinformationen/pm-2010/PISA_2009_Zusammenfassung.pdf.

Klieme, Eckhard et al. (2010c): Leistungsbeurteilung und Kompetenzmodellierung im Mathematikunterricht. Projekt Co^{2}CA[1]. In: Klieme, Eckhard/Leutner, Detlev/Kenk, Martina (Hrsg.): Kompetenzmodellierung. Zwischenbilanz des DFG-Schwerpunktprogramms und Perspektiven des Forschungsansatzes. Weinheim/Basel: Beltz, S. 64–74.

Klug, Julia et al. (2012): Hängen diagnostische Kompetenz und Beratungskompetenz von Lehrkräften zusammen? Eine korrelative Untersuchung. In: Psychologische Rundschau. Jg. 63. H. 1, S. 3–10.

Kluge, Susann/Kelle, Udo (2010): Vom Einzelfall zum Typus: Fallvergleich und Fallkontrastierung in der qualitativen Sozialforschung. 2., überarbeitete Auflage. Wiesbaden: VS Verlag für Sozialwissenschaften.

KMK 2004 = Sekretariat der Ständigen Konferenz der Kultusminister der Länder in der Bundesrepublik Deutschland (Hrsg.) (2004): Standards für die Lehrerbildung: Bildungswissenschaften (Beschluss der Kultusministerkonferenz vom 16.12.2004). Bonn: KMK. Abrufbar unter: http://www.kmk.org/fileadmin/veroeffentlichungen_beschluesse/2004/2004_12_16-Standards-Lehrerbildung.pdf.

KMK 2014 = Sekretariat der Ständigen Konferenz der Kultusminister der Länder in der Bundesrepublik Deutschland (Hrsg.) (2014): Ländergemeinsame inhaltliche Anforderungen für die Fachwissenschaften und Fachdidaktiken in der Lehrerinnen- und Lehrerbildung (Beschluss der Kultusministerkonferenz vom 16.10.2008 i. d. F. vom 09.10.2014). Bonn: KMK. Abrufbar unter: http://www.akkreditierungsrat.de/fileadmin/Seiteninhalte/KMK/Vorgaben/KMK_Lehrerbildung_inhaltliche_Anforderungen_aktuell.pdf.

Komorek, Michael/Prediger, Susanne (Hrsg.) (2013): Der lange Weg zum Unterrichtsdesign – Zur Begründung und Umsetzung genuin fachdidaktischer Forschungs- und Entwicklungsprogramme. Münster u. a.: Waxmann.

Komorek, Michael/Fischer, Astrid/Moschner, Barbara (2013): Fachdidaktische Strukturierung als Grundlage für Unterrichtsdesigns. In: Komorek, Michael/Prediger, Susanne (Hrsg.): Der lange Weg zum Unterrichtsdesign – Zur Begründung und Umsetzung genuin fachdidaktischer Forschungs- und Entwicklungsprogramme. Münster u. a.: Waxmann, S. 43–62.

König, Johannes/Peek, Rainer/Blömeke, Sigrid (2010): Erfassung von Ergebnissen der erziehungswissenschaftlichen Lehrerausbildung. In: Gehrmann, Axel/Hericks, Uwe/Lüders, Manfred (Hrsg.): Bildungsstandards und Kompetenzmodelle. Beiträge zu einer aktuellen Diskussion über die Schule, Lehrerbildung und Unterricht. Bad Heilbrunn: Julius Klinkhardt, S. 73–84.

Korff, Natascha (2016): „In Orientierung an..." Kombination zweier Auswertungsmethoden in einer Interviewstudie zu Belief-Systemen von Lehrkräften. In: Dunker, Nina/Joyce-Finnern, Nina-Kathrin/Koppel, Ilka (Hrsg.): Wege durch den Forschungsdschungel – Ausgewählte Fallbeispiele aus der Forschungspraxis. Wiesbaden: Springer VS, S. 137–155.

Köster, Juliane (1995): Konstruktion und Hellsicht. Die produktive Leistung von Vergleichsaufgaben im Literaturunterricht der Sekundarstufe II. Würzburg: Königshausen & Neumann.

Köster, Juliane (2003a): Die Bedeutung des Vorwissens für die Lesekompetenz. In: Abraham, Ulf et al. (Hrsg.): Deutschdidaktik und Deutschunterricht nach PISA. Freiburg i. Br.: Fillibach, S. 90–105.

Köster, Juliane (2003b): Die Profilierung einer Differenz. Aufgaben zum Textverstehen in Lern- und Leistungssituationen. In: Deutschunterricht. Jg. 56. H. 5, S. 19–24.

Köster, Juliane (2005): Wodurch wird ein Text schwierig? – Ein Test für die Fachkonferenz. In: Deutschunterricht. Jg. 58. H. 5, S. 34–39.

Köster, Juliane (2006a): Von der Lebenswelt zur Literatur. Zu Erich Kästners „Fauler Zauber" (4. Schuljahr). In: Kammler, Clemens (Hrsg.): Literarische Kompetenzen – Standards im Literaturunterricht. Modelle für die Primar- und Sekundarstufe. Seelze: Klett/Kallmeyer, S. 50–64.

Köster, Juliane (2006b): Bildungsstandards und Lesekompetenz. In: Gaiser, Gottlieb/Münchenbach, Siegfried (Hrsg.): Leselust dank Lesekompetenz. Leseerziehung als fächerübergreifende Aufgabe. Donauwörth: Auer, S. 219–231.

Köster, Juliane (2008): Lesekompetenz im Lichte der Bildungsstandards. In: Bremerich-Vos, Albert/Granzer, Dietlinde/Köller, Olaf (Hrsg.): Lernstandsbestimmung im Fach Deutsch. Gute Aufgaben für den Unterricht. Weinheim/Basel: Beltz, S. 162–183.

Köster, Juliane (2015): Die überforderte Disziplin: Deutschdidaktik zwischen Eklektizismus und Partialisierung. Vortrag auf der Arbeitstagung „Denkrahmen der Deutschdidaktik – Positionen in der Diskussion" am 24./25. März 2015 an der Georg-August-Universität Göttingen. Unveröffentlichtes Typoskript.

Köster, Juliane/Wieser, Dorothee (2013): Plädoyer für nutzloses Wissen. In: Didaktik Deutsch. Jg. 18. H. 34, S. 5–11.

Köster, Juliane/Winkler, Iris. Unter Mitarbeit von Christian Becker, Désirée Burba, Angelika Kienzle (2015): Lesen. In: Becker-Mrotzek, Michael et al. (Hrsg.): Bildungsstandards aktuell: Deutsch in der Sekundarstufe II. Braunschweig: Diesterweg/Schroedel/Westermann, S. 120–175.

Krammer, Kathrin/Reusser, Kurt (2005): Unterrichtsvideos als Medium der Aus- und Weiterbildung von Lehrpersonen. In: Beiträge zur Lehrerinnen- und Lehrerbildung. Jg. 23. H. 1, S. 35–50.

Krauss, Stefan (2011): Das Experten-Paradigma in der Forschung zum Lehrerberuf. In: Terhart, Ewald/Bennewitz, Hedda/Rothland, Martin (Hrsg.): Handbuch der Forschung zum Lehrerberuf. Münster u. a.: Waxmann, S. 171–191.

Krauss, Stefan et al. (2004): COACTIV: Professionswissen von Lehrkräften, kognitiv aktivierender Mathematikunterricht und die Entwicklung von mathematischer Kompetenz. In: Doll, Jörg Doll/Prenzel, Manfred (Hrsg.): Bildungsqualität von Schule: Lehrerprofessionalisierung, Unterrichtsentwicklung und Schülerforderung als Strategien der Qualitätsverbesserung. Münster: Waxmann, S. 31–53.

Krolak-Schwerdt, Sabine/Böhmer, M./Gräsel, Cornelia (2009): Verarbeitung von schülerbezogener Information als zielgeleiteter Prozess. Der Lehrer als „flexibler Denker". In: Zeitschrift für Pädagogische Psychologie. Jg. 23. H. 3–4, S. 175–186.

Krüger, Dirk (2007): Die *Conceptual Change*-Theorie. In: Krüger, Dirk/Vogt, Helmut (Hrsg.): Theorien in der biologiedidaktischen Forschung. Ein Handbuch für Lehramtsstudenten und Doktoranden. Berlin/Heidelberg: Springer, S. 81–92.

Kruse, Jan (2010): „Einführung in die qualitative Interviewforschung". Überarbeitete, korrigierte und umfassend ergänzte Version. Freiburg. Unveröffentlichter Reader.

Kuckartz, Udo et al. (2008): Qualitative Evaluation. Der Einstieg in die Praxis. 2., aktualisierte Auflage. Wiesbaden: VS Verlag für Sozialwissenschaften.

Kunter, Mareike/Klusmann, Uta/Baumert, Jürgen (2009): Professionelle Kompetenz von Mathematiklehrkräften: Das COACTIV-Modell. In: Zlatkin-Troitschanskaia, Olga et al. (Hrsg.): Lehrerprofessionalität. Bedingungen, Genese, Wirkungen und ihre Messung. Weinheim: Beltz, S. 153–165.

Kunter, Mareike/Klusmann, Uta (2010): Kompetenzmessung bei Lehrkräften – Methodische Herausforderungen. In: Unterrichtswissenschaft. Jg. 38. H. 1, S. 68–86.

Kunter, Mareike et al. (Hrsg.) (2011): Professionelle Kompetenz von Lehrkräften – Ergebnisse des Forschungsprogramms COACTIV. Münster u. a.: Waxmann.

Kunze, Ingrid (2004): Konzepte von Deutschunterricht. Eine Studie zu individuellen didaktischen Theorien von Lehrerinnen und Lehrern. Wiesbaden: VS Verlag für Sozialwissenschaften.

Lakoff, George/Johnson, Mark (1980): Metaphors We Live By. Chicago: University of Chicago Press.

Langer, Antje (2010): Transkribieren – Grundlagen und Regeln. In: Friebertshäuser, Barbara/Langer, Antje/Prengel, Annedore (Hrsg.): Handbuch Qualitative Forschungsmethoden in der Erziehungswissenschaft. Unter Mitarbeit von Heike Boller und Sophia Richter. 3., vollständig überarbeitete Auflage. Weinheim/München: Juventa, S. 515–526.

Lankes, Eva-Maria/Carstensen, Claus H. (2007): Der Leseunterricht aus Sicht der Lehrkräfte. In: Bos, Wilfried et al. (Hrsg.): IGLU 2006. Lesekompetenz von Grundschulkindern in Deutschland im internationalen Vergleich. Münster u. a.: Waxmann, S. 161–193.

Lauer, Andreas (2006): Möglichkeiten und Grenzen von Innovationen im Lehrplan – evaluiert am Beispiel der Jahrgangsstufe 6 im Fach Mathematik. Abrufbar unter: http://d-nb.info/981134556/34.

Lehmann, Rainer H. et al. (1995): Leseverständnis und Lesegewohnheiten deutscher Schülerinnen und Schüler. Weinheim/Basel: Beltz.

Lehker, Marianne (2009): Rechtschreibung und Lesen computergestützt fördern. In: Deutschunterricht. Jg. 62. H. 3, S. 34–38.

Leslie, Lauren/Caldwell, JoAnne (2009): Formal and informal measures of reading comprehension. In: Israel, Susan E./Duffy, Gerald G. (Eds.): Handbook of research on reading comprehension. New York, NY: Routledge, pp. 403–427.

Lessing-Sattari, Marie (2015): Metaphernfelder – Anforderungsstruktur und Verstehensprozesse aus Sicht der Lesedidaktik. In: Spieß, Constanze/Köpcke, Klaus-Michael (Hrsg.): Metapher und Metonymie. Theoretische, methodische und empirische Zugänge. Berlin/Boston: de Gruyter, S. 373–398.

Leuchter, Miriam et al. (2006): Unterrichtsbezogene Überzeugungen und handlungsleitende Kognitionen. In: Zeitschrift für Erziehungswissenschaft. Jg. 9. H. 4, S. 562–579.

Leuchter, Miriam (2009): Zur Rolle der Lehrperson bei der Aufgabenbearbeitung. Unterrichtsbezogene Kognitionen von Lehrpersonen. Münster: Waxmann.

Lindow, Ina (2013): Literaturunterricht als Fall. Kasuistisches Wissen von Deutschlehrenden. Wiesbaden: Springer VS.

Lintorf, Katrin et al. (2011): Zuverlässigkeit von diagnostischen Lehrerurteilen – Realiabilität verschiedener Urteilsmaße bei der Einschätzung von Aufgabenschwierigkeiten. In: Unterrichtswissenschaft. Jg. 39. H. 2, S. 102–119.

Lipowsky, Frank (2006): Auf den Lehrer kommt es an – Empirische Evidenzen für Zusammenhänge zwischen Lehrerkooperationen, Lehrerhandeln und dem Lernen der Schüler. In: Allemann-Ghionda, Cristina/Terhart, Ewald (Hrsg.): Kompetenzen und Kompetenzentwicklung im Lehrberuf: Ausbildung und Beruf. Weinheim: Beltz, S. 47–70.

Lipowsky, Frank (2007): Was wissen wir über guten Unterricht? Im Fokus: Die fachliche Lernentwicklung. In: Friedrich Jahresheft XXV, S. 26–30.

Lipowsky, Frank (2010): Lernen im Beruf – Empirische Befunde zur Wirksamkeit von Lehrerfortbildung. In: Müller, Florian H. et al. (Hrsg.): Lehrerinnen und Lehrer lernen – Konzepte und Befunde zur Lehrerfortbildung. Münster: Waxmann, S. 51–72.

Lipowsky, Frank (2011): Theoretische Perspektiven und empirische Befunde zur Wirksamkeit von Lehrerfort- und -weiterbildung. In: Terhart, Ewald/Bennewitz, Hedda/Rothland, Martin (Hrsg.): Handbuch der Forschung zum Lehrerberuf. Münster u. a.: Waxmann, S. 398–417.

Lorenz, Christian/Artelt, Cordula (2009): Fachspezifität und Stabilität diagnostischer Kompetenz von Grundschullehrkräften in den Fächern Deutsch und Mathematik. In: Zeitschrift für Pädagogische Psychologie. Jg. 23. H. 3/4, S. 211–222.

Luchte, Katja (2005): Implementierung pädagogischer Konzepte in sozialen Systemen. Ein systemtheoretischer Beratungsansatz. Weinheim/Basel: Beltz.

Maier, Uwe (2010): Formative Assessment – Ein erfolgversprechendes Konzept zur Reform von Unterricht und Leistungsmessung? In: Zeitschrift für Erziehungswissenschaft. Jg. 13, H. 2, S. 293–308.

Maier, Uwe (2014): Computergestützte, formative Leistungsdiagnostik in Primar- und Sekundarschulen. Ein Forschungsüberblick zu Entwicklung, Implementation und Effekten. In: Unterrichtswissenschaft. Jg. 42. H. 1, S. 69–86.

Maier, Uwe (2015): Leistungsdiagnostik in Schule und Unterricht. Schülerleistungen messen, bewerten und fördern. Bad Heilbrunn: Julius Klinkhardt.

Maiwald, Klaus (2010): Kompetenzen und Unterrichtsziele im Lese- und Literaturunterricht der Sekundarstufe I. In: Kämper-van den Boogaart, Michael/Spinner, Kaspar H. (Hrsg.): Lese- und Literaturunterricht. Teil 2. Baltmannsweiler: Schneider Hohengehren, S. 49–78.

Mannheim, Karl (1964): Beiträge zur Theorie der Weltanschauungs-Interpretation. In: Ders.: Wissenssoziologie. Auswahl aus dem Werk. Eingeleitet und herausgegeben von Kurt H. Wolff. Neuwied a. R.: Luchterhand, S. 91–154.

Mannheim, Karl (1970): Wissenssoziologie. Auswahl aus dem Werk. 2. Auflage. Eingeleitet und herausgegeben von Kurt H. Wolff. Neuwied a. R.: Luchterhand.

Mayring, Philipp (2010): Qualitative Inhaltsanalyse. Grundlagen und Techniken. 11., aktualisierte und überarbeitete Auflage. Weinheim u. a.: Beltz.

McElvany, Nele/Kortenbruck, Marthe/Becker, Michael (2008): Lesekompetenz und Lesemotivation. Entwicklung und Mediation des Zusammenhangs durch Leseverhalten. In: Zeitschrift für Pädagogische Psychologie. Jg. 22. H. 3/4, S. 207–219.

McElvany, Nele et al. (2009): Diagnostische Fähigkeiten von Lehrkräften bei der Einschätzung von Schülerleistungen und Aufgabenschwierigkeiten bei Lernmedien mit instruktionalen Bildern. In: Zeitschrift für Pädagogische Psychologie. Jg. 23. H. 3/4, S. 223–235.

McMillan, James H. (2001): Secondary teacher's classroom assessment and grading practices. In: Educational Measurement: Issues and Practice. Vol. 20. No. 1, pp. 20–32.

Merkens, Hans (1997): Stichproben bei qualitativen Studien. In: Friebertshäuser, Barbara/Prengel, Annedore (Hrsg.): Handbuch Qualitative Forschungsmethoden in der Erziehungswissenschaft. Weinheim/München: Juventa, S. 97–106.

Merkens, Hans (2009): Auswahlverfahren, Sampling, Fallkonstruktion. In: Flick, Uwe/von Kardorff, Ernst/Steinke, Ines (Hrsg.): Qualitative Sozialforschung. Ein Handbuch. 7. Auflage. Reinbek bei Hamburg: Rowohlt Taschenbuch Verlag, S. 286–299.

Mey, Günter/Mruck, Katja (2010): Interviews. In: Dies. (Hrsg.): Handbuch Qualitative Forschung in der Psychologie. Wiesbaden: VS Verlag für Sozialwissenschaften, S. 423–435.

Meyer, Hilbert (2004): Was ist guter Unterricht? Berlin: Cornelsen Scriptor.

Meyer, Hilbert (2005): Fachdidaktische Strukturierung aus allgemeiner Sicht. Reader für das ProDid Seminar 2. Kohorte. WS 2005/2006. Skript zum 18.11.2005. Unveröffentlichtes Transkript.

Meyer, Hilbert (2007): Leitfaden Unterrichtsvorbereitung. Berlin: Cornelsen Scriptor.

Messner, Helmut/Reusser, Kurt (2000): Die berufliche Entwicklung von Lehrpersonen als lebenslanger Prozess. In: Beiträge zur Lehrerinnen- und Lehrerbildung. Jg. 18. H. 2, S. 157–171.

Meuser, Michael/Nagel, Ulrike (1991): ExpertInneninterviews – vielfach erprobt, wenig bedacht. Ein Beitrag zur qualitativen Methodendiskussion. In: Garz, Detlef/Kraimer, Klaus (Hrsg.): Qualitativ-empirische Sozialforschung. Konzepte, Methoden, Analysen. Opladen: Westdeutscher Verlag, S. 441–471. Abrufbar unter: http://www.ssoar.info/ssoar/handle/document/2402.

Möhn, Dieter/Pelka, Roland (1984): Fachsprachen. Eine Einführung. Tübingen: Max Niemeyer.

Möller, Jens/Schiefele, Ulrich (2004): Motivationale Grundlagen der Lesekompetenz. In: Schiefele, Ulrich et al. (Hrsg.): Struktur, Entwicklung und Förderung von Lesekompetenz. Vertiefende Analysen im Rahmen von PISA 2000. Wiesbaden: VS Verlag für Sozialwissenschaften, S. 101–124.

Moser Opitz, Elisabeth/Nührenbörger, Marcus (2015): Diagnostik und Leistungsbeurteilung. In: Bruder, Regina et al. (Hrsg.): Handbuch der Mathematikdidaktik. Berlin/Heidelberg: Springer Spektrum, S. 491–512.

Moss, Pamela A. (2003): Reconceptualizing validity for classroom assessment. In: Educational Measurement: Issues and Practice. Vol. 22. No. 4, pp. 13–25.

Muckel, Petra (2001). Entdeckung und Entwicklung von Kategorien in der qualitativen Forschung – methodologische Überlegungen und empirische Beispiele. In: Forum Qualitative Sozialforschung/Forum: Qualitative Social Research.

Muckel, Petra (2011): Die Entwicklung von Kategorien mit der Methode der Grounded Theory. In: Mey, Günther/Mruck, Katja (Hrsg.): Grounded Theory Reader. 2., aktualisierte und erweiterte Auflage. Wiesbaden: VS Verlag für Sozialwissenschaften, S. 333–352.

Müller, Bettina/Richter, Tobias (2014): Lesekompetenz. In: Grabowski, Joachim (Hrsg.): Sinn und Unsinn von Kompetenzen. Fähigkeitskonzepte im Bereich von Sprache, Medien und Kultur. Pladen/Berlin/Toronto: Barbara Budrich, S. 29–50.

Müller, Katharina/Ehmke, Thomas (2013): Soziale Herkunft als Bedingung der Kompetenzentwicklung. In: Prenzel, Manfred et al. (Hrsg.): PISA 2012. Fortschritte und Herausforderungen in Deutschland. Münster u. a.: Waxmann, S. 245–274.

Müller, Katharina/Ehmke, Thomas (2016): Soziale Herkunft und Kompetenzerwerb. In: Reiss, Kristina et al. (Hrsg.): PISA 2015. Eine Studie zwischen Kontinuität und Innovation. Münster u. a.: Waxmann, S. 285–316.

National Reading Panel (NRP) (2000): Report of the National Reading Panel. Teaching Childrean to read: An Evidence-based Assessment of the Scientific Research Literature on Reading and Its Implications for Reading Instruction. Washington, DC: National Institut of Child Health and Human Development. Abrufbar unter: http://www.nichd.nih.gov/publications/pubs/nrp/documents/report.pdf.

National Board for Professional Teaching Standards (2002): What teachers should know and be able to do. Arlington, VA: NBPTS. Abrufbar unter: http://www.nbpts.org/UserFiles/File/what_teachers.pdf.

Naumann, Johannes et al. (2010): Lesekompetenz von PISA 2000 bis PISA 2009. In: Klieme, Eckhard et al. (Hrsg.): PISA 2009. Bilanz nach einem Jahrzehnt. Münster: Waxmann, S. 23–71.

Nawrath, Dennis (2010): Kontextorientierung. Rekonstruktion einer fachdidaktischen Konzeption für den Physikunterricht. Oldenburg: BIS Verlag. (=Beiträge zur Didaktischen Rekonstruktion 29)

Neuweg, Georg H. (2000): Mehr lernen, als man sagen kann: Konzepte und didaktische Perspektiven impliziten Lernens. In: Unterrichtswissenschaft. Jg. 28. H. 3, S. 197–217.

Neuweg, Georg H. (2001): Könnerschaft und implizites Wissen. Zur lehr-lerntheoretischen Bedeutung der Erkenntnis- und Wissenstheorie Michael Polanyis. 2., korrigierte Auflage. Münster u. a.: Waxmann.

Ness, Molly K. (2008): Supporting secondary readers: when teachers provide the „what", not the „how". In: American Secondary Education 37, pp. 80–95.

Neuweg, Georg H. (2002): Lehrerhandeln und Lehrerbildung im Lichte des Konzepts des impliziten Wissens. In: Zeitschrift für Pädagogik. Jg. 48. H. 1, S. 10–29.

Neuweg, Georg H. (2011a): Das Wissen der Wissensvermittler. Problemstellungen, Befunde und Perspektiven der Forschung zum Lehrerwissen. In: Terhart, Ewald/Bennewitz, Hedda/Rothland, Martin (Hrsg.): Handbuch der Forschung zum Lehrerberuf. Münster u. a.: Waxmann, S. 451–477.

Neuweg, Georg H. (2011b): Distanz und Einlassung. Skeptische Anmerkungen zum Ideal einer „Theorie-Praxis-Integration" in der Lehrerbildung. In: Erziehungswissenschaft. Jg. 22. H. 43, S. 33–45.

Niebert, Kai (2010): Den Klimawandel verstehen. Eine didaktische Rekonstruktion der globalen Erwärmung. Oldenburg: Didaktisches Zentrum.

Nitko, Anthony J./Brookhart, Susan M. (2004): Educational Assessment of Students. 5th edition. Englewood Cliffs, NJ: Merrill Prentice Hall.

Nix, Daniel (2010): Förderung der Lesekompetenz. In: Kämper-van den Boogart, Michael/Spinner, Kaspar H. (Hrsg.): Lese- und Literaturunterricht. Teil 2. Baltmannsweiler: Schneider Hohengehren, S. 139–189.

Nix, Daniel (2011): Förderung der Leseflüssigkeit. Theoretische Fundierung und empirische Überprüfung eines kooperativen Lautlese-Verfahrens im Deutschunterricht. Weinheim/München: Juventa.

Nohl, Arnd-Michael (2009): Interview und dokumentarische Methode. Anleitungen für die Forschungspraxis. 3. Auflage. Wiesbaden: VS Verlag für Sozialwissenschaften.

Nündel, Ernst/Schlotthaus, Werner (1978): Angenommen: Agamemnon. Wie Lehrer mit Texten umgehen. München u. a.: Urban und Schwarzenberg.

Ossner, Jakob (1993): Praktische Wissenschaft. In: Bremerich-Vos, Albert (Hrsg.): Handlungsfeld Deutschunterricht im Kontext. Festschrift für Hubert Ivo zum 65. Geburtstag. Frankfurt a. M.: Diesterweg, S. 186–199.

Ossner, Jakob (1999): Das Profil der Fachdidaktik. Grundzüge einer praktischen Disziplin. In: Radtke, Frank-Olaf (Hrsg.): Lehrerbildung an der Universität. Zur Wissensbasis pädagogischer Professionalität. Frankfurter Beiträge zur

Erziehungswissenschaft. Frankfurt: Johann Wolfgang Goethe-Universität, S. 24–45.

Ossner, Jakob (2001): Elemente eines Denkstils für didaktische Entscheidungen. In: Rosebrock, Cornelia/Fix, Martin (Hrsg.): Tumulte. Deutschdidaktik zwischen den Stühlen. Baltmannsweiler: Schneider Hohengehren, S. 17–32. (= Diskussionsforum Deutsch 6)

Ossner, Jakob (2013): Erklären und Zeigen. In: Didaktik Deutsch. Jg. 18. H. 34, S. 37–51.

Pangh, Claudia (2003): Diagnosekompetenz – den Blick für das Lernen schärfen. In: Bohl, Thorsten et al. (Hrsg.): Lernende in der Hauptschule – ein Blick auf die Hauptschule nach PISA. Baltmannsweiler: Schneider Hohengehren, S. 91–112.

Paradies, Liane/Linser, Hans Jürgen/Greving, Johannes (2007): Diagnostizieren, Fordern und Fördern. Berlin: Cornelsen Scriptor.

Parchmann, Ilka et al. (2006): "'Chemie im Kontext': A symbiotic implementation of a context-based teaching and learning approach". In: International Journal of Science Education. Vol. 28. No. 9, pp. 1041–1062.

Perfetti, Charles A. (1985): Reading ability. New York: Oxford University Press.

Peter-Koop, Andrea (2006): Die Vermittlung mathematikdiagnostischer Kompetenzen in der universitären Grundschullehrerausbildung. In: Hilligus, Annegret Helen/Rinkens, Hans-Dieter (Hrsg.): Standards und Kompetenzen – neue Qualität in der Lehrerausbildung? Neue Ansätze und Erfahrungen in nationaler und internationaler Perspektive. Berlin: LIT, S. 459–468.

Piasta, Shayne B. et al. (2009): Teachers' Knowledge of Literacy Concepts, Classroom Practices, and Student Reading Growth. In: Scientific Studies of Reading. Vol. 13. No. 3, pp. 224–248.

Pieper, Irene (2010): Lese- und literarische Sozialisation. In: Kämper-van den Boogaart, Michael/Spinner, Kaspar H. (Hrsg.): Lese- und Literaturunterricht. Teil 1. Baltmannsweiler: Schneider Hohengehren, S. 87–147.

Pieper, Irene et al. (2004): Lesesozialisation in schriftfernen Lebenswelten. Lektüre und Mediengebrauch von HauptschülerInnen. Weinheim/München: Juventa.

Pieper, Irene/Wieser, Dorothee (Hrsg.) (2012a): Fachliches Wissen und literarisches Verstehen. Studien zu einer brisanten Relation. Frankfurt a. M. u. a.: Peter Lang.

Pieper, Irene/Wieser, Dorothee (2012b): Einleitung. In: Dies. (Hrsg.): Fachliches Wissen und literarisches Verstehen. Studien zu einer brisanten Relation. Frankfurt a. M. u. a.: Peter Lang, S. 7–14.

Pieper, Irene et al. (Hrsg.) (2014): Was der Fall ist: Beiträge zur Fallarbeit in Bildungsforschung, Lehramtsstudium, Beruf und Ausbildung. Wiesbaden: Springer VS.

Pinell, Gay S. et al. (1995): Listening to children read aloud. Data from NAEP's Integrated Reading Performance Record (IRPR) at Grade 4. Washington, D. C.: Office of Educational Research and Improvement. U. S. Department of Education. Abrufbar unter: http://files.eric.ed.gov/fulltext/ED378550.pdf.

Philipp, Maik (2010): Lesen empeerisch: Eine Längsschnittstudie zur Bedeutung von peer groups für Lesemotivation und -verhalten. Wiesbaden: VS Verlag für Sozialwissenschaften.

Philipp, Maik (2013): Lese- und Schreibunterricht. Tübingen u. a.: Francke.

Philipp, Maik/Schilcher, Anita (Hrsg.) (2012): Selbstreguliertes Lesen. Ein Überblick über wirksame Leseförderansätze. Seelze: Klett/Kallmeyer.

Plomp, Tjeerd/Nieveen, Nienke (2013) (Eds.): Educational Design Research: Illustrative Cases. Enschede: SLO, Netherlands Institute for Curriculum Development.

Pohl, Thorsten (2014): Entwicklung der Schreibkompetenzen. In: Feilke, Helmuth/Pohl, Thorsten (Hrsg.): Schriftlicher Sprachgebrauch. Texte verfassen. Baltmannsweiler: Schneider Hohengehren, S. 101–143.

Posner, George J. et al. (1982): Conceptual change and science teaching. In: European Journal of Science Education. Jg. 4. No. 3, pp. 231–240.

Praetorius, Anna-Katharina et al. (2010): Lehrkräfte als Diagnostiker – Welche Rolle spielt die Schülerleistung bei der Einschätzung von mathematischen Selbstkonzepten? In: Journal for Educational Research Online (JERO). Jg. 2. H. 1, S. 121–144.

Praetorius, Anna-Katharina et al. (2011): Wie gut schätzen Lehrer die Fähigkeitsselbstkonzepte ihrer Schüler ein? Zur diagnostischen Kompetenz von Lehrkräften. In: Psychologie in Erziehung und Unterricht. Zeitschrift für Forschung und Praxis. Jg. 58. H. 2, S. 81–91.

Praetorius, Anna-Katharina/Lipowsky, Frank/Karst, Karina (2012): Diagnostische Kompetenz von Lehrkräften. Aktueller Forschungsstand, unterrichtspraktische Umsetzbarkeit und Bedeutung für den Unterricht. In: Lazarides, Rebecca/Ittel, Angela (Hrsg.): Differenzierung im mathematisch-naturwissenschaftlichen Unterricht. Implikationen für Theorie und Praxis. Bad Heilbrunn: Klinkhardt, S. 115–146.

Praxis Deutsch (2005), Jg. 32. H. 194: Lesen beobachten und fördern.

Praxis Deutsch (2012), Jg. 39. H. 233: Bildungssprache.

Prediger, Susanne/Link, Michael (2012): Fachdidaktische Entwicklungsforschung – Ein lernprozessfokussierendes Forschungsprogramm mit Verschränkung fachdidaktischer Arbeitsbereiche. In: Bayrhuber, Horst et al. (Hrsg.): Formate Fachdidaktischer Forschung. Empirische Projekte – historische Analysen – theoretische Grundlegungen. Münster: Waxmann, S. 29–46.

Prediger, Susanne et al. (2012): Lehr-Lernprozesse initiieren und erforschen – Fachdidaktische Entwicklungsforschung im Dortmunder Modell. In: MNU. Jg. 65. H. 8. 452–457.

Prediger, Susanne et al. (2013): Der lange Weg zum Unterrichtsdesign. Zur Begründung und Umsetzung fachdidaktischer Forschungs- und Entwicklungsprogramme. In: Komorek, Michael/Prediger, Susanne (Hrsg.): Der lange Weg zum Unterrichtsdesign – Zur Begründung und Umsetzung genuin fachdidaktischer Forschungs- und Entwicklungsprogramme. Münster u. a.: Waxmann, S. 9–23.

Prenzel, Manfred et al. (Hrsg.) (2007): PISA 2006. Die Ergebnisse der dritten internationalen Vergleichsstudie. Münster: Waxmann.

Przyborski, Aglaja/Slunecko, Thomas (2010): Dokumentarische Methode. In: Mey, Günter/Mruck, Katja (Hrsg.): Handbuch Qualitative Forschung in der Psychologie. Wiesbaden: VS Verlag für Sozialwissenschaften, S. 627–642.

Przyborski, Aglaja/Wohlrab-Sahr, Monika (2014): Qualitative Sozialforschung. Ein Arbeitsbuch. 4., ergänzte Auflage. München: Oldenbourg.

Ralle, Bernd/Di Fuccia, David-Samuel (2014): Aktionsforschung als Teil fachdidaktischer Entwicklungsforschung. In: Krüger, Dirk/Parchmann, Ilka/Schecker, Horst (Hrsg.): Methoden in der naturwissenschaftsdidaktischen Forschung. Berlin/Heidelberg: Springer Spektrum, S. 43–55.

Rank, Astrid/Hartinger, Andreas/Fölling-Albers, Maria (2010): Der Lernzuwachs von Grundschullehrerinnen in situierten Lehrerfortbildungen. In: Arnold, Karl-Heinz et al. (Hrsg.): Zwischen Fachdidaktik und Stufendidaktik. Perspektiven für die Grundschulpädagogik. Wiesbaden: VS Verlag für Sozialwissenschaften, S. 229–232.

Rank, Astrid et al. (2011): Vom Wissen zum Handeln in Diagnose und Förderung – Bedingungen des erfolgreichen Transfers einer situierten Lehrerfortbildung in die Praxis. In: Zeitschrift für Grundschulforschung. Jg. 5. H. 2, S. 70–82.

Reinartz, Andrea (2003): „Leben und Lernen sind weit auseinander!" Eine Studie zur Rezeption der handlungsorientierten Didaktik durch Englischlehrerinnen und -lehrer am Gymnasium. Opladen: Leske + Budrich.

Reinmann-Rothmeier, Gabi/Mandl, Heinz (1998): Wenn kreative Ansätze versanden: Implementation als verkannte Aufgabe. In: Unterrichtswissenschaft. Jg. 26. H. 4, S. 292–311.

Renkl, Alexander (2006): Träges Wissen. In: Rost, Detlef H. (Hrsg.): Handwörterbuch Pädagogische Psychologie. 3., überarbeitete und erweiterte Auflage. Weinheim/Basel/Berlin: Beltz, S. 778–781.

Retelsdorf, Jan/Möller, Jens (2008): Familiäre Bedingungen und individuelle Prädiktoren der Lesekompetenz von Schülerinnen und Schülern. In: Psychologie in Erziehung und Unterricht. Jg. 55. H. 4, S. 227–237.

Reusser, Kurt (2006): Konstruktivismus – vom epistemologischen Leitbegriff zur Erneuerung der didaktischen Kultur. In: Baer, Matthias et al. (Hrsg.): Didaktik auf psychologischer Grundlage. Von Aeblis kognitionspsychologischer Didaktik zur modernen Lehr- und Lernforschung. Bern: h. e. p., S. 151–168.

Reusser, Kurt/Pauli, Christine/Elmer, Anneliese (2011): Berufsbezogene Überzeugungen von Lehrerinnen und Lehrern. In: Terhart, Ewald/Brennewitz, Hedda/Rothland, Martin (Hrsg.): Handbuch der Forschung zum Lehrerberuf. Münster u. a.: Waxmann, S. 478–495.

Rheinberg, Falko (2002): Bezugsnormen und schulische Leistungsbeurteilung. In: Weinert, Franz E. (Hrsg.): Leistungsmessungen in Schulen. 2., unveränderte Auflage. Weinheim/Basel: Beltz, S. 59–72.

Rheinberg, Falko (2006): Bezugsnormorientierung. In: Rost, Detlef H. (Hrsg.): Handwörterbuch Pädagogische Psychologie. 3., überarbeitete und erweiterte Auflage. Weinheim/Basel/Berlin: Beltz, S. 55–62.

Richter, Karin/Plath, Monika (2005): Lesemotivation in der Grundschule. Empirische Befunde und Modelle für den Unterricht. Weinheim: Juventa.

Richter, Tobias (2003): Epistemologische Einschätzungen beim Textverstehen. Lengerich: Pabst.

Richter, Tobias/Christmann, Ursula (2002): Lesekompetenz. Prozessebenen und interindividuelle Unterschiede. In: Groeben, Norbert/Hurrelmann, Bettina (Hrsg.): Lesekompetenz. Bedingungen, Dimensionen, Funktionen. Weinheim/München: Juventa, S. 25–58.

Richter, Tobias/van Holt, Nadine (2005): ELVES: Ein computergestütztes Diagnostikum zur Erfassung der Effizienz von Teilprozessen des Leseverstehens. In: Diagnostica. Jg. 51. H. 4, S. 169–182.

Richter, Tobias et al. (2012): Prozessbezogene Diagnostik von Lesefähigkeiten bei Grundschulkindern. In: Zeitschrift für Pädagogische Psychologie. Jg. 26. H. 4, S. 313–331.

Rieckmann, Carola (2010): Leseförderung in sechsten Hauptschulklassen. Zur Wirksamkeit eines Vielleseverfahrens. Baltmannsweiler: Schneider Hohengehren.

Rieckmann, Carola (2012): Chancen eines erweiterten Selbstkonzeptbegriffs für die Literaturdidaktik. In: Frickel, Daniela A./Kammler, Clemens/Rupp, Gerhard (Hrsg.): Literaturdidaktik im Zeichen von Kompetenzorientierung und Empirie. Perspektiven und Probleme. Freiburg i. Br.: Fillibach, S. 271–286.

Rieckmann, Carola (2015): Grundlagen der Lesedidaktik. Band 2: Eigenständiges Lesen. Baltmannsweiler: Schneider Hohengehren.

Riemeier, Tanja (2007): Moderater Konstruktivismus. In: Krüger, Dirk/Vogt, Helmut (Hrsg.): Theorien in der biologiedidaktischen Forschung. Ein Handbuch für Lehramtsstudenten und Doktoranden. Berlin/Heidelberg: Springer, S. 69–79.

Rinck, Mike (2000): Situationsmodelle und das Verstehen von Erzähltexten: Befunde und Probleme. In: Psychologische Rundschau. Jg. 51. H. 3, S. 115–122.

Rincke, Karsten (2010): Alltagssprache, Fachsprache und ihre besonderen Bedeutungen für das Lernen. In: Zeitschrift für Didaktik der Naturwissenschaften 16/2010, S. 235–260.

Risko, Victoria J./Walker-Dalhouse, Doris (2010): Making the Most of Assessments to Inform Instruction. In: The Reading Teacher. Vol. 63. No. 5, pp. 420–422.

Rjosk, Camilla et al. (2011): Diagnostische Fähigkeiten von Lehrkräften bei der Einschätzung der basalen Lesefähigkeit ihrer Schülerinnen und Schüler. In: Psychologie in Erziehung und Unterricht. Jg. 58. H. 2, S. 92–105.

Roelcke, Thorsten (2010): Fachsprachen. 3., neu bearbeitete Auflage. Berlin: Erich Schmidt.

Rogalla, Marion/Vogt, Franziska (2008): Förderung adaptiver Lehrkompetenz: eine Interventionsstudie. In: Unterrichtswissenschaft. Jg. 36. H. 1, S. 17–36.

Rösch, Heidi (2010): Literarische Bildung im kompetenzorientierten Literaturunterricht. Freiburg i. Br.: Fillibach.

Rosebrock, Cornelia (2004): Informelle Sozialisationsinstanz peer group. In: Groeben, Norbert/Hurrelmann, Bettina (Hrsg.): Lesesozialisation in der Mediengesellschaft. Ein Forschungsüberblick. Weinheim/München: Juventa, S. 250–279.

Rosebrock, Cornelia (2008): Lesesozialisation und Leseförderung. Literarisches Leben in der Schule. In: Kämper-van den Boogaart, Michael (Hrsg.): Deutschdidaktik. Leitfaden für die Sekundarstufe I und II. Berlin: Cornelsen Scriptor, S. 163–183.

Rosebrock, Cornelia (2009): Lesekompetenz als Mehrebenenkonstrukt. In: Bertschi-Kaufmann, Andrea/Rosebrock, Cornelia (Hrsg.): Literalität. Bildungsaufgabe und Forschungsfeld. München/Weinheim: Juventa, S. 59–72.

Rosebrock, Cornelia et al. (2010): Förderung der Leseflüssigkeit bei leseschwachen Zwölfjährigen. In: Didaktik Deutsch. Jg. 15. H. 28, S. 33–58.

Rosebrock, Cornelia et al. (2011): Leseflüssigkeit fördern. Lautleseverfahren für die Primar- und Sekundarstufe. Seelze: Klett/Kallmeyer.

Rosebrock, Cornelia/Nix, Daniel (2006): Forschungsüberblick: Leseflüssigkeit (Fluency) in der amerikanischen Leseforschung und -didaktik. In: Didaktik Deutsch. Jg. 11. H. 20, S. 90–113.

Rosebrock, Cornelia/Nix, Daniel (2008): Grundlagen der Lesedidaktik und der systematischen schulischen Leseförderung. 2. korrigierte Auflage. Baltmannsweiler: Schneider Hohengehren.

Rosebrock, Cornelia/Nix, Daniel (2014): Grundlagen der Lesedidaktik und der systematischen schulischen Leseförderung. 7. überarbeitete und erweiterte Auflage. Baltmannsweiler: Schneider Hohengehren.

Rosebrock, Cornelia/Wirthwein, Heike (2014): Lesen – mit Texten und Medien umgehen. In: Behrens, Ulrike et al. (Hrsg.): Bildungsstandards Deutsch: konkret. Sekundarstufe I: Aufgabenbeispiele, Unterrichtsanregungen, Fortbildungsideen. Berlin: Cornelsen Scriptor, S. 111–166.

Roskos, Kathleen/Neuman, Susan B. (2012): Formative Assessment. In: The Reading Teacher. Vol. 65. No. 8, pp. 534–538.

Rumelhart, David E. (1980): Schemata. The Building Blocks of Cognition. In: Spiro, Rand J./Bruce, Bertram C./Brewer, William F. (Eds.): Theoretical Issues in Reading Comprehension. Perspectives from Cognitive Psychology, Linguistics, Artificial Intelligence, and Education. Hillsdale, NJ: Erlbaum, pp. 33–58.

Runge, Gabi (1997): Nur keine Experimente! Was und wie häufig lassen Lehrer lesen? – Ergebnisse einer empirischen Untersuchung. In: Praxis Deutsch. Jg. 24. H. 143, S. 4–10.

Rupp, Gerhard/Bonholt, Helge (2006): Lehr-Lern-Forschung als empirische Lese-/Literaturdidaktik?! In: Groeben, Norbert/Hurrelmann, Bettina (Hrsg.): Empirische Unterrichtsforschung in der Literatur- und Lesedidaktik. Ein Weiterbildungsprogramm. Weinheim/München: Juventa, S. 239–253.

Rupp, Gerhard/Boelmann, Jan (2007): Desiderata der empirischen Literaturdidaktik. In: Gailberger, Steffen/Krelle, Michael (Hrsg.): Wissen und Kompetenz. Entwicklungslinien und Kontinuitäten in Deutschdidaktik und Deutschunterricht. Heiner Willenberg zum 65. Geburtstag gewidmet. Baltmannsweiler: Schneider Hohengehren, S. 136–148.

Rusch, Gebhard (1999): Eine Kommunikationstheorie für kognitive Systeme. Bausteine einer konstruktivistischen Medienwissenschaft. In: Rusch, Gebhard/Schmidt, Siegfried J. (Hrsg.): Konstruktivismus in der Medien- und Kommunikationswissenschaft. Frankfurt a. M.: Suhrkamp, S. 150–184.

Russell, Michael K. (2010): Technology-Aided Formative Assessment of Learning: New Developments and Applications. In: Andrade, Heidi L./Cizek, Gregory J. (Eds.): Handbook of Formative Assessment. New York, NY: Routledge, pp. 125–138.

Sadler, Doyce R. (1989): Formative assessment and the design of instructional systems. In: Instructional Science. Vol. 18. No. 2, pp. 119–144.

Scherf, Daniel (2013): Leseförderung aus Lehrersicht. Eine qualitativ-empirische Untersuchung professionellen Wissens. Wiesbaden: Springer VS.

Scherf, Daniel (2016): Was Lesedidaktiker sich wünschen (und was Lehrer tun): Lesedidaktische Vorstellungen professionalisierten Lehrerhandelns. In: Zimmermann, Holger/Peyer, Ann (Hrsg.): Wissen und Normen – Facetten professioneller Kompetenz von Deutschlehrkräften. Frankfurt am Main: Peter Lang, S. 25–40.

Schiefele, Ulrich (1996): Motivation und Lernen mit Texten. Göttingen u. a.: Hogrefe.

Schieferdecker, Ralf (2015): Orientierungen von Lehrerinnen und Lehrern im Themenfeld Heterogenität. Eine rekonstruktive Analyse. Opladen/Berlin/Toronto: Barbara Budrich.

Schiewe, Jürgen (1996): Sprachenwechsel – Funktionswechsel – Austausch der Denkstile. Die Universität Freiburg zwischen Latein und Deutsch. Tübingen: Max Niemeyer.

Schlee, Jörg (1985): Kann Diagnostik beim Fördern helfen? Anmerkungen zu den Ansprüchen der Förderdiagnostik. In: Zeitschrift für Heilpädagogik. Jg. 36. H. 3, S. 153–165.

Schlee, Jörg (2008): 30 Jahre »Förderdiagnostik« – eine kritische Bilanz. In: Zeitschrift für Heilpädagogik. Jg. 59. H. 4, S. 122–131.

Schlotthaus, Werner/Noelle, Karin (1984): Kommunikationsprobleme mit der Kommunikation? In: Baurmann, Jürgen/Hoppe, Otfried (Hrsg.): Handbuch für Deutschlehrer. Stuttgart u. a.: Kohlhammer, S. 19–40.

Schmelz, Markus (2009): Texte überarbeiten im Deutschunterricht der Hauptschule. Eine empirische Untersuchung zur Rezeption schreibdidaktischer Neuerungen. Baltmannsweiler: Schneider Hohengehren.

Schmid-Barkow, Ingrid (2010): Lesen – Lesen als Textverstehen. In: Frederking, Volker et al. (Hrsg.): Taschenbuch des Deutschunterrichts. Bd. 1.: Sprach- und Mediendidaktik. Baltmannsweiler: Schneider Hohengehren, S. 218–231.

Schmidinger, Elfriede (2007): Individuelle Leseförderung mit Leseportfolios. In: Bertschi-Kaufmann, Andrea (Hrsg.): Lesekompetenz – Leseleistung – Leseförderung. Grundlagen, Modelle und Materialien. Seelze: Klett/Kallmeyer, S. 140–152.

Schmidt, Frederike (2013): Den Schüler im Blick – Zur Entwicklung und Erprobung eines Diagnosetools für den Bereich Lesekompetenz. In: Komorek, Michael/Prediger, Susanne (Hrsg.): Der lange Weg zum Unterrichtsdesign – Zur Begründung und Umsetzung genuin fachdidaktischer Forschungs- und Entwicklungsprogramme. Münster u. a.: Waxmann, S. 257–272.

Schmidt, Frederike (2015): Den diagnostischen Blick schärfen: Vorstellungen und Orientierungen von Deutschlehrerinnen und Deutschlehrern zur Diagnose von Lesekompetenz. In: Bräuer, Christoph/Wieser, Dorothee (Hrsg.). Lehrende im Blick. Empirische Lehrerforschung in der Deutschdidaktik. Wiesbaden: Springer VS, S. 87–107.

Schmidt, Frederike (2016a): Interviewverfahren. Ein Überblick. In: Boelmann, Jan M. (Hrsg.): Empirische Erhebungs- und Auswertungsverfahren in der deutschdidaktischen Forschung. Baltmannsweiler: Schneider Hohengehren, S. 23–34.

Schmidt, Frederike (2016b): Leitfadeninterviews planen und (durch-)führen. In: Boelmann, Jan M. (Hrsg.): Empirische Erhebungs- und Auswertungsverfahren in der deutschdidaktischen Forschung. Baltmannsweiler: Schneider Hohengehren, S. 51–66.

Schmidt, Frederike (2016c): Mit der diagnostischen Brille sehen! Ausgewählte empirische Befunde zu Lehrendenperspektiven auf die Diagnose von Lesekompetenz. In: Peyer, Ann/Zimmermann, Holger (Hrsg.): Wissen und Norm. Facetten professioneller Kompetenz von Lehrkräften. Frankfurt a. M.: Peter Lang, S. 63–85.

Schmidt, Frederike/Winkler, Iris (2015): An informelles Filmwissen anknüpfen! Empirische Befunde zum Spielfilmverstehen von Schülerinnen und Schülern. In: Didaktik Deutsch. Jg. 21. H. 38, S. 80–96.

Schmidt, Frederike/Moschner, Barbara (2016): „Fremde Schwestern" und „kritische Freundinnen" – Lehren und Lernen in einem interdisziplinären Promotionsprogramm in der Lehrerbildung. In: Winkler, Iris/Schmidt, Frederike (Hrsg.): Interdisziplinäre Forschung in der Deutschdidaktik. „Fremde Schwestern" im Dialog. Frankfurt am Main u. a.: Peter Lang, S. 201–224.

Schmidt, Melanie/Keitel, Juliane (2013): Von Daten zu Taten: Die Nutzung von Forschungsergebnissen in der Schule. In: Drinck, Barbara (Hrsg.): Forschen in der Schule. Ein Lehrbuch für (angehende) Lehrerinnen und Lehrer. Opladen u. a.: Barbara Budrich, S. 410–440.

Schmill, Stephanie (2013): Wie verwenden Lehrkräfte Assessments zur Planung individualisierten Unterrichts im Bereich *Lesen*? Forschungsdesign und erste Ergebnisse einer qualitativen Fallstudie im Kontext eines Schulversuchs. In: Didaktik Deutsch. Jg. 18. H. 35, S. 22–43.

Schneider, Hans-Jakob/Lindauer, Thomas (2007): Lesekompetenz ermitteln: Tests. In: Bertschi-Kaufmann, Andrea (Hrsg.): Lesekompetenz – Leseleistung – Leseförderung. Grundlagen, Modelle und Materialien. Seelze: Klett/Kallmeyer, S. 126–139.

Schneider, Wolfgang (2009): Diagnose basaler Lesekompetenzen in der Primar- und Sekundarstufe. In: Lenhard, Wolfgang/Schneider, Wolfgang (Hrsg.): Diagnostik und Förderung des Leseverständnisses. Göttingen u. a.: Hogrefe, S. 45–64.

Schneider, Wolfgang/Schlagmüller, Matthias/Ennemoser, Marco 2007: Lesegeschwindigkeits- und -verständnistest für die Klassenstufen 6–12 (LGVT 6–12). Göttingen u. a.: Hogrefe.

Schnotz, Wolfgang/Dutke, Stephan (2004): Kognitionspsychologische Grundlagen der Lesekompetenz: Mehrebenenverarbeitung anhand multipler Informationsquellen. In: Schiefele, Ulrich et al. (Hrsg.): Struktur, Entwicklung und Förderung von Lesekompetenz. Vertiefende Analysen im Rahmen von PISA 2000. Wiesbaden: VS Verlag für Sozialwissenschaften, S. 61–99.

Schoenbach, Ruth et al. (2006): Lesen macht schlau. Neue Lesepraxis für weiterführende Schulen. Berlin: Cornelsen Scriptor.

Schrader, Friedrich-Wilhelm (1989): Diagnostische Kompetenz von Lehrern und ihre Bedeutung für die Gestaltung und Effektivität des Unterrichts. Frankfurt a. M.: Peter Lang.

Schrader, Friedrich-Wilhelm (2001): Diagnostische Kompetenz von Eltern und Lehrern. In: Rost, Detlef H. (Hrsg.): Handwörterbuch Pädagogische Psychologie. 2., überarbeitete und erweiterte Auflage. Weinheim: Beltz/Psychologische VerlagsUnion, S. 91–96.

Schrader, Friedrich-Wilhelm (2009): Anmerkungen zum Themenschwerpunkt Diagnostische Kompetenz von Lehrkräften. In: Zeitschrift für Pädagogische Psychologie. Jg. 23. H. 3/4, S. 237–245.

Schrader, Friedrich-Wilhelm (2011): Lehrer als Diagnostiker. In: Terhart, Ewald/Brennewitz, Hedda/Rothland, Martin (Hrsg.): Handbuch der Forschung zum Lehrerberuf. Münster u. a.: Waxmann, S. 683–698.

Schrader, Friedrich-Wilhelm (2012): Was wissen wir über Diagnostizieren und Fördern durch Lehrer? In: Pädagogik. Jg. 64. H. 6, S. 42–45.

Schrader, Friedrich-Wilhelm (2013): Diagnostische Kompetenzen von Lehrpersonen. In: Beiträge zur Lehrerinnen- und Lehrerbildung. Jg. 31. H. 2, S. 154–165.

Schrader, Friedrich-Wilhelm/Helmke, Andreas (1987): Diagnostische Kompetenz von Lehrern: Komponenten und Wirkungen. In: Empirische Pädagogik. Jg. 1. H. 1, S. 27–52.

Schrader, Friedrich-Wilhelm/Helmke, Andreas (2002): Alltägliche Leistungsbeurteilung durch Lehrer. In: Weinert, Franz E. (Hrsg.): Leistungsmessungen in Schulen. 2., unveränderte Auflage. Weinheim/Basel: Beltz, S. 45–58.

Schrader, Wolfgang/Heimlich, Ulrich (2012): Analyse der Lernausgangslage. In: Heimlich, Ulrich/Wember, Franz B. (Hrsg.): Didaktik des Unterrichts im Förderschwerpunkt Lernen. Ein Handbuch für Studium und Praxis. 2., aktualisierte Auflage. Stuttgart: Kohlhammer, S. 339–350.

Schreier, Margrit (2006a): Qualitatives Untersuchungsdesign. In: Groeben, Norbert/Hurrelmann, Bettina (Hrsg.): Empirische Unterrichtsforschung in der Literatur- und Lesedidaktik. Ein Weiterbildungsprogramm. Weinheim/München: Juventa, S. 343–360.

Schreier, Margrit (2006b): Qualitative Verfahren der Datenerhebung. In: Groeben, Norbert/Hurrelmann, Bettina (Hrsg.): Empirische Unterrichtsforschung in der Literatur- und Lesedidaktik. Ein Weiterbildungsprogramm. Weinheim/München: Juventa, S. 399–420.

Schreier, Margrit (2006c): Qualitative Auswertungsverfahren. In: Groeben, Norbert/Hurrelmann, Bettina (Hrsg.): Empirische Unterrichtsforschung in der Literatur- und Lesedidaktik. Ein Weiterbildungsprogramm. Weinheim/München: Juventa, S. 421–442.

Schreier, Margret/Rupp, Gerhard (2002): Lesekompetenz im Rahmen der Medienkompetenz. In: Groeben, Norbert/Hurrelmann, Bettina (Hrsg.): Lesekompetenz. Bedingungen, Dimensionen, Funktionen. Weinheim/München: Juventa, S. 251–274.

Schudt Caldwell, JoAnne (2008): Reading assessment. A primer for teachers and coaches. 2nd Edition. New York, NY: The Guilford Press.

Schütze, Fritz (1976): Zur Hervorlockung und Analyse von Erzählungen thematisch relevanter Geschichten im Rahmen soziologischer Feldforschung. In: Arbeitsgruppe Bielefelder Soziologen (Hrsg.): Kommunikative Sozialforschung. München: Fink, S. 159–260.

Schwabe, Franziska/Gebauer, Miriam M./McElvany, Nele (2012): Diagnose von Kompetenzen in Schule und Unterricht. In: Paechter, Manuela et al. (Hrsg.): Handbuch Kompetenzorientierter Unterricht. Weinheim/Basel: Beltz, S. 42–59.

Schwarz, Monika (2008): Einführung in die Kognitive Linguistik. 3., vollständig überarbeitete und erweiterte Auflage. Tübingen/Basel: A. Francke.

Schwarz-Friesel, Monika (2006): Kohärenz versus Textsinn: Didaktische Facetten einer linguistischen Theorie der textuellen Kontinuität. In: Scherner,

Maximilian/Ziegler, Arne (Hrsg.): Angewandte Textlinguistik. Perspektiven für den Deutsch- und Fremdsprachenunterricht. Tübingen: Narr, S. 63–75.

Scriven, Michael (1967): The methodology of evaluation. In: Tyler, Ralph/Gagné, Robert M./Scriven, Michael (Eds.): Perspectives of Curriculum Evaluation. Chicago: Rand McNally, pp. 39–83.

Selimi, Naxhi (2010): Wortschatzarbeit konkret. Eine didaktische Ideenbörse für alle Schulstufen. Baltmannsweiler: Schneider Hohengehren.

Senkbeil, Martin et al. (2004): Merkmale und Wahrnehmungen von Schule und Unterricht. In: Prenzel, Manfred et al. (Hrsg.): PISA 2003. Der Bildungsstand der Jugendlichen in Deutschland – Ergebnisse des zweiten internationalen Vergleichs. Münster: Waxmann, S. 296–314.

Shepard, Lorrie A. (2001): The Role of Classroom Assessment in Teaching and Learning. In: Richardson, Virginia (Ed.): Handbook of research on teaching. Volume 4. Washington, D.C.: American Educational Research Association, pp. 1066–1101.

Shulman, Lee S. (1986): Those who understand: Knowledge growth in teaching. In: Educational Researcher. Vol. 15. No. 2, pp. 4–14.

Shulman, Lee S. (1987): Knowledge and teaching: Foundations of the new reform. In: Harvard Educational Review. Vol. 57. No. 1, pp. 1–22.

Smit, Robbert (2008): Formative Beurteilung im kompetenz- und standardorientierten Unterricht. In: Beiträge zur Lehrerinnen- und Lehrerbildung. Jg. 26. H. 3, S. 383–392.

Smith, Jeffrey K. (2003): Reconsidering reliability in classroom assessment and grading. In: Educational Measurement: Issues and Practice. Vol. 22. No. 4, pp. 26–33.

Spinath, Birgit (2005): Akkuratheit der Einschätzung von Schülermerkmalen durch Lehrer und das Konstrukt der diagnostischen Kompetenz. In: Zeitschrift für Pädagogische Psychologie. Jg. 19. H. 1/2, S. 85–95.

Spinath, Birgit (2012): Beiträge der Pädagogischen Psychologie zur Professionalisierung von Lehrerinnen und Lehrern: Diskussion zum Themenschwerpunkt. In: Zeitschrift für Pädagogische Psychologie. Jg. 26. H. 4, S. 307–312.

Spinner, Kaspar H. (1977): Wissenschaftsgläubigkeit und Wirklichkeitsverlust in der Sprach- und Literaturwissenschaft. In: Anderegg, Johannes (Hrsg.): Wissenschaft und Wirklichkeit. Zur Lage und Aufgabe der Wissenschaften. Göttingen: Vandenhoeck & Ruprecht, S. 115–133.

Spinner, Kaspar H. (1998a): Was eine wissenschaftliche Ausbildung von Deutschlehrer(inne)n leisten soll. In: Didaktik Deutsch. Sonderheft 1998, S. 39–52.

Spinner, Kaspar H. (1998b): Konstruktivistische Grundlagen für eine veränderte Deutschlehrerausbildung. In: Frederking, Volker (Hrsg.): Verbessern heißt Verändern: Neue Wege, Inhalte und Ziele der Ausbildung von Deutschlehrer(inne)n in Studium und Referendariat. Baltmannsweiler: Schneider Hohengehren. S. 15-25.

Spinner, Kaspar (2004): Lesekompetenz in der Schule. In: Schiefele, Ulrich et al. (Hrsg.): Struktur, Entwicklung und Förderung von Lesekompetenz. Vertiefende Analysen im Rahmen von PISA 2000. Wiesbaden: VS Verlag für Sozialwissenschaften, S. 125-138.

Spinner, Kaspar H. (2005): Der standardisierte Schüler. Rede bei der Entgegennahme des Erhard-Friedrich-Preises für Deutschdidaktik am 27. September 2004. In: Didaktik Deutsch. Jg. 10. H. 18, S. 4-14.

Stahns, Ruven (2013): Kognitive Aktivierung im Grammatikunterricht. Videoanalysen zum Deutschunterricht. Baltmannsweiler: Schneider Hohengehren.

Stanat, Petra/Schneider, Wolfgang (2004): Schwache Leser unter 15-jährigen Schülerinnen und Schülern in Deutschland: Beschreibung einer Risikogruppe. In: Schiefele, Ulrich et al. (Hrsg.): Struktur, Entwicklung und Förderung von Lesekompetenz. Vertiefende Analysen im Rahmen von PISA 2000. Wiesbaden: VS Verlag für Sozialwissenschaften, S. 242-273.

Stanovich, Keith E. (1986): Matthew effects in reading: Some consequences of individual differences in the acquisition of literacy. In: Reading Research Quarterly. Vol. 21. No. 4, pp. 360-407.

Stark, Tobias (2010): Zur Interaktion von Wissensaktivierung, Textverstehens- und Bewertungsprozessen beim literarischen Lesen – Erste Ergebnisse einer qualitativen empirischen Untersuchung. In: Winkler, Iris/Masanek, Nicole/Abraham, Ulf (Hrsg.): Poetisches Verstehen. Literaturdidaktische Positionen – empirische Forschung – Projekte aus dem Deutschunterricht. Baltmannsweiler: Schneider Hohengehren, S. 114-132.

Staub, Fritz C./Stern, Elsbeth (2002): The nature of teachers' pedagogical content beliefs matters for students' achievement gains: Quasi-Experimental evidence from elementary mathematics. In: Journal of Educational Psychology. Vol. 94. No. 2, pp. 344-355.

Steck, Andrea (2009): Förderung des Leseverstehens in der Grundschule. Fortbildungsbausteine für Lehrkräfte. Baltmannsweiler: Schneider Hohengehren.

Steinhoff, Torsten (2013): Wortschatz – im Zentrum von Sprachgebrauch und Kompetenzförderung. In: Gailberger, Steffen/Wietzke, Frauke (Hrsg.): Handbuch Kompetenzorientierter Deutschunterricht. Weinheim/Basel: Beltz, S. 12-29.

Steinmetz, Michael (2013): Der überforderte Abiturient im Fach Deutsch. Eine qualitativ-empirische Studie zur Realisierbarkeit von Bildungsstandards. Wiesbaden: Springer VS.

Steinmetz, Michael (2014): Junge Lesedidaktik heute – Drei Neuerscheinungen. In: Didaktik Deutsch. Jg. 19. H. 36, S. 116–122.

Stern, Elsbeth (2009): Implizite und explizite Lernprozesse bei Lehrerinnen und Lehrern. In: Zlatkin-Troitschanskaia, Olga et al. (Hrsg.): Lehrerprofessionalität. Bedingungen, Genese, Wirkungen und ihre Messung. Weinheim: Beltz, S. 355–364.

Stock, Paul/Burton, Rob J. F. (2011): Defining Terms for Integrated (Multi-Inter-Trans-Disciplinary) Sustainability Research. In: Sustainability. Vol. 8. No. 3, pp. 1090–1113.

Stokes, Donald E. (1997): Pasteurs Quadrant. Washington, D. C.: Brookings Institution Press.

Strauss, Anselm/Corbin, Juliet (2010): Grounded Theory: Grundlagen Qualitativer Sozialforschung. Aus dem Amerikanischen von Solveigh Niewiarra und Heiner Legewie. Vorwort zur deutschen Ausgabe von Heiner Legewie. Unveränderter Nachdruck der letzten Auflage. Weinheim: Beltz/Psychologie VerlagsUnion.

Streblow, Lilian (2004): Zur Förderung von Lesekompetenz. In: Schiefele, Ulrich et al. (Hrsg.): Struktur, Entwicklung und Förderung von Lesekompetenz. Vertiefende Analysen im Rahmen von PISA 2000. Wiesbaden: VS Verlag für Sozialwissenschaften, S. 275–306.

Strietholt, Rolf/Voss, Andreas (2009): Auf welchem Leistungsstand befindet sich mein Kind? Warum Ergebnisse aus schulischen Leistungsmessungen nicht zur individuellen Förderung taugen. In: Praxis Deutsch. Jg. 36. H. 214, S. 58–59.

Südkamp, Anna/Möller, Jens (2009): Referenzgruppeneffekte im Simulierten Klassenraum. Direkte und indirekte Einschätzungen von Schülerleistungen. In: Zeitschrift für Pädagogische Psychologie. Jg. 23. H. 3/4, S. 161–174.

Südkamp, Anna/Kaiser, Johanna/Möller, Jens (2012): Accuracy of teachers' judgments of students' academic achievement: A meta-analysis. In: Journal of Educational Psychology. Vol. 104. Issue 3, pp. 743–762.

Sutter, Tilmann (2002): Anschlusskommunikation und die kommunikative Verarbeitung von Medienangeboten. Ein Aufriss im Rahmen einer konstruktivistischen Theorie der Mediensozialisation. In: Groeben, Norbert/Hurrelmann, Bettina (Hrsg.): Lesekompetenz. Bedingungen, Dimensionen, Funktionen. Weinheim/München: Juventa, S. 80–105.

Symposion Deutschdidaktik (2014): Mitgliederbrief 41. Abrufbar unter: http://symposion-deutschdidaktik.de/fileadmin/dateien/downloads/verein/mitgliederbriefe/SDDNewsletter41.pdf.

Tarelli, Irmela et al. (2012): IGLU 2011: Wichtige Ergebnisse im Überblick. In: Bos, Wilfried et al. (Hrsg.): IGLU 2011. Lesekompetenzen von Grundschulkindern in Deutschland im internationalen Vergleich. Münster: Waxmann, S. 11–24.

Tebrügge, Andrea (2001): Unterrichtsplanung zwischen didaktischen Ansprüchen und alltäglicher Berufsanforderung. Eine empirische Studie zum Planungshandeln von Lehrerinnen und Lehrern in den Fächern Deutsch, Mathematik und Chemie. Frankfurt a. M. u. a.: Peter Lang.

Tenorth, Heinz-Elmar (2006): Professionalität im Lehrerberuf. Ratlosigkeit der Theorie, gelingende Praxis. In: Zeitschrift für Erziehungswissenschaft. Jg. 9. H. 4, S. 580–597.

Tenorth, Heinz-Elmar (2012): Forschungsfragen und Reflexionsprobleme – zur Logik fachdidaktischer Analysen. In: Bayrhuber, Horst et al. (Hrsg.): Formate fachdidaktischer Forschung. Empirische Projekte – historische Analysen – theoretische Grundlegungen. Münter u. a.: Waxmann, S. 11–27.

Terhart, Ewald (2006): Standards und Kompetenzen in der Lehrerbildung. In: Hilligus, Annegret/Rinkens, Hans-Dieter (Hrsg.): Standards und Kompetenzen – neue Qualität in der Lehrerausbildung? Neue Ansätze und Erfahrungen in nationaler und internationaler Perspektive. Münster: LIT, S. 29–42.

Terhart, Ewald (2012): *Wie* wirkt Lehrerbildung? Forschungsprobleme und Gestaltungsfragen. In: Zeitschrift für Bildungsforschung. Jg. 2. H. 1, S. 3–21. Abrufbar unter: http://link.springer.com/content/pdf/10.1007%2Fs35834-012-0027-3.pdf.

Terhart, Ewald/Bennewitz, Hedda/Rothland, Martin (Hrsg.) (2011): Handbuch der Forschung zum Lehrerberuf. Münster: Waxmann.

Tillmann, Klaus-Jürgen (2013): Schulstrukturen in 16 deutschen Bundesländern. Zur institutionellen Rahmung des Lebenslaufs (NEPS Working Paper No. 28). Bamberg: Otto-Friedrich-Universität, Nationales Bildungspanel.

Thornbury, Scott (1991): Metaphors we work by: EFL and its metaphors. In: English Language Teaching Journal. Vol. 45. No. 3, pp. 193–200.

Trautwein, Ulrich et al. (2009): Within-school social comparison: How students perceive the standing of their class predicts academic self-concept. In: Journal of Educational Psychology. Vol. 101. No. 4, pp. 853–866.

Urban & Fischer Verlag (Hrsg.) (2003): Roche Lexikon Medizin. 5., neu bearbeitete und erweiterte Auflage. München/Jena: Urban & Fischer.

Valencia, Sheila/Pearson, P. David (1987): Reading assessment: Time for a change. In: The Reading Teacher. Vol. 40. No. 8, pp. 726–732.

Valtin, Renate et al. (2010): Schülerinnen und Schüler mit Leseproblemen – eine ökosystemische Bestrachtungsweise. In: Bos, Wilfried et al. (Hrsg.): IGLU 2006 – die Grundschule auf dem Prüfstand: Vertiefende Analysen zu Rahmenbedingungen schulischen Lernens. Münster: Waxmann, S. 43–90.

Van Buer, Jürgen/Zlatkin-Troitschanskaia, Olga (2009): Diagnostische Lehrerexpertise und adaptive Steuerung unterrichtlicher Entwicklungsangebote. In: Van Buer, Jürgen/Wagner, Cornelia (Hrsg.): Qualität von Schule. Ein kritisches Handbuch. 2., durchgesehene Auflage. Frankfurt a. M.: Peter Lang, S. 381–400.

Van den Akker, Jan et al. (Eds.): Educational Design Research. London: Routledge.

Van Dijk, Esther M./Kattmann, Ulrich (2007): A research model for the study of science teachers' PCK and improving teacher education. In: Teaching and Teacher Education. Vol. 23. No. 6, pp. 885–897.

Van Dijk, Esther M. (2009): Teaching Evolution. A Study of Teachers' Pedagogical Content Knowledge. Oldenburg: Didaktisches Zentrum.

Van Dijk, Esther M./Kattmann, Ulrich (2010): Evolution im Unterricht: Eine Studie über fachdidaktisches Wissen von Lehrerinnen und Lehrern. In: Zeitschrift für Didaktik der Naturwissenschaften 16/2010, S. 7–21.

Van Dijk, Teun A. (1980): Textwissenschaft. Eine interdisziplinäre Einführung. Tübingen: Niemeyer.

Van Dijk, Teun A./Kintsch, Walter (1983): Strategies of discourse comprehension. New York: Academic Press.

Van Driel, Jan H./Beijaard, Douwe/Verloop, Nico (2001): Professional development and reform in science education. The role of teachers' practical knowledge. In: Journal of Research in Science Teaching. Vol. 38. No. 2, pp. 137–158.

Van Driel, Jan H./Bulte, Astrid M. W./Verloop, Nico (2005): The conceptions of chemistry teachers about teaching and learning in the context of curriculum innovation. In: International Journal of Science Education. Vol. 27. No. 3, pp. 303–322.

Van Holt, Nadine/Groeben, Norbert (2006): Emotionales Erleben beim Lesen und die Rolle text- sowie leserseitiger Faktoren. In: Klein, Uta/Mellmann, Katja/Metzger, Steffanie (Hrsg.): Heuristiken der Literaturwissenschaft. Disziplinexterne Perspektiven auf Literatur. Paderborn: Mentis, S. 111–130.

Van Ophuysen, Stefanie (2006): Vergleich diagnostischer Entscheidungen von Novizen und Experten am Beispiel der Schullaufbahnempfehlung. In: Zeitschrift für Entwicklungspsychologie und Pädagogische Psychologie. Jg. 38. H. 4, S. 154–161.

Van Ophuysen, Stefanie (2010): Professionelle pädagogisch-diagnostische Kompetenz – eine theoretische und empirische Annäherung. In: Berkemeyer, Nils et al. (Hrsg.): Jahrbuch der Schulentwicklung. Bd. 16. Weinheim: Juventa, S. 203–234.

Van Ophuysen, Stefanie/Lintorf, Katrin (2013): Pädagogische Diagnostik im Schulalltag. In: Beutel, Silvia-Iris/Bos, Wilfried/Porsch, Raphaela (Hrsg.): Lernen in Vielfalt. Chance und Herausforderung für Schul- und Unterrichtsentwicklung. Münster: Waxmann, S. 55–76.

Van Ophuysen, Stefanie/Lintorf, Katrin/Harazd, Bea (2013): Zur Qualität professioneller pädagogischer Diagnostik im Schulalltag – Forschungsbefunde und -desiderate. In: Schwippert, Kurt/Bonsen, Martin/Berkemeyer, Nils (Hrsg.): Schul- und Bildungsforschung. Diskussionen, Befunde und Perspektiven. Festschrift für Wilfried Bos. Münster: Waxmann, S. 187–201.

Vogelsang, Christoph/Reinhold, Peter (2013): Zur Handlungsvalidität von Tests zum professionellen Wissen von Lehrkräften. In: Zeitschrift für Didaktik der Naturwissenschaften 19/2013, S. 103–128.

Vollstädt, Witlof et al. (1999): Lehrpläne im Schulalltag. Eine empirische Studie zur Akzeptanz und Wirkung von Lehrplänen in der Sekundarstufe I. Opladen: Leske + Budrich.

Von Aufschnaiter, Claudia/Blömeke, Sigrid (2010): Professionelle Kompetenz von (angehenden) Lehrkräften erfassen – Desiderata. In: Zeitschrift für Didaktik der Naturwissenschaften 16/2010, S. 361–367.

Von Aufschnaiter, Claudia et al. (2015): Diagnostische Kompetenz. Theoretische Überlegungen zu einem zentralen Konstrukt der Lehrerbildung. In: Zeitschrift für Pädagogik. Jg. 61. H. 5, S. 738–757.

Von Heydebrand, Renate/Winko, Simone (1996): Einführung in die Wertung von Literatur. Systematik – Geschichte – Legitimation. Paderborn u. a.: Schöningh.

Voss, Andreas/Blatt, Inge (2005): Lesetests für die Grundschule. Ein Überblick. In: Praxis Deutsch. Jg. 32. H. 194, S. 54–59.

Wagenschein, Martin (1992) [1968]: Verstehen lehren: Genetisch – Sokratisch – Exemplarisch. 10. Auflage. Weinheim/Basel: Beltz.

Wahl, Diethelm (1991): Handeln unter Druck: Der weite Weg vom Wissen zum Handeln bei Lehrern, Hochschullehrern und Erwachsenenbildnern. Weinheim: Deutscher Studien Verlag.

Wahl, Diethelm (2001): Nachhaltige Wege vom Wissen zum Handeln. In: Beiträge zur Lehrerinnen- und Lehrerbildung. Jg. 19. H. 2, S. 157–174.

Walter-Laager, Catherine/Pfiffner, Manfred/Schwarz, Jürg (2011): Beobachten und Dokumentieren in der Elementarpädagogik. Erste Resultate aus dem Internationalen Forschungsprogramm KiDiT®. Oldenburg: DiZ-Verlag.

Walter-Laager, Catherine/Pfiffner, Manfred (2012): Beobachten, Beurteilen und fördern im Elementarbereich und in der Schule. Carl-von-Ossietzky-Universität Oldenburg. Unveröffentlichte Partnerhabilitation.

Weis, Mirjam et al. (2016): Lesekompetenz in PISA 2015: Ergebnisse, Veränderungen und Perspektiven. In: Reiss, Kristina et al. (Hrsg.): PISA 2015. Eine Studie zwischen Kontinuität und Innovation. Münster u. a.: Waxmann, S. 249–284.

Weinert, Franz E. (2001): Vergleichende Leistungsmessung in Schulen – eine umstrittene Selbstverständlichkeit. In: Ders. (Hrsg.): Leistungsmessungen in Schulen. Weinheim/Basel: Beltz, S. 15–31.

Weinert, Franz E./Schrader, Friedrich Wilhelm (1986): Diagnose des Lehrers als Diagnostiker. In: Petillon, Hanns/Wagner, Jürgen W. L./Wolf, Bernhard (Hrsg.): Schülergerechte Diagnose. Theoretische und empirische Beiträge zur Pädagogischen Diagnostik. Festschrift zum 60. Geburtstag von Karlheinz Ingenkamp. Weinheim: Beltz, S. 11–29.

Weinert, Franz E./Schrader, Friedrich Wilhelm/Helmke, Andreas (1990): Educational Expertise: Closing the Gap between Educational Research and Classroom Practice. In: School Psychology International. Vol. 11. No. 3, pp. 163–180.

Wember, Franz B. (1998): Zweimal Dialektik. Diagnose und Intervention, Wissen und Intuition. In: Sonderpädagogik. Jg. 28. H. 2, S. 106–120.

Wember, Franz B. (2012): Weiterführendes Lesen. In: Heimlich, Ulrich/Wember, Franz B. (Hrsg.): Didaktik des Unterrichts im Förderschwerpunkt Lernen. Ein Handbuch für Studium und Praxis. 2., aktualisierte Auflage. Stuttgart: Kohlhammer, S. 191–205.

Wieser, Dorothee (2008): Literaturunterricht aus Sicht der Lehrenden. Eine qualitative Interviewstudie. Wiesbaden: VS Verlag für Sozialwissenschaften.

Wieser, Dorothee (2010): Lehrerforschung in der Literaturdidaktik im Kontext der Kompetenzorientierung. In: Rösch, Heidi (Hrsg.): Literarische Bildung im kompetenzorientierten Deutschunterricht. Freiburg i. Br.: Fillibach, S. 113–131.

Wieser, Dorothee (2012): Die Vermittlung fachlichen Wissens: Praktisches professionelles Wissen und epistemologische Überzeugungen. In: Pieper, Irene/Wieser, Dorothee (Hrsg.): Fachliches Wissen und literarisches Verstehen. Studien zu einer brisanten Relation. Frankfurt a. M.: Peter Lang, S. 135–151.

Wieser, Dorothee (2015): Theorie(?)-Praxis-Konstellationen in Lehrerforschung und Lehrerbildung: Fragen an die aktuelle deutschdidaktische Lehrerforschung. In: Bräuer, Christoph/Wieser, Dorothee (Hrsg.): Lehrende im Blick. Empirische Lehrerforschung in der Deutschdidaktik. Wiesbaden: Springer VS, S. 17–34.

Wigfield, Allan/Guthrie, John T. (1997): Relations of children's motivation for reading to the amount and breadth of their reading. In: Journal of Educational Psychology. Vol. 89. No. 3, pp. 420–432.

Wilhelm, Thomas/Hopf, Martin (2014): Design-Forschung. In: Krüger, Dirk/ Parchmann, Ilka/Schecker, Horst (Hrsg.): Methoden in der naturwissenschaftsdidaktischen Forschung. Berlin/Heidelberg: Springer Spektrum, S. 31–42.

Willenberg, Heiner (2004): Lesestrategien. Vermittlung zwischen Eigenständigkeit und Wissen. In: Praxis Deutsch. Jg. 31. H. 187, S. 6–15.

Willenberg, Heiner (Hrsg.) (2007a): Kompetenzhandbuch für den Deutschunterricht. Auf der empirischen Basis des DESI-Projekts. Baltmannsweiler: Schneider Hohengehren.

Willenberg, Heiner (2007b): Kompetenzen. In: Ders. (Hrsg.): Kompetenzhandbuch für den Deutschunterricht. Auf der empirischen Basis des DESI-Projekts. Baltmannsweiler: Schneider Hohengehren, S. 7–10.

Willenberg, Heiner (2007c): Lesestufen – Die Leseprozesstheorie. In: Ders. (Hrsg.): Kompetenzhandbuch für den Deutschunterricht. Auf der empirischen Basis des DESI-Projekts. Baltmannsweiler: Schneider Hohengehren, S. 11–23.

Willenberg, Heiner (2007d): Der vergessene Wortschatz. In: Ders. (Hrsg.): Kompetenzhandbuch für den Deutschunterricht. Auf der empirischen Basis des DESI-Projekts. Baltmannsweiler: Schneider Hohengehren, S. 148–156.

William, Dylan (2006a): Formative Assessment: Getting the Focus Right. In: Educational Assessment. Vol. 11. No. 3/4, pp. 283–289.

William, Dylan (2006b): *Does Assessment Hinder Learning?* Paper presented at ETS Invitational Seminar held on July 11th, 2006 at the Institute of Civil Engineers, London, UK. Abrufbar unter: http://www.dylanwiliam.org/Dylan_Wiliams_website/Papers.html.

Windschitl, Mark (2002): Framing Constructivism in Practice as the Negotiation of Dilemmas: An Analysis of the Conceptual, Pedagogical, Cultural, and Political Challenges Facing Teachers. In: Review of Educational Research. Vol. 72. No. 2, pp. 131–175.

Winkler, Iris (2005): Zur Beziehung von Unterrichtsmaterial, -gestaltung und -erfolg: Drei Aufgaben zu Georg Brittings „Brudermord im Altwasser" im Praxistest. In: Stückrath, Jörn/Strobel, Ricarda (Hrsg.): Deutschunterricht empirisch. Beiträge zur Überprüfbarkeit von Lernfortschritten im Sprach-, Literatur- und Medienunterricht. Baltmannsweiler: Schneider Hohengehren, S. 177–196.

Winkler, Iris (2007): Welches Wissen fördert das Verstehen literarischer Texte? Zur Frage der Modellierung literarischen Wissens für den Deutschunterricht. In: Didaktik Deutsch. Jg. 12. H. 22, S. 13–22.

Winkler, Iris (2010a): Lernaufgaben im Literaturunterricht. In: Kiper, Hanna et al. (Hrsg.): Lernaufgaben und Lernmaterialien im kompetenzorientierten Unterricht. Stuttgart: Kohlhammer, S. 103–113.

Winkler, Iris (2010b): Ein Forschungsprojekt zu professionsbezogenen Überzeugungen von Deutschlehrkräften. Welches deutschdidaktische Erkenntnispotential bieten quantitative empirische Untersuchungsmethoden? In: Kämper-van den Boogart, Michael/Spinner, Kaspar H. (Hrsg.): Lese- und Literaturunterricht. Teil 2. Baltmannsweiler: Schneider Hohengehren, S. 361–382.

Winkler, Iris (2010c): Vorläufige Bilanz der Sektionsarbeit. Unveröffentlichtes Typoskript zur Sektion 10: Professionelle Kompetenz von Deutschlehrer/-innen auf dem 18. Symposium Deutschdidaktik in Bremen 2012.

Winkler, Iris (2011): Aufgabenpräferenzen für den Literaturunterricht. Eine Erhebung unter Deutschlehrkräften. Wiesbaden: Verlag für Sozialwissenschaften.

Winkler, Iris (2013): "Ich finde den Text schwierig…" Textschwierigkeit als Resultat einer Wechselbeziehung von Text- und Lesermerkmalen. In: Frickel, Daniela A./Boelmann, Jan M. (Hrsg.): Literatur Lesen Lernen. Festschrift für Gerhard Rupp. Frankfurt a. M.: Peter Lang, S. 395–411.

Winkler, Iris (2015a): Wissenschaft + Anwendung = Anwendungswissenschaft? Wider falsche Nützlichkeitserwartungen an die Deutschdidaktik. Vortrag auf der Arbeitstagung „Denkrahmen der Deutschdidaktik – Positionen in der Diskussion" am 24./25. März 2015 an der Georg-August-Universität Göttingen. Unveröffentlichtes Typoskript.

Winkler, Iris (2015b): „Subjektive Involviertheit und genaue Wahrnehmung miteinander ins Spiel bringen". Überlegungen zur Spezifikation eines zentralen Konzepts für den Literaturunterricht. In: Leseräume. H. 2, S. 155–168.

Winkler, Iris (2015c): Durch die Brille der anderen sehen. Professionsbezogene Überzeugungen im Lehramtsstudium Deutsch. In: Mitteilungen des Deutschen Germanistenverbandes. Jg. 62. H. 2, S. 192–208.

Winkler, Iris (2016): Deutschdidaktik – eine Anwendungswissenschaft? In: Bräuer, Christoph (Hrsg.): Denkrahmen der Deutschdidaktik. Die Identität der Disziplin in der Diskussion. Frankfurt am Main u. a.: Peter Lang, S. 169–186.

Winkler, Iris (2017): Potenzial zu kognitiver Aktivierung im Literaturunterricht. Fachspezifische Profilierung eines prominenten Konstrukts der Unterrichtsforschung. In: Didaktik Deutsch, H. 43, S. 78–97.

Winkler, Iris/Schmidt, Frederike (2016): Interdisziplinäre Forschung in der Deutschdidaktik. Eine Zwischenbilanz. In: Winkler, Iris/Schmidt, Frederike

(Hrsg.): Interdisziplinäre Forschung in der Deutschdidaktik. „Fremde Schwestern" im Dialog. Frankfurt am Main u. a.: Peter Lang, S. 7–22.

Winkler, Iris/Steinmetz, Michael (2016): Zum Spannungsverhältnis von deutschdidaktischen Fragestellungen und empirischen Erkenntnismöglichkeiten am Beispiel des Projekts KoALa. In: Krelle, Michael/Senn, Werner (Hrsg.): Qualitäten von Deutschunterricht. Empirische Unterrichtsforschung im Fach Deutsch. Freiburg i. Br.: Klett Fillibach, S. 37–56.

Winter, Felix (2004): Leistungsbewertung: Eine neue Lernkultur braucht anderen Umgang mit den Schülerleistungen. Baltmannsweiler: Schneider Hohengehren.

Wintersteiner, Werner (2007): Praktische Wissenschaft. Zum heutigen Selbstverständnis der Deutschdidaktik. In: Glaboniat, Manuela/Rastner, Eva M./ Wintersteiner, Werner (Hrsg.): „Wir sind, was wir tun". Deutschdidaktik und Deutschunterricht vor neuen Herausforderungen. Eva Maria Rastner zum Gedächtnis. Innsbruck: StudienVerlag, S. 19–32.

Wiprächtiger-Geppert, Maja (Hrsg.) (2016): Deutschlehrer/-in werden, Deutschlehrer/-in sein. Konzepte und Befunde zur Profession und Professionalisierung von Deutschlehrer/-innen. Leseräume 3/2016.

Witzel, Andreas (1985): Das problemzentrierte Interview. In: Jüttemann, Gerd (Hrsg.): Qualitative Forschung in der Psychologie. Grundfragen, Verfahrensweisen, Anwendungsfelder. Weinheim/Basel: Beltz, S. 227–256.

Witzel, Andreas (2000): Das problemzentrierte Interview. In: Forum Qualitative Sozialforschung/Forum: Qualitative Social Research. Vol. 1. No. 1. Art. 22. Abrufbar unter: http://www.qualitative-research.net/index.php/fqs/article/view/1132/2519.

Wrobel, Dieter (2008): Individualisiertes Lesen. Leseförderung in heterogenen Lerngruppen. Theorie – Modell – Evaluation. Baltmannsweiler: Schneider Hohengehren.

Wygotski, Lew S. (1979): Denken und Sprechen. Frankfurt a. M.: Fischer.

Zabka, Thomas (2006): Typische Operationen literarischen Verstehens. Zu Martin Luther, Vom Raben und Fuchs (5./6. Schuljahr). In: Kammler, Clemens (Hrsg.): Literarische Kompetenzen – Standards im Literaturunterricht. Modelle für die Primar- und Sekundarstufe. Seelze: Klett/Kallmeyer, S. 80–101.

Zabka, Thomas (2013): Literarische Texte werten. In: Praxis Deutsch. Jg. 40. H. 241, S. 4–12.

Zahavi, Dan (2007): Phänomenologie für Einsteiger. Paderborn: Wilhelm Fink.

Zeitler, Sigrid/Köller, Olaf/Tesch, Bernd (2010): Bildungsstandards und ihre Implikationen. In: Gehrmann, Axel/Hericks, Uwe/Lüders, Manfred (Hrsg.): Bildungsstandards und Kompetenzmodelle. Beiträge zu einer aktuellen

Diskussion über die Schule, Lehrerbildung und Unterricht. Bad Heilbrunn: Julius Klinkhardt, S. 23–36.

Zeitschrift für Pädagogische Psychologie (2009), Heft 3/4: Diagnostische Kompetenz von Lehrkräften.

Zlatkin-Troitschanskaia, Olga et al. (Hrsg.) (2009): Lehrerprofessionalität. Bedingungen, Genese, Wirkungen und ihre Messung. Weinheim: Beltz.

Zlatkin-Troitschanskaia, Olga/Kuhn, Christiane (2010): Lehrprofessionalität – Ein Überblick zum theoretischen und messmethodischen Stand der nationalen und internationalen Forschung. In: König, Johannes/Hoffmann, Bernhard (Hrsg.): Professionalität von Lehrkräften – Was sollen Lehrkräfte im Lese- und Schreibunterricht wissen und können? Berlin: Deutsche Gesellschaft für Lesen und Schreiben, S. 24–39.

Zwaan, Rolf A. (1994): Effect of genre expectations on text comprehension. In: Journal of Experimental Psychology: Learning, Memory and Cognition Vol. 20. No. 4, pp. 920–933.

13 Verzeichnis der Tabellen und Abbildungen

Tabellen

Tabelle 7.1:	Sample	222
Tabelle 7.2:	Transkriptionsregeln	247
Tabelle 10.1:	Vergleich fachdidaktischer und lehrerseitiger Perspektiven zu lesediagnostischen Zielsetzungen	375
Tabelle 10.2:	Vergleich fachdidaktischer und lehrerseitiger Perspektiven zur Prozessebene des Lesens	384
Tabelle 10.3:	Vergleich fachdidaktischer und lehrerseitiger Perspektiven zur leserbezogenen Ebene des Lesens	388
Tabelle 10.4:	Vergleich fachdidaktischer und lehrerseitiger Perspektiven zum Leseumfeld	392
Tabelle 10.5:	Vergleich fachdidaktischer und lehrerseitiger Perspektiven zur Leseförderung	394
Tabelle 10.6:	Gütekriterien für die Fachdidaktische Strukturierung im Modell der Didaktischen Rekonstruktion für die Lehrerbildung	404

Abbildungen

Abbildung 1.1:	Verbindung von Forschung und Entwicklung in der vorliegenden Studie	19
Abbildung 1.2:	Überblick über den Aufbau der vorliegenden Arbeit	20
Abbildung 2.1:	Das Modell der Didaktischen Rekonstruktion	32
Abbildung 2.2:	Das Modell der Didaktischen Rekonstruktion als Forschungsrahmen für die vorliegende Studie	35
Abbildung 3.1:	Mehrebenen-Modell des Lesens	42
Abbildung 4.1:	Zielbereiche schulischer Diagnostik	96
Abbildung 4.2:	Das CURRV-Modell	110
Abbildung 5.1:	Allgemeines Modell des Wissenserwerbs bei Lehrkräften	158
Abbildung 5.2:	Modell der Konzepte des „Lehrerwissens"	163

13 Verzeichnis der Tabellen und Abbildungen

Abbildung 5.3:	Übersicht über die Komplexitätsebenen von Vorstellungen	178
Abbildung 6.1:	Iteratives Vorgehen zur Entwicklung des Diagnosetools »JuDiT®-L«	201
Abbildung 6.2:	Einstiegsseite »JuDiT®-L«	203
Abbildung 6.3:	Eintragung eines Schülers/einer Schülerin in »JuDiT®-L«	204
Abbildung 6.4:	Beobachtungsitems im Teilbereich „Lesebezogenes Selbstkonzept"	206
Abbildung 6.5:	Notizübersicht in »JuDiT®-L«	207
Abbildung 6.6:	Anzeige der Hintergrundtexte in »JuDiT®-L«	208
Abbildung 6.7:	Hintergrundtext zum Teilbereich „Leseflüssigkeit"	209
Abbildung 6.8:	Teilbereich der Auswertungsgrafik in »JuDiT®-L«	210
Abbildung 6.9:	Veränderung der Normwerte in den einzelnen Jahrgangsstufen	212
Abbildung 6.10:	Auswertungsgrafik Klassenübersicht in »JuDiT®-L«	212
Abbildung 7.1:	Anlage der empirischen Erhebung	234
Abbildung 7.2:	Die Beziehung von Konstruktion erster und höherer Ordnung im Rekonstruktionsprozess	243
Abbildung 7.3:	Die Leiter des Schließens	252
Abbildung 8.1:	Karteikarte Lisa Mellmann, Schule STEY	261
Abbildung 8.2:	Karteikarte Nina Meier, Schule STEY	262
Abbildung 8.3:	Karteikarte Hanna Leeke, Schule LIE	263
Abbildung 8.4:	Karteikarte Daniela Kunze, Schule STEY	266
Abbildung 8.5:	Karteikarte Anna Thiele, Schule STEB	268
Abbildung 8.6:	Karteikarte Simone Albrecht, Schule STEY	270
Abbildung 8.7:	Karteikarte Lars Uhland, Schule LIE	272
Abbildung 8.8:	Karteikarte Katja Lehmann, Schule STEY	274
Abbildung 8.9:	Karteikarte Nils Arndt, Schule STEY	325
Abbildung 8.10:	Karteikarte Marie Seefeld, Schule LAD	345
Abbildung 9.1:	Übersicht über die Kommunikation zwischen Fachdidaktikern und Lehrkräften	359
Abbildung 9.2:	Didaktische Rekonstruktion einer dritten Sprache	361

Abbildung 9.3:	Kriterien für die Auswahl und Bildung von Termini und Metaphern in Vermittlungsabsicht	364
Abbildung 9.4:	Dritte Sprache in der Verständigung zwischen Lehrkräften und Fachdidaktikern	367
Abbildung 10.1:	Weiterentwicklung der Teilbereiche „Wissen" und „Reflexion"	378
Abbildung 10.2:	Weiterentwicklung der Items im Teilbereich „Lesestrategien/-technik"	379
Abbildung 10.3:	Verknüpfung von Beobachtungsitem und Ankerbeispiel in »JuDiT®-L« 1.0	381
Abbildung 10.4:	Trennung von Beobachtungsitem und Ankerbeispiel in »JuDiT®-L« 2.0	382
Abbildung 10.5:	Anzeige der Lernentwicklung in »JuDiT®-L« 2.0	383
Abbildung 10.6:	Weiterentwicklung der Beobachtungsitems im Bereich „Textverstehen"	387
Abbildung 10.7:	Weiterentwicklung des Teilbereiches „Subjektive Beteiligung"	391
Abbildung 10.8:	Anzeige des Übersichtsbereichs in »JuDiT®-L« 2.0	394
Abbildung 10.9:	Möglichkeit zur Zuordnung von Lernenden in »JuDiT®-L« 2.0	398
Abbildung 10.10:	Gruppenbezogene Einordnung der Lernenden in »JuDiT®-L« 2.0	398
Abbildung 10.11:	Übersicht der erarbeiteten Leitlinien	400
Abbildung 11.1:	Praxisorientierte Entwicklungsforschung im „Quadrant Model of Scientific Research"	417
Abbildung 11.2:	Merkmale einer praxisorientierten Entwicklungsforschung	419

14 Anhang

I. Übersicht: »JuDiT®-L«-Items Version 0.0

PROZESSBEZOGENE DIMENSION

LESEFLÜSSIGKEIT

1. Der Schüler/Die Schülerin kann Wörter und Sätze entziffern und verstehen.
   (d. h. Wörter müssen nicht mehr mühsam erlesen werden)

2. Beim Vorlesen liest der Schüler/die Schülerin Texte annähernd fehlerfrei vor, ohne ungenau zu sein oder sinnentstellend zu lesen.
   (bspw. werden Vorlesefehler schnell korrigiert; auch unbekannte Wörter werden richtig wiedergegeben)

3. Während des Leseprozesses liest der Schüler/die Schülerin angemessen schnell vor.
   (z. B. keine Schwankungen im Tempo oder undeutliche Aussprache, auch bei schwierigen Texten)

4. Beim Vorlesen bzw. lauten Lesen achtet der Schüler/die Schülerin auf Sinneinheiten und Satzzeichen.
   (bspw. beim Lesen eines Textabschnittes)

5. Beim Vorlesen/lauten Lesen liest der Schüler/die Schülerin mit einer angemessenen Intonation laut vor, d. h. er/sie macht sinnvolle Pausen und betont Wichtiges.
   (bspw. bei der Wiedergabe von Dialogen)

6. Der Schüler/Die Schülerin hat keine Scheu, laut vorzulesen.

7. Der Schüler/Die Schülerin kann unbekannte Texte vorlesen, auch wenn er/sie den Text nicht bereits leise gelesen hat.

TEXTVERSTEHEN

1. Der Schüler/Die Schülerin kann Wörter und Sätze entziffern und verstehen.
   (d. h. Wörter müssen nicht mehr mühsam erlesen werden)

2. Dem Schüler/Der Schülerin gelingt es, nahe beieinander stehende Informationen/Sätze/Satzfolgen sinnvoll zu verknüpfen.

3. Der Schüler/Die Schülerin kann weiter auseinander stehende Textinformationen/Textteile aufeinander beziehen.

4 Der Schüler/Die Schülerin kann eine Vorstellung bilden, wovon der Text als Ganzes – Sachverhalte, Ereignisse, Zusammenhänge – handelt.
(z. B. bei Inhaltsfragen zum Text oder beim Paraphrasieren der Hauptaussagen)

5 Der Schüler/Die Schülerin erkennt die Organisationsform bekannter Textsorten.
(bspw. die Struktur einer Fabel oder eines Zeitungsartikels)

6 Der Schüler/Die Schülerin erkennt Darstellungsstrategien von Texten.
(wie die selektive Darstellung in Zeitungsberichten, den Adressatenbezug oder die Wirkung von sprachlichen Besonderheiten)

7 Der Schüler/Die Schülerin lässt seine Kenntnis von Textsorten in sein/ihr Textverstehen einfließen.
(z. B. indem er/sie die Autorintention beachtet)

8 Der Schüler/Die Schülerin kann das Gelesene (in Bezug auf Inhalt und Darstellung) kritisch reflektieren, interpretieren und bewerten.
(z. B. «Ist das Gelesene falsch oder richtig?», «Würde ich den Text weiterempfehlen?»)

LESETECHNIK/ -STRATEGIEN

1 Der Schüler/Die Schülerin kann die passende Lesestrategie je nach Art des Textes oder dem jeweiligen Leseziel/-absicht wählen.
(bspw. achtet er/sie auf die Aufgabenanforderung)

2 Der Schüler/Die Schülerin baut Vorwissen/Leseerwartungen zum Text/Thema eines Textes auf, beachtet Titel bzw. Überschrift des Textes, Autor, Inhalt, Bilder und Grafiken.
(z. B. kann er/sie Leseerwartungen formulieren wie »Worum könnte es in diesem Text gehen?«; »Was weiß ich über das Thema?«; »Wie ‚funktioniert' diese Textsorte?«)

3 Beim Bearbeiten von Texten zeigen sich Markierungen/Lesespuren.
(bspw. Unterstreichungen, zusätzliche Nummerierungen, Verweise, Streichungen, Fragen, Paraphrasen, Randbemerkungen)

4 Der Schüler/Die Schülerin kann unbekannte Wörter und Wendungen für sich klären.
(z. B. indem er/sie Nachschlagewerke verwendet oder Wortbedeutungen aus dem Textzusammenhang erschließt)

5 Der Schüler/Die Schülerin nutzt Informationen aus bisherigen Abschnitten für das weitere Textverstehen.
(z. B. wenn Hypothesen über den weiteren Handlungsverlauf nach gelesenen Textabschnitten formuliert werden sollen)

6 Beim Lesevorgang liest der Schüler/die Schülerin fokussierend.
(z. B. bei unklaren Wörtern bzw. besonders komplizierten Sätzen durch Markieren mit Fragezeichen oder mehrmaliges Lesen der Textstelle)

7 Der Schüler/Die Schülerin kann das Gelesene mit eigenen Erfahrungen in Beziehung setzen.

8 Der Schüler/Die Schülerin kann Details und Schlüsselinformationen eines Textes wiedergeben.

9 Der Schüler/Die Schülerin kann bestimmte Textstellen wiederfinden.

10 Dem Schüler/Der Schülerin gelingt es, einen Text im Hinblick auf eine konkrete Fragestellung selektiv zu lesen.

11 Der Schüler/Die Schülerin kann den Text auf wesentliche Elemente reduzieren.
(z. B. Hauptpersonen, Handlungszusammenhänge) und zusammengefasst wiedergeben.

12 Bei Text- und Bildinformationen kann der Schüler/die Schülerin diese aufeinander beziehen.

13 Der Schüler/Die Schülerin kann eine Meinung/Urteil zum Text formulieren.

14 Der Schüler/Die Schülerin kann das eigene Leseverhalten und die gewählte Lesestrategie reflektieren.

LESERBEZOGENE DIMENSION

WISSEN

1 Zum Verständnis des Textes bezieht der Schüler/die Schülerin sein/ihr inhaltliches bzw. textspezifisches Vorwissen in ausreichendem Maße ein und verbindet dies mit dem Gelesenen.

2 Der Schüler/Die Schülerin verfügt über lexikalisches Wissen, kennt die gebräuchlichsten Wörter.

SUBJEKTIVE BETEILIGUNG

1 Beim Lesevorgang ist beobachtbar, dass der Schüler/die Schülerin sich auf die Lektüre einlassen kann und eine „innere Beteiligung für das Dargestellte" zeigt.
(z. B. für die literarischen Figuren oder das Thema des Textes)

2 Der Schüler/Die Schülerin bringt Informationen aus Texten mit eigenen Erfahrungen und Erlebnissen in Verbindung.

MOTIVATION

1 Der Schüler/Die Schülerin zeigt Lesebereitschaft bei Textangeboten.
(bspw. wenn Arbeitsblätter ausgeteilt oder neue Lesestoffe im Unterricht präsentiert werden)

2 Der Schüler/Die Schülerin zeigt Interesse/Freude an altersangemessenen Texten.

3 Der Schüler/Die Schülerin zeigt ein Leseinteresse bezogen auf bestimmte literarische Figuren oder Themen.

4 Der Schüler/Die Schülerin bewältigt auch eine große Lesemenge/umfangreichere und schwierigere Texte.

5 Dem Schüler/Der Schülerin gelingt es, Leseprozesse über eine längere Dauer durchzuhalten und sich zu konzentrieren.

6 Laut Selbstauskunft liest der Schüler/die Schülerin in seiner/ihrer Freizeit häufig.

7 Auf Nachfrage (z. B. bei Buchvorstellungen in der Klasse oder bei selbstständiger Auswahl von Geschichten/Büchern) kann der Schüler/die Schülerin seine Präferenzen für bestimmte Textsorten bzw. Genres/Themen nennen.
(z. B. realistische Literatur, Science Fiction, Abenteuer, auch Zeitschriften…)

8 Der Schüler/Die Schülerin ist bereit, Schwierigkeiten beim Lesen zu bewältigen.

REFLEXION

1 Der Schüler/Die Schülerin denkt ausgehend vom Gelesenen über sich selbst, seine Wissensbestände und Ideen nach.

2 Der Schüler/Die Schülerin kann Textinhalte in Bezug auf bestehende Wertvorstellungen bewerten bzw. sich kritisch mit ihnen auseinandersetzen.

LESERBEZOGENES SELBSTKONZEPT

1 Der Schüler/Die Schülerin schätzt sich seine Fähigkeiten als Leser korrekt ein.

2 Der Schüler/Die Schülerin zeigt eine positive Einstellung zum Lesen und ist aufmerksam, wenn Leseaufgaben im Unterricht erfolgen.

3 Der Schüler/Die Schülerin nimmt sich selbst als Leser wahr, kennt seine/ihre Stärken und Schwächen sowie Leseinteressen.

LESEUMFELD

FAMILIE

1 In der Familie des Schülers/der Schülerin besteht ein positives Leseklima, die Eltern unterstützen das Kind beim Lesen.
(z. B. berichtet der Schüler/die Schülerin darüber, dass über Literatur/Bücher gesprochen wird oder seine Eltern ihm Bücher schenken; die Eltern äußern sich dazu auf Elternabenden)

SCHULE

1 Der Schüler/Die Schülerin zeigt Interesse an schulischen Lesestoffen.

2 Der Schüler/Die Schülerin nimmt Leseanregungen auf.
(z. B. nutzt er/sie Bücherkisten, die Schulbibliothek usw.)

3 Der Schüler/Die Schülerin bringt von sich aus eigene Lektüreerfahrungen/ Medienangebote in den Unterricht ein.

PEERS

1 Der Schüler/Die Schülerin zeigt Interesse für Literaturempfehlungen von Freunden/Mitschülerinnen und Mitschülern.

2 Der Schüler/Die Schülerin spricht mit Freunden über Lesemedien.

ANSCHLUSSKOMMUNIKATION

1 Der Schüler/Die Schülerin beteiligt sich an Gruppen- oder Unterrichtsgesprächen über Texte.

2 Der Schüler/Die Schülerin ist dazu fähig, im Gespräch mit Mitschülern zu einer gemeinsamen Deutung von Texten zu kommen.
(bspw. dabei auch subjektive Textdeutungen zu hinterfragen oder auch Leseprobleme/ Nichtverstandenes zu thematisieren)

3 Der Schüler/Die Schülerin kann seine/ihre Leseerfahrungen verbalisieren und begründen und ggf. auch revidieren.

4 Der Schüler/Die Schülerin akzeptiert auch andere Deutungen beim Austausch über gelesene Texte.

5 Der Schüler/Die Schülerin kann gegenüber anderen verdeutlichen, warum ihm/ihr Texte gefallen.

II. Übersicht: »JuDiT®-L«-Items Erprobungsversion 1.0

PROZESSBEZOGENE DIMENSION

LESEFLÜSSIGKEIT

1 Beim Vorlesen bzw. lauten Lesen liest der Schüler/die Schülerin Texte annähernd fehlerfrei vor, ohne ungenau zu sein oder sinnenstellend zu lesen.
(bspw. werden Vorlesefehler schnell korrigiert; auch unbekannte Wörter werden richtig wiedergegeben)

2 Während des Leseprozesses liest der Schüler/die Schülerin in einem angemessenen Tempo vor.
(z. B. macht er/sie keine sinnwidrigen Pausen oder hat eine undeutliche Aussprache)

3 Beim Vorlesen bzw. lauten Lesen achtet der Schüler/die Schülerin auf Sinneinheiten und Satzzeichen.
(bspw. beim Lesen eines Textabschnittes)

4 Beim Vorlesen bzw. lauten Lesen liest der Schüler/die Schülerin mit einer angemessenen Intonation laut vor, d. h. er/sie macht sinnvolle Pausen, betont Wichtiges.
(bspw. bei der Wiedergabe von Dialogen)

5 Der Schüler/die Schülerin hat keine Scheu laut vorzulesen.

6 Der Schüler kann auch unbekannte Texte vorlesen, ohne dass er/sie den Text bereits leise gelesen hat.

TEXTVERSTEHEN

1 Der Schüler/Die Schülerin kann Wörter und Sätze problemlos wiedergeben.
(d. h. Wörter müssen nicht mehr mühsam erlesen werden)

2 Dem Schüler/Der Schülerin gelingt es, dicht aufeinander folgende Informationen/Sätze/Satzfolgen sinnvoll zu verknüpfen.

3 Der Schüler/Die Schülerin kann auch weiter auseinander liegende Informationen und Abschnitte innerhalb eines Textes aufeinander beziehen und so Sinnzusammenhänge herstellen.

4 Der Schüler/Die Schülerin kann eine Vorstellung vom Text als Ganzem – Sachverhalte, Ereignisse, Handlungszusammenhänge – bilden.
(bspw. bei Inhaltsfragen zum Text oder beim Paraphrasieren der Hauptaussagen)

5 Der Schüler/Die Schülerin erkennt die Struktur/den Aufbau bekannter Textsorten.
(wie bspw. die Struktur einer Fabel oder eines Zeitungsartikels)

6 Der Schüler/Die Schülerin erkennt Darstellungsstrategien von Texten.
(wie selektive Darstellung in Zeitungsberichten, Adressatenbezug oder die Wirkung von sprachlichen Besonderheiten)

7 Der Schüler/Die Schülerin nutzt seine/ihre Textsortenkenntnis für das Textverstehen.
(bspw. indem er/sie die Autorintention beachtet)

8 Der Schüler/Die Schülerin kann das Gelesene (in Bezug auf Inhalt und Darstellung) reflektieren, interpretieren und bewerten.
(bspw. «Ist das Gelesene falsch oder richtig?», «Würde ich den Text weiterempfehlen?»)

LESETECHNIKEN/ -STRATEGIEN

1 Der Schüler/Die Schülerin kann seine/ihre Lesetechnik den verschiedenen Textarten und dem jeweiligen Leseziel anpassen.
(bspw. achtet er/sie auf die Aufgabenanforderung)

2 Vorm Lesen des Textes überlegt sich der Schüler/die Schülerin, was er/sie zum Thema des Textes weiß.
(er/sie beachtet Titel bzw. Überschrift des Textes, Autor, Inhalt, Bilder, Grafiken oder Klappentext)

3 Vorm Lesen des Textes überlegt sich der Schüler/die Schülerin, was er/sie über die Textsorte weiß.
(bspw. kann er / sie Leseerwartungen formulieren wie "Wie "funktioniert" diese Textsorte?")

4 Beim Bearbeiten von Texten macht der Schüler/die Schülerin Markierungen bzw. Lesespuren.
(bspw. Unterstreichungen, zusätzliche Nummerierungen, Verweise, Streichungen, Fragen, Paraphrasen, Randbemerkungen)

5 Der Schüler/Die Schülerin kann unbekannte Wörter und Wendungen für sich klären.
(bspw. indem er/sie Nachschlagewerke verwendet oder Wortbedeutungen aus dem Textzusammenhang erschließt)

6 Der Schüler/Die Schülerin nutzt Informationen aus bisherigen Abschnitten für das weitere Textverstehen.
(bspw. wenn Hypothesen über den weiteren Handlungsverlauf nach gelesenen Textabschnitten formuliert werden sollen)

7   Bei unklaren Wörtern/Wendungen bzw. besonders komplizierten Sätzen liest sich der Schüler/die Schülerin die Textstelle genau durch.
    (bspw. durch Markieren mit Fragezeichen oder durch mehrmaliges Lesen der Textstelle)

8   Der Schüler/Die Schülerin kann das Gelesene mit eigenen Erfahrungen in Beziehung setzen.

9   Der Schüler/Die Schülerin kann Details und Schlüsselinformationen eines Textes wiedergeben.

10 Der Schüler/Die Schülerin kann bestimmte Textstellen auch ohne Zeilenangaben wiederfinden.

11 Dem Schüler/Der Schülerin gelingt es, einen Text im Hinblick auf eine konkrete Fragestellung zu lesen.

12 Der Schüler/Die Schülerin kann den Text auf wesentliche Elemente reduzieren (bspw. Hauptpersonen, Handlungszusammenhänge) und zusammengefasst wiedergeben.

13 Bei Text- und Bildinformationen kann der Schüler/die Schülerin diese aufeinander beziehen.

14 Der Schüler/Die Schülerin kann eine Meinung/Urteil zum Text formulieren.

15 Der Schüler/Die Schülerin kann das eigene Leseverhalten und die gewählte Lesestrategie reflektieren.

LESERBEZOGENE DIMENSION

WISSEN

1   Zum Verständnis des Textes bezieht der Schüler/die Schülerin sein/ihr inhaltliches bzw. textspezifisches Vorwissen in ausreichendem Maße ein und verbindet dies mit dem Gelesenen.

2   Der Schüler/Die Schülerin verfügt über einen großen (Lese)Wortschatz, kennt die gebräuchlichsten Wörter und Wendungen.

SUBJEKTIVE BETEILIGUNG

1   Beim Lesen ist der Schüler/die Schülerin in die Lektüre "versunken".
    (bspw. in freien Lesezeiten)

2 Der Schüler/Die Schülerin zeigt eine "innere Beteiligung für das Dargestellte".
(bspw. äußert er/sie Begeisterung oder Mitgefühl für die literarischen Figuren oder das Thema des Textes)

3 Der Schüler/Die Schülerin bringt Informationen aus Texten mit eigenen Erfahrungen und Erlebnissen in Verbindung.

MOTIVATION

1 Der Schüler/Die Schülerin zeigt Lesebereitschaft bei Textangeboten.
(bspw. wenn Arbeitsblätter ausgeteilt oder neue Lesestoffe im Unterricht präsentiert werden)

2 Der Schüler/Die Schülerin zeigt Interesse/Freude an altersangemessenen Texten.

3 Der Schüler/Die Schülerin zeigt ein Leseinteresse bezogen auf bestimmte literarische Figuren oder Themen.

4 Der Schüler/Die Schülerin bewältigt auch eine große Lesemenge/umfangreichere und schwierigere Texte.

5 Dem Schüler/Der Schülerin gelingt es, Leseprozesse über eine längere Dauer durchzuhalten und sich zu konzentrieren.

6 Laut Selbstauskunft liest der Schüler/die Schülerin in seiner/ihrer Freizeit häufig.

7 Auf Nachfrage (bspw. bei Buchvorstellungen in der Klasse oder bei selbstständiger Auswahl von Geschichten/Büchern) kann der Schüler/die Schülerin seine Präferenzen für bestimmte Textsorten bzw. Genres/Themen nennen.
(bspw. realistische Literatur, Science Fiction, Abenteuer, auch Zeitschriften…)

8 Der Schüler/Die Schülerin ist bereit, Schwierigkeiten beim Lesen zu bewältigen.

REFLEXION

1 Der Schüler/Die Schülerin denkt ausgehend vom Gelesenen über sich selbst, sein/ihr Wissen und Ideen nach.

2 Der Schüler/Die Schülerin kann gelesene Texte in Bezug auf dort beschriebene Wertvorstellungen bewerten bzw. sich kritisch mit ihnen auseinandersetzen.

LESEBEZOGENES SELBSTKONZEPT

1 Der Schüler/Die Schülerin schätzt seine/ihre Lesefähigkeiten richtig ein.
(bspw. wenn Arbeitsblätter ausgeteilt oder neue Lesestoffe im Unterricht präsentiert werden)

2 Der Schüler/Die Schülerin zeigt eine positive Einstellung zum Lesen und ist aufmerksam, wenn Leseaufgaben im Unterricht erfolgen.

3 Der Schüler/Die Schülerin bezeichnet sich selbst als Leser und kann seine/ihre Leseinteressen benennen.

LESEUMFELD

FAMILIE

1 In der Familie des Schülers/der Schülerin besteht ein positives Leseklima, die Eltern unterstützen das Kind beim Lesen.
(bspw. berichtet der Schüler/die Schülerin darüber, dass über Literatur/Bücher gesprochen wird oder seine Eltern ihm/ihr Bücher schenken; die Eltern äußern sich dazu auf Elternabenden)

SCHULE

1 Der Schüler/Die Schülerin zeigt Interesse an schulischen Lesestoffen.

2 Der Schüler/Die Schülerin nimmt Leseanregungen auf.
(bspw. nutzt er/sie Bücherkisten, die Schulbibliothek usw.)

3 Der Schüler/Die Schülerin bringt von sich aus eigene Lektüreerfahrungen/Medienangebote in den Unterricht ein.

PEERS

1 Der Schüler/Die Schülerin zeigt Interesse für Literaturempfehlungen von Freunden/Mitschülerinnen und Mitschülern.

2 Der Schüler/Die Schülerin spricht mit Freunden über Lesemedien.

ANSCHLUSSKOMMUNIKATION

1 Der Schüler/Die Schülerin beteiligt sich an Gruppen- oder Unterrichtsgesprächen über Texte.

2 Der Schüler/Die Schülerin ist dazu fähig, im Gespräch mit Mitschülern zu einer gemeinsamen Deutung von Texten zu kommen.
(bspw. dabei auch subjektive Textdeutungen zu hinterfragen oder auch Leseprobleme/ Nichtverstandenes zu thematisieren)

3 Der Schüler/Die Schülerin kann seine/ihre Leseerfahrungen und -eindrücke verbalisieren und begründen sowie diese in der Kommunikation ggf. auch ändern.

4 Der Schüler/Die Schülerin akzeptiert auch andere Deutungen beim Austausch über gelesene Texte.

5 Der Schüler/Die Schülerin kann gegenüber anderen verdeutlichen, warum ihm/ihr Texte gefallen.

III. Übersicht: »JuDiT®-L«-Items Version 2.0

PROZESSBEZOGENE DIMENSION

LESEFLÜSSIGKEIT

1 Der/Die Lernende kann Texte fehlerfrei vorlesen.
 ⓘ z. B. müssen Wörter nicht mehr mühsam erlesen werden; Vorlesefehler werden schnell korrigiert

2 Der/Die Lernende kann in einem angemessenen Tempo vorlesen.
 ⓘ er/sie macht keine sinnwidrigen Pausen

3 Der/Die Lernende kann mit einer angemessenen Betonung vorlesen.
 ⓘ z. B. achtet er/sie auf Sinneinheiten und Satzzeichen beim Vorlesen, betont Wichtiges

TEXTVERSTEHEN

1 Der/Die Lernende kann das Gelesene mit eigenen Worten wiedergeben.
 ⓘ z. B. kann er/sie Textabschnitte zusammenfassen, wichtige Inhaltspunkte des Textes nennen

2 Der/Die Lernende kann einzelne Textinformationen miteinander verknüpfen.
 ⓘ z. B. kann er/sie auch weiter auseinander liegende Abschnitte und einzelne Textstellen aufeinander beziehen

3 Der/Die Lernende kann die Kernaussage eines Textes formulieren.

4 Der/Die Lernende kann das eigene Textsortenwissen mit dem Gelesenen verbinden.
 ⓘ z. B. indem er/sie Leseerwartungen für bereits bekannte Textsorten – wie Kurzgeschichten, Bewerbungsschreiben, Ballade usw. – formuliert

5 Der/Die Lernende erkennt Darstellungsstrategien in Texten.
 ⓘ z. B. erfasst er/sie rhetorische oder argumentative Strukturen und deren Funktion oder die Wirkung sprachlicher Besonderheiten

LESETECHNIKEN/ -STRATEGIEN

1 Der/Die Lernende einen Text im Hinblick auf eine konkrete Fragestellung lesen.
 ⓘ z. B. achtet er/sie auf die Aufgabenstellung

2 Der/Die Lernende kann Leseerwartungen formulieren.
 ⓘ z. B. indem er/sie Erwartungen an einen Text anhand des Titels/der Überschrift äußert oder Erwartungen über den weiteren Handlungsverlauf nach gelesenen Abschnitten formuliert

3 Der/Die Lernende macht Markierungen/Randnotizen beim Lesen.
ⓘ z. B. gezieltes Unterstreichen oder Einkreisen von Wörtern oder Textteilen, Randkommentare zur Gliederung von Texten

4 Der/Die Lernende kann unbekannte Wörter und Wendungen für sich klären.
ⓘ indem er/sie Nachschlagewerke verwendet oder Wortbedeutungen aus dem Textzusammenhang erschließt

5 Der/Die Lernende kann Text- und Bildinformationen aufeinander beziehen.

LESERBEZOGENE DIMENSION

WISSEN UND REFLEXION

1 Der/Die Lernende verfügt über einen großen (Lese-)Wortschatz.
ⓘ er/sie kennt die gebräuchlichsten Wörter und Wendungen

2 Der/Die Lernende erkennt den Aufbau bekannter Textsorten.
ⓘ z. B. kann er/sie die Struktur verschiedener Textsorten – wie Erzählung, Bericht, Ballade usw. – erfassen oder Vermutungen über den Aufbau anstellen, weil er/sie schon weiß, wie die Textsorte ‚funktioniert'

3 Der/Die Lernende kann das Gelesene bewerten bzw. sich kritisch damit auseinandersetzen.
ⓘ z. B. das Verhalten einer literarischen Figur oder den Handlungsverlauf eines Textes beurteilen

INVOLVIERTHEIT BEIM LESEN

1 Der/Die Lernende ist beim eigenständigen Lesen in die Lektüre „versunken".
ⓘ z. B. lässt er/er sich in freien Lesezeiten nicht schnell ablenken oder wechselt nicht ständig die Bücher

2 Der/Die Lernende äußert eigene Gefühle oder persönliche Wertungen zum Gelesenen.
ⓘ z. B. Mitfühlen mit einer literarischen Figur, Vergnügen/Interesse am Thema des Textes

3 Der/Die Lernende kann die erlebte Wirkung des Textes auf dessen Merkmale zurückführen.
ⓘ z. B. indem er/sie die Wirkung anhand von Gestaltungsmitteln im Text, wie Erzählperspektive, sprachliche Mittel usw., begründen kann

4 Der/Die Lernende kann Gelesenes mit eigenen Erfahrungen verbinden.
ⓘ z. B. »Wenn mir das passiert wäre, hätte ich …«; „Wenn ich so einen Freund hätte, würde ich …«

MOTIVATION UND SELBSTWAHRNEHMUNG ALS LESER

1. Der/Die Lernende zeigt eine positive Einstellung zum Lesen.
   ⓘ z. B. nimmt er/sie Leseanregungen auf, nutzt Bücherkisten oder die Schulbibliothek

2. Der/Die Lernende zeigt Leseinteresse für bestimmte Texte, literarische Figuren oder Themen.
   ⓘ z. B. bei Buchvorstellungen in der Klasse oder der selbstständigen Auswahl von Büchern/Geschichten

3. Der/Die Lernende kann Leseprozesse über eine längere Dauer durchhalten und sich konzentrieren.
   ⓘ z. B. bewältigt er/sie auch größere Lesemengen und schwierigere Texte

4. In der Freizeit liest der/die Lernende laut Selbstauskunft häufig.

LESEUMFELD

AUSTAUSCH ÜBER GELESENES

1. Der/Die Lernende beteiligt sich an Gruppen- oder Unterrichtsgesprächen über Texte.

2. Der/Die Lernende kommt im Gespräch mit Mitschülern zu einer gemeinsamen Deutung von Texten.
   ⓘ z. B. eigene Textdeutungen hinterfragen, Leseprobleme benennen oder erklären, wenn er/sie etwas nicht verstanden hat)

3. Der/Die Lernende kann Leseerfahrungen und Leseeindrücke schildern.

4. Der/Die Lernende kann die eigene Meinung über das Gelesene begründen.

5. Der/Die Lernende akzeptiert auch andere Deutungen beim Austausch über gelesene Texte.

IV. Hintergrundtext „Leseflüssigkeit"

Hintergrundtext zum
Beobachtungsbereich »Leseflüssigkeit«

Autorin:
Frederike Schmidt
© Institut für Elementar- und Schulpädagogik

Das Werk, einschließlich aller seiner Teile ist urheberrechtlich geschützt. Jede Verwertung außerhalb der engen Grenzen des Urheberrechtes ist ohne Zustimmung der Autorin unzulässig.

Leseflüssigkeit

Allgemein wird unter dem Begriff Leseflüssigkeit *(fluency)* „die Fähigkeit zur genauen, automatisierten, schnellen und sinnkonstituierenden leisen und lauten Lektüre" (Rosebrock et al. 2011, S. 15) verstanden. Aus empirischen Studien wissen wir, dass die Leseflüssigkeit eine Voraussetzung für das Textverstehen ist, die sich nicht bei allen Schülerinnen und Schülern automatisch entwickelt.

Abbildung 1: Zur Rolle der Leseflüssigkeit beim Textverstehen

Flüssiges Lesen ist eine besonders wichtige Ebene für den Aufbau von Lesekompetenz. Die Komponente Leseflüssigkeit wird als *Brücke* zwischen Entziffern (Dekodieren) und Verstehen verstanden (Abbildung 1). Erst wenn die kognitiven Ressourcen nicht mehr auf das Erlesen von Buchstaben und Wörtern fokussiert sind, kann der Schwerpunkt auf das Erfassen des Textsinns gelegt werden (die sog. hierarchiehöheren Verstehensleistungen). Noch in der Sekundarstufe I haben viele Schülerinnen und Schüler Probleme, Texte automatisiert zu erfassen (Rosebrock et al. 2011). Sie sind so damit beschäftigt, Wörter zu erlesen, dass ihnen für das Textverständnis keine Gelegenheit bleibt.

Das Konstrukt Leseflüssigkeit umfasst aus wissenschaftlicher Perspektive vier Dimensionen, die aufeinander aufbauen:

- die *exakte Dekodierfähigkeit* von Wörtern;
- die *Automatisierung* von Dekodierprozessen;
- eine angemessen schnelle *Lesegeschwindigkeit*;
- die sinngemäße *Betonung* des Gelesenen (ausdrucksstarkes Vorlesen).

Diese Bestandteile des Flüssiglesen-Könnens sollen im Folgenden näher erläutert werden.

Dekodiergenauigkeit

Die erste Dimension, das fehlerfreie Dekodieren von Wörtern, kann als Voraussetzung für die weiteren Dimensionen der Leseflüssigkeit angesehen werden.

> **Ideenbox: Lautleseverfahren**
>
> Als Verfahren zur Förderung des flüssigen Lesens bieten sich die sog. „Lautlese-Tandems" an. Dies ist ein kooperatives Verfahren mit übendem Charakter, das unterschiedlich gestaltet werden kann. Eine Möglichkeit soll hier vorgestellt werden:
>
> <u>Zum Ablauf</u>
>
> Ein stärkerer (Trainer) und ein schwächerer (Sportler) Leser bilden ein Team. Sie lesen zusammen einen Text mehrmals und synchron (halb) laut.
>
> - Der **(Lese-) Trainer** (Tutor): fährt mit dem Finger mit und verbessert Fehler.
> - Der **(Lese-) Sportler** (Tutand): kann sich an Tempo und Betonung des Trainers orientieren sowie alleine weiter lesen, wenn er sich sicher genug fühlt.
>
> Lesesportler und Trainer lesen so lange gemeinsam, bis sich der Lesesportler sicher fühlt und ein vereinbartes Zeichen gibt, um alleine weiterzulesen. Der Lesetrainer korrigiert bei Bedarf und gibt Feedback.
>
>
> 1
>
> Idealerweise sollte das Lesetraining mindestens einmal wöchentlich für jeweils ca. 20 Minuten im regulären Unterricht stattfinden. Um Effektivität zu erreichen, erscheint es angemessen, das Verfahren über mindestens 5 Wochen durchzuführen. Das „Trainingsmaterial" für dieses Verfahren bilden verschiedene altersgemäße kurze Texte. Nach Möglichkeit sollte die Lehrkraft hierfür eine Textsammlung bereitstellen.
> [Angemessene Texte und nähere Erläuterungen zu diesem Verfahren gibt es bei Rosebrock et al. 2011.]
>
> 1 Entnommen: http://www.leseforum.ch/myUploadData%5Cfiles%5C2010_2_Nix_et_al_PDF.pdf. Zugriff: 11.11.11.

Disfluente Leser bemerken und verbessern ihre Fehler nicht. In Studien der amerikanischen Leseforschung werden Richtwerte von 90% korrekt erlesener Wörter als eine angemessene Dekodierfähigkeit genannt. Man kann davon ausgehen, dass Schülerinnen und Schüler, die unterhalb dieses Grenzwertes liegen bzw. lesen, einen Text inhaltlich nicht problemlos nachvollziehen können und im Leseprozess mehr raten als dass sie lesen.

Automatisierung

Eine weitere Ebene des Flüssiglesens ist die Automatisierung des beschriebenen Vorgangs des Dekodierens. Gute Leserinnen und Leser können Wortbedeutungen schnell und sicher erschließen sowie Wörter mühelos erlesen, ohne dabei ins Stocken zu geraten. Erst wenn dieser Prozess von dem Leser / von der Leserin bewältigt werden kann, ist das flüssige Lesen möglich und die Aufmerksamkeit kann auf das Verständnis von gelesenen Texten verlagert werden kann.

Lesegeschwindigkeit

Eine angemessene (Mindest-) Lesegeschwindigkeit liegt bei mindestens 100 Wörtern pro Minute. Ungefähr ab diesem Wert hat der Leser / die Leserin ein Lesetempo erreicht, das es ihm / ihr erlaubt, sich auf das eigentliche

Textverständnis einzulassen und Vorstellungen vom Textinhalt zu bilden. Werte, die unterhalb dieser Grenze liegen, werden als kritisch angesehen. Denn wer zu langsam liest, hat am Ende des Satzes bereits vergessen, was er am Anfang gelesen hat.

Ausdrucksstarkes Vorlesen
Das Erkennen von Sinneinheiten und Satzgrenzen sowie die sinngestaltende Betonung von Texten sind ebenfalls wichtige Bestandteile der Leseflüssigkeit. Die Fähigkeit, Texte sinnstiftend bzw. sinnvoll gegliedert (vor-) lesen zu können, ist einerseits als Folge eines vertieften Textverstehens beim Leser / bei der Leserin anzusehen. Zugleich bildet das betonte und sinngestaltende (Vor-) Lesen aber auch eine Voraussetzung, um zu einem Textverstehen zu gelangen.

Grundsätzlich sollten lesedidaktische Verfahren zur Förderung der Leseflüssigkeit darauf ausgerichtet sein, das Wahrnehmungsvermögen auf Wort- und Satzebene zu verbessern. Das Verfahren des „Reihumlesens" in der Klasse ist zur Förderung der Leseflüssigkeit wegen der geringen Lesezeit für jeden Schüler/jede Schülerin nicht geeignet. Zudem wird hierbei kein geschützter Übungsraum für disfluente Leserinnen und Leser geschaffen.

Weiterführende Literatur zum Thema *Leseflüssigkeit*

- Gailberger, Steffen/Damann-Thedens, Katrin (2008): Förderung schwacher und schwächster Leser durch Hörbücher im Deutschunterricht. Theoretische und praktische Anregungen zur Förderung der Leseflüssigkeit. In: Beiträge Jugendliteratur und Medien (kjl & m). München: kopaed. H. 3. S. 35–48.

[In dem Aufsatz wird Arbeit mit Hörbüchern zur Förderung basaler Lesefertigkeiten beschrieben. Ergebnisse an Hauptschulen zeigen, dass mit dem simultanen Lesen und Hören eine Steigerung der Lesegeschwindigkeit möglich ist.]

- Rosebrock, Cornelia et al. (2011): Leseflüssigkeit fördern. Lautleseverfahren für die Primar- und Sekundarstufe. Klett-Kallmeyer. (= Praxis Deutsch)

[Neben einer Darstellung der wissenschaftlichen Erkenntnisse zum Thema enthält dieses Buch unterrichtserprobte Methoden zur Diagnose und Förderung der Leseflüssigkeit. Zusätzlich ist eine CD-Rom mit entsprechenden Übungs- und Videomaterialen beigefügt.]

Unterrichtshilfen
Themenheft Praxis Deutsch (2006): Vorlesen und Vortragen. Jg. 33. H. 199. Darin u. a. folgende Artikel:

- Masanek, Nicole (2006): Fördern durch Vorlesen. Kinder unterstützen sich gegenseitig als Lesepaten und Lesecoaches. In: Praxis Deutsch. Jg. 33. H. 199, S. 34/35.
- Nix, Daniel (2006): Das Lesetheater. Integrative Leseförderung durch das szenische Vorlesen literarischer Texte. In: Praxis Deutsch. Jg. 33. H. 199, S. 23–29.

V. Normwerte »JuDiT®-L« 1.0

Normwerte »JuDiT®-L« Erprobungsversion 1.0 (vereinfachte Darstellung[2])

Skalierung Version A

	1	1,5	2	2,5	3	3,5	4	4,5	5
Klasse 5									
Klasse 6									
Klasse 7									
Klasse 8									
Klasse 9									
Klasse 10									

Gültig für folgende Beobachtungsitems:
Leseflüssigkeit: Item 1–4, 6; Textverstehen: Item 1–8; Lesetechnik/-strategien: Item 1–15; Wissen: Item 1, 2; Motivation: Item 5; Anschlusskommunikation: Item 2–5.

Skalierung Version B

	1	1,5	2	2,5	3	3,5	4	4,5	5
Klasse 5									
Klasse 6									
Klasse 7									
Klasse 8									
Klasse 9									
Klasse 10									

Gültig für folgende Beobachtungsitems:
Leseflüssigkeit: Item 5; Subjektive Beteiligung: Item 1–3; Motivation: Item 1–4, 6–8; Reflexion: Item 1, 2; Subjektive Beteiligung: Item 1, 2; Lesebezogenes Selbstkonzept: Item 1–3; Familie: Item 1; Schule: Item; 1–3; Peers: Item 1, 2; Anschlusskommunikation: Item 1.

Erscheint der Stern in der Auswertungsgrafik innerhalb des grünen Balkens, so sind eingeschätzten Lesefähigkeiten im Rahmen der Erwartungen für die jeweilige Klassenstufe.

Erscheint der Stern in der Auswertungsgrafik innerhalb des orangen oder roten Balkens, so sind eingeschätzten Lesefähigkeiten als nicht altersgemäß einzustufen.

---

2 Das von mir programmierte Codebook für die Items in »JuDiT®-L« kann hier nicht abgebildet werden. Damit das Vorgehen dennoch intersubjektiv nachvollziehbar ist, habe ich eine vereinfachte Form zur Darstellung der in »JuDiT®-L« hinterlegten Normwerte erstellt, um aufzuzeigen, wie diese von mir für die Erprobungsversion des Tools gesetzt wurden.

VI. Leitfaden Interview I

Leitfrage/ Stimulus/ Erzählaufforderung	(Nach-)Fragen mit obligatorischer Formulierung
Einstieg: VIGNETTE	Welche Tipps würden Sie Daniel geben?
	Ist die Frage, die Daniel stellt, eine relevante für Ihre Unterrichtstätigkeit?
ZIELE LESEUNTERRICHT	
Inwiefern ist Ihres Erachtens die Förderung von Lesen wichtig?	Können Sie mir beschreiben warum?
Was gehört für Sie persönlich zur Lesefähigkeit der Schülerinnen und Schüler?	Welche Teilaspekte? Welche Bereiche muss man fördern?
Haben Sie Beispiele für Schülerinnen und Schüler, die Sie als gute bzw. schwache Leserinnen und Leser bezeichnen würden?	Können Sie die Beispiele genauer erläutern?
BEOBACHTEN IM LESEUNTERRICHT	
Könnten Sie mir bitte erzählen, was Sie unter „Beobachten von Lesefähigkeiten" verstehen?	Gibt es sonst noch etwas?
Worauf legen Sie persönlich Wert in Ihrem Unterricht, wenn Sie die Lesefähigkeiten Ihrer Schüler beobachten?	
…………….. An welchen Stellen im Unterrichtsprozess beobachten Sie die Lesefähigkeiten Ihrer Schüler?	Anschlusshandlungen an Diagnosen?
Was für Lernumgebungen gestalten Sie, um die Lesefähigkeiten ihrer Schüler zu beobachten?	
VERFAHREN ZUM BEOBACHTEN	Haben Sie bestimmte Methoden/Mittel, die sie bevorzugen?
Welche Methoden/Mittel setzen Sie ein, um zu beobachten, wie Ihre Schüler lesen?	(Orientierung an Schule? Kollegium?)
Nach welchen Kriterien schätzen Sie ein, wie gut Ihre Schüler lesen?	Worauf achten Sie besonders? Wie dokumentieren Sie Ihre Beobachtungen?

Leitfrage/ Stimulus/ Erzählaufforderung	(Nach-)Fragen mit obligatorischer Formulierung
RELEVANZ UND HERAUSFORDERUNGEN Welchen Stellenwert hat oder sollte Ihrer Meinung nach das Beobachten von Lesefähigkeiten im Deutschunterricht haben?	
Welche Herausforderungen sehen Sie noch für sich, wenn es um das Beobachten von Lesefähigkeiten geht?	Wie erklären Sie sich das? Was meinen Sie damit?
Worin sehen Sie persönlich noch Verbesserungsbedarf im Hinblick auf das Beobachten von Lesefähigkeiten?	
Welche Tipps würden Sie Praktikanten wie Daniel Wagner für das Beobachten von Lesefähigkeiten geben?	Worauf sollten Sie achten?
Was wünschen Sie sich bzgl. des Themas für die Zukunft?	In der Schule? In Fortbildungen?
Jetzt haben wir einiges besprochen. Ist Ihnen während des Interviews noch etwas durch den Kopf gegangen, das bisher noch nicht zur Sprache gekommen ist, was Ihnen aber wichtig ist?	

VII. Leitfaden Interview II

Teil I: Allgemeiner Eindrücke über das Tool

Leitfrage/ Stimulus/ Erzählaufforderung	(Nach-)Fragen mit obligatorischer Formulierung
Ich würde Sie bitten, mir Ihren Eindruck vom Tool zu beschreiben.	Was war besonders prägend? Wissenszuwachs durch das Tool? (In welcher Art, welche Items/Bereiche waren relevant?) Veränderungen durch das Tool (blinde Flecken, usw.)
Was empfinden Sie am Tool als besonders nützlich? → auf Begründung achten	Was fehlt?
Wenn Sie durch das Tool etwas in Bezug auf Lesekompetenz gelernt haben, was war das?	Hat sich Ihr Blick auf die Schülerinnen und Schüler verändert? Welche Items waren dabei relevant? Spielten die Hintergrundinformationen eine Rolle?
Welche Dinge im Tool haben Sie bewusst nicht genutzt/beachtet?	Warum nicht? Haben Sie spezielle Probleme wahrgenommen? Wenn ja, welche?
Welche Bedeutung hatte die Arbeit mit dem Tool für Ihren Unterricht?	Zu welchen Zeitpunkten haben Sie mit dem Tool gearbeitet?
Wenn Sie einem Kollegen Tipps für die Arbeit mit dem Tool geben sollten, welche Hinweise würden Sie ihm/ihr geben?	
Welchen Einfluss hatte das internetbasierte Design von JuDiT®-L für Ihr Nutzverhalten beim Tool?	Frage nach Alternativen • Beobachtungsraster • …
Ggf. (Stimulus Interview I) Als wir das letzte Mal über das Beobachten von Lesefähigkeiten gesprochen haben, haben Sie erwähnt, dass … (Stimuli Interview I)	Bietet das Tool das Gewünschte?

Teil 2: Vertiefung – Einblick Tool

Leitfrage/ Stimulus/ Erzählaufforderung	(Nach-)Fragen mit obligatorischer Formulierung
Bereich **„prozessbezogene Dimension"** diskutieren (Vorlagen vorlegen)	Welche Items sind bedeutsam für Ihren Unterricht? Welche nicht? Warum?
Was denken Sie über diesen Teilbereich?	Sind alle Items verständlich formuliert?
Bereich **„leserbezogene Dimension"** diskutieren (Vorlagen vorlegen)	Welche Items sind bedeutsam für Ihren Unterricht? Welche nicht? Warum?
Was denken Sie über diesen Teilbereich?	Sind alle Items verständlich formuliert?
Bereich **„Leseumfeld"** diskutieren (Vorlagen vorlegen):	Welche Items sind bedeutsam für Ihren Unterricht? Welche nicht? Warum?
Was denken Sie über diesen Teilbereich?	Sind alle Items verständlich formuliert?
Haben Sie die JuDiT®-L **Hintergrundinformationen** genutzt? Was halten Sie davon? (Hintergrundtexte vorlegen)	Wenn ja, in welcher Form? Wenn nein, warum nicht? (Verständlich, hilfreich, überflüssig…)
Wie wirkt die **Notizfunktion** auf Sie? Haben Sie die Notizfunktion genutzt? (Notizmöglichkeiten vorlegen)	Wenn ja, in welcher Form? Wenn nein, warum nicht?
Wie wirken die **Auswertungsdokumente** von JuDiT®-L auf Sie? (Ausdruck von JuDiT®-Auswertung vorlegen: Ausdruck aller Fragen, Ausdruck einer Klassenbewertung mit und ohne Notizen)	Haben diese eine Relevanz für Ihren Blick auf Schülerinnen und Schüler?
Wie wirkt die **JuDiT®-L-Klassenübersicht** auf Sie? (Klassenübersicht vorlegen)	Animiert Sie diese, bei einzelnen Schülerinnen und Schülern genauer hinzuschauen? Verändern die grüne Balkengrafik oder die in Zahlen gefasste Angabe neben den Notizen Ihr Beobachtungsverhalten?
Haben wir noch etwas vergessen, was Sie gern anmerken möchten und Ihnen wichtig ist?	

Positionen der Deutschdidaktik
Theorie und Empirie

Herausgegeben von Christoph Bräuer und Iris Winkler

Band 1 Christoph Bräuer (Hrsg.): Denkrahmen der Deutschdidaktik. Die Identität der Disziplin in der Diskussion. 2016.

Band 2 Iris Winkler / Frederike Schmidt (Hrsg.): Interdisziplinäre Forschung in der Deutschdidaktik. „Fremde Schwestern" im Dialog. 2016.

Band 3 Ulrike Behrens / Olaf Gätje (Hrsg.): Mündliches und schriftliches Handeln im Deutschunterricht. Wie Themen entfaltet werden. 2016.

Band 4 Thomas Möbius / Michael Steinmetz (Hrsg.): Wissen und literarisches Lernen. Grundlegende theoretische und didaktische Aspekte. 2016.

Band 5 Marie Lessing-Sattari: Didaktische Analyse der Metapher. Theoretische und empirische Rekonstruktion von Verstehensanforderungen und Verstehenspotenzialen. 2017.

Band 6 Frederike Schmidt: Diagnose von Lesekompetenz aus Sicht von Lehrpersonen im Fach Deutsch. Didaktische Rekonstruktion eines onlinebasierten Diagnoseverfahrens für die Unterrichtspraxis. 2018.

www.peterlang.com

Die erhobenen Interviewdaten dieses Werkes können als zusätzliches Material von unserer Website heruntergeladen werden: http://dx.doi.org/10.3726/b14406

Dazu müssen Sie den folgenden Freischaltcode eingeben: PL18Dx11F